빗살무늬토기의 비밀

뒤란에서 그림 읽기 01

빗살무늬토기의 비밀

초판 1쇄 발행 2021년 11월 30일

2판 1쇄 발행 2023년 02월 15일

지은이 김찬곤 **책임편집** 오은조 **편집** 박은혜 **디자인** 볍씨 **인쇄** POD Book(천일문화사)

펴낸이 김두엄 **펴낸곳** 뒤란 **등록** 2019년 7월 19일 제2019-000092호

주소 07208 서울시 영등포구 선유로49길 23 IS비즈타워2차 1503호 **전화** 070-4129-4505

전자우편 ssh_publ@naver.com **블로그** sangsanghim.tistory.com **인스타그램** @duiran_book

ISBN 979-11-969251-7-8 93600

이 도서는 한국출판문화산업진흥원의 '2021년 우수출판콘텐츠 제작 지원' 사업 선정작입니다.

* 뒤란은 상상의힘 출판사의 문학・예술・인문 전문 브랜드입니다.

한 국 미 술 의 기 원

빗살무늬토기의 비밀

김찬곤

뒤란

머리말

신석기 패턴,
기하학적 추상무늬일까

2018년 여름, 이 일은 한국미술사를 쓰기로 마음먹고 시작한 일이었다. 그로부터 세 해가 지났다. 이 책은 한국미술의 기원이라 할 수 있는 한반도 신석기 미술 빗살무늬토기의 디자인과 패턴에 깃든 세계관을 풀어냈다. 세계 신석기 미술이 그렇듯 한국 신석기 미술 또한 그 오랜 세월 동안 땅속에서 삭아 남아 있는 미술이 별로 없다. 세계 어느 나라 박물관을 가도 신석기 방은 그릇이 채우고 있다. 그릇은 흙속에서도 용케 삭지 않고 살아남아 우리들에게 그때 세계관을 알뜰히 보여주고 있다.

한국 신석기 미술을 대표하는 빗살무늬토기는 1916년 평안남도 용강용반리유적에서 처음 나왔다. 이 빗살무늬토기가 나온 지 106년째 되어간다. 하지만 그때도 지금도 빗살무늬는 여전히 기하학적 추상무늬이다. 어쩌면 기하학적 추상무늬란 말은 '알지 못한다'는 말과 같은 말일 것이다. 만약 이것이 정말 추상무늬라면 우리는 한반도 신석기인들이 9000년 동안 왜 '추상미술'을 했는지 설명할 수 있어야 한다. 하지만 신석기 미술은 세계 학계도, 우리 학계도 막연히 '기하학적 추상무늬'라고만 할 뿐이다. 그리고 이 패턴은 이제 정말 추상무늬가 되었고, 기호와 상징이 되어 버렸다.

이 책은 세계 신석기 미술과 한국 신석기 미술이 추상미술이 아니라 '구상미술'이라는 것을 밝히고 있다. 나는 이것을 밝히기 위해 세계 기록을 살폈고, 무엇보다도 세계 신석기 그릇을 알뜰히 찾아봤다. 실마리는 서울 강동구 암사동 빗살무늬토기에 있었다. 세계 신석기인은 대체로 그릇에 구름과 비 패턴을 그리고 새겼다. 그런데 암사동 신석기인은 그들과 다른 지점에 있었다. 바로 구름의 '기원'까지도 그 세계관 속에 담아냈던 것이다. 이것은 세계 신석기 미술에서 아주 독특한 경우라 할 수 있다. 암사동 신석기인은 파란 하늘을 경계로 그 위에 구름의 기원 '하늘 속 물'을 두었다. 그리고 그 물은 천문을 통해 구름으로 내려온다. 이 구름에서 비가 내리고 이 세상 만물을 깨우는 것이다. 이런 디자인과 패턴은 세계 신석기 미술에서 찾아보기 힘들다. 간혹 비슷한 디자인과 패턴이 있기는 하지만 암사동처럼 일관되고 체계적이지 않다. 그런 의미에서 세계 신석기 미술을 살필 때 암사동 미술은 당분간 하나의 기준으로 삼아도 좋을 것이다.

세계미술사도 그렇지만 한국미술사에서도 신석기 미술은 '공백'이다. 지금까지 한국미술사 책이 여러 권 나왔지만 신석기 미술은 10쪽 안팎으로 정리하고 있다. 한국미술에는 구석기 미술이 거의 없기 때문에 그 시작은 신석기라 할 수 있다. 그 시기만도 9000년이 넘는다. 이 9000년 미술을 우리는 10쪽으로 정리하고 있는 것이다. 이 책은 한국 신석기 미술을 616쪽에 담고 있다. 더구나 한국 신석기뿐만 아니라 세계 신석기 미술도 추상미술이 아니라 구상미술이라는 것을 밝혀냈다. 그래서 이 책은 세계에서 처음으로 나온 세계 신석기 미술사인 셈이다.

이 책은 암사동 빗살무늬토기 디자인과 패턴을 아가리에서부터 밑굽으로 내려오면서 살펴보고 있다. 1장과 2장은 도입 성격의 글이다. 1장에서는 한국 빗살무늬토기의 기본 패턴을 다섯 가지로 추려 간략하게 설명했다. 2장은 그동안 한국 사학과 미술사학의 빗살무늬토기 연구의 문제점을 정리했다. 1장과 2장은 도입부라 낯선 개념이 나온다. 일단 이런 개념이 있다는 것을 알고 3장부터 차근차근 읽어가다 보면 어느새 한국 신석기 미술과 세계 신석기 미술이 한눈에 들어올 것이다.

이 책을 내는 일은 쉬운 일이 아니었다. 책에 쓴 사진만 522장이다. 사진 하나를 고를 때 평균 50장에서 한 장을 골랐다. 50장 중에서 가장 선명하고, 이 책의 논지에 가장 적합한 사진을 찾았다. 사진 수만 장에서 522장을 고른 셈이다. 다행히 사진 보정 프로그램을 다룰 줄 알아 이 일을 즐겁게 할 수 있었다. 배경이 부족한 것은 채워 넣고, 넘치는 것은 작게 했다. 색감이 안 좋은 것은 좋게 하고, 해상도를 조절하고 인쇄 환경에 맞게 다듬었다. 무엇보다도 본문에 잘 어울리게 사진 비율을 조절해 본문과 어긋나지 않게 했다. 이미지 가운데 손으로 그린 것도 많다. 디자인과 패턴을 읽을 때는 그림이 사진보다 훨씬 더 전달력이 높기 때문이다.

우리나라에서 처음 나오는 신석기 미술사인 만큼 내 나름대로 욕심을 부린 면이 없지 않다. 패턴을 반대로 읽거나 잘못 읽은 것이 있을 수 있다. 혹시 그런 곳이 있으면 언제든지 출판사에 알려주셨으면 한다. 그러면 잘 살펴보고 다음 판을 인쇄할 때 고쳐 나가겠다.

출판사 사정이 넉넉하지 않은데도 이 책을 선뜻 출판해 주신 뒤란 대표님께 진심으로 감사 인사를 올린다. 시간이 촉박한데도 책 디자인을 꼼꼼하게 해 준 디자이너 볍씨에게도 고마운 마음을 전한다. 그리고 이 책 이곳저곳을 매만지고 다듬어 주신 뒤란 편집자님께도 고맙다. 내 곁에서 글을 읽어주고 아낌없이 코멘트를 해준 아우 이종우에게도 고마운 마음을 전한다. 그리고 언제나 내게 힘을 주는 아내와 두 딸에게 고맙고 또 미안하다. 올해도 곧 지난다. 내년에는 모두 다 바라는 일마다 척척 잘되었으면 좋겠다.

글쓴이 김찬곤

차례

〈일러두기〉

- 외래어 표기는 국립국어원 외래어표기법에 따랐으며, 관례로 굳어진 것과 입말이 더 많이 쓰이는 경우는 예외로 하였다.
- 단행본은 『』, 논문은 「」로 표시했다.
- 도판 설명글에서 국립중앙박물관과 지역 국립박물관 다음에 있는 숫자는 소장품번호다. e뮤지엄에서 이 번호로 검색하면 이미지를 찾아볼 수 있다.
- 인용문에서 글자를 진하게 한 구절은 인용자가 강조한 것이다.

제 1 장

한반도 빗살무늬토기 패턴은 다섯 가지

1

한반도 빗살무늬토기 패턴은 다섯 가지

'빗살무늬토기' 명칭과 관련해서 이것부터 먼저 정리해야 할 것 같다. 역사책에서 '빗살무늬토기'를 설명하는 부분을 읽어보면 상당수가, '이 그릇은 빗(또는 빗살) 같은 무늬새기개로 찍거나 그어서 무늬를 새겼다'고 말하고 있다. **도1** 서울 강동구 암사동선사유적박물관 설명글도 이렇게 되어 있다. 아마 우리나라 거의 모든 박물관 빗살무늬토기 설명글이 이와 같다고 할 수 있을 것이다. 그런데 과연 이 말은 맞는 말일까.

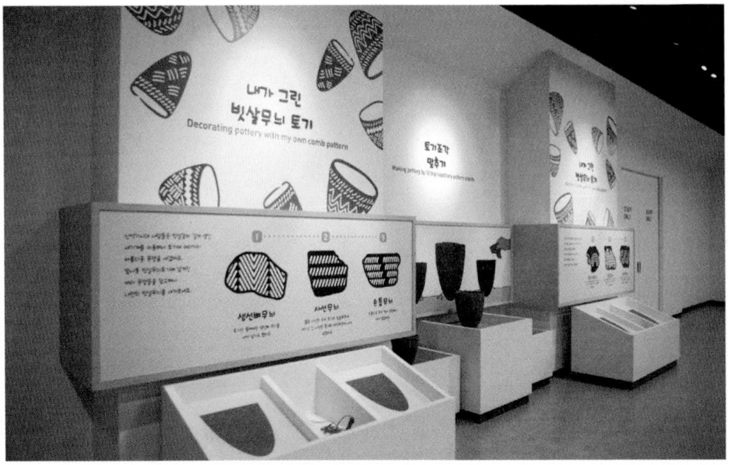

도1 서울 암사동 선사유적박물관

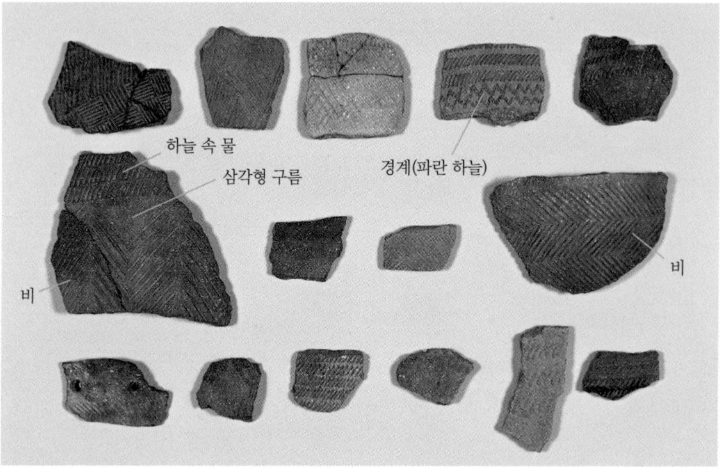

도2 서울 암사동 빗살무늬토기 조각. 국립중앙박물관. 신수22916(15)

무늬를 살펴보면 빗 같은 무늬새기개로 새긴 것은 찾아볼 수 없다. 빗금을 일일이 하나씩 새겼다는 것을 알 수 있다.

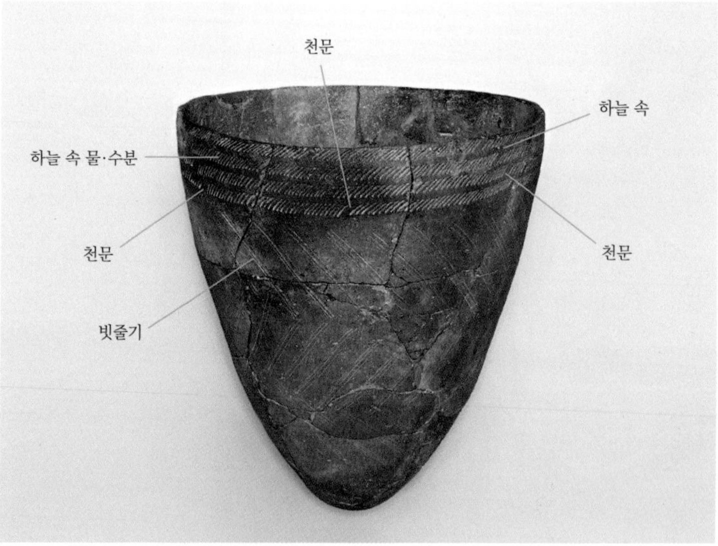

도3 서울 암사동 빗살무늬토기. 높이 38.8cm. 국립중앙박물관. 신수23036

하늘 속 물(水) 층을 4층으로 새기고, 그 사이사이에 천문(天門)을 두었다. 이 그릇에는 구름이 없고 하늘에서 바로 비(雨)가 내리고 있다.

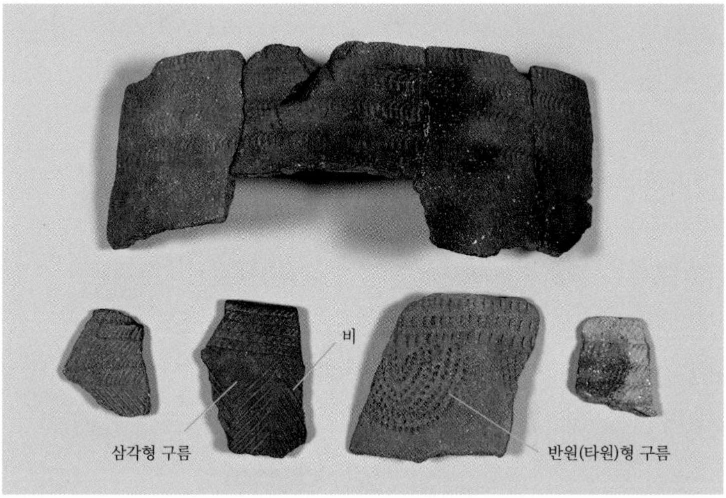

도4 서울 암사동 빗살무늬토기 조각. 국립중앙박물관. 신수22804(5)

2018년 9월 23일 기준으로 국립중앙박물관 'e뮤지엄'에 올라온 '빗살무늬토기' 사진 자료는 1,669장이다. 지역별로 보면 인천시 533장, 서울시 480장, 경기도 203장, 부산시 184장, 강원도 36장, 전라남도 9장, 충청남도 8장, 울산시 8장, 전라북도 5장, 충청북도 5장이다. 그리고 지역별 사진과 더불어 유리건판, 문서자료가 있다. 사진 한 장에는 그릇 한 점, 토기 조각 한 점만 있는 것도 있고, 어떤 것은 토기 조각이 100점도 넘게 앉혀 있는 것도 있다. 이것을 모두 살펴봤는데, 빗 같은 무늬새기개로 그어서 새긴 것은 단 한 점도 없었다. **도2** 그릇 조각 무늬만 봐도 이는 곧 확인할 수 있다.

간혹 **도3** 그릇 몸통 빗줄기(雨) 무늬처럼 그릇 조각을 깨뜨려 그 깨뜨린 면에 생긴 이로 새긴 것은 있다. 하지만 그 수는 30점도 되지 않는다. 그런데 **도3** 그릇 무늬를 보면 알 수 있듯이 하늘 속 물 층 빗금은 깊고 뚜렷한데 몸통에 있는 빗줄기(雨)는 잘 보이지 않는다. 아마 자신이 바라는 대로 무늬가 나오지 않고 또 무늬가 깊지 않아 더 이상 이 방법을 쓰지 않은 것 같다.

빗 같은 무늬새기개로 새기지 않았다

'빗 같은 무늬새기개로 찍는다'는 말도 마찬가지다. 점점이 찍은 무늬를 '빗 같은' 것으로 찍었다고 하지만 그렇게 찍은 것 또한 한 점도 없다. **도4**에서 반원(타원)형 구름(云)을 보자. 보면 알 수 있듯이 점점이 무늬 또한 끝이 뭉뚝한 무늬새기개로 낱낱이 하나씩 찍었다는 것을 알 수 있다. 이것은 직접 진흙으로 세모형 토기를 빚어 무늬를 새겨 보면 알 수 있다. 빗처럼 살이 달린 무늬새기개로 새기려면 그릇을 빚어 바로 새겨야 한다. 물기가 마르면 빗살이 들어가지 않아 애당초 불가능하기 때문이다. 하지만 그렇게 새기면 생각처럼 무늬가 나오지 않고 자꾸 흙이 묻어 올라오고, 어쩌다 흙속에 아주 작은 모래 알갱이 하나만 있어도 흙이 파이고 만다. 한반도 신석기 그릇 가운데 이렇게 그릇을 말리지 않고 무늬를 새긴 그릇으로는 6장 **도46·66**, 10장 **도45**를 들 수 있다. 이런 그릇은 몇 점 되지 않는다. 또 이 그릇조차도 '빗 같은' 무늬새기개로 새긴 것이 아니라 무늬새기개 '하나로' 새겼다. 나무나 뼈끝을 갈거나, 돌이나 그릇 조각을 깨뜨려 끝을 적당히 뭉뚝하게 하거나, 조개껍데기 같은 새기개를 썼을 것이다. 이때 그릇은 조금 마른 상태가 되어야 한다. 그렇지 않으면 무늬가 뚜렷하게 새겨지지 않는다. 물기가 촉촉한 상태에서 한 번만 새겨 보면 무늬가 제대로 나오지 않는다는 것을 바로 알 수 있다. **도4** 패턴만 보더라도 그릇을 적당히 말리지 않은 상태에서는 이렇게 깔끔하게 무늬가 나올 수 없다. 특히 촘촘한 하늘 속 물 패턴은 더 그렇다.

고고학계에서 쓰는 빗살무늬 이름

도5는 『한국민족문화대백과사전10』 '빗살무늬토기' 편에 나와 있는 무늬 이름이다. 우리나라 역사 관련 책에서 빗살무늬토기를 다룰 때 보통 이 무늬 이름을 쓴다. 보면 알 수 있듯이 무늬 모양만 말해 줄 뿐 그 무늬가 '무엇'을 새긴 것인지는 알 수 없다. 물론 이 그림과 똑같은 빗살무늬토기는 없다. 이 그림은 여러 그릇에 보이는 무늬를 한 그림에 나타낸 것이다. 그렇다 하더라도 무늬 이름이 상당히 쉬운 말로 되어 있다. 그런데 학계에서 쓰는 빗살무늬 이름은 아주 어렵다. 학계는 **도5**와 같은 무늬 이름을 쓰지 않고 단사선문, 조문, 점열문, 죽관문, 원공문, 중호문, 파상문, 거치문, 타래문, 격자문, 종주어골문, 횡주어골문, 사선대문, 방사선문, 삼각집선문, 능형집선문, 횡선문, 횡단선문, 패각조흔문 같은 이름을 쓴다. **도5**의 손톱무늬는 조문(爪文 손톱조·무늬문), 세모띠무늬는 파상문(波狀文 물결파·형상상·무늬문=물결무늬), 톱니무늬는 거치문(鋸齒文 톱거·이치·무늬문), 문살무늬는 격자문(格子文), 생선뼈무늬는 어골문(魚骨文 물고기어·뼈골·무늬문), 이렇게 한자말로 쓴다. 이러니 신석기 편 고고학 책을 읽으면 무슨 말인지 도무지 알 수가 없다. 그런데 **도5** 무늬 이름이든 학계에서 쓰는 이름이든 그 공통점은 무늬 '모양'만 말해 줄 뿐 신석기인이 '무엇을' 구상으로 하여 이 무늬를 새겼는지는 말하지 않는다는 점이다. 물론 그 까닭은 우리 학계가 아직 그것을 모르기 때문이다.

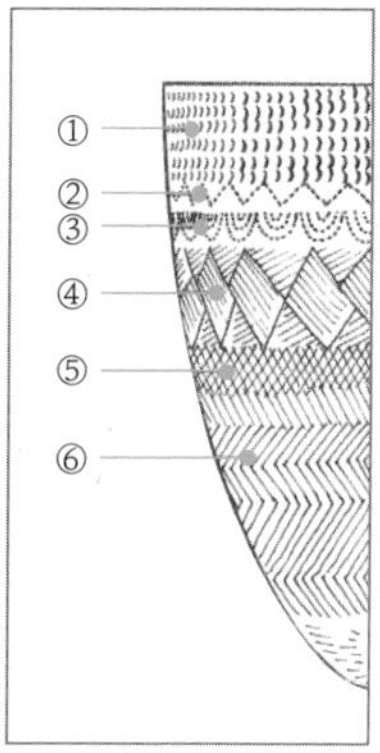

도5 『한국민족문화대백과사전10』 빗살무늬 그림.
① 손톱무늬
② 세모띠무늬
③ 무지개무늬
④ 겹톱니무늬
⑤ 문살무늬
⑥ 생선뼈무늬

하늘 속 물과 삼각형 구름

도6 빗살무늬토기는 '빗살무늬토기' 하면 바로 떠올리는 그릇이다. 학계에서는 이 그릇의 몸통 패턴을 어골문, 즉 물고기뼈무늬 또는 생선뼈무늬라 한다. 나는 이 패턴을 빗줄기(雨)로 본다.

일단 여기서 하나 알아야 할 것은, 고대 그릇이든 현대 그릇이든 무늬를 해석할 때는 아가리 쪽을 하늘로 보고 헤아리면 어느 정도 패턴을 읽을 수 있다는 점이다. 암사동 신석기인들은 아가리 쪽에 하늘 속 물(水)을 새겼다. 이에 대해서는 뒤에 자세히 설명하겠지만,

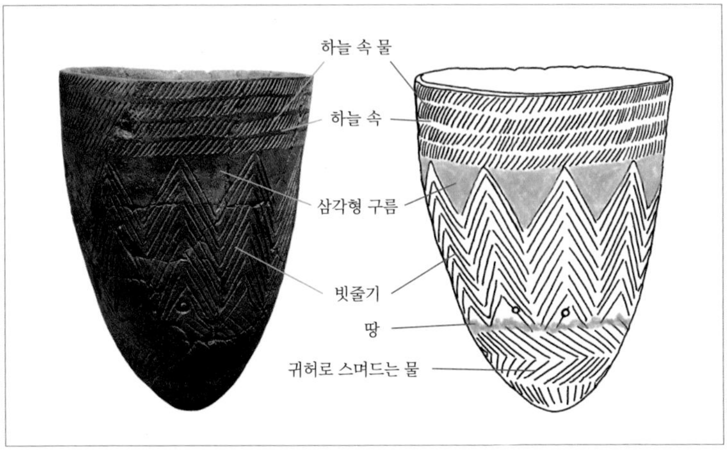

도6 서울 암사동에서 나온 세모형 빗살무늬토기. 높이 25.9cm. 국립중앙박물관. 신수2289

세계 신석기인들은 대체로 우리가 눈으로 볼 수 있는 하늘blue sky 너머에 물이 가득 차 있다고 보았다. 『성경』「창세기」 7장 홍수 편에서는 궁창(하늘) 위의 물이 '구멍(창, 창문)'을 통해 40일 동안 쏟아진다. 중국의 「하늘을 고친 여와」 설화에서도 하늘을 받치고 있는 기둥 부주산(不周山)이 무너져 하늘에 구멍이 나고 하늘 속 은하수 물이 쏟아져 사람들이 사는 세상에 홍수가 난다. (「하늘을 고친 여와」 설화와 천문에 대해서는 5장을 참조할 것) 두 이야기에서 '궁창 위의 물'과 '은하수 물'은 '하늘 속 물(水)'이고, '구멍'은 하늘 문, 곧 천문(天門)이다.

고대 중국과 한반도 사람들은 하늘 너머에 은하수(銀河水=은빛 강)가 흐르고 있고, 이 강물이 천문(天門)을 통해 구름으로 나오고, 이 구름에서 비가 내리는 것으로 여겼다. **도6** 그릇에는 천문을 새기지 않았지만 암사동 다른 여러 그릇에서는 천문을 확인할 수 있다(**도3·7**). 이는 그들이 자신의 세계관 속에서 구름의 '기원' 문제를 해결했다는 것을 뜻한다. 사실 신석기 세계관 속에서 구름의 기원 문제는 '종교'의 기원 문제이기도 하다. 이에 대해서는 '9장 괴베클리 테페의 클라우드백에서 아시리아의 워터백까지'에서 자세히 풀었다.

하늘 속 물 층 아래에 '삼각형 구름'이 있다. 나는 처음에 이 삼각형 구름이 보이지 않았다. **도6**에서 왼쪽 그릇만 보면 삼각형이 잘 보이지 않는다. 이 '삼각형'을, 빗줄기를 양쪽으로 내리 뻗치면서 새기다 보니 저절로 생긴 것으로 볼 수도 있다. 하지만 다른 서울 암사동 빗살무늬토기와 강원도 양양 오산리 그릇 빗살무늬토기 '삼각형 구름'을 보면 암사동 신석기 장인이 처음부터 이렇게 삼각형 구름을 새기려 마음먹고 한 것임을 짐작할 수 있다. 특히 삼각형 안에 점점이 점을 찍어 구름 속 빗방울을 표현한 것이나 삼각형 안에 빗금을 그어 구름 속 비(雨)를 표현한 것도 많다(3장 **도4·7**, 6장 **도46·49·65·67·69** 참조). **도6** 왼쪽 그릇을 오른쪽처럼 그림으로 그리고, 삼각형 구름에 구름빛을 칠하면 비로소 패턴이 확실해진다. 신석기 그릇을 볼 때는 현대인의 눈으로 보지 말고 신석기인이 되어, 신석기 장인이 되어 디자인을 헤아려야 한다는 말이기도 하다.

빗줄기(雨)는 양쪽으로 내리치고 있다. 이 속에는 아직 바람(風)은 없다. (한국미술사에서 바람(風)은 청동기 미술부터 보인다.) 그런데 밑굽 쪽으로 오면 빗금무늬 패턴이 바뀐다. 이 바뀌는 지점을 나는 사람들이 살아가는 이 세상, 땅(地)으로 본다. **도6** 오른쪽 그림에서 초록색 가로줄로 그려 놓은 부분이다. 이것은 토기 무늬에서는 볼 수 없으나 전체 디자인으로 봤을 때 땅으로 봐야 할 것이다. 이는 4장 **도6**에서 확인할 수 있다. **도6**에서 볼 수 있는 패턴은 하늘 속, 하늘 속 물(水), 삼각형 구름(云), 빗줄기(雨), 귀허로 스며드는 물(水)이다.

밑굽 패턴과 한반도 신석기인의 세계관

도14·15는 암사동 세모형 빗살무늬토기 아래 밑굽이다. 무늬를 내기 힘든 곳인데도 아주 섬세하게 새겼다는 것을 알 수 있다. 우리는 역사 시간에 선사시대 그릇 무늬와 관련하여 이런 말을 들은 적이 있다.

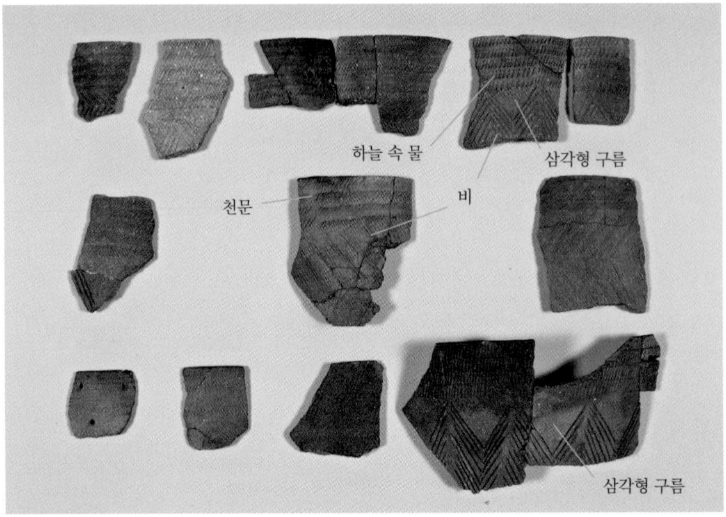

도7 서울 암사동 빗살무늬토기 조각. 국립중앙박물관. 신수22867(11)

암사동 신석기 장인은 구름을 삼각형과 반원(타원)형으로 새겼는데, 반원형보다는 삼각형 구름이 더 많다. 이것은 디자인상의 문제이기도 하다. 그릇 전체 모양은 둥근 형태인데, 그 둥근 도상 속에 다시 곡선 구름을 새기는 것보다는 각진 삼각형 구름을 새기는 것이 더 잘 어울린다. 또 조금 실수를 하더라도 삼각형 형태는 실수가 잘 드러나지 않는다는 점도 있다.

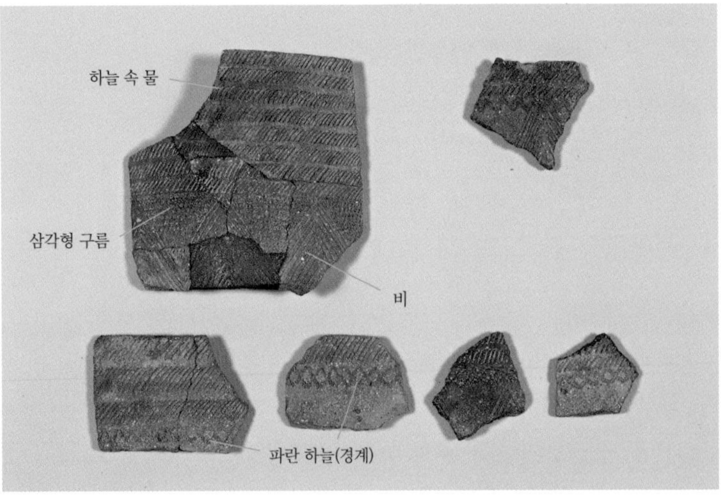

도8 서울 암사동 빗살무늬토기 조각. 국립중앙박물관. 신수22745(5)

암사동 신석기 장인은 하늘 속 바로 아래에 마름모 띠무늬나 물결무늬로 경계를 짓기도 한다. 이 경계는 우리가 눈으로 볼 수 있는 파란 하늘blue sky이다. 그런데 이 경계를 생략한 것이 더 많다. 굳이 경계를 안 새겨도 그들은 그릇에 경계가 있다는 것을 자명하게 알고 있었다.

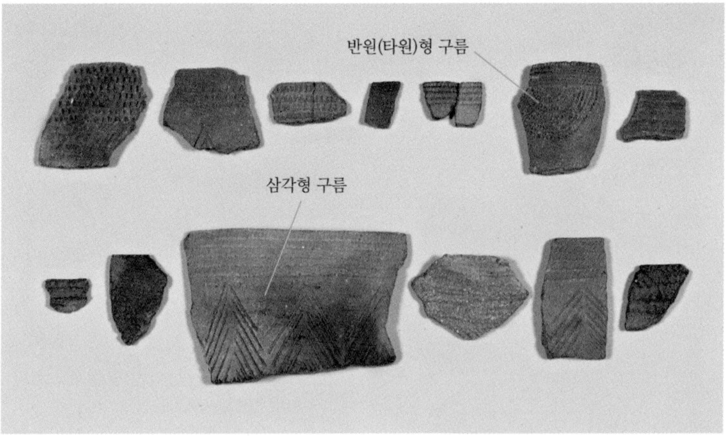

도9 서울 암사동 빗살무늬토기 조각. 국립중앙박물관. 신수23001(13)

반원(타원)형 구름은 서울 암사동, 황해북도 봉산군 지탑리유적, 인천시 중구 운서동 유적 신석기 그릇에서만 보인다. 두 유적은 기원전 4000년 전 신석기 마을 터로 연대가 비슷하다.

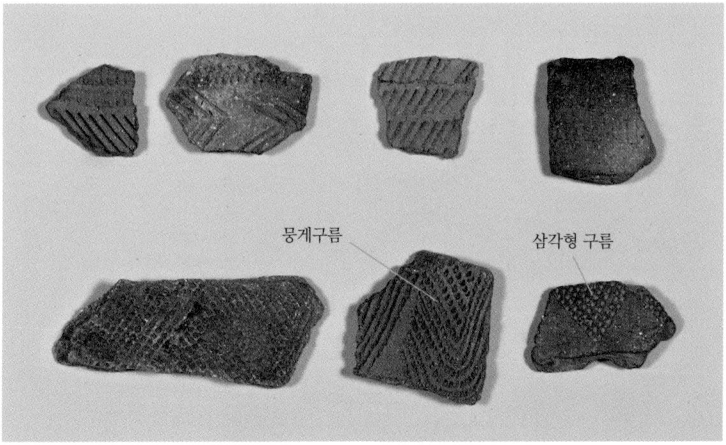

도10 서울 암사동 빗살무늬토기 조각. 국립중앙박물관. 신수22847(11)

오른쪽 아래 뭉게구름과 삼각형 구름이 있다. 둘 다 구름 속에 점을 점점이 찍어 구름 속 빗방울(雨) 또는 구름 속 수분(水)을 표현했다. 이는 세계 신석기 그릇에서 두루 확인할 수 있는 패턴이기도 하다. 특히 삼각형 구름 속 점점이 찍은 무늬를 잘 기억해 둬야 한다. 도4·6·7·9 그릇 삼각형 구름 안에는 아무 무늬가 없지만 신석기 장인은 이 삼각형 구름 속에 빗방울(雨) 또는 수분(水)이 가득 차 있다는 것을 전제하고 있다. 세계 신석기 장인들은 삼각형 구름 속에 점점이 점을 찍거나 빗금(도11·13)을 그어 구름 속에 비(雨)가 들어 있다는 것을 표현했다.

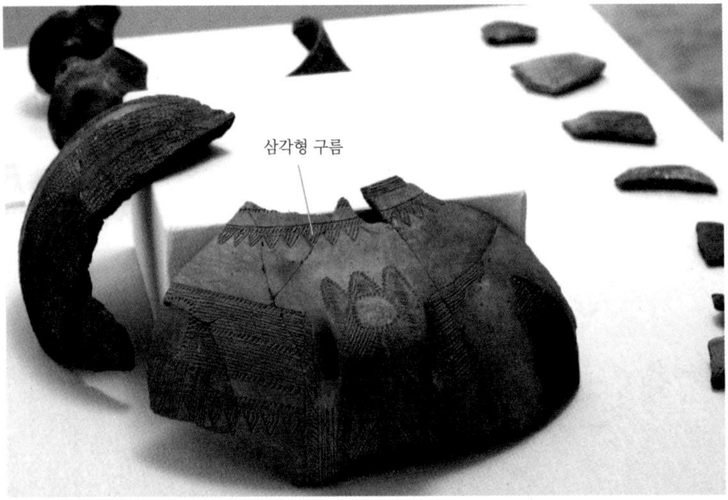

도11 스페인 이베리아 신석기 빗살무늬토기. 기원전 2000년. 스페인 발렌시아 선사시대박물관

유럽 이베리아반도 이베리아 신석기 세계관은 한반도 암사동 신석기 세계관과 닮아 있다. 더구나 그들은 암사동 신석기인처럼 구름의 기원 천문(天門)을 새기기도 한다. 그런데 암사동처럼 일관성은 보이지 않는다. 암사동 신석기인은 아가리 쪽에는 하늘 속을, 몸통에는 빗줄기를, 밑굽에는 땅으로 스며드는 물을 표현했다. 그런데 이베리아 신석기인들이 빚은 그릇 패턴에는 이런 일관성이 없다. 아가리 쪽에 삼각형 구름을 새겼는데 몸통 아래쪽에도 삼각형 구름이 있다. 삼각형 안 빗금은 구름 속 빗방울(雨)을 뜻한다.

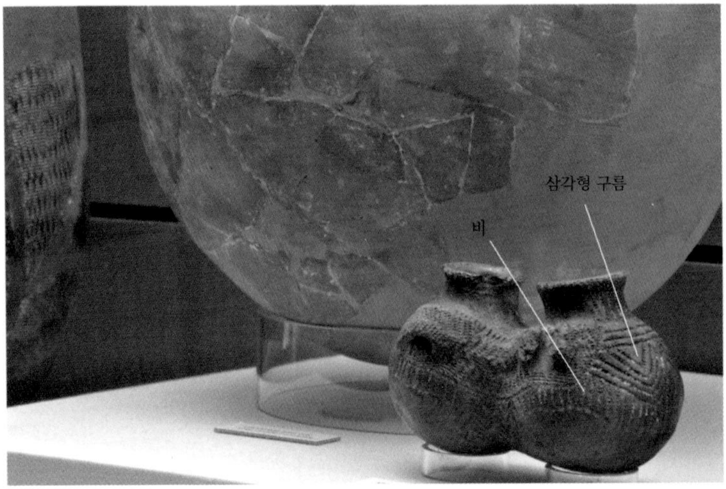

도12 스페인 이베리아 신석기 빗살무늬토기. 기원전 2000년. 스페인 발렌시아 선사시대박물관

삼각형 구름과 그 구름에서 내리는 빗방울(雨)을 볼 수 있다. 빗방울을 점점이 점을 찍어 표현했다.

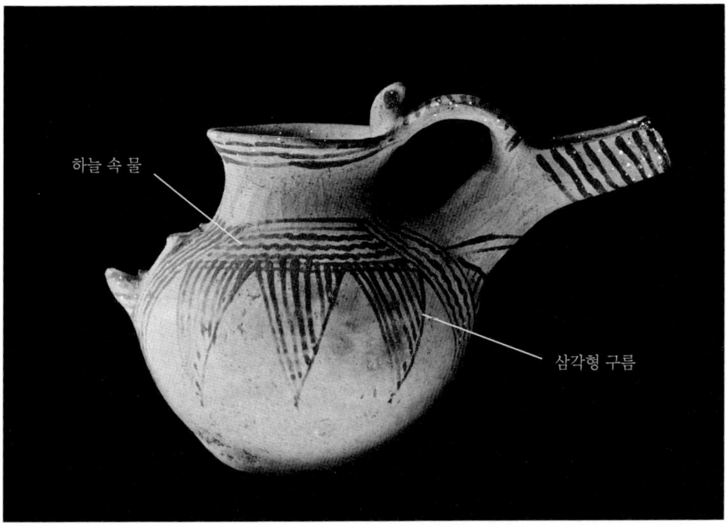

도13 이란 서부 루리스탄Luristan 문화. 채색토기. 기원전 2000년

하늘 속과 삼각형 구름을 볼 수 있다. 하늘 속에는 물결무늬를 그려 하늘 속에 물이 방방하게 차 있음을 나타냈고, 삼각형 구름에는 빗금을 그어 구름 속에서 곧 내릴 비(雨)를 표현했다.

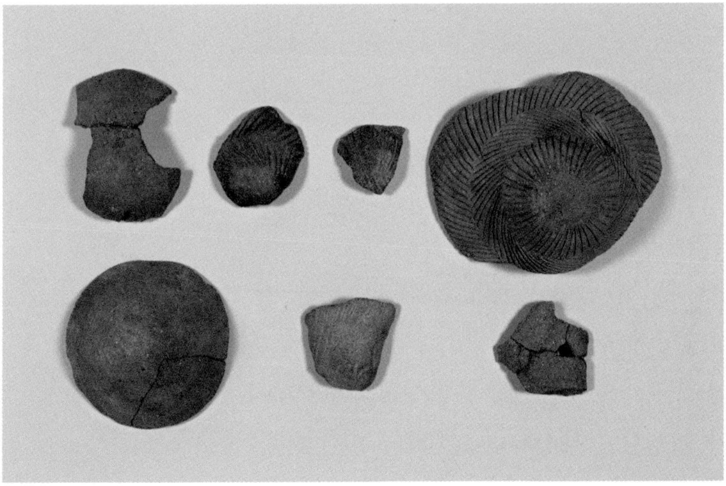

도14 세모형 빗살무늬토기 밑굽. 서울 암사동. 국립중앙박물관. 신수22815(7)

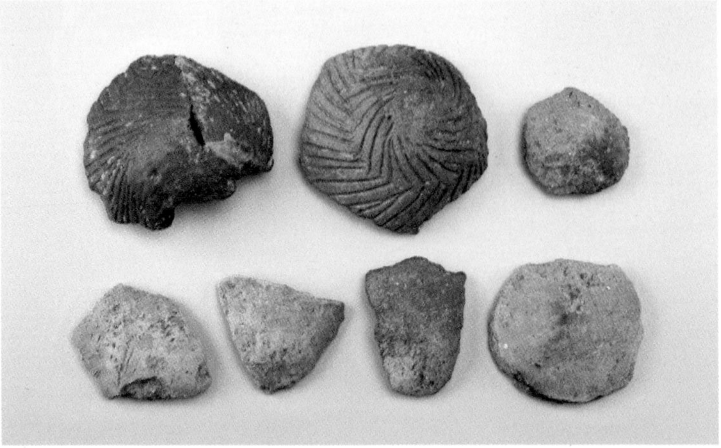

도15 세모형 빗살무늬 토기 밑굽. 인천 중구 운서동유적. 국립공주박물관. 공한4743(7)

'가장 먼저 밑굽 무늬가 없어지고, 그다음 몸통, 마지막 아가리 무늬가 없어지면서 청동기시대에 이르러 민무늬토기가 되었다.'

그런데 이는 단지 '사실'만을 말할 뿐이다. 문제는 왜 그들이 밑굽에서부터 아가리까지 점점 더 무늬를 새기지 않게 되었는가, 하는 점이다. 이것은 앞으로 이 책에서 빗살무늬를 낱낱이 해석하고 공부해 가면 저절로 알게 될 것이다. 다만 한 가지 먼저 말하고 싶은 것이 있다. 그들이 초기에 밑굽 무늬를 그렸다가 어느 순간 그리지 않은 것은 그 밑굽에 대한 '세계관' 내지는 물(水)에 대한 '공포'가 해결되었기 때문이다. 그런데 몸통 무늬와 아가리 쪽 무늬가 사라진 것은 그 까닭이 밑굽과는 좀 다르다. 이에 대해서는 14장 김원용의 신석기 미술론을 비판하면서 아주 자세하게 풀었다.

국립중앙박물관 'e뮤지엄'에 올라온 서울 암사동 빗살무늬토기 사진 자료 474장에서 밑굽을 확인할 수 있는 그릇과 토기 조각은 274점이다. 이 가운데 밑굽 무늬를 새긴 그릇은 238점이고 새기지 않은 그릇은 36점이다. 인천시 편 빗살무늬토기 사진 자료 533장에서 밑굽을 확인할 수 있는 그릇은 22점인데, 이 가운데 두 점만 무늬를 새겼다. 경기도 편 빗살무늬토기 사진 자료 203장에서 밑굽을 확인할 수 있는 그릇이나 조각은 26점이고, 이 가운데 6점만 무늬를 새겼다. 부산 동삼동 편 빗살무늬토기 사진 자료는 179장인데, 이 가운데 밑굽을 확인할 수 있는 그릇이나 조각은 없다. 부산 동삼동, 경기도, 인천 빗살무늬토기에서 밑굽을 확인할 수 있는 그릇이나 조각은 그 수가 많지 않고, 또 있다 하더라도 무늬를 새기지 않은 것이 더 많다(2018년 8월 21일 검색). 이것은 밑굽 무늬에 대한 세계관이 그들의 삶과 사고에서 해결이 되었거나 아니면 처음부터 그러한 세계관이 없었다는 증거로 볼 수 있다.

스페인 신석기 이베리아 세계관과 그릇 밑굽 패턴

몇몇 지질학자와 해양학자들의 의견에 따르면, 유럽 남동부와 아시아 사이에 있는 내해 흑해Black Sea는 원래 에옥시네 호수Euxine Lake였고, 이 호수 둘레 골짜기는 넓고 기름진 땅이었다고 한다. 그런데 기원전 6300년(기원전 5600년으로 보기도 한다.) 전 지금의 미국 북부 로렌타이드 빙상laurentide ice sheet이 녹아내리기 시작했고 그 물로 북대서양 해수면이 갑자기 높아진다. 불어난 물은 지중해(이 무렵 지중해 수위는 15m 낮았다.)를 거쳐 보스포루스 해협을 넘어 에옥시네 호수로 들어간다. 그때 보스포루스 해협은 뭍 골짜기였을 것으로 짐작한다. 이때 에옥시네 호수 수위가 152미터까지 올라간다. 이렇게 해서 에옥시네 호수 가에 살았던 사람들은 순식간에 터전을 잃고 둘레 여러 지역으로 퍼져 나간다. 지금으로부터 8300년 전 일이고 신석기 초·중 무렵이다.

신석기 초 어느 곳이든 이런 일이 빈번했다. 어떤 곳은 하루에 800미터씩 뭍이 없어지고 바닷물이 차올랐다. 보통 해수면이 30센티미터 높아지면 뭍은 600에서 900미터까지 잠긴다고 한다. 이는 한반도 남해와 서해에서도 마찬가지였다. (구석기 말 빙하기·간빙기 때

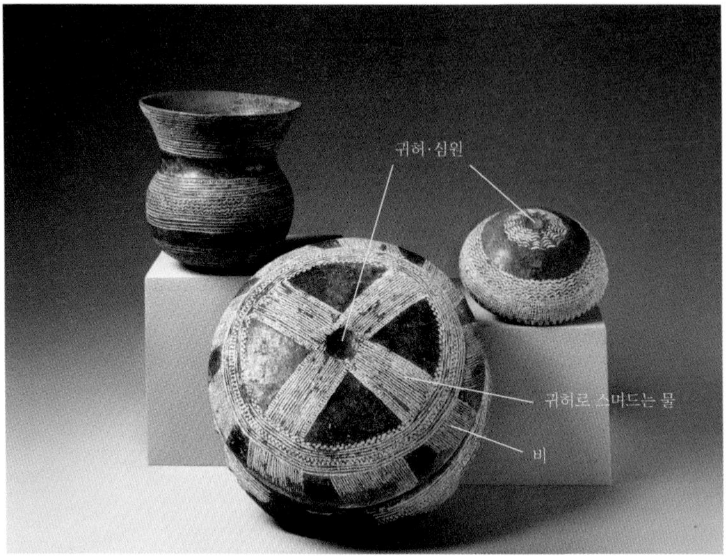

도16 스페인 신석기 그릇. 기원전 2200~1500년.
스페인 국립고고학 박물관

왼쪽 위 그릇은 모양이 종Bell을 닮아 벨 비커Bell Beaker(높이 14cm)라 한다. 아가리 쪽은 위로 넓고 목이 길다. 이 그릇은 한반도 묵방리형 토기에서 시작된 삼국시대 목 긴항아리와 같은 세계관을 담고 있다. 이에 대해서는 삼국시대 미술사에서 자세히 다루겠다. 가장 앞(높이 9.2cm)과 오른쪽 위 그릇을 보면 밀굽 무늬를 암사동 신석기인처럼 아주 섬세하게 냈다.

남해와 서해는 뭍이었다.) 이때 세계 신석기인들은 물이 얼마나 무서운지 경험했다. 바로 '물의 공포'를 온몸으로 느끼게 된 것이다. (신석기인이 겪은 물의 공포에 대해서는 11장과 12장에서 설명했다.) 성서 예레미야 47장 2절을 옮겨본다. "나 야훼가 선언한다. 북녘에서 물이 부풀어 올라 홍수처럼 밀어닥치리라. 성읍과 주민 할 것 없이 온 나라를 휩쓸어 가리니, 사람들이 아우성치며 그 땅의 백성들이 울부짖으리라." 북녘에서 물이 부풀었다는 말은 북쪽 빙산이 녹아내렸다는 말이다. 이때 에옥시네 호수는 하루에 15센티미터씩 수위가 올라갔다. 학자들은 흑해 사건을 구약 창세기의 '홍수' 편과 관련짓는데, 창세기 홍수 스토리하고는 다르다.

도16 그릇은 이베리아반도 스페인 신석기 이베리아인이 빚은 그릇이다. 왼쪽 위 그릇은 모양이 종Bell을 닮아 벨 비커Bell Beaker라 한다. 아래 밑굽 무늬가 안 보이지만 이 그릇 또한 가운데 그릇 밑굽처럼 무늬를 새겼다. 스페인 학계는 신석기 이베리아인이 왜 이렇게 밑굽까지 무늬를 섬세하게 새겼는지 모르는 것 같다. 이에 대한 코멘트를 찾아보았지만 끝내 찾을 수 없었다. 나는 스페인 밑굽 무늬 또한 **도14** 암사동 세모형 그릇의 밑굽 무늬와 같은 세계관을 담고 있을 것으로 짐작한다. **도16** 그릇의 밑굽 무늬는 하늘에서 내린 비가 땅속 심원(深源)의 세계로 흘러들어가는 것을 표현했다(12장 **도1·3·4·7** 참조). 신석기인들은 비가 수증기가 되어 하늘로 올라간다는 것을 알지 못했다. 그들은 그렇게 많은 비가 내리는데도 땅이 물에 잠기지 않는 것이 신기했고, 또 무섭고 두려웠다. 비가 흘러 들어가는 곳, 그들에게 그곳은 심원의 세계였고 '공포'였을 것이다. 한반도 암사동 신석기인이 밑굽을 섬세하게 새겼던 까닭도 그들의 옛 조상이 겪었던 물의 공포와 관련이 있을 것이다.

정작 중요한 것은 패턴에 담긴 세계관을 푸는 일

우리나라 최초의 신석기 그릇 제주 고산리 덧띠무늬토기(7장 **도7·20**)를 보면 밑굽이 암사동 그릇처럼 뾰족하지 않고 납작하다. (2015년 2구역 발굴에서 나온 그릇은 밑굽이 더 넓어졌다!) 여기서 '최초'란 그릇이 나온 지층 연대로 봐서 그렇다는 말이다. (앞으로 얼마든지 더 내려갈 수 있다.) 이 토기는 기원전 8500년 무렵 그릇으로, 지금까지 나온 신석기 그릇 가운데 가장 이른 시기의 그릇이다. 신석기 그릇 밑굽과 관련하여 잘못 알려진 사실이 하나 있다. 신석기 초기에는 암사동 그릇처럼 밑굽을 뾰족하게 빚었다가 (이런 디자인 그릇은 반듯이 설 수 없다!) 중기나 후기에 이르러 밑굽이 납작해졌다는 것이다. (심지어 한국 미술사 책 가운데 이렇게 정리한 책도 있다.) 하지만 그렇지 않다.

함경북도 웅기군 굴포리 서포항유적(기원전 5000~3000년)의 가장 아래 지층에서는 납작밑 그릇이, 그 위층에서는 뾰족밑 빗살무늬토기가 나왔다. 강원도 양양 오산리유적(기원전 6500년) 또한 가장 아래층과 중간층에서는 납작밑 그릇과 빗살무늬토기가 나오고, 가장 위층에서는 뾰족밑 빗살무늬토기가 나왔다. 부산 동삼동유적(기원전 4500~2500년)도 이와 같다. 더구나 고산리유적은 기원전 8500년까지 내려잡는 유적이다. 고산리 그릇 또한 처음부터 밑굽이 평평하다. 그런데 희한하게도 한반도 신석기 그릇은 중·후기에 이르면 밑굽이 암사동 그릇처럼 뾰족해진다는 점이다. 모두 그런 것은 아니지만 상당수 신석기 유적 그릇이 그렇다. 한마디로 이 그릇은 아주 불편한 그릇이다. 이런 사례는 세계 신석기 그릇 역사에서 찾아볼 수 없다. 세계 신석기 그릇을 보면 처음에는 암사동 그릇처럼 밑굽이 뾰족한 그릇을 굽기도 하지만 (그도 그렇게 많지 않다.) 곧 밑굽을 평평하게 하여 굽는다. 일본 조몬토기를 봐도 그렇다. 도대체 한반도 신석기인에게 뾰족밑 빗살무늬토기는 무엇이었을까. 과연 음식을 하는 그릇이었을까. 그 내력을 밝히는 일은 실로 지난한 과정을 밟아야 할 것이다. 뾰족밑 빗살무늬토기 디자인이 궁금하다면 13장 '도토리 모양 디자인의 비밀' 편을 먼저 읽으면 좋겠다.

나는 지금까지 나온 제주도 그릇 무늬도 본질적으로는 암사동 패턴과 같은 것으로 본다. 고산리 덧띠무늬토기의 패턴은 구석기 자연주의 전통이 살아 있는 패턴이기도 하다. 동아시아 그릇 가운데 이런 자연주의 전통이 가장 강한 그릇은 일본 신석기 조몬토기다. 이 책 7장에서는 제주 고산리 덧띠무늬토기와 일본 조몬토기를 아주 깊게 분석했다. 둘 다 학계에서 처음으로 하는 분석이고, 특히 조몬토기의 비밀을 풀 수 있는 실마리 몇 가지, 그러면서도 아주 본질적인 것을 들었다.

나는 2장에서 세계 여러 나라 신석기 세모형 그릇과 바구니 몇 점

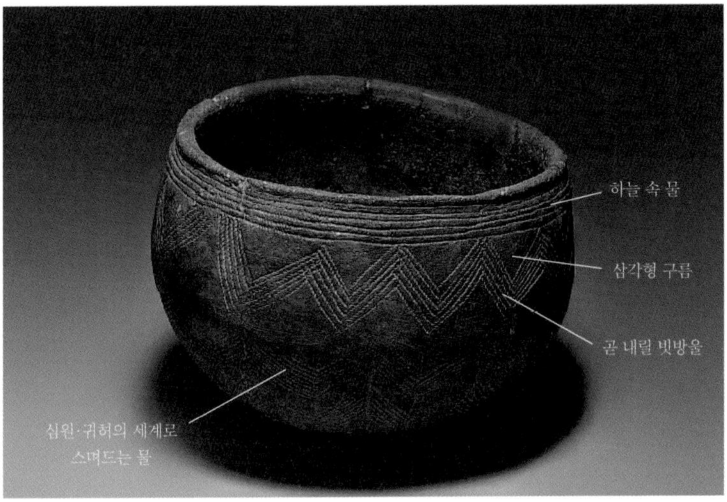

도17 스웨덴 빗살무늬토기. 스웨덴역사박물관

한반도 암사동 그릇과 전체 패턴이 비슷하다. 하늘 속 물 층을 6층으로 하고, 그 바로 아래에 삼각형 구름이 걸려 있다. 삼각형 구름 아래에는 곧 내릴 빗방울을 낱낱이 점을 찍어 표현했다. 그리고 밑굽에는 (위 사진에서는 안 보이지만) 심원의 세계로 스며드는 물(水)을 새겼다.

을 보기로 들었다(2장 **도8 · 13 · 19–26**). 그렇다면 이 그릇 모양은 서로 '어떤 영향' 관계에 있는 것일까. 이런 관점은 현대 사학의 일반적인 문제틀이기도 하다. 하지만 이러한 연구 태도가 꼭 좋은 것만은 아니다. 신석기 어느 A지역 그릇 무늬와 어느 B지역 무늬가 같다고 했을 때, 한국 신석기학계는 A와 B지역은 서로 '영향 관계'가 있다고 정리한다. 그런데 정작 중요한 것은 그 비슷한 무늬가 '무엇'을 '구상'으로 하고 있느냐가 아닐까. 그 구상이 무엇인지 풀지 못한 상태에서 서로 영향 관계가 있다고 하는 것은 말하면서 아무것도 말하지 않는 것과 같다. 정작 중요한 것은 그 무늬가 무엇이냐, 그 구상을 밝히는 것이고, 그 패턴에 담긴 '세계관'을 그려내는 것이다.

이번 장에서는 한반도 빗살무늬토기의 무늬를 크게 다섯 가지(하늘 속 물(水)과 천문(天門), 경계(파란 하늘), 반원(타원)형·삼각형 구름, 빗줄기, 귀허로 흘러가는 비(雨))로 나누고 간략하게 소개했다. 2장에서는 한국

사학계의 신석기 빗살무늬토기 연구의 문제점을 살펴보고, 3장부터는 이것을 세계 신석기 미술사 속에서 하나하나 자세히 밝혀 나갈 것이다.

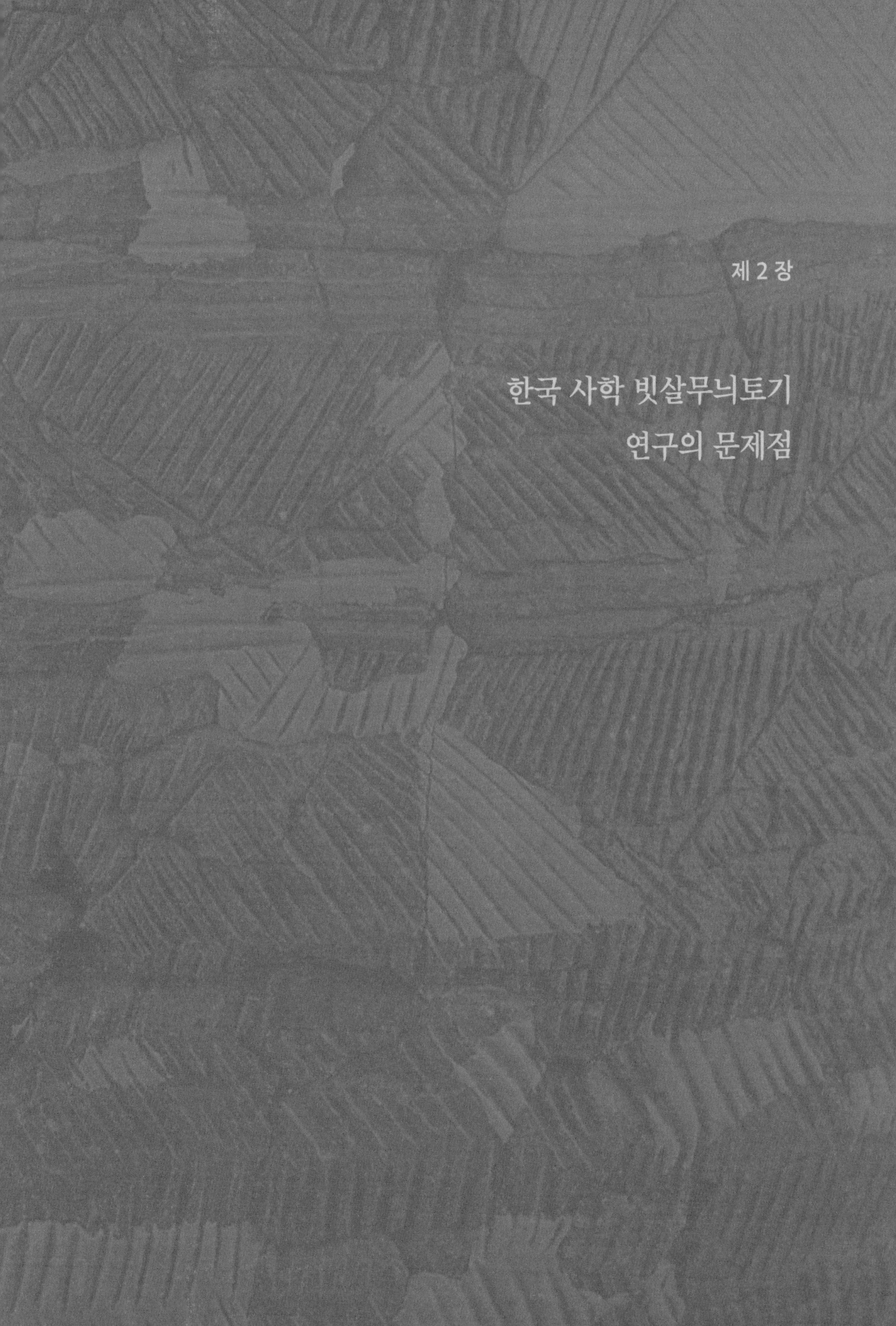

제 2 장

한국 사학 빗살무늬토기 연구의 문제점

2

한국 사학 빗살무늬토기 연구의 문제점

한국미술사의 시작은 황해북도 상원군 흑우리 우물봉 검은모루 동굴의 찌르개(뾰족끝석기)와 주먹도끼 모양 도구에서 시작한다(7장 **도2** 참조). 이 유적을 기원전 70만 년으로 잡고 있다. (북한 사학계는 100만 년으로 본다.) 그다음으로는 경기도 연천군 전곡리에서 나온 주먹도끼다(7장 **도6**). 이 주먹도끼는 기원전 10만 년에서 2만 5천 년 전 생활 도구다. (30만 년에서 2만 5천 년 전으로 보기도 한다.) 그런데 이 구석기는 오늘날 우리가 '보통' 알고 있는 미술과는 좀 거리가 있는 것이 사실이다. 우리에게는 스페인 알타미라 동굴벽화나 프랑스 라스코 동굴벽화 같은 구석기 미술도 없다. 또 오스트리아 빌렌도르프 비너스나 러시아 코스텐키 비너스 같은 구석기 조각품도 없다(7장 **도63**). 그래서 한국미술사에서 구석기 미술은 다루기 힘든 지점이 있다. 물론 신석기 미술 가운데 구석기 '자연주의' 전통이 남아 있는 미술은 있다. 나는 이 책에서 그런 신석기 미술을 몇 점 들기도 했다(6장 **도7** 참조). 그렇다면 구석기를 넘어서 한국미술사의 시작으로 삼을 수 있는 것은 당연히 신석기 빗살무늬토기가 될 것이다. 하지만 한국미술사에서 빗살무늬토기의 '빗살무늬(새김무늬)'에 대한 해석은 전혀 되어 있지 않은 형편이다. 남한 미술사에서는 보통 '생선뼈무늬(어골

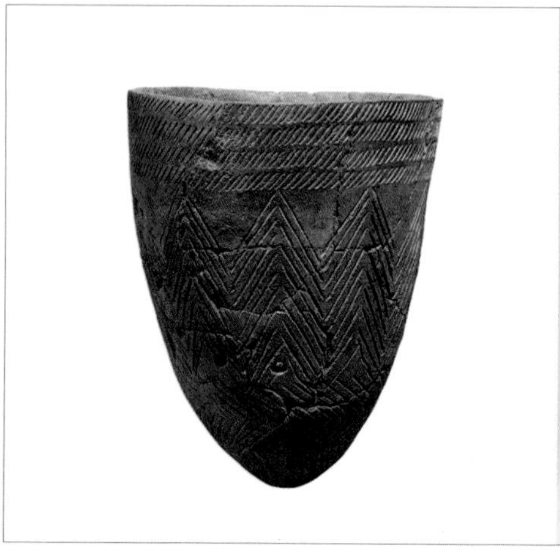

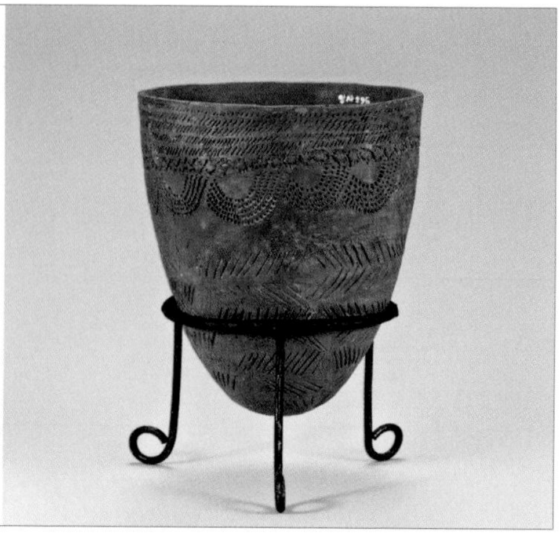

문)'라 하고, 북한 미술사에서는 '전나무잎무늬'라 한다. 또 그도 아니면 '유문(有文 있을유·무늬문)'이라 하고, '기하학적 추상무늬'라 한다.

흔히 신석기 미술의 패턴을 기하학적 추상무늬라 하는데, 왜 신석기인들은 구석기 자연주의와 달리 추상미술을 한 것일까. 그도 1만 년 가까이 말이다. 그 까닭과 내력을 밝히지 않은 채 신석기 미술을 마냥 추상미술이라 하는 것, 이 또한 미술사학의 온당한 태도라 할 수 있을까. 그런데 과연 신석기 미술이 추상미술일까. 구상미술이 아닐까. 어떤 구상을 새긴 것인데 지금껏 우리가 그것을 모르고 있는 것은 아닐까. 이 책은 한반도뿐만 아니라 세계 신석기 미술이 추상미술이 아니라 구상미술이라는 것을 밝히고 있다. 기원전 1만 년에서 1000년, 자그마치 9000년이나 되는 미술이다. 그런데 우리는 우리 미술사에서 가장 긴 시기의 미술을 '생선뼈무늬' '기하학적 추상무늬'라 하고 있다. 이것은 9000년 신석기 미술에 대한 대우치고는 너무 심하지 않나 싶다.

도1 빗살무늬토기. 서울 강동구 암사동. 높이 25.9cm. 국립중앙박물관. 신수22891

도2 빗살무늬토기. 서울 강동구 암사동. 높이 20.8cm. 국립중앙박물관. 신수22712

1925년 을축년 대홍수와 암사동 선사유적지

도1·2 그릇은 서울 강동구 암사동에서 나왔다. 암사동 선사유적지가 세상에 알려지게 된 내력이 있다. 1925년 을축년, 실로 비가 엄청나게 내렸다. 비는 7월 7일부터 9월 초까지 이어졌는데, 그 기간에 태풍 네 개가 한반도를 훑고 지나갔고 그때마다 큰물이 졌다. 이 두 달 동안 우리나라 한 해 비의 80퍼센트가 내렸고, 강수량은 700에서 900밀리미터였다. 전국에서 647명이 숨지고, 집 6,363채가 잠겼다. 그 피해액도 만만치 않았는데, 조선총독부 한 해 예산의 60퍼센트에 맞먹는 1억 3000만 원이나 되었다.

이때 땅이 물에 휩쓸리면서 서울 암사동에서 신석기시대 그릇과 여러 유물이 나온 것이다. 그때는 일제강점기라 일본인 학자들이 유물을 챙겼다. 한국전쟁이 끝난 뒤 1964년 고려대학교 인류고고학회 조사단이 1차 조사 발굴을 하고 그 뒤 2016년까지 열두 차례에 걸쳐 발굴조사가 이루어졌다. **도1·2** 그릇 두 점은 이때 나온 것이다.

도1·2 가운데 **도1**은 우리가 '빗살무늬토기' 하면 바로 떠올리는 그릇이다. 이렇게 된 까닭은 우리나라 역사책과 교과서에 신석기시

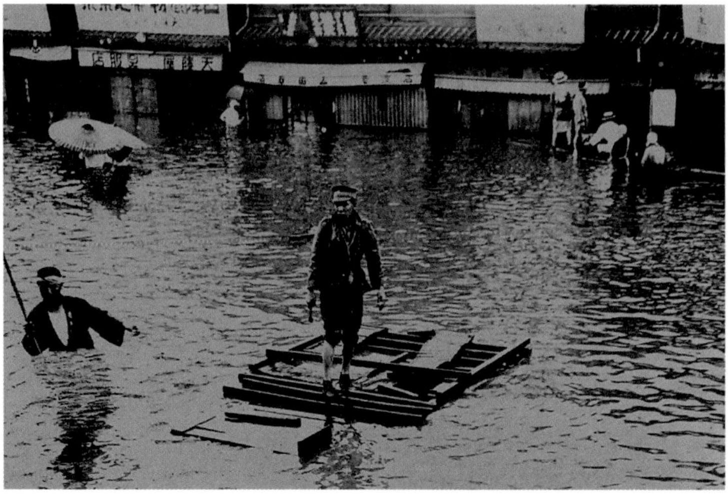

도3 1925년 7월 18일. 을축년 대홍수 때 한강로 삼각지 마을 모습

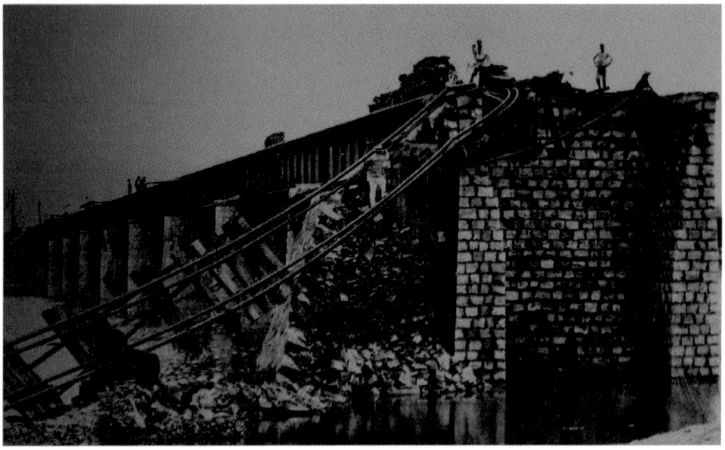

도4 1925년 7월 18일.
을축년 대홍수 때
한강 철도교 모습

대와 빗살무늬토기를 설명하는 장에 이 그릇이 꼭 들어가기 때문이다. 그런데 **도2**는 아마 처음 본 사람이 많을 것이다. 둘 다 암사동에서 나왔는데, 우리는 왜 왼쪽 사진만 보게 된 것일까. 그것은 출판환경과 관계가 있다. 지금은 국립중앙박물관에서 모든 사진을 공개하고 있지만 몇 해 전만 하더라도 출판사는 책을 낼 때 필요한 유물사진을 국립중앙박물관을 비롯하여 여러 박물관에 돈을 주고 사 써야 했다. 출판사에서 빗살무늬토기 사진 한 장이 필요하다고 공문을 보내면 중앙박물관에서 사진 파일을 보내줬다. 그런데 박물관 측에서 유독 이 사진 하나만 주는 바람에 우리나라 역사 교과서를 비롯하여 역사 관련 모든 책에 빗살무늬 그릇 사진은 이 사진 하나만 들어가게 된 것이다. 사실 이것은 역사책을 즐겨 읽는 사람에게도, 역사를 전문으로 공부하는 사람에게도 큰 불행이 아닐 수 없었다. **도1**은 **도2**에 견주어 빗살무늬를 간결하게 표현하고 있고, 좀 투박한 그릇이라 할 수 있다. 그에 견주어 **도2**는 상당히 복잡하다. 무엇보다도 결정적인 차이는 **도2** 그릇이 상상력을 펼칠 때 더 많은 영감을 준다는 데 있다. 이 그릇이 역사 교과서에 실렸다면 우리는 빗살무늬의 비밀을 진작 풀었을지도 모를 일이다.

두 그릇 모두 빗살무늬토기

이 글을 쓰기 전 중3 큰딸에게 **도5·6**을 보여주고 물었다.

"왼쪽 그릇은 뭔지 알겠지?"

"빗살무늬토기잖아요."

"그러면 오른쪽 그릇은?"

"잘 모르겠는데요."

답은 둘 다 '빗살무늬토기'다. 북한 사학계는 '토기'를 '질그릇', '세모형 빗살무늬토기'를 '팽이형 질그릇'이라 한다. 그리고 '빗살무늬'라 하지 않고 '새김무늬'라 한다. 그러고 난 다음 새김무늬의 종류를 점선, 사선 띠무늬, 전나무잎무늬, 격자무늬, 타래무늬, 번개무늬, 점선물결무늬로 나눈다. 북한 사학계 또한 이러한 무늬가 '무엇'을 구상으로 한 것인지 아직 밝혀내지 못하고 있다. **도6**은 북한 빗살무늬토기인데, 하늘 속 물(水) 부분을 보면 점을 찍다 말았다. (하늘 속 물(水) 개념이 아주 낯설겠지만 이는 뒤에 차차 자세히 풀어낼 것이다.) 아니 '일부러' 찍지 않았다고 할 수 있다. 사진에서는 두 군데만 확인할 수 있는데, 아마 네 군데 아니면 다섯 군데일 것이다. 이것은 신석기인의 세계관(방위, 天門)과 관계가 깊다. (천문은 5장에서 자세히 다루었다.)

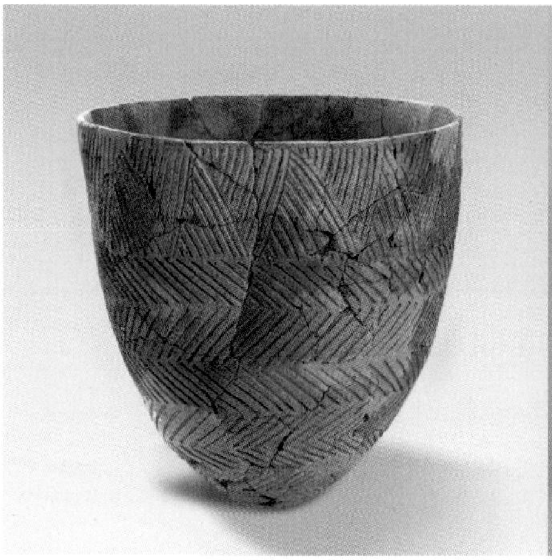

도5 전북 진안 빗살무늬토기. 높이 28.2cm. 국립전주박물관. 全3785

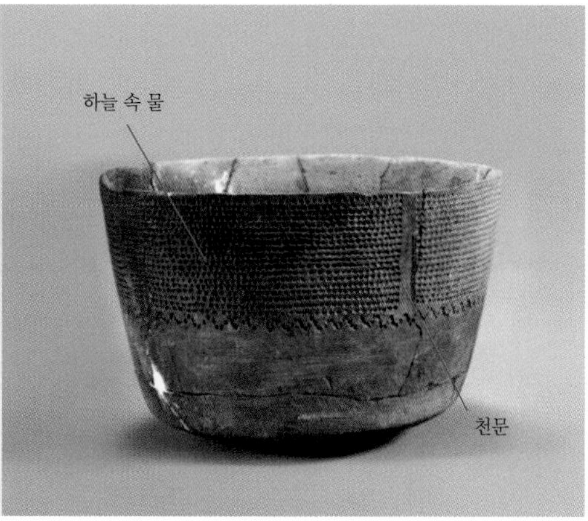

도6 새김무늬그릇. 높이 14.1cm. 황해북도 봉산군 지탑리. 기원전 4000년 후반기

이 통로는 하늘에 있는 문인데, 북한 사학계는 아직 이것이 무엇인지 모른다. 또 이것에 대해 궁리한 글도 찾아볼 수 없다. 물론 우리 사학계도 마찬가지다. 만약 이 통로의 정체를 밝혔다면 북한 사학계는 한반도 빗살무늬토기 패턴의 비밀을 이미 풀고 말았을 것이다. (**도5** 패턴 풀이가 궁금한 분은 6장 **도66·67**을, **도6** 패턴이 궁금한 분은 5장 **도24·25**를 먼저 찾아보면 좋겠다. 물론 천천히 하나하나 밝혀 나갈 것이기에 나중에 읽어도 된다.)

다시, **도5·6**을 가지고 우리나라 대학 사학과 1학년 강의실로 가서 학생들에게 물으면 어떤 답이 나올까. 아마 크게 다르지 않을 것이다. 이렇게 세모형 그릇만을 '빗살무늬토기'로 보는 역사책과 미술사 책도 있다. 대체 왜 이런 일이 벌어진 것일까. 교과서를 비롯하여 역사 관련 책에 '빗살무늬토기' 사진을 실을 때 **도1**만 실었기 때문이다. 정리하면 이렇다. 빗살무늬토기는 한반도 신석기 그릇 가운데 중기와 후기 그릇을 모두 아우르는 이름이다. 신석기 유적마다 디자인(바닥이 뾰족(**도5**)하든 평평(**도6**)하든)도 다르고, 패턴도 차이가 나고, 무늬를 내는 방법도 조금씩 다르지만 가장 많이 볼 수 있는 무늬가 빗살무늬이기 때문에 이 이름을 쓰는 것이다.

지금은 한반도 중·후기 신석기인이 빚어 쓴 그릇을 '빗살무늬토기'라 하는데 몇십 년 전만 하더라도 일본과 한국, 북한 사학자들은 즐목문토기, 즐문토기, 유문토기, 무늬토기, 기하문토기, 새김무늬토기라 했다. 물론 저마다 이 그릇 명칭을 왜 이렇게 써야 하는지에 대해 논리를 세웠고, 때로는 다른 명칭의 문제점을 비판했다. 하지만 정작 이 '빗살무늬'가 무엇을 새긴 것인지는 궁리하지 않았다. 그저 '점·선·원의 기하학적 추상무늬'라고만 할 뿐이었다. 사실 이 말은 모른다는 말을 좀 고상하게 돌려서 하는 말일 것이다. 더구나 빗살무늬의 비밀을 풀고 나면 이 무늬가 기하학하고는 아무런 관련이 없다는 것을 알 수 있다.

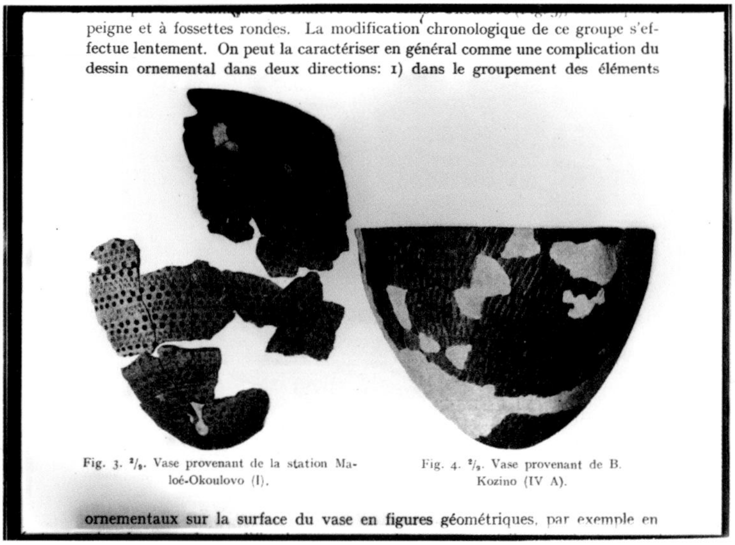
peigne et à fossettes rondes. La modification chronologique de ce groupe s'effectue lentement. On peut la caractériser en général comme une complication du dessin ornemental dans deux directions: 1) dans le groupement des éléments

Fig. 3. ²/₃. Vase provenant de la station Maloé-Okoulovo (I).

Fig. 4. ²/₃. Vase provenant de B. Kozino (IV A).

ornementaux sur la surface du vase en figures géométriques, par exemple en

도7 유럽 빗살무늬 토기 책 사진. 국립중앙박물관. 유리건판9345

책 제목은 알 수 없으나 프랑스 고고학 책이다. 프랑스 학자는 이 그릇과 무늬를 두고 '기하학적 형상figures géométriques'이라 한다. 유럽 학계는 아직 이 그릇과 무늬를 해석하지 못하고 있다.

'빗살'을 국어사전에서 찾아보면 "빗의 가늘게 갈라진 낱낱의 살", "내리 뻗치는 빗줄기"라 나와 있다. 이 두 뜻 가운데 우리 학계에서 쓰는 뜻은 첫 번째다. 나는 두 번째와 가깝다. '가깝다'고 하는 까닭은 우리 신석기 '빗살무늬'에는 빗줄기(雨)도 있지만 '물(水)'이나 '비구름(빗방울을 안고 있는 구름)'을 뜻하는 '짧은 빗금'과 '점'도 있기 때문이다. 나는 '비구름무늬'를 제안한다. 이 책을 읽고 나면 왜 이 무늬 이름을 제안하는지 수긍이 갈 것이라 확신하다. 다만 이 책에서는 논의의 혼란을 피하기 위해 지금의 '빗살무늬' 이름을 그대로 쓸 것이다.

후지다 료사쿠와 한국 빗살무늬토기

도9 그릇 조각은 1916년 용강용반리유적(평안남도 용강군 해운면 용

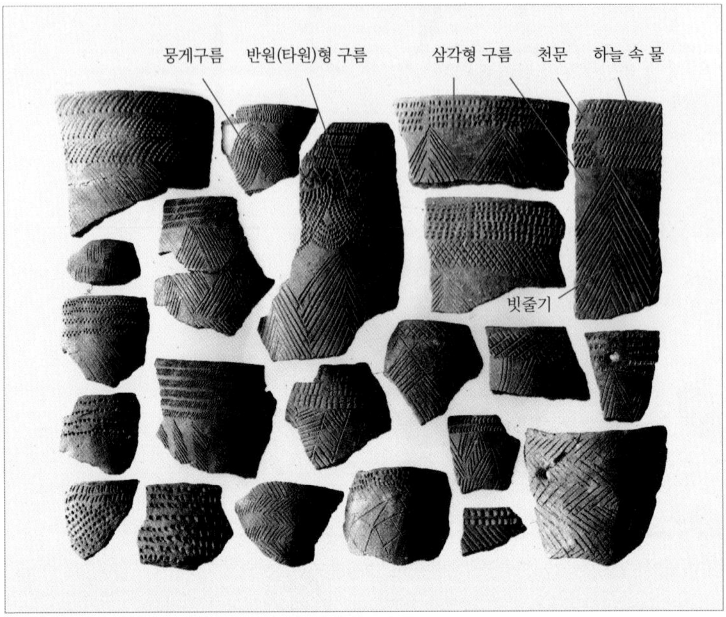

도8 서울 강동구 암사동 빗살무늬토기 조각. 국립중앙박물관. 유리건판16265

사진 속 토기 조각은 국립중앙박물관 이미지 자료에서 찾을 수 없었다. 아마도 일본에 가 있지 않을까 싶다.

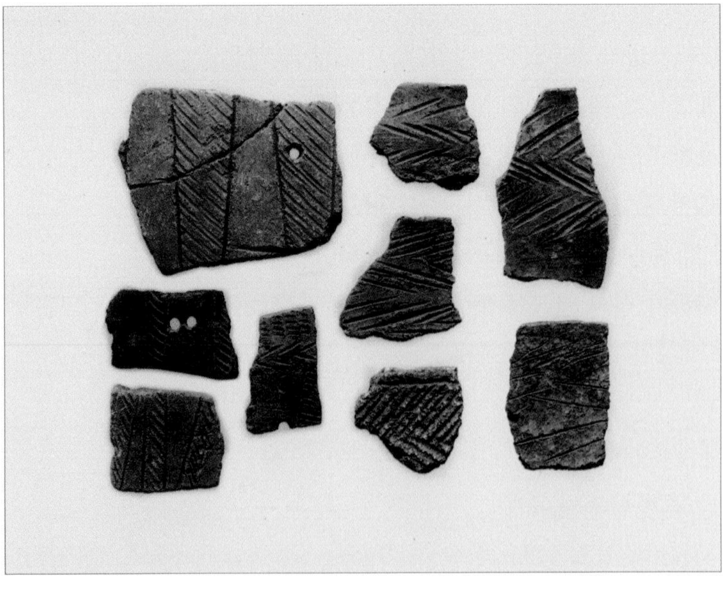

도9 평안남도 용강용반리유적 빗살무늬토기. 국립중앙박물관. 유리건판24862

반리, 기원전 3000년)에서 나왔는데, 일본 고고학자 도리이 류조(鳥居龍藏 1870~1953)가 발굴 조사한 것으로 알려져 있다. (국립중앙박물관 이미지 자료에서 유리건판 속 토기 조각은 찾을 수 없었다.) 한반도 빗살무늬토기는 1925년 서울 강동구 암사동에서 처음 나온 것으로 알고 있지만 이 사진만 봐도 그전에 나왔다는 것을 알 수 있다. 이 빗살무늬토기가 한반도에서 가장 먼저 나온 것이라면 벌써 106년이 되어간다.

유리건판 **도8**을 보자. 이 건판은 일제강점기 어느 일본 학자가 찍어둔 것이다. 아마 일본 고고학자 후지다 료사쿠(藤田亮策 1892~1960)일 것이다. (1925년 암사동을 첫 지표조사한 요코야마 쇼자부로일 수도 있다.) 우리나라 빗살무늬토기 연구는 그로부터 시작되었다. 후지다 료사쿠는 1930년 『청구학총』 2집에 논문 「즐목문토기의 분포에 대하여」를 발표한다. 그는 이 글에서 빗살무늬가 저 멀리 북유럽 핀란드와 서유럽 독일, 시베리아, 한반도, 알래스카와 북미주까지 걸쳐 있다 하면서 북방문화의 한 파문으로 보았다. '1930년'이면 1925년 을축년 대홍수 때 서울 강동구 암사동에서 빗살무늬토기가 나온 지 다섯 해째 되는 해다. **도8** 그릇 조각 또한 암사동에서 나온 것이다. 그는 사학자답게 유럽의 질그릇pottery 이론 책부터 들춰봤다. 놀랍게도 그 책에는 세모형 그릇도 있고(**도7**), 패턴 또한 비슷했다. 하지만 그는 이 무늬의 비밀을 풀지 못했다. 어느 프랑스 학자가 이 그릇과 무늬를 두고 '기하학적 형상'(**도7**)이라 했듯 그 또한 빗 모양 무늬새기개로 문양을 긁어 구운 그릇이라고만 할 뿐이었다.

후지다 료사쿠는 **도8**에 해답이 있는데도 끝내 그것을 알아보지 못했다. 우선 **도8**에서 윗줄 가장 오른쪽 그릇 조각을 보면, 위쪽을 짧은 빗금으로 5층 새겼고 아래쪽은 빗금을 양쪽으로 길게 새겼다. 아래 빗금은 '물고기뼈(魚骨文)'가 아니라 '삼각형 구름'에서 내리는 '비(雨)'다. (우리 사학계는 결정적으로 이 '삼각형 구름'을 보지 못했다!) 위 짧은 빗금 부분은 '하늘 속'인데, 우리가 맨눈으로 볼 수 있는 '파란 하

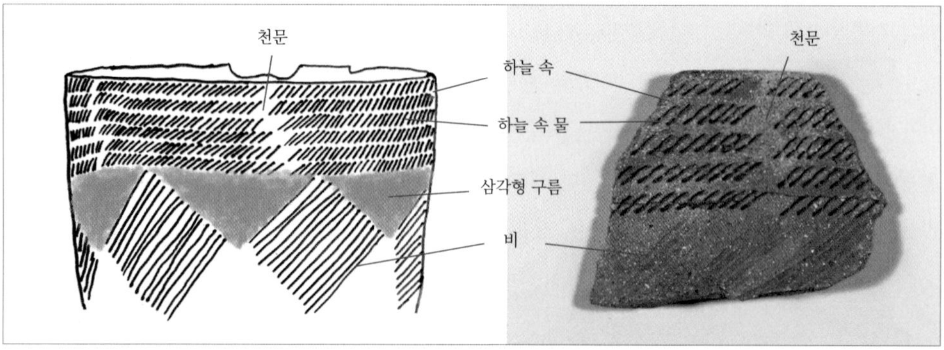

늘'이 아니라 그 하늘 너머 '속'이다. 이 하늘 속에 짧은 빗금을 그어 물(水)이 가득 차 있다는 것을 표현한 것이다. 그런데 여기에 정말 중요한 것이 하나 더 있다. '하늘 속' 왼쪽을 보면 빗금을 긋지 않은 곳이 있다. 긋지 않은 곳은 층층이 그 자리가 다른데, 이것은 암사동 신석기인의 '천문(天門)' 세계관이다. 이 통로(天門)를 통해 뭉게구름, 삼각형 구름, 반원(타원)형 구름이 나온다. **도9**에서만 이런 천문(天門)을 다섯 곳에서나 볼 수 있다. 신석기 천문(天門) 세계관에 대해서는 5장에서 자세하게 다루었다.

도10 빗살무늬토기. 서울 강동구 암사동

도11 빗살무늬토기. 서울 강동구 암사동. 국립중앙박물관. 고적19816

후지다 료사쿠와 한국 사학계가 놓친 것

도10은 빗살무늬토기 아가리부터 몸통까지다. 하늘 속 물 층을 6층으로 새겼는데, 이 물 층에 빈 공간을 두었다(그릇 사진은 3장 **도2**). **도11**은 물 층을 5층으로 새겼고, 마찬가지로 사이에 빈 공간을 두었다. 앞에서도 잠깐 말했듯이 나는 이것을 천문(天門)으로 본다. 세계 신석기인들은 구름에서 비가 내린다는 것은 알았다. 하지만 그들로서는 이 구름이 도대체 어디에서 오는지 알 수 없었다. 지금은 누구나 바닷물이 수증기로 올라가 구름이 된다는 것을 안다. 그러나 그들은 이 사실을 알 수 없었다. 오늘 쨍쨍 맑았는데 그다음 날 갑자기 하늘을 시커멓게 덮어버리는 구름을 봤을 때 그들은 두려웠다. 저 구름이 어디에서 오는지 알 수 없었기 때문이다. 그들은 구름이 어디에서 오는지 세계관 속에서 해결해야만 했다. 다시 말해 구름의 '기원'을 풀어야만 했던 것이다. 세계 모든 신석기인이 그런 것은 아니지만 상당수 나라 신석기인들은 구름의 기원을 '하늘 속 물(水)'로 봤고, 그 물이 하늘문(天門)을 통해 이 세상으로 나온다고 보았다. 서아시아 히브리인들, 중국과 한반도 신석기인, 미국 아칸소 신석기인(5장 **도7**, 12장 **도11**)을 들 수 있다. 일본 신석기 조몬인들은 그렇지 않았다. 일본 신석기 미술에서 천문(天門)은 찾을 수 없다. 일본 미술에서 천문은 야요이와 고분시대 미술에서 볼 수 있다. 물론 이 세계관은 한반도에서 간 것이다. 이 천문(天門) 세계관은 암사동 신석기 미술에서 가장 중요한 세계관이고, 이 세계관은 그 뒤 한국미술의 핵심 세계관이 된다. 뒤에 자세히 다루겠지만 궁금하다면 일단 이 책 5장을 먼저 읽어도 좋겠다. **도10 · 11** 패턴 풀이가 궁금한 분은 5장 **도4 · 5 · 26 · 27**을 먼저 찾아 설명글을 읽어보면 좋겠다.

암사동 신석기 빗살무늬토기에서 볼 수 있는 천문(天門)은 한반도 신석기 세계관을 풀 수 있는 아주 중요한 실마리다. 하지만 우리 사학계는 이 천문(天門)을 읽어내지 못했다. 딱 한 사람 홍은경이 이 통로를 보았다. 하지만 그는 이것을 단지 '여백'이나 '공백'으로만 볼 뿐이었다.

> 시문 단위의 끝부분은 시작 부분에 비해 **시분 각도**가 작아지고, 문양소의 형태도 **흐트러지게** 될 것이다. (……) 처음 손과 시문구를 조정한 상태에서는 의도한 각도대로 문양을 찍을 수 있겠지만 오른쪽으로 갈수록 단사선문의 각도는 작아지게 된다. 더 이상 시문을 진행하는 것이 불가능하다고 판단되면 시문자는 진행을 멈추고 여러 조건을 재조정하게 될 것이다. 간혹 일정거리마다 **공백**을 두고 단사선문이 시문된 경우

가 있는데, 이러한 공간이 시문 단위의 존재를 말해주는 한 증거라 하겠다.[1)]

여기서 '단사선문(短斜線文 짧을단·기울사·줄선·무늬문)'은 말 그대로 짧은 빗금무늬인데, 옆으로 살짝 기운 선이다. **도10 · 11**에서 '하늘 속 물(水)'을 말한다. 홍은경은 오른손잡이 신석기인이 짧은 빗금을 새길 때 각도나 빗금 길이가 흐트러지면 일단 멈추고 공백을 둔 다음 다시 처음부터 각도와 길이를 조정한다고 보았다. 하지만 **도11** 하늘 속 짧은 빗금(水) 무늬를 보면 알 수 있듯이 그러한 흔적은 찾아보기 힘들다. 각도도 길이도 흐트러지지 않았다. 그런데도 암사동 신석기인은 일부러 이 공간을 두었다. 암사동 빗살무늬토기 가운데 이렇게 하늘 속에 천문을 새긴 그릇을 보면 이를 확인할 수 있다.

1) 홍은경, 「중서부지역 신석기시대 토기의 시문기법과 문양」, 『한국 신석기시대 토기와 편년』(진인진, 2014), 142쪽

국립중앙박물관 e뮤지엄에는 **도12** 같은 이미지 자료가 6,438장이나 올라와 있다(2021년 9월 2일 기준). 이미지 사진은 토기 한 점만 찍은 것도 있고, **도12**처럼 토기 조각을 한꺼번에 수십 개 올려놓은 것도 있다. 나는 이 사진을 모두 다운받아 확대해서 살펴보았다. **도12**에서 하늘 속 천문(天門)이 새겨져 있는 조각은 넉 점이다.

만약 후지다 료사쿠가 이 통로의 정체를 알았다면, 그리고 마침내 빗살무늬를 해석했다면 우리 선사시대 역사는 지금과는 아주 달라졌을 것이다. 중국의 신석기 채색토기도, 일본의 조몬토기도 해석할 수 있었을 것이다. 하지만 안타깝게도 그도, 그 뒤 우리도 이것을 놓치고 말았다.

한국 사학계와 빗살무늬토기

학자들은 '빗살무늬'를 대체로 다음과 같이 보아 왔다. 김원용은 손톱무늬(爪文 손톱조·무늬문)·생선뼈무늬(『韓國考古學概說』, 일지사, 1991,

28쪽), 유홍준은 기하학적 추상무늬·어골문(『유홍준의 한국미술사 강의 1』, 눌와, 2012, 31쪽), 이건무·조현종은 어골문·기하학적 무늬(『한국미의 재발견-선사 유물과 유적』, 솔, 2003, 27쪽), 이이화는 어골문(『한국사 이야기1-우리 민족은 어떻게 형성되었나』, 한길사, 2006, 108쪽), 김양동은 빗살무늬(『한국고대문화 원형의 상징과 해석』, 지식산업사, 2015. 73쪽), 북한 사학계는 새김무늬(김순영 외, 『조선미술사』, 학민글밭, 1993, 12쪽)라 하고 있다. 또 미까미 쓰기오(三上次男), 미야모토 가즈오(宮本一夫), 김동주, 김정배는 유문토기(有文土器)라 한다. 그릇에 무늬(文)가 있다(有) 해서 '有文土器'라 하는데, 사실 이 이름만큼 비학문적인 이름도 없을 것이다. 물론 기하문이나 빗살문에 동의하지 않는다는 의미로 유문(有文)이라 했겠지만, 그렇다 하더라도 이런 이름은 말하면서도 아무것도 말하지 않는 것과 같다. 이 또한 신석기 빗살무늬토기의 패턴이 무엇인지 모르기 때문에 벌어진 일이기도 하다.

이 가운데 이건무·조현종, 이이화의 빗살무늬토기 설명글을 아래에 들어 본다.

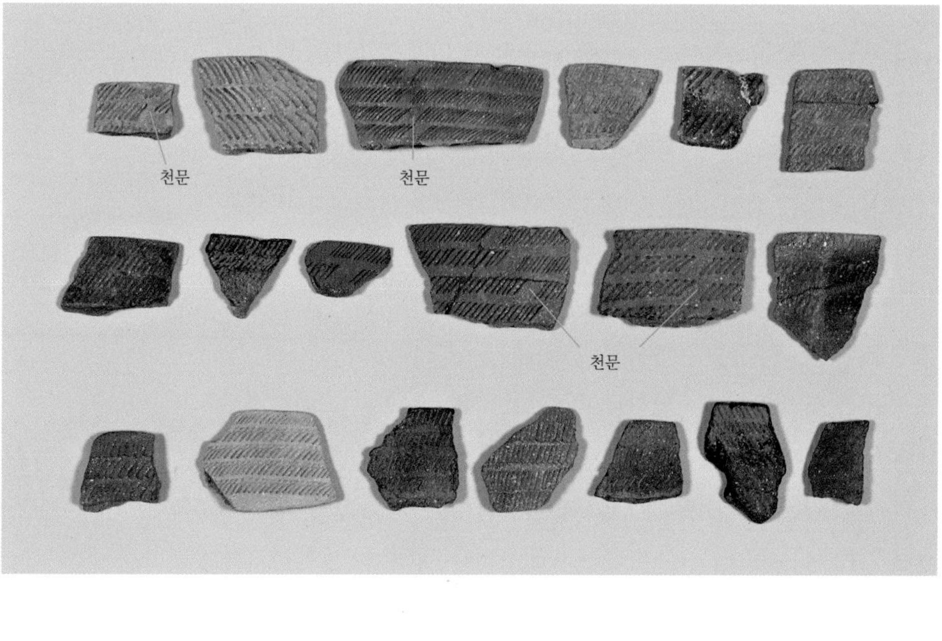

도12 암사동 빗살무늬토기 조각. 국립중앙박물관. 신수22837

> 빗살무늬토기는 **빗 모양의 무늬새기개**를 이용하여 그릇의 겉면에 각종 **기하학적 무늬**를 구성한 것으로 우리나라 신석기 문화를 대표하는 토기이다. 무늬 구성은 (……) 이른바 **생선뼈무늬(魚骨文)**를 비롯해서 다양하다. 이러한 기하학 무늬는 원래 스칸디나비아반도에서 바이칼·몽골까지 퍼졌던 **고대 시베리아인**들과 관련된 것으로서 시베리아를 거쳐 한반도에 퍼진 것으로 생각된다.[2)]

> 빗살무늬토기는 겉면에 빗살 같은 무늬를 찍거나 그어서 새겨 넣고 **점, 선, 원 따위의 기하학적 무늬**를 배합해 만든 질그릇이다. 이 토기에 나타난 무늬가 얼핏 보면 **머리카락을 빗질한 것처럼 보여서 즐문(櫛紋)**이라고도 하였다. 그러나 이 무늬는 빗질한 머리카락을 본뜬 것이 아니라 **물고기뼈** 따위의 여러 모양을 그린 것이다. (……) 토기에 나타난 무늬는 그은 방향이나 모양이나 배합이 복잡하고 다양하여 **일정한 틀을 제시하기가 매우 어렵다**.[3)]

학자들은 어떤 유물이나 무늬를 연구할 때 먼저 그 '기원'을 찾고 영향 관계부터 살핀다. 한때 우리는 이건종·조현종처럼 한반도 빗살무늬토기를 북유럽에서 출발해 "시베리아를 거쳐 한반도에 퍼진 것"으로 보아 왔지만 지금은 이렇게 보지 않는다. 시베리아 빗살무늬와 한반도 빗살무늬는 애당초 다르고, 발굴 조사 결과 시베리아보다 더 먼저 빗살무늬를 새겼기 때문이다. 하지만 세계 신석기 문화에서 빗살무늬를 살펴보면 이도 그렇게 중요한 문제가 아니다. 또 그 무늬가 '무엇을' 새긴 것인지 알게 되면 빗살무늬를 보는 문제틀은 바뀔 수밖에 없다.

이이화는 빗살무늬토기를 "점, 선, 원 따위의 기하학적 무늬를 배합해 만든 질그릇"으로 본다. 그는 빗살무늬를 "얼핏 보면 머리카락

2) 이건무·조현종, 『선사 유물과 유적』(솔, 2003), 27쪽

3) 이이화, 『한국사 이야기1-우리 민족은 어떻게 형성되었나』(한길사, 2006), 108쪽

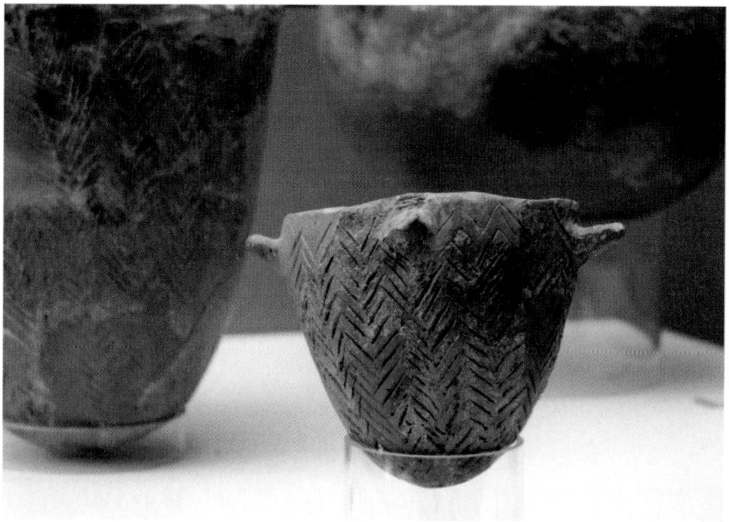

도13 스페인 발렌시아 신석기 빗살무늬토기. 발렌시아 선사시대 박물관

아가리 쪽에 손잡이를 네 개 달았다. 몸통에 새긴 무늬는 우리 한반도 빗살무늬토기와 똑같다. 더구나 그 모양도 같다. 아가리 쪽에 삼각형 구름(云) 띠무늬를 빙 둘러 새기고, 그 아래에서 양쪽으로 내리치는 빗줄기(雨)를 새겼다.

을 빗질한 것처럼" 보여서 "빗질한 머리카락을 본뜬 것"으로 보는데, 그게 아니라 "물고기뼈 따위" 모양을 그린 것으로 확신한다. 그런데 무늬의 "방향이나 모양이나 배합이 복잡하고 다양하여 일정한 틀을 제시하기가 매우 어렵다"고 한다. 뒤에 자세하게 논하겠지만 한반도 빗살무늬토기는 '기하학'하고는 아무런 관련이 없다. 또 물고기뼈 따위를 그린 것도 아니다. 세계 신석기 그릇의 패턴을 들여다보면 한반도 암사동 신석기인이 새긴 패턴도 그와 본질적으로 같은 것이다. 다만 우리 한국 사학계는 근대사학 100년 동안 '기하학적 추상무늬'라 하면서 처음부터 그 논의를 포기했다고 볼 수 있다. 기하학적 추상무늬라 해 놓으면 더 이상 논의가 불가능하다. 애당초 '알 수 없는 무늬'인데 어떻게 논의가 가능하겠는가. 세계 고고학계에서 빗살무늬를 '생선뼈무늬'라 하는 학자는 없다.

김양동의 빛살무늬론 비판

역사가에게는 지식도 중요하지만 기록이 없는 선사시대를 연구할 때는 유물이 그 기준이 될 수밖에 없다. 오늘날의 유튜브 동영상 같은 자료라 할 수 있다. 문제는 이 유물을 대하는 태도다. 역사가는 일단 유물을 꼼꼼히 들여다보고 거기서 실마리를 찾을 수밖에 없다. 빗살무늬의 비밀을 풀 때도 이는 마찬가지이다. 김양동은 『한국고대문화 원형의 상징과 해석』에서 '빗살무늬'를 '빛살무늬'로 이름을 고쳐야 한다고 주장한다. 그 알맹이가 되는 부분을 아래에 그대로 옮겨본다.

> 토기는 곡식 저장과 음식물 조리의 필요성에서 만들어진 문명의 도구다. **저장과 조리는 농경 생활로 진입했음을 의미**한다. **농경의 첫째 조건은 일조량**이다. 나는 신석기시대 사람들이 초기 **농경 생활에서 필요한 토기**를 만들고, 그 표면에 그들의 원시신앙인 **태양에 대한 경배심과 풍부한 일조량, 풍년을 기원하는 주술적 염원** 등을 나타낸 것이 빛살무늬라고 해석한다. 그러므로 이 문양은 절대로 '빗살무늬(櫛文)'가 될 수 없고, 분명히 태양의 빛살을 상징한 물징物徵으로 해독하는 것이 가장 바르다고 생각한다. (……) 요컨대 **'빛살무늬토기'의 상징은 태양 숭배 사상이 문양으로 변환된 것이지, '빗살무늬토기(櫛文土器)'식의 즉물적 명칭은 한국 최초 문양의 상징 해석으로선 도저히 알맞지 않다는 것이다.** (……) 고대 한민족은 상고시대부터 천손족(天孫族)으로 자처하는 **태양 숭배족**이었기에 (……) 가장 확실한 증거는 **토기를 엎어놓고 문양을 평면으로 환치하거나 엎은 토기를 위에서 내려다보면 영락없는 해바라기와 같은 태양문**이 되는데, 이것이 태양의 빛살을 문양화한 명확한 물징임을 보여주는 것이다(**도14**). 부정할 수 없는 이런 사실과 증명 때문에 '빗살무늬'는 '빛살무늬'라고 고쳐 불러야 하며, 동시에 우리의 시원 사상에 대한 해석도 바로잡아야 한다는 견해를 제시한다.[4]

2015년 이 책이 나오자 여러 언론사에서 인터뷰를 한다. 그 인터뷰의 중심 내용은 '빛살무늬'였다. 그의 빛살무늬론은 2004년 임영주가 『한국의 전통 문양』(대원사) 23쪽에서 이미 한 말이기도 하다. 임영주는 김양동이 근거로 드는 경희대학교 박물관 빗살무늬토기 한 점을 들고, 이 그릇을 밑굽에서 위로 올려다보면 '태양무늬'가 된다고 한다. 그러니까 김양동의 빛살무늬는 임영주의 태양무늬와 같은 것이다.

4) 김양동, 『한국고대 문화 원형의 상징과 해석』(지식산업사, 2015) 70~73쪽

나는 김양동의 의견에 동의하지 않는다. 우선 농경의 첫째 조건은 일조량(해)이 아니라 '강수량(비)'이다. 가뭄이 들 때 제사의 대상은 해가 아니라 하늘과 물의 신 용이다. 예나 지금이나 농사꾼을 힘들게 하는 것은 해가 아니라 언제나 비와 바람이었다. 그래서 단군신화에서도 환웅은 하늘에서 내려올 때 바람과 비와 구름을 관장하는 풍백(風伯), 우사(雨師), 운사(雲師)를 거느리고 내려오는 것이다. 중국과 한반도 고대인에게 해는 희랍 기하학의 공리(公理)와 같은 것이었다. 중국 고전에서도 만물의 변화는 해가 아니라 언제나 구름과 비, 안개와 먼지에서 비롯한다. 불교에서도 일화생(日化生)이라 하지 않고 연화화생(蓮華化生)이라 하듯, 이 세상 만물은 해(日)에서 비롯한 것이 아니라 물(水)에서 태어난다고 본 것이다.

김양동은 농사와 그릇, 농사와 해를 관련지어 설명하는데, 지금까지 발굴한 신석기 유적지에서는 농경과 목축의 흔적을 찾지 못했다. 2003년 충북 청주 소로리에서 기원전 1만 2520년 전 볍씨 127톨이 나왔고, 세계 사학계는 이 볍씨를 세계에서 가장 이른 시기의 재배 볍씨로 인정하기는 했다. 이 시기는 구석기 말이다. 그래서 더 놀랍고, 아직도 여전히 논쟁 중이다. 또 1991년 경기도 고양 가와지에서 기원전 3000년 전 신석기 볍씨가 나왔다. 하지만 이 볍씨만으로는 농사의 시작 시점을 명확하게 잡을 수 없는 형편이다. 농사 도구나 농경의 흔적이 같이 나와야 하기 때문이다. 물론 서포항유적(기원

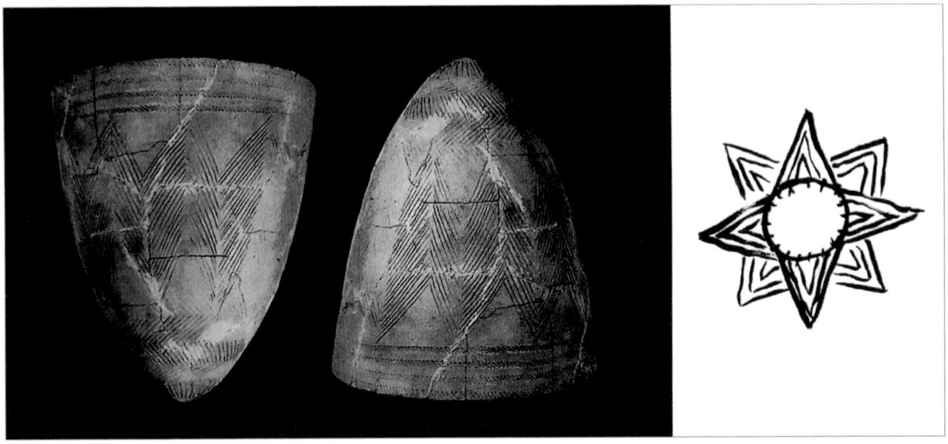

김양동은 왼쪽 빗살무늬토기 그릇을 뒤집어 놓고 위에서 내려다보면 그 무늬가 빛살, 햇살이 틀림없다고 한다.
하지만 위에서 내려다보고 그린 평면 그림(가장 오른쪽)이 아주 잘못되었다.

도14 김양동이 근거로 든 태양문

전 5000~3000년, 함경북도 웅기)에서 조개반달칼, 지탑리유적(기원전 4000~3000년, 황해도 봉산)에서 돌낫, 범의구석유적(기원전 3000년, 함경북도 무산)에서 곰배괭이가 나와 이때 원시적인 농사를 시작했다는 것을 짐작할 수 있다.

지금 우리 고고학계에서는 한반도 신석기 농사의 시점을 기원전 4000년쯤으로 잡고 있다. 그런데 그릇을 빚어 쓴 것은 이보다 훨씬 전이다. 우리나라에서 가장 오래된 신석기 유적지는 제주특별자치도 제주시 한경면 고산리유적인데, 이곳에서 기원전 1만 년에서 8500년 전 토기가 나와 우리나라 신석기 시대를 기원전 1만 년까지 내려 잡고 있는 형편이다. 농사를 지으면서 그릇을 빚은 것이 아니라 그릇이 농사보다 훨씬 전에 만든 신석기 발명품인 것이다. 더구나 일본은 신석기(조몬시대) 1만 년 내내 농사를 짓지 않았다. 그들은 세계에서 가장 이른 시기에 질그릇을 빚어 썼고, (물론 구석기 말 그릇을 모르는 것은 아니다.) 세계 신석기인이 그렇듯 한곳에 머물러 살았지만 농사는 짓지 않았다. 이런 사례는 아주 독특한 경우이지만 세계에서 그 예를 찾으면 얼마든지 더 찾을 수 있다. 다시 말해 농사와 토기는 필요충분조건이 아니라는 것이다. 그런데 우리는 토기 하면, 곡식의 저장과 조리, 농사의 시작 같은 개념을 바로 떠올린다.

신석기 농사와 관련하여 세계 고고학계는 기원전 1만 년에서 8000년 사이 지금의 터키 아나톨리아 반도 서부에 살던 농경민들이 유럽에 농사를 전했고, 이스라엘·요르단 사람들이 남쪽 아프리카 동부로, 이란 자그로스 산맥에 살던 사람들이 북쪽 유라시아 초원과 동쪽 남아시아로 건너가 농사 기술을 전했을 것으로 본다. 전형적인 '단일기원설'이고 '전파설'이라 할 수 있는데, 이런 연구 태도는 세계 고고학에서 아주 자명한 것이기도 하다. 하지만 구석기와 신석기 미술을 볼 때 이런 관념과 태도는 별 도움이 되지 않는다. 나는 세계 벼농사의 시작도 어느 한곳에서 맨 처음 짓기 시작해 다른 곳으로 퍼졌다고 보지 않는다. 이런 태도를 '다중기원설'이라 하는데, 신석기 미술을 볼 때는 이런 관점과 태도가 훨씬 더 적절하다.

김양동은 신석기 한반도에 '태양숭배사상'이 있었고, 그것을 '빛살'무늬로 형상화했다고 한다. 하지만 이는 그야말로 밑도 끝도 없는 주장이다. 내가 살펴본 바로는 신석기와 청동기 미술에서 '해'를 구상으로 하는 미술이나 패턴은 단 한 점도 없었다. 또 그 이후로도 없다. 다시 말해 한반도 선사시대에 태양숭배사상은 찾아보기 힘들다는 점이다. 이는 중국도 마찬가지이다. 흔히 우리 고고학계는 청동기시대 청동거울 다뉴세문경 무늬가 햇살을 표현했다고 보지만 알고 보면 그도 아니다. 이는 한국미술사 두 번째 권 청동기 미술사에서 아주 자세하게 밝힐 것이다. 일단 얼마 전에 발표한 논문 「국보 제141호 다뉴세문경 기본 무늬와 세계관 연구」(인문사회21, 11권3호, 2020)를 참고하길 바란다. 이 논문은 암사동 빗살무늬토기 패턴을 기본으로 하여 국보 제141호 청동거울의 디자인과 패턴을 푼 논문이다. 이 논문은 우리나라 최초의 청동거울 패턴 분석글이기도 하

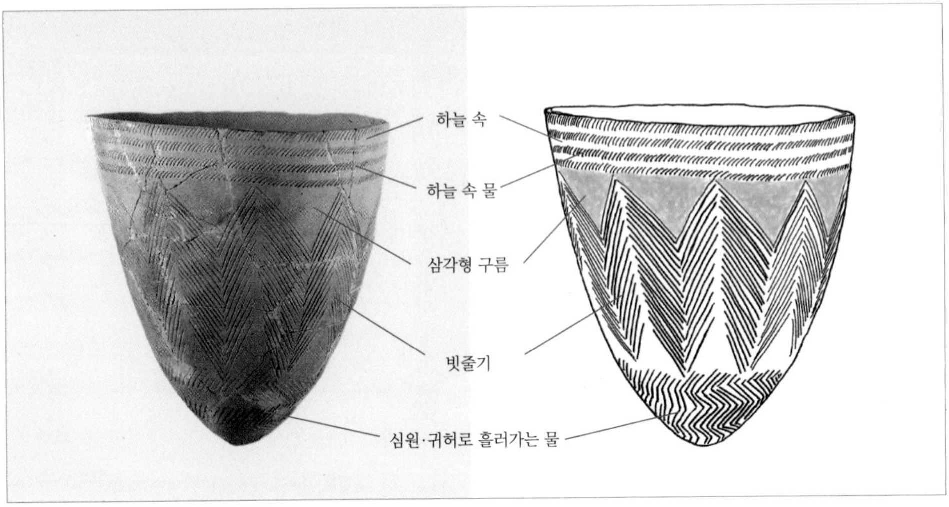

도15 빗살무늬토기. 서울 강동구 암사동. 높이 40.5cm. 경희대학교박물관

도16 도15를 그림으로 그린 것

다.

김양동이 보기로 든 빗살무늬 그릇은 경희대학교박물관에 있는 그릇(**도15**)이다. 그는 이 그릇을 종이그릇이라 가정하고 엎어놓은 다음 밑굽을 발로 살짝 누르면 펴진다고 했을 때, 그 무늬는 가운데 밑굽(해)을 중심으로 퍼져나가는 빛살(햇살)이 된다고 한다. 굳이 이럴 필요도 없이 엎어놓고 내려다보면 그 빗금이 빛살처럼 보인다고 한다. 그리고 그 옆에 이 그릇을 바닥에 펼쳤을 때 문양을 직접 그려 놓았다(**도14**). 그런데 이 문양 그림이 아주 잘못되었다. 미술을 할 때 이런 불철저함은 연구에 도움이 되지 않을뿐더러 더구나 자신의 주장을 증명하는 근거가 될 수도 없다.

한반도 빗살무늬토기의 무늬를 해석할 때는 일단 그림으로 그려 보고, 이 그림에서 구름(云) 부분에 색을 칠하고 보면 전체 무늬가 확연히 드러난다. 암사동 빗살무늬토기를 연구할 때 처음에는 '삼각형 구름'이 보이지 않았다. 그런데 색을 입히고 보니 달리 보였다. 그리고 무엇보다도 신석기 장인이 되어 직접 무늬를 새겨 보니 하나하나 알 수 있었다. 문방구에서 파는 진흙을 사와 빚어 보고, 새겨 보면

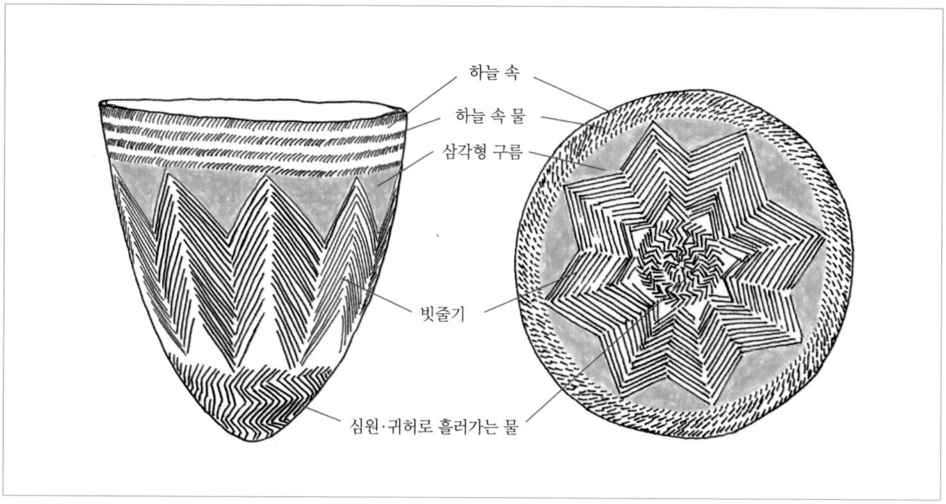

왜 그들이 이런 무늬를 새겼는지 짐작할 수 있다. 신석기 장인은 하늘 속 물 층을 짧은 빗금으로 4층 새겼다. 이 물이 세상에 구름(云)으로 나오고, 이 구름에서 비(雨)가 내리는 것이다. 마침내 비는 세상 만물을 깨우고, 그에 힘입어 만물이 태어나고 살아가다 저세상으로 떠난다. 물론 사람 또한 그렇다. 그렇게 비가 내려 땅을 촉촉이 적시고 다시 심원(深源)의 세계로 스며든다. 이 심원은 그들로서는 알 수 없는, 아득히 먼 곳(深遠)이기도 하다. 열자는 이곳을 '귀허(歸墟)'라 한다. 심원, 귀허에 대해서는 11장 '밑굽 패턴과 바닥없는 골짜기' 편에서 아주 자세하게 풀었다. 11장을 먼저 읽어도 좋겠다.

도17 도15 빗살무늬토기를 그림으로 그린 것

도18 도15 빗살무늬토기를 엎어놓고 위에서 내려다보고 그린 것. 도18 그림은 임영주(『한국의 전통문양』, 대원사, 23쪽)가 그렸는데, 몇 곳을 수정하고 삼각형 구름에 색을 칠했다.

도18을 **도14** 오른쪽 그림과 견주어 보면, 그가 무엇을 잘못 그렸는지 확연히 알 수 있다. 무엇보다도 그의 그림에는 긴 빗금(나는 이것을 비(雨)로 본다.)만 '빗살'이라 할 뿐 삼각형 구름과 하늘 속 짧은 빗금(나는 이것을 '하늘 속 물'로 본다.)을 무시하고 그리지 않았다. 더구나 밑굽을 아주 잘못 그렸다. 이 그릇에 문양을 새긴 신석기 장인은 밑굽에서부터 무늬를 새긴 것이 아니라 아가리 쪽 짧은 빗금 넉 줄을 다 새긴 다음 빗금무늬 넷째 줄에 붙여 삼각형 구름을 새기고 이 삼각형 구름 사이에 양쪽 아래로 내리치는 빗줄기를 새겼다는 것을 알 수 있다. 이는 무늬새기개를 들고 눈으로 새겨 보면 알 수 있다. 한반도 뾰족 밑 빗살무늬토기 중 엎어놓고 무늬를 새긴 그릇은 없다! (이것은 무늬의 깊이와 끝을 보면 알 수 있다.) 만약 그의 말처럼 햇살이 밑굽에서부터 아가리 쪽으로 퍼지는 것이라면 신석기 장인은 그릇을 엎어놓고 밑굽에서 아가리 쪽으로 퍼져 나가게 그렸을 것이다. 내 짐작이지만 그는 이 그릇 말고 다른 빗살무늬토기를 살펴보지 않았다. 그가 만약 다른 빗살무늬토기 패턴을 두루 보았다면 결코 이런 생각을 할 수 없었을 것이다.

캄 케라믹과 즐문토기

1930년 후지다 료사쿠는 빗살무늬토기가 북유럽 핀란드와 서유럽 독일, 시베리아, 한반도, 알래스카와 북미주까지 걸쳐 있다 했지만 내가 살펴본 바로는 그보다 훨씬 더 넓게 분포하고 있다. 아프리카 수단·나이지리아·카메룬, 북유럽 아래 남·서유럽 스페인·영국, 동아시아 타이, 미국, 남아메리카 페루·콜롬비아 신석기 유적에서도 찾아볼 수 있다. 이것은 뒤에 낱낱이 그릇을 들어 가며 설명할 것이다.

우리가 한반도 신석기 '빗금무늬' 토기를 '빗살무늬토기'라 하게 된 내력이 있다. 1930년 후지다 료사쿠는 암사동 빗살무늬토기를 연구할 때 핀란드 고고학자 아일리오의 책을 참고했는데, 그가 이 토기를 일러 독일어로 '캄 케라믹kamm keramik(빗 질그릇)'이라 한 것을 후지다 료사쿠가 '즐목문(櫛目文 빗즐·눈목·무늬문)토기'로 옮긴 것이다. 여기서 '櫛目(しめくし目)'은 머리를 빗었을 때 '머리카락에 남는 자국'을 말한다. 그 뒤 우리 학계에서 이 즐목문토기를 '즐문토기' '빗살무늬토기'로 옮겨 지금까지 쓰고 있다. 여기서 '빗살무늬토기'

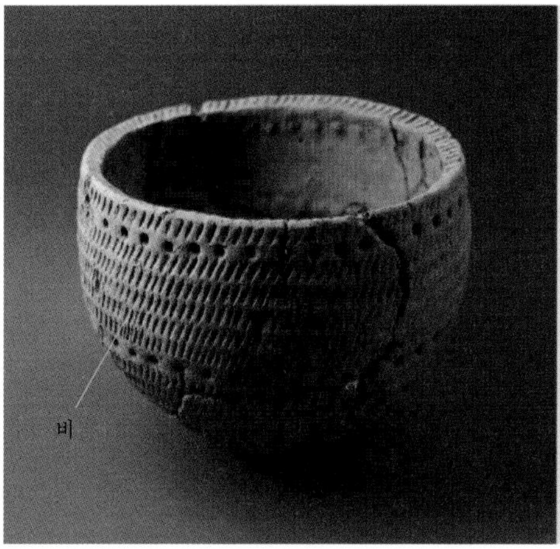

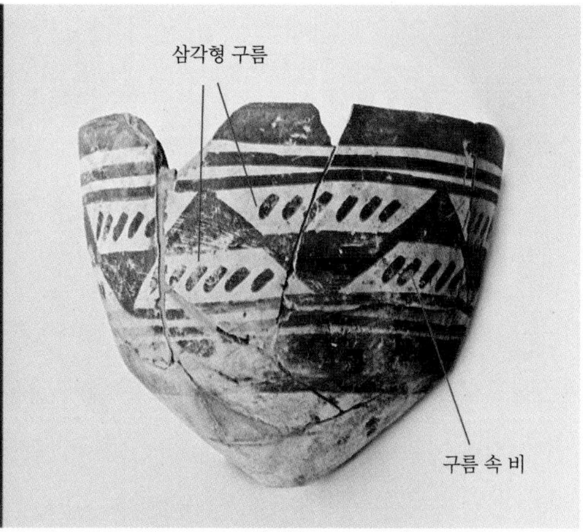

도19 핀란드 신석기 그릇comb ceramic pottery. 기원전 4000년 전

도20 이란 바쿤 신석기 채색토기

는 1960년 북한 사학자 도유호가 가장 먼저 쓴 것으로 알려져 있다. 도유호(都宥浩 1905~1982)는 일제강점기 오스트리아 빈대학 사학과에서 고고학을 전공한 학자로, 한흥수(韓興洙 1909~?)와 더불어 우리나라 1세대 고고학자이고 초기 북한 고고학을 크게 일으킨 사람으로 알려져 있다. 한흥수는 '고인돌' 이름을 논문에 처음 쓴 사람이기도 하다.

도19는 핀란드 신석기 그릇이다. 핀란드 학계에서는 아직 빗살무늬의 뜻을 풀지 못하고 있다. 그들은 이 빗금 패턴이 뭔지 해결하지 못한 상태에서 지역마다 패턴이 조금 다른 것을 두고 종교와 부족문화의 차이로 해석하고 있다. (이런 문제틀은 유럽 학계에서 흔히 볼 수 있다. 우리 미술사학계에서는 김원용의 논지가 그렇다. 김원용의 신석기 미술론에 대해서는 14장에서 자세하게 다루었다.) **도20**은 이란 신석기 그릇 채색토기다. 채문토기(彩文土器)라고도 하는데, 말 그대로 그릇을 구운 다음 색 안료로 패턴을 그린 그릇을 말한다. 중국의 신석기 그릇이 바로 이와 같은 채색토기다. 중국 미술사학계는 그들의 신석기 그릇 채색토기 패턴을 '중국 예술계의 수수께끼'라 하면서 아직 해석하지 못하고 있다. 마찬가지로 유럽과 아시아 채색토기 문화권의 미술사학계도 이 패턴을 그저 '기하학적 추상무늬'라고만 할 뿐이다. 채색토기와 관련해서 우리는 타이 반치앙 고고유적 미술을 눈여겨봐야 한다. 이 유적은 1992년 유네스코 세계문화유산에 올랐는데, 세계 신석기 채색토기의 디자인과 패턴을 풀 수 있는 실마리가 이곳 미술에 담겨 있다. 이곳 유적의 가장 아래 지층에는 신석기 유물이, 그 위층에는 청동기와 철기시대 유물이 차곡차곡 쌓여 있다. 이런 유적은 세계에서도 그 사례를 찾아보기 힘들다. 미술사에서도 아주 중요한데, 신석기 지층에는 새김무늬(빗살무늬) 그릇이 있고, 청동기와 철기시대 지층에는 채색토기가 있다. 그런데 두 그릇의 디자인과 패턴이 완전히 다르다. 하지만 잘 살펴보면 본질적으로 같은 디자인과 패턴이라는 것을 알 수 있다. 그러니까 신석기 새김무늬 패턴을 풀면 채색토기 패턴도 자연히 풀릴 수 있다는 말이다. 이에 대해서는 10장에서 아주 자세하게 다루었다. **도20 · 23 · 24** 채색토기 디자인과 패턴을 볼 때 참고가 될 것이다. **도19** 핀란드 빗살무늬토기에서 짧은 빗금은 빗방울(雨)로 보면 되겠다. 아가리와 몸통에 나 있는 '구멍'에 대해서는 12장 '가뭄과 홍수와 구멍 그리고 구멍단지'에서 아주 자세하게 풀었다. **도20** 이란 바쿤 신석기 채색토기는 아가리 아래에 삼각형 구름을 맞물려 둘렀다. 삼각형 안에 짧은 사선으로 그은 패턴은 이제 곧 이 세상에 내릴 구름 속 비(雨)로 보면 되겠다.

도21 · 22는 일본 신석기 조몬토기 가운데 이른 시기 그릇이다. 조몬토기 가운데 이렇게 밑굽이 뾰족한 그릇은 그렇게 많지 않다. (일본 조몬토기에 대해서는 7장에서 아주 자세하게 다루었다.) **도21** 몸통에는 비구름을 잔뜩 새겼다. 곧 장대비가 쏟아질 판이다. 반면에 **도22**는 구름을 가늘게 했다. 어쩌면 맑은 하늘일지도 모르겠다. 하늘 속에는 잔잔한 물(水)과 이제 곧 구름으로 나올 물(水)을 구별했다(7장 **도53 · 54** 러시아 아무르 강 수추 섬 그릇 패턴 참조). 이 물(水)은 곧 구름이 되어 세상으로 나올 것이다. **도22** 아가리 쪽 하늘 속 물 패턴은 암사동 빗

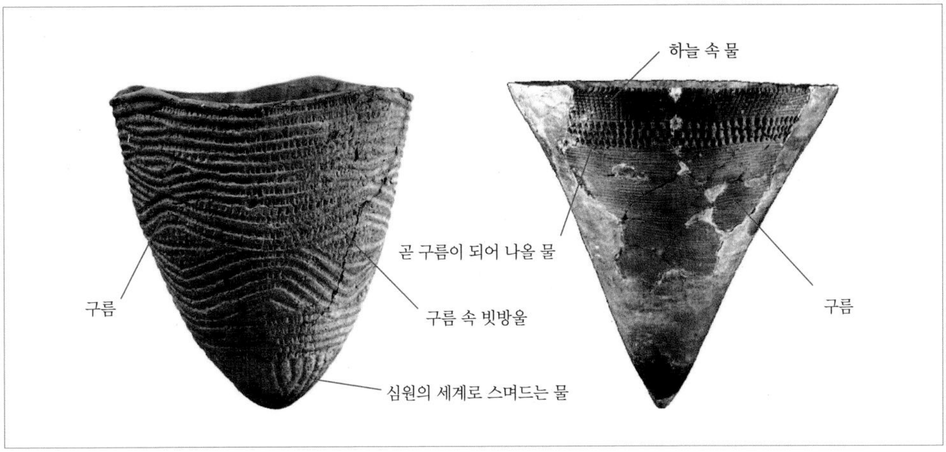

도21 조몬토기.
조몬 전기 기원전
5000~3000년.
일본 亀田郡椴法華村
출토. 높이 16.5cm

도22 조몬토기.
조몬 조기 기원전
7000~5000년.
일본 青森県 八戸市
館平遺跡 출토

살무늬토기의 하늘 속 물(水) 패턴과 본질적으로 같다. 그릇 모양이 같고 패턴이 비슷하지만 한반도 암사동과는 아무런 관련이 없다. 이에 대해서는 뒤에 자세히 논하겠다.

도23·24는 이란 페르세폴리스 유적 그릇이다. 이란 미술사학계는 이 그릇의 패턴을 아직 풀지 못하고 있다. 페르세폴리스Persepolis는 고대 페르시아 아케메네스 왕조의 수도다. 이란 시라즈에서 북동쪽으로 70킬로미터 가량 떨어진 곳에 있고 기원전 518년부터 건설되었다고 한다. 이란 고고학계는 이 그릇의 무늬를 '기하학적 장식 Geometrical Ornaments'이라 할 뿐 어느 것 하나 해석하지 못하고 있다. 하지만 이 그릇의 디자인과 패턴은 서울 암사동 그릇 무늬와 아주 닮아 있다. **도23** 아가리 쪽 무늬는 하늘 속 물(水)을 그린 것이고, **도24**는 **도20** 이란 바쿤 신석기 채색토기 아가리 패턴과 같이 몸통 위로 삼각형 구름(云)을 맞물려 그렸다. 삼각형 구름(云)이 궁금하다면 먼저 6장을 읽고 와도 좋겠다. **도23·24** 이란 페르세폴리스 그릇 디자인은 이 책을 모두 읽고 나면 그 패턴이 훤히 보일 것이다. 패턴을 읽는 자신을 봤을 때 아마 스스로 깜짝 놀랄지도 모르겠다.

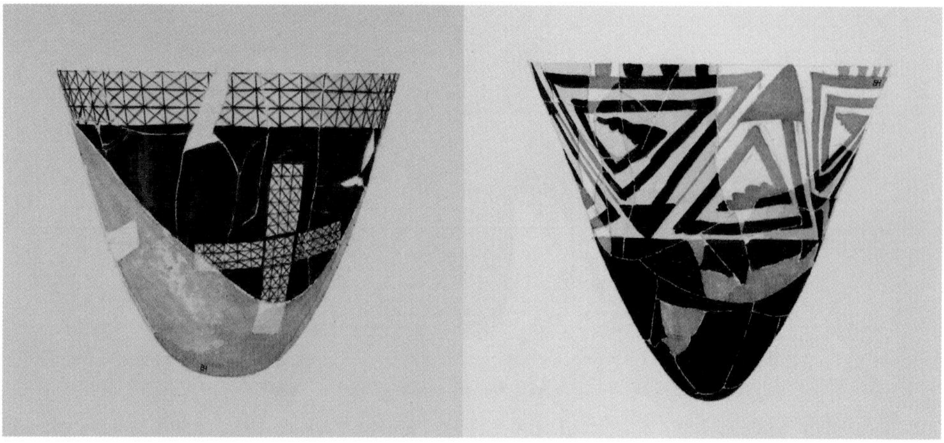

도23·24 이란 페르세폴리스 유적 세모형 그릇

도25는 이란 테헤란 남쪽 시알크Sialk 유적에서 나오는 버프웨어 buff ware의 원조격 그릇 같다. 이란 고고학계는 버프웨어 디자인을 아직 해석하지 못하고 그저 기하학적 패턴이라 할 뿐이다. 하지만 이 그릇 또한 암사동 그릇 패턴과 닮아 있다. 이 그릇은 '하늘 속' 물층을 5층으로 했다(**도2·8·11** 참조).

도26 바구니 디자인은 5장 **도7**, 6장 **도71** 패턴과 본질적으로 같다. (5장 **도7**, 6장 **도71** 패턴 설명글을 읽은 다음 위 **도26**에서 삼각형 구름과 천문을 찾아보라!) 아메리카 원주민 장인들은 그들의 조상 신석기인들이 바구니와 그릇에 썼던 패턴을 지금도 여전히 똑같이 쓰고 있다. 이는 아프리카 수단, 나이지리아, 카메룬 그릇 장인들이 그들의 조상 신석기인이 빚었던 그릇을 지금도 똑같은 디자인으로 빚는 거와 같다. 이와 관련해서는 14장에서 하우저와 고든 차일드의 신석기 미술관을 논하면서 아주 자세히 다루었다.

'공리'에 맞서는 일

2018년 10월 12일 서울시 강동구청에서 연 '서울 암사동유적 국

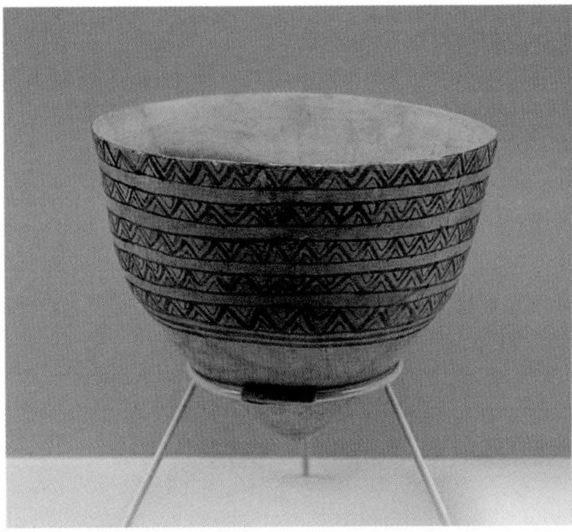

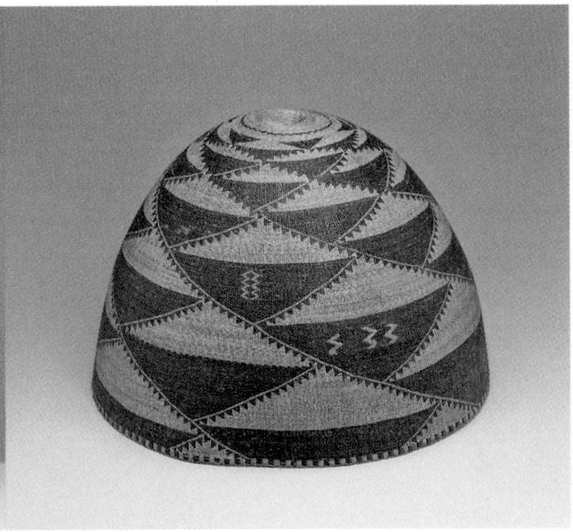

도25 이란 신석기 채색토기. 일본 도쿄국립박물관. 기원전 3000년

도26 미국 캘리포니아 원주민 바구니. 19세기 말

제학술회의'가 있었다. 영국, 러시아, 이란, 몽고, 인도, 방글라데시, 일본, 중국, 대만에서 신석기 학자 열 사람이 왔고, 한국 연구자도 열네 분이나 발표했다. 아침 9시부터 시작해 밤 9시에 끝나는 학술회의, 나는 이날 방청석에 앉아 발표자들의 의견을 모두 들었다.

큰 기대는 하지 않았다. 암사동 빗살무늬토기는 1925년 을축년 대홍수 때 이 세상에 나온 이후 이제 97년째 되어 가지만 (용강용반리 유적 빗살무늬토기를 기준으로 하면 106년이다.) 그때도 기하학적 추상무늬이고, 지금도 여전히 기하학적 추상무늬이기 때문이다. 우리는 100년 남짓 암사동 신석기인의 '세계관'이 담겨 있는 빗살무늬를 기하학적 추상무늬라 하면서 논의를 하지 않거나 어쩌면 아주 막아왔다고 볼 수 있다. 기하학적 추상무늬이니, 다시 말해 사람으로서는 알 수 없는 무늬이니, 더 이상 논의가 필요 없고, 그것을 연구하는 것은 어쩌면 바보 같은 짓인지도 모르는 일이었다. 더구나 이날 화가 김혜련은 「한국 기하문의 뿌리: 신석기 토기의 예술성」 글을 발표한다. 2쪽짜리 아주 짧은 글인데, 그는 이 글에서 암사동 빗살무늬를 '기하학적 무늬'라 하고, 이 무늬를 한반도 '기하문의 뿌리'로 본다. 그리고 이 무늬의 뜻은 알 수 없기 때문에 '암호code'라고까

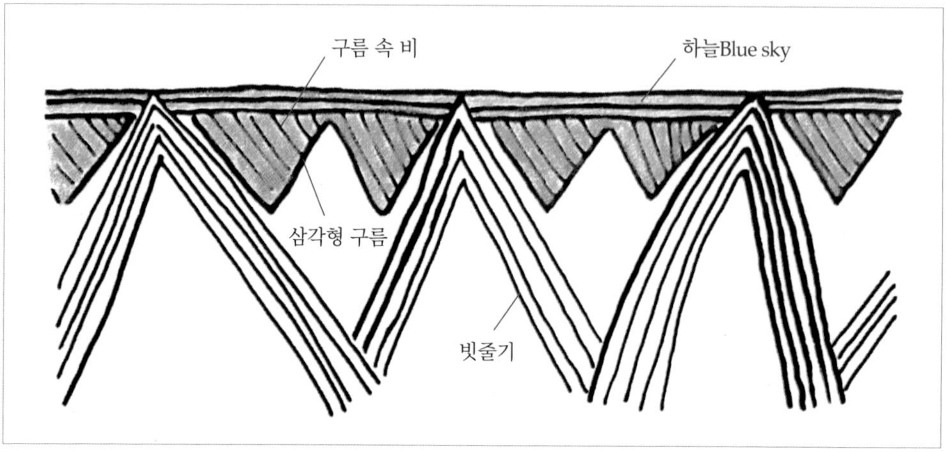

도27 이란 신석기 그릇의 삼각형 구름(云)과 비(雨). 이란 북서부 하지 피루즈 테페 Hajji Firuz Tepe 유적 채색토기 아가리 부분 그림. 기원전 6000~5400년

지 한다.

또 한 사람 기억나는 이가 있다. 이란 파에마누르대학교 아미르 사에드 무체시 교수가 발표한 「이란의 신석기토기-발전, 유형과 전통」이다. 그는 이 글에서 이란 신석기 그릇은 기원전 7000년 전부터 보이고, 그것은 채색토기인데, 그 디자인은 거의 다 기하학적이고 단순하다The motifs are mostly geometrical and simple고 한다. 이란 학계 또한 그들의 신석기 미술을 기하학 미술로 보고 있는 것이다. 그런데 정말 그 미술이 기하학하고 무슨 관련이 있기나 하는 것일까.

도27은 아미르 사에드 무체시 교수가 발표한 논문에 있는 그림이다. 그림 상태가 워낙 안 좋아 다시 그려 보았다. 그는 이 무늬를 기하학적 양식geometric style이라 한다. 이것으로 보아 이란 고고학계 또한 이 패턴을 해석하지 못하고 있다는 것을 알 수 있다. 그런데 이 패턴은 한반도 신석기 그릇 패턴과 아주 닮아 있다. 물론 이런 패턴은 암사동뿐만 아니라 세계 신석기 그릇에서 쉽게 찾아볼 수 있는 패턴이기도 하다. 원래 그림은 모두 검정색으로 되어 있는데 하늘과 삼각형 구름에 색을 칠했다. 이렇게 하면 무늬가 선명하게 드러난다. 파란 하늘Blue sky 아래 삼각형 구름(云)이 걸려 있고, 이 구름 속에 곧 쏟아질 비(雨)가 있다(3장 **도4·7**, 6장 **도45·67** 참조).

그 많은 학자들이 단상에 올라 발표했지만 그들은 암사동 빗살무늬토기 패턴이 '무엇'을 새긴 것인지 단 한 사람도 궁금해 하지 않았고, 심지어 그게 궁금하다는 말 한마디 하지 않았다. 당연하다. 그것은 알 수 없는 '기하학적 추상무늬'이기 때문에. 물론 이 말은 '나는 모른다!(I don't know!)'는 말을 점잖게 돌려서 하는 말이기는 하지만. 하우저 이후 세계 사학계 모두 신석기 미술은 '기하학적 추상무늬' 자장 속에 있다고 볼 수 있다. (하우저의 신석기 미술론에 대해서는 8장과 14장에서 자세히 밝혔다.) 아니 이 규정은 너무나 당연하고 자명해서, 이것을 의심하고, 신석기 미술은 '추상'미술이 아니라 '구상'미술이라 주장하는 것은 정말 무모한 짓이 되기 십상이다. 어쩌면 이 책은 '신석기 미술은 기하학적 추상미술이다'는 '공리'에 맞서는 일인지도 모르겠다. 나는 지금 바로 그 일을 하고 있다. 모두 알고 있듯이 철학사나 과학사에서 어떤 '공리'에 맞서는 일은 언제나 외롭고 우울한 일이다.

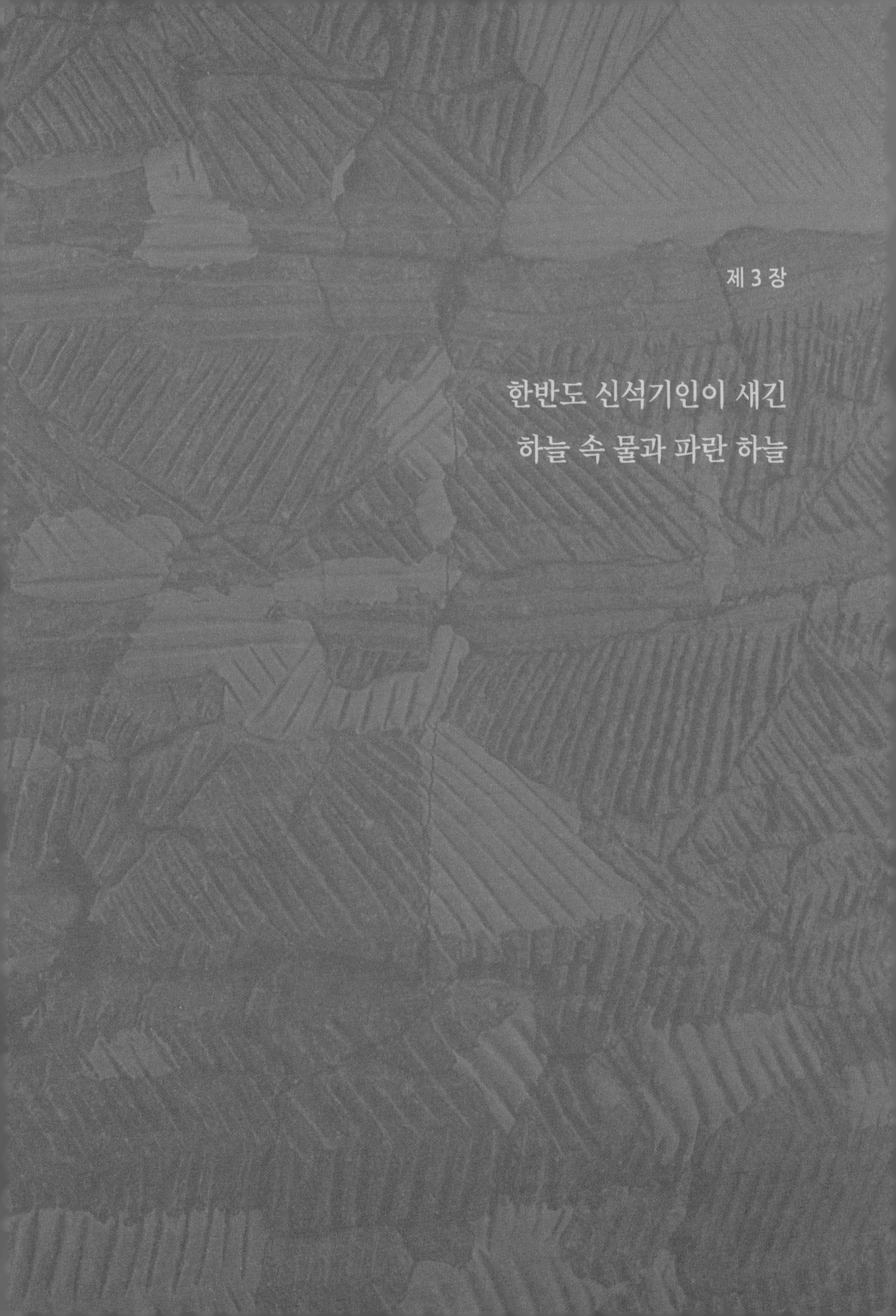

제 3 장

한반도 신석기인이 새긴 하늘 속 물과 파란 하늘

3

한반도 신석기인이 새긴
하늘 속 물과 파란 하늘

도1 세모형 빗살무늬토기는 '빗살무늬토기' 하면 떠오르는 그릇이고 우리나라 대표 빗살무늬토기다. 이 그릇의 패턴을 풀어보려고 한 때가 2009년쯤인 듯싶다. 그 무렵 나는 웅진출판사와 『문화유산으로 보는 역사 한마당』 책 세 권을 계약하고 글을 쓰고 있었다. 그때만 하더라도 나는 여러 학자들이 낸 연구 성과를 알기 쉽게 요약하고 정리하는 수준이었다. 그런데도 이 그릇만큼은 한번 풀어보고 싶었다. 대체 저 무늬가 무엇을 그린 것인지. 하지만 끝내 풀지 못했다. 『문화유산으로 보는 역사 한마당』 1권을 펼쳐 보니 '하늘 속 물(水)'을 '비(雨)'라 해 놓았다. 아주 잘못 본 것은 아닌 것 같다. 저 '하늘 속' 짧은 빗금(水)이 구름으로 나와 그 구름에서 장대비가 내리는 것이니 말이다.

두 번째 도전은 2018년 10월이다. 마침 그 무렵 오마이뉴스에 '차근차근 한국미술사'를 연재하고 있었고, 신석기 편 첫 번째 주제로 '빗살무늬토기'를 잡았다. 하지만 그때도 잘 안 보였다. 그런데 **도2** 그릇을 봤을 때 모든 것이 순식간에 풀렸다. 바로 하늘 속에 낸 하늘 문 '천문(天門)'이 보인 것이다. 대체 왜 암사동 신석기인들은 이렇게 사이를 둔 것일까.

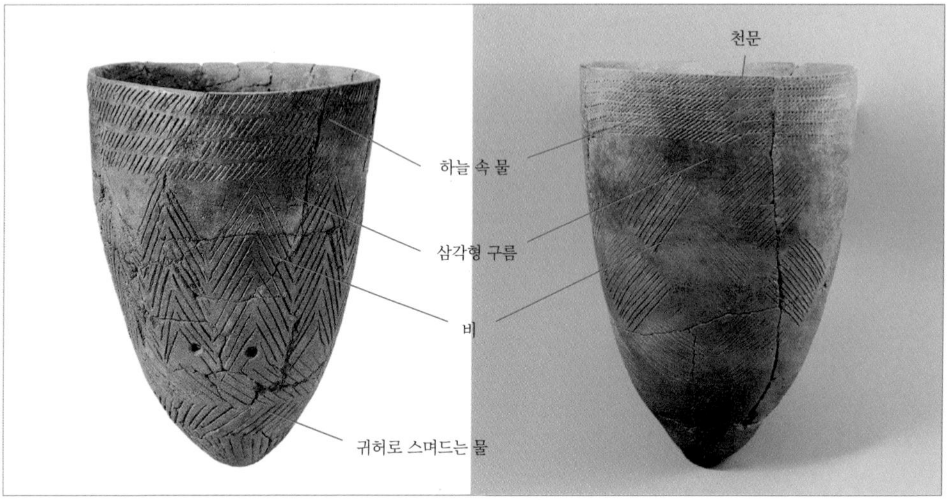

도1·2 서울 암사동 세모형 빗살무늬토기. 왼쪽 25.9cm. 오른쪽 36.8cm. 국립중앙박물관

나는 빗살무늬토기 이미지를 구할 수 있는 대로 구해 살펴보았다. 한국 그릇은 신석기부터 조선백자에 이르기까지, e뮤지엄에 올라온 거의 모든 이미지를 살펴보았다. 세계 신석기 그릇도 그만큼 보았을 것이다. 스페인 고고학박물관과 발렌시아선사박물관 고대 쪽 자료만 보는 데 한 달도 넘게 걸렸다. 영국박물관 신석기 자료는 지금도 살펴보고 있다. 이뿐만 아니라 세계 유명 박물관 이미지 자료와 발굴조사 피디에프도 찾아보았다. 우리 고고학계에서 그동안 냈던 발굴조사 보고서도 거의 다 찾아 읽었다. 그런 와중에 '삼각형 구름'이 보였다. 그러니까 하늘 문 천문(天門)에서 구름이 나오고, 그 구름에서 비가 내리는 것, 이것이 암사동 신석기인의 세계관이었던 것이다. 그 뒤 세계 신석기 그릇이 새롭게 보이기 시작했다. 세계 신석기 그릇 속에서 암사동을 보고, 암사동 세계관으로 다시 세계 그릇을 볼 수 있게 된 것이다. 물론 암사동에서 나온 모든 빗살무늬토기가 **도2** 그릇처럼 하늘 속에 천문을 둔 것은 아니다. 사실 온전한 빗살무늬토기 가운데 이렇게 천문을 확인할 수 있는 그릇은 몇 점 되지 않는다.

아프리카 누비아 신석기인이 새긴 삼각형 구름과 비

2장에서도 잠깐 말했듯이 1930년 후지다 료사쿠는 빗살무늬 패턴이 북유럽 핀란드와 서유럽 독일, 시베리아, 한반도, 알래스카와 북미주까지 걸쳐 있다 하면서 '북방문화'의 한 파문으로 보았다. 하지만 빗살무늬는 아프리카와 서·남·동유럽, 서아시와 동남아시아, 북미와 남미 신석기 그릇에서도 보인다. 그렇다면 빗살무늬 패턴은 세계 신석기 세계관을 읽을 수 있는 핵심 코드가 되는 셈이다.

도3 그릇은 2001년 아프리카 누비아 히에라콘 폴리스Hierakonpolis 유적에서 나온 빗살무늬토기인데 기원전 3600~3100년 전 신석기 그릇이다. 서울 강동구 암사동 신석기 유적과 비슷한 시기라 할 수 있다. 그런데 패턴이 거의 똑같다. **도3**에서 보는 것처럼 누비아 신석기인들은 암사동 신석기인과 달리 '하늘 속'을 새기지 않았다. 물론 우리나라 신석기 유적에서 나오는 빗살무늬토기도 암사동 그릇과 달리 하늘 속을 새기지 않고 바로 삼각형 구름을 새긴 것도 많다.

누비아 신석기인은 아가리에 바로 삼각형 구름을 새기지 않고 파

도3 2001년 아프리카 누비아 히에라콘 폴리스 유적 빗살무늬토기. 기원전 3600~3100년

도4 도3 그릇을 그림으로 그린 것

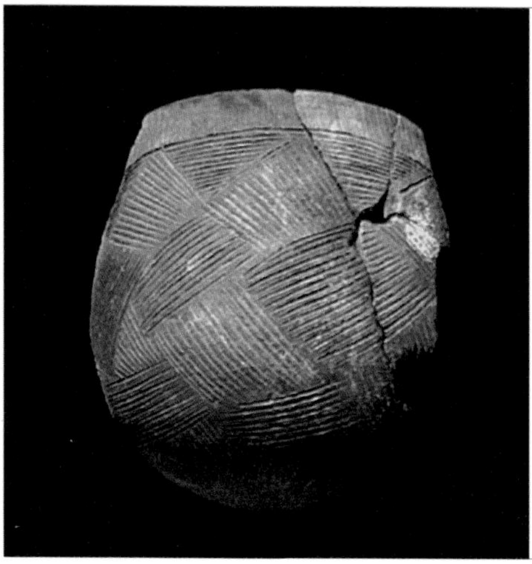

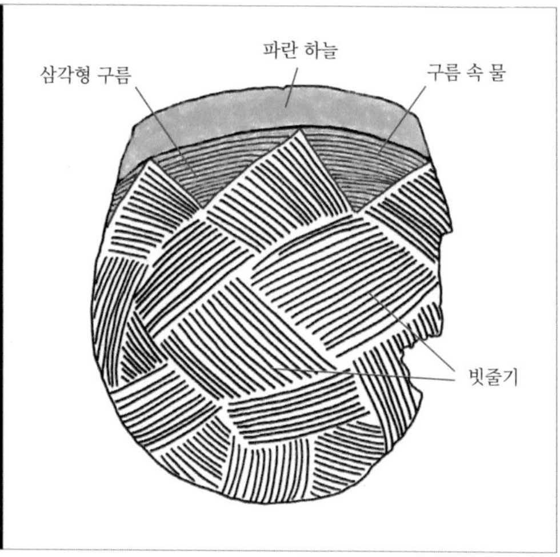

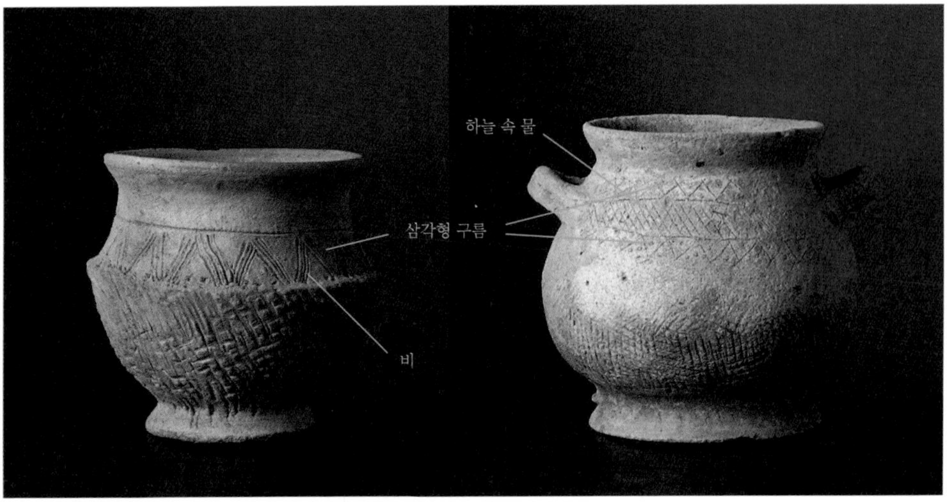

위 베트남 그릇에서 볼 수 있는 패턴은 한반도 빗살무늬토기에서 모두 볼 수 있다. 도6 하늘 속 물(水) 패턴은 흔하지는 않지만 이 패턴 또한 서울 암사동과 부산 동삼동 토기(도15)에서 찾아볼 수 있다. 빗금(水 또는 雨)을 양쪽으로 겹쳐 하늘 속에 물이 가득하다는 것을 표현했다.

도5 베트남 그릇
ôông Son Culture.
기원전 500~100년

도6 베트남 그릇
East Sangun Culture.
기원전 500~100년

란 하늘 공간을 따로 남기고 그 밑에 빙 돌려 삼각형 구름을 새겼다. 삼각형 구름 속 물(水)은 구름에서 내리는 빗줄기(雨)와 달리 하늘과 수평으로 새겼다(4장 **도6**, 5장 **도16**, 6장 **도48** 참조). 이 또한 암사동 신석기인과 같다. 빗줄기는 왼쪽에서 오른쪽 아래로 그었는데, 이것을 보면 이 그릇을 빚은 장인은 왼손잡이였을 가능성이 높다. 서구 고고학계는 이런 빗살무늬토기 패턴을 아직 해석하지 못하고 있다. 박물관 설명글이나 발굴보고서를 보면 거의 다 '기하학적 무늬 geometric patterns'라 할 뿐이다. 나는 **도3** 그릇을 **도4**와 같이 읽었지만 아직까지 위 그릇을 이와 같이 읽어내는 서구 학자를 본 적이 없다.

제주도 고산리 신석기인이 새긴 하늘 속 물

도8 그릇 무늬를 어떻게 봐야 할까. 빗금무늬가 몸통에 있지 않고

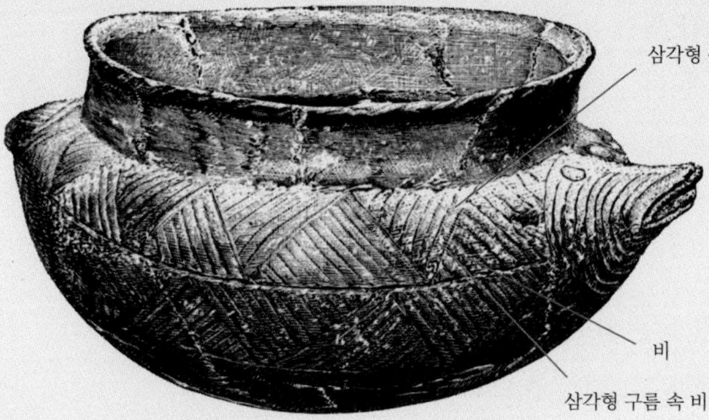

도7 미국 아칸소 신석기 주머니쥐 항아리Opossum vase

1986년 스미소니언협회Smithsonian Institution 미국민족학국Bureau of American Ethnology에서 낸 네 번째 연례보고서에 윌리엄 헨리 홈즈William Henry Holmes가 쓴 논문 「미시시피 골짜기의 고대 그릇 Ancient Pottery of the Mississippi Valley」이 있다. 이 논문에서 홈즈는 위 항아리를 이렇게 설명한다.

The animal so carefully modeled in the vessel given in Fig. 418 resembles a raccoon or an opossum. The mouth of the vessel is wide and the neck upright and short. The body is ornamented with a pattern made up of triangular groups of incised lines, which may or may not be meant for hair(405쪽).

이 그릇은 너구리raccoon 아니면 주머니쥐opossum를 닮았고, 몸통은 삼각형 띠무늬 패턴pattern of triangular groups으로 되어 있는데, 이것이 털인지 아닌지는 잘 모르겠다고 한다. (사실 이 그릇은 주머니쥐도 너구리도 닮지 않았다!) 결정적으로 그는 세계 신석기인이 구름과 비를 어떻게 새겼는지 알지 못한다. 삼각형이 맞물려 있는데, 하나는 삼각형 구름이고, 그 사이에 있는 삼각형은 삼각형이 아니라 아래가 터진 것으로 봐야 한다(6장 **도46·65·67·70** 참조). 바로 삼각형 구름에서 내리는 비(雨)다. (그는 이 빗금(lines, 雨)을 주머니쥐 털hair로 본다.) 한중일 고고학계 또한 이 패턴을 100년도 넘게 그저 '삼각집선문'이라 해왔다. 문제는 이 삼각집선문이 '무엇'을 구상으로 한 무늬인가, 하는 점이다. (삼각집선문에 대해서는 6장 **도63·64·65** 설명글을 참조하기 바람) 다만 홈즈의 논지를 보면 그는 유럽 학자들처럼 이 그릇의 패턴을 기호sign로 보지 않고 그림(象形)으로 보고 있다는 점을 알 수 있다. 앞으로도 가끔 미국 아칸소 신석기 그릇을 내보일 것인데, 놀랍게도 미국 아칸소 신석기인은 우리 한반도 신석기 세계관과 아주 비슷하다.

목에 있다. 왜 몸통이 아니라 목에 있는 것일까. 학계에서는 이 그릇을 '고산리 압인문토기'라 한다. 네이버에서도 이렇게 검색해야 자료가 올라온다. 아래 설명글은 국립중앙박물관에서 운영하는 e-뮤지엄 설명글이다.

> 이 토기는 북제주군 고산리 동굴 입구 집자리에서 출토된 것으로 목 부분에 압인문이 시문된 호형토기(壺形土器) 1개체 분을 복원한 것이다. 압인문은 끝이 뾰족한 시문구를 이용해 찍는 수법으로 규칙적인 무늬 형태를 하고 있으며, 무늬는 **之字의 지그재그로 짧고 깊다.** 지그재그문 토기는 다치구(多齒具)로 **구연부에서 동체부까지 연속적으로 눌러 시문한 것**으로 남제주군 온평리 유적에서도 출토되고 있으며, 중국 요하 지역의 토기와 수법상 유사함이 보인다.

참으로 어려운 설명글이다. 맨 정신으로도 이렇게 말하기는 힘들 것 같다. 설명글은 자고로 어려운 현상이나 복잡한 일을 간결하면서도 쉽게 풀어 써야 한다. 읽고 나면 '아, 그렇구나!' 하는 생각이 절로 들게 해야 하는데, 위 설명글은 결코 그러한 마음이 들지 않는다. 도리어 더 복잡하고 정신없게 한다.

먼저 압인문(押引文 누를압·끌인·무늬문)은 말 그대로 가만히 눌러 찍어서 밖으로 빼면서 낸 무늬란 뜻이다. **도8** 항아리 목 무늬를 그렇게 했다는 말이다. 나는 압인문보다는 '눌러찍기무늬' 또는 '빗살무늬'라 했으면 좋겠다. 고산리 물항아리 목 무늬를 알려면 내 자신이 고산리 신석기 장인이 되어야 한다. 관조의 자세로 이 그릇을 보면 e-뮤지엄 설명글처럼 "무늬는 之字의 지그재그로 짧고 깊다. 지그재그문 토기는 다치구(多齒具)로 구연부에서 동체부까지 연속적으로 눌러 시문"했다는 말밖에 못한다. 말이 너무 어려워 쉽게 풀어 쓰면, '무늬는 짧고 깊게 목에만 있다'쯤 될 것이다. 여기서 다치구(多齒具

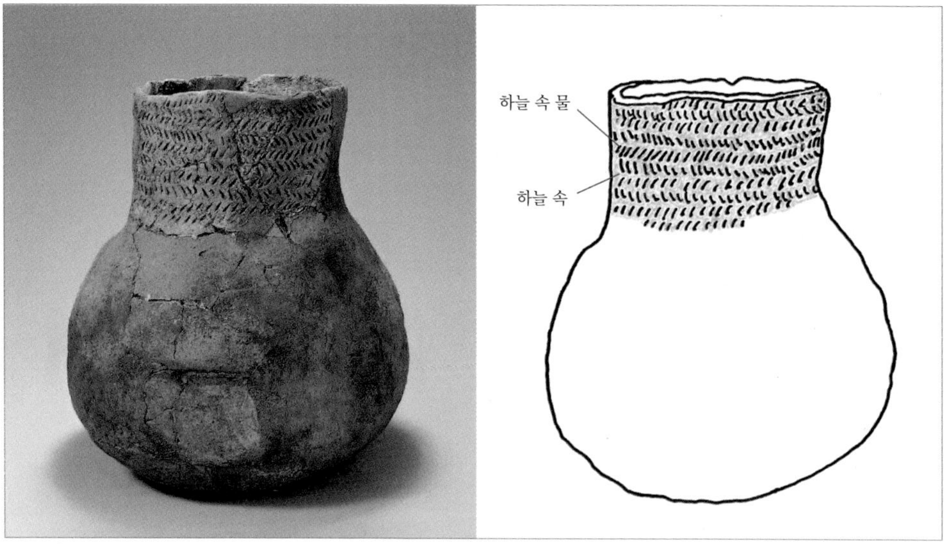

이런 패턴 물항아리(또는 물병)는 부산 영선동, 경남 하동 목도패총에서도 나왔다.

도8 제주도 고산리 신석기 물항아리. 높이 25.9cm. 기원전 6000~4500년. 국립제주박물관

많을다·이치·갖출구)는 이가 여러 개인 무늬새기개를 말한다. 빗 같은 것을 떠올리면 되겠다. 그런데 **도8** 물항아리 무늬를 보면 다치구가 아니라 끝이 가늘면서도 뭉툭한 새기개 하나로 일일이 하나씩 새겼다는 것을 알 수 있다. 이것은 맨눈으로 봐도 알 수 있다.

다시 처음으로 와서 고산리 신석기 장인은 왜 목에만 무늬를 새겼을까. 그릇을 두 손으로 받쳐 들 때 편리하려면, 미끄러지지 않으려면 (물론 질그릇은 쉽게 미끄러지지 않지만) 손이 자주 가는 항아리 몸통 아랫부분에 새겨야 하지 않을까. 하지만 그렇지 않다. 그는 도리어 손이 잘 가지 않는 목에 무늬를 새겼다.

언뜻 보면 비가 내리는 모양 같기도 하다. 그런데 빗줄기는 암사동 빗살무늬토기처럼 더 길고 '몸통'에 있어야 한다. 만약 고산리 신석기 장인이 빗줄기를 나타내고 싶었다면 그도 분명히 항아리 몸통에 좀 더 길게 빗줄기를 새겼을 것이다. 물론 몸통에 무늬를 새겼다면 빗금을 짧게 새겨도 비로 볼 수 있다. 하지만 고산리 신석기 장인

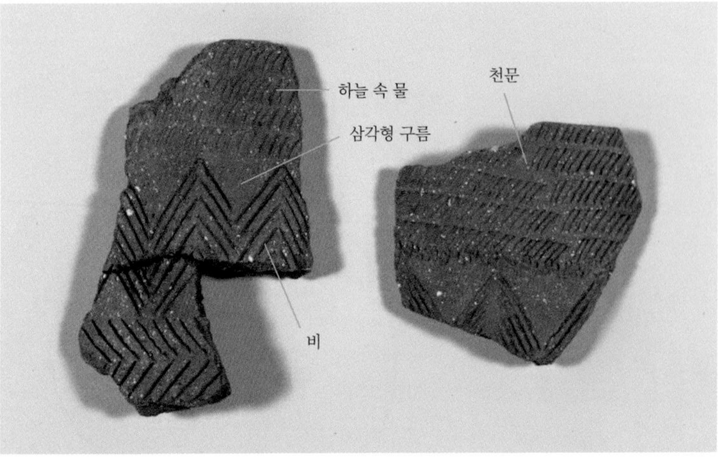

도9 암사동 빗살무늬토기 조각. 국립중앙박물관. 고19867

하늘 속 물 층을 4층과 5층으로 했다. 이것은 암사동 신석기인의 방위 개념과 관련이 있다. 이것은 5장에서 충분히 설명할 것이다.

은 몸통에 새기지 않고 오직 목 언저리에만 새겼다. 이곳은 하늘 속이고, 짧게 그은 빗금은 '하늘 속에 있는 물(水)'로 볼 수 있다. 바로 물이 가득 차 있는 하늘 속을 새긴 것이다. 바로 이 때문에 목이 길어졌다. 이 그릇은 평안남도 묵방리 그릇과 더불어 삼국시대 장경호(목긴항아리, 5장 **도42** 참조)의 '기원'으로 삼을 수 있다. 우리 학계는 아직 장경호 디자인의 비밀을 알지 못한다. 이것은 삼국시대 미술사에서 자세하게 논할 것이다.

신석기인은 하늘에 물이 있고, 그 물이 구름으로 나와 비가 되어 내린다고 여겼다. 그런데 그 물을 어떻게 표현해야 할까. 그는 이 물을 구상(雨)에서 생각할 수밖에 없었다. 대신 하늘 속 물은 비와 달리 짧게 빗금을 그어 차이를 두었다. 그가 하늘 속 물(짧은 빗금)을 지그재그로 새긴 것은 물(빗방울)이 방방하게 차 있는, 곧 이 세상에 쏟아지려는, 동적(動的)인 모양을 표현했다고 볼 수 있다.

지금 눈으로 보면 하늘 속 물 같은 것은 '추상'으로 볼 수 있지만 당시 그들에게는 실제이고 '구상'이었다. 바로 이 지점이 중요하다.

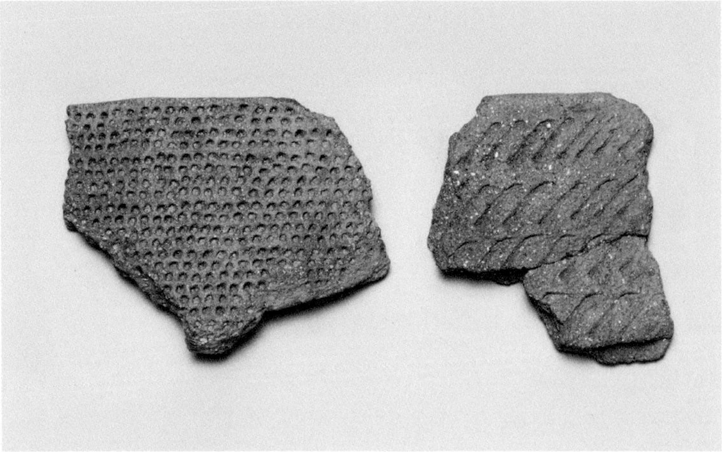

도10 경기 가평 빗살무늬토기 조각. 국립중앙박물관. 신39256

암사동 신석기인은 하늘 속 물(水)을 점을 찍거나 오른쪽 그릇처럼 빗금을 짧게 새겨 몸통의 비(雨)와 구별했다.

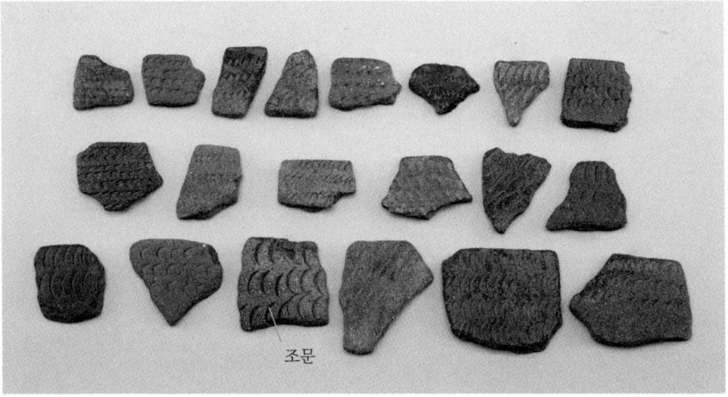

도11 인천시 중구 운서동 빗살무늬토기 조각. 국립공주박물관. 공한5039

학계에서는 왼쪽 아래쪽 무늬를 '손톱'을 닮았다고, 또는 손톱으로 무늬를 냈다 해서 조문(爪文 손톱조·무늬문)이라 한다. 하지만 손톱으로는 이런 무늬를 낼 수 없다.

서구 미술사학과 문양학에서는 신석기 패턴을 추상, 기호, 상징으로 읽는다. 우리 미술사학도 그렇다. (이에 대해서는 14장에서 김원용과 안휘준의 신석기 미술론을 비판하면서 자세히 다루었다.) 하지만 이런 태도는 근대의 관점이다. 신석기 미술의 디자인과 패턴을 볼 때는 자신이 신석기인이 되어야 한다. 그렇지 않으면 추상이나 상징 개념으로 빠질 수밖에 없다.

한반도 신석기인이 새긴 하늘 속 물

빗살무늬토기 패턴 가운데 '하늘 속 물(水)'은 **도9**처럼 짧은 빗금을 그은 것이 가장 많이 보인다. 그런데 꼭 이런 무늬만 있는 것은 아니다. 한반도 신석기인은 하늘 속 물을 갖가지 모양으로 표현했다. **도10** 왼쪽처럼 점점이 점을 찍어 물(水)을 나타내기도 했다. 자세히 보면 점을 낱낱이 하나씩 찍었다는 것을 알 수 있다. 학계에서 말하는 것처럼 빗 같은 무늬새기개를 써서 여러 점을 한꺼번에 찍지 않았다.

도11 아래 그릇 조각 하늘 속 무늬를 흔히 조문(爪文 손톱조·무늬문)이라 한다. 손톱으로 찍은 무늬란 말이다. 물론 무늬가 손톱 모양이라는 말인지, 정말 손톱으로 찍은 무늬란 말인지는 확실하지 않다. 그런데 많은 사람들이 손톱으로 이 무늬를 찍었다고 믿는 것 같다. 하지만 손톱으로는 이런 무늬를 찍을 수 없고, 또 이렇게 나오지도 않는다. **도11** 무늬를 보면 그릇을 빚어 어느 정도 말린 다음, 좀 단단했을 때 무늬를 새겼다는 것을 알 수 있다. (그래서 더더욱 손톱으로 새길 수 없다.) 신석기인들은 무늬를 새길 때 그릇을 빚은 다음 그늘에 하루나 이틀 말린 다음 무늬를 새겼다. 그래야 흙이 덧나거나 올라오지 않고 깨끗하게 새겨진다. 무늬를 자세히 보면 뭔가로 꾹꾹 눌렀는데, 아마 조개껍데기 뾰족한 부분을 뭉툭하게 갈아 찍었을 것이다.

암사동에서 나온 그릇 조각에는 **도10**처럼 섬세하게 점을 찍은 것이 많다. 그에 견주어 부산 동삼동 것은 선이 굵고 깊고 선명하다. 또 암사동이 한 패턴을 정교하게 발전시켰다면 동삼동은 자유분방

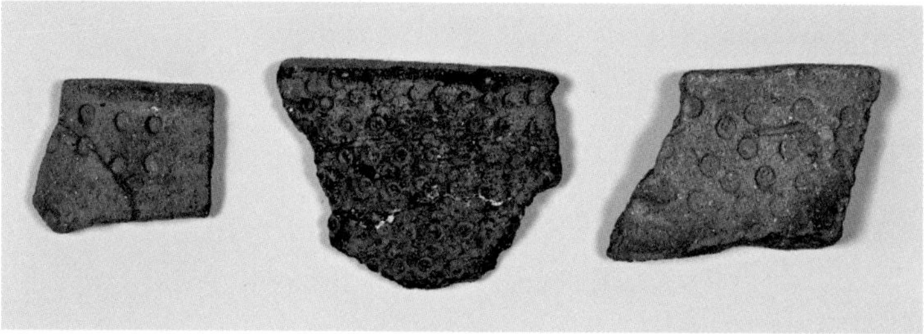

도12 부산 동삼동 빗살무늬토기 조각. 국립중앙박물관. 신수21853

동그란 막대기 끝으로 꾹꾹 눌러 하늘 속 물 또는 눈(雪)을 새겼다. 가운데 그릇은 시누대 같은 대나무로 누른 것 같다. 속이 비어 있다. 동삼동 그릇에는 이런 패턴이 몇 점 보인다.

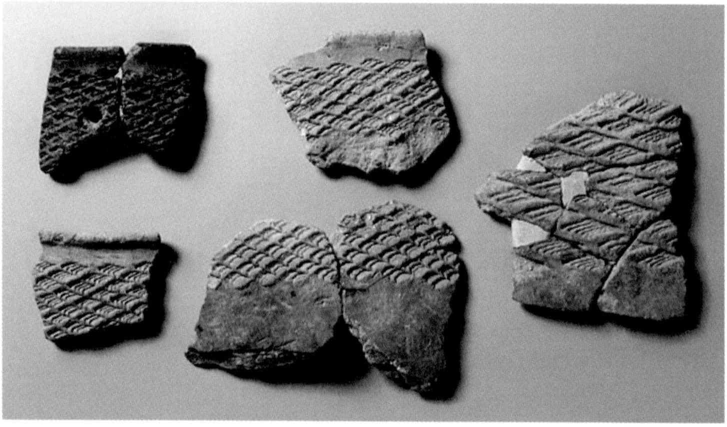

도13 인천시 옹진 빗살무늬토기 조각. 국립중앙박물관. 신수18367

도장을 찍어 하늘 속 물을 표현했다. 이런 무늬 기법은 상당히 발전한 기법이다.

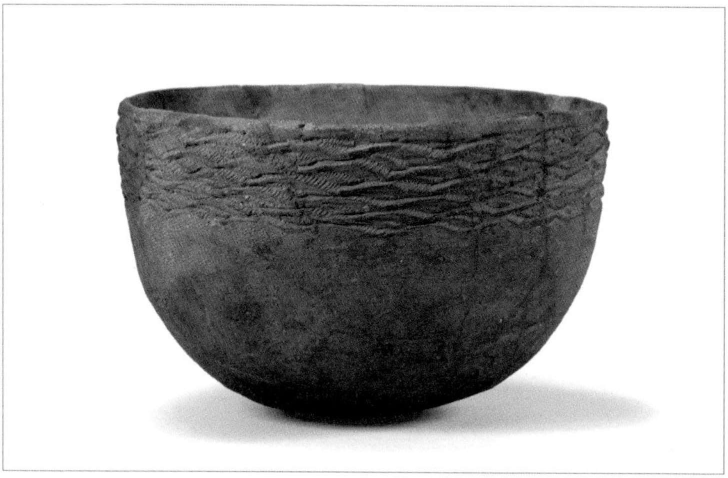

도14 전북 진안 빗살무늬토기. 국립전주박물관. 전3788

하늘 속에 물이 방방하게 차 있는 것을 물결무늬로 표현했다. 이런 패턴은 한반도 신석기 그릇 가운데 몇 점 되지 않는다.

하고 역동적이고 경쾌하다. **도12**처럼 동그란 막대기 끝을 지그시 눌러 하늘 속 눈(雪) 또는 물(水)을 표현하기도 했다. 어떤 것은 속이 빈 대롱을 찍어 동그라미를 새겼다. 가장 놀라운 것은 **도13**이다. 인천 옹진에서 나온 그릇 조각인데, 신석기 때 아주 세련된 도장 무늬를 찍었다. 이런 도장 무늬는 조선 분청자에서 볼 수 있다.

경계, 파란 하늘

도16을 보면 하늘 속과 삼각형 구름 사이에 물결무늬 두 줄로 경계(파란 하늘=天)를 지었다. 이 경계는 우리가 눈으로 보는 하늘, 『성경』 창세기 1장 6절에서는 '궁창·하늘'이라 한다. 이 무늬 아래 삼각형·반원(타원)형 구름이 있거나 빗줄기 무늬가 있다. 이 무늬는 반드시 있는 것은 아니고 없을 때가 많다. 사실 이런 경계, 파란 하늘을 분명히 새긴 그릇은 그렇게 많지 않다. 하지만 이 무늬가 없다 하더라도 암사동 신석기인은 하늘 속과 구름을 엄격하게 구분 지어 무늬를 새겼다. 이는 세계 신석기 미술에서도 찾아보기 힘들다.

도17을 보면 물결무늬를 아주 짧은 빗금으로 찍었다. **도16·18**은 점을 점점이 찍었다. 파란 하늘을 이렇게 물결무늬로 새긴 까닭은 하늘 속에 물이 방방하게 가득 차 있다는 것을 표현한 것이다. 이 물결 패턴은 마한의 구멍단지에서도 볼 수 있다. (구멍단지의 비밀에 대해서는 12장 '가뭄과 홍수와 구멍 그리고 구멍단지' 편에서 자세히 풀었다.) 물결 패턴은 신석기를 넘어 삼국시대 제기에서 자주 볼 수 있다. 이때 제기의 무늬는 하늘(경계)을 뜻한다기보다는 그릇에 물이 찼으면, 다시 말해 비(雨)가 충분히 왔으면 하는 바람을 담고 있다 하겠다. 아마 기우제 때 쓴 제기일 것이다.

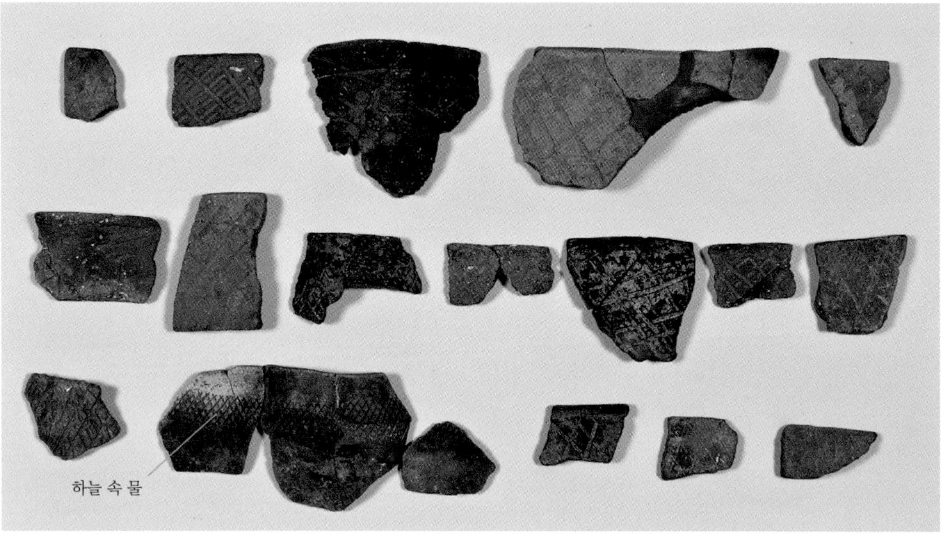

학계에서는 아래 왼쪽 무늬를 격자무늬라 한다. 그런데 이런 무늬 이름은 무늬의 겉모양만 말해줄 뿐 이 무늬가 무엇을 새긴 것인지는 말해주지 않는다. 이 격자무늬가 '하늘 속'에 있다면, 이 무늬는 하늘 속에 물이 가득 차 있다는 것을 표현했다고 볼 수 있다. 이 패턴은 신석기를 넘어 조선 민화에 이르기까지 자주 보인다.

도15 부산 동삼동 빗살무늬토기 조각. 국립중앙박물관. 신수22175

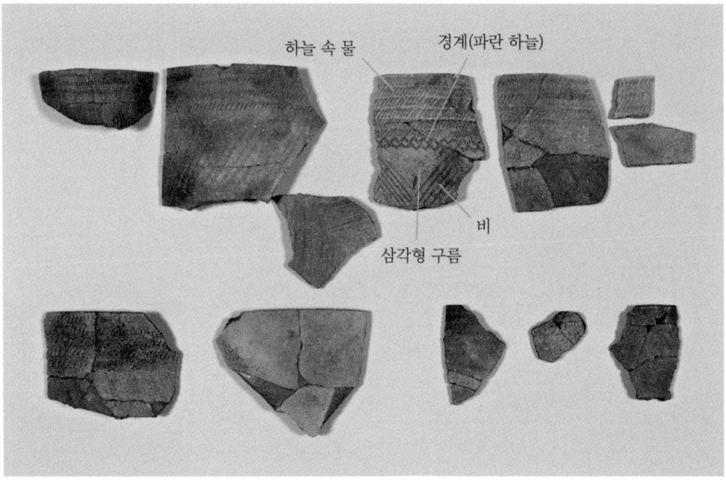

보는 바와 같이 모든 그릇이 경계(파란 하늘)를 새긴 것은 아니다.

도16 서울 암사동 빗살무늬토기 조각. 국립중앙박물관. 신수22759(9)

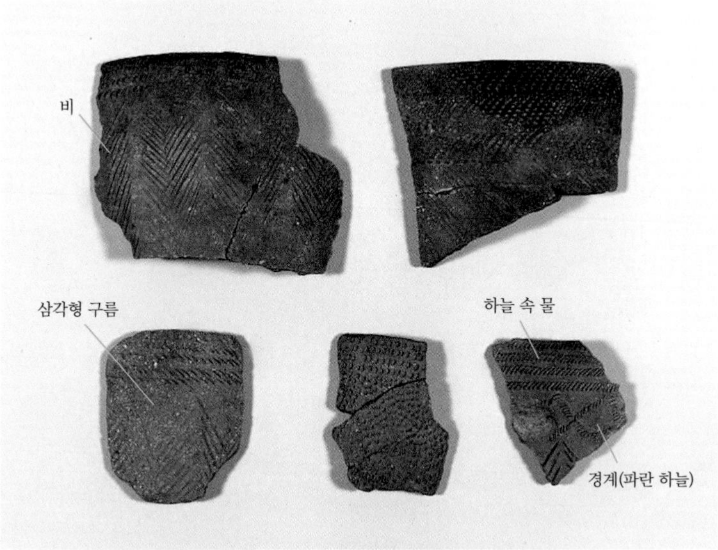

| 경계 파란 하늘을 아주 짧은 빗금을 이어 꽈배기 모양으로 새겼다.

도17 서울 암사동 빗살무늬토기 조각. 국립중앙박물관. 고19745(5)

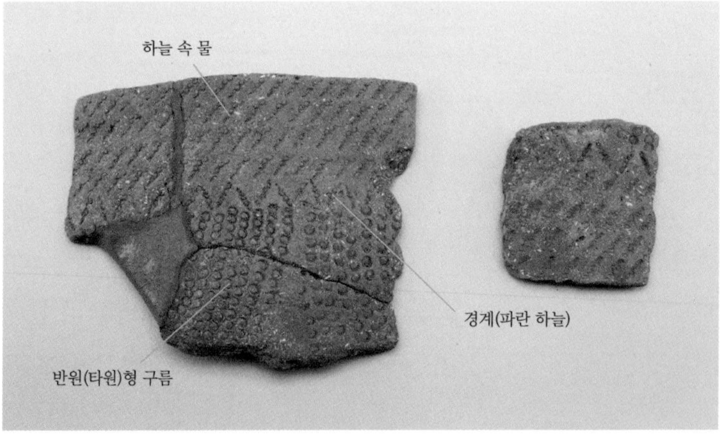

| 경계 파란 하늘을 일일이 점을 찍어 삼각 띠무늬로 했다. 그 아래 반원(타원)형 구름이 있다. 구름 속 점은 구름 속 수분(水, 雨)이다.

도18 인천시 중구 운서동 빗살무늬토기 조각. 국립공주박물관. 공한5172

상징은 원래 우리말이 아니다

나는 1장부터 3장까지 신석기 미술과 패턴을 다루면서 '상징symbol'이나 '상징적symbolic'이란 말을 단 한 번도 쓴 적이 없다. '이 삼각형은 구름이다' '이 삼각형은 구름을 그린 것이다' '이 빗금은 빗줄기다' 이렇게 말했지, '이 삼각형은 구름을 상징한다' '이 빗금은 빗줄기를 상징한다' 이렇게 말하지 않았다. 그런데 재미있는 사실은 내가 이렇게 썼는데도 이 글을 읽는 사람들은 거의 다 '이 삼각형은 구름을 상징하는구나!' 이렇게 읽는다는 것이다. 처음에는 이것을 몰랐는데, 미술사 강의를 가거나 학회 미술사 발표 때 질문자들이 그렇게 물었다.

"선생님은 이 삼각형이 구름을 상징한다고 하는데……."

왜 이런 일이 벌어지는 것일까. 그만큼 우리 미술 연구가 서양의 문제틀에 갇혀 있는 것이 아닌가 싶다. 더구나 어떤 무늬를 '상징'으로 읽는 순간 그 미술은 '추상미술'이 될 가능성이 아주 크다.

'상징(象徵)'은 원래 우리말이 아니고 일본말이다. 믿기 힘들겠지만 조선왕조실록에서 '象徵'을 검색하면 단 한 사례도 찾을 수 없다. 그런데 조선왕조실록을 우리말로 번역한 것을 검색하면 열다섯 군데에서 보인다. 어떤 한자를 번역할 때 번역자가 그것을 '상징'으로 옮긴 것이다. 보기를 들자면 이런 것이다. 정조실록 4권, 정조 1년(1777) 12월 13일 을사 첫 번째 기사 「대사간 유당이 조정의 기강을 바로 잡아야 한다며 진계하다」에 이런 구절이 있다. "夫月者臣象也(부월자신상야)" 이 구절을 번역자는 "대저 달이란 신하의 상징으로서"로 옮긴다. 그러니까 '象徵'이란 말은 조선왕조실록 어디에서도 찾을 수 없는데, 번역자가 상(象)을 '상징'으로 옮긴 것이다.

우리 한국미술을 볼 때 상징 개념으로 읽으면 우리 미술을 제대로 볼 수가 없다. 왜냐하면 한국 고대 장인들은 어떤 대상을 볼 때나 그것을 작품으로 만들 적에 결코 '관념적'으로 해결하거나 표현하지 않았다. 단지 우리는 아직 그것을 제대로 알지 못할 뿐이다. 그런 의미에서 한국 장인들은 리얼리스트였다. 그런데도 우리는 그와 반대로 우리 미술을 추상적으로, 또 상징적으로 보고 있고, 또 그렇게 보고 읽는 것이 마치 미술 연구의 바른 태도인 양 여기고 있다. 이것은 철저히 서양 미술의 문제틀이다.

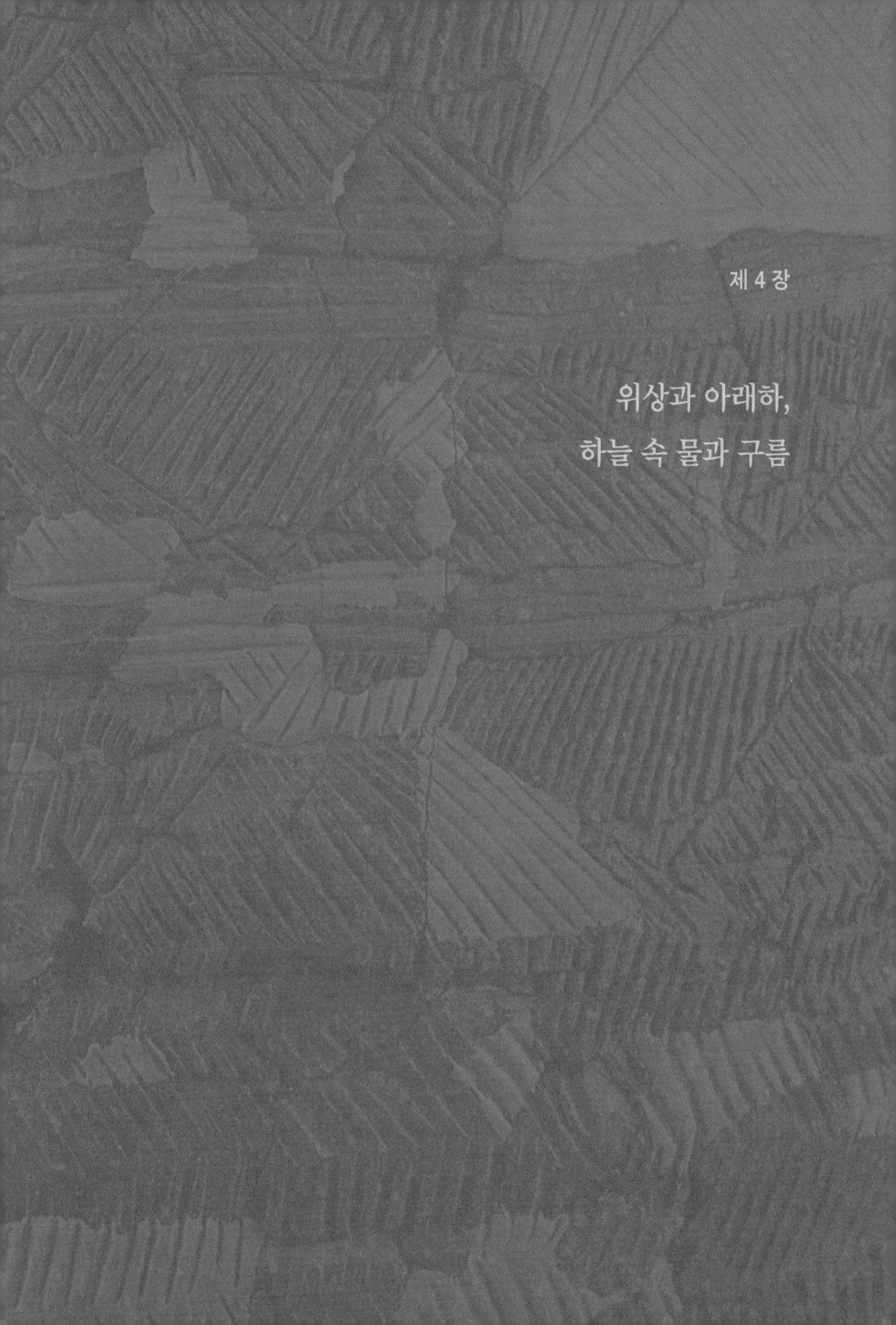

제 4 장

위상과 아래하,
하늘 속 물과 구름

4

위상과 아래하,
하늘 속 물과 구름

나는 얼마 전 한 시민단체 한국미술사 강의에 나가 아래와 같은 인트로로 강의를 시작했다.

"저는 수십 년째 한국미술과 세계미술을 공부하고 있는데요, 특히 한국 중국 베트남 미술을 볼 때 한자(漢字) 한 글자가 떠오릅니다. 제가 평생 공부하고 있는 미술이 결국에는 이 한 글자에 모아지더라고요. 지금 내가 이걸 풀기 위해 이렇게 용을 쓰고 있구나, 하는 생각을 해 봅니다. 그 글자는 바로 위상(二)입니다."

위상(二←上의 갑골문) 글자를 제대로 읽었을 때 우리는 비로소 한국, 중국, 베트남 신석기 미술을 온전히 읽을 수 있을 것이다. 여기서 일본은 뺐는데, 그 까닭은 일본 신석기 미술에는 위상 개념이, 즉 '하늘 속 물(水)'과 '천문(天門)' 개념이 없기 때문이다. 물론 야요이와 고분시대Tumulus period(古墳時代)는 이 위상(二) 개념이 없이는 그들의 미술을 풀 수 없기는 마찬가지다.

『육서통』과 중국의 신석기 세계관

도1-4는 중국 청나라 초 민제급이 편찬한 전각 글자 『육서통(六書

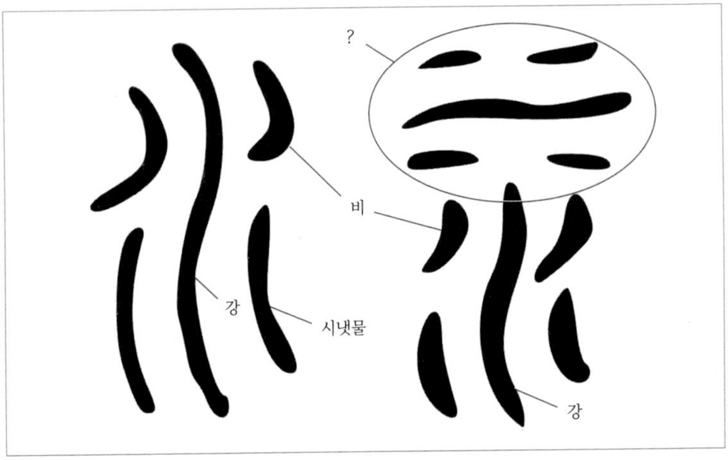

도1 · 2 한자 수(水) 자 육서통

| 한자학계에서는 도2 수 육서통 글자를 아직 풀지 못하고 있다.

通)』(1661)에 나와 있는 수(水) 글자다. 암사동 빗살무늬토기를 공부하기 전에는 **도2-4** 글자를 읽어낼 수 없었다. 반면에 **도1**은 쉽게 읽을 수 있다. 비(雨)가 내려 시냇물(川)을 이루고, 이 시냇물이 모여 큰 강(江)이 된다. 이것이 바로 물(水)인 것이다. 그런데 **도2**를 보면 시원하게 풀이가 되지 않는다. 특히 물음표(?) 한 곳이 무엇인지 도무지 알 수가 없다. (물음표 한 부분은 위상(二)과 구름운(云) 글자가 합쳐진 부분이다. 이는 뒤에 자세히 논할 것이다.) **도3·4**도 마찬가지이다.

도1-4 글자를 내보이는 까닭이 있다. 중국 한자 갑골·금문·전서·육서통에서 세상(二二), 하늘(天), 구름(云), 비(雨·霝·示), 하늘·비(示), 구름·천문(气), 바람(風), 천명(言·不·否·丕), 왕(帝), 기원(元), 받침(丌), 소리·음악(音), 용(龍), 말(馬), 물(水), 그릇(口) 같은 글자는 중국 신석기와 암사동 신석기 세계관이 전제되지 않으면 온전히 해석할 수 없다는 점이다. 이것은 **도5·6**을 보면 알 수 있을 것이다.

한자 연구서를 보면 주로 갑골과 금문으로 글자를 풀이하는데, 육서통을 드는 학자는 찾아보기 힘들다. 그 까닭은 다른 게 아니다. **도2-4**처럼 아무리 살펴봐도 도무지 알 수 없기 때문이다. 왜 그런고

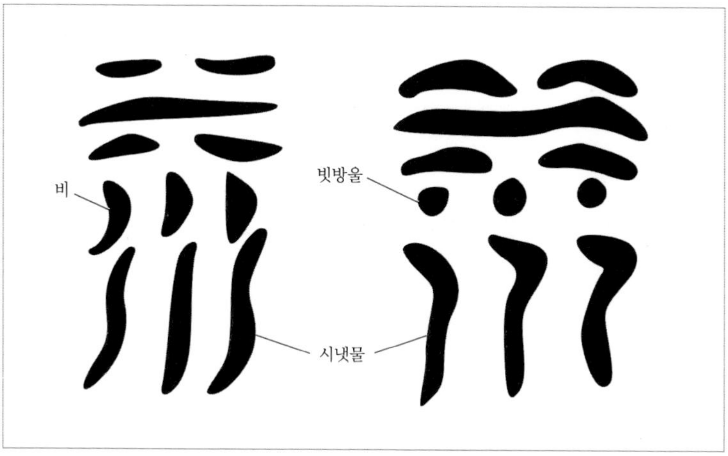

도3·4 한자 수(水) 자 육서통

| 한자학계에서는 도3·4 수 육서통 글자를 아직 풀지 못하고 있다.

하니 육서통에는 중국인들이 신석기 때부터 생각했던 세계관이 고스란히 담겨 있기 때문이다. 그래서 중국인의 신석기 세계관을 알지 못하면 알 수 없는 글자다. 바로 그 때문에 나는 갑골이나 금문보다는 육서통을 더 알뜰히 살핀다. 물론 먼저 갑골과 금문을 보고, 그다음 이 글자가 육서통에는 어떻게 나와 있는지 찾아본다. 동남·동북아시아 미술을 볼 때 육서통이 중요한 까닭은 또 있다. 동한시대(25~220) 허신(許愼 55~125)이 주역(周易)으로 전도한(지워버린) 중국의 갑골과 금문의 신석기 세계관을 이 육서통을 통해 복원할 수 있기 때문이다.

육서통 수(水)와 암사동 빗살무늬토기 디자인

도5 육서통 수(水)에서 하늘 속 물(水)과 경계(파란 하늘) 부분은 갑골문 위상(二)이다. 이 글자는 한마디로 물(水)의 기원을 담고 있다고 할 수 있다. 가장 아래서부터 올라가 보자. 강물(水)의 기원은 비(雨)고, 이 비의 기원은 구름(云), 구름의 기원은 하늘 속 물(水)이다. 그러

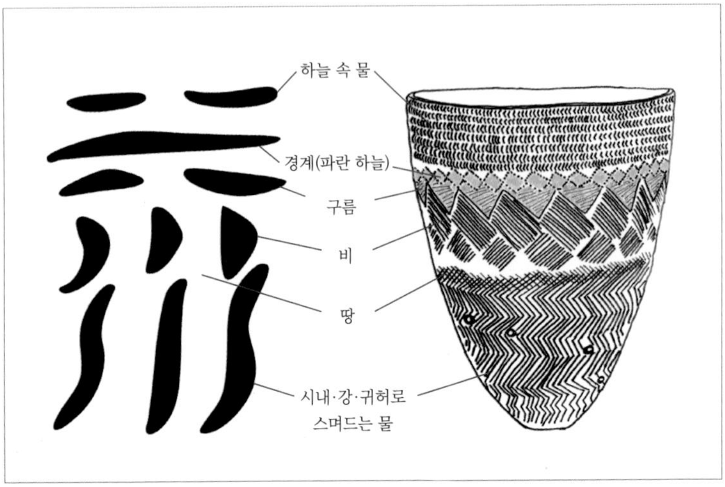

도5 육서통 수(水) 자

도6 암사동 빗살무늬토기 그림. 높이 38cm

도6 그릇은 서울 암사동에서 나온 빗살무늬토기 가운데 땅(地)을 새긴 유일한 그릇이다. 하늘 속 천문(天門)은 새기지 않았지만 암사동 세계관을 정확하게 나타낸 토기라 할 수 있다.

니까 육서통 수(水) 글자는 물의 기원을 한 글자 안에서 차곡차곡 보여주고 있는 것이다. 물론 반대로도 읽을 수 있다. 하늘 속 물(水)이 구름으로 내려와, (중국 신석기인들은 파란 하늘 너머에 은하수가 있다고 보았다. 이 은하수는 하늘 속 물이다.) 그러니까 하늘 속에 가득 차 있는 은하수 물이 천문(天門, 八門)을 통해 구름으로 나오고, 이 구름에서 비가 내려 강을 이룬다는 것. 그래서 이 글자에서 핵심은 물의 기원의 기원을 밝혀주는 위상(二)이 될 수밖에 없다. 그러니까 **도2** 물음표(?)는 하늘 속 물(水)과 하늘 아래 구름을 표현한 대목이다.

도6 암사동 빗살무늬토기는 그림으로 그린 다음 세 군데 색을 칠해 그 무늬를 또렷하게 했다. 세계 신석기 그릇을 볼 때는 이렇게 그림을 그리고, 그 위에 색을 칠해 봐야 한다. 이때 원칙은 예쁘게 색을 칠하는 게 아니라 신석기 장인이 되어, 당시 신석기인이 머릿속에 그리고 있었던 디자인과 패턴을 염두에 두고, 그의 머리와 손이 되어 칠해야 한다. 그러면 당시 신석기인이 어떤 세계관으로 이 세상을 보았는지 짐작할 수 있다.

앞에서도 몇 번 암사동 그릇 디자인과 패턴을 풀이했지만, 여기서 다시 간단히 설명하면 이렇다. 암사동 신석기인은 아가리 쪽에 하늘 속 물(水)을 층층이 새겼다. 이 그릇은 물 층을 7층으로 새겼지만 암사동 그릇에서는 4층과 5층이 압도적으로 많다(3장 **도1·9** 참조). 이는 동서남북 또는 사방오주의 방위 개념이 그들에게 벌써 있었다는 증거이기도 하다. (이에 대해서는 5장에서 논할 것이다.) 암사동 신석기인은 하늘 속 물 층을 층층이 세밀하게 새긴 다음 '삼각형 구름'과 물 층 사이에 경계를 둔다. 이 경계는 우리가 눈으로 볼 수 있는 파란 하늘이다. 이 그릇에서 눈여겨봐야 할 것은 이 삼각형 구름 속 빗금이다. 이 빗금은 삼각형 구름 속 물(水)인데, 다시 말해 이제 곧 비(雨)가 되어 내릴 물(水) 또는 수분으로 보면 되겠다. 이 그릇을 빚은 암사동 신석기인은 이 빗금을 하늘과 수평이 되도록 애써 새기려 한 흔적이 보인다. 나중에는 완벽한 수평이 되는데(6장 **도48** 참조), 이런 사례는 신석기에는 몇 점 보이지 않고(5장 **도16**) 청동기에 오면 청동거울 다뉴세문경 무늬에서 볼 수 있다. (사실 다뉴세문경은 암사동 빗살무늬토기 패턴을 모르면 해석할 수 없는 디자인이다.) 그다음 삼각형 구름에서 비가 내리고 그 비는 이 세상(땅·地)을 촉촉이 적시고 알 수 없는 심원[歸墟]의 세계로 스며들고 흘러간다.

도6 그릇 디자인의 가장 큰 특징은 '땅'을 새겼다는 점이다. **도6**에서 보랏빛으로 된 빗금은 일부러 더한 것이 아니라 단지 색깔만 달리해서 그대로 그린 것이다. 지금까지 나온 빗살무늬토기 가운데 이 그릇만이 사람이 두 발을 딛고 살아가는 세상을 새겼다. 세계 신석기 미술 가운데 신석기인이 자신의 모습을 그리거나 새긴 경우는 아주 드물다. 아주 없는 것은 아니지만 찾아보기가 힘들다. 그런데도 우리는 그런 그릇을 꽤 본 적이 있는데, 그렇게 된 까닭은 여러 나라에서 신석기 도록을 낼 때 학예사들이 그런 그릇을, 사람이 그려져 있는 그릇을 많이 실었기 때문이다. 다른 무늬는 해석이 안 되는데 그 그릇은 알아볼 수가 있어, 그도 단지 사람뿐이지만, 사람 둘레 무늬는 해석을 할 수 없지만, 그래도 다른 그릇에 견주면 알아볼 수 있는 것(사람)이 있어 도록에 실었다고 볼 수 있다. 특히 중국 양사오문화(仰韶文化) 그릇이 많이 알려진 것은 바로 이 때문이다. 하지만 중국 전체 신석기 미술에서 양사오문화 패턴은 아주 이질적인 패턴이다.

한반도 신석기인이 자신의 모습을 그릇에 새긴 경우는 찾아볼 수 없다. 그 까닭은 그릇 디자인에서, 그들이 그릇에 담고 싶은 세계관(또는 story) 속에서 사람을 그 자리에 굳이 새길 필요가 없어서일 수 있고, 다른 까닭이 있을 수도 있다. 그것은 어쩌면 나와 대상(자연)과의 관계를 어떻게 보느냐의 문제이기도 하다. 이것은 세계미술사에서 상당히 중요한 문제이고 단순하게 설명할 수 있는 것도 아니다. 다만 한중일 미술사에서는 주역 이전과 이후의 문제로 볼 수 있을 것이다. 특히 주역 이전의 세계관을 찾아야 한다는 것, 그리고 주역 이전의 세계관은 신석기 세계관일 수밖에 없다는 점, 다시 말해 이와 관련해서는 이 책 신석기 미술사에서 말하는 것을 총체로 이해했을 때 어떤 개념이 잡힐 것이고, 바로 그것이 한반도 신석기인이 그릇에 자신의 모습을 새기지 않은 내력, 그 실마리가 될 것이라 믿는다.

도9 금문 상하(上下)를 보면 지금 우리가 쓰는 상하 글자와 같다. 상(二)이 금문에 이르러 상(上)으로 바뀐 까닭은 사람들이 자꾸 상(二)과 이(二)를 헷갈려 하기 때문이었다. 그래서 위에서 아래로 세로획을 하나 더하고 그 옆에 원래 있던 작은 가로획을 오른쪽으로 밀어 붙였다.

한자 관련 책을 읽을 때 간혹 오해를 할 때가 있다. 글쓴이가 어떤 글자의 갑골과 금문을 들면 그 글자의 갑골과 금문이 그 한 글자뿐

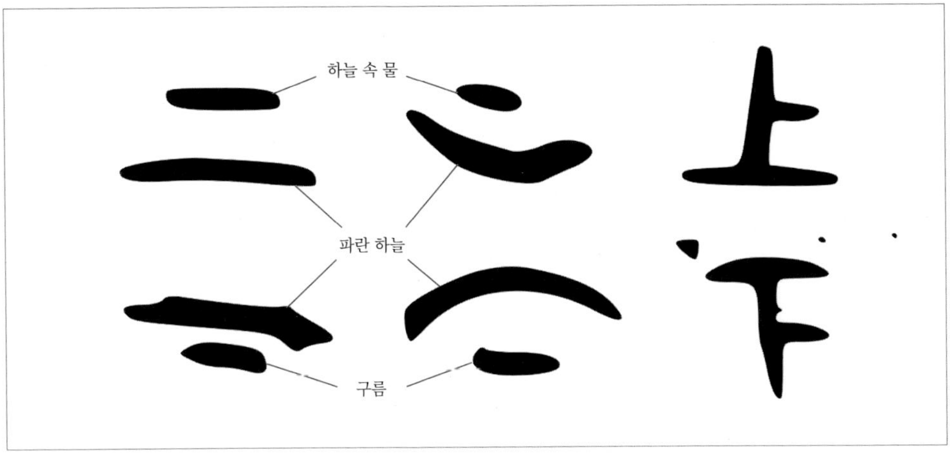

이라고 여기는 것이다. 하지만 그렇지 않다. 어떤 글자 하나에 갑골은 수십 자가 넘는다. 인쇄를 하지 않고 거북 배딱지에 날카로운 송곳으로 긁어 팠기 때문에 글자가 조금씩 다를 수밖에 없다. 물론 기본 패턴은 같다. 하지만 자세히 들여다보면 조금씩 차이가 있다. 그 한자에 깃든 세계관의 차이라 할 수 있다. 물론 그 세계관이 근본에서부터 차이가 있다기보다는 그 세계관 속에서 강조하고 싶은 부분, 그런 데서 조금 차이가 나고, 그 때문에 글자 모양이 조금씩 다른 것이다. 위에 든 상(上) 자만 하더라도 갑골은 7자, 금문은 25자, 육서통은 18자나 된다. 이도 작은 차이를 줄여 뽑은 것이다. 그러니까 상(上) 갑골은 7자가 아니라 수십 자, 아니 수백 자가 될 수 있다. 그렇다면 글쓴이는 그 많은 글자 중에서 왜 그 글자를 특정해 드는 것일까. 그것은 자신이 생각하는 논리를 뒷받침하는 근거로 삼고 싶기 때문이다. 나 또한 여러 글자 중에서 중국과 한반도 신석기 세계관을 설명하기 위해 일부러 **도7·8** 글자를 골랐다. 그렇다고 해서 아주 다른 글자는 아니다.

도7 위상(上) 아래하(下) 갑골

도8 위상(上) 아래하(下) 갑골

도9 위상(上) 아래하(下) 금문

먼저 **도7** 갑골 상(二)을 보자. 지금의 두이(二)와 똑같다. 가로획이 두 개인데, 위 가로획은 짧게, 아래 가로획은 길게 했다. 나는 위 짧은 가로획을 '하늘 속 물(水)'로 보고 아래 긴 가로획은 '파란 하늘'로 본다. 하(二)에서 긴 가로획은 마찬가지로 파란 하늘이고, 아래 짧은 가로획은 하늘에 떠 있는 구름(云)으로 본다(5장 **도10-12** 6장 **도7-9** 참조). 이렇게 보아야 앞에서 든 **도5** 육서통 수(水)가 제대로 보인다. 이렇게 보지 않고 **도5** 육서통 수(水)를 풀이할 수 있을까.

도8 상(二)을 보면 파란 하늘 가로획이 아래로 구부러졌다. 이렇게 된 까닭은 두이(二) 자와 구별이 안 되어 혼동이 되었기 때문이다. 물론 한자는 맥락 속에서 읽으면 되는데, 그런데도 두 글자가 너무 똑같아 문제가 되었다. 그래서 상(二)의 아래 긴 가로획을 구부렸고, 그렇게 되자 자연히 하(二) 긴 가로획도 위로 구부러진 것이다. 그런데 이렇게 글자를 구부려도 여전히 헷갈려 했다. 그래서 궁여지책으로 **도9** 같은 금문 상하 글자가 생겨난 것이다. 세로획 하나를 위에서 아래로 긋고 짧은 가로획을 오른쪽으로 살짝 밀어 그 세로획에 붙였다. 이 금문 상하(上下)는 오늘날 우리가 쓰는 한자 상하와 같다.

허신과 단옥재의 상하 풀이

서주(西周 기원전 1046~771) 후기에 이르면 청동기는 제후 여식들의 혼수품이 된다. 정국(鄭國)의 대내사 숙상(叔上)은 딸 숙운의 혼수품으로 청동 주전자(**도10**)를 만들어 보낸다. 청동 주전자에 써 있는 명문은 이렇다.

> "12월 상순 길일 일사(乙巳)일에 정국의 대내사 숙상은 숙운의 혼수품으로 청동 주전자(匜)를 만든다. 만수무강하고 자자손손 영원토록 이 주전자를 쓸지어다."

갑골문이 써 있는 갑골편은 1899년 중국 하남성 안양(安陽) 은허

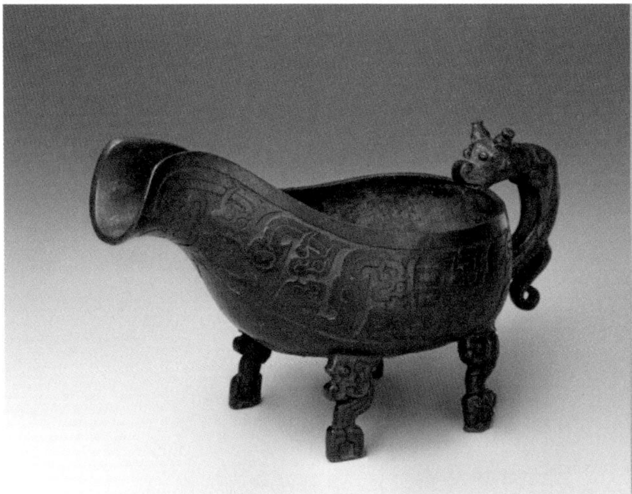

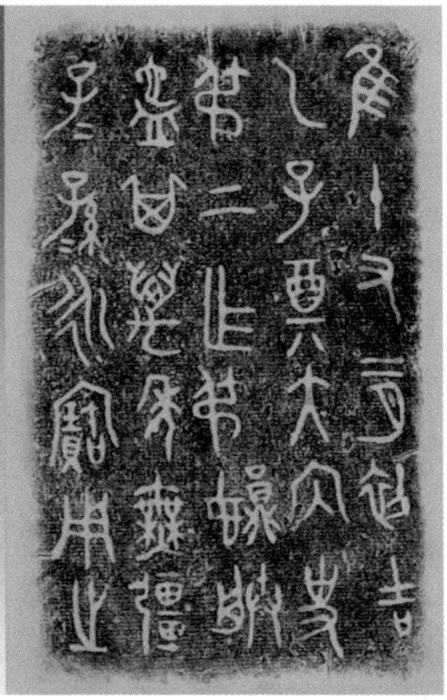

도10 서주 숙상이 (叔上匜). 높이 16.8cm, 너비 28.6cm, 무게 1.86kg. 중국 고궁박물관

도11 숙상이 명문(銘文)

(殷墟)에서 나온 이후 지금까지 확인 가능한 편수는 16만 장이고, 거기에 쓰인 글자는 4500자 남짓 된다. 이 가운데 판독 가능한 글자가 1000자다. 3500자는 아직 해독을 못하지만 거의 다 지명과 사람 이름이어서 내용을 알아보는 데는 큰 문제가 되지 않는다. 갑골문은 10년 안에 거의 다 판독을 하는데, 이렇게 할 수 있었던 것은 그전에 이미 숙상이 명문(銘文)처럼 청동제기에 써 있는 금문을 알고 있었기 때문이다. 갑골과 금문은 큰 차이가 없다.

중국 한자 상하(二二) 풀이는 뭔가 '뒤죽박죽'이 되어 있다는 생각이 든다. 상하(上下)는 아래와 위를 말하는데 (이렇게 '자명하게' 알고 있는데) 무슨 말이냐, 할 사람도 많을 것이다. 허신은 『설문해자』(100)에서 상(二)과 하(二)를 다음과 같이 정리한다. 미리 말하지만 그는 갑골과 금문(**도11** 참조)을 몰랐고, 그래서 더더욱 그는 자신의 조상, 중국 '신석기 세계관'을 알지 못했다. 간혹 갑골과 금문을 알아야 할 수 있는 말을 하기도 하지만, 그것은 그가 갑골과 금문을 알아서라기보다는 아주 우연히, 그가 『설문해자』를 쓸 때까지도 사람들 관념에 남아 있던 신석기 세계관이라 할 수 있다.

상(二)

二, 高也(고야). 此古文丄(차고문상), 指事也(지사야). 凡二之屬皆从二(범이지속개종이). 丄(상), 篆文上(전문상).

상(丄)은 **'높다'**는 말이다. 이 글자는 상(丄)의 옛글자이고, **지사자**다. 상(二)에 드는 글자는 모두 상(二)의 뜻을 따른다. 상(丄)은 상(上)의 전서다.

하(二)

二, 底也(저야). 从反二爲二(종반이위이). 丅(하), 篆文下(전문하).

하(丅)는 **'낮다'**는 말이다. 상(二)을 거꾸로 하여 하(二)로 하고 이것을 따른다. 하(丅)는 하(下)의 전서다.

아주 짧은 풀이다. 그런데 지금 우리가 알고 있는 상하(上下) 개념으로 허신의 풀이를 보면 뭔가 이상하다. 상(二)은 높고 하(二)는 낮다고 한다. 이 풀이 말고는 더는 없다. 분명한 것은 지금 우리가 알고 있는 뜻, '위아래'가 아니라는 점이다. 위 상하(上下) 부는 단옥재가 당시 『설문해자』 여러 판본의 잘못을 바로잡아 다시 정리한 것이다. 청나라 학자 단옥재는 『설문해자』 여러 판본에서 사람들이 상하(上下) 옛글자를 '二二'로 쓰지 않고 '丄丅'로 써 놓았다 하면서 두 글자의 옛글자를 '二二'로 바로잡는다. (사실 여기에 핵심이 있다. 왜 그들은 헷갈려 했고, 잘못 알고 있었을까!) 허신의 『설문해자』는 청나라 때에도 그 원전이 남아 있지 않았기 때문에 단옥재는 『설문해자』 전체 맥락과 허신의 신(辛), 시(示), 진(辰), 제(帝), 방(旁), 음(音) 풀이를 염두에 두면서 상하 부를 바로잡은 것이다. 그러니까 위 상하 부 풀이는 단옥재가 여러 판본의 잘못을 바로잡아 허신의 『설문해자』 풀이에 가깝게 정리했다고 볼 수 있다. 그리고 위 원문에서 전문(篆文)과 전서(篆書)는 진나라 소전(小篆)으로 보면 된다. 이렇게 바로잡은 다음 단옥재는 주석을 달아 지사자(指事字) 개념을 확실히 한다. 아래 단옥재의 『설문해자주』 '二'부 주는 옮긴이마다 달리 옮기고, 잘못 번역한 곳도 많은 것 같다. 이 점을 헤아려서 다른 번역본과 견주어 읽어 보면 좋겠다.

象刑字實有其物(상형자실유기물).
상형자는 그 사물의 실제 모습을 그대로 그려낸 글자다.
日月是也(일월시야).
일(日) 자와 월(月) 자가 바로 그런 글자다.
指事者不泥其物而言其事(지사자불니기물이언기사).
반면에 지사자는 실제 사물과는 상관없이 어떤 일(또는 형편)을 말하는 것이다.
丄丅是也(상하시야).
상(丄) 자와 하(丅) 자가 바로 그런 글자다.
天地爲形(천지위형).
만약에 하늘과 땅의 모습을 말로 설명한다면(그려낸다면) 이렇게 말할 수 있다.
天在上地在下(천재상지재하),
하늘은 위에 있고, 땅은 아래에 있다 할 수 있고,
地在上天在下(지재상천재하).
땅 위에 있고, 하늘 아래 있다 할 수 있다.
則皆爲事(즉개위사)
다시 말해 이 두 글자는 어떤 사실(형편이나 처지 또는 상황이나 위치)을 말하는 것이다.

허신은 상하(上下)를 '높고 낮음'으로 풀이했는데, 단옥재는 '위아래' 개념으로 정리한다. 허신이 상하(二二)를 '지사자'라 하자 단옥재가 이것을 알기 쉽게 풀이하면서 벌어진 일이기도 하다. (허신이 『설문해자』에서 지사자라 분명히 밝힌 글자는 상하(上下) 이 두 글자뿐이다.) 그런데 단옥재는 왜 높고 낮음이 아니라 위아래 개념으로 푼 것일까. 이것은 단옥재 당시 상하(上下)가 높고 낮음보다는 주로 위아래로 썼기 때문이 아닐까 싶다. 물론 단옥재도 상하(二二)의 본뜻을 알지 못했다.

육서통 상하와 신석기 세계관

일차적인 착오와 잘못은 허신에게 있다. 그는 갑골과 금문을 몰랐을 뿐만 아니라 결정적으로 신석기 세계관을 몰랐다. 그래서 상하(二二) 글자를 '높고 낮음'으로 봤고, 지사자라 한 것이다. 그런데 만약 중국 신석기 말 신석기인이 상하를 하늘 위와 하늘 아래, 더 구체로 '하늘과 하늘 속 물(水)' '하늘과 하늘 아래 구름'으로 보았다면(**도 7·8**), 과연 이 두 글자는 중국 신석기인에게 추상적인 기호sign 지사자였을까. 지금 우리 눈으로 보면 말도 안 되는 개념이지만, 신석기인에게 '하늘 속 물(水)'은 추상이 아니라 '구상'이고, '실제'이자 현실이었다.

갑골 위상(二)과 아래하(二) 또한 허신이 살았던 동한이나 단옥재가 살았던 청나라 세계관으로 보면 안 될 것이다. 더구나 '지금'의 관점으로 보아서는 더더욱 안 된다. (대학 1학년 학생들에게 상(二) 자에서 아래 긴 가로획이 무엇이냐고 물었더니, 상당수 학생들이 '땅'이라 했다.) 이렇게 보는 것은 또 다른 '전도'라 할 수 있다. 허신이 '주역'의 세계관으로 한자를 정리하면서 한 번 전도가 일어났다. 주역의 세계관으로 한자를 정리했을 때 한자에 깃들어 있는 세계관, 특히 신석기 세계관은 한순간에 사라지고 만다. 전도라는 것이 원래 그렇다. 그래서 미술사에서는 전도가 일어나기 전 그 '기원'을 찾는 일이 중요하다. 이

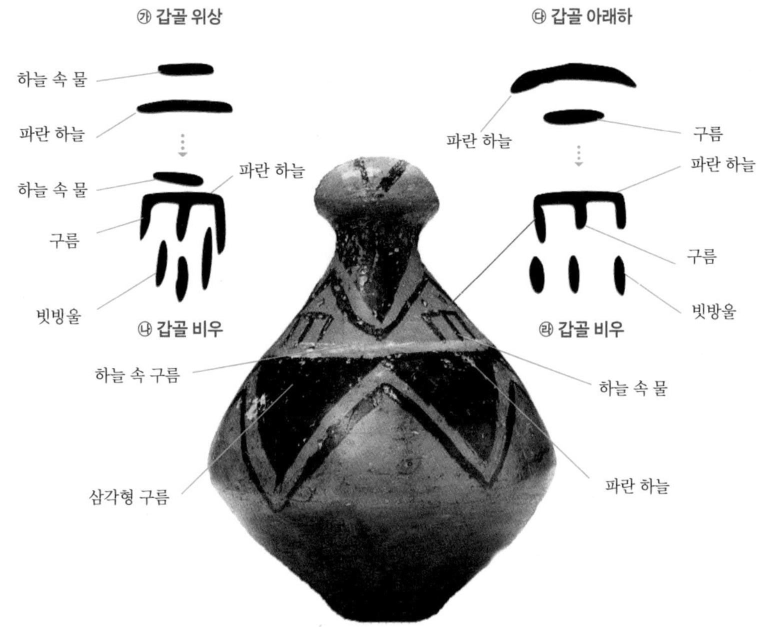

중국 고고학계는 이 그릇의 무늬를 해석하지 못하고 있다. 우리 미술사학계가 신석기 빗살무늬토기 무늬를 기하학적 추상무늬라 하듯 그들 또한 '수수께끼'라 하고 '추상적인 패턴abstract patterns'이라 한다. 나는 이 그릇 무늬 또한 세계 신석기인이 그런 것처럼 파란 하늘을 경계로 아래에 삼각형 구름(云)을 그렸다고 본다. 흥미로운 것은 하늘 속 구름에 갑골 비우(雨) 자를 그렸다는 점이다. 갑골편을 보면, 비우(雨) 자를 주로 ㉱로 쓴다. ㉱ 갑골에서 윗부분은 갑골 아래하 ㉰에서 온 것인데, 즉 파란 하늘과 구름을 뜻한다. 그릇의 하늘 속 구름 또한 삼각형인데, 그 안에 비우(雨) 자 갑골에서 파란 하늘과 구름 부분을 그려 넣었다. 이 구름이 아래 삼각형 구름으로 나와 비가 내리는 것이다. 만약 이것을 비우(雨) 자로 본다면 중국 한자의 기원은 지금보다 1500년 더 아래로 내려가 최소 기원전 3000년까지 내려잡아야 한다. 사실 이런 디자인은 글자(㉱)가 없는 상태에서는 불가능하다.

도12 양사오문화(仰韶文化) 채색토기. 중국 황하 중류 신석기 농경문화. 기원전 5000~3000년

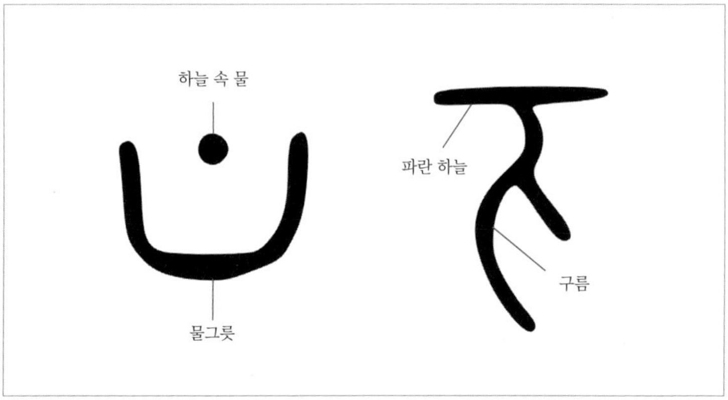

도13 · 14 육서통 상하(上下) 자

기원을 찾았을 때 그동안 풀지 못했던 것이 순식간에 풀리기도 한다.

도13 · 14 상하 육서통을 보자. 청나라 때 현판 글씨를 모아놓은 글자 가운데 상하(上下) 두 글자인데, 허신 이후 사라져 버린 신석기 세계관이 다시 살아났다고 볼 수 있다. 세계 신석기인들은 하늘 너머에 물이 있고, 이 물이 구름으로 나와 비가 내린다고 보았다. 이 물(水)이 있으려면 그 물을 담아놓는 물그릇이 있어야 한다. 그 그릇이 구체로 어떻게 생겼는지는 알 수 없지만 **도13** 현판 글씨를 쓴 사람은 영락없이 물그릇으로 상(二)을 표현했다. (이 물그릇이 마한과 가야의 구멍단지 아가리가 된다. 12장 **도20-26 · 32** 참조) 여기서 동그란 점은 그 물그릇에 담긴 물(水)로 보면 된다. 물이나 빗방울을 동그란 점으로 표현한 것은 세계 신석기 어느 나라에서나 쉽게 볼 수 있는 패턴이다(5장 **도8**, 6장 **도70** 참조). 그리고 육서통 아래하(下)는 하늘 아래 걸려 있는 구름(云)으로 표현했다. 이 육서통 하(下)는 갑골 구름운(云)과 거의 같다(6장 **도11 · 12** 참조). 이렇듯 육서통 글자는 갑골과 금문만 보고서는 알 수 없는, 특히 사라져 버린 신석기 세계관을 복원하는 데 아주 중요한 글자라 할 수 있다. 그래서 나는 한자를 볼 때 갑골과 금문을 먼저 보고, 반드시 육서통을 찾아본다. 그래야만 그 글자의 본

뜻을 알 수 있기 때문이다.

시라카와 시즈카의 상하 풀이

한자학 관련 책이 꽤 있지만 가장 많이 읽는 학자는 한문학 최고 권위자, 일본의 석학 시라카와 시즈카(白川靜 1910~2006)일 것이다. 나 또한 아츠지 데츠지(阿辻哲次 1951~)와 더불어 그의 책을 가장 많이 읽는다. 그의 책 『漢字의 世界』(고인덕 옮김, 솔출판사, 2008)에 상하 관련 구절이 있다. (우리나라 한자학계와 중국 한자학계 책에서는 상하와 관련한 코멘트를 찾지 못했다.) 아래에 그 구절을 그대로 옮겨 본다.

> 지사는 **상형에 기호를 더하여** 그 관계를 나타낸 것으로 『설문해자』에서는 상上과 하下를 들고 있다. 『설문해자』에 따르면 **上의 옛 자형은 丄이고, 下의 옛 자형은 丅이며, 양쪽 모두 一을 기준으로 그 위와 아래를 나타낸 것**이라고 한다. 그러나 갑골문 자형에서 上과 下의 자형은 **도15**와 같이 되어 있어 『설문해자』의 풀이와 다르다. **갑골문에서는 손바닥 위와 아래를 나타내는 것으로 '손바닥 위'와 '손바닥 아래'의 의미일 것**이다. 이는 **위치관계를 나타낸 것**으로서, 그 관계는 일반화할 수 있는 것이 원칙이다. 목木의 위와 아래에 작은 점을 더하여 본本과 말末이 되는 것도 같은 구성 원리다(26쪽).

그가 근거로 삼는 『설문해자』 주석본 또는 교정본이 어느 본인지는 정확히 모르겠다. (한나라 때 『설문해자』 원본 전체는 전해지지 않는다.) 하지만 위 구절로 보아 그도 별 중요하지 않을 듯하다. 왜냐하면 그 『설문해자』 주석본이 어느 본이든 간에 그는 그것을 제대로 살펴보지 않은 것 같다. 그게 아니라면 상하(上下) 부를 잘못 읽었거나, 읽었다 하더라도 그에게 있는 어떤 잘못된 전제가, (어쩌면 그것은 전도된 지식일지 모르겠다.) 그것을 못 읽게 한 것 같다.

그는 "上의 옛 자형은 丄이고, 下의 옛 자형은 丅"이라 했는데, 이것으로 보아 그는 오대(五代) 말 10세기 중반 서현(徐鉉) 서개(徐鍇) 형제가 교정한 '설문해자' 본(대서본과 소서본)을 따른 듯싶다. 그런데 이는 서현 서개 형제가 허신의 『설문해자』 상하 부를 잘못 정리 또는 복원한 것이다. 단옥재는 『설문해자주』에서 이 부분이 잘못되었다는 것을 구체 예를 들어 바로잡는다. 이는 앞에서 말했던 부분이다. 그는 "『설문해자』의 풀이와 다르다" 했는데, 이것으로 보아 그는 단옥재의 『설문해자주』조차도 꼼꼼히 살펴보지 않았다는 것을 알 수 있다. 설마 안 읽지는 않았을 것이다. 보기는 했지만 그에게 다른 무엇이 있어 그것을 보지 못하게 했을 것이다.

시라카와 시즈카는 상하(上下)가 "『설문해자』에 따르면 (……) 一을 기준으로 그 위와 아래를 나타낸 것이라고 한다"면서 (그는 기준 一을 상형으로 보고, 그 위아래 짧은 가로획 -을 기호sign로 본다.) 마치 허신이 『설문해자』에서 이렇게 말한 것처럼 쓰고 있는데, 허신은 이런 말을 하지 않았다. 물론 단옥재도 이런 말을 한 적이 없다. 또 하나 "그러나 갑골문 자형에서 上과 下의 자형은 **도15**와 같이 되어 있어 『설문해자』의 풀이와 다르다"고 했는데, 이것은 정말 심각하다. 『설문해자』 상하(二二) 부와 관련해 여러 주석본이 잘못되어 있고, 이것을 단옥재가 바로잡았다는 것을 그가 모를 리 없기 때문이다. 여기서도 중요한 것은 그가 잘못 알고 있었거나 잠깐 헷갈렸다는 것이 아니라, 왜 그렇게 잘못 알 수밖에 없었고 순간 헷갈려 했는가, 하는 점이다.

가장 심각한 것은 갑골 상하(二二)를 "'손바닥 위'와 '손바닥 아래'의 의미"로 본다는 것이다. 하지만 상하(二二)는 결코 이렇게 볼 수 없는 글자다! 또 갑골편에 있는 상하(二二)를 이렇게 읽어서는 복사(卜辭) 문장을 해석할 수 없다. 중국 한자에서 가장 중요한 글자 상하

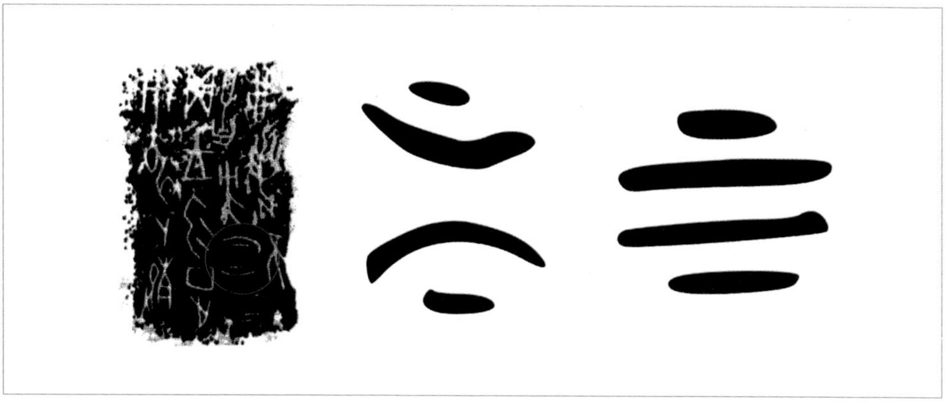

(二二)를 이렇게 본다는 것은 그의 한자학 바탕이 얼마나 허술한 것인지 알 수 있는 대목이고, 상하(二二)에서 비롯한 여러 중요 한자를 그가 잘못 풀 수밖에 없는 까닭이기도 하다. 또 그의 한자학이 일본 고고학과 미술사학에 어떤 도움도 주지 못한 이유이기도 하다. 물론 반대로 일본 고고학과 미술사학이 조몬토기와 전방후원분의 비밀을 풀었다면 그의 한자학이 달라질 수도 있었을 것이다. 조몬토기와 전방후원분 또한 그 기본 세계관은 상하(二二), 곧 다시 말해 하늘 위와 하늘 아래와 관련이 있기 때문이다.

상하(二二)를 이렇게 보는 그가 **도15** 갑골 복사 구절을 어떻게 풀이할까 궁금했다. 아래에 그의 풀이를 그대로 옮겨 본다.

경신(庚申)일에 점을 치고 남이 묻습니다.
□方을 정벌할 수 있을까요?
위(二)와 아래(二)가 좋다고 하지 않을까요?

□는 알 수 없는 글자다. 이것은 번역이라 할 수 없고, 풀이라 할 수도 없다. '손바닥 위와 아래'로 풀이하지는 않았지만 "위(二)와 아래(二)가 좋다고 하지 않을까요?" 하는 풀이는 아무것도 말해주지 않

도15 갑골 복사. 복사(卜辭 점복·말사)는 말 그대로 점을 치는 말(구절)이다.

도16 갑골 상하(二二)

도17 하늘 속과 하늘 아래. 이 세상

는다. 물론 여기서도 중요한 것은 그가 왜 상(二)과 하(二)를 이렇게밖에 풀 수 없었느냐, 하는 점일 것이다. (대체 그에게는 무엇이 '공백'이었던 것일까. 아니면 어떤 '전도된 관념'에서 비롯한 것일까.) 나는 '하늘 위와 아래가', '이 세상이', 더 구체로 말하면 '하늘과 세상 사람들이' 좋아하지 않을까요, 이렇게 풀이하는 것이 맞을 성싶다. 중국 고전에 나온 '상하(上下)'는 주로 이 세상, 하늘과 땅, 만물을 뜻할 때가 많기 때문이다.

도17은 위상과 아래하가 합쳐진 글자인데, 한자 관련 책을 살펴봐도 이 글자에 대해 말한 학자가 없다. 나는 **도17** 글자를 '하늘 위와 하늘 아래'를 나타내는, 다시 말해 '이 세상'을 뜻하는 글자로 본다. 그러니까 중국 신석기인은 '이 세상'을 뜻하는 글자를 단 '한 글자'로 그린 것이다.

허신과 시라카와 시즈카와 한자의 기원

허신은 상하(二二)를 '높고 낮음'으로 보았고, 단옥재는 '위아래' 개념으로 풀이했다. 허신이 상(二)을 '높다'로 풀이한 것은 정확하지는 않지만 한 측면으로 보면 맞는 것이었다. 허신은 신(辛), 시(示), 제(帝), 음(音) 자를 풀이하면서, 이 글자를 모두 상(二)에서 비롯한 글자로 봤다. 이것은 맞다. 하지만 그는 상(二)이 정확히 무엇인지 알지 못했기에 상(二)에서 비롯한 글자 풀이 또한 충분하지 않았다. 그래서일까. 그는 상(二)을 막연히 '높다' 하고 '지사자'라 한다. 『설문해자』 전체 '부수' 편에서 허신이 어느 글자를 두고 지사자라 분명히 밝힌 것은 이 글자가 유일하다. '서문'에서는 육서(六書)를 설명하면서 상(二)과 더불어 하(二)도 지사자라 하기도 한다. 그런데 단옥재 이전 10세기 중반 서현 서개 형제가 교정한 『설문해자』 본을 보면 '부수' 편에서 상하(上下) 두 자를 지사자라 한다. 하지만 그도 이 두 글자 말고는 더는 없다.

허신은 상하를 높고 낮음으로 봤지만 단옥재는 그것을 위아래 개념으로 풀이한다. 높다, 낮다의 서술어가 위아래, 즉 영어의 전치사 over와 under가 되어 버렸다고나 할까. 그런데 시라카와 시즈카에 와서는 이게 '손바닥 위아래'가 되어 버리고 만다. 앞에서 말했듯이 중국 한자에서 상하(二二) 두 글자는 가장 중요한 글자라 할 수 있다. 그들의 신석기 세계관을 엿볼 수 있는 글자이고, 이 세계관은 그 뒤 청나라까지 이어진다. 이것은 한국미술사에서도 마찬가지이다. 우리 옛 미술 가운데 '하늘과 하늘 속', '구름' 개념 없이 볼 수 있는 미술은 그렇게 많지 않다.

상하(二二)가 하나가 되어 생겨난 구름(云), 구름·기운(三·气←氣의 갑골과 본자), 비(雨), 하늘과 비(示). 상(二)에서 비롯한 하늘(天), 받침(丌), 천명(言·帝), 소리·음악(音), 용(龍), 비(霝). 하(二)에서 비롯한 천명(不·否·丕·辛). 이런 글자는 중국과 한반도 고대인의 세계관을 그려내는 데 핵심이 되는 글자다. 이 글자의 갑골과 금문과 육서통을 잘 헤아리면 우리는 그동안 풀지 못했던 것을 뚜렷하게 풀 수 있고, 완전하지는 않지만 그것을 풀 수 있는 실마리를 얻을 수 있다.

허신이 상하(二二)를 그렇게 볼 수밖에, 아니 그렇게밖에 못 봤던 것은 그가 갑골과 금문을 몰랐기 때문이다. 하지만 단옥재는 사정이 다르다. 그는 금문을 보았고 알고 있었다. 그런데도 그는 거기까지밖에 못 보았다. 시라카와 시즈카는 또 다르다. 그는 갑골과 금문을 모두 알았다. 그런데도 그는 중국 한자에서 가장 중요한 두 글자 상하(二二)를 손바닥 위아래로 본다. 이는 그의 한자학 바탕에 문제가 있다는 것을 뜻한다. 여기서 중요한 것은 그가 상하(二二)를 손바닥 위아래로 봤다는 것, 이게 잘못이라는 것, 이것이 아니다. 왜 그는 이렇게밖에 못 보았는가, 그 내력을 따져봐야 한다. 나는 한마디로 그에게는 '신석기 세계관'이 없었다는 점을 먼저 들고 싶다.

그는 『漢字의 世界』 ‘제1장 문자의 시원’에서 이런 말을 한다.

고대문자는 모두 신성문자이며, 원시적인 회화와 동일한 기조 위에 성립하였다(20쪽).

고대문자의 성립 배경에 대해서는 구체적으로 아무것도 알려진 것이 없지만, 이와 같은 설화(황제의 사관 창힐이 한자를 창조했다는 설화-옮긴이)는 **문자가 신의 일에 인간의 의지를 개입시켜 신과 소통하는 수단**으로 만들어졌음을 알 수 있게 해 준다(22쪽).

문자를 만든 사람들이 문자제작의 원리로 신으로부터 받은 계시는 무엇일까. 그것은 **말을 기록하는 매체로써, 문자를 소리의 기호**로 쓰는 방법일 것이다(23쪽).

시라카와 시즈카는, 고대문자는 신성문자(神聖文字 Hieroglyph)일 수밖에 없고, 한자 또한 그러하다고 한다. 그는 한자가 “신의 일에 인간의 의지를 개입시켜 신과 소통하는 수단”으로써 만들어졌다고 확신한다. 이 말은 복사 갑골문을 염두에 두고 하는 말인 듯싶다. 그의 한자 해석에는 언제나 신(神)이 한가운데 있을 수밖에 없다! 아니, 그 중심에 딱 버티고 있다. 그리고 문자 창조의 방법 또한 “신으로부터 받은 계시”였다고 한다. 나는 이런 주장이 맞지도 않을뿐더러 어떤 것의 기원을 찾을 때 이렇게 보는 것은 다분히 ‘일본적인 태도’라고 생각한다. 다시 말해 그는 ‘일본의 눈’으로 중국 한자의 탄생을 보고 있지 않나 하는 생각마저 든다. 여기서 ‘일본적인 태도’ ‘일본의 눈’이란 ‘기원’을 찾지 않는, 찾는다 하더라도 그처럼 아주 관념적으로 해결하는, 그런데도 아무렇지도 않는 그들의 학문 태도를 말한다. 일본 역사에서 구석기 이후 가장 긴 역사라 할 수 있는 신석기

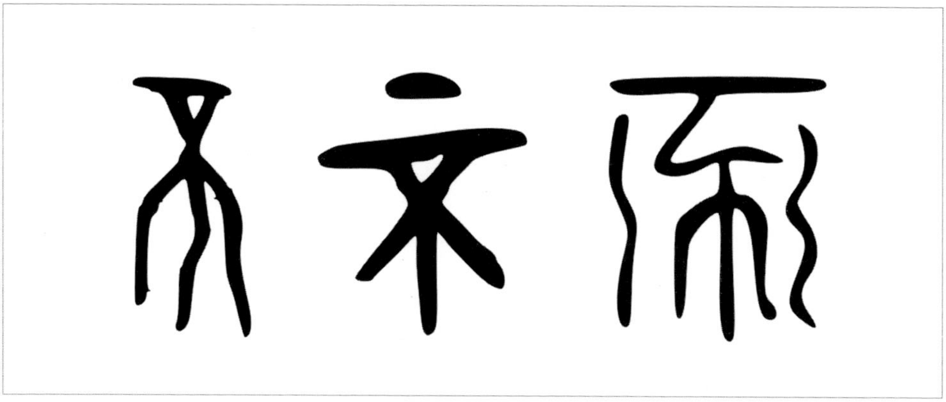

도18 부(不) 갑골

도19 부(不) 금문

도20 부(不) 육서통

그릇 조몬토기에 대해 그들은 아무것도 해결하지 못하고 있다. 또한 고분시대(古墳時代) 전방후원분의 비밀도 풀지 못하고 있다. 그런데도 그들은 아무렇지 않다. 우리 근대사학 또한 그들에게 빚진 바가 많은데, 우리 사학도 신석기 9000년 빗살무늬토기를 '기하학적 추상무늬' 내지는 '생선뼈무늬'라 하면서 지금껏 아무렇지도 않게 신석기를 연구하고 있다. 신석기부터 조선민화에까지 보이는 '삼각집선문'도 삼각형 안에 선이 모여 있다 할 뿐 그것이 무엇을 '구상'으로 한 빗금인지 풀려 하지 않고, 그렇게 100년이 지나도 누구 한 사람 의심을 하지 않는다. 과연 삼각집선문의 '구상'을 풀지 못한 채 우리는 신라와 가야 사람들의 세계관을 안다고 할 수 있을까.

나는 그와 달리, 한자의 기원을 "신의 일에 인간의 의지를 개입시켜 신과 소통"하려는 인간의 몸부림에서 탄생했다고 보지 않는다. 또 "신으로부터 받은 계시"에서도 찾지 않는다. 그것은 신석기인이 세상을 보는 눈, '세계관'에서 찾아야 한다고 본다. 또 한자를 그처럼 "고도의 추상"(19쪽)이나 "소리의 기호"로 보지 않고 어디까지나 '구상'으로 본다. 이렇게 봐야지만 허신이 『설문해자』를 쓰면서 주역으로 전도한 신석기 세계관을 복원할 수 있고, 그렇게 했을 때 우리는 그것을 기반으로 한중일 신석기 세계관을 그려낼 수 있을 것이다. 이 책에서 소개하는 갑골, 금문, 육서통은 바로 이러한 관점으로 보고 있고, 그래서 한중일 한자학계에서 보는 것하고는 차이가 날 수밖에 없는 것이기도 하다.

부(不)와 꽃받침과 하늘

부(不)는 상당히 중요한 글자인데도 한자학계에서는 이 글자를 너무 불철저하게, 어쩌면 '자명하게', 아무 문제의식 없이 정리하고 있는 것 같다. 허신은 『설문해자』에서 부(不)를 이렇게 풀이한다.

> 鳥飛上翔(조비상상), 不下來也(부하래야). 從一(종일). 一猶天也(일유천야). 象形(상형).
>
> 새가 높이(上=高 또는 위) 날아올랐는데, 아래로 **내려오지 않는 것**을 말한다. 一을 따른다. 一**은 하늘**이다. 상형자다.

한자학계에서는 허신의 풀이에 따라 **도18** 부(不) 갑골에서 아래 가닥 세 줄기를 새(鳥)가 하늘 높이 치솟아 날아오르는 형상(象形)으로 본다. 그리고 끝내 내려오지 않는 것(不下來)을 뜻한다고 한다. 그런데 허신의 부(不) 자 풀이를 보면 그때 허신이 부(不) 자 갑골은 몰랐다 하더라도 금문은 보았을 수도 있겠다, 하는 짐작도 해본다. **도18** 부(不) 갑골과 비슷한 금문을 보지 않고 무엇(구상, 새)에 견주어 풀이를 한다는 게 가능할까, 하는 생각이 들어서다. 그런데 이 풀이는 뭔가 석연치 않다. 새가 하늘로 올라갔는데 내려오지 '않았다' 해서 부(不)라니! 이 풀이에는 결정적으로 서사(기승전결)가 없다. 더구나 **도 18·19** 부(不) 갑골과 금문을 보면 알 수 있듯이 가로획(一) 하늘과 새(鳥) 사이에 있는 역삼각형(▽) 풀이가 없다. 이 역삼각형은 도대체 뭘까. 그렇다 하더라도 허신이 부(不) 자 가장 위에 있는 가로획(一)을

'하늘(天)'로 본 것은 아주 적절하다. 하지만 여전히 충분하지 않다. 그는 이 가로획(一)이 위상(二)에서 왔다는 것을 알지 못했다. **도19** 부(不) 자 금문을 보면 알 수 있듯이 부(不) 자 가로획(一)은 위상(二) 가로획 두 개에서 아래 긴 가로획(一)이기 때문이다. 부(不) 자 금문을 보면 상당수 글자가 **도19**처럼 가로획(一)을 아주 위상(二)으로 분명히 쓰고 있는 것만 봐도 알 수 있다. 또 **도19**처럼 위상(二)을 쓰지 않고 가로획 하나(一)만 썼다 하더라도 이 가로획(一)은 상(二)으로 읽어야 한다. 당시 사람들에게 이는 아주 자명한 사실이었을 것이다.

허신의 부(不) 자 풀이에서 허신이 어떤 근거로 가로획(一)을 하늘(天)로 봤는지는 알 수 없다. 또 역삼각형(▽) 아래 세 가닥 줄기를 새(鳥)로 봤는데, 사실 이 또한 어디에 근거가 있는지 확실치 않다. 그런데 저 형상을 과연 새(鳥)로 볼 수 있을까. 그래서일까. 역삼각형을 기점으로 풀이를 하는 사람도 있다. 역삼각형을 '씨앗'으로 보고, 그 씨앗에서 싹이 나 뿌리를 내리는 것으로 말이다. 그래서 부(不)는 아직 싹을 틔우지 못한 상태의 '아니다, 못하다, 없다'를 뜻한다고 한다. 그런데 이런 뜻이 살아 있는 낱말이나 구절을 찾을 수 있을까. 김성재는 『갑골에 새겨진 신화와 역사』(동녘, 2000)에서 **도18** 부(不) 갑골을 들면서 이 모양을 "꽃이 떨어지고 씨방만 남은 모습"으로 본다(195쪽). 하지만 이렇게 보면 허신이 붙잡은 가로획(一) '하늘'은 풀이 속에서 증발하고 만다. 더구나 위상(二)에서 비롯한 글자 말씀(言), 소리(音, **도24**), 용(龍), 왕(帝) 갑골과 금문에 있는 역삼각형은 어떻게 설명할 것인가. 그도 씨앗이나 씨방으로 볼 수는 없지 않은가. 그리고 이런 풀이 또한 서사가 없기는 마찬가지다.

지금의 부(不) 자 풀이는 허신보다 한참 더 뒤로 간 느낌이다. 시라카와 시즈카와 아츠지 데츠지는 부(不)를 '꽃받침(柎)'으로 본다. 『설문해자와 중국고대문화』(왕닝, 시에똥위엔, 리우팡 글·김은희 옮김, 학고방, 2010)의 왕닝 또한 不를 꽃받침으로 본다(259쪽). 이는 청나라 말 학자 왕국유(王國維 1877~1927)에서 비롯되었다. 왕국유는 **도18 · 19**에서 긴 가로획(一) 바로 아래 역삼각형(▽)을 꽃받침으로 본다! (그렇다면 **도24** 소리음(音) 육서통의 위상(二) 아래 역삼각형(▽)은 뭐란 말인가.) 그가 보기로 든 것은 『시경詩經』 소아(小雅) 편 시 '당체(棠棣)'의 첫 구절이다. 당체는 산앵두나무를 말한다.

棠棣之花 鄂不韡韡(당체지화 악부위위).

그는 이 구절을 "산앵두꽃이여, 활짝 피어 있는 꽃에 그 꽃받침마저 빛이 나는구나!" 이렇게 옮기면서 不를 꽃받침으로 읽는다. 하지만 해석이 뭔가 엉성하고 이상하다. 韡(활짝필위)를 강조하는 것이 아니라 不(꽃받침)를 노래하는 것으로 되어 있다. 더 큰 문제는 악(鄂) 자가 원래 '꽃받침'을 뜻하는 글자라는 점이다. 그렇다면 악부위위(鄂不韡韡)는 "꽃받침 꽃받침 활짝도 피었구나"가 되고 만다. 문제는 '당체(棠棣)' 시 전체 맥락에서 보더라도 이 구절을 이렇게 읽어야 할 까닭이 없다는 점이다.

나는 이 구절을 이렇게 풀이한다.

아, 산앵두꽃, 언덕에 꽃(송이)도 활짝 피지 않았는가!
아, 산앵두꽃, 언덕에 꽃(송이)도 활짝 피었구나!

'피지 않았는가(不)'를 좀 더 생생하게, 절대 '긍정'의 뜻을 담아 '피었구나'로 바꿀 수 있다. (우리는 갑골 복사에 있는 부(不)를 부정이 아니라 긍정, 수긍, 받아들임의 뜻으로 해석해 볼 필요가 있다!) 그런데 왕국유 이후 사람들은 그의 의견을 좇고 있다. 시라카와 시즈카와 아츠지 데츠지도 마찬가지다. 나는 왕국유에서 아츠지 데츠지까지, 그들 모두 **도19** 不의 금문을 자세히 보았으면 한다. 가장 위에 위상(二)이 있다.

다시 말해 不 또한 상(二)에서, 즉 '하늘과 하늘 속'에서 비롯한 글자라는 점이다. (허신은 하늘(一)은 보았지만 하늘(一) 위 짧은 가로획(-)을 몰랐다. 갑골과 금문을 몰랐기 때문에 벌어진 일이기도 하다.) 不의 금문이 모두 그렇지는 않지만 상당수 글자가 不 또한 상(二)에서 비롯한 글자라는 것을 말해 준다. 이렇게 봤을 때 허신이 不에서 가장 위 가로획(一)을 하늘(天)로 풀이한 것은 맞다. 이제 不의 육서통 **도20**을 보자. 이 글자는 구름(云)에서 비가 내리는 것으로 되어 있다. '云' 글자에서 위 가로획 두 개는 바로 위상(二)이다. 이렇게 봤을 때 不 육서통 **도20**은 구름에서 비가 내리는 모양이다.

그렇다면 상(二) 아래 있는 역삼각형(**도18 · 19 · 24**)은 뭘까. 이 역삼각형(▽)은 갑골과 금문 여러 글자에서 볼 수 있는데, 그것은 거의 다 하늘(二)과 관련된 글자 천명(言·帝·不·否·丕·辛), 소리·음악(音), 용(龍) 같은 글자에서 볼 수 있다. 이와 관련하여 입구(口) 자를 알 필요가 있는데, 갑골과 금문에서 입(口)은 사람의 입을 뜻하지 않고 언제나 '그릇'이다. 바닥이 평평한 그릇이든 암사동 빗살무늬토기처럼 세모형(**도23**) 그릇이든 간에 그것은 언제나 그릇이다. 이 그릇은 하늘의 천명(言), 소리(音), 구름(云, 龍), 비(雨)를 '받는 그릇'이다. 그런 그릇(口) 가운데 작(爵 술잔잔)이 있다. **도21**을 보자. 우리는 이런 술잔을 조선 의기에서도 본다. 그런데 중국도 한국도 이 술잔의 기원을 알지 못한다. 중국 학계는 이 잔 모양이 왜 이런 모양인지 아직 풀지 못한다. 단지 처음에는 작(雀 참새작)이라 했는데 나중에 작(爵 잔작)이 되었다고 할 뿐이다. 중국 학계의 풀이에 따르면, 왼쪽으로 길게 뻗은 것은 새의 부리를 닮고, 오른쪽으로 뻗은 부분은 새의 꼬리를 닮고, 아래 가늘고 긴 다리 역시 새 다리를 닮아 작(雀 참새작)이라 했는데, 나중에 작(爵 잔작)이 되었다고 한다. 하지만 이런 풀이는 뭔가 석연치 않다. 나는 제사 때 복잡한 상황에서 그 실마리를 찾고 싶다. 제사상을 차릴 때 제기 이름을 낱낱이 아는 사람은 드물다. 더구나 그

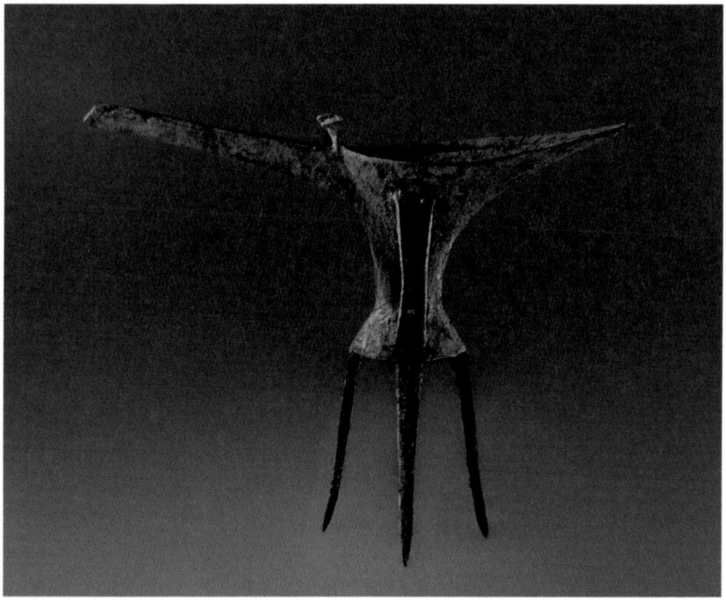

도21 작(爵).
중국 황허 중류와
하류 허난성 낙양시
옌스시(偃师市)
얼리터우문화(二里頭
文化 Erlitou culture).
기원전 2000~1500년
청동기. 높이 22.5cm

이름은 일상생활에서 쓰는 말도 아니다. 그래서 **도21** 같은 술잔을 말할 때 그 특징을 잡아 '새 다리 잔(雀 참새작)'이라 했을 것이다. 물론 그들도 이 제기의 정식 이름이 작(爵 잔작)이라는 것은 알았다. 그렇다 하더라도 급하게 찾을 때, 그때그때 모두가 알 수 있는 말을 써야 한다. "저기, 참새 다리 술잔 좀 줄래?" 이렇게 말이다. 그러니까 작(雀 참새작)이 작(爵 잔작)으로 바뀐 것이 아니라 같이 쓴 말이고, 작(雀 참새작)의 정식 이름이 작(爵 잔작)이었다고 보면 되겠다. 그런데 중국 학계에서는 주둥이 쪽에 달린 것을 '젖꼭지'로 보고 **도21** 작을 '젖꼭지 작'이라고도 한다. (제기에 '젖꼭지' 이름을 붙이는 것은 정말 너무했다! 한국미술사에도 불교 범종을 설명할 때 유곽(乳廓), 유두(乳頭) 같은 이름을 쓰고 있다. 이 또한 상식으로 생각해도 안 될 일이다.) 나는 이 잔을 부(不) 갑골과 금문을 구상으로 한 잔으로 본다(**도18·19** 참조).

도22는 이인항 감독의 「초한지-천하대전」 홍문연 씬에 나오는 소품 작(爵)이다. 이 씬에서 항우가 유방에게 묻는다.

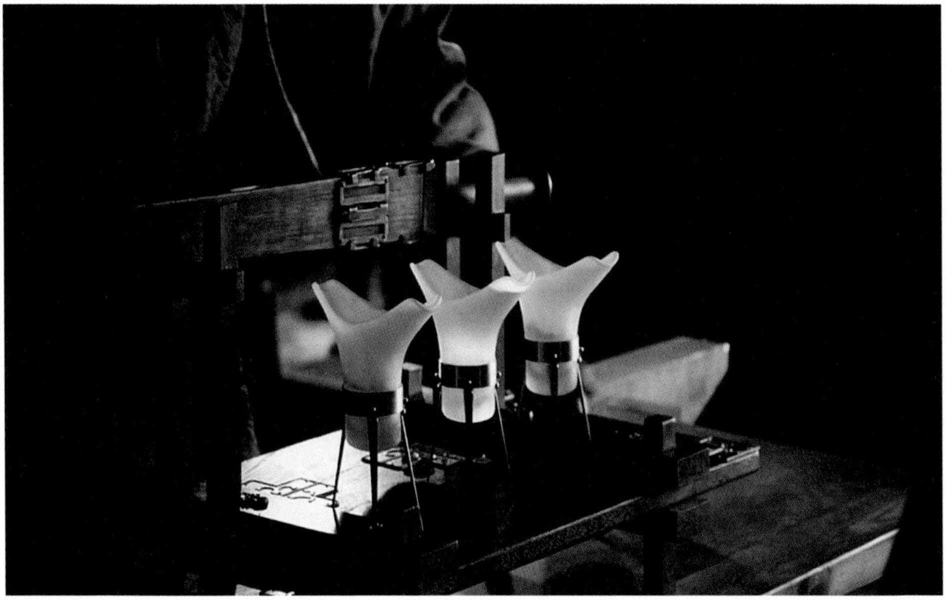

도22 이인항 감독의 「초한지-천하대전」(2011) 홍문연 씬 작(爵)

"유방, 내 묻겠는데 천하는 누구 것이오."

유방이 대답한다.

"항왕의 천하지요."

다시 항우가 묻는다.

"잘못한 것을 알고 있소?"

그러자 유방은 자신의 잘못이라 인정한다. 항우는 "정녕 잘못을 안다면 군례에 따라 혈주를 올려 천지인에 사죄해야겠지." 하면서 작(爵)을 내오라 한다. 유방은 칼로 손바닥에 칼집을 내 작에 피를 받아 마신다. 여기서 작은 천지인 신에게 잘못을 인정하고 앞으로는 배신하지 않겠다는 '다짐'이다. 즉 '부정'이 아니다. 이렇게 봤을 때 「초한지-천하대전」의 소품 담당은 이 작에 담긴 뜻을 아주 정확하게 알고 있다고 할 수 있다. 이 또한 작이 '하늘(二)의 뜻'과 관계가 있고, 부(不) 갑골·금문을 구상으로 하여 만든 잔이라는 것을 말해 준다. 그런 의미에서 **도21·22** 작 디자인은 어쩌면 비(否, 하늘의 뜻을 그릇으로 받는 것)와 더 관련이 있을지 모르겠다. 그런데 철기시대에 이르자 귀족들은 자신의 야망을 위해 하늘의 말(言)과 사람의 도리를 무시하고 안 듣기 시작한다. 그렇게 하여 부(不)는 긍정과 받아들임에서 하늘의 말을 안 듣고 부정하는 뜻으로 바뀌지 않았을까. 이에 대해서는 나중에 다시 한번 논하고 싶다. 지금 급한 것은 상(二)이다. 상(二)의 뜻을 복권해야 우리가 그동안 잘못 푼 것을 바로잡을 수 있기 때문이다. 이것은 전도된 개념을 전도 이전으로 되돌리는 일이기도 하다.

도24 소리음(音)을 보면 (가장 아래 해(日)가 있지만 音의 육서통을 보면 몇 글자는 이 日을 해로 안 보고 그릇으로 그린다.) 가장 위에 하늘(二)이 있고, 사람이 두 팔을 벌리고 하늘에서 소리(音)를 받는다. 그리고 그릇에 그 소리(音)를 담는다. 이 글자는 소리(음악, 音)의 '기원'이 하늘(二)이라는 것을 말해준다. (갑골과 금문에는 소리(音) 글자가 없다.) 소리(音)는 고대 사상사와 미술사에서 아주 중요한 주제이지만 우리 미술사학계는 아직 '소리의 기원' 문제를 풀지 못하고 있다. 아니 엄격하게 말하자면 미술사에 이 주제 자체가 없기 때문에 '소리의 기원' 문제를 가지고 한 번도 논의한 적이 없다. 여기서는 소리의 '기원'이 하늘(二)이라는 것만 밝히고 자세한 이야기는 청동기와 삼국시대 미술사에서 여러 미술을 들고 설명하겠다. 특히 청동기시대 종과 신라의 성덕대왕신종은 소리의 기원 문제를 풀지 못하면 그 종의 본질을 알 수 없다.

왕국유, 시라카와 시즈카, 아츠지 데츠지 같은 학자들이 不를 꽃받침으로 읽었다는 사실은 중요하지 않다. 그것은 그저 팩트일 뿐, 정작 중요한 점은 그들이 왜 不를 꽃받침으로 읽을 수밖에 없었느냐, 하는 점이다. 짐작했겠지만……, 그렇다. 그들에게는 위상(二)이 하늘과 하늘 속이라는 개념이 없었다. 이것이 아무것도 아니라고 여길지 모르지만 중국 한자에서 가장 중요한 글자는 상(二)이고, 이 상

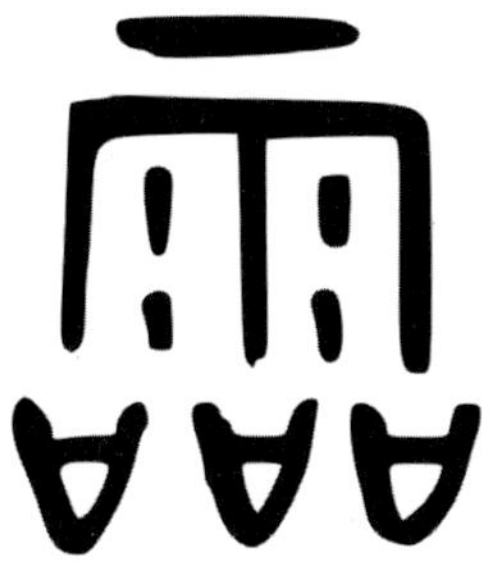

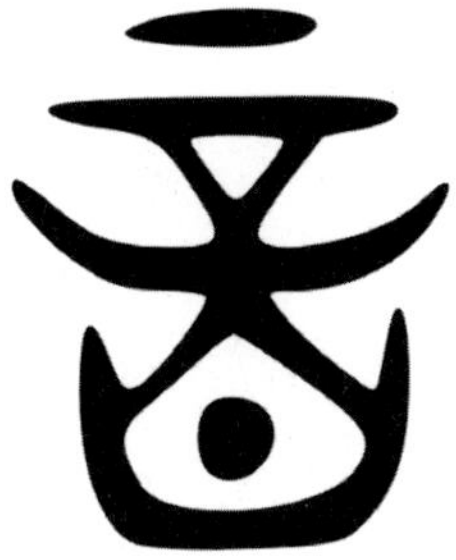

도23 비올령(霝) 금문

도24 소리음(音) 육서통

에서 비롯한 여러 글자는 중국과 한국미술사에서 가장 중요한 주제라 할 수 있다. 여기까지 읽었을 때 눈치 빠른 독자들은 짐작을 했겠지만, 나는 허신과 달리 한자 상하(二二)를 '지사자'가 아니라 '상형자'로 본다. 이것을 여기 4장에서 낱낱이 밝혔다. 여기서도 중요한 것은 허신이 왜 한자 상하(二二)를 지사자로 볼 수밖에 없었느냐, 하는 점이다. 맞다. 그에게는 신석기가 없었다. 하늘(二·天), 구름(云), 비(雨), 용(龍), 소리(音), 바람(風), 천명(言), 왕(帝), 기원(元), 받침(丌), 이 모든 것이 상(二)에서 비롯한 글자다. (音, 龍의 립(立)은 도24 소리음(音) 육서통의 가장 위쪽과 같이 상(二)으로 읽어야 한다. 風의 갑골을 보면 이 글자 또한 하늘(二)에서 왔다.) 그런 만큼 내가 앞에서 말한, 평생 공부하고 있는 미술이 결국에는 이 한 글자, 상(二)에 모아진다는 말은 결코 빈말이 아니다.

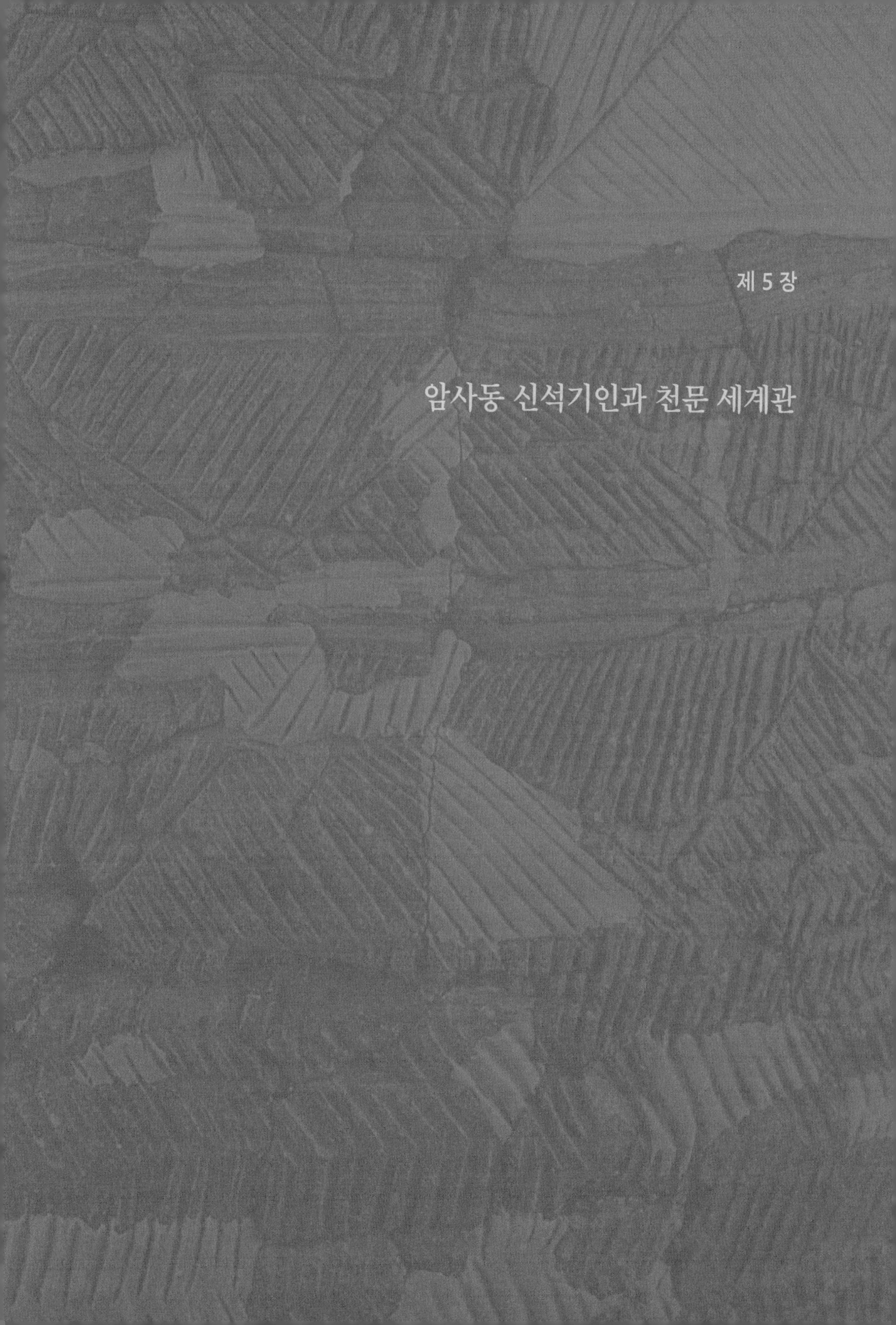

제 5 장

암사동 신석기인과 천문 세계관

5

암사동 신석기인과 천문 세계관

나는 9장에서 터키 괴베클리 테페 신석기 유적을 살펴보면서 티T자 석상에 있는 핸드백handbag을 클라우드백cloud bag 내지는 워터백water bag이라 했다. 그런데 괴베클리 테페 신석기인들은 이 클라우드백이 스스로 '하늘 속'에서 '파란 하늘'로, 또 땅으로 내려온다고 보지 않았다. 그래서 그들은 하늘 속에서 파란 하늘과 지상으로 클라우드백을 내려줄 신God을 상정할 수밖에 없었다. 이것은 괴베클리 테페 신석기인과 암사동 신석기인의 차이이고, 중국 신석기인과의 차이이기도 하다. 5장에서는 서구 신석기인과 한국·중국 신석기인의 차이, 그 가운데서도 핵심이라 할 수 있는 천문(天門) 세계관을 다룰까 한다. 앞에서도 잠깐잠깐 말하기는 했지만 5장에서는 처음부터 끝까지 아주 자세하게 풀어낼 것이다.

빗살무늬의 비밀을 풀 수 있는 실마리

2018년 10월 12일 서울 암사동유적 국제학술회의가 서울역사박물관에서 열렸다. 이날 학술회의에서는 국내학자 7명, 외국학자 10명이 발표했다. 그런데 참으로 희한한 발표장이었다. 모두 다 암사동 빗살무늬토기를 말하는데, 정작 그 '빗살무늬'가 무엇을 새긴 것인지는 어느 누구도 말하지 않았다. 아니 모두 다 그것은 알 수 없는, 그저 '기하학적 추상무늬'라는 것을 암묵적으로, 그도 '자명하게' 전제하고 말하는 듯했다. 더구나 강동구는 지금 암사동 선사유적을 유네스코 세계문화유산에 올리기 위해 힘쓰고 있다. 유네스코 심사위원들이 이 빗살무늬 패턴이 무엇인지 묻는다면 그때도 아마 '기하학적 추상무늬'라 답할 것이 분명하다.

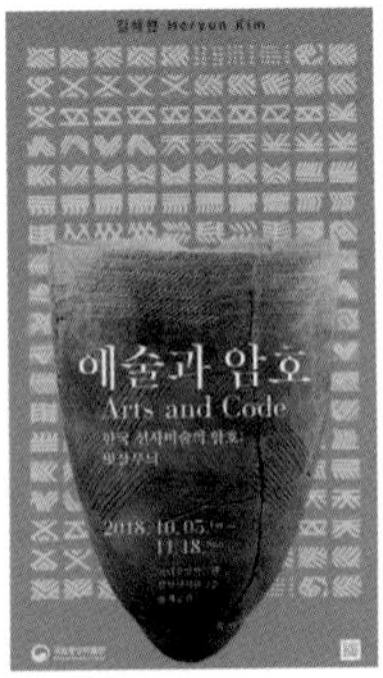

도1 김혜련 화가의 '예술과 암호Art and Code 한국 선사미술의 암호: 빗살무늬' 전 포스터

이 무렵 국립중앙박물관 상설전시관 2층 휴게실에서는 김혜련 화가의 '예술과 암호Art and Code 한국 선사미술의 암호: 빗살무늬' 전이 있었다. 김혜련 화가는 한반도 빗살무늬토기의 '빗금'에 관심을 두고, 그 선을 자신만의 눈으로 해석하고 붙잡았다. **도1** 전시 포스터에서 세모형 빗살무늬토기 뒤 배경으로 깔린 것이 바로 그러한 작업 성과(**도2**)이다. 김혜련은 '2018 서울 암사동 유적 국제학술회의'에서도 자신의 미술 작업 성과를 발표한다. 발표문 「한국 기하문의 뿌리: 신석기 토기의 예술성」에서 화가의 직관이 살아 있는 대목을 아래에 들어본다.

> 자신의 손과 흙, 불가해한 세계에 대한 심리적 반응과 이에 대한 상징체계, 생존을 위한 절규, 빗줄기에 대한 염원, 자연이자 신인 하늘과 구름에 대한 대화 방식 등 제사장 등장 이전 시기의 신석기 토기에는 추상 예술의 본질과 인간의 세계관이 그대로 암호화되어 있습니다.[1)]

나는 신석기 예술을 '상징체계'로 보는 것, 하늘과 구름을 신으로 여기는 것, 신석기 미술을 '추상 예술'로 본다거나 그것을 '암호'로 보는 것에는 결코 동의하지 않는다. 다만 김혜련이 신석기 빗살무늬를 '빗줄기'와 '하늘과 구름'으로 본 것은 아주 적절하다고 생각한다. 하지만 김혜련은 어디가 빗줄기(그는 이 비를 '염원'으로 해석하지만

1) 『2018 서울 암사동유적 국제학술회의-신석기문화의 발전과 토기의 다양성』 96쪽

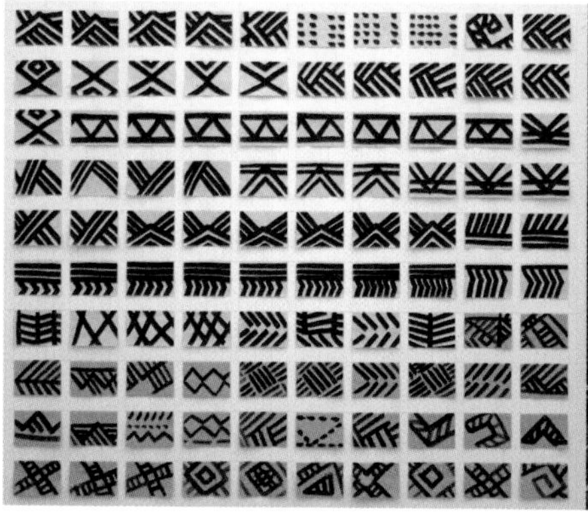

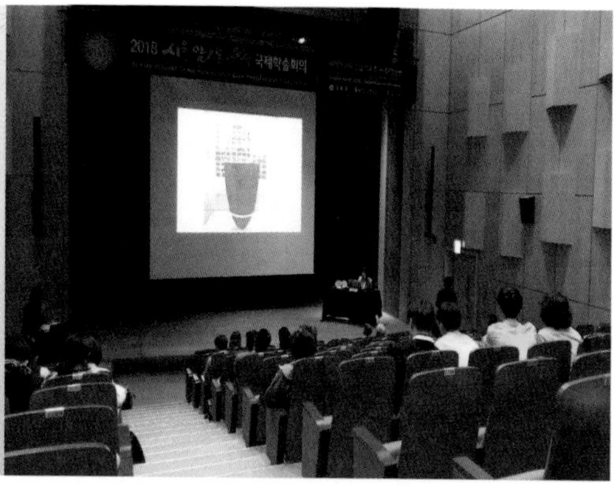

화가 김혜련이 '2018 서울 암사동유적 국제학술회의'에서 자신의 미술 작업 성과를 발표하고 있다.

도2 김혜련의 「나의 신석기 My Neolithic」. 종이 100장. 종이에 먹

도3 서울 암사동 유적 국제학술회의. 2018년

그 반대로 '공포'를 새긴 것일 수도, 만물의 기원을 새긴 것일 수도 있다.)이고 어디가 하늘과 구름인지는 말하지 않는다. 세모형 빗살무늬토기에서 받은 전체 느낌이 그렇다는 말일 것이다. 그렇다 하더라도 이러한 화가의 직관은 소중하다.

김혜련은 신석기 토기의 문양이 청동기를 지나 삼국시대에도 그대로 이어진다고 본다. 하지만 그는 이 패턴이 담고 있는 구상이나 스토리를 알지 못했다. 그래서 그는 무늬의 유사성만 보고 그 패턴이 삼국시대까지 이어진다고 한 것이다. 그런데 암사동 세계관은 삼국시대를 넘어 조선 민화에까지도 이어진다. 그는 처음부터 이 무늬를 '기하문'으로 보았고, "기하문 암호"(96쪽)라고까지 한다. 다시 말해 근대인은 알 수 없다는 말이다. 그가 자신의 전시 제목을 '예술과 암호Art and Code 한국 선사미술의 암호: 빗살무늬'라 한 것도 바로 이 때문이다.

구름이 나오는 구멍, 천문

2018년 10월 국립중앙박물관은 김혜련의 전시에 맞춰 상설전시

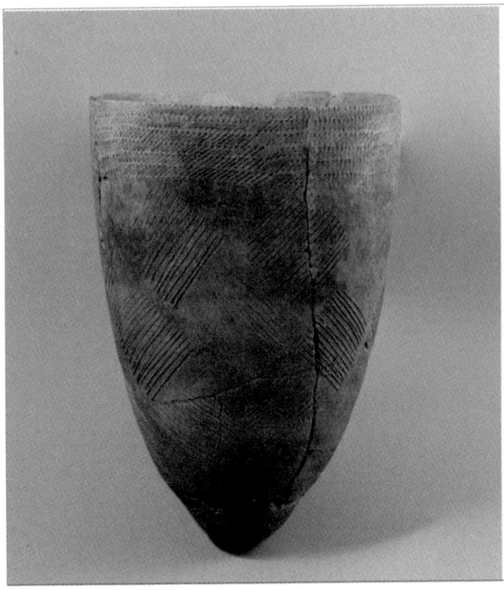

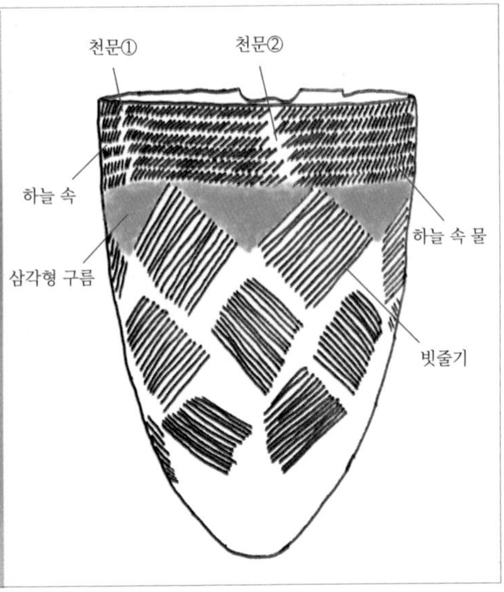

관 2층 휴게실에 빗살무늬토기 한 점(**도4**)을 전시 공간에 내놓는다. 이는 국립중앙박물관 또한 세모형 빗살무늬토기의 '빗살무늬'를 기하문 또는 암호로 본다는 말과 같다. 그런데 국립중앙박물관에서 내놓은 그 빗살무늬토기에 한반도 '빗살무늬'의 비밀을 풀 수 있는 실마리가 담겨 있다. **도4**를 봐서는 이 그릇이 담고 있는 세계관을 알아보기가 힘들다. 한반도 빗살무늬토기 패턴을 해석하기 위해서는 **도5**처럼 그려봐야 한다. 사실 나는 저 삼각형 구름이 처음에는 보이지 않았다. 신석기 장인이 되어 그릇 디자인을 보다 보니 어느 순간 눈에 들어왔고 분명하게 알게 되었다. 이렇게 없는 듯하면서도 태연히 있는, 이것은 한국미술의 또 다른 특징인데, 그 기원이 신석기에서부터 시작되었다고 볼 수 있다.

도5를 보면 아가리 쪽에 '하늘 속 물(水)' 층을 6층으로 하고, 짧은 빗금으로 새겼다. 그런데 빗금 사이를 일부러 띄어 놓은 곳이 있다. **도5**에서 보면 두 곳(天門)을 확인할 수 있는데, 그렇다면 이 그릇에서 이렇게 빈 곳은 몇 곳일까. 나는 이것을 확인하기 위해 광주에서 서

도4 세모형 빗살무늬토기. 서울 암사동. 높이 36.8cm. 국립중앙박물관

도5 도4 세모형 빗살무늬토기를 그린 것

울 국립중앙박물관까지 올라갔다.

우리가 박물관에서 빗살무늬토기를 보면 한쪽 절반밖에 볼 수 없다. 나머지 뒤쪽은 벽에 바짝 붙어 있어 볼 수가 없다. 나는 광주에서 올라가기 전 틀림없이 빈 곳이 네 곳 있을 것이라 확신했다. 이 네 곳은 동서남북, 신석기인의 방위라 할 수 있다. 동서남북의 명칭이 뭐였든 간에 그것은 지금의 동서남북과 같았을 것으로 본다. 해가 뜨는 쪽과 지는 쪽 두 방위, 해가 지나는 길을 가로지르는 두 방위, 이렇게 동서남북 방위 개념이 있었을 것으로 본다. 결과는 놀랍게도 네 곳이었다. 그런데 **도4** 사진과 달리 바싹 말라 있었다. 그래서 여간 마음 써서 보지 않으면 보이지 않았다. 또 너무 말라서 사진으로 찍어도 뚜렷하게 보이지 않았다.

이 빈 곳은 하늘 문 또는 구멍, 천문(天門)이다. 하늘 속 물(水)이 구름으로 나오는 구멍인 셈이다. 암사동 신석기인들은 이 구멍으로 나오는 구름을 반타원·반원형 구름이나 삼각형 구름으로 새겼다. **도4** 그릇에서는 삼각형 구름으로 했다. 이것은 **도5** 그림에서 확인할 수 있다.

구름이 나오는 구멍 천문은 괴베클리 테페 신석기인과 아주 다른 지점이다. 하늘 속 물이 어느 시기에 스스로 구멍을 통해 구름으로 나오고, 이 구름에서 비가 내린다는 것, 그리고 그 비를 맞고 이 세상 모든 만물이 태어난다는 우운화생(雨云化生)의 세계관인 셈이다. 물론 괴베클리 테페 신석기인들의 세계관도 우운화생의 세계관인 것은 같다. 다만 물(雨)의 기원인 구름, 이 구름의 기원을 풀어내는 방법이 달랐다. 암사동 신석기인들은 구름의 기원을 '하늘 속 물(水)'로 봤고, 괴베클리 테페 신석기인들은 클라우드백cloud bag으로 해결했다. 여기까지는 같다. 그런데 하늘 속에 있는 물이 어떻게 파란 하늘로 구름이 되어 나오느냐가 다르다. 암사동 신석기인들은 하늘 속 물이 스스로 구름이 되어 나온다고 보았고, 괴베클리 테페 신석기인들은 신이 클라우드백을 파란 하늘과 인간 세상으로 내려 준다고 본 것이다.

세계 신석기인의 천문 세계관

세계 신석기인의 천문(天門) 세계관은 중국(여와와 홍수 이야기, 신석기 그릇, 전한의 막새기와와 청동거울), 히브리 신석기인(『성서』「창세기」 7장 11절에 나오는 '구멍·창·창문(들)'), 아프가니스탄 북부 녹니석(chlorite 綠泥石) 원통, 덴마크 청동기의 제기, 유럽 이베리아반도(스페인, 포르투갈, 안도라, 지브롤터)의 신석기 이베리아인, 고대 이탈리아 신석기시대의 에트루리아인, 그리스 스키로스, 북미의 애리조나·아칸소·미시간과 남미의 페루 신석기 그릇에서 확인할 수 있다. 이 가운데 『성서』「창세기」 7장 10~12절의 천문을 들어본다.

> 10 이레가 지나자 폭우가 땅에 쏟아져 홍수가 났다.
>
> 11 노아가 육백 세 되던 해 이월 십칠 일, 바로 그날 **땅 밑에 있는 큰 물줄기**가 모두 터지고 **하늘은 구멍이 뚫렸다**.
>
> 12 그래서 **사십 일** 동안 밤낮으로 땅 위에 폭우가 쏟아졌다.[2]

위 구절에 나오는 '구멍'은 하늘 속 통로, 즉 천문(天門) '하늘 구멍'(8장 2절)이다. 우리나라에 나온 성경 가운데 '구멍'이라 번역한 것은 공동번역이 유일하다. 대한성서공회에서 낸 『관주 성경전서』(개역 한글판, 1995)에는 '구멍'을 '하늘의 창'으로, '구멍이 뚫렸다'는 "하늘의 창들이" '열렸다'로 옮겼다. '하늘의 창들'처럼 복수접미사 '들'을 붙인 까닭은 이러한 창(구멍, 천문)이 하늘에 많다는 말이다. 동서남북 그리고 한 중앙에 난 창(천문)이 아닐까 싶다.

중국 학계에서는 **도6** 같은 양사오문화 그릇 무늬를 '기하학적 무

2) 『공동번역 성서』(1977) 「창세기」 7장 10-12절, 강조는 인용자.

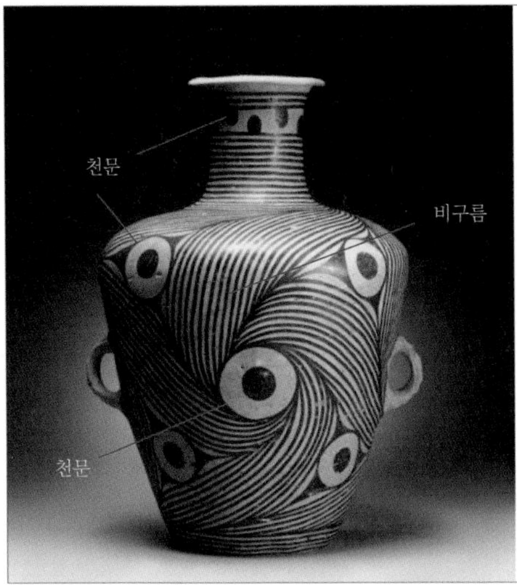

도6 중국 양사오문화(仰韶文化)신석기 그릇. 기원전 5000~3000년

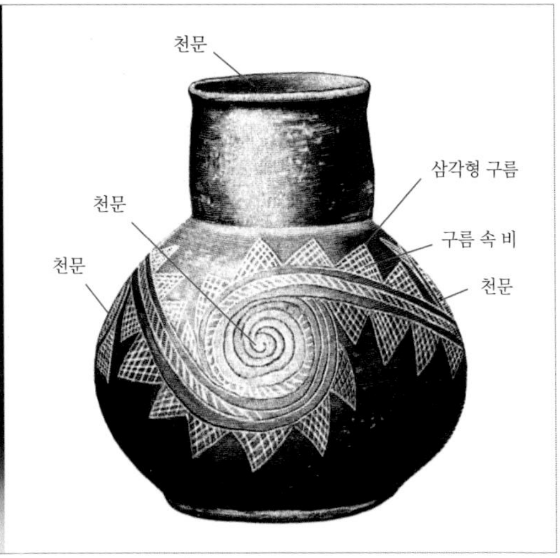

도7 미국 아칸소 신석기 그릇

늬'라 하고, 이 문양이 무엇을 뜻하는지 고고학계와 미술사학계에서 논의했지만 아직까지도 이것은 '중국 예술계의 수수께끼'로 남아 있다(시선원 외, 『千古之迹-中國文化史 500疑案』, 中國古籍出版社, 2001, 736쪽).

도7 같은 미국 아칸소 신석기 그릇도 마찬가지다. 미국 고고학계는 이 그릇의 무늬를 '기하학적인 디자인geometric designs'으로 보고, 삼각형 구름이 나오는 천문을 '소용돌이'scrolls(이 그릇에서 스크롤은 네 개다. 동서남북 하늘의 천문을 뜻한다.)라 하고, 삼각형 구름을 날개 같은 삼각형wing-like, triangular figures, 신화에 나오는 파충류의 원시적 묘사native delineations of mythic reptiles라 한다. 아마 구렁이 몸의 그물망reticulated lines 살갗을 말하는 듯싶다.

사실 **도6·7** 그릇은 **도8** 육서통 기(气) 자와 **도9** 수막새 패턴을 풀이하면 바로 알 수 있는 것이기도 하다. 기(气←氣의 본자)의 갑골문은 '三'이다. 이 글자는 하늘에 떠 있는 구름을 형상화한 것이다. 그런데 이 글자가 자꾸 석삼(三) 자와 헷갈리면서 구별이 어려워졌다. 그래서 금문에 와서는 가장 위 가로획과 가장 아래 가로획을 위 아래로 구부려 지금의 기(气) 자 모양이 된 것이다(6장 **도3·4**). 이것은 6장

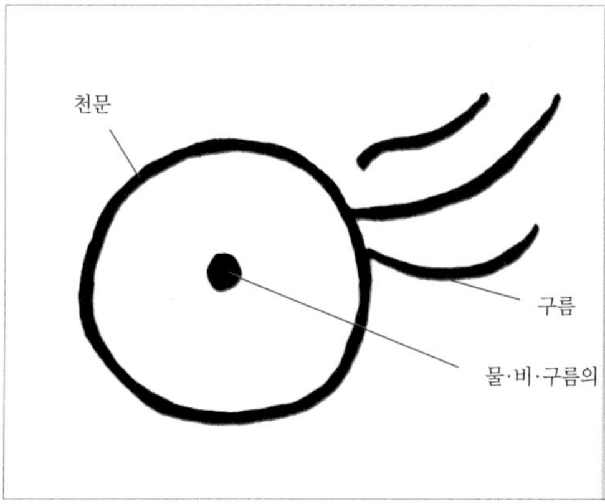

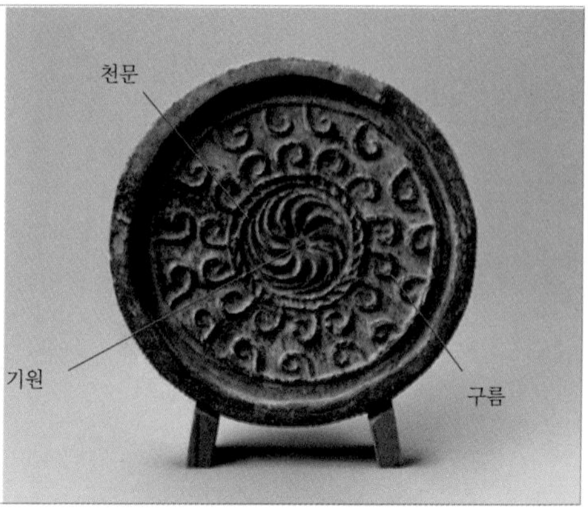

에서 자세히 다룰 것이다.

한국과 중국 한자학계는 **도8** 육서통 기(气) 자를 아직 풀이하지 못하고 있다. 기(气)의 갑골·금문과는 너무나 달라 어느 누구도 이 글자에 대해 말하는 이가 없다. 사실 육서통 한자는 풀이하기가 힘들다. 그 까닭은 그 글자가 기원과 본질, 즉 다시 말해 세계관을 담고 있기 때문이다. 더구나 이 기원과 본질은 한자가 막 생겨나기 시작했을 무렵인 신석기 말 세계관이다. 그래서 한중일 신석기 세계관을 모르면 도무지 알 수 없는 글자로 보이기 마련이다. 한중일 한자학계 학자들이 육서통 한자에 대해 말을 하지 않거나 풀이를 못하는 것은 바로 이 때문이다. 이는 한자 관련 연구 논문이나 책을 보면 확인할 수 있다. 일본 인문학의 아버지 시라카와 시즈카나 아츠지 데츠지의 한자 연구서를 보더라도 그들은 갑골과 금문을 들고 논의를 펼치지만 육서통을 말하거나 들지는 않는다. 더구나 그들은 중국 청동기시대 세계관 '주역'으로 한자를 풀이하고 있어 문제가 심각하다. 한자 가운데 기본 한자는 주역 이전의 신석기 세계관이 아니고서는 제대로 풀이하기 힘들기 때문이다. 육서통을 제대로 읽어내야만 갑골과 금문의 글자 모양, 그 기원과 본질을 풀 수 있다. 육서통에 대해서는 4장에서 간단히 다룬 바 있다.

도8 육서통 기(气) 자

도9 소용돌이무늬 수막새(水渦文圓瓦當). 중국 전국시대. 지름 15.2cm. 국립중앙박물관

육서통 기(气)와 천문 패턴 수막새

도8 육서통 기(气) 자를 보면 동그라미 한가운데에 점을 찍었다. 이 점은 물(水)의 기원이라 할 수 있다. 물(水)의 기원은 비(雨)이고, 비(雨)의 기원은 구름(云)인데, 육서통 기(气)는 이 구름(云)의 기원을 점(水)으로 표현하고, 구름의 기원이 '천문(天門)'이라는 것을 아주 간단하게 표현했다. **도9** 수막새 기와는 **도8** 육서통 기(气) 자를 그대로 디자인했다고 볼 수 있다. 천문에서 구름이 회오리바람(風)을 일으키며 나오고 있는 것을 아주 역동적으로 디자인한 것이다. 우리 학계는 **도9** 수막새 무늬를 '소용돌이'로 보지만 왜 이 무늬가 여기에 있는지, 소용돌이 밖에 왜 구름이 있는지 설명하지 못한다. 그리고 이것을 구름으로 보지 않고 고사리순 무늬로 본다. 마찬가지다. 고사리순이라면 왜 고사리순을 수막새 무늬로 했는지 설명해야 한다.

도9 수막새에서 구름(云)은 **도11** 운(云) 갑골문에서 왔다는 것을 알 수 있다. 우리 학계는 고구려 백제 신라 수막새 기와에서 볼 수 있는 이런 구름 패턴을 아직도 고사리·덩굴무늬·인동무늬로 보고 있다. 하지만 이것은 **도11** 운(云) 갑골문을 보면 바로 알 수 있듯이 구름(云)이다. 그리고 그 구름이 천문에서 나오고 있는 것을 표현했다고 볼 수 있다. 또 천문 속 회오리바람(風)은 태극이고, 한반도와 일본에서 나오고 있는 파형동기(巴形銅器)의 디자인 또한 천문에서 구름이 나올 때 이는 바람을 형상화했다고 볼 수 있다. 우리 고고학계는 파형동기의 기원을 일본 야요이 미술에서 찾고 있지만 그 기원은 중국과 한국에 있고, 이것이 야요이시대 일본으로 간 것으로 볼 수 있다. 아이러니하게도 일본 고고학계는 파형동기가 무엇을 구상으로 하여 디자인한 것인지 짐작도 하지 못하면서 이 동기가 자신의 미술이라 하고, 그것이 한반도로 건너간 것으로 보고 있다. 더 황당한 것은 이것을 우리 고고학계 상당수가 그대로 인정하고 있다는 점이다. 파형동기에 대해서는 한국미술사 세 번째 권 삼국시대 편에서 아주 자세

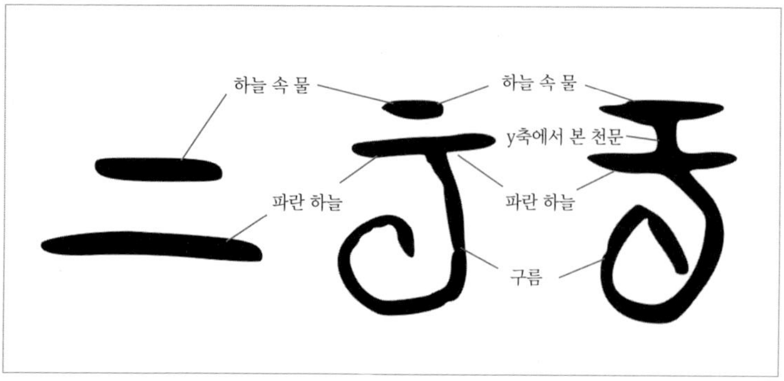

도10 위상(上) 갑골문

도11 구름운(云) 갑골문

도12 구름운(云) 갑골문

하게 다룰 것이다.

구름운(云) 자는 위상(上) 갑골문 '二'에서 비롯한 글자다. 위상 갑골문 '二'에서 아래 가로획은 파란 하늘을, 위 짧은 가로획은 하늘 속 물(水)을 뜻한다. 허신은 위상(二)을 지사자로 보지만 나는 상형자로 본다. 그에게는 신석기 세계관이 없었다. **도12** 운(云) 갑골문은 위 가로획과 아래 가로획을 세로획으로 이어 놓았는데, 이것은 y축에서 본 천문이다. 이에 견주어 **도8·9**의 천문은 x축에서 본 천문이다.

먼저 **도11** 구름운(云←雲의 본자)의 갑골문을 살펴볼 필요가 있다. 우리는 운(云)을 보통 이를운, 말할운으로 알고 있지만 사실 이 글자는 본래 구름운 자였다. 바로 **도11·12** 갑골문 구름운(云)에서 온 것이다. 그런데 어느 때인지는 모르지만 구름의 뜻이 없어지고 이를운, 말할운으로 쓰이게 되었다. 이렇게 된 내력은 확실하지 않다. 다만 위상(二)의 본뜻이 없어지면서 그리 되지 않았을까 싶다. (위상(二)의 본뜻은 4장에서 충분히 다루었다.) 그래서 사람들은 나중에 구름운(云)의 본뜻을 살리기 위해 그 위에 비우(雨)를 올려 오늘날의 구름운(雲)이 된 것이다. 이 또한 문제가 있기는 하다. 비우(雨)를 구름(云) 아래 놓아야 하는데 말이다.

운(云) 갑골문에서 머리쪽 '二'은 위상(上)의 갑골이다. 중국 신석기인은 파란 하늘 너머 '하늘 속'에 커다란 물그릇이 있어 그 속에 물

(水)이 가득 차 있다고 보았다. 또는 하늘 너머에 물(水) 층이 있는 것으로 보았다. 은하수(銀河水)를 떠올리면 되겠다. 그리고 이것이 천문(天門)을 통해 구름으로 나온다고 여겼다. 이것을 그린 글자가 바로 **도12** 갑골 운(云)이다. 이런 세계관은 서울 강동구 암사동 신석기 세계관과 같다.

사방오주의 세계관과 천문

다시 **도6·7** 중국과 미국 신석기 그릇을 살펴보자. 앞에서 육서통 기(气)와 중국 전국시대 수막새 디자인을 설명하면서 천문(天門)과 이 천문에서 나오는 구름(云)을 말했다. **도6** 그릇을 보면 몸통 가운데에 천문이 있고 그 둘레에 네 개가 더 있다. 이 천문에서 구름이 나오는 것을 아주 힘차게 그렸다고 볼 수 있다. 이 그릇 디자인은 동서남북과 그 한가운데 천문을 그렸다고 볼 수 있다. 즉 다시 말해 사방오주(四方五州)의 세계관이다. 동서남북 사방과 그 한가운데 들판(州)까지 해서, 물론 그 다섯 들판의 하늘에는 천문이 하나씩 있다. 그래서 천문이 다섯 개인 것이다. 그릇 뒷면에도 똑같이 사방오주의 세계관을 그렸을 것이다. 아가리 쪽에 있는 천문은 천문을 다시 한 번 더 강조한 것으로 볼 수 있다. 옛 그릇에는 이렇게 다른 면에 또다시 같은 패턴을 그린 것을 자주 볼 수 있는데, 이것은 중요한 세계관을 다시 '강조'하는 것으로 볼 수 있다.

도7 미국 신석기 그릇 또한 사방오주의 세계관이다. 그릇 몸통에 회오리바람 모양 천문(天門)을 네 군데 그리고, 이 천문에서 구름이 나오는 것을 두 줄 띠구름으로 했다. 이 띠구름에 삼각형 구름을 붙였는데, 삼각형 안에 빗금을 엇갈려 그었다. 이는 세계 신석기 그릇에서 익히 볼 수 있는 비(雨) 패턴이고, 이 비가 구름 속에 있다는 것을 표현한 것이다. **도6** 중국 양사오문화 그릇 디자인과 다른 점은 가운데 들판 천문을 따로 그리지 않고 그릇 아가리를 천문(天門)으로 삼았다는 점이다. 이 또한 중국과 한국 그릇 디자인에서 자주 볼 수 있는 것이기도 하다.

중국 한족의 창세신 이야기 가운데 「하늘을 고친 여와」 설화가 있다. 이 이야기에서 천문(구멍)과 관련된 대목을 아래에 들어 본다.

> 부주산(不周山)은 원래 은하수 아래 하늘을 받치고 있는 기둥이었다. 부주산이 넘어지자 하늘도 무너져 **구멍**이 났다. 이 구멍으로 **은하수 물이 한꺼번에 빗줄기**로 변해 쏟아져 세상을 삼켜버렸다. (……) 이때 중원에 회이(淮夷) 마을이 있었는데, 이곳 마을의 지도자는 복희씨였고 여와는 그의 아내였다. (……) 여와는 하늘이 무너져 난 구멍을 메우지 않으면 **하늘 속 물**이 모두 땅으로 쏟아질 것 같아 걱정이 되었다. 여와는 강, 호수, 바다에서 수많은 오색 돌을 건져 와 그 돌을 아흐레 밤낮으로 뜨거운 불에 걸쭉하게 녹였다. 여와는 이것으로 **하늘에 난 구멍을 하나씩** 메웠다. 그러자 큰비가 멎었다. 해가 다시 떠오르고 하늘에 오색 노을이 졌다. 이 영롱한 노을빛은 여와가 오색 돌을 녹여 하늘 구멍을 막았기 때문이다.[3]

아쉽게도 우리나라 신화나 옛이야기에는 이런 이야기가 없다. 한두 이야기가 있기는 하지만 중국의 '여와와 홍수' 이야기에 그 뿌리가 닿아 있다. 중국의 '여와와 홍수' 이야기는 한반도 빗살무늬토기에서 볼 수 있는 천문과 그릇에 일부러 뚫은 '구멍'을 해석하는 데 아주 중요한 실마리를 준다. (그릇에 뚫은 구멍에 대해서는 12장에서 다루었다.) 특히 '하늘 속 물' 은하수가 구멍(천문)을 통해 땅으로 쏟아진다는 대목은 한반도 암사동 빗살무늬토기 패턴에서 볼 수 있는 하늘 속, 하늘 속 물, 천문 세계관과 맞닿아 있다. 또 요즘도 어르신들이 하루 내내 장대비가 쏟아지면 "하늘에 구멍이 났는갑다!" 하는데,

3) 『중국민족의 창세신 이야기』(서유원 엮음, 아세아문화사, 2002), 36-37쪽

어쩌면 이 말은 저 멀리 구석기, 신석기 때부터 했던 말일 수도 있을 것이다.

여와는 오색 조약돌을 모아 걸쭉하게 녹여서 하늘에 난 구멍을 메운다. 그런데 그 구멍은 하나가 아니다! "하늘에 난 구멍을 하나씩 메웠다"고 분명히 전하고 있다. 그렇다면 그 구멍은 몇 개일까. 아마 다섯 개일 것이다. 사방오주의 하늘에 나 있는, 동서남북과 중앙 들판 하늘에 나 있는 구멍이니까 말이다.

도13 '하늘 속 물'을 보면 물을 층층이 새겼다. 4층 2점, 5층 4점, 6층 1점이다. 가운데 하늘 속 물 층을 4층으로 새긴 곳을 보면 천문(天門)을 두었다. 이 천문을 통해 삼각형 또는 반타원·반원형 구름이 나오고 이 구름에서 비가 내리는 것이다. 그런데 '비-2'처럼 구름을 거치지 않고 하늘에서 바로 내리는 패턴도 있다. 암사동 그릇에는 이런 패턴이 많지는 않다.

국립중앙박물관 'e뮤지엄' 서울 암사동 편 빗살무늬토기 사진 자료 474장에서 층수를 확인할 수 있는 그릇과 조각은 699점이다(2020. 02. 03 검색). 이 가운데 4층은 236점, 5층은 244점이다. 나머지는 다음과 같다. 2층 7점, 3층 70점, 6층 93점, 7층 30점, 8층 9점, 9층 2점, 10층 5점, 11층 2점, 15층 1점. 4층과 5층을 합치면 약 69퍼센트를 차지한다. 이것은 암사동 신석기인이 생각한 하늘 형상, 즉 '방위'와 관련이 깊다. 4층은 동서남북 사방사주, 5층은 사방오주(四方五州)의 세계관이라 할 수 있을 것이다.

하늘이 아홉 겹으로 되어 있다 하나

중국 전국시대 초나라 시인 굴원(屈原 기원전 343?~278?)이 쓴 시 「천문天問」에 이런 구절이 있다.

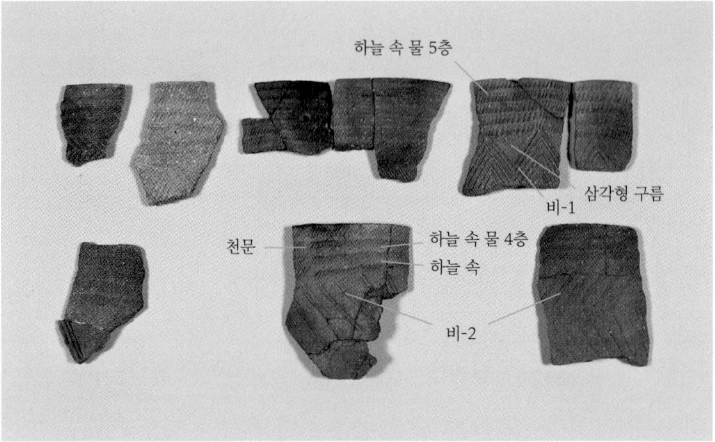

도13 서울 암사동 빗살무늬토기 조각. 국립중앙박물관. 신22867(11)

圜則九重(환칙구중) 孰營度之(숙영도지). 惟玆何功(유자하공) 孰初作之(숙초작지)

하늘은 둥글고 아홉 겹(九重)으로 되어 있다 하나 도대체 누가 그 아홉 하늘의 운동을 관장하는가. 대체 누가 이렇게 생각해 냈을까. 대체 누가 처음으로 이런 생각을 했을까.

굴원은 시 「천문天問」에서 이 세상(上下)의 처음, 음양(陰陽), 하늘과 하늘 속의 형상, 땅을 묶어 달아매는 팔굉(八紘)과 그 땅을 받치는 기둥 부주산, 해와 달, 요임금과 우임금, 팔방구주, 바닷물이 넘치지 않는 까닭, 신화와 전설, 탕왕과 걸왕, 순임금, 여와, 하·상·주의 흥망성쇠, 초나라의 앞날에 대해 172가지로 추려 하늘에 묻는다(天問). (이 시는 묻기만 하고 답은 하지 않는다!) 시 앞부분 '하늘 모양'에 대해 묻는 위 구절은 중국 '기록'에서 최초의 것이다. 위 구절을 보면 굴원 때만 하더라도 하늘이 아홉 겹(九重)으로 되어 있다는 세계관과 도상이 어느 정도 알려져 있었던 것 같다. 그리고 굴원은 이것에 대해 확실하지는 않지만 조금은 알고 있었던 듯싶다.

시 「천문天問」의 앞부분, 이 세상의 형상과 운동에 대해 말하는 부분은 중국 신석기 세계관과 관련이 있기 때문에 중국 학계도 이 대목을 제대로 해석하지 못하고 있다. 팔굉에 대해서는 바로 뒤에서, 그리고 이 책 곳곳에서 간간이 설명할 것이다. 바닷물이 넘쳐 뭍이 잠길 수 있다는 신석기인의 공포에 대해서는 11장에서 다루었다. 앞에서 인용한 구절만 하더라도 번역이 모두 다르다. 이것은 굴원 때까지 남아 있었던 신석기 세계관과 관련이 있다. 그 신석기 세계관을 알지 못하면 번역이 엇나가게 되어 있다. 나는 중국 신석기 세계관을 염두에 두면서 이 구절을 우리말로 옮겼다.

굴원 이전과 그 이후에도 '하늘이 아홉 겹으로 되어 있다'(圜則九重)는 것, 이에 대해서는 늘 논쟁거리였지만 끝내 명확하게 해결하지 못한다. 굴원으로부터 1400년 뒤 송대 유학자 주자(朱子 1130~1200) 때에 이르러서도, 그 뒤 현대 천문학자들까지도. 그래서 중국 문학책에서는 이 구절을 뚜렷하게 풀이한 대목을 찾아볼 수 없다. 물론 우리나라 『초사楚辭』, 굴원 시 연구에서도 마찬가지다. 고대 천문 연구자들의 논문을 살펴보면 하늘이 아홉 겹(九重)으로 되어 있다는 옛 세계관에 대해서는 애써 논의를 피해간다는 느낌마저 든다. 충분히 이해가 간다. 구중(九重)에 대한 기록이 없을 뿐만 아니라 있다 하더라도 무슨 말인지 알 수 없기 때문이다. 굴원 이후 『회남자淮南子』(기원전 139년)에도 구중(九重)이 나오기는 하지만 별다른 설명이 없기는 마찬가지다.

현대 연구자들은 구중(九重)을 두 가지 논지로 설명하고 있다. 먼저 구중(九重)을 구천(九天)으로 보고 논리를 펴는 경우다(이문규, 『고대 중국인이 바라본 하늘의 세계』(문학과지성사, 2000), 288쪽). 하지만 이는 잘못된 논리다. 굴원은 「이소離騷」에서 구중(九重)과 구별하여 분명히 '구천(九天)'을 따로 말하고 있기 때문이다. 또 하나는 명나라 때 나온 12중천설(채여남이 쓴 『천문략天文略』), 9중천설(왕영명이 쓴 『역체략歷體略』)로 설명하는 것이다(나일성, 『한국의 우주관-이 땅에서 하늘을 그리다』(연세대학교대학출판문화원, 2016), 135~178쪽). 하지만 이것은 서양 천문학을 받아들이면서 나온 논리다. 제1중(第1重)은 달이 도는 하늘, 제2중은 수성이 도는 하늘, 제3중은 금성이 도는 하늘,……. 이렇게 행성이 도는 궤도를 낱낱의 '하늘'로 보고 그리는 것이다. 이런 논리는 조선 학자들도 마찬가지였다. 조선시대 백과사전 『동국문헌비고』(1770) 상위고(象緯考) 천지(天地) 편에 이런 구절이 있다.

> 『초사楚辭』「천문天問」 편에는 "하늘은 아홉 겹인데 누가 영탁하는가?" 하고, 역(曆)을 다루는 사람들은 "하늘은 열두 겹(十二重)이다." 하나, 하늘이 참으로 이렇게 여러 겹으로 되어 있는 것은 아니고, 대개 **일월성신이 하늘에서 운행할 때 다니는 길이 있다는 것**을 말한 것이다.

이 또한 명나라 때 12중천설 내지는 9중천설에 기대 정리한 것으로 보인다. 굴원 이후 현대에 이르기까지 아홉 겹(九重) 하늘 세계관은 뚜렷하게 밝혀지지 않는다. 어떻게 이런 일이 벌어질 수 있는 것일까. 나는 이 또한 신석기 세계관의 문제로 본다.

굴원은 그의 시 「이소離騷」에서 하늘을 아홉, 즉 '구천(九天)'이라 한다(指九天以爲正兮(지구천이위정혜), 구천을 두고 바로잡고자 하니). 이 말은 지금도 쓰는 말이다. 죽어 저승에 못 가고 구천(九天)을 떠돈다, 할 때 하는 말이다. 주자는 『초사집주楚辭集註』에서 굴원의 「이소離騷」에 나오는 '구천(九天)'을 두고 여러 학자들이 붙인 주석을 비판한다. 굴원 이후 수많은 주석가들은 구천을 팔방과 그 중앙의 하늘을 뜻한다고 풀이한다. 다시 말해 팔방구주의 하늘로 보는 것이다. 이것은 앞에서 누누이 말했던 것이기도 하다. 그런데 주자는 이 구천(九天)마저 비판한다. 하늘을 '아홉 겹'이라 해놓고(이 말은 앞 「천문天問」의 구절을 말한다.), 다시 이 하늘을 아홉 군데로 나누어 아홉 들판의 하늘이라 하는 것은 문제가 있다고 말이다. 이런 그의 비판은 상식으로 생각해 봐도 맞는 구석이 있다. 하늘이 아홉 겹으로 되어 있다고 해 놓고, 다시 이 하늘을 아홉 들판(九州)의 하늘(九天)이라 하니 도무지 머릿속에서 그림이 그려지지 않기 때문이다. 주자의 하늘관에 대해서는 야마다 케이지의 『朱子의 自然學』(통나무, 2006, 김석근 옮김)을 참고할 수 있다. 하지만 야마다 케이지 또한 아홉 겹 하늘 구중천(九重天)에 대해서는 별다른 코멘트를 하지 않는다.

주자는 구천과 구중을 아홉 들판의 하늘로 보지 않고 동심원 형태(지금의 각도기 모양)로 층층이 아홉 겹으로 쌓여 있는 하늘로 본다. 그리고 이것은 기(氣)의 회전 속도에 따른 우주 공간의 구별에 지나지 않는다고 한다. 다시 말해 강성(剛性)을 달리하는 구층 기(氣)의 공간이라는 것이다. 이것은 아주 관념적인 풀이다. 굴원 이전에 이런 세계관은 없었다. 더구나 중국 고대 팔방구주의 세계관마저 부정한다는 점에서 그 어떤 맥락도 없는 풀이라 할 수 있다. 이렇게 풀이하면 굴원 이후의 『회남자』나 다른 책에 자주 나오는 '구천' 세계관을 부정하는 것이다. (다시 한번 말하거니와, 주자가 잘못 풀이했다는 사실, 이것은 중요하지 않다. 이는 팩트일 뿐, 주자가 왜 이런 풀이를 하게 되었는지, 이 점이 중요하다.) 사실 이 풀이는 그를 숭상했던 조선 유학자들도 동의하지 않았을 것이다. 조선 유학자와 조선 백성들에게 구천(九天)은 팔방구주(八方九州, 이 세상)의 하늘이라는 것, 이 개념은 너무나 자명한 것이어서 주자처럼 복잡하게, 또 관념적으로 볼 수 없는 것이었다. (지금 우리에게는 구천도 구중도 주자의 하늘관과 마찬가지로 지극히 '관념적'인 것이지만 당시 조선 백성들에게 구천 개념은 아주 현실적인 도상이었다!) 굴원 이후 주자까지, 그리고 주자 이후까지도 이 개념을 가지고 논쟁을 하고 주자처럼 풀이를 했던 것은 그들 사상사에 어떤 '단절'이 있었기 때문이다. 그것은 전도(뒤집힘)이기도 하다. 중국 사상사에서 가장 중요한 기점은 주역(周易)이라 할 수 있다. 주역이 중국 보편의 세계관이 되었을 때, 가라타니 고진의 표현에 따르면 하나의 '풍경'이 되었을 때, 그 이전의 세계관은 순식간에 증발해 버리고 만다(가라타니 고진, 『일본근대문학의 기원』(민음사, 1997, 박유하 옮김), 32쪽). 다시 말해 주역이 '중국의 풍경'이 되었을 때 주역 이전의 '신석기 세계관'은 한순간에 사라지고 마는 것이다. 이것은 허신의 『설문해자』 이전과 이후로도 설명할 수 있을 것이다. (여기서 이런 질문이 가능하다. 우리 한반도에 4-6세기 불교가 들어온 뒤 중국의 주역 이전과 이후처럼 전도가 일어났을까?) 이에 대해서는 이 책 곳곳에서 말하고 있다.

아홉 겹(九重) 하늘 세계관이 굴원 이후 지금까지도 명확하게 정리되지 않은 까닭은 중국 학계가 그들의 신석기와 미술을, 신석기 세계관을 뚜렷하게 정리하지 못하고 '수수께끼' 영역으로 남겨놨기 때문이다. 마치 우리 학계가 빗살무늬토기의 디자인과 패턴을 모른 채, 아니 해석하지 않은 채 한반도 신석기 문화를 '빗살무늬토기문화'라 하는 것과 같은 이치다. (그 패턴이 뭔지 모른 채 '무슨무슨문화'라 하는 게 가능할까!) 어쨌든 앞에서 인용한 「천문天問」 구절을 보면 굴원은 이 아홉 겹 하늘 도상 내지는 세계관이 어디에서 온 것인지, 언제적 세계관인지 정확히 알지 못하는 듯싶다. 그는 하늘을 왜 아홉 겹으로 했는지 그 내력을 잘 모른다. 그래서 묻는 것이다. "대체 누가 이렇게 생각해 냈을까. 대체 누가 처음으로 이런 생각을 했을까." 굴원이 보았던 하늘 도상은 아마 **도15** 빗살무늬토기의 하늘 속 물 층 같은 것이었을지 모르겠다. **도15**를 보면 하늘 속 물 층을 9층으로 했다. 그리고 하늘 속 아래에 구름(삼각형·반원)을 새기지 않고 바로 비가 내리는 것으로 디자인했다.

중국 신석기 세계관을 그려내려면 우리는 중국 한나라 초 회남려왕 유장의 아들 유안(劉安)이 엮었다고 알려진 『회남자淮南子』(기원전 139년)를 살펴볼 필요가 있다. 『회남자淮南子』에는 한중일 신석기 세계관을 알 수 있는 개념이 곳곳에 있는데, 특히 「천문天文」, 「지형墬形」, 「남명覽冥」 편은 우리나라 신석기인의 세계관과 빗살무늬토기

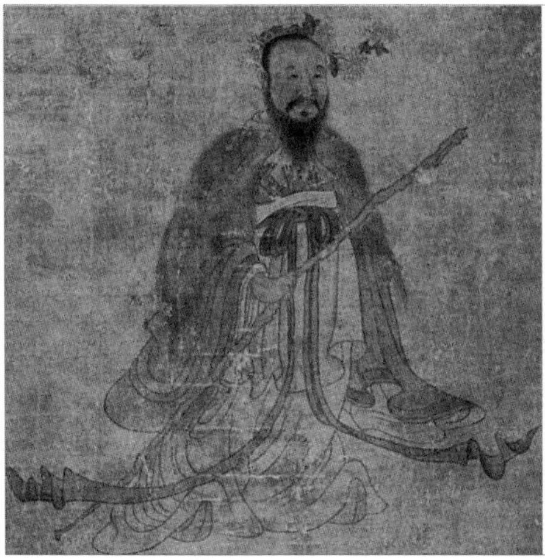

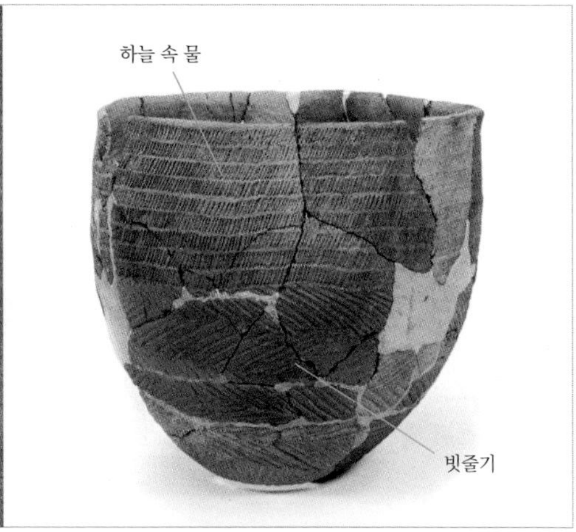

패턴을 살펴볼 때 아주 중요한 내용을 담고 있다.

「천문」과 「지형」 편에는 토기(吐氣)와 함기(含氣), 균천(鈞天), 구중(九重·아홉 겹)과 구규(九竅·아홉 구멍), 구주(九州·아홉 들판, 또는 구야九野), 팔인(八殥)과 팔택(八澤)의 구름(云), 팔굉(八紘), 팔극(八極)과 팔방(八方·여덟 방위), 하늘에 나 있는 통로 팔문(八門·여덟 천문) 개념이 나오고, 「남명」 편에는 '하늘 구멍'이 터져 홍수가 나자 여와가 오색 돌을 녹여 구멍을 막았다는 '여와와 홍수' 이야기가 나온다. 바로 암사동 빗살무늬토기의 하늘 속 물 층(九重), 구멍(九竅)과 천문(八門)과 구름(云), 팔방구주(八方九州)의 세계관과 관계있는 대목이고, '구멍 난 하늘과 홍수'는 우리나라 빗살무늬토기 문양의 시원을 밝히는 데 아주 중요하다. 그런데 이 책의 번역이 제대로 되어 있는 것이 없다. 책을 번역할 때 '근대의 세계관'으로 옮겼기 때문이다. 무엇보다도 이 책을 번역할 때는 중국과 한국의 신석기 세계관을 어느 정도 알고 있어야 한다. 그렇지 않으면 번역을 하더라도 무슨 말인지 통 알 수 없는 말이 되기 일쑤다.

4장에서도 말했지만 허신이 중국 한자를 주역으로 정리했듯, 이 책 또한 유안과 한대 학자들이 당시 완벽한 사상인 주역의 세계관으

도14 굴원은 초나라 왕족의 후손으로, 머리가 좋고 말주변이 좋아 스물여섯 젊은 나이에 좌도(좌상) 벼슬을 한다. 좌도는 내정뿐만 아니라 외교를 담당하는 중책이다. 그는 뛰어난 만큼 시기도 많이 받았다.

도15 빗살무늬토기. 국립경주박물관. 경주41231

로 세상의 기원과 만물의 생성 원리를 정리했다고 볼 수 있다. 어떤 세계관을 그 뒤의 세계관으로 정리할 때는 전도가 일어난다. 전도가 일어날 때는 늘 그렇듯 그전 세계관은 한순간에 사라지고 만다. 다시 말해 신석기 세계관을 주역의 세계관으로 정리하게 되면 신석기 세계관은 아주 짧은 시기만 거쳐도 단숨에 없어지고 마는 것이다. 그런데도 이 책 곳곳에는 주역 이전의 세계관을 알 수 있는 대목이 나온다. 그것은 구석기에서 신석기에 이르기까지 이 세상을 보았던 중국인의 세계관과 관계가 깊다. 그래서 이 책을 제대로 번역하려면 중국 신석기 세계관을 어느 정도 알고 있어야지 가능하다. 하지만 신석기 세계관을 알고 있다 하더라도 주역 세계관으로 한번 전도가 되어 버렸기 때문에 주역 이전의 신석기 세계관을 다시 그려내기가 힘든 것 또한 사실이다. 더구나 이 책은 아주 어렵고, 어떤 개념이 나온다 하더라도 낱낱이 풀어 설명하지 않는다. 그 개념 자체를 전제하고 논의를 하고 있는 것이다. 개념에 대한 정의가 확실하지 않기 때문에 그 뒤 서술도 해석하기가 여간 곤란한 게 아니다.

『회남자』「천문」편의 천유구야와 천유구중

『회남자淮南子』「천문天文」편에 아주 흥미로운 구절이 있다. "하늘 아래 아홉 들판이 있다"(165쪽), "하늘은 아홉 겹 하늘로 되어 있다"(223쪽)는 말이다. 바로 천유구야(天有九野)와 천유구중(天有九重)의 세계관이다. 책 쪽수는 이석명이 옮긴 『회남자1』(유안 엮음, 올재, 2017)의 쪽수다.

먼저 천유구야(天有九野)의 세계관을 살펴볼 필요가 있다. 여기서 구야(九野)는 구주(九州)와 같은 말이다. 옛 중국인들은 이 세상이 아홉 나라(들판)로 되어 있다고 보았다. 동서남북, 서북·동북과 남서·남동, 이렇게 '여덟 방향(八方)' 나라와 한 중앙까지 '아홉 나라(九州)'로 되어 있다고 본 것이다. 이것을 나는 '팔방구주(八方九州)의 세계관'이라 한다.

천유구야(天有九野)는 알겠는데, 문제는 천유구중(天有九重)이다. 하늘이 왜 아홉 겹으로 되어 있다 하는지 도무지 알 수 없기 때문이다. 이에 대해 『회남자淮南子』 「천문天文」 편은 특별히 더 말하지 않는다. 우리가 아는 옛말에 사람이 죽으면 구천을 떠돈다는 말이 있다. 여기서 구천(九天)은 구야(九野)·구주(九州)의 아홉 하늘을 말한다. (중국 고대 신화집 『산해경山海經』(기원전 4~3세기) 「서산경西山經」에는 구천을 '아홉 구역 하늘(天之九部)'이라 한다.) 그러니까 이 세상은 아홉 들판(나라)으로 되어 있는데, 이 들판에는 저마다 하늘이 있다. 『회남자淮南子』 「천문天文」 편에는 이 아홉 나라의 이름과 그 아홉 나라의 하늘 이름을 낱낱이 적어 놓고 있다.

자, 여기서 우리는 상상력이 필요하다. 일단 내 자신이 신석기인이 되어야 한다. 우리는 **도8** 육서통 기(气) 자와 **도9** 천문수막새 디자인을 통해서 하늘에 난 천문(天門) 모양을 보았고, **도6** 양사오문화 신석기 그릇에서는 사방오주의 세계관을 확인했다. 이 그릇에는 동서남북과 한 중앙 들판 하늘에 나 있는 천문(天門)이 다섯 개 있고, 이 천문에서 구름(云)이 나온다. 그런데 지방마다 기후와 자연환경이 다르다. 어떤 지방은 여름이 길고 비가 많이 내린다. 또 어떤 지방은 겨울이 길고 눈이 많이 내린다. 또 어떤 지방은 한 해 내내 비도 눈도 충분히 내리지 않는다. 중국 신석기인들은 다섯 들판 하늘의 '하늘 속 물'이 저마다 다르기 때문이라고 여겼을 것이다. 그러니까 하늘 속에는 다섯 들판의 하늘 속 물이 층층이 달리 있는 것이고, 이 물이 다섯 들판 하늘의 천문을 통해서 저마다 다른 눈비 구름으로 나온다고 보았던 것이다. 이때 하늘은 다섯 겹 오중(五重)이다(**도13** 오른쪽 위 그릇, **도18**). 그런데 사방오주의 세계관이 더 촘촘한 팔방구주의 세계관이 되자 하늘 속 물 층은 9층이 되는 것이고, 이것이 바로 하늘이 아홉 겹(九重)이라는 상상에 이르지 않았을까, 하는 것이다. 그런데 이 세계관을 1차원 평면에 도상으로 그린다고 가정해 보자. 특히 아홉 하늘을 어떻게 그려야 할지 말이다. 이렇게 해서 나온 도상이 아홉 겹(九重) 하늘 도상, **도15**와 같은 도상이 아닐까 하는 상상도 해 본다.

도5 빗살무늬토기에서 보았듯이 암사동 신석기인이 새긴 천문 패턴은 옆에서(y축에서) 본 천문이다. 그에 견주어 중국 신석기인이 그린 천문은 x축에서 고개를 쳐들고 하늘을 봤을 때 볼 수 있는 천문 패턴이다. 아직까지 한반도 신석기인이 새긴 천문(天門) 가운데 x축에서 본 천문은 나오지 않았다.

암사동 빗살무늬토기의 하늘 속 물 층을 이해하려면 **도16** 덧띠무늬토기 조각 한 점을 살펴볼 필요가 있다. 이 토기의 '하늘 속' 물 층을 보면 1층으로 되어 있다. 신석기인들은 우리가 눈으로 볼 수 있는 파란 하늘 너머에 물이 가득 차 있다고 보았다. 은하수 같은 강을 떠올리면 되겠다. 이 하늘 속 물이 천문(天門)을 통해 구름(삼각형·반원)으로 나와 이 세상에 비를 뿌리는 것이다. **도16** 덧띠무늬토기에는 천문(天門)이 없다. 이 천문은 주로 암사동 그릇에서 볼 수 있다.

한 신석기인이 부산 강서구에 서서 고개를 쳐들고 하늘을 보고 그때 세계관을 1차원 평면에 그린다면 **도16**과 같은 디자인이 될 것이다. 하늘에 구름(삼각형 구름)이 떠 있고, 파란 하늘 너머에 하늘 속 물 층이 있는 것으로 말이다. 그런데 부산 강서구를 중심으로 동서남북 네 들판(州)까지, 다시 말해 사방오주(四方五州)의 세계를 1차원 평면에 그리려면 어떻게 해야 할까. 문제는 다섯 들판 다섯 하늘 '하늘 속 물 층'을 한 평면에 어떻게 그리느냐였다. 그래서 그들은 하늘 속 물 층을 4층 내지는 5층으로 새겼던 것이다. 4층은 동서남북의 세계관을, 5층은 사방 동서남북과 그 중앙까지 표현했다고 볼 수 있다.

그런데 우리는 이런 가정을 한번 해 볼 수도 있다. 굴원과 『회남자

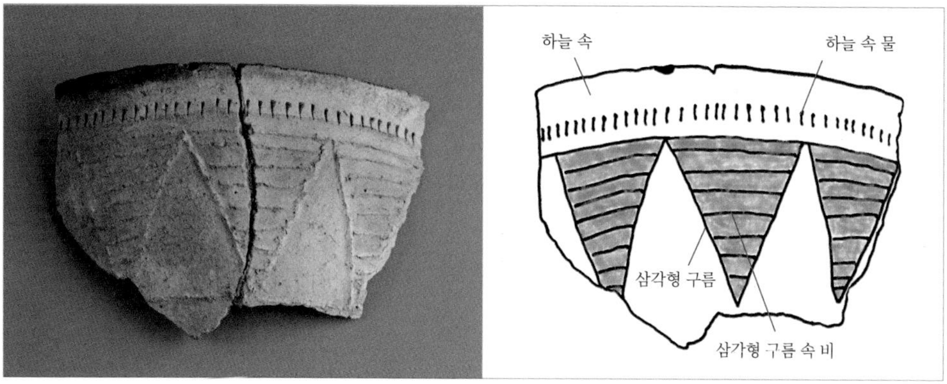

도16 덧띠무늬토기. 부산 강서구. 부산시립박물관. 김위부시2098.

淮南子』「천문天文」 편을 정리한 학자가 바로 앞에서 말한 하늘 속 물 층을 아홉 겹 하늘로 잘못 이해할 수도 있었다는 점이다. 그도 그럴 듯 굴원과 『회남자淮南子』 이후 하늘이 아홉 겹(九重)이라는 세계관은 더는 찾아보기 힘들다는 점에서 이런 의구심이 들기도 한다. 만약 팔방구주의 하늘과 하늘 속 물 층을 1차원 평면에 그리려면 하늘 속 물 층을 아홉 겹으로 그리는 게 가장 적절할 것이다. 그러니까 굴원이 본 아홉 겹 하늘이라는 것도 실제로는 '아홉 겹' 하늘이 아니라 '아홉 겹 물 층'으로 볼 수도 있다는 것이다. 또 네 겹이든 다섯 겹이든, 아홉 겹이든, 이렇게 그리고 새겨야 하늘 속에 물이 방방하니 차 있는 느낌도 더 뚜렷해질 것이다.

다시 **도15**를 보자. 하늘 속 물 층을 9층으로 새겼다. 구주(九州), 아홉 나라, 다시 말해 이 세상의 하늘 속 물 층을 1차원 평면에 새긴 것이다. 물론 '그냥' 무늬라고 할 수도 있을 것이다. 하지만 이 무늬는 결코 '그냥' 무늬가 아니다. 나무쪽으로 온 정성을 다해 하나하나 꾹꾹 눌러 새겼다. 결코 빗 같은 무늬새기개로 새기지 않았다. (빗 같은 무늬새기개로는 이렇게 새길 수 없을뿐더러 또 새겨지지도 않는다.) 이걸 마냥 아무 뜻 없는 무늬라고 한다면 왜 아무 뜻 없는 무늬인지 설명할 수 있어야 한다. 그리고 정말 그냥 아무 뜻 없는 무늬라면 왜 이렇게 정성을 들여 하나하나 일일이 새겼는지 설명할 수 있어야 한다. 그리고 왜 9층으로 했는지도.

『회남자淮南子』「천문天文」과 「지형墬形」 편을 읽고 그 세계관을 그림으로 그려내기는 힘들다. 앞뒤가 서로 안 맞아떨어지는 곳이 많기 때문이다. 이것은 1차원과 3차원의 문제이기도 하다. 신석기인들은 3차원 세상을 1차원 그릇 평면에 나타냈는데, 이것을 잘못 이해할 때 벌어지는 일이기도 하다. 「천문天文」 편을 정리한 한대 학자는 어떤 도상(그 도상은 3차원을 1차원으로 그린 도상일 것이다.)을 보고 말하고 있는 것 같다. 그들은 아홉 들판과 아홉 하늘 이름을 낱낱이 들면서도 그것이 어떻게 아홉 겹 하늘이 되는지, 또 그것을 어떻게 도상으로 그릴 수 있는지 말하지 않는다. 물론 그들에게 이 도상은 너무나 자명한 것이기에 따로 설명하지 않아도 되는 것일 수도 있다. 그래서 「천문天文」과 「지형墬形」 편을 꼼꼼히 읽어도 당시 세계관을 그림으로 그려내기가 힘들다. 중국 학계에서 『회남자淮南子』에 기초한 세계 도상을 그릴 수 없는 것도, 또 그런 도상이 중국 현대 백과사전에 없는 것도 다 이 때문이다. 정말 우리는 그러한 도상을 본 적이 없다!

도18을 보면 하늘 층이 다섯 층으로 되어 있다. 여기서 하늘 층은 우리가 맨눈으로 볼 수 있는 파란 하늘이 아니라 파란 하늘 너머 '하늘 속'을 말한다. 한반도 신석기인과 중국 신석기인은 파란 하늘 너머에 '하늘 속'이 있고 이 속에 물이 가득 차 있다고 보았다. 그래서 이 하늘 층은 '물 층'이기도 하다. 이 하늘 속에 가득 차 있는 물(水)이 하늘 구멍 천문(天門)을 통해 구름(云)으로 나오고, 이 구름에서 비(雨)가 내리는 것이다. **도18** 하늘 속 물 층 5층은 사방오주의 다섯 하늘을 한 평면에 그린 것이다. 그래서 물 층이 5층이고, 다섯 겹(五重)인 것이다. 이것은 동서남북 그리고 중앙의 하늘 속 물 층을 표현한 것으로 볼 수 있다. 그리고 천문 다섯 곳은 동서남북 그리고 그 중앙

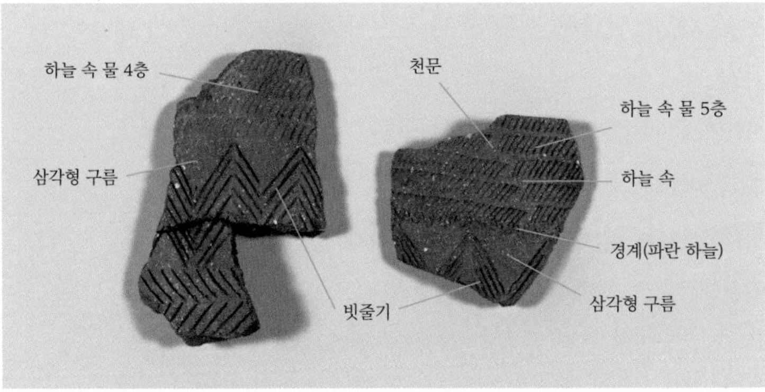

하늘 속 물 층을 4층(왼쪽)과 5층(오른쪽)으로 새겼다. 그 아래 삼각형 구름이 있고, 이 구름에서 비(雨)가 내리고 있다.

도17·18 빗살무늬 토기 조각. 국립중앙박물관. 고19867(2)

하늘에 있는 구멍(天門, 五竅)을 새긴 것이다. 이로써 기원전 4000년 무렵 한반도 신석기인에게는 동서남북과 한 중앙, 이렇게 사방오주(四方五州)의 세계관이 이미 자리 잡았다는 것을 짐작할 수 있다. (이 사방오주의 세계관이 발전하여 팔방구주의 세계관이 된다.) 또 하나 알아야 할 것은 **도8** 육서통 기(气) 자 천문(天門)이 x축에서 고개를 쳐들고 본 천문(天門)이라면, **도18** 천문은 y축에서 본 천문이라는 것이다. 그런데 **도18**의 천문을 보면 이 천문 자리를 물 층마다 살짝 달리 했다. 이는 다섯 나라(五州)의 천문 자리를 구별하기 위한 것으로 짐작할 수 있다.

『회남자』「지형」 편의 팔문과 천문

「지형墬形」 편에는 구주(九州), 팔인팔택(八殥八澤)의 구름(云), 팔굉(八紘)과 팔극(八極), 팔문(八門)이 나온다(241~243쪽). 『회남자淮南子』에 나와 있는 세계관은 혼란스러워 이것을 그림으로 그리기가 여간 힘들지만 신석기 세계관을 염두에 두면서 한번 그려 보았다. **도20**은 『회남자淮南子』「천문天文」과 「지형墬形」 편을 참고하여 그려 보았다. 원래 팔문, 팔택, 팔인, 팔굉, 팔극은 여덟 곳에 그려야 하나 1차원 평면에 그리기 힘들다. 이 그림에서는 팔택과 팔문을 잘 봐야 한다. 구름의 기원인 팔택과 이 구름이 나오는 팔문을 다섯 개만 그렸는데, 원래는 팔방 여덟 군데에 있다.

먼저 하늘을 둥글게 그렸는데, 이것은 천원지방설(天圓地方說)에 따른 것이다. 『회남자淮南子』「천문天文」 편에, “하늘의 도는 둥글고 땅의 도는 모나다. 모(方)는 그윽함을 주관하고 둥근 것은 밝음을 주관한다(162~163쪽).” 하는 구절이 있다. 이 구절은 하늘은 둥글고 땅은 모나다는 천원지방(天圓地方) 세계관에서 한 발 더 나아가 이 세상 만물이 하늘(陽)과 땅(陰)의 움직임과 변화로 태어난다는 것, 땅과 하늘(陰과 陽)의 변화가 이 세상 만물의 실제 ‘시작’이라는 것을 말하고 있다. 주역의 세계관이라 할 수 있다. 그에 견주어 중국과 한반도 신석기인은 천문과 구름(云, 水)에서 이 세상 만물이 생겨난다고 보았다. 즉 천문화생(天門化生)과 우운화생(雨云化生)의 세계관인 셈이다. 이는 주역과 신석기 세계관의 차이이기도 하다(**도19** 참조).

도20에서 오른쪽 남쪽의 팔문(八門)·팔택(八澤)은 『장자』「소요유逍遙遊」 편에 나오는 남명(南冥)의 천지(天池)로 볼 수 있다. 구주(九州) 아홉 들판에 서 있는 사람 모양은 육서통 천(天) 자다. 사람 머리를 보면 동그란 원 가운데에 점을 찍었다. 이것을 사람 머리에 눈으로 볼 수도 있는데, 사실은 그게 아니다. 동그란 원은 비구름이 나오는 천문(天門)이고, 가운뎃점은 물(水)·비(雨)·구름(云)의 기원이다. 그리고 사람 팔과 다리는 천문에서 구름(云)이 나오는 모습이다. 이런 형태는 전한시대 수막새에서 확인할 수 있다. 육서통의 천(天)은 사람 또한 그 기원이 천문(天門)이라는 것을 말하고 있다. 이 세상 만물을 비롯하여 사람 또한 천문이 기원이라는 천문화생(天門化生)의 세계관은 고구려 백제 신라 미술에서 가장 중요한 모티프이기도 하다. 이 육서통 천(天) 자는 육서통 기(气)에서 비롯한 글자이다(**도8** 참조).

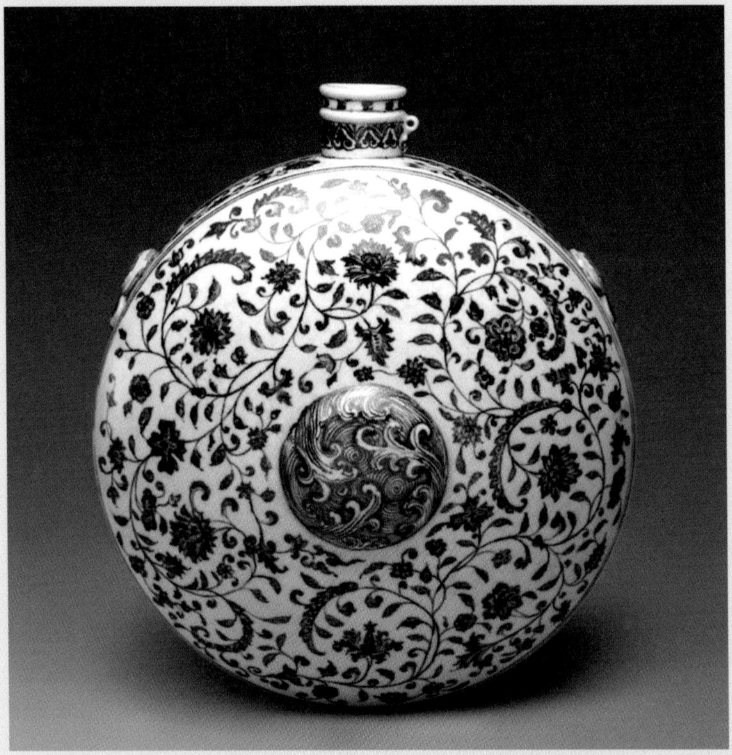

도19 중국
청화백자 자라병.
1400년대

중국 청화백자 자라병(편병)인데, 가운데 동그란 원 천문이 있고, 이 천문에서 바람(風)에 힘입어 구름(云)이 나오고 있다. 중국 학계는 이 둥그런 원이 무엇을 구상으로 한 것인지 아직 모른다. 나는 이것을 천문(天門)으로 보고, 이 천문을 통해 구름이 나오는 것으로 본다. 『회남자淮南子』「지형墜形」편에서는 이 천문을 '팔문(八門)'이라 한다. 천문에서 구름이 힘차게 세상에 나오고, 그 둘레에 덩굴 풀과 꽃을 그렸다. 이 세상 만물이 천문에서 비롯한다는, 천문에서 나오는 구름(雨, 水)에서 비롯한다는 천문화생(天門化生)과 우운화생(雨云化生)의 세계관을 나타냈다고 볼 수 있다. 이 세계관은 신석기에서부터 시작되었다. 이와 같은 디자인과 패턴으로는 **도38-42·47·51·52**를 들 수 있다. 또 13장 **도7**, 14장 **도16**을 들 수 있다.

『회남자淮南子』「지형墬形」 편에 이런 구절(243쪽)이 있다.

> 무릇 팔극(八極)의 구름은 천하에 비를 내리고, 팔문(八門)의 바람은 추위와 더위를 조절하며, 팔굉(八紘)·팔인(八殥)·팔택(八澤)의 구름은 구주에 비를 뿌리고 중토(中土: 冀州)의 기후를 조화롭게 한다.

이 구절은 **도20**을 보면서 하나하나 손으로 짚어 가며 읽어야 한다. 그런데 그렇게 읽더라도 머릿속에 잘 그려지지 않는다. 우선 구름의 기원이 팔극(八極)·팔굉(八紘)·팔인(八殥)·팔택(八澤)으로 나와 있어 혼란스럽다.

사람이 살아가는 아홉 들판 구주(九州)의 경계에 팔인(八殥)이 있고, 그 너머에 팔굉(八紘)이, 그 너머에 팔극(八極)이 있다. 이 세 곳은 『장자』「소요유逍遙遊」 편에 나오는 남쪽바다 끝 남명(南冥 남녘남·어두울명)으로 봐도 될 것이다. 이 세 곳 가운데 팔굉(八紘)과 팔극(八極)은 사람이 갈 수 없는 곳이다. 그에 견주어 팔인(八殥)은 아홉 들판 경계에 있고, 더구나 팔인에 있는 여덟 연못 팔택(八澤)은 이 세상 아홉 들판에 비(雨)를 뿌리는 구름(云)의 기원이다. 중국과 한반도 고대인들은 세상에 내리는 비(雨)가 은하수(銀河水)에서 오는 것으로 여겼다. 이 은하수를 팔택 가운데 하나로 보아도 될 것이다. 중국 신화 '여와와 홍수' 편에 나오는 이야기도 은하수, 즉 팔택과 관련이 있다. (중국 고대 신화집 『산해경山海經』(기원전 4~3세기) 「해내서경海內西經」에는 팔택을 '아홉 우물(九井)'이라 한다.) 그리고 '여와와 홍수' 이야기에 나오는 '구멍', 즉 은하수 물이 쏟아지는 구멍은 팔문과 관련이 있다.

자, 여기서 다시 『회남자淮南子』「지형墬形」 편에서 말하는 것을 다시 한 번 살펴봐야 한다. 이 구절에 따르면 구름(云)의 기원은 팔극, 팔굉, 팔인, 팔택으로 되어 있다. 문제는 이 구름이 나오는 곳이다. 나는 이 문을 팔문으로 본다. 이 구절에서는, 팔문(八門)에서 나오

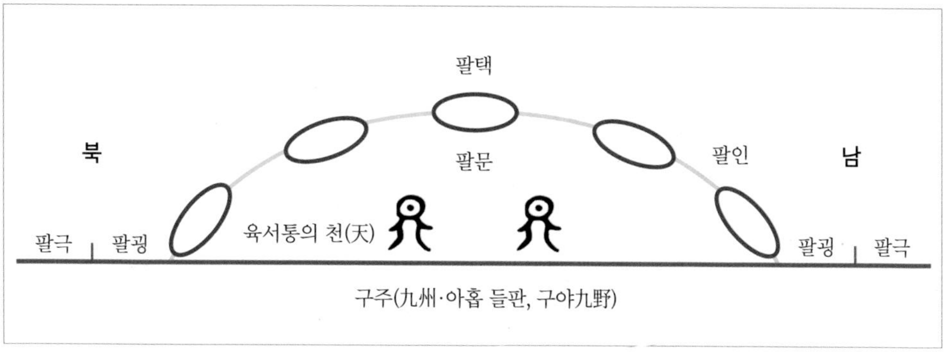

도20 『회남자淮南子』 「천문」과 「지형」 편의 세계관

는 바람(風)이 추위와 더위를 조절한다고 하지만 전한의 수막새 도상을 보면 꼭 그런 일만 하는 것은 아니다. 아니 주로 바람(風)에 힘입어 구름(云)이 나오는 도상으로 되어 있다(도6-9 · 19 · 21-23 · 28 · 40 · 43 · 51참조). 이렇게 봤을 때 『회남자淮南子』 「지형墬形」 편에 나오는 팔문 개념은 뭔가 석연치 않은 구석이 있다. 문제는 『회남자淮南子』를 펴낸 한대 학자들이 수십 명이었다는 점이다. 그리고 그들 또한 그전 시기 세계관을 뚜렷하게 알지 못했을 가능성이 있고, 무엇보다도 주역 이전 신석기 세계관을 잘 몰랐던 듯싶다. 그렇기에 『회남자淮南子』 전체 맥락 속에서 고대 중국의 세계관을 도상으로 그려내기가 힘든 것이다. 중국 학계 연구에서 『회남자淮南子』 「천문天文」과 「지형墬形」 편을 기초로 하여 그린 도상이 우리에게 알려지지 않은 것도 이 때문이다. 아마 내가 그린 **도20** 도상이 『회남자淮南子』 「천문天文」과 「지형墬形」 편에 따라 그린 최초의 도상이 아닐까 싶다.

국립중앙박물관에서는 **도21** 중국 전국시대 수막새를 '해바라기무늬 수막새(葵文圓瓦當)'라 한다. 하지만 해바라기를 닮지도 않았을 뿐더러 해바라기라면 지붕에 왜 해바라기 기와를 얹었는지 설명할 수 있어야 한다. 이 명칭이 중국에서 온 것인지 일본에서 온 것인지는 확실하지 않다. 한중일 수막새는 천문(天門)을 중심으로 봐야 제대로

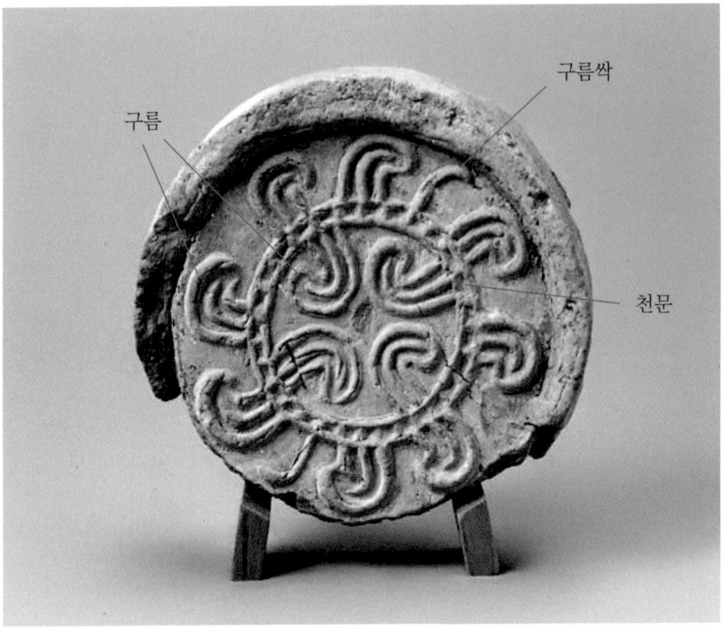

도21 중국 전국시대 수막새. 지름 15cm. 국립중앙박물관. 증02599

풀린다. 이 수막새는 천문에서 구름(云)이 바람(風)을 일으키며 이 세상으로 나오고 있는 모습을 디자인했다고 볼 수 있다.

우리 한반도에는 **도21** 같은 기와가 없는 것일까. 그렇지 않다. 고구려 백제 신라에도 이런 도상은 많다. **도22**를 보면 가운데 천문을 두고, 그 속에 물(水)의 기원을 볼록 튀어나오게 했다. 그런 다음 천문에서 구름이 나오는 형상으로 마무리했다. 이 구름 형상은 갑골 구름운(云)과 본질적으로 같다(**도11** 참조). 그렇다면 고구려 사람들이 갑골 구름운(云) 자를 알았던 것일까. 그것은 아닐 것이다. 갑골 구름운(云) 자와 고구려 수막새의 구름이 같은 것은 하늘에 떠 있는 구름을 보고 형상화했기 때문이다. 이것은 서울 방배동 아람유치원 어린이와 스페인 발렌시아 어린이집 아이가 하늘에 떠 있는 구름을 뭉게구름으로 그리는 것과 같다. 세계 아이들은 구름을 그릴 때 거의 다 뭉게구름으로 그린다. 이것은 무슨 '영향 관계'가 있어서 그런

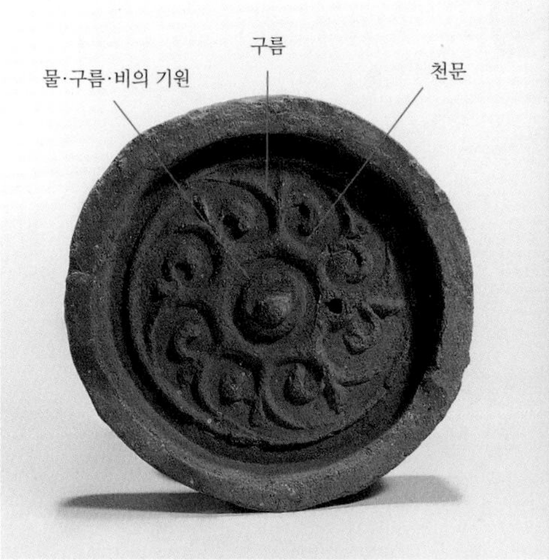

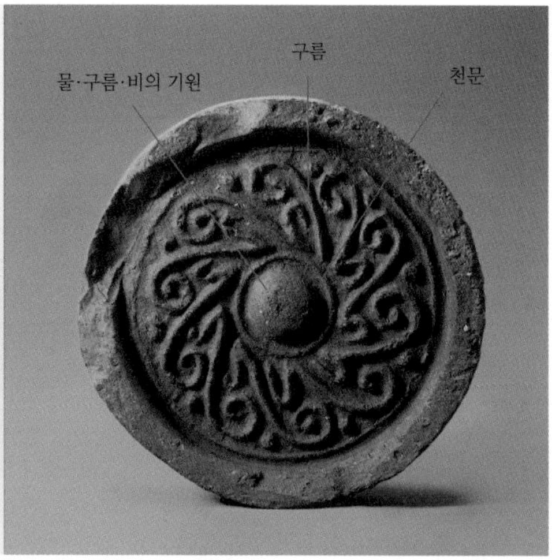

것이 아니라 같은 대상을 보고 그리기 때문이다. 신석기 미술을 볼 때는 이 관점이 아주 중요하다. 한국과 일본 고고학계는 **도22 · 23**을 '인동문수막새'라 하고 그 무늬를 '인동'으로 보지만 인동은 이렇게 생기지도 않았고, 이 도상에 인동이 있어야 할 까닭도 없다. 만약 이것이 인동이라면 이 도상 전체에서 여기에 인동이 있어야 하는 까닭을 설명해야 한다. 하지만 한일 고고학계 어느 누구도 이것을 말하지 않는다. 또 미술사학계에서는 이런 패턴을 팔메트(당초·덩굴) 무늬라 하는데, 이 팔메트의 기원 또한 구름에서 시작된 것으로 보아야 한다. 구름의 움직임을 살아 있는 덩굴의 생명력으로 구체화했다고 볼 수 있는 것이다.

도22 고구려 천문구름수막새. 지름 15.3cm. 경기도박물관

도23 고구려 천문구름수막새. 도쿄대학

암사동, 궁산, 지탑리, 능곡, 까치산패총

나는 암사동 신석기 빗살무늬토기를 다루면서 지금까지 '천문(天門)'이란 말을 써 왔다. 우리말로 하면 '하늘 문'인데, 이 '天門'이 옛 기록 어느 책에 있는지는 모르겠다. (『삼국유사』와 『삼국사기』에서는 찾

을 수 없었다.) 다만 이와 비슷한 개념이 『회남자淮南子』「지형墬形」 편에 나오는 팔문(八門)이다. 팔문은 여덟 들판(州, 나라) 하늘에 나 있는 문(門)이다. 이 문을 통해 하늘 속 연못(八澤, 은하수)의 구름(云)이 나오고, 이 구름에서 비가 내려 이 세상 만물이 태어나는 것이다. 성서 「창세기」 7장 11절과 중국의 「하늘을 고친 여와」 이야기에 나오는 '구멍'이 바로 이 천문이다.

사실 나는 천문(天門) 개념을 쓸 때 『회남자淮南子』의 '팔문'을 알지 못했다. 암사동 신석기 빗살무늬토기의 '하늘 속' 패턴을 살펴보면서 보게 된 빈 '공간', 이 공간을 봤을 때 '구멍' 개념이 바로 떠올랐다. 그리고 파란 하늘 바로 아래에 있는 반원(타원)형 구름과 삼각형 구름의 기원이 저 구멍일 수밖에 없고, 이 구멍이 하늘에 나 있는 구멍이니까 '천문(天門)' 개념을 썼을 뿐이다. 이 말을 쓸 때 좀 망설이기는 했다. 유사역사학 느낌이 강했기 때문이다. 그런데 이 낱말 말고는 딱히 떠오르지 않았다.

국립중앙박물관 e뮤지엄에 올라온 서울 암사동 편 빗살무늬토기 사진 자료 474장에서 '하늘 속 물'에 낸 통로(天門)를 볼 수 있는 그릇이나 조각은 156점이다. 이것은 암사동 빗살무늬토기의 가장 큰 특징이기도 하다. 부산 동삼동 편 빗살무늬토기 사진 자료 179장에서는 단 한 점도 찾을 수 없었다. 경기도 편 빗살무늬토기 사진 자료 203장에서는 1점, 인천광역시 편 빗살무늬토기 사진 자료 533장에서는 6점을 확인할 수 있었다(2020. 02. 03 검색). 이 가운데 3점은 패턴의 특징으로 보아 암사동 것인 것 같다. 암사동 것은 진한 밤빛에 무늬가 섬세해 다른 것 사이에 있으면 바로 알아볼 수 있다.

북한의 『조선유적유물도감1』(1988)을 살펴보니 평안남도 온천군 운하리 궁산유적에 두 점(**도24**), 황해북도 봉산군 지탑리유적에 넉 점(**도25**)이 있었다. 또 경기도 시흥 능곡동 선사유적(기원전 4000년)과 인천 대연평도 까치산패총(기원전 3000년)에서 나온 빗살무늬토기 조

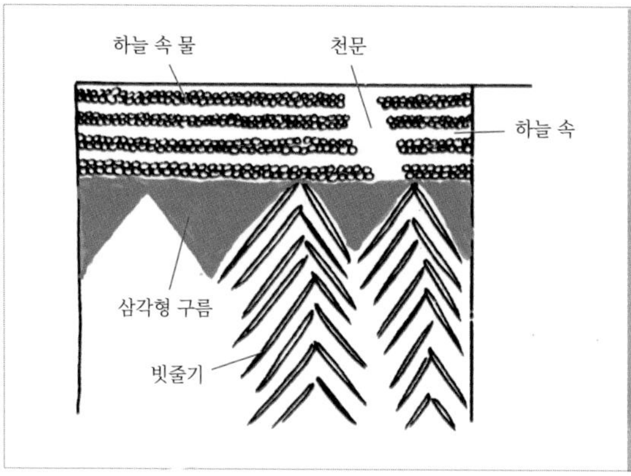

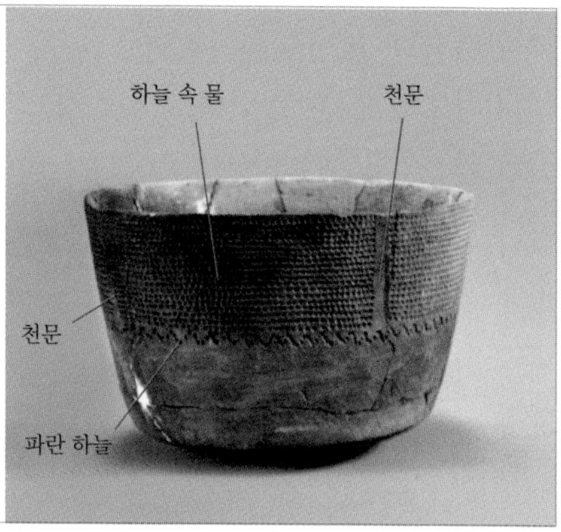

각에서도 몇 점 확인할 수 있었다. 도록이나 발굴조사보고서에서만 확인한 것이니 찾아보면 더 있을 것이다.

도24를 보면 하늘 속 물 층을 4층으로 하고, 물 층 사이에 빈 공간을 두었다. 우리 사학계는 그동안 이 빈 공간을 한 번도 유심히 들여다보지 않았다. 대체 왜 신석기 장인은 저곳을 띄우고 무늬를 새겼는지, 왜 저렇게 빈 공간을 두었는지 관심을 두지 않았다. 물론 삼각형 구름도 알지 못했다. **도24**에서 삼각형 구름은 구름빛을 칠한 것이다. 저렇게 구름을 구름빛으로 칠했을 때 이 그릇의 디자인은 분명해진다. 다시 말해 하나의 스토리(story)가 완성되는 것이다. 하늘 속에 물 층이 4층으로 되어 있고, (물 층 4층은 동서남북 네 들판의 하늘 속 물 층이다.) 이 하늘 속 물이 삼각형 구름으로 나오고, 삼각형 구름에서 세상에 비를 뿌리는 것이다.

도25에서 천문은 두 군데서 확인할 수 있다. 뒷면을 볼 순 없지만 사방오주의 세계관에 따라 아마 네 군데 아니면 다섯 군데에 천문을 두었을 것이다. 이 그릇에서 물 층은 19층으로 했다. 놀라운 것은 물(水) 또는 수분을 뜻하는 점을 일일이 하나하나 찍었다는 것이다. 이 점이 아무것도 아닌 무늬라면 그 아무것도 아닌 무늬라는 것을 설명해야 한다. 마찬가지로 아무것도 아닌 무늬를 이렇게 정성을 들여

도24 평안남도 온천군 운하리 궁산유적 새김무늬토기 조각 그림. 기원전 6000~4000년

도25 황해북도 봉산군 지탑리유적 새김무늬토기. 기원전 3000년. 북한 사학계는 빗살무늬를 '새김무늬'라 한다.

왜 하나하나 일일이 찍었는지도 말할 수 있어야 한다. 그리고 이 점무늬 사이에 왜 빈 공간을 두었는지, 그도 네다섯 군데를 비워 두었다면 왜 그러한지 설명할 수 있어야 한다. 이렇게 한번 생각해 볼 수 있다. 내가 만약 이 그릇을 빚는 신석기 장인이라면 점을 찍다가 저렇게 비워둘 수 있을까. 점을 빙 둘러 찍는다면 사람의 심리라는 게 처음 시작했던 곳과 끝을 잇는 게 보통 사람들의 마음이 아닐까.

신석기 미술은 1차원 평면화

한겨울 사람의 입에서는 김이 나온다. 신석기인들은 겨울에만 보이는 김을 보고, 이 김이 추운 날씨와 관계가 있다는 것쯤은 알았을 것이다. 그들에게 이 김은 하늘의 구름과 비슷했을 것이다. 고대 중국 사람들이 기(气)를 '호흡'이라 한 것도 사실은 그 기원은 신석기까지 내려가야 할 것이다. 고대 중국인들은 하늘의 '기상(氣象)'을 하늘의 '호흡'에서 비롯한 것으로 보았다. 하늘의 호흡은 나중에 땅(地)의 호흡 '안개(또는 아지랑이·먼지)'와 하나가 되어 '운무(云霧)'가 된다. 이것을 고대 중국인들은 하늘과 땅, 천지(天地)의 호흡으로 보았다. 이는 『회남자』「천문」과 「지형」 편에 나오는 토기(吐气)와 함기(含气)의 작용, 그로부터 비롯하는 이 세상 만물의 변화와 생성, 이와 관련이 있다. 그런데 이런 세계관은 주역 이후의 것이다.

신석기인들이 구름이 나오는 구멍, 통로, 천문(天門)을 생각했던 것도 어쩌면 한겨울 사람의 입에서 나는 김을 보면서였을지도 모를 일이다. 그렇다면 신석기인에게 천문(통로)은 하늘의 입 천구(天口, 구멍)였을 것이다. **도26** 빗살무늬토기를 보면 하늘 속 물 층에 빈 공간을 두었다. 나는 이것을 구름이 나오는 천문(天門)으로 본다. 이 천문은 y축에서 본 천문이다. 다시 말해 옆에서 본 천문이다.

신석기 미술을 볼 때 하나 기억해야 할 것이 있다. 신석기인들은

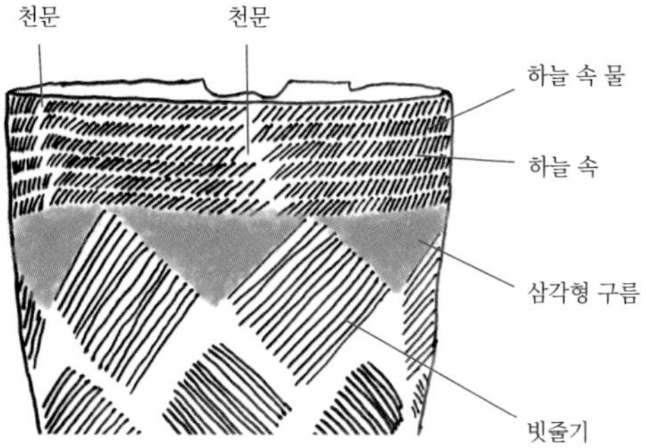

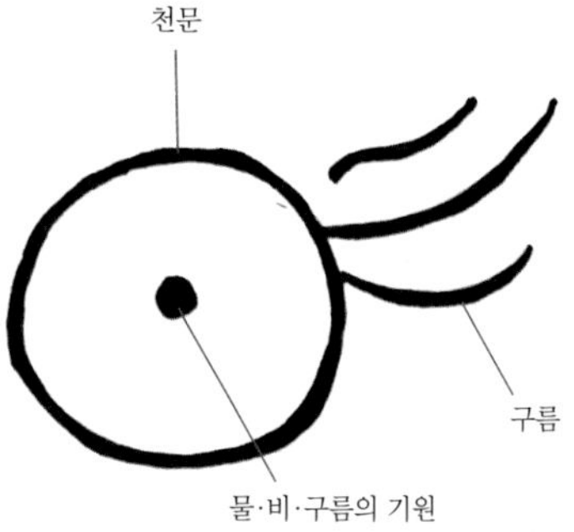

도26 도4 빗살무늬 토기 윗부분

도27 육서통 기(气) 자

어린아이들이 그리는 그림처럼 1차원 평면화로 이 세상과 세계관을 그린다는 점이다. 보기를 들자면 사람 코 같은 것을 들 수 있다. 어린아이들은 사람 얼굴을 그릴 때 눈과 입은 그리지만 코를 그리지 않을 때가 있다. 코가 없어도 사람 얼굴이기 때문이다. 그러다 어느 순간 점 하나만 찍거나 작대기를 그려 넣는다. 그런데 초등학교 2학년쯤 되면 작대기 아래에다 니은(ㄴ) 자를 붙인다. 그래도 뭔가 이상하다. 그래서 니은(ㄴ) 자 아래에 콧구멍 점 두 개를 찍는다. 이쯤 되면 그림이 힘들어진다. 사람 코가 '입체'로 보이기 시작하기 때문이다. x축이든 y축이든 한 지점에서만 본 것이 아니라 x축, y축, z축으로 보기 시작하는 것이다. 보통 초등학교 3, 4학년쯤 되면 이런 단계에 이른다. 이때부터는 대상을 그리는 일이 힘들어진다. 어렸을 때는 망설이지 않고 거침없이 죽죽 그렸는데 자꾸 망설여진다. 특히 코는 더 그렇다.

또 하나 알아야 할 것은, 어른들은 어린아이들이 그린 그림을 잘못 볼 때가 있다는 점이다. 또 아무리 봐도 도무지 모르는 곳이 있다. 그러면 아이들에게 묻곤 하는데, 아이들은 친절하게 설명해 주지 않는다. 설명하기가 갑갑하기 때문이다. 그래서 그냥 무심하게 "어, 이거 바람이야." 이러고 만다. 이 대답을 듣고 나면 비로소 그게 바람처럼 보인다. 왜 이런 일이 벌어질까. 답은 의외로 간단하다. 아이들은 x축이든 y축이든 한 지점에서 본 것을 그리는데, 우리는 그 그림을 3차원 입체로 보기 때문이다. 다시 말해 아이들은 평면화로 그리는데 우리는 그것을 입체로 읽으려 한다는 점이다. 하우저, 곰브리치, 젠슨이 신석기 미술을 '기하학적 형식주의' 내지는 '기하학적 추상미술'로 본 것은 바로 이러한 간단한 이치를 놓쳤거나 알고는 있었지만 이 관점으로 살펴보지 않았기 때문이다. 하우저, 곰브리치, 젠슨의 신석기 미술론에 대해서는 8장, 14장에서 자세히 다루었다.

자, 다시 **도26** 빗살무늬토기를 보자. 하늘 속 물 층에 빈 공간을 두었다. 이곳은 구름(삼각형 구름)이 나오는 구멍, 통로, 천문이다. 이 천문은 사람이 서서, 옆에서 본 천문이다. 그러니까 y축에서 본 천문이다. 그에 견주어 **도27** 육서통 기(气) 자 천문은 사람이 고개를 쳐들고 또는 누워서 하늘을 봤을 때, 그러니까 x축에서 본 천문이다. **도26·27**은 x축이든 y축이든 어느 한 시점에서 본 천문으로 보면 된다. 이렇듯 신석기 미술의 패턴은 한 시점에서 본 1차원 평면화로 봐야 한다. 문제는 청동기와 철기시대를 거치면서 이런 평면 미술이 입체 미술로 바뀐다는 점이다. 미술사학자는 이것을 볼 수 있어야 한다. 다시 말해 1차원 평면화에서 3차원 입체를 볼 수 있어야 한다는 것이다.

x축에서 본 용과 y축에서 본 용

중국 한자 갑골과 금문은 **도29** 용(龍) 금문처럼 대상을 주로 y축에서 본 것이다. 그런데 **도28** 용(龍) 갑골처럼 x축에서 본 글자도 있다. 여기서 핵심은 x축이든 y축이든 어느 한쪽에서 본 1차원 평면 글자라는 것이다. **도28** 용(龍) 갑골은 사람이 고개를 쳐들고 본 하늘 천문

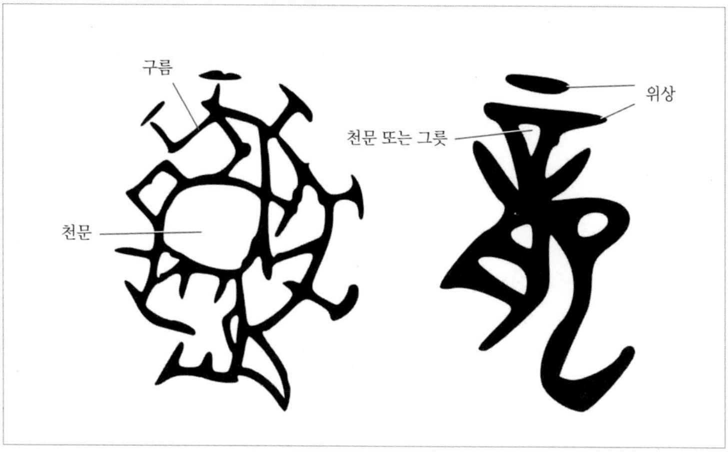

에서 구름이 나오는 모습으로 되어 있다. 우리 학계는 용의 기원을 곡옥(曲玉)으로 보고 있지만, 정작 그 곡옥이 무엇을 구상으로 해 형상화했는지 알지 못한다. 용의 기원이 곡옥이라는 것은 맞다. 그렇다면 그 곡옥의 기원은 무엇일까. **도28** 용(龍) 갑골을 보면 곡옥의 기원이 다름 아닌 구름(云)이라는 것을 알 수 있다. 마찬가지로 **도9**의 구름(云)과 **도21**의 구름싹도 곡옥의 기원이라 할 수 있다. 그렇다면 용의 기원은 구름이고, 그 구름의 생동하는 모습을 동적으로, 생동하는 동물로 입체화한 것이 용이라 할 수 있다. 삼국시대 미술과 조선 민화에서 용이 있는 자리가 언제나 구름 속이라는 것만 봐도 이 용의 기원이 구름이라는 것을 알 수 있다. 그렇다면 **도9·21**은 본질적으로 **도28** 용(龍) 갑골문과 같은 디자인이라 할 수 있다.

도28 용(龍) 갑골문

도29 용(龍) 금문

도29 용(龍) 금문은 사람이 서서 보는 대상, 즉 y축에서 본 용이다. 이 용 글자는 갑골 위상(二)에서 비롯한 글자라는 것을 확인할 수 있다. 갑골 위상(二)에 대해서는 4장에서 충분히 다루었다. 위상(二)에서 아래 긴 가로획은 파란 하늘을 뜻하고, 위 짧은 가로획은 하늘 속 물(水)을 뜻한다고 했다. 그러니까 용은 하늘 속에서 비롯한 것이라는 것을 알 수 있다. 그렇다면 용의 기원은 하늘 속 물(水)인 것이고,

이 물이 구름으로 변해 이 세상에 내려오는 것이기에 용 또한 마찬가지로 구름(云)이고 물(水)이고 비(雨)일 수밖에 없다. **도29** 용(龍) 금문은 이것을 명백히 보여주고 있다고 볼 수 있다. 여기서 우리는 3장 **도11** 빗살무늬토기 '하늘 속 물' 패턴을 다시 살펴볼 필요가 있다. 이 패턴을 우리 학계는 손톱 모양을 닮아 조문(爪文 손톱조·무늬문)이라 하는데, 이 패턴은 곡옥과 같고 **도9**의 구름(云), **도21**의 구름싹과 같다. 물론 그것이 물(水)과 구름(云)이라는 것도 같다. 이렇게 본다면 용의 기원은 곡옥에서 신석기 빗살무늬토기 하늘 속 물(水) 패턴까지 올라가야 한다.

그렇다면 상(二) 아래 있는 역삼각형(▽)은 무엇일까. 이 또한 4장에서 자세히 다루었지만 여기서 다시 한 번 더 정리하자면 그릇 내지는 y축에서 본 천문(天門)으로 보면 크게 틀리지 않는다. 이 역삼각형(▽)은 갑골과 금문 여러 글자에서 볼 수 있는데, 그것은 언제나 하늘(二)과 관련 있는 글자 천명(言·帝·不·否·丕·辛), 소리·음악(音), 용(龍) 같은 글자에서 볼 수 있다. 이와 관련하여 입구(口) 자를 알 필요가 있는데, 갑골과 금문에서 입(口)은 사람의 입을 뜻하지 않고 언제나 '그릇'이다. 바닥이 평평한 그릇이든 암사동 빗살무늬토기처럼 세모형(**도4**) 그릇이든 간에 그것은 언제나 그릇이다. 이 그릇은 하늘이 내려주는 어떤 것, 그것이 천명이든 물이든 비든, 그것을 받는 그릇으로 볼 수 있다. 말씀언(言)의 갑골과 금문을 보면 하늘의 뜻을 받는 그릇 모양으로 되어 있다. 다시 말해 결코 사람 입이 아니라는 것이다. 그렇다면 역삼각형(▽)은 무엇일까. 그것은 하늘로부터 무엇인가를 그릇이나 두 손으로 받는 모양이다. 하늘 속에서 내려오는 어떤 것, 그것은 소리(音)일 수도 있고 말씀(言)일 수 있다. 그래서 이것은 그릇이면서 천문(天門)으로 읽을 수 있다. 그러니까 **도29** 용(龍) 금문은 하늘 속 물이 구름으로 내려오는 모습을 형상화했다고 볼 수 있다. 이 구름을 동적인 동물로 형상화한 것이 바로 용(龍)이다.

도30은 고려시대 수막새다. 이 디자인은 **도28** 용(龍) 갑골문을 형상화했다고 볼 수 있다. 다시 말해 천문에서 용(구름)이 머리를 디밀고 나오고 있는 모습이다. 우리 역사학계와 미술사학계는 아직도 이 도상을 짐승얼굴과 도깨비로 보고 있다. 그렇다면 왜 짐승과 도깨비를 궁궐 기왓장으로 썼는지 설명해야 한다. 흔히 벽사로 해석하지만 이 또한 근거가 없기는 마찬가지다. 우리 옛이야기에 나오는 도깨비는 형상이 없다. 그저 도깨비가 나타났다, 도깨비하고 밤새 씨름을 했다고 하지, 어떻게 어떻게 생긴 도깨비하고 날이 샐 때까지 씨름했다는 이야기는 없다. 도깨비 형상을 말해 주는 옛이야기가 단 한 편도 없는 것은 바로 이 때문이다.

도31 중국 함양 진궁전 벽돌은 속이 비어 있다 해서 용문공심전(龍文空心磚)이라 한다. 중국 학계는 이 벽돌 디자인을 아직 해석하지 못하고 있다. 이 디자인은 **도28** 용(龍) 갑골문, **도30** 수막새 도상에서 천문(天門)과 용(龍)을 나누어 놨다. 그런데도 이 도상은 여전히 용이 천문에서 비롯한다는 것을 말해 주고 있다. 용 몸빛을 '파초 잎(雨)'으로 했는데, 이는 용이 구름(云)인 만큼 이 구름에서 비(雨)가 내린다는 것, 그래서 용은 구름인 동시에 비라는 것을 말해 준다. (조선민화에서 파초는 비(雨)로 봐야 할 때가 많다.) 가운데 있는 동그란 원은 천문(天門)인데, 중국학계는 이것의 구상이 뭔지 몰라 그저 겉모양만 보고 '둥근 고리 옥(玉璧 옥옥·둥근옥벽)'이라 할 뿐이다. 이는 우리 학계도 마찬가지다. 이에 대해서는 **도56**과 설명글을 보면 된다.

도33은 성덕대왕신종 고리 음통(音筒)과 용뉴(龍紐) 부분이다. 용목 위에 있는 것은 여의보주다. 우리 학계는 이 디자인이 품고 있는 뜻을 아직 풀지 못하고 있다. 어느 누군가 왼쪽 동그란 원통을 음통(音筒), 음관(音管)이라 이름 붙였다. 이 음통에 구멍이 나 있는데, 종을 치면 고주파, 즉 거센소리를 얼른 밖으로 내보내서 여운이 깊은 소리를 낸다고 한다. 하지만 그런 실험을 해 본 적은 없다. 다시 말

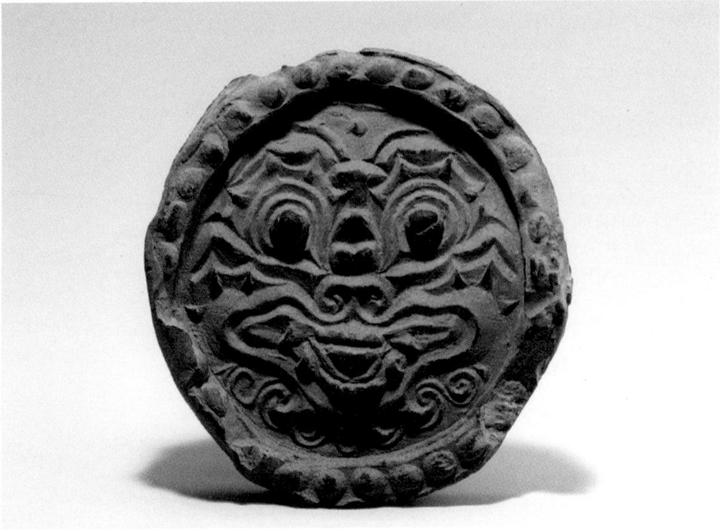

도30 고려시대.
지름 14.5cm.
국립중앙박물관

국립중앙박물관은 이 수막새 기와 이름을 '짐승얼굴무늬수막새'라 한다. 하지만 이 수막새 도상은 짐승도 아니고 도깨비도 아니다. 이 디자인은 용이 천문을 통해 나오는 모습을 디자인한 것이다.

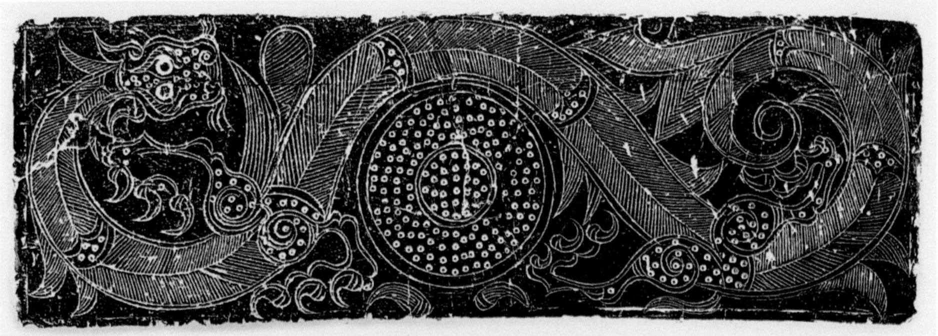

중국 함양 진궁전 유적지에서 나왔다. 이 벽돌은 속이 비어 있어 용문공심전(龍文空心磚)이라 한다. 중국 학계는 이 디자인을 아직 해석하지 못하고 있다.

도31 용문공심전 탁본.
길이 117cm

도32 중국 조나라
옥 용패.
기원전 7~2세기.
영국박물관

용 몸통에 구름무늬를 했다. 우리 학계는 이 패턴을 고사리무늬라 한다. 중국 학계에서는 용 몸에 왜 이런 무늬를 했는지 알지 못한다. 이것은 도11 · 12 갑골 구름운(云)에서 온 패턴이다. 용 몸통에 구름무늬를 한 까닭은 이 용이 다른 게 아니라 구름(云)이라는 것을 말해 준다. 이 용패 또한 그 기원은 도28 · 29 용(龍) 갑골과 금문이다.

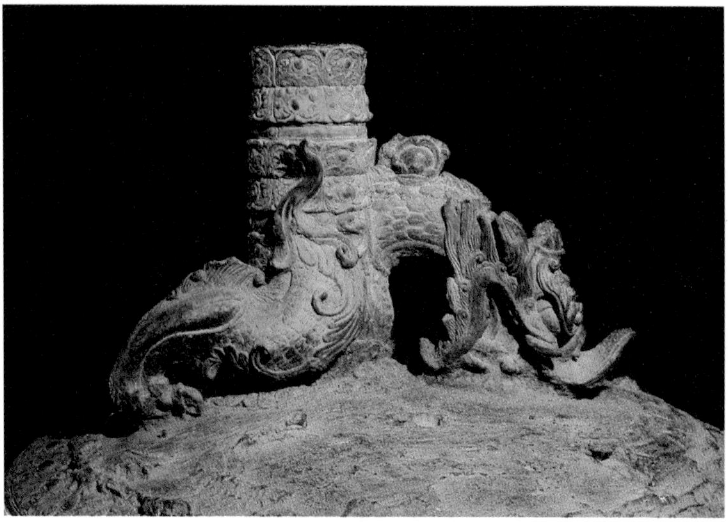

도33 성덕대왕신종
고리 부분.
통일신라 771년.
국립경주박물관

성덕대왕신종 고리 음통(音筒)과 용뉴(龍紐) 부분이다. 용 목 위에 있는 것은 여의보주다. 우리 학계는 이 디자인이 품고 있는 뜻을 아직 풀지 못하고 있다.

해 구멍을 완전히 막고 쳐 본 적이 없다는 말이다. 모두 알다시피 신라와 고려 종은 이렇게 음통이 있지만 막혀 있는 종도 꽤 있다. 다시 말해 저것이 음통(음관) 구실을 한다면 막혀 있어서는 안 된다는 말이다. 더구나 이것이 음통이라는 근거는 그 어디에도 없다. 그런데도 우리는 이 말을 철석같이 믿고 있고, 지금은 공리(公理)가 되어 있다. 신종에 대해서는 한국미술사 네 번째 권 신라미술 편에서 소리(音)의 기원 문제를 풀 때 아주 자세하게 다룰 것이다. (아시아 사상사와 미술사에서 소리의 기원은 아직 풀지 못했다! 사실은 이런 문제의식조차 없는 형편이다.) 다만 여기서는 이 디자인이 **도28-30 · 32** 평면 패턴의 입체로 봐야 한다는 점만 밝힌다. **도28-31**이 어느 한 지점, x축이든 y축이든 어느 한 축에서 보고 디자인한 1차원 평면화라면 **도33**은 3차원 입체로 봐야 한다. 다시 말해 천문에서 용이 나오고 있는 모습을 3차원 입체로 만든 것으로 보면 된다.

시점을 달리하고 평면에서 입체를 봐야

한국과 중국 신석기인들이 상상한 하늘 속 천문은 본래 3차원 입체였다. 그들은 기술이 발전하지 못해 이 3차원 입체를 1차원 그릇 평면에 표현할 수밖에 없었다. 다만 그들은 1차원 평면에 그리면서도 입체적인 평면 그림을 그리려 했다. **도18**처럼 천문 자리를 물 층마다 다른 자리에 낸다든지 **도6** 중국 양사오문화 신석기 그릇처럼 구름의 변화무쌍한 역동성을 살리려 했다. 그런데 청동기와 철기시대에 이르면 신석기 때 만들 수 없었던 것을 마음먹은 대로 만들 수 있게 되었다. 청동기시대 고인돌, 철기시대 옹관·원통형 토기·목 긴 항아리·똬리 연적·첨성대·성덕대왕신종·금관 같은 것을 들 수 있다. 청동기와 철기시대에 이르자 그릇 목이 길어지고 그릇 밑굽이 둥그러진다(**도42**). 이것은 신석기인들이 평면 1차원에 새긴 천문과 뭉게구름을 3차원 입체로 표현한 것으로 볼 수 있다. 인천 부근리 고인돌 같은 모양의 고인돌을 왜 세웠는지, 신라금관은 대체 무엇을 표현한 것인지 우리는 아직 알지 못한다. 단지 몇 가지 가설만 있을 뿐 그도 무슨 근거가 있는 것도 아니다.

우리는 이런 것을 한번 상상해 볼 수 있다. 만약 4000년 전 암사동에서 살았던 신석기인이 인천 부근리에 다시 태어나 고인돌을 본다면 어떨까. 그로부터 다시 1000년 뒤 신라에 태어나 성덕대왕신종 음관과 신라금관과 첨성대를 차례차례 본다면 그는 무슨 말을 할까. 잠깐 고개를 갸웃하겠지만 그는 그것이 무엇을 표현한 것인지 바로 알아볼 것이다. 부근리 고인돌이 무엇을 구상으로 하여 세운 것인지 바로 알겠지만 그는 입맛을 다시며 "굳이 이럴 필요까지 있었을까." 하는 말을 남길지도 모르겠다. 첨성대 또한 무엇을 형상화했는지, 그 구상은 어디에서 왔는지 바로 알 것이다. 신라금관은 좀 시간이 걸릴지 모르겠다. 하지만 이도 바로 짐작할 것이다. 그는 빙긋 웃으며 금관을 뒤집어 머리 높이로 들어 올리고 고개를 끄덕끄덕 할지 모르겠다. (신라금관은 아주 단순한 디자인이다. 우리가 신석기 미술을 해결했다면 간단히 풀 수 있었을 것이다!) 고인돌, 옹관, 원통형 토기, 목 긴 항아리, 신라금관, 첨성대, 성덕대왕신종 음관은 모두 다 신석기의 천문, 구름, 비 세계관과 관련이 있다. 물론 비파형 동검도 마찬가지다.

9000년 신석기 세계관의 공백

빗살무늬토기뿐만 아니라 우리가 자명하게 알고 있는 것 가운데 아직까지도 수수께끼로 남아 있는 것은 아주 많다. 우리는 신라금관을 잘 알고 있지만 이 금관의 정체에 대해서는 뚜렷하게 밝혀진 게 하나도 없다. 첨성대도 이것을 천문대로 보는 사람과 그렇게 보지 않는 사람으로 갈리고 있다. 이뿐만 아니라 옹관과 고인돌은 왜 그런 모양인지 우리는 아직 모른다. 우리 사학과 미술사학이 고대 미술과 세계관을 해결하지 못한 것은 어쩌면 '신석기를 명확하게 정리하지 못한 것' 때문이 아닐까. 우리에게는 신석기 '9000년의 세계관'이 '공백'으로 남아 있다. 그러기에 그 뒤 세계관도, 그뒤 그뒤 세계관도 어떤 한 부분이, 베이스가 쏙 빠진 채 불완전하게 정리되어 있는 형편이다. 그래서 불교가 불어오기 전 우리 한반도 사람들이 이 세상을 어떻게 보고, 죽음을 어떻게 해결했는지 모른다. 또 불교가 들어오기 전 세계관과 그 뒤 불교 세계관이 어떻게 하나가 되었는지, 선사시대 세계관이 어떻게 조선 미술까지 이어져 있는지 모른다. 뿐만 아니라 조선의 제기와 민화도, 조선 분청자도 우리는 제대로 해석하지 못하고 있다. 그래서 **도9** 천문과 구름을 소용돌이로, **도21** 수막새 천문과 구름을 해바라기로, **도22·23** 천문과 구름을 인동으로, **도30** 천문과 용을 짐승얼굴로 보고 있는 것이다.

도34-36은 4세기에서 6세기 우리나라 옛 무덤 곳곳에서 나오고 있다. **도34**와 모양이 똑같은 그릇은 93점 나왔고, 이와 비슷한 그릇은 967점이나 나왔다. 이 그릇은 모양이 원통을 닮아 '원통형 토기'라 한다. 그릇은 시신 머리 언저리 쪽에 놓여 있는데, **도34**를 보면 아가리 쪽과 밑굽 쪽에 구멍이 두 개씩 뚫려 있다. **도35**는 아주 밑굽에 뚫어 놓았다. **도34**도 이렇게 아래 밑굽에 구멍이 뚫려 있다. 이렇듯 이 그릇은 애당초 '그릇'이 아니다. 더구나 시신 곁에 같이 묻었다는 것은 당시 사람들의 내세관과 밀접하게 관련이 있다는 것을 알 수 있다. 그런데도 우리 사학계는 이 그릇의 정체에 대해 단 하나도 풀지 못하고 있는 형편이다. (미술사학계는 아무 관심이 없다!) 논문도 수십 편 나왔고, 한국과 일본 학자들이 한곳에 모여 토론도 벌였다.

일본 학자들은 그들의 하니와(Haniwa, 埴輪)가 건너와 영향을 끼쳤

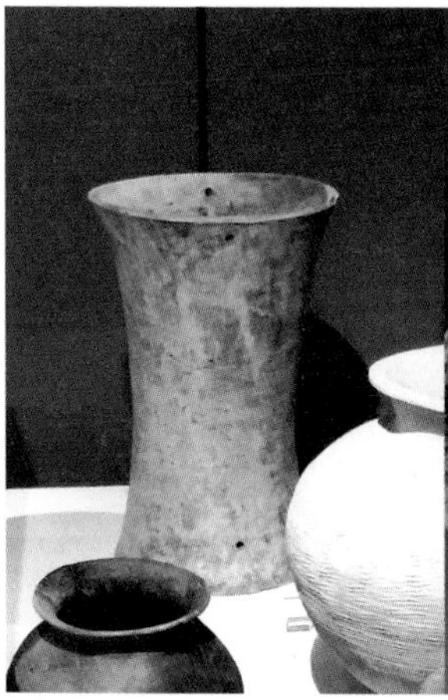

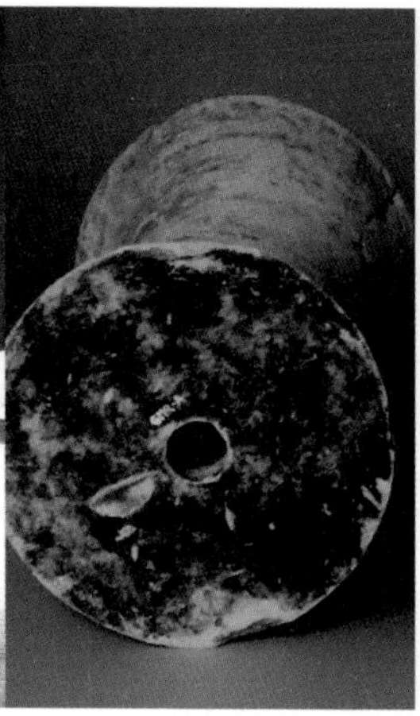

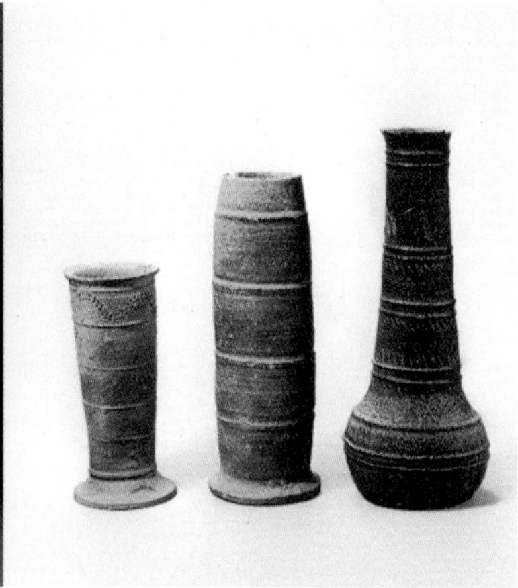

도34 원통형 토기.
국립중앙박물관

도35 원통형 토기.
충남 아산 갈매리유적.
높이 29.5cm

도36 대모양 토기.
가야 5세기.
경남 김해 양동 106호·
마산 대평리 나1호·
함안 도항리 48호 무덤.
가장 오른쪽 높이
21.5cm.
동의대·창원대·창원
문화재연구소

다고 주장한다. 한국 학자들은 일본 학자들의 이런 주장을 아주 부정하지는 못하고 있다. 다만 편년을 일본보다 앞당기거나 모양이 좀 다르다는 점을 들면서 한국의 독자성과 자생성을 들고 있을 뿐이다. 하지만 그 근거를 들여다보면 궁색하기 짝이 없다. 그런데 여기서 한 가지 희한한 게 있다. 일본의 전방후원무덤(앞은 네모지고 뒤는 둥근 무덤) 둘레에 세우는 하니와를 일본인들은 그 정체를 모른다는 점이다. 이는 우리 학계도 마찬가지이다. 토론회에 간 적이 있는데, 이 그릇을 두고 모두들 '원통형' 토기라고만 할 뿐, 이 그릇이 담고 있는 세계관을 아무도 말하지 않았다. 그리고 왜 '원통형' 그릇을 빚어 무덤 속에 시신과 같이 묻었는지 말하지 않았다. 그런데 정말 이런 토론이 가능할까. 이것이 냄비인지 우산꽂이인지 파이프인지 모르는 상태에서 이걸 두고 서로 원조라고 주장하는 게 가능할까. 놀랍게도 일본과 한국 학계에서는 이런 일이 많다. 학문하는 태도하고는 거리가 멀지만 이런 말도 안 되는 일이 21세기 한국과 일본 학계에서 벌어지고 있다. 마치 '빗살무늬'를 기하학적 추상무늬라 해놓고, 신석기시대를 '빗살무늬토기문화'라 하는 것과 같다.

도36을 대나무 모양 토기라 한다. 대나무처럼 마디가 있어서이다.

그런데 왼쪽 두 토기를 보면 마디가 다섯 마디다. (이것은 사방오주의 세계관과 관련이 있다.) 그리고 가장 왼쪽 토기를 보면 맨 위 마디에 반타원형 구름무늬를 새겼다(6장 **도24-31 · 35 · 36** 참조). 이것이 구름(云)과 관련이 있다는 것을 토기 평면에 새겨 놓은 것이다. 나는 이 토기의 구상을 천문의 입체로 본다. x축에서 본 **도6-9 · 19 · 21-23 · 27 · 28 · 30 · 31 · 38-46 · 51 · 52 · 54-56**의 천문과 y축에서 본 **도5 · 13 · 18 · 24-26 · 53**의 천문을 입체로 만들었다고 보면 된다. 그리고 이 천문을 시신 머리맡에 둔 까닭은 천문(天門)에서 태어났으니까 다시 천문으로 돌아가고자 하는 마음이라 할 수 있을 것이다(**도20**의 육서통 천(天) 자, **도38** 참조). 또 하나 이 토기로 알 수 있는 것은 **도33** 성덕대왕신종의 음통이 사실은 음통이 아니라 천문(天門)이라는 것이다. 물론 이 천문은 저 멀리 신석기에 기원을 두고 있다.

청동기 미술 또한 신석기 세계관으로 읽어야

우리 고고학계는 **도37** 패턴을 '기하문'으로 보고 이 형상을 '검파'라 한다. 검파(劍把)는 돌칼 손잡이, 즉 칼자루다. 그러니까 '검파형 암각화'란 돌칼 손잡이처럼 새긴 바위그림이라는 뜻이다. 실제 연구 성과를 보더라도 이 패턴을 진짜 돌칼 손잡이에서 온 것으로 보고 있고, 어떤 이는 방패로 보기도 한다(청동기 때 방패는 없다!). 그렇다면 왜 돌칼이나 방패를 바위에 힘들게 새겼는지 밝혀야 하는데, 그 근거를 보면 딱히 설득력이 없다.

나는 이 1차원 평면 패턴이 원삼국시대 **도34** 같은 원통형 토기가 되었다고 본다. 다시 말해 이것은 돌칼 손잡이가 아니라 천문(天門)을 y축에서 보고 새긴 것이다. 이 패턴은 신석기부터 내려온 천문과 구름과 비의 세계관에서 찾아야 하고, 그 가운데서도 빗살무늬토기 하늘 속 물 층에 낸 천문에 그 기원이 있다(**도26**). 한반도 청동기시대

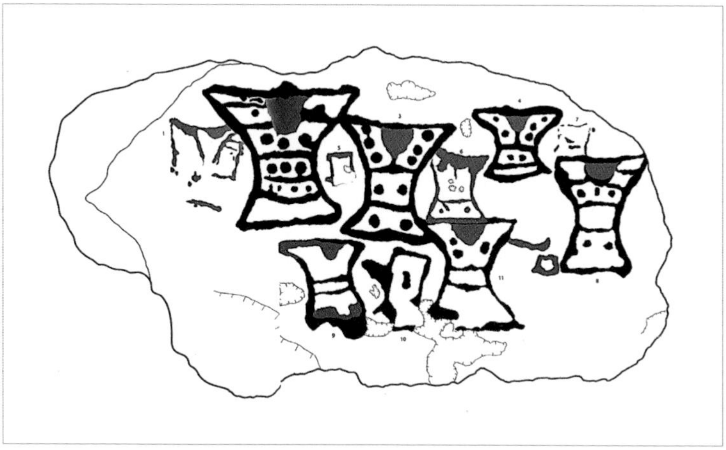

도37 검파형 암각화. 경북 포항시 흥해읍 칠포리 곤륜산

는 기원전 1000년부터 기원전 300년까지 잡고 있는데, 사실 청동기시대는 청동기만의 특별한 세계관이 있었던 것이 아니기 때문에 그전 신석기 세계관 속에서 읽어야 한다. 그래야만 한반도 미술의 일관성 속에서 풀어낼 수 있다.

고구려 벽화의 천문화생

도38은 고구려 진파리 제4호 무덤방 북쪽 그림이다. 고구려 벽화는 무덤마다 아주 중요한 사상을 말하고 있는데 그 가운데서도 고구려 사람들의 세계관과 내세관이 뚜렷하게 나타나 있는 무덤으로는 장천 제1호 무덤·환문총(중국 길림성 집안), 안악 제1호 무덤(황해남도 안악군 대추리), 성총(평남 남포시 와우도 신령리), 쌍기둥무덤(평남 남포시 강서구역 용강리), 덕화리 제1호 무덤(평남 대동군 덕화리), 진파리 제1·4호 무덤(평양시 역포구역 용산리)을 들 수 있다. 이곳 여덟 무덤은 이 세상 만물이 천문에서 비롯한다는 천문화생(天門化生)의 세계관이 그려져 있고, 죽어 다시 이 세상의 기원이자 자신이 태어났던 천문으로 되돌아가기를 바라는 소망을 그렸다고 볼 수 있다. **도38**은 바로 그

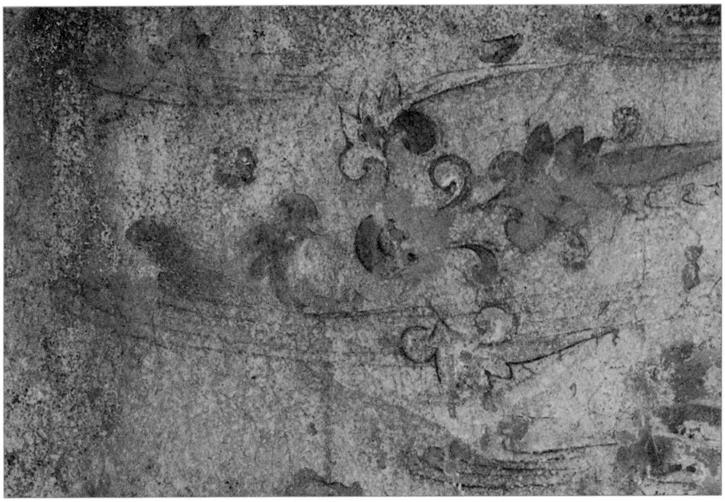

도38 평양시 역포구역 용산리 진파리 제4호 무덤방 북쪽 벽 그림. 5세기 말 6세기 초

러한 세계관을 압축하여 표현했다고 할 수 있다. 가운데 동그란 천문이 있고, 이 천문에서 생명이 태어난다는 것을 그렸다. 북한 학계는 이 천문을 '연꽃'으로 보고, 천문에서 태어나는 풀꽃을 '인동'으로 보지만 이것은 천문과 새 생명을 뜻하는 풀꽃으로 볼 수 있다. 그리고 이 풀꽃을 인동으로 볼 근거는 없다. 인동 잎은 이렇게 생기지 않았다. 이 풀꽃은 본질적으로는 구름이면서 새 생명을 뜻한다고 볼 수 있다. 그러니까 천문에서 이 세상 만물이 태어난다는 세계관이다. 물론 만물은 천문에서 나오는 구름(云), 이 구름에서 뿌리는 비(雨·水)에서 태어난다. 이 패턴은 그 뒤 신라와 고려를 넘어 조선까지 이어진다(**도39-42·47** 14장 **도16**).

우리 기와학회는 **도39** 암막새 기와 디자인을 아직 해석하지 못하고 있다. 이 디자인은 본질적으로 **도38**과 같다. 천문(天門)에서 이 세상 만물이 태어난다는 것을 말하고 있다. 즉 천문화생(天門化生)의 세계관을 담고 있다고 할 수 있다(14장 **도23** 참조).

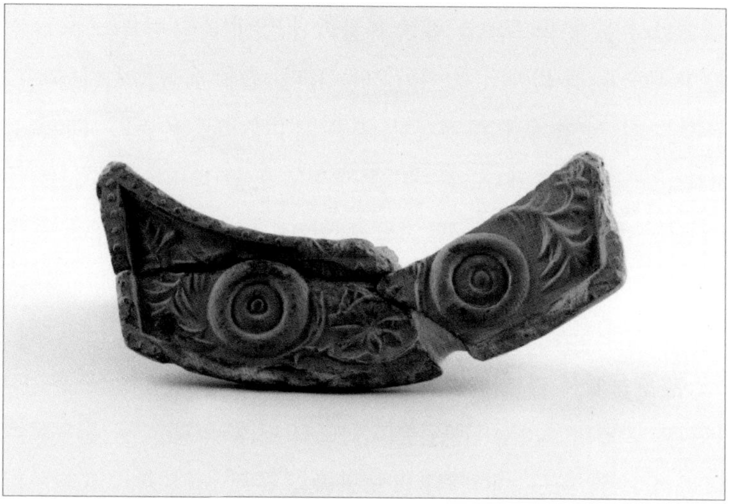

도39 암막새 기와.
경남 합천.
고려시대.
길이 17.6cm.
국립진주박물관.
진37801

조선 분청자 자라병의 천문화생

도40을 보면, 가운데에 두 겹 원이 있고, 덩굴손이 세 가닥 나오고 있다. 그리고 테두리 세 겹 원에서 풀꽃 잎이 세 군데서 나온다. 우리는 지금까지 이 풀꽃을 모란으로 보아 왔지만, 알다시피 모란은 '덩굴손'이 없고 잎 모양도 이 그릇 그림과 다르다. 이 병은 조선 백자인데도 고려시대 상감기법으로 무늬를 새겨 넣었다. 이런 모양 병을 흔히 편병(扁甁 넓적할편·병병)·납작병이라 하고, 자라를 닮아 '자라병'이라 한다. 15~16세기 청과 조선에서 이런 모양 병이 유행했는데, 그 내력은 아직 뚜렷하게 밝혀진 바가 없다. 나는 이 그릇의 전체 디자인이 둥근 원에 가깝고, 그런 의미에서 천문을 형상화하기 편리한 그릇이라는 점, 이것과 무관하지 않다고 본다. 둥근 수막새 디자인이 거의 천문과 천문화생(天門化生)의 세계관을 담고 있듯이 말이다. 그런 의미에서 이 그릇은 수막새 디자인에서 왔다고 할 수 있다.

이 자라병 디자인은 앞에서 살펴본 **도19** 중국 청화백자 자라병, **도22·23** 고구려 천문구름 수막새, **도38** 진파리 제4호 무덤방 그림,

도39 암막새 기와 디자인과 본질적으로 같다. 바로 천문화생(天門化生)의 세계관이다. **도40** 가운데 두 겹 원에서 세 가닥 구름(云)이 나오고 있다. 이것은 **도8** 육서통 기(气) 자에서 온 것이고, 천문(天門)에서 구름이 나오고 있는 모습이다. (그렇다고 해서 조선 사기장이 육서통 기(气) 자를 알았다는 말은 아니다. 같은 '대상'과 그 대상에 대한 같은 세계관에서 비롯한 것이다. 세계 신석기인이 구름(대상)을 삼각형과 반원·반타원으로 그리고 새기듯이 말이다.) 테두리 세 겹 원도 천문으로 볼 수 있다. 풀잎이 세 군데서 나오고 있는데, 이 또한 천문에서 이 세상 만물이 태어난다는 세계관을 나타내고 있다고 볼 수 있다. 물론 이 풀잎은 구름(云)으로 봐도 된다. (앞에서도 말했듯이 이것은 상징symbol이 아니다!) 고구려 신라 백제와 고려의 연꽃이 연꽃이 아니듯이, 조선의 모란 또한 모란이 아닌 것이다. (마찬가지로 연꽃과 모란이 무엇을 '상징'한다고 생각하면 안 된다. 한국과 중국 미술을 이렇게 보면 도로 곰브리치와 하우저가 되고 만다!) **도41** 디자인도 가운데 천문에서 풀잎이 나오고, 바깥 두 겹 천문에서 풀잎이 나오고 있다. 천문을 안과 바깥에 두는 것은 천문의 강조다. 세계 고대 미술에서는 이런 강조를 많이 볼 수 있다. 우리가 시험공부를 할 때 중요한 것 옆에 별표를 한 번만 하지 않고 여러 번 하는 것과 같은 이치다.

도42는 흙 인형으로 장식한 목 긴 항아리다. 왼쪽부터 오리, 새, 거북, 신라금을 연주하고 있는 여자, 개구리, 개구리를 쫓고 있는 뱀, 성행위를 하는 남녀를 볼 수 있다. 이렇게 흙 인형으로 장식했는데 항아리 목이 길다 해서 토우장식 장경호(土偶裝飾 長頸壺)라 한다. 우리 학계는 이 항아리 디자인을 아직 해석하지 못하고 있다. 왜 항아리 목이 청동기 묵방리부터 길어지기 시작했는지, (실용적인 측면에서 보면 목이 길어져야 할 까닭은 없다!) 왜 신라 사람들은 이런 목 긴 항아리를 무덤에 넣었는지 모른다. 또 그릇 목·몸통 패턴과 흙 인형의 관계를 총체로 해석하지 못한다. 하지만 이 디자인은 그렇게 어렵지 않

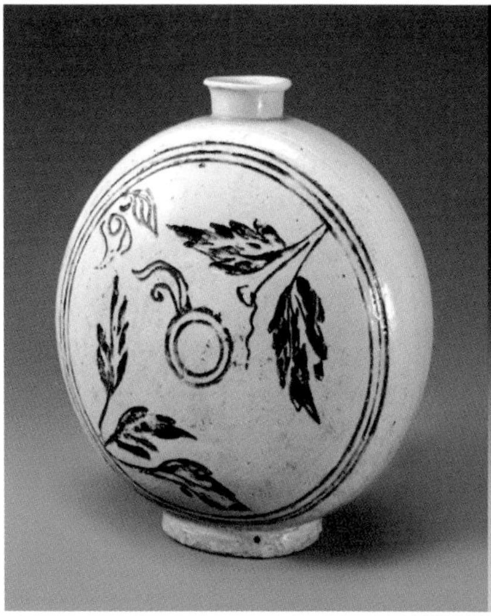

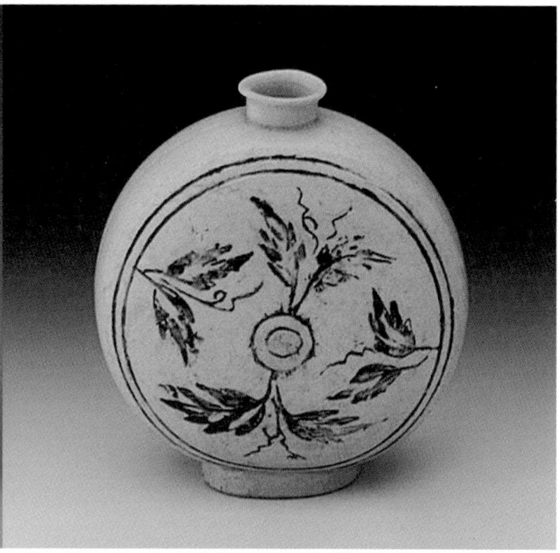

모란이라 하지만 모란은 덩굴손이 없고 잎 모양도 달라 엄격하게 말하면 모란이라 할 수 없다. 우리 학계는 이 편병(자라병) 디자인을 아직 해석하지 못하고 있다.

다. 우선 몸통에 새겨진 동그라미 속 점은 우리가 앞에서 본 **도8·27** 육서통 기(气) 자의 천문(天門)이다. 바로 앞에서 본 **도40·41** 조선 자라병의 천문과 본질적으로 같다. 천문을 많이 찍었는데 이는 강조다. 그리고 천문 사이에 있는 다섯 줄 직선은 빗줄기(雨)다. 이 세상 만물이 천문과 물(雨, 水)에서 비롯한다는 천문화생(天門化生)의 세계관이라 할 수 있다. 이와 더불어 신라금은 소리(音) 또는 음악(音樂)의 기원도 천문이라는 것을 말해 주고 있다. 신라금을 연주하고 있는 여인은 배가 불러 있다. 사람(아기)의 기원도 천문에서 비롯한다(**도20** 육서통 천(天) 자 참조)는 것을 나타냈다고 볼 수 있다. 거기다 성행위를 하고 있는 남녀는 이 세상의 즐거움과 쾌락(喜樂) 또한 천문에서 비롯한다는 것을 말해 준다. 이 그릇 디자인에서는 구름(云)이 없는데, 이 항아리 자체가 구름(云)이기 때문이다(14장 **도7-11** 참조). 그래서 나는 이 항아리를 '천문 구름항아리'라 한다. 신라 미술에서는 이 천문 세계관이 아주 중요하다. 금관 또한 이 천문 세계관 없이는 해석하

도40 백자 상감모란 잎문 편병. 조선 15세기. 높이 23cm. 보물 제791호. 덕원갤러리

도41 도40의 뒷면

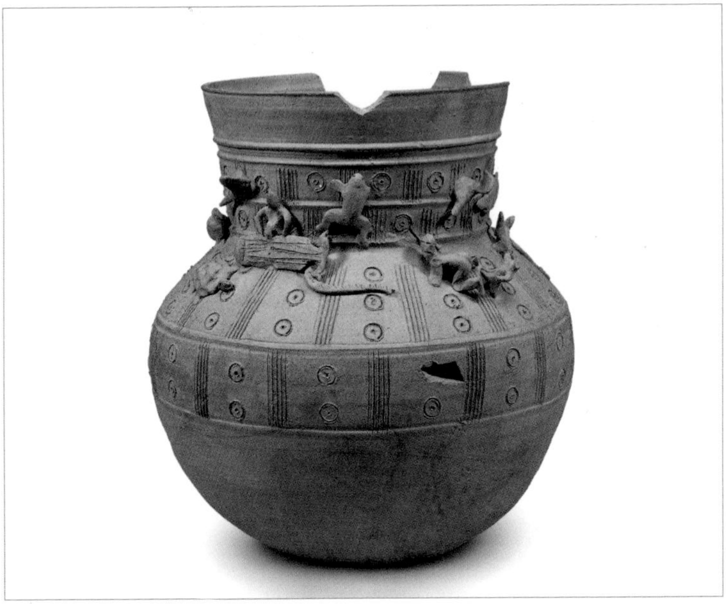

도42 토우장식 장경호. 신라. 경북 경주시 황남동·노서동 무덤. 높이 34cm. 국립경주박물관

기 힘들다. 참, 이 그릇에 천문은 둥근 원 패턴 말고 또 하나가 있다. 이것이 궁금한 분은 13장을 먼저 읽어도 좋겠다.

도43 자라병 디자인은 앞에서 보았던 천문(天門)과 구름(云)으로 되어 있다. 우리 학계는 태극과 구름으로 보고 있다. 문제는 가운데 태극이 있고, 이 태극에서 구름이 나오는 모양으로 되어 있는데, 왜 이러한 디자인이냐, 하는 점이다. 이에 대한 명쾌한 해석을 본 적이 없다. 앞에서도 누누이 말했듯이 이 디자인은 육서통 기(气) 자 디자인(**도8**)과 본질적으로 같다. 그리고 태극 또한 그 기원은 '천문'에 있다는 것을 알 수 있다. 그렇다면 태극의 기원은 저 멀리 신석기까지 갈 수밖에 없다. 태극의 기원에 대해서는 한국미술사 세 번째 권 삼국시대 미술사에서 '파형동기'와 '파형문'을 다룰 때 아주 자세히 다룰 것이다.

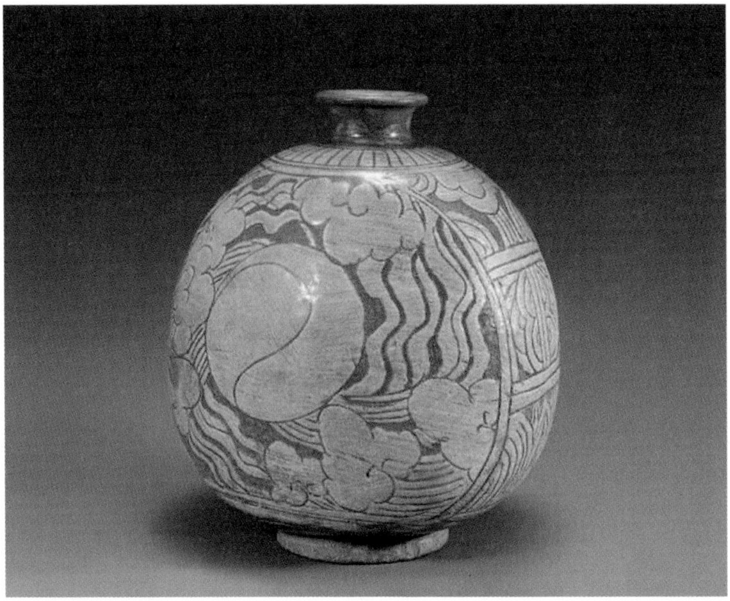

도43 분청사기
박지태극문 편병.
조선 15세기.
보물 제1456호.
높이 21.8cm.
호림박물관

신라 사람들의 천문 세계관

우리 학계는 **도47** 그릇 뚜껑에 왜 이런 동물을 빚어 붙였는지 아직 알지 못한다. 그저 '토우 장식 뚜껑'이라 할 뿐이다. 그런데 왜 이렇게 흙인형을 붙였는지, 이것을 먼저 밝혀야 하지 않을까. 이런 디자인을 풀 때는 뚜껑에 있는 패턴과 함께 총체로 풀어야 한다. 다시 말해 스토리가 맞아떨어져야 한다. 앞에서도 말했듯이 이 디자인은 이 세상 만물이 천문(天門)에서 비롯한다는, 또 그 천문에서 나오는 구름(云)과 비(雨)에서 세상 만물이 태어난다는 천문화생(天門化生), 우운화생(雨云化生)의 세계관이라 할 수 있다.

이 세상 만물이 천문에서 태어난다는 천문화생(天門化生)의 세계관은 삼국 가운데서도 신라에서 가장 체계적으로 완성된다. 우리는 **도44** 같은 디자인을 국립중앙박물관 신라관과 국립경주박물관에서 셀 수 없이 볼 수 있다(**도42·45-47**). 지금까지 우리 학계는 천문(天門) 패턴의 정체를 몰라 그저 원권문(圓圈文), 점원문(點圓文), 고리점무늬

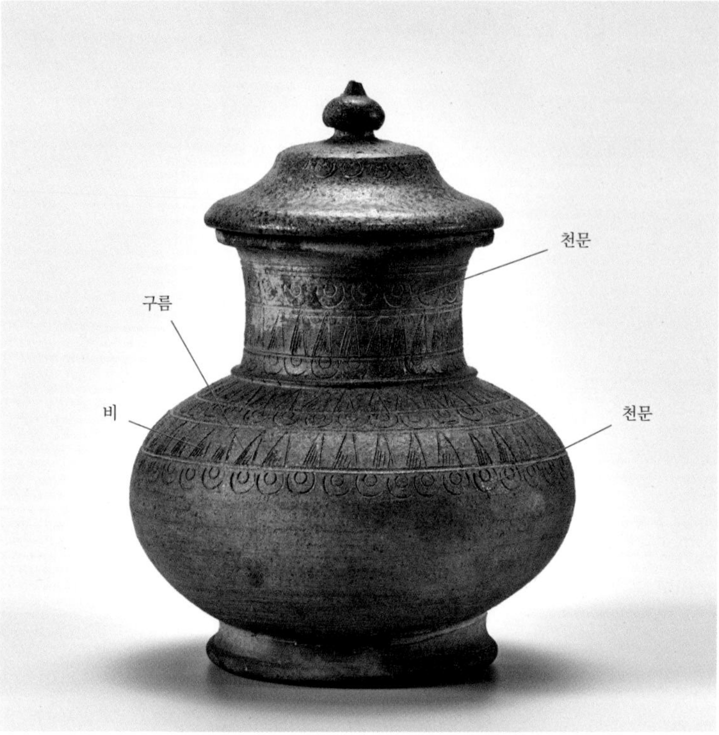

도44 뚜껑 있는 도장무늬 뼈 항아리. 신라. 높이 22.4cm. 국립중앙박물관. 덕수2486

천문에서 구름이 나오고, 이 구름에서 비가 내리는 패턴을 세 번 반복했다. 그리고 마지막은 다시 천문을 강조해서 찍었다. 구름은 완벽한 삼각형은 아니지만 삼각형 구름으로 볼 수 있다.

라 해 왔다. 원권문이나 점원문이나 같은 말인데, 말 그대로 '둥근 원 안에 점이 있다'는 말이다. 하지만 이러한 무늬 해석 또는 이름은 앞에서 말한 '삼각집선문'처럼 말하면서도 아무것도 말하지 않는 것과 같다. '삼각형 안에 선이 모여 있다', '동그라미 안에 점이 있다', 이것을 어떻게 패턴 해석이라 할 수 있겠는가.

더구나 **도44** 항아리는 '뼈' 항아리다. 시신을 태우고 남은 뼈를 담아 무덤에 묻는 항아리다. 그렇다면 아주 중요한 그릇이고, 이 그릇의 형태와 디자인은 당시 장례 예법에 따라 엄격한 형식을 따랐다고 볼 수 있다. 다시 말해 죽음을 해결하는 방법, 그 세계관을 담고 있

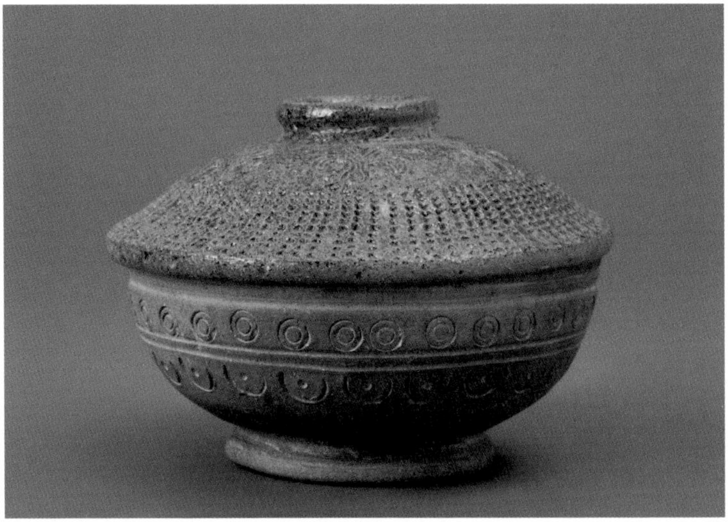

몸통에 천문을 찍었다. 천문에서 태어났으니 죽어 다시 천문으로 되돌아간다는 내세관을 담았다고 볼 수 있다.

도45 도장무늬 뼈 항아리. 통일신라. 경주. 높이 8.8cm. 동국대학교박물관. 동국대494

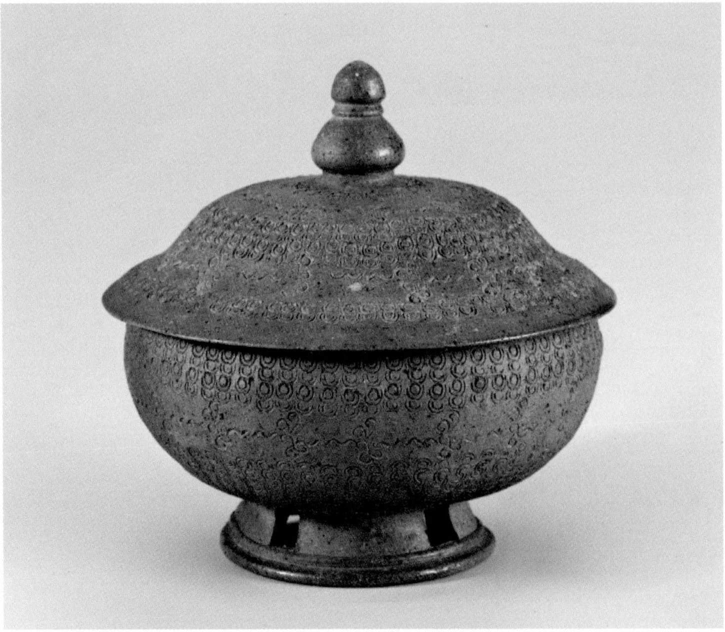

뚜껑과 몸통에 천문을 찍었다. 마찬가지로 천문에서 태어났으니 죽어 다시 천문으로 되돌아간다는 내세관을 담았다고 볼 수 있다.

도46 뚜껑 있는 도장무늬 굽다리 뼈 사발. 통일신라. 높이 16.7cm. 국립중앙박물관. 증7040(2)

는 것이다. 전체 디자인은 목 긴 항아리에 뚜껑을 올리고 아래 밑바닥에는 밑굽을 달았다. 우리 미술사학자들은 목이 길다는 팩트, 밑굽이 둥글다는 팩트만 되풀이 말하는 사람이 되어서는 안 된다. 실생활에서는 불편하기 짝이 없는데 왜 목을 길게 했는지, 반듯이 설 수 없는데도 왜 밑굽을 둥글게 했는지, 이렇게 디자인한 까닭을 먼저 밝혀야 한다. 이 두 가지 사실만 밝혀도 우리는 신라 사람들이 죽음의 문제를 어떻게 해결했는지 짐작할 수 있다. 왜냐하면 목 긴 항아리는 부장품 그릇이었지 실제 생활에서는 쓰지 않았던, 또 쓸 수도 없는 그릇이었으니까.

한반도 사람들의 화장 문화는 신석기 때부터 있어 왔다. 이 장례문화는 불교가 들어오고 나서 더욱 유행했는데 신라 또한 그랬다. 신라는 삼국 가운데 불교를 가장 늦게 받아들였다. (왜 그들은 삼국 가운데서 불교를 가장 늦게 받아들였을까. 미술사학자에게는 이 점이 중요하다!) 그들 또한 불교 이전에도 화장을 했다. 그리고 남은 뼈를 뼈 항아리나 단지에 담아 무덤을 썼다. **도44** 같은 뼈 항아리는 경주 곳곳에서 나오고 있다. 특히 경주 방내리 무덤군에서 나오는 그릇 패턴은 거의 다 이런 패턴이다. 경주 방내리는 신라의 신도시이고, 이곳 무덤군은 신라 귀족들의 공동묘지다. 원래는 무덤이 400여 기 있었으나 일제강점기 때 거의 도굴당하고 온전히 남은 것은 100여 기쯤 된다. 해방 뒤 1968년 경부고속도로를 내면서 발굴조사를 시작했고 지금도 이루어지고 있다. 무덤에서 나온 그릇은 수백 점에 이르는데 거의 다 **도44-46** 같은 천문 패턴을 하고 있다.

고구려 사람들이 무덤 벽에 천문(天門)을 그려 그들의 내세관을 표현했다면 신라 사람들은 무덤에 넣는 그릇과 뼈 항아리에 **도44-46** 같은 천문 패턴을 새겨 자신이 태어났던 천문으로 돌아가겠다는 소망을 담았다. 더구나 이 천문 세계관은 통일신라·고려 불교의 연화화생(蓮華化生)과 조선 성리학의 세계관과도 하나가 된다. 이러한 천

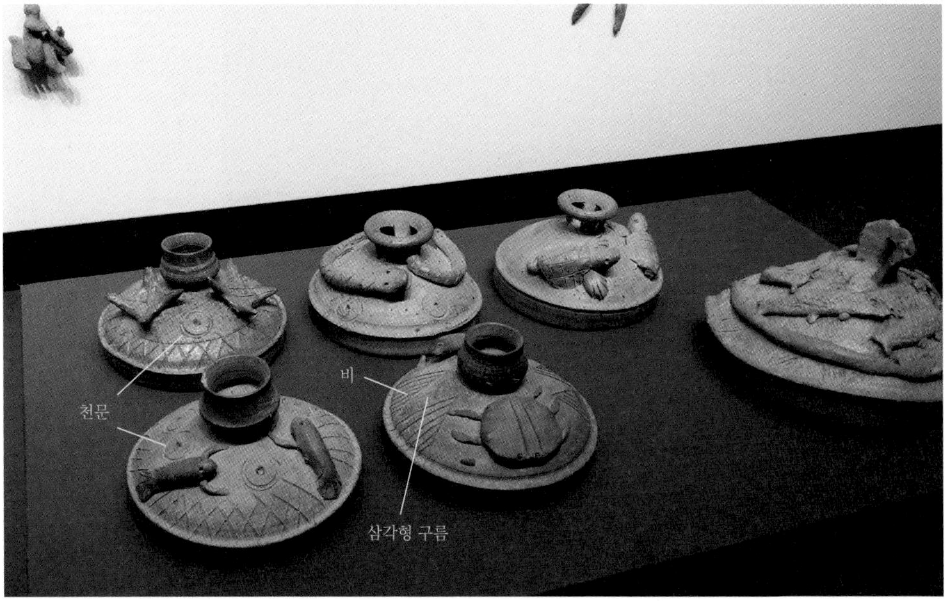

도47 뼈 항아리 뚜껑. 신라. 국립중앙박물관

문 패턴은 불교의 범종과 고구려벽화에서 볼 수 있고, 신라와 백제 그릇에서도 볼 수 있다. 특히 신라 초기 그릇과 통일신라의 부장품 그릇에서는 이 패턴의 정체를 모르면 신라 사람들의 세계관을 해석할 수 없을 지경이다. 그런데도 우리는 이 무늬를 그저 원권문, 점원문, 고리점무늬라 하고 있다. 또 청동거울, 막새기와, 범종에 있는 이 무늬를 '젖꼭지(乳·乳釘) 무늬', '귀목(鬼目·귀신 눈알) 무늬'라고까지 한다. 어떻게 젖꼭지를 범종에 달 수 있고, 절 대웅전 지붕에 귀신 눈깔 기와를 얹을 수 있겠는가. 이것은 상식으로 생각해 봐도 말이 안 된다.

신석기 암사동에서 시작된 천문(天門) 세계관은 청동기를 거쳐 신라에서 완성된다. 천문 세계관이 깃들어 있는 미술은 신라 미술을 관통하고 있다고 해도 빈말이 아니다. 이 세계관을 알지 못하면 신라 미술은 기본 베이스가 없는 상태에서 분석하는 꼴이 되고 만다. 물론 이 세계관은 고려와 조선까지 이어진다.

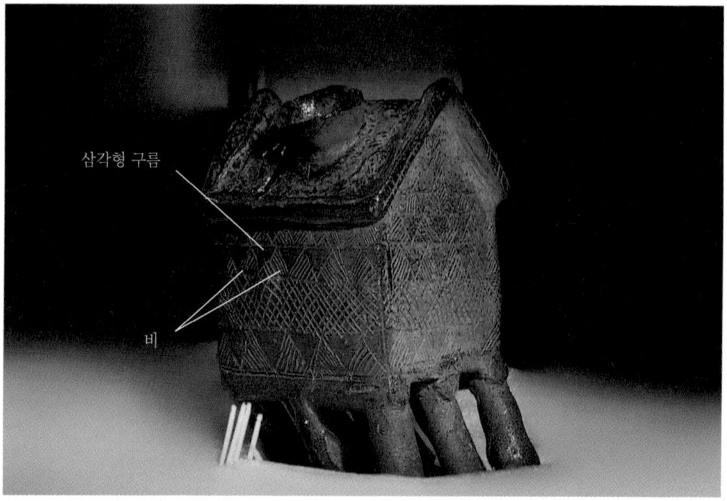

도48 집 모양 토기(家形土器). 2014년 경남 창원시 진해구 석동 4세기 중반 목관 무덤에서 나옴. 높이 17cm

가야와 마한, 고려 사람들의 천문 세계관

그런데 가야와 마한은 또 달랐다. 가야의 세계관은 삼각형 구름과 빗줄기를 모르면 그들의 세계관을 알 수 없다(**도48** 참조). 경남에 있는 여러 박물관에 가보면 삼각형 구름과 빗줄기가 안 들어가 있는 그릇을 찾아보기 힘들다. 특히 무덤에서 나온 부장품은 거의 다 이 패턴을 기본 베이스로 하고 있다. 가야 사람들은 신라 사람들과 달리 이 세상 만물이 구름과 이 구름에서 내리는 비(雨)에서 태어난다고 보았다. 그래서 죽어 다시 구름과 비로 가겠다는 소망을 담은 것이다.

마한 사람들은 또 달랐다. 마한 사람들은 옹관 속에 시신을 모셨는데, 이 옹관은 다른 게 아니라 뭉게구름(云)을 구상으로 하고 있다. 사실 마한 사람들은 옹관 표면에 삼각형 구름 띠무늬를 새겨 놓았다(**도50** 참조). 옹관이 구름이라는 것을 말해 주고 있는 것이다. (고대 미술을 볼 때는 입체 어느 평면에 있는 패턴을 잘 보아야 한다!) 신라 사람들이 비와 구름의 기원인 천문을 더 중요하게 여겼다면, 마한과 가야 사람들은 이 천문에서 나오는 구름과 비에 더 마음이 가 있었다. 관념

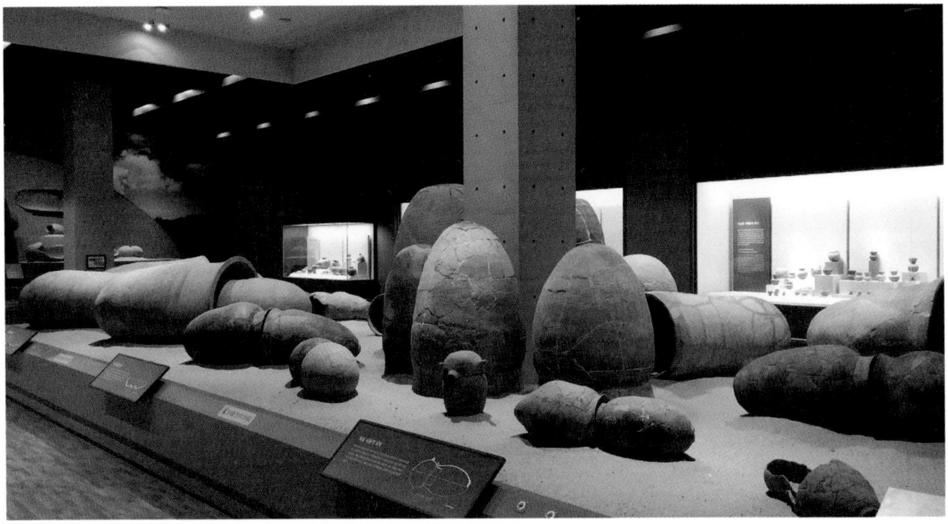

우리 학계는 나주 마한의 옹관이 무엇을 구상으로 하여 만든 것인지 알지 못한다. 우리 학계의 민낯이라 할 수 있다.

도49 나주 마한 옹관. 국립나주박물관

(천문)에서 더 구체(비와 구름)로 왔다고 할 수 있다.

도48 토기가 나오자 학자들은 가야 시대 집 모양을 알 수 있다고 했다. 하지만 이런 집 모양 그릇은 가야 지역에서 꽤 나왔다. 중요한 것은 왜 이런 집 모양 토기를 무덤에 시신과 같이 묻었느냐, 하는 점이다. 답은 토기에 새긴 패턴에 있다. 삼각형 구름이 있고, 이 구름에서 비가 양쪽으로 내리치고 있다. 가야 사람들은 이 세상 만물이 구름과 비에서 태어난다고 보았다. 그래 죽어 다시 비와 구름으로 가고자 하는 소망을 담았다고 볼 수 있다. 삼각형 구름과 비를 모르니 엉뚱한 해석만 하고 정작 중요한 본질은 놓치고 만 것이다. 신라하고는 또 다른 뼈 항아리일지 모르겠다. 그런데 왜 하필 집 모양일까. 이것은 독자분들의 상상력에 맡기겠다.

우리 학계는 **도49** 옹관에 있는 무늬(**도50**)를 톱니무늬(Saw-tooth, 鋸齒文)라 한다. 하지만 이 무늬는 앞에서 누누이 말했듯이 암사동 빗살무늬토기에서부터 시작된 삼각형 구름(云)이다. 삼각형 구름 사이

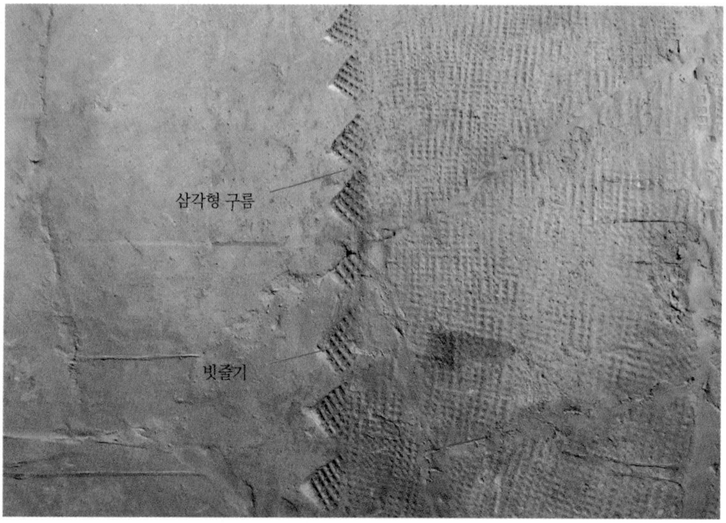

이런 삼각형 구름과 비 패턴은 세계 신석기인의 일반적인 구름·비 패턴이다. 마한 사람들이 옹관에 이 패턴을 찍은 까닭은 이 옹관이 구름이라는 것을 말해 준다.

도50 나주 마한 옹관에 있는 무늬. 국립나주박물관

의 격자 패턴은 양쪽 삼각형 구름에서 내리치는 빗줄기를 엇갈려 표현한 것이다(6장 **도63·65·69**, 8장 **도25-1** 참조). 특히 나주 용호고분 17호 옹관 몸통 패턴은 **도4·5** 암사동 빗살무늬토기 삼각형 구름·비 패턴과 똑같다. 이러한 삼각형 구름과 비 패턴은 이 옹관이 구름을 구상으로 했다는 것을 말해 준다.

우리 학계는 **도51·52** 디자인을 총체로 해석하지 못하고 있다. **도51**은 앞에서 살펴본 천문화생(天門化生)의 세계관을 나타냈다고 볼 수 있다. 천문에서 구름이 나오고, 이 구름에서 이 세상 만물이 태어난다는 디자인이다. **도52**는 천문에서 구름이 나오고, 이 구름에서 비가 내리고 있다. 이 비를 불교에서는 우보(雨寶)라 한다. 신라 의상이 화엄사상의 요지를 정리한 『화엄일승법계도華嚴一乘法界圖』에 우보(雨寶)가 나온다. "雨寶益生滿虛空(우보익생만허공) 衆生隨器得利益(중생수기득이익)" 이 세상 만물에 생명을 불어넣는 보배비가 허공에 가득한데 중생들은 것도 모르고 자신의 그릇에 만족하고 이문을

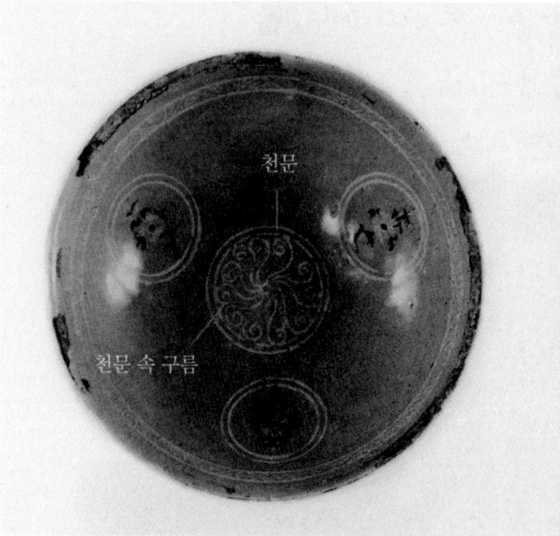

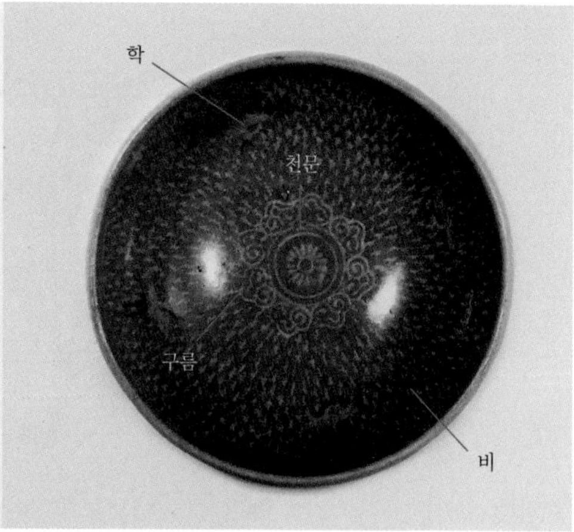

쫓는구나, 하는 말이다. 여기서 비는 이 세상 만물에 생기를 주는 비다. 마찬가지로 부처님 말씀 또한 그와 같다는 말이다. 그런데 사실이 우보(雨寶) 또한 불교 이전의 브라만에서 찾을 수밖에 없고, 브라만 이전 신석기시대 우운화생(雨云化生)의 세계관에 그 기원이 있다고 할 수 있다. 북한 학계는 이 비(雨)를 구름(云)으로 보고 있다.

도53은 북한 평안남도 온천군 운하리 궁산유적에서 나온 빗살무늬토기 조각을 그린 그림이다. 궁산 신석기인들은 하늘 속 물 층을 4층으로 새겼다. 이것은 사방 동서남북의 하늘 속 물 층을 새겼다고 볼 수 있다. 그리고 층마다 통로(천문)를 냈다. 이 하늘 속 물 층과 천문은 y축에서 본 것을 1차원 그릇 평면에 새긴 것이다. **도54**는 인도 베다시대 그릇이다. 이 시기 인도는 철기시대(기원전 1200~272년)다. 이 그릇의 천문은 본질적으로 **도8·27** 육서통 기(气) 자 패턴과 같다. 천문은 **도53**과 달리 x축에서 본 천문이다. 그릇 밑바닥에 한중앙 들판 천문을 그리고, 그 둘레에 반타원형 구름을 다섯 장 그려 천문에서 구름이 나오는 것을 표현했다. 그런 다음 세 곳에 천문을 그리고 세 가닥 구름이 나오는 것을 표현했다. 중국 한자 육서통 기(气) 자와 같은 패턴이다.

도51 청자 국화 무늬박이 대접. 고려 11세기. 북한 자강도 회천시 서문동. 지름 19cm

도52 청자 학구름국화 무늬박이 보시기. 지름 11.5cm. 고려 13세기. 북한

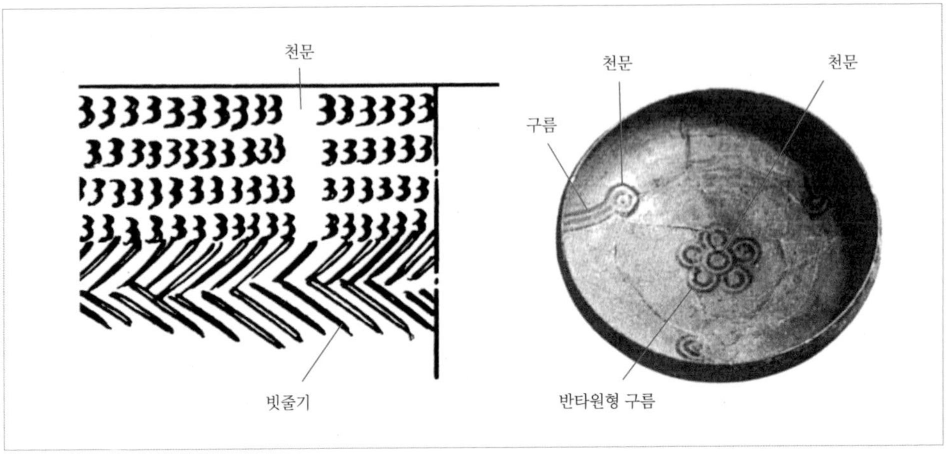

도55는 그리스 암포라처럼 목에 손잡이가 달려 있는 제사 그릇이다. 아가리 안쪽에 천문을 수없이 새겨 놓았다. 이것은 현대 디자인에서도 볼 수 있는 '강조'의 의미다. 국립중앙박물관은 도55의 천문무늬를 '구슬무늬'라 하고, "도장과 같은 형태로 각인한 후 그 내부 중심에 뾰족한 것으로 점을" 찍었다고 보고 있다. 하지만 자세히 보면 도장을 찍은 것이 아니라 하나하나 일일이 새겼다는 것을 알 수 있다.

중국 학계는 도56 옥이 무엇을 구상으로 하여 만든 것인지 아직 모른다. 이 옥은 도32 용문공심전에 있는 천문(天門)을 옥으로 깎아 만든 것이다. 고사리순 같은 무늬가 있는데, 이 무늬는 도11·12 구름운(云) 자 갑골에서 볼 수 있는 구름(云)이다. 전체 디자인은 도8·27 육서통 기(气) 자 천문(天門)과 같다. 이 천문에서 구름이 나오고 있는 것이다. 우리가 앞에서 살펴본 도9·21-23·28·43-46·54·55의 천문 또한 이 옥 디자인과 본질적으로 같다. 5장 천문(天門) 편은 제법 길게 다루었다. 그만큼 중요한 장이기 때문에 어쩔 수 없었다. 이 천문은 우리 한국미술의 기원이고 가장 핵심적인 모티프라 할 수 있다. 더구나 이 패턴은 신석기에서 근대 이전 조선 민화까지 이어

도53 북한 평안남도 온천군 궁산유적 빗살무늬토기 조각 그림

도54 채문토기. 인도 베다시대 기원전 1500~500년. '베다'는 '지식의 책'이란 뜻이다.

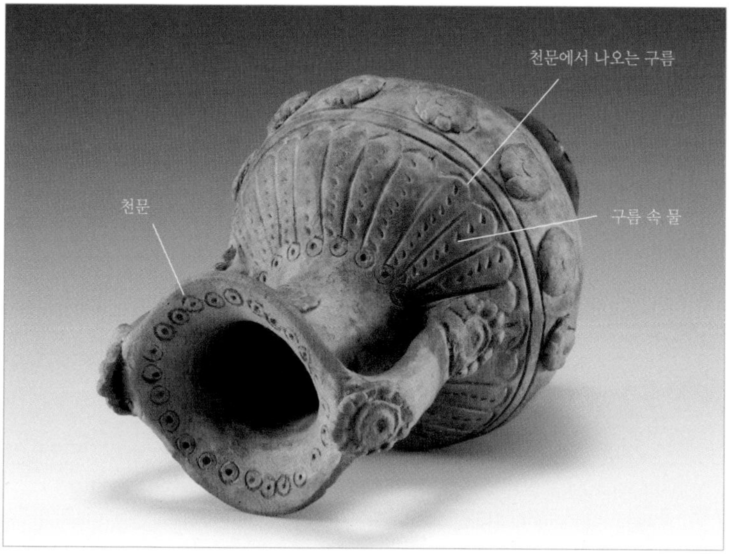

도55 두 귀 항아리(雙耳壺). 중국 신장 위구르 자치구 호탄 요트칸 유적
높이 14.5cm.
4~5세기.
국립중앙박물관

진다. 세계 미술사에서 이런 사례는 보기 힘들다. 한 나라의 미술이 신석기에서 근대 이전까지 이어지는 것은 말이다. 다음 장은 이 천문에서 나오는 구름(云)이다.

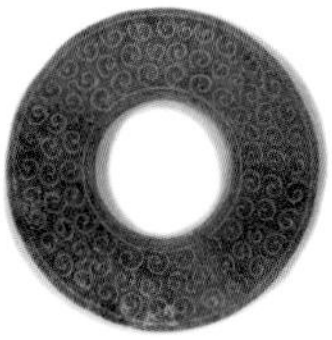

도56 옥벽(玉璧).
중국 전한.
고려청자박물관.
고려청자6756

제 6 장

반원형 구름과 삼각형 구름

6

반원형 구름과 삼각형 구름

경남 산청 황매산 자락 나무실 마을에서 농사짓고 시 쓰는 시인이 있다. 서정홍 시인이다. 그가 쓴 시 가운데 「시인이란」 시가 있는데, 나는 이 시를 참 좋아한다.

시인이란
쉬운 걸
어렵게 쓰는 사람이 아니라
어려운 걸
쉽게 쓰는 사람이다.

다섯 줄밖에 안 되는 시인데도 할 말은 다한 시다. 요즘 시가 오죽 어려운가. 어려워서 읽기 힘들고, 어떻게 다 읽더라도 뿌듯하지 않고 사람을 힘들게 한다. 마음이 움직여, 감동을 하여 힘든 게 아니라 도무지 무슨 말인지 알 수가 없어, 문학을, 것도 시문학을 전공하고 박사학위까지 받은 사람인데도 알 수가 없어서 힘들다. 그런데 쉽게 쓰면 또 무시당하는 세상이라, 그것을 익히 모르는 것이 아니어서 더는 시집을 읽지 말자 이렇게 마음먹은 지 오래다.

미술사학자도 마찬가지다. 쉽고 단순한 디자인을 괜히 어렵게, 구체적이지 않고 추상적으로, 또 관념적으로 풀어내고 그걸 또 자꾸 어렵게 쓰는 사람이 있다. 그런 사람이 쓴 책을 읽으면 다 읽고 나도 손에 구체로 잡히는 게 없다. 허망하다. 미술을 잘 모를 때는 이렇게 생각했다. 내가 궁금해 하는 것은 너무나 당연하고 자명한 것이어서 말하지 않는 것이라 지레짐작했다. 그런데 지금 와서 생각해 보니 그것이 아니었다. 그도 사실은 몰랐던 것이다.

도1은 나주 불회사 나한전 공포에서 살미(山彌) 부분이다. 우리는 절에 가면 이런 디자인을 보게 된다. 그리고 이렇게 생각한다. '학자들은 이 디자인을 모두 풀었을 거야.' 하지만 그렇지 않다. 풀었다 하더라도 잘못 푼 게 많고, 끝내 알지 못한 것이 더 많다. 공포는 지붕과 그 지붕을 받치는 기둥 사이에서 지붕의 무게를 골고루 나누어 주는 구실을 한다. 흔히 세계 건축사에서 그 사례를 찾기 힘들고 한국 건축만의 특징이라고도 한다. 이 공포의 바깥에 **도1**처럼 살미를 장식해 그 아름다움을 더했다. 문제는 이 살미가 담고 있는 스토리story다. 그런데 건축 관련 전문 책과 자료를 읽어도 살미 디자인을 총체로 풀이해 주는 게 없다. 믿기지 않겠지만 사실이다. 여러분이 지금 당장 구글이나 네이버에서 검색해 보면 알 수 있다. 살미에 대해 어려운 한자를 써 가며 설명을 하기는 하는데, 도대체 무슨 말을 하는 건지 알 수가 없고 이 디자인이 무엇을 담고 있는지도 말하지 않는다.

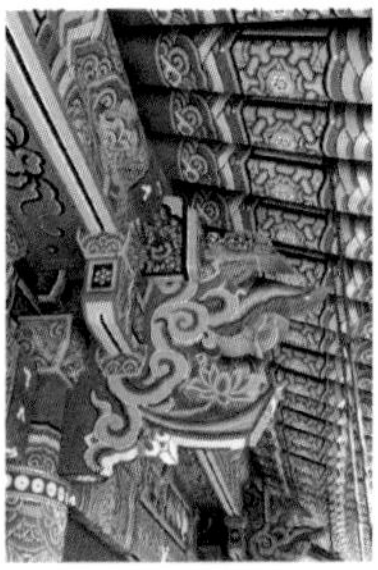
도1 나주 불회사 나한전 공포 살미(山彌)

山彌(뫼산·두루미)를 산미로 읽지 않고 살미라 하는 것은 이두식으로 썼기 때문이다. 살미가 무엇인지, 무엇을 이렇게 이두로 썼는지는 확실하지 않다. 다만 다른 한자로는 살미(乷尾)라고도 한다. 조선시대 『영건도감의궤』에는 살미(乷尾)를 음을 풀어서 사을미(沙乙尾)라 써 놓았다. 글자는 이렇게 썼지만 소리 내서 읽을 때는 '살미'라 했을 것이다. 여기서 살(乷)은 중국 한자에 없는 글자로, 우리말 소리(音) '살'을 한자로 쓰기 위해 일부러 만든 글자다. 사(沙 모래사)와 을(乙)을 합쳐 우리말 소리 '살'을 뜻하는 한자로 만든 것이다. '살미'에서 살은 문살, 부챗살, 우산살, 댓살, 살강의 살일 것이다. 이 살은 나무쪽이나 대나무를 쓰는데, 이것을 서로 겹쳐 엮거나 그 끝을 홈이나 구멍에 걸치거나 박아 찔러 넣는다. 옛 한옥을 안에서 위로 올려다보면 공포(栱包)가 보이는데 나무쪽(=살)이 서로 복잡하게 엮여 있다. 이 나무쪽이 처마 아래까지 밖으로 나오는데, 이것을 살(나무쪽)의 꼬리(尾 꼬리미)라 하여 살미(乷尾)라 한 것이다. 산미와 살미에 대해 설명했는데, 이것만 해도 아주 새롭게 풀이한 것이다. 여러분들이 네이버든 구글이든 산미와 살미를 검색해 보라. 건축학계도 우리 미술사학도 이 살미 하나 제대로 풀어내지 못하고 있다. 믿기지 않겠지만 현실이 그렇다. 또 하나, 어느 자료를 읽어도 살미 디자인이 담고 있는 스토리story를 찾을 수 없다는 것은 현대의 한옥 목수도 단청장도 모른다는 것을 방증한다. 또 뭔가 설명을 하더라도 그것은 어느 시기에 전도가 된 관념이다.

무늬란 것은 세월이 흐르면 패턴만 남고 스토리는 없어지고 만다. (물론 모든 무늬가 그런 것은 아니다.) 그것이 무늬의 본성이다. 그렇다 보니 기원은 사라지고, 대신 그 위에 온갖 관념과 개념이 쌓이고 들러붙어 새로운 어떤 관념이 되고 만다. 급기야 그것이 '공리'가 되어 버리면 원래의 기원을 찾기는 더 힘들어진다. 빗살무늬를 추상무늬 내지는 생선뼈무늬라 한다든지, 다뉴세문경의 무늬를 햇살로 보는 것처럼 말이다.

사실 **도1** 디자인은 절 대웅전뿐만 아니라 양반가 사당 공포에서도 볼 수 있다. 조금 차이는 나지만 기본적인 디자인과 패턴은 같다. 다시 말해 '불교' 세계관과 관계있는 것만은 아니라는 것이다.

나는 살미 디자인에 대해 건축학계의 정리를 굳이 소개하고 싶지

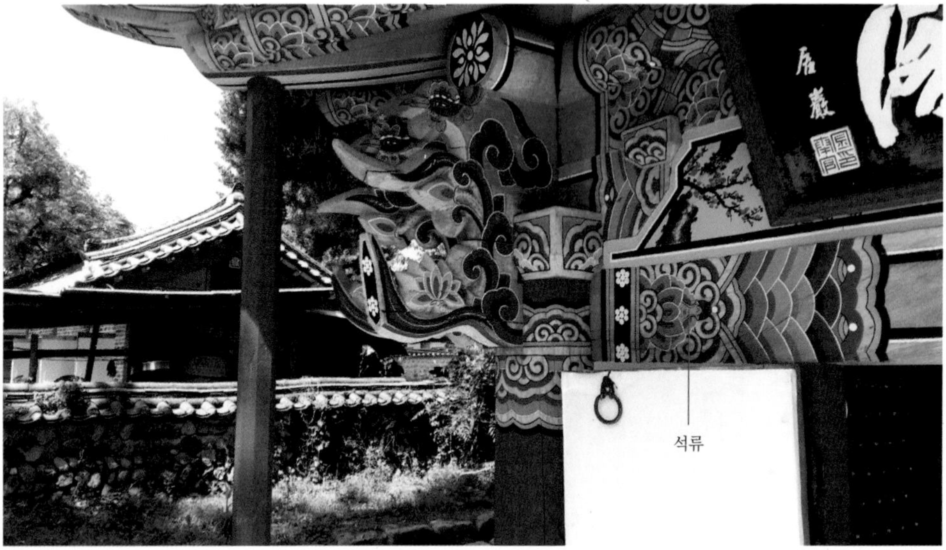

도2 전라북도 남원시 산내면 실상사 칠성각(七星閣)

않다. 어려운 한자말을 깨끗한 우리말로 풀어 애써 정리를 하더라도 스토리가 없기 때문이다. **도1** 디자인은 어렵지 않다. 지금까지 이 책 앞 장을 잘 읽었다면 바로 알아볼 수 있을 것이다. 맞다. 우운화생(雨云化生)의 세계관이다. 구름(云)에서 연꽃 세 송이가 나왔다. 가장 아래 꽃대가 짧은 연꽃은 꽃잎을 석 장 벌렸다. 가운데 연꽃은 파란 꽃잎을 활짝 벌렸다. 그 위 연꽃은 붉은 꽃봉오리를 맺었다. 그리고 가장 위와 가장 아래 구름 갈라지는 부분에 붉고 하얀 연꽃잎이 한 장씩 보인다. 곧 나올 연꽃이다. 그러니까 연꽃은 모두 다섯 개다. 맨 위에 봉황이 구름(云)에서 나오고 있다. 연꽃을 부처님 말씀이나 진리로 보든, 봉황을 나라의 평안이나 다른 어떤 것으로 보든 그것은 구름에서 비롯한다는 우운화생의 세계관이라 할 수 있다. 이런 세계관은 불교가 들어오기 이전 세계관(이 세계관은 신석기 때부터 내려온 세계관이다!)과 불교가 하나로 융합된 것으로 볼 수 있다. 그리고 한반도에 불교가 들어올 때 불교 이전 세계관과 부딪히거나 다투었던 사례는, 그런 미술은 아직까지 나온 게 없다.

도2 남원 실상사 칠성각은 칠성(치성광여래)을 섬기는 '토속신앙'이 불교 사찰 안으로 들어온 것이라 할 수 있다. 치성광여래는 해와 달, 별을 통솔하는 하늘 신으로 천재지변과 재앙에서 중생을 구원하며 자식 복을 관장하는 부처님이다.

단청을 보면 구름(云)에서 연꽃 세 송이가 나오고, 봉황 한 마리가 나온다. 이 또한 불교의 연화화생(蓮華化生)이라기보다는 신석기 세계관 우운화생에서 온 것으로 볼 수 있다. 단청과 불화를 보면 연꽃에 석류가 있을 때가 많다. 이 또한 신석기 세계관과 관련하여 풀 수 있다. 이에 대해서는 한국미술사 다섯 번째 권 고려미술 불화 편에서 자세히 다룰 것이다.

도1·2 디자인을 영기화생(靈氣化生)으로 보기도 한다. 영험한 기운 영기문(靈氣文)에서 연꽃과 봉황이 화생한다는 것이다. 그렇다면 그 영기는 무엇일까. 우주에 충만해 있는 기운이라고 한다. 하지만 이것은 지극히 관념적이고 추상적인 풀이다. 우리 한국미술은, 한반도 장인들은 어떤 것을 결코 추상적이거나 관념적으로 해결하지 않았다. 그런 의미에서 그들은 리얼리스트였다. 나는 추상적이고 관념적인 영기(靈氣)로 보지 않고 구체적이고 현실적인 구름(云)으로 본다. 한국미술을 볼 적에 구름은 구름으로 보자는 것이다. 그것을 굳이 관념적인 영기로 볼 하등의 이유가 없다. 그리고 구름을 영기로 보는 것은 단순한 디자인을 괜히 어렵고 관념적으로 설명하는 것에 다름 아니다. 더구나 이것은 한국미술의 맥락을 살피지 않고 하는 풀이이고, 한반도 신석기 미술을 알지 못하기 때문에 벌어진 일이기도 하다. 문제는 언제나 신석기 미술이다! 서정홍 시인이 그랬듯 미술사학자는 쉬운 걸 괜히 어렵게 쓰지 않아야 하고, 어려운 걸 쉽게 풀어 쓰는, 그런 사람이 되어야 한다.

기(气)는 구름(云)이다

기(氣)의 본자는 기(气)다. 기(气)의 갑골문 **도3**을 보면 일(一) 자 모양 가로획 석 줄이 층층이 있다. 한자학계는 이 모양을 설명할 때 새털구름을 본떴다고 한다. 새털구름은 권운(卷雲), 즉 털구름이라 하는데 아주 높이 떠 있는 구름이다. 쌘비구름(적란운, 소나기구름)의 꼭대기에서 떨어져 나온 구름처럼 보이기도 한다. 하지만 기(气) 자에 얽힌 스토리를 알고 나면 이런 해석이 맞지 않다는 것을 알 수 있다.

기(气) 갑골문 **도3**은 석삼(三)과 모양이 비슷하다. 그래서 이 글자만 혼자 있으면 석삼과 헷갈렸다. 그래서 맨 위 가로획을 위로 구부리고 맨 아래 가로획을 아래로 구부린다. 이렇게 해서 **도4**와 같은 기(气) 금문이 된 것이다. 기(气)는 나중에 논농사를 본격으로 짓기 시작하면서 아래에 쌀미(米)를 더해 지금의 기(氣)가 된다. 흔히 밥을 지을 때 나는 김을 보고 쌀미가 더해진 걸로 본다. 물론 이런 해석이 아주 틀린 것은 아니지만 밥을 먹어야 기운이 난다 해서 쌀미(米)를 더했다고 보는 것이 더 적절할 것이다.

도5는 『육서통』에 있는 기(气) 자인데 갑골과 금문하고는 아주 다르다. 어떻게 보면 이 육서통 기(气) 자야말로 기(气) 글자에 깃들어 있는 세계관이 가장 잘 함축되어 있다고 볼 수 있다. 동그란 천문 속에 점을 찍었다. 이 점은 물(水)과 비(雨)와 구름(云)의 기원이다. 이 천문(天門, 天口)에서 구름이 나오는 것을 구름 세 가닥으로 표현했다. 이 글자에 대해서는 5장에서 아주 자세히 다루었다.

허신은 『설문해자』에서 기(气)를 “구름의 기운(雲气也)”이라 하고 단옥재는 『설문해자주』에서 “구름이 일어날 때 모습(象雲起之皃)”이라 한다. 고대 중국 세계관에서 가장 중요한 글자라 할 수 있는 기(气)를 너무 짧게 정리하고 있지 않나 싶겠지만 허신의 『설문해자』 글자 풀이가 원래 이렇게 간단하다. 그렇다 하더라도 허신은 기(气) 글자에 대해 아주 정확하게 풀이하고 있다. 한마디로 허신은 기(气)

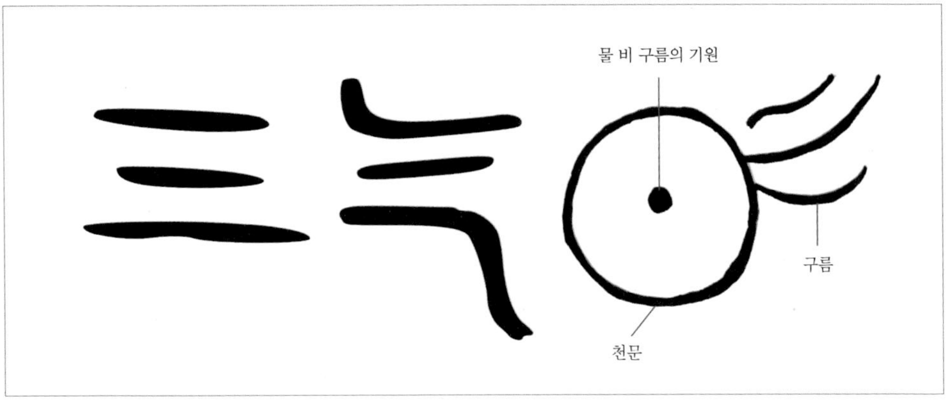

를 구름(云)으로 본 것이다. 그래서 이 풀이는 기(气) 갑골에서부터 육서통까지의 풀이가 담겨 있다고 봐도 된다. 그런데 우리 한자학계는 기(气)를 구름(云)으로 보지 않고, 연결 짓지 못하고 있다. 또 구름과 관련하여 설명하더라도 기(气) 갑골을 풀이할 때 그 '모양'이 새털구름에서 왔다고 할 뿐이다. 하지만 기(气)는 새털구름하고는 관계가 없고, 엄격히 말하면 비구름(雨云, 난층운·적란운)이라 할 수 있다. 네이버 한자사전은 상당히 잘 되어 있는데 기(气)의 뜻을 보면 기운, 기백, 기세, 힘, 숨, 공기, 바람, 기후, 날씨, 자연 같은 뜻으로 풀이하고 있다. 그만큼 기(气)는 뜻이 다양하다. 하지만 원래 기(气)는 갑골문에서 보는 것처럼 '구름'이다.

도3 기(气)의 갑골문

도4 기(气)의 금문

도5 『육서통』의 기(气)

기(气) 갑골 기(三)와 빤포오유적 신석기 그릇

도6은 중국 신석기 그릇이다. 손잡이가 달린 작은 단지인데, 어느 시대인지는 확실하지 않다. 주둥이 쪽에 있는 부호(가로획 하나에 세로획이 다섯 개 그어진)를 보면 중국 양사오문화(仰韶文化 Yangshao culture) 가운데 하나인 빤포오유적(半坡遺蹟) 신석기 그릇 같다. 빤포오유적은 기원전 4800~4300년 무렵의 신석기 유적이다.

중국 학계는 **도6** 같은 빤포오유적 그릇 패턴을 '기하학적 무늬'라 하고, 이 문양이 무엇을 뜻하는지 고고학계와 미술사학계에서 논의했지만 어느 것 하나 풀지 못하고 '중국 예술계의 수수께끼'로 남겨 놓고 있다. 우리 학계가 신석기 빗살무늬토기의 디자인과 패턴을 기하학적 추상무늬라 하는 것과 같다. 나는 4장에서 양사오문화 채색토기(**도12**) 한 점을 들고, 하늘 속 구름(삼각형 구름) 속에 있는 비우(雨) 자를 찾아 내보인 적이 있다. 그리고 그것이 비우(雨) 자가 확실하다면 한자의 기원은 적어도 최소 기원전 3000년 전까지 내려잡아야 한다고 했다.

도6 아가리 쪽에 있는 부호는 이것이 문자인지 아닌지는 아직 확실하게 밝혀지지 않았다. 중국 학계에서는 문자로 보는 사람도 있다. 이런 부호는 주로 그릇 아가리 쪽에 있는데 중국 고고학자들은 그릇의 주인, 사기장의 서명, 그 지역 씨족의 표시로 보고 있다. 나는 이것이 무엇인지는 확실하지 않지만 문자에 가깝고, 단지 우리가 아직 그것을 모를 뿐이라고 생각한다.

5장에서 나는 『회남자淮南子』의 「천문」과 「지형」 편을 참고하여 고대 중국인들이 생각했던 이 세상을 도상으로 그린 적이 있다(**도20**). 사람이 사는 팔방구주 너머에 팔인(八殥 여덟팔·멀인)이 있는데 이곳에 여덟 호수 팔택(八澤)이 있어 그곳에서 생겨난 구름이 팔문(八門)을 통해 이 세상으로 나온다고 했다. (이 팔문이 바로 천문(天門)이다.) 이 팔인 너머에 팔굉(八紘 여덟팔·밧줄굉)이 있다. 팔굉에서 굉은 밧줄 굉(紘)인데 이 글자를 파자하면 실사(糸)에 팔뚝굉(厷)이다. 그러니까 두꺼운 밧줄로 묶는다는 말이다. 고대 중국인들은 땅이 밧줄에 묶여 하늘에 매달려 있다고 보았다(『회남자淮南子』「천문」 편 162쪽).

자, 다시 **도6** 아가리 부분 부호를 보자. 나는 이 부호를 갑골에서 찾아보려고 무진장 애를 썼다. 하지만 끝내 찾지 못했다. 그런데 **도6** 그릇을 이 세상으로 보면 어떨까. 그리고 아가리에 있는 부호를 이

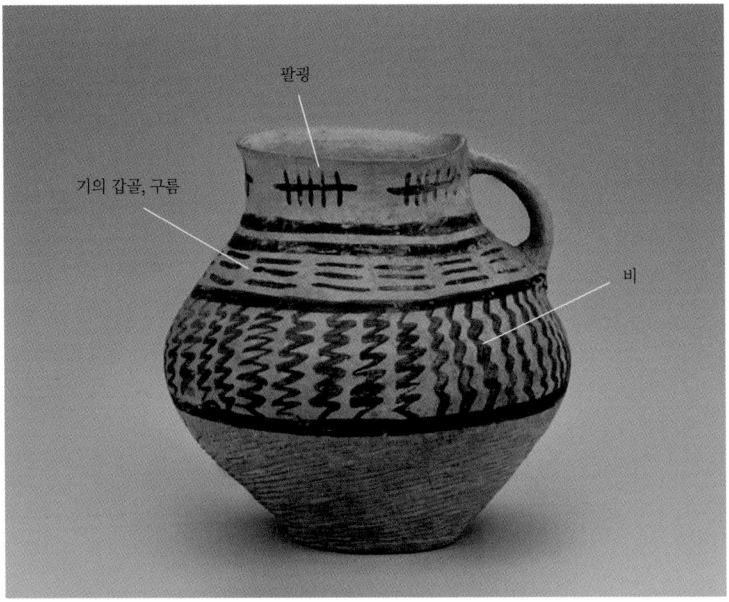

도6 손잡이 달린 단지 (土器把手附壺). 중국 신석기. 높이 10.5cm. 국립중앙박물관. 증3941

세상을 단단히 매어 묶는 밧줄로 보면 어떨까. 다시 말해 『회남자淮南子』 「지형」 편에서 말한 팔굉(八紘)으로 볼 수 있지 않을까 해서 하는 말이다. (**도6** 그릇에서 이 부호는 여덟 군데가 아니라 다섯 군데에 있다. 이는 팔방구주의 세계관 이전의 사방오주의 세계관이다.) 그리고 팔굉 아래는 팔인팔택(八殥八澤)에서 오는 구름(云), 그 아래 지그재그로 내리는 것은 이 구름에서 뿌리는 비(雨)로 볼 수 있다는 것이다. 물론 아가리 쪽 부호가 팔굉의 밧줄 매듭이 아닐지라도 그 아래는 지금까지 살펴본 신석기 세계관에 따르면 분명히 구름과 비로 볼 수 있다.

여기서 하나 더 흥미로운 것은 **도6**의 구름(三)을 기(气) 갑골(**도3**)로 볼 수 있다는 것이다. 구름을 이처럼 그린 그릇은 중국 신석기에서 이 그릇이 유일하지 않나 싶다. 물론 이와 같은 디자인과 패턴으로 된 중국 신석기 그릇이 더 있을 수 있고, 또 중국 박물관 수장고에 있을 수 있다. 만약 이것이 정말 기(气) 갑골 '三'이라면 중국 한자의 기원은 적어도 기원전 4000년까지 내려잡아야 할 것이다.

중국 한자의 기원은 아직 밝혀지지 않았다. 한자 관련 책을 보면 거의 다 황제(皇帝) 때 사관 창힐(蒼頡)이 새와 짐승의 발자국이 저마다 다른 것을 보고 거기서 힌트를 얻어 한자를 만들었다고 나와 있다. 물론 이것을 곧이곧대로 믿을 사람은 없고, 창힐이 어떤 인물인가에 대해서도 설이 분분하다. 한자의 창조는 어느 한 사람이 하기에는 너무나 엄청난 일이기 때문이다. 당시 같은 한자라도 조금씩 달랐는데 이것을 창힐이 중심이 되어 하나로 통일하지 않았나 하고 짐작하고 있다. 어쨌든 한자의 정립 내지는 탄생과 관련해 사관 창힐이 관련이 있다는 것만큼은 분명하다. 그렇다면 창힐이 사관을 할 때인 황제 시기에 중국 한자가 하나의 문자로 '자리를 잡았다'고 보아도 아주 틀린 말은 아닐 것이다. 그러하다면, 중국의 황제 시기를 어떻게 잡느냐가 문제인데, 중국 학계의 공식 입장으로 볼 수 있는 『중화오천년장력』(2002)에는 그 시기를 기원전 26세기로 잡고 있다. 기원전 2600년 무렵에 중국 한자가 탄생했다는 말이다. 그런데 나는 그보다 더 아래로 내려가 중국 신석기 후기(기원전 5000년부터 3200년)에 한자가 탄생했다고 본다. 그 증거로 4장에서 양사오문화 채색토기(**도12**) 한 점을 들었다. 하늘 속 구름(삼각형 구름) 속에 있는 비우(雨) 자가 바로 그 글자다. 그리고 이번에 드는 **도6** 그릇의 갑골 기(三) 자를 들었다. 다음에 드는 보기는 샤오허옌문화(小河沿文化) 채색 물잔의 운(云) 갑골문이다.

글자가 없이 이런 패턴이 가능할까

도7 구름운(云) 갑골에서 위 가로획 두 줄 '二'은 위상(上)의 갑골 '二'이다. 이는 4장과 5장(**도10·11**)에서 자세하게 다루었다. **도8**은 샤오허옌문화 채색 잔이다. 샤오허옌문화는 네어멍구(內蒙古) 난타이쯔(南臺子)유적에서 비롯한 문화로 기원전 3500년에서 2000년 사이의

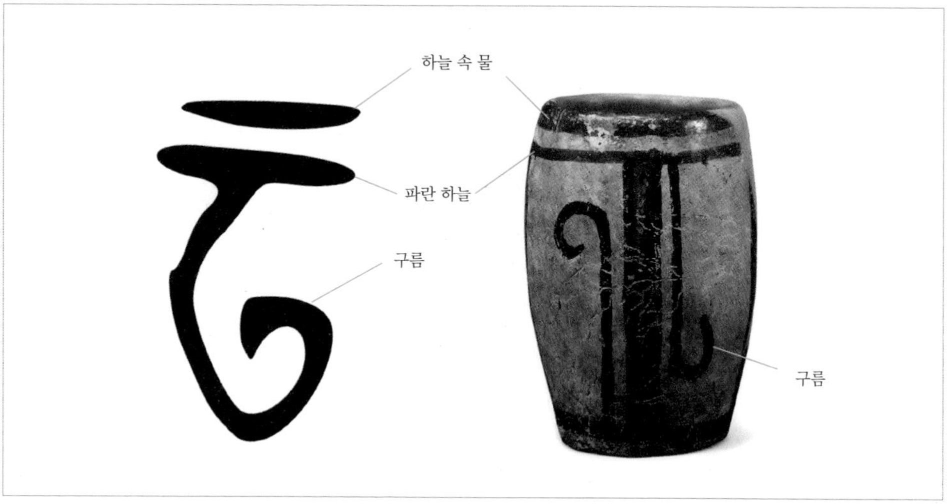

도7 구름운(云) 갑골문

도8 샤오허옌문화(小河沿文化) 채색 잔. 높이 8.5cm. 기원전 3500~2000년. 한성백제박물관

신석기문화다. 채색 잔에는 무늬가 있는데, 우리 한국 사학계는 이 패턴을 보통 고사리를 닮았다고 고사리순 무늬라 한다. 그런데 이것이 정말 고사리순이라면 왜 잔 무늬로 고사리순을 그렸는지 설명해야 하는데 정작 그 까닭은 말하지 않는다. 당연히 이 무늬는 고사리가 아니고, **도7** 구름운(云) 갑골문에서 온 구름(云)이다. 구름이 위아래에 있는 것이다. 이 구름 패턴을 보고 우리가 짐작할 수 있는 것은, 당시 샤오허옌 신석기 사람들은 구름운(云) 갑골 글자를 알았고 널리 쓰고 있었다는 사실이다. 그러지 않고서는 이런 패턴을 그리기는 힘들지 않겠나 싶다.

도9 같은 단지 패턴을 어떻게 봐야 할까. 샤자덴하층문화는 네이멍구(內蒙古) 샤자덴(夏家店) 유적의 이름을 따서 붙인 청동기시대 문화인데, 기원전 2000년에서 1500년 사이 전기 청동기 유적으로 알려져 있다.

기원전 2000년 무렵에 이렇게 세련된 디자인으로 그릇을 빚었다는 게 놀랍다. 그릇 전체 디자인도 안정감이 있고 패턴도 멋지다. 아주 모던한 그릇이다. 이 그릇을 현대 사기장 전시회에 살짝 끼워 놓

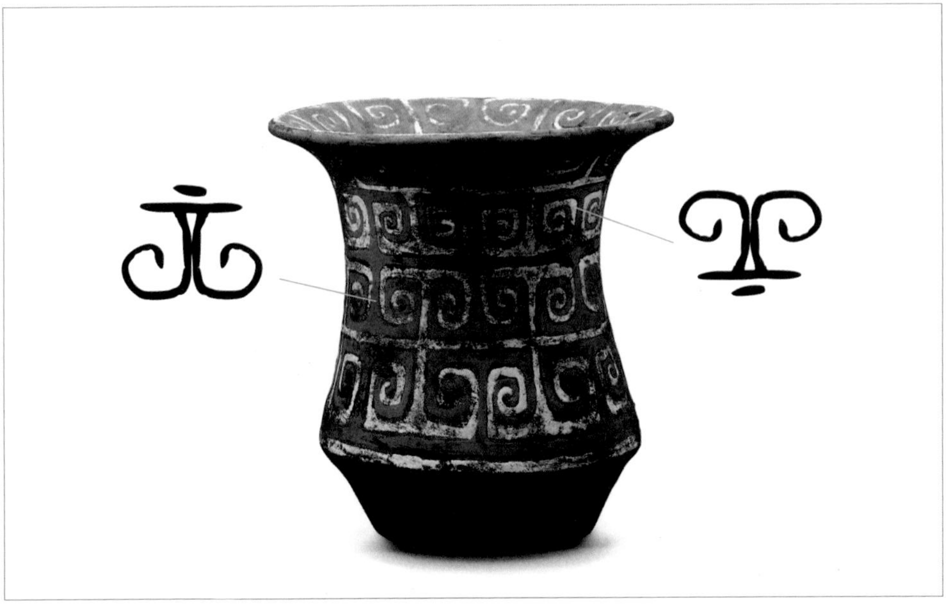

도9 샤자뎬하층문화 채색 단지. 높이 20.6cm. 기원전 2000~1500년. 한성백제박물관

고 전시를 한다고 했을 때 누가 이 그릇을 기원전 2000년 전 중국 청동기인이 빚었다고 상상이나 할 수 있겠는가.

중국 학계는 이 그릇의 무늬를 아직 해석하지 못하고 있다. 우리 학계도 마찬가지다. 간혹 이 무늬를 구름(云)이라 하는 이도 있지만 왜 이것이 구름인지 근거를 대고 설명하지는 못한다. 중국과 한국 학계는 이 패턴을 보통 권운문(卷雲文) 또는 운뢰문(雲雷文)이라 한다. 권운(卷雲 말권·구름운)은 말 그대로 말린, 굽은 구름이다. 그러니까 권운문은 구불하게 말려 있는 구름무늬다. 또 고사리무늬, 달팽이무늬라고도 한다. 그런데 무늬 이름을 붙일 때는 여러 가지 가능성을 염두에 두고 정해야 한다. 고사리무늬나 달팽이무늬는 그 모양의 특징을 보고 붙인 이름일 터이지만 이 패턴의 정체를 풀지 못하면 결국에는 그 무늬가 정말 그 무늬가 되어 버리고 만다. 청동거울 무늬 가운데 번개무늬란 것이 있다. 어떤 이가 무늬 모양이 번개를 닮았다 해서 붙였는데, 근대 사학 100년 동안 우리는 그 무늬의 정체를 풀지 못했다. 그러자 그 무늬가 진짜 번개가 되어 버렸다. 문제는 청동거울에 번개가 있어야 할 하등의 이유가 없다는 것이다. 정말 그 무늬가 번개라면 청동거울 디자인 속에 번개가 꼭 있어야 할 까닭을 말해야 한다(7장 **도50-56,** 10장 **도11-14** 참조).

도9 단지의 무늬는 '말린' 구름무늬가 아니라 그저 '구름(云)'일 뿐이다. 물론 구름번개(雲雷)는 더더욱 아니다. 이 패턴은 구름운(云) 갑골문에서 온 것이다. 단지 왼쪽에 있는 도안은 **도7** 구름운(云) 갑골문이 서로 등을 대고 있는 것으로 변형한 것이다. 단지 오른쪽에 있는 것은 그것을 위아래로 뒤집었다. 이것을 단지 몸통에 무늬로 그린 것이다. 이 단지의 구름무늬를 통해 우리가 짐작할 수 있는 것은, 당시 신석기 말 또는 청동기인들은 갑골 구름운(云)과 같은 한자를 쓰고 있었다는 점이다. 그렇지 않고서는 이런 디자인이 불가능하다. 그렇다면 신석기인과 청동기인은 왜 이런 구름무늬를 그릇에 그리고 새겼던 것일까. 이것은 그리 어려운 문제가 아니다. 신석기 때 사람들은 흙으로 빚은 그릇보다는 풀이나 줄기로 엮은 바구니나 꼴망태(7장 **도11·12**) 같은 것을 주로 많이 썼는데, 그것은 여러모로 편리했지만 물을 담을 수는 없었다. 물을 담을 수 있는 것은 바가지(**도53**)나 그릇이 유일했다. 그들은 물은 구름(云)에서 온다는 것을 잘 알고 있었다. 그러니까 이런 구름무늬가 있는 그릇은 물을 담는 그릇이고, 그 물은 구름(云)에서 내리는 비(雨)에서 온다는 것을 표현한 것으로 볼 수 있다. 물론 구름무늬만 있는 것이나 구름·비 무늬가 있는 그릇, 이런 그릇과 암사동 그릇은 다르다. 암사동 빗살무늬토기는 모두 다 그런 것은 아니지만 그들이 생각하는 '세계관'을 새겼다는 점에서 차이가 있다. 무엇보다는 그들은 구름의 기원 천문(天門)을 그릇에 새겼다.

도10·11 샤자덴하층문화(夏家店下層文化) 그릇은 **도9** 구름무늬가 조금 변형된 패턴이다. 이 무늬가 청동기 때 도철문(饕餮文 사나울도·

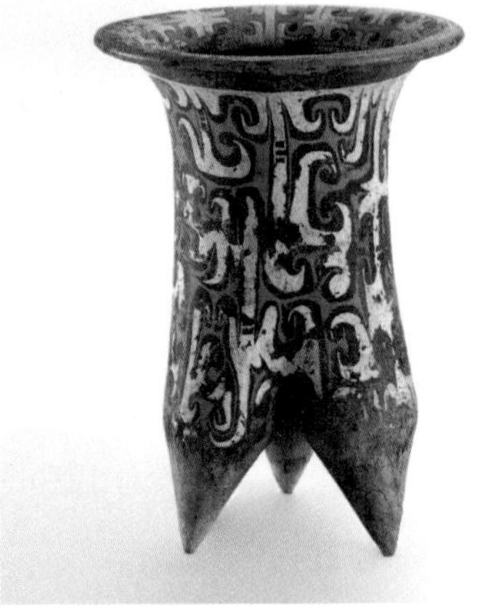

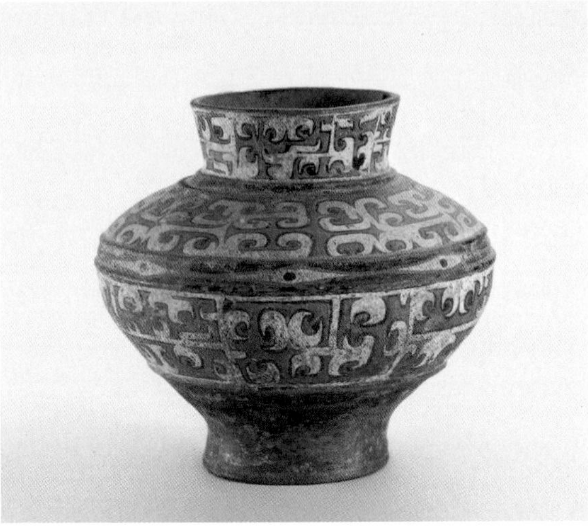

도10 샤자뎬하층문화 채색 세발자루솥. 기원전 2000~1500년

도11 샤자뎬하층문화 채색 항아리. 기원전 2000~1500년

탐할철·무늬문)이 된다. 한중일 학계는 도철문을 보통 괴수의 형상을 추상화한 것으로 보고 있다. 하지만 이는 상식으로 생각해 봐도 도무지 말이 안 된다. '제사' 지내는 제기에 '괴수' 형상 무늬를 낸다는 게 말이 되는가. 이렇게 봐서는 청동'제기'의 무늬가 총체로 해석이 안 된다. 구름을 동적인 동물로 형상화한 것이 용(龍)이듯이 우리가 알고 있는 도철문 또한 구름과 용으로 보는 것이 적절하다. 그래야 청동제기 속 여러 패턴이 총체로 해석이 되고, 하나의 스토리story가 된다.

도12는 미국 남서부 푸에블로 문화Pueblo culture 흑백그릇black-on-white이다. 구름 패턴을 보면 **도7** 갑골 구름운(云) 자와 똑같다. 학자들은 이런 사례가 나오면 두 문화 사이의 영향관계부터 따진다. 하지만 이것은 난센스다. 푸에블로 아메리카 원주민들Native Americans이 갑골 구름운(云) 자를 알아서 이런 구름 패턴을 그린 것은 아니다. 중국 신석기인도 13세기 미국 원주민도 같은 대상(구름)을 보고 글자를 만들고 패턴을 그렸기에 이런 일이 생긴 것이다. 세계 신석기 미술에서 이런 사례는 늘 있기 마련이다. 나는 이 책에서

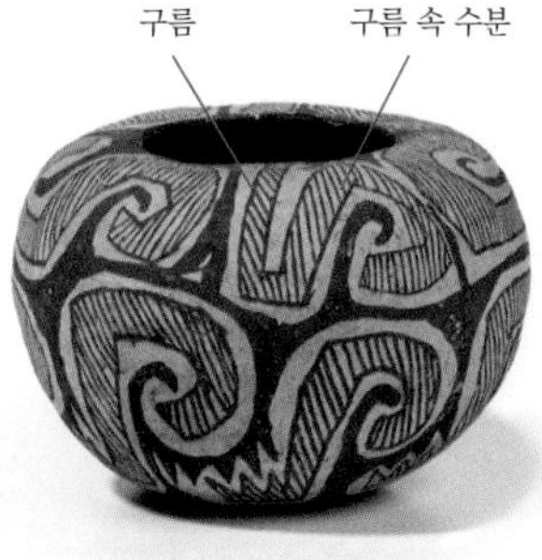

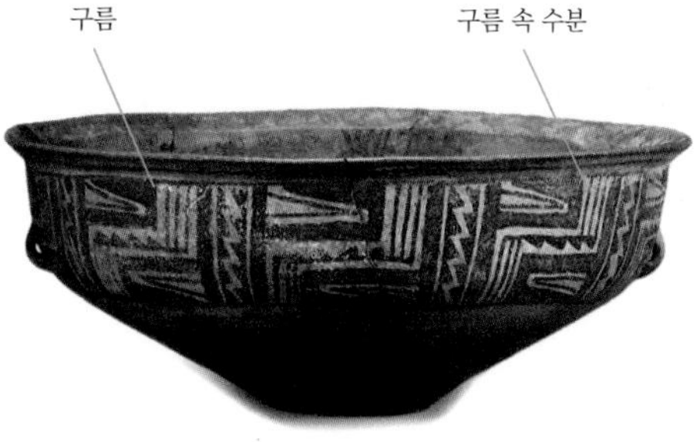

도12는 미국 남서부 푸에블로 문화 흑백그릇이다. 이 그릇 패턴을 볼 때는 구름이 어디에서 시작하는지, 그 시작점을 잘 봐야 한다.

이런 사례를 수없이 들었다. 아메리카 원주민 푸에블로 문화Pueblo culture에 대해서는 8장에서도 다루겠지만 일단 우리는 푸에블로 문화와 그 아래 모고욘 문화Mogollon culture에 관심을 두어야 한다. 특히 모고욘 문화의 디자인과 패턴은 서울 암사동 신석기인의 패턴과 본질적으로 같다. 모고욘 문화의 기원에 대해 미국 학계의 의견이 갈리고 있는데, 암사동 미술과 관련하여 이 문제를 풀면 뜻하지 않게 그 기원이 단숨에 풀릴 수도 있을 것이다. 나는 이 책에서 미국 원주민 신석기 미술 사례를 여럿 들었다. 미국 원주민은 16세기 말 17세기 초 스페인의 침략 이전까지도 신석기 세계관 속에서 원시 공산주의적 공동체 삶을 이어 왔다. 이것은 세계 역사에서 아주 예외적인 경우라 할 수 있다. 또 세계 예술사에서 신석기 미술이 이렇게 오랫동안 지속되어 온 곳도 찾아보기 힘들다. 그런 만큼 우리가 소위 기하학적 추상미술, 기하학적 디자인·패턴, 기하학적 형식주의라 하는 신석기 미술의 비밀을 여기 아메리카 원주민 미술에서 실마리를 찾을 수도 있을 것이다. 이렇게 했을 때 우리는 세계 미술사의 신석기 공백을 더욱 풍성하게 메꿀 수 있을 것이다.

도12 미국 남서부 푸에블로 문화 Pueblo culture 단지. 1300~1400년. 높이 12.7cm

도13 샤오허옌문화 채색 물그릇. 높이 16.5cm. 기원전 3500~2000년. 한성백제박물관

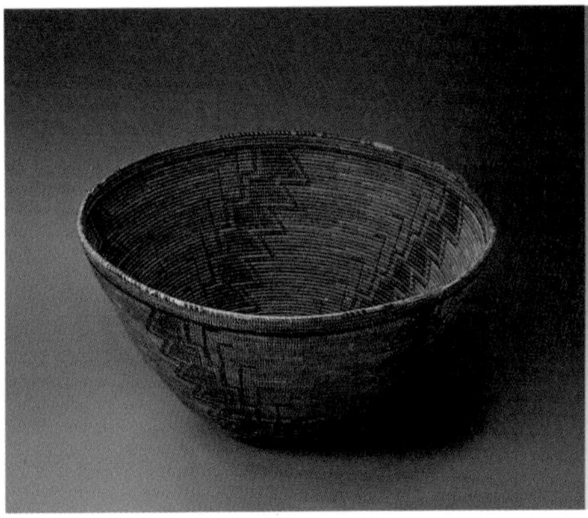

도14 미국 캘리포니아 바구니. 1880년

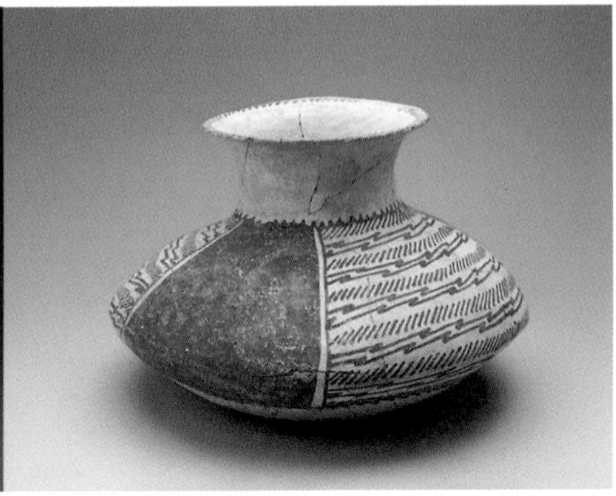

도15 미국 서부 애리조나 병. 950~1150년. 높이 24cm

하지만 우리는 이것을 알아야 한다. 지금도 미국 푸에블로 후손들은 그들 신석기 조상들이 해왔던 방식 그대로 그릇을 빚어 굽고 있다. (그들은 지금도 물레와 가마를 쓰지 않는다.) 패턴 또한 수천 년을 이어오고 있다. 그렇다면 현대 푸에블로 장인들은 자신들이 그리고 새기는 패턴의 뜻을 알고 있을까. 푸에블로 그릇에 대한 코멘트를 읽어보면 가장 많이 보이는 말이 기하학적 디자인geometric design이란 말이다. 내가 읽어본 자료 가운데 푸에블로 그릇 패턴에 대해 구체로 말하는 텍스트는 없었다. 미국 학자들에게 푸에블로 그릇의 패턴은 알 수 없는 패턴이고, 그러기에 그 패턴은 '자명하게도' 기하학적인 디자인일 뿐이다. 그러니 그들은 푸에블로 장인들에게 "이 패턴은 무엇을 그린 것입니까?" 하고 묻지 않았을 가능성이 아주 높다. 그들이 푸에블로 장인들에게 물었다면 **도12** 그릇 패턴쯤은 그 해답을 들을 수 있었을 것이다. **도12** 그릇의 패턴은 추상이 아니라 구상이고, 지극히 자연주의적 구름 패턴에 가깝다. (자연주의 구름 패턴에 대해서는 7장에서 아주 자세히 다루었다.) 그래서 이 패턴의 뜻은 수천 년 동안 이어져 내려왔을 가능성이 크다. 하지만 다른 푸에블로 그릇은 우리가 신석기 빗살무늬 패턴을 100년도 넘게 풀지 못했던 것처럼 아무리 눈여겨봐도 도무지 풀 수 없는 패턴이기도 하다. (물론 이 패턴도 이 책을 읽고 나면 곧바로 알 수 있을 것이다.) 이런 패턴은 푸에블로 장인들도 알지 못할 수 있다. 우리는 그릇 사기장들이 자신이 그리고 새기는 패턴의 뜻을 모두 알고 있을 것이라 짐작하지만 꼭 그렇지 않다. **도14**는 1880년 미국 캘리포니아 원주민이 짠 바구니다. 이 바구니는 미국 원주민의 신석기 디자인과 패턴 그대로다. 미국 원주민 장인들은 신석기 때 디자인과 패턴을 지금도 쓰고 있는 것이다. 현대 장인들은 이 패턴이 무엇을 뜻하는지 모를 수도 있다. **도15**는 미국 서부 애리조나 신석기 병이다. 이런 디자인과 패턴은 현대 원주민 장인들도 그대로 쓰고 있다. **도14**는 구름에서 새싹이 나오는 패턴이고, **도15**는 구름에서 비가 내리는 패턴이다(10장 **도2**). 아프리카 현대 장인들도 그들의 신석기 조상들이 새기고 그리는 방식 그대로 지금도 그릇을 빚지만 그들 또한 그 패턴의 뜻을 알지 못한다. 늘 그렇듯 패턴의 운명이 그렇다. 그들 또한 물레와 가마를 쓰지 않는다.

현대 한국 사기장들이 빚는 그릇 가운데 칠보투각무늬 그릇이 있다. 이 패턴은 국보 제95호 청자 투각칠보문뚜껑 향로(**도16**)의 뚜껑 패턴과 같다. 이 향로는 국립중앙박물관 고려실에 있고, 고려청자를 대표하는, 우리나라 최고의 청자 향로이기도 하다. 그런데 황당하게도 우리는 이 향로 뚜껑 어디에 일곱 가지 보배(七寶 일곱칠·보배보) 무늬가 있는지 알지 못한다. 사실 뚜껑 패턴은 칠보하고는 아무런 관련이 없다. 그런데 현대 사기장들도 자신이 내는 무늬를 칠보무늬라 하면서도 이 칠보무늬가 정확히 무엇인지, 이것을 뚜렷하게 말하지 못한다. 또 어떻게 말한다 하더라도 본질에서 한참 벗어나 있고, 또 어느 시기에 전도가 된 관념을 말할 때가 많다. 단청장과 목수가 앞에서 잠깐 다룬 살미 단청의 속뜻을 모르듯이, 석수장이 석탑·승탑·사리탑·불상·석등 가장 아래 받침돌에 새긴 안상(眼象, 이 명칭은 일본 학자가 붙인 이름이다!)이 뭔지 모르듯이 말이다(**도16-1**). (일단 '안상'은 명칭부터 하루빨리 버려야 한다. 불상 받침 대좌(臺座)에 낸 패턴을 '코끼리를 정면

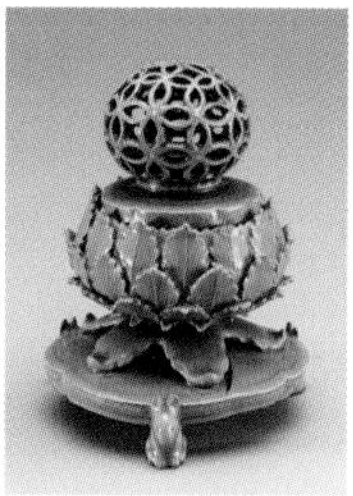

도16 청자 투각 칠보문뚜껑 향로. 국보 제95호. 높이 15.3cm. 국립중앙박물관

에서 본 눈과 귀'라니!) 한국미술사 고려 미술 편에서 자세히 밝히겠지만 이 '안상'이야말로 한국 불교미술의 베이스이자 '받침돌'이다. **도16-1** 신라 감산사 석조미륵보살입상(국보 제81호)을 보라. 미륵보살을 가장 아래에서 받치고 있는 받침돌 8면에 안상 패턴을 새겼다. 안상을 연꽃으로 보기도 한다. 이 불상의 안상은 연꽃과 비슷하지만 연꽃과 아주 다른 안상 패턴도 많다. 만약 이것이 연꽃이라면 이 연꽃은 대체 뭘까. 답은 멀리 있지 않다. 이 책을 다 읽고 나면 실마리가 잡힐 것이다. 그리고 내가 말했던, 언제나 문제는 신석기 미술이라는 말을 새삼 알게 될 것이다. 우리는 지금까지 한국 불교미술의 뿌리 받침돌을 해석하지 않고 안타깝게도 그 위만 풀어냈던 것이다. 나는 몇 해 전에 안상 패턴을 보고 몇날 며칠 자책했다. 그리고 암사동 신석기 미술과 세계관을 알았을 때 안상 패턴의 비밀도 비로소 풀렸다. 문제는 신석기 미술이었던 것이다.

나는 미국 학자들이 현대 푸에블로와 모고윤 장인들에게 패턴의 뜻을 물었으면 한다. 그렇게 하다 보면 실마리가 잡힐 것이고, 그 실마리를 기본으로 해서 푸에블로 미술과 모고윤 미술의 비밀을 풀 수 있을 것이라 확신한다. 하지만 그럴 날은 오지 않을 것 같다.

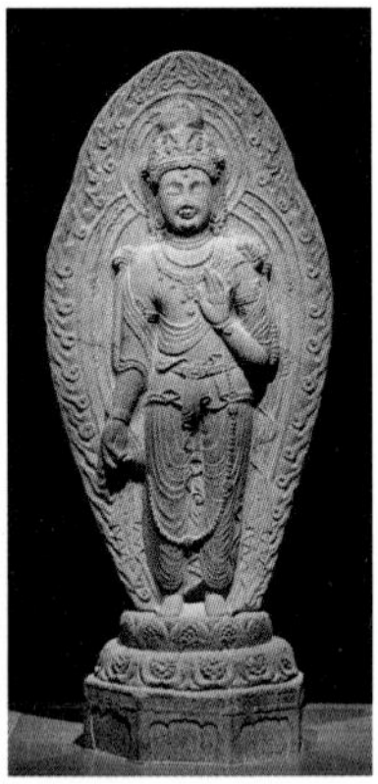

도16-1 감산사 석조미륵보살 입상. 통일신라 719년. 높이 252cm. 경주시 외동면 신계리 감산사터. 국립중앙박물관

그렇다면 **도13** 몸통 무늬는 어떻게 봐야 할까. 학자들은 이런 무늬를 보면 흔히 기하학적 추상무늬라 한다. 기하학적 추상무늬란 말은 정말 기하학이나 추상미술과 관계있는 무늬란 말이 아니다. 한마디로 '나도 모르겠다'의 자기고백으로 보면 된다. 이런 패턴 그릇은 주로 샤오허옌문화(小河沿文化)에서 나온다. **도13** 패턴은 **도9-12**와 완전히 다른 무늬처럼 보일지 모르지만 본질적으로 같은 패턴이다. **도12**와 **도13** 몸통 패턴은 둘 다 구름(云)이다. 다만 **도13** 몸통 무늬는 **도12**의 곡선이 '직선'으로 바뀌었을 뿐이다. 이는 세계 신석기 미술에서 두루 볼 수 있는 특징이다(10장 **도11-14** 참조). 특히 남미와 북미 원주민이 빚은 그릇에서 많이 볼 수 있다(8장 **도29·30** 참조).

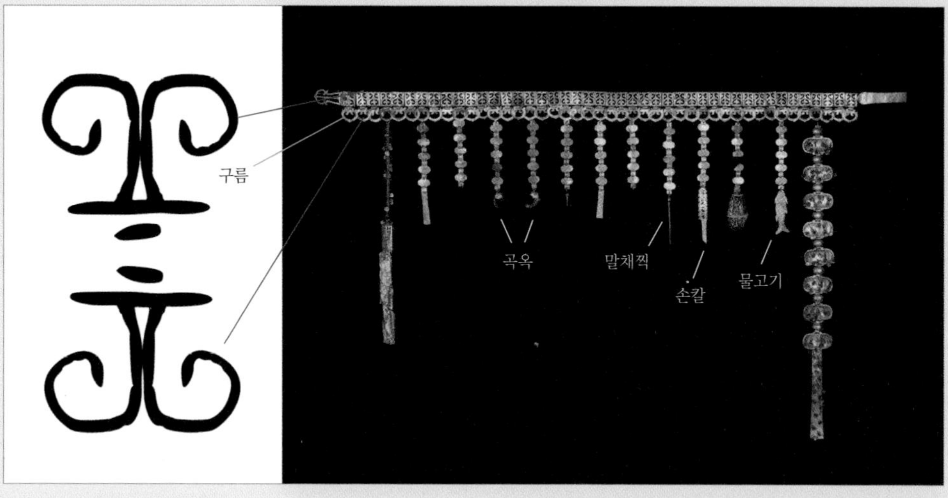

허리띠 왼쪽 도상 가운데 아래는 구름운(云) 갑골문을 서로 등을 맞대고 있는 것으로 디자인한 것이다. 그 위 도상은 아래 도상을 위아래로 뒤집었다. 금제 허리띠에서 구름(云) 패턴은 5장 **도52** 구름 패턴과 같다. 이런 구름 패턴은 삼국시대 미술에서 두루 찾아볼 수 있다. **도17** 천마총 금제 허리띠는 부장품이다. 그러니까 실제 생활에서는 차지 않았다. 드리개 끝에 뭐가 달려 있는데 우리가 확실히 알 수 있는 것은 곡옥, 말채찍, 손칼, 물고기다. 나머지는 뭔지 알 수 없다. 우리는 이 허리띠 디자인을 학계에서 모두 풀었을 것으로 짐작하지만 사실은 어느 것 하나 제대로 풀지 못한 형편이다. 금제 허리띠는 구름 패턴으로 되어 있다고 볼 수 있다. 허리에 찼다면 그 모습은 둥근 천문(天門)이 될 수밖에 없고, 그 천문에서 구름(云)이 나오고, (우리 학계는 구름 패턴을 인동잎으로 본다.) 이 구름에서 이 세상 만물(드리개 끝장식)이 태어난다는 천문화생과 우운화생의 세계관을 담고 있다고 할 수 있다. 한마디로 우리가 7장에서 살펴보았던 수막새 디자인을 좀 더 입체에 가깝게 나타냈다고 보면 되겠다(5장 **도9·19·21–23·38–43·47·56** 참조). 그러니까 이 디자인을 보려면 허리띠를 채운 다음 평면에 펼쳐야 한다. 고대 미술을 볼 때는 이렇게 평면과 입체를 염두에 두면서 해석해야 한다.

도17 천마총 금제 허리띠와 드리개. 길이 125㎝. 신라 5~6세기. 국보 제190호. 국립경주박물관

금관은 수막새 디자인의 입체

우리는 학계에서 신라 금관의 비밀을 모두 풀었을 것으로 짐작하지만 금관 또한 어느 것 하나 제대로 풀지 못한 형편이다. 어떤 이는 신라 금관을 유라시아 흉노제국에서 온 것으로 보고, 어떤 이는 시베리아 스키타이왕국 금관에서 그 뿌리를 찾는다. 또 금관의 맞가지 세움 장식은 생명의 나무 자작나무로, 엇가지 세움 장식은 사슴뿔로 본다.

그런데 이런 해석이 과연 적절하다고 할 수 있을까. 아니 온당하다고 할 수 있을까. 금관 말고 신라 미술에서 생명수로서의 자작나무, 사슴뿔을 주제로 한 미술이 있을까. 내가 알기로는 없다. 그런 의미에서 이런 해석은 적절하지도 온당하지도 않다. 신라 금관은 신라 미술 속에서, 신라 세계관 속에서 풀어야 한다. (왜 흉노와 시베리아까지 가야 하나!) 나는 맞가지나 엇가지나 모두 구름(云)으로 본다. 맞가지는 **도18** 구름운(云) 갑골 변형과 본질적으로 같은 패턴이다. 또 이는 신석기 곡선 구름이 직선 구름으로 바뀌는 것과 같다(10장 **도11-14** 참조). 엇가지 또한 신석기나 고구려벽화의 구름 패턴에서 쉽게 찾아볼 수 있다.

금관에서 가장 중요한 부분은 관테다. 관테에서 위아래 장식이 시작되는 것이다. 둥그런 관테는 수막새의 천문(天門)에 해당한다. 곡옥은 구름에서 나는 구름싹(아기구름)이다(5장 **도21** 참조). 얇은 금판 달개[영락瓔珞]는 구름에서 나는 새싹으로 보면 되겠다. 바로 우운화생(雨云化生)의 세계관이고, 천문(관테)에서 금관 디자인이 시작된다는 점에서 천문화생(天門化生)의 세계관이라 할 수 있다. 사실 금관은 천문·구름·생명의 탄생으로 되어 있는 수막새 디자인의 입체로 보면 된다. 핵심만 간단히 말했다. 이에 대한 근거는 차고 넘친다. 단지 우리가 그것을 미처 보지 못했을 뿐이다. 아니 우리 역사에서 가장 긴 시기라 할 수 있는, 장대한 역사 신석기를 공백으로 밀쳐두었던 업

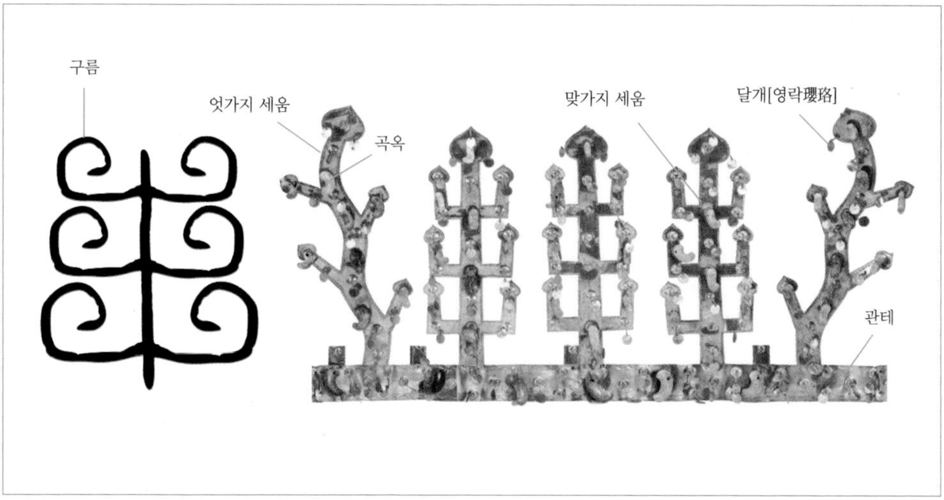

보라고도 할 수 있을 것이다. 신석기 세계관을 정리하지 못하니 청동기를 볼 수 없었고, 그래서 우리는 그 뒤 한반도 사람들의 세계관을 제대로 정리하지 못한 셈이다. 금관 하나를 두고도 굳이 저 멀리 시베리아 스키타이까지, 유라시아 흉노제국까지 가서 그 기원을 찾으려 한 것이다. 하지만 그들의 금관과 신라의 금관은 처음부터, 그 시작점부터 다르다. 그리고 고구려, 백제, 마한, 가야의 금관도 기본 디자인과 패턴은 신라 것과 같다.

도18 구름운(云) 갑골을 옆으로 뉘어서 둘을 붙였다. 이렇게 해도 구름은 구름이다.

도19 천마총 금관 펼침. 부분 이름은 한국사학계에서 두루 쓰는 명칭이다.

반타원·반원형 구름

우리는 한반도 구석기인들이 구름(云)을 어떻게 그렸는지는 알지 못한다. (아직 그것을 알 수 있을 만한 유물이 나오지 않았다.) 다만 우리 신석기시대 그릇 가운데 가장 이른 시기의 그릇인 제주도 북제주군 한경면 자구내 마을 한장밭 고산리유적에서 나온 덧띠무늬토기(융기문토기)에서 그 패턴을 짐작할 수 있을 뿐이다(7장 **도7·20**). 제주 고산리 유적은 기원전 8500년까지 잡고 있다. 그렇다면 신석기 초기에 해

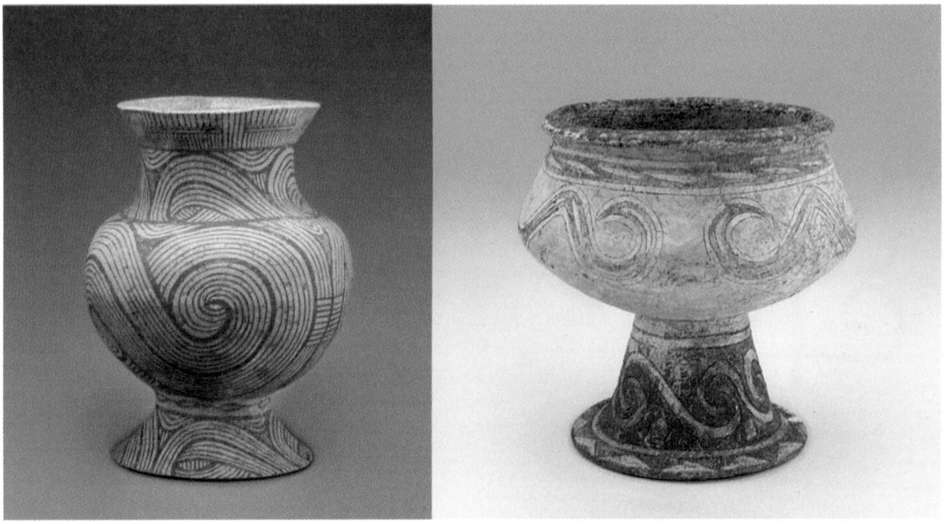

서구 학계는 도20 • 21의 무늬 패턴을 '단순한 소용돌이 모티프simple swirling motifs'라 한다. 하지만 이 패턴은 구름(云)이다.

도20·21 굽다리 항아리. 태국 우돈타니 주 Udon Thani Province 반치앙문화 Ban Chiang culture 채색토기. 기원전 100년. 높이 30cm. 국립중앙박물관. 증3839

당된다고 볼 수 있다. 7장에서 자세히 살펴보겠지만 이 그릇의 구름무늬는 **도24** 암사동 빗살무늬토기와 달리 입체에 가깝다. 나는 이것을 구석기 미술의 특징인 '자연주의'와 관련이 있다고 본다. 이에 대해서는 7장에서 다루었다.

앞에서도 몇 번 얘기했지만 한반도 신석기인들은 구름을 주로 '삼각형'으로 새겼다. 그런데 삼각형 패턴에 견주면 아주 많다고 할 수는 없지만 **도24**와 같은 반원·반타원형 구름도 있다. 러시아 문양학자 아리엘 골란Ariel Golan은 반타원·반원형 구름이 점차 삼각형 구름으로 바뀐다고 말한다. 그에 따르면 신석기 그릇 무늬 패턴은 곡선에서 직선으로 바뀌는 경향이 있다고 한다. 하지만 이는 꼭 그렇지 않다. (오히려 그 반대인 경우도 있다.) 우리 한반도 신석기 그릇 패턴이 그렇고 태국 반치앙 문화 그릇 패턴도 그렇다. 태국 반치앙 문화 그릇은 초기의 새김무늬에서 채색무늬로 바뀌면서 오히려 곡선 무늬 패턴을 더 정교하게 그리고 있다(**도20·21**).

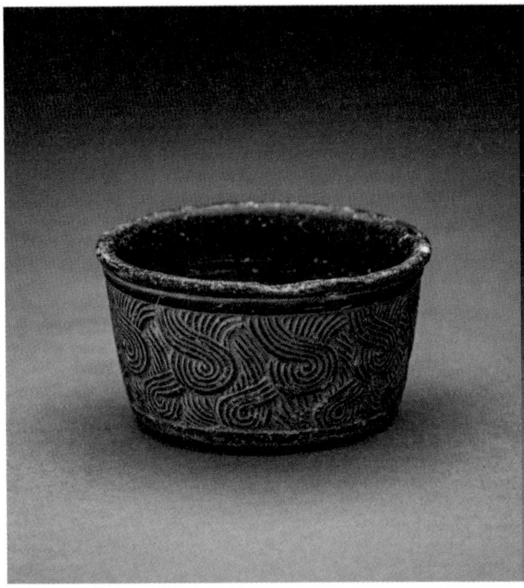

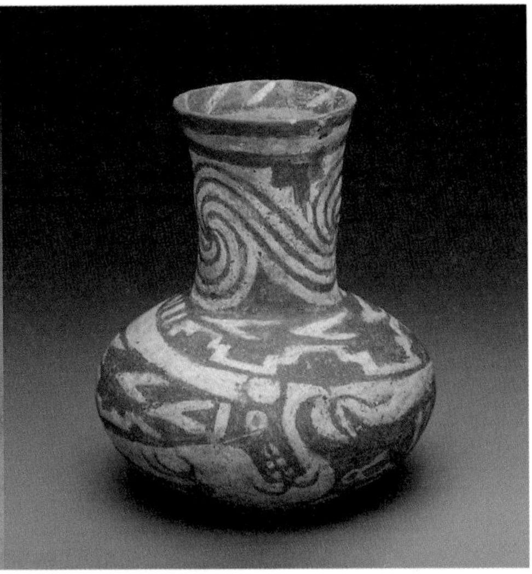

도23 병 목에는 구름(云)을, 그 아래는 들소를 그렸다. 미국 원주민 장인들은 그들의 조상 신석기 때 디자인과 패턴을 지금도 그대로 그리고 있다.

도22 아프가니스탄 북부 마르기아나 Margiana 돌그릇. 기원전 2000~1500년. 구름(云)을 입체에 가깝게 조각했다.

도23 미국 아칸소 병. 1300~1500년. 높이 24cm

도24 암사동 빗살무늬토기 패턴을 해석하기 위해서는 **도25**처럼 그림으로 그려 보고 색을 칠해 봐야 한다. 물론 색은 최소한으로 칠해야 한다. 이 그릇의 무늬는 가장 위에 '하늘 속'을 새기고 그 안에 '하늘 속 물(水)'을 짧은 빗금으로 새겼다. 이 물이 반타원형 구름으로 나오는 것이다. 반타원 안에 점점이 찍은 점은 '구름 속 수분·물기(水, 雨)'다. 이 구름에서 비(雨)가 내리는 것이다. 아래 빗금은 구름에서 내리는 빗줄기(雨)로 보면 되겠다.

우리 신석기 학계는 이 그릇 무늬의 뜻을 알려고 하지 않는다. 엄청 어려운 한자말로 무늬 이름을 정해 쓰고 있는데, 하늘 속 짧은 빗금은 단사선문(短斜線文 짧을단·비낄사·줄선·무늬문), 파란 하늘 무늬는 능형문(菱形文 마름능·모양형·무늬문), 반타원형 구름은 중호문(重弧文 겹칠중·활호·무늬문), 빗줄기 패턴은 횡주어골문(橫走魚骨文 가로횡·달릴주·고기어·뼈골·무늬문)이라 한다. 풀이하자면 이렇다. 단사선문은 짧은 선을 비스듬히 새긴 무늬, 능형문은 마름모꼴 무늬, 중호문은 활모양

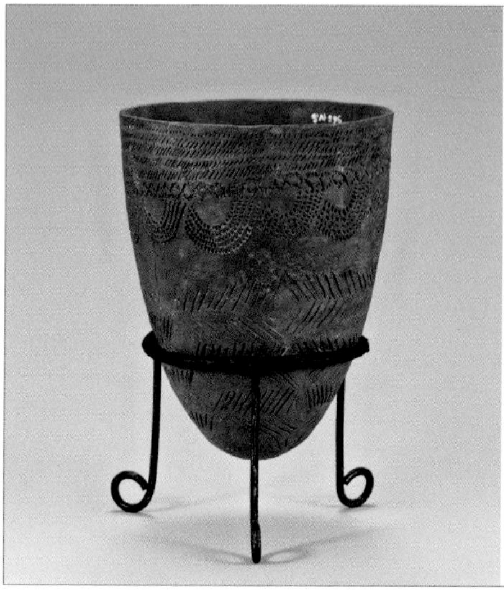

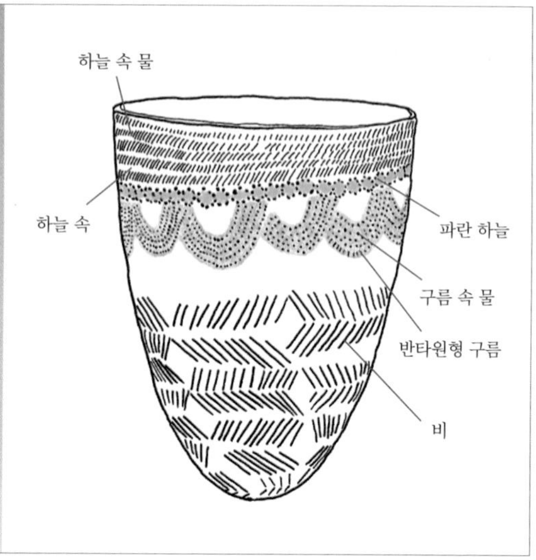

이 그릇은 높이가 20.8cm밖에 안 된다. 손바닥을 쭉 펴고 손끝에서 손목 주름까지 길이가 보통 20cm 남짓 된다. 물고기 한 마리도 담기 힘든 그릇이다. 대체 이 그릇의 용도는 무엇일까.

도24 서울 암사동 빗살무늬토기. 높이 20.8cm. 국립중앙박물관. 신22712

도25 도24 빗살무늬토기를 그린 것

을 겹쳐 새긴 무늬, 횡주어골문은 물고기뼈 무늬를 가로로 새겼다는 말이다. 이와 같이 그저 무늬의 형태만 말해주는 이름일 뿐이다. 이것을 어떻게 무늬 해석이라 할 수 있겠는가. 그런데 놀랍게도 우리 한국 사학계는 근대사학 100년 동안 이렇게 이름을 붙이고 수많은 논문을 써 왔다. 정작 이 무늬가 뭔지 모르고, 이 그릇이 담고 있는 '세계관'이 뭔지 모르고 논문을 쓴 것이다. 과연 이런 태도가 학문하는 태도라 할 수 있을까. 어떻게 이런 일이 가능할까. 하지만 지금도 신석기 관련 논문은 수없이 쏟아지고 있다.

도25 그릇 무늬는 상당히 섬세하다. 특히 반타원형 구름 속 물을 점점이 점을 찍어 표현했는데, 확대해 보면 알 수 있듯이 이 점을 낱낱이 하나씩 찍었다. (결코 빗 같은 무늬새기개로 찍지 않았다!) 우선 이 그릇 전체 무늬를 보고 알 수 있는 것은 그릇을 빚은 다음 충분히 말리지 않고 무늬를 새겼다는 것을 짐작할 수 있다. 하늘 속 물 무늬를 보면 흙이 덧나 있고, 파란 하늘 무늬도 선명하지 않다. 아래 빗줄기

(雨)는 그 깊이가 다 다른 것을 보면 그릇이 덜 말랐을 때 무늬를 새겼다는 것을 알 수 있다. 왜 그런 것일까. 그 까닭은 반타원형 구름 속 점무늬 때문일 것이다. 그릇을 너무 말린 다음에 점을 찍으면 잘 안 들어가기 때문에 덜 말릴 상태에서 찍은 것이다.

반타원·반원형 구름(云)은 세계 신석기 미술에서 흔히 볼 수 있는 패턴이다. 또 반타원형 구름 속에 점을 찍어 구름 속의 수분을 표현한 것도 세계 신석기 미술에서 일반적인 패턴이다. 그런데 암사동 빗살무늬 디자인은 다른 세계 신석기 미술과 다른 점이 있다. 그것은 바로 구름(云)의 '기원'을 분명히 보여주고 있다는 점이다. 구름의 기원 하늘 속, 그 하늘 속 물(水)을 파란 하늘 위에 새겨 구름이 거기에서 온다는 것을 표현하고 있다. 이것은 세계 신석기 미술에서 찾아보기 힘든 사례라 할 수 있다. 그래서 한반도 암사동 신석기 빗살무늬토기 디자인과 패턴을 해석하게 되면 세계 신석기 미술이 한눈에 보이는 것이다.

북한의 새김무늬 구름 패턴과 세계 신석기 미술의 구름

도26 새김무늬토기 구름 패턴을 보면 아주 다양하다. ①은 우리가 앞에서 익히 본 삼각형 구름이고, ②·③·④·⑨는 반원형·반타원형 구름이고, ②의 몸통 구름·⑤·⑦·⑧은 비구름rain cloud 난층운(亂層雲·雨云)이다. 우리 학계는 ⑤·⑦·⑧ 비구름 패턴을 '실타래' 모양과 같다 해서 '타래무늬'라 한다. 하지만 이 무늬는 비가 내릴 때 낮게 깔려 있는 비구름(雨云)을 표현한 것이다. 그래서 이 구름무늬는 ②·⑤·⑦·⑧처럼 그릇 아래쪽에 있을 때가 많다. 당시 신석기인들은 여러 구름 가운데서도 가장 낮게 깔려 있는 난층운에서 비가 내린다는 것을 알고 있었던 것이다. 나는 이 비구름 패턴이 조금씩 바뀌어 고구려벽화, 백제와 신라, 고려, 조선의 구름무늬가 되었다고 본다.

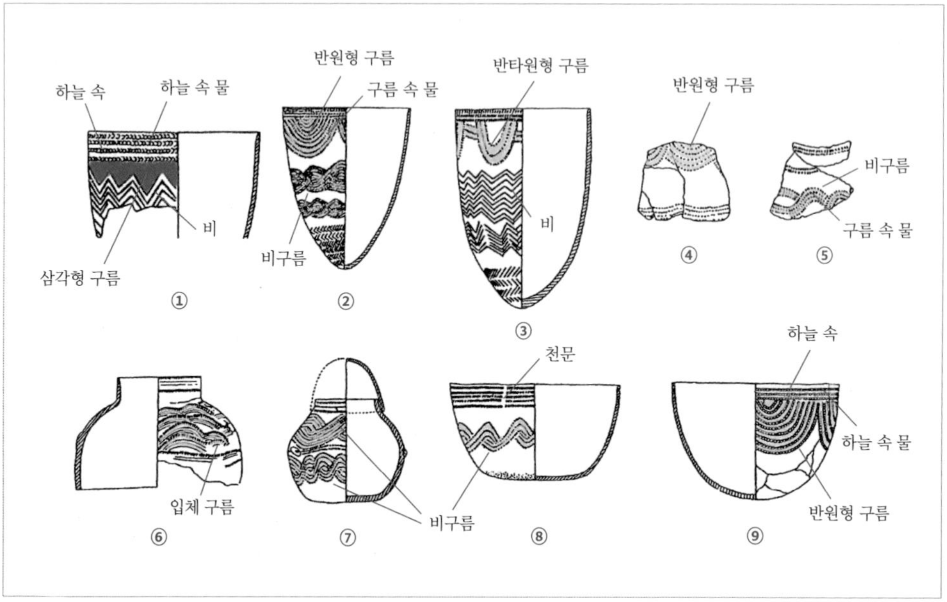

| 북한 학계는 빗살무늬토기라 하지 않고 새김무늬토기라 한다.

도26 새김무늬토기.
황해북도 봉산군
지탑리유적.
기원전 3000년

도26 새김무늬토기에서 눈여겨봐야 할 그릇은 ⑥번이다. 이 그릇의 구름무늬는 거의 입체에 가깝다. 다른 그릇의 구름무늬가 3차원 입체 구름을 1차원 평면에 새긴 평면화라면, ⑥번 구름은 3차원 입체 구름을 1차원 평면에 3차원 입체로 새긴 구름이라 할 수 있다. 신석기시대 이런 구름무늬는 아주 드문데 북한의 새김무늬토기에서는 이런 구름무늬가 간혹 보인다.

우리는 **도27·28** 두 그릇에서 반원형·반타원형 구름을 볼 수 있다. 구름 속 수분(水)을 표현하는 패턴도, 구름을 이어놓은 패턴도 같다. 하지만 두 그릇은 엄청난 차이가 있다. 한반도 신석기인들은 구름의 '기원' 하늘 속과 하늘 속 물(水)을 알뜰히 새겼다. 그리고 그 구름에서 내리는 비와 이 비가 스며드는 심원의 세계까지 새겼다. 하지만 **도27** 아프리카 탄자니아 신석기 그릇 패턴은 그렇지 않다. 대체로 아프리카 신석기 그릇 패턴이 그렇다. 암사동 신석기 그릇과 마찬가

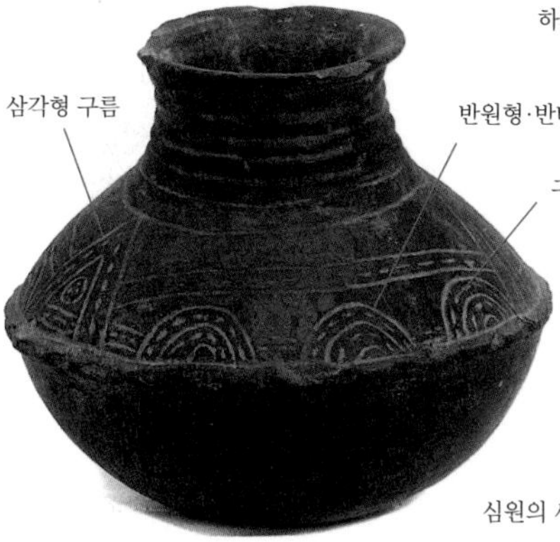

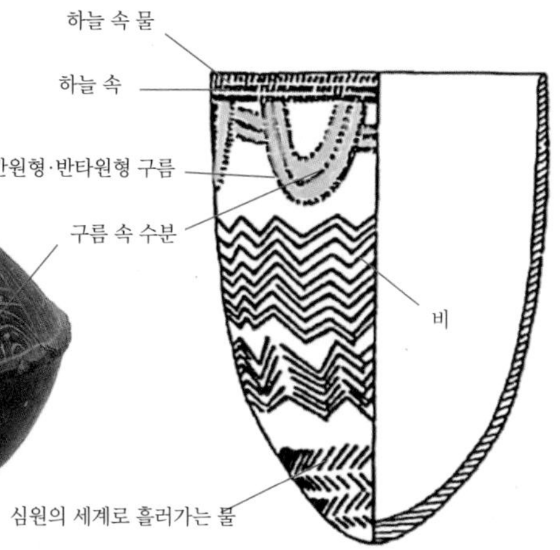

우리는 두 그릇에서 반원형·반타원형 구름을 볼 수 있다. 구름 속 수분(水)을 표현하는 패턴도, 구름을 이어놓은 패턴도 같다. 하지만 탄자니아 신석기 그릇에서는 암사동 신석기 그릇과 달리 구름의 '기원' 하늘 속과 하늘 속 물(水)에 대한 세계관을 읽을 수 없다. 대체로 아프리카 신석기 그릇 패턴이 그렇다.

도27 아프리카 탄자니아 신석기 그릇

도28 황해북도 봉산군 지탑리유적 새김무늬토기. 기원전 3000년

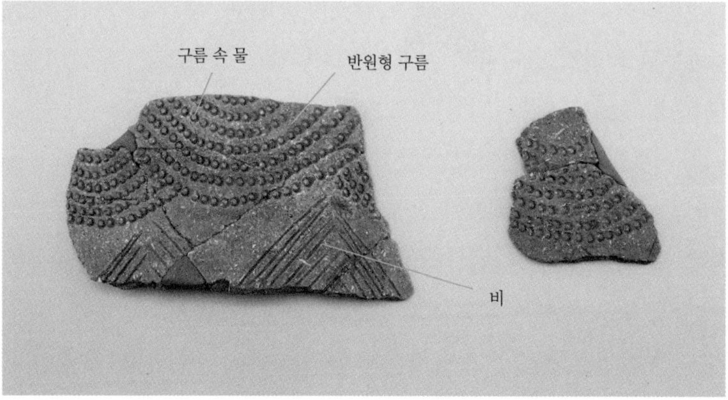

도29 빗살무늬토기 조각.
국립공주박물관.
공한5013

도24 구름 속 물(水) 무늬는 끝이 뭉툭한 무늬새기개를 꾹 찔러 나타냈다면, 도29 구름 속 물은 작은 대롱을 찍어 표현했다.

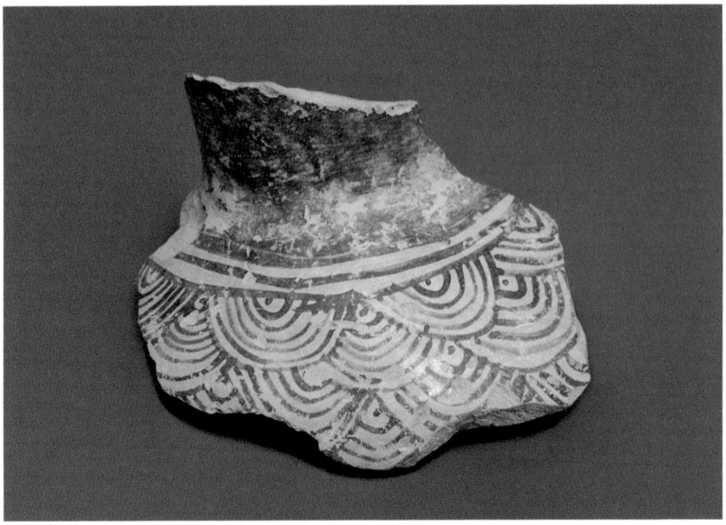

도30 메소포타미아 신석기 할라프 문화 Halafian culture 그릇 조각. 기원전 5000~4300년. 높이 7.5cm. 루브르박물관

서구 학계는 이런 무늬를 그저 기하학적 패턴이라 할 뿐이다. 하지만 이는 세계 신석기 문화에서 흔히 볼 수 있는 반원형 구름(云)이다.

지로 반원(반타원)·삼각형 구름과 비 패턴을 볼 수 있는데, 그들 세계관에는 구름의 기원 문제를 해결한 패턴이 보이지 않는다.

도24 구름 속 물(水) 무늬는 끝이 뭉툭한 무늬새기개를 꾹 찔러 나타냈다면, **도29** 구름 속 물은 작은 대롱을 찍어 표현했다. 이렇게 새기려면 그릇을 빚어 바싹 말린 다음 찍어야 무늬가 깔끔하게 나온다. 그리고 이 동그란 점무늬를 일일이 하나씩 찍었다는 것을 알 수 있다. 결코 빗 같은 무늬새기개로 찍지 않았다.

도31 중국 신석기 샤오허옌문화(小河沿文化) 신석기인이 빚은 그릇을 보면 암사동이 그런 것처럼 경계(파란 하늘)를 짓고 그 위에 '하늘 속'을 그렸다. 하늘 속에 '반원형 구름'이 위아래로 있고 그 사이에 빗줄기(雨)를 그렸다. 그들은 하늘 속에 구름과 비를 아주 그려 넣은 것이다. 중국 신석기인 또한 한반도 신석기인이 그런 것처럼 그릇에 무늬를 그릴 때 먼저 경계(파란 하늘)를 짓고 '하늘 속'과 파란 하늘 아래에 구름과 비를 그리거나 새겼다. 이러한 중국 신석기 그릇으로

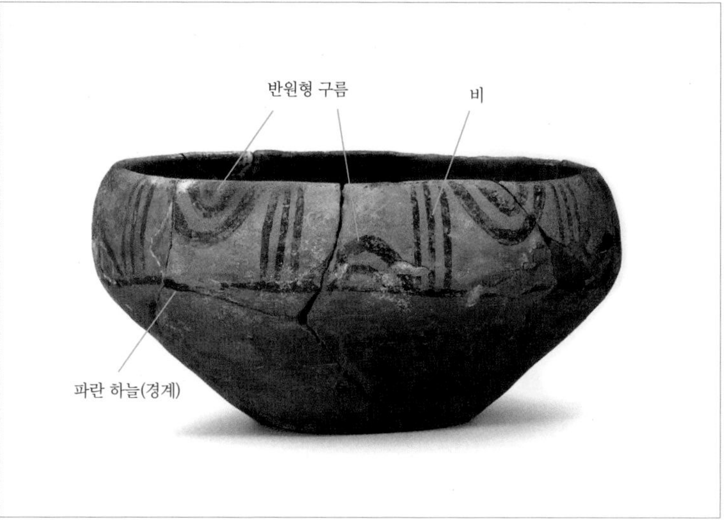

도31 중국 신석기 샤오허옌문화(小河沿文化) 단지. 기원전 3500~2000년. 높이 12.2cm

중국 샤오허옌 신석기인이 빚은 그릇을 보면 암사동이 그런 것처럼 몸통에 경계(파란 하늘)를 짓고 그 위에 '하늘 속'을 그렸다.

는 씽롱와(興隆窪 기원전 6200~5400), 양싸오(仰韶 기원전 5000~2000), 마지아야오(馬家窯 기원전 3500~2000), 씨야지야디앤하층(夏家店下層 기원전 2000~1400) 문화를 들 수 있고, 청동기 그릇으로는 신뎬(辛店 기원전 1500~1000) 문화를 들 수 있다. 하지만 이런 패턴을 볼 수 있다 하더라도 그들은 암사동 신석기인처럼 그리 엄격하지는 않았다.

도32 이집트 신석기 항아리는 하늘 속 아래 반타원형 구름을 그렸다. 그 아래 삼각형 띠구름이 있고, (나는 처음에 이것을 산(山)으로 읽었다. 패턴은 한순간 잘못 읽을 때가 있다.) 그 사이에 야생 염소 아이벡스ibex처럼 보이는 네 발 짐승이 들판을 거닐고 있다. 가장 아래에는 두 발 달린 생명(날짐승, 홍학flamingo)이 줄지어 있다. 흥미롭게도 머리를 덩굴손 같은 새싹으로 그렸다. 그릇에 있는 무늬를 총체로 해석하면, 이 세상 만물이 비구름(雨云)에서 비롯한다는 우운화생(雨云化生)의 세계관이라 할 수 있다. 에스S 자 모양은 뭔지 모르겠다. 이 그릇 뒷면에는 한글 '오' 자와 똑같이 생긴 '오'가 나란히('오오오오

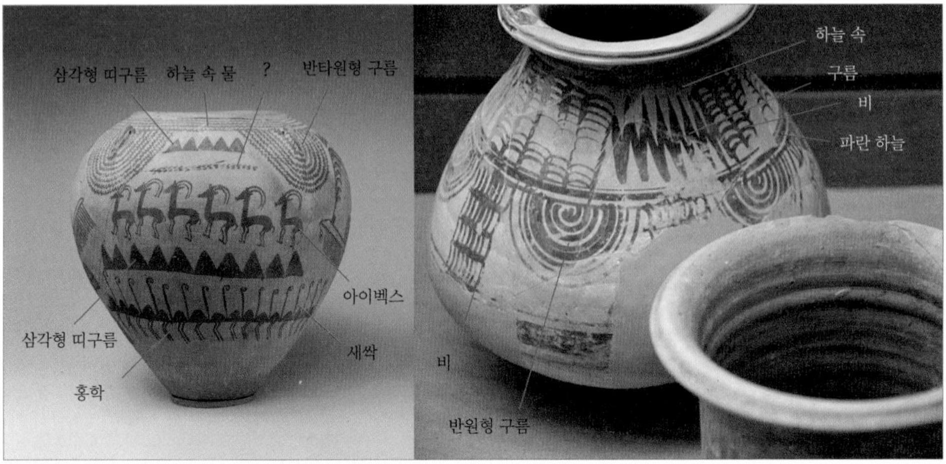

도32 이집트 신석기 항아리는 하늘 속 아래 반타원형 구름을 그렸다. 그 아래 삼각형 띠구름이 있고, 그 사이에 야생 염소 아이벡스처럼 보이는 네 발 짐승이 들판을 거닐고 있다.

오……') 있다. 그도 뭔지 모르겠다. 이집트 글자를 아는 독자라면 바로 알아볼 것이다. 꼭 알려주시면 고맙겠다.

도33 발렌시아 올로카우Olocau 단지는 몸통 위로 경계(파란 하늘)를 두르고, '하늘 속'에는 비(雨)가 방방하게 차 있는 듯한 무늬와 그 비가 밖으로 나오고 싶어 하는 몸짓(運動)을 지그재그 구름무늬로 그렸다. 그리고 경계 아래로는 반원형 구름과 빗줄기를 그렸다. 반원형 구름은 컴퍼스로 그렸다.

도34 페루 치무문화 그릇의 구름무늬가 3차원 입체에 가깝다면 **도35** 수단 신석기 그릇의 구름무늬는 1차원 평면화라 할 수 있다. 세계 신석기인이 그리거나 새긴 구름을 보면 이렇게 페루 치무문화 그릇처럼 입체에 가깝게 그린 것도 꽤 보인다. 구름 속에 찍은 점은 구름 속 수분(水)이다.

도36 그릇은 검은색을 칠해 무늬를 그렸다 해서 '채문토기'라 하고, 목이 길어 '장경호(莊頸壺)'라 한다. 우선 이 그릇에서 가장 먼저 눈여겨봐야 할 것은 그 형태다. 이런 형태는 조선에 와서야 비로소

도32 이집트 선왕조(Predynasti 기원전 5500~3100) 시대 항아리.
기원전 3500~3100년.
높이 30cm

도33 발렌시아 올로카우Olocau 단지.
기원전 3~2세기.
스페인 발렌시아 선사시대박물관

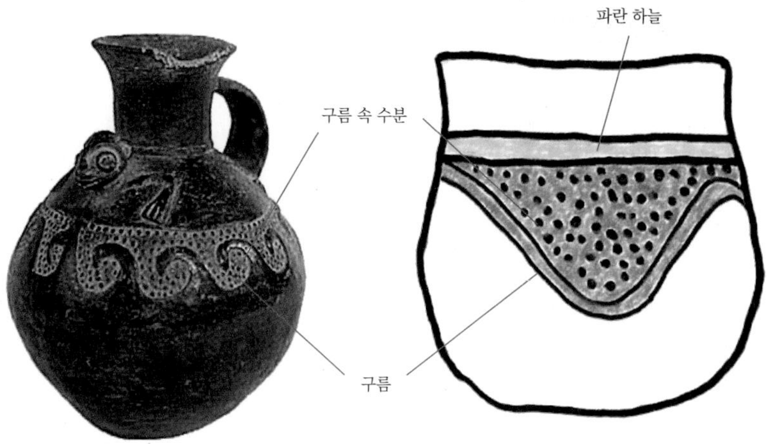

도34 페루 치무문화 Chimú culture 그릇. 1200년

도35 아프리카 수단 신석기 그릇

볼 수 있다. 아주 똑같지는 않지만 국보 제107호 백자철화포도문항아리 디자인과 비슷하다. 그런데 이런 모양 그릇이 한반도 신석기 후기에 나왔다는 것은 그야말로 미스터리다.

이 그릇은 1929~30년에 함경북도 웅기 송평동 호숫가 언덕 모래밭 무덤에서 나왔다. 시신 머리 쪽에 부장품으로 묻었던 것으로 알려져 있다. 원래는 국립중앙박물관에 있었으나 해방 이후 사라져 지금은 어디에 있는지 알 수 없다. 이 그릇과 관련해 유일한 코멘트는 김원용의 짤막한 유물 해석에서 찾아볼 수 있는데, 그는 그릇 어깨에 있는 무늬를 "U자형을 3중으로 겹친 연판형문(蓮瓣形文)"이라 한다(『한국미술전집1-원시미술』(동화출판공사), 140쪽). 사실 이런 풀이는 그저 그 모양만 말할 뿐이다. 더구나 이 무늬를 연판(蓮瓣 연꽃연·꽃잎판) 모양으로 보는 것은 문제가 심각하다. 이 무늬는 연꽃잎과는 아무런 관련이 없다. 또 자세히 보면 연꽃잎을 닮지도 않았고, 신석기 미술에서 연꽃잎 패턴은 그 어디에서도 찾을 수 없다. 그것은 불교가 한반도에 들어올 때쯤인 4~6세기부터 시작되었다고 봐야 한다.

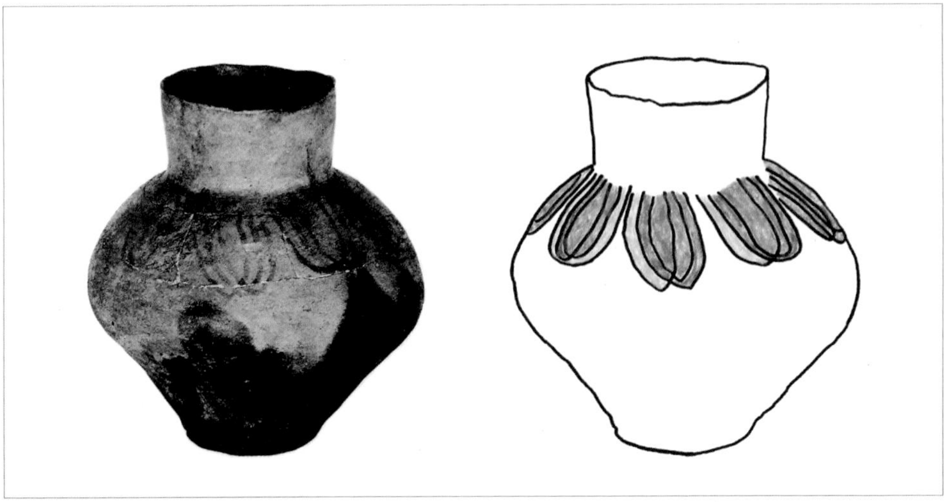

도36 채문토기장경호. 신석기 후기. 함경북도 웅기 송평동 호반사지(湖畔沙地). 높이 19.9cm

도36-1 도36 채문토기장경호를 그림으로 그리고 색을 칠했음

이렇게 무늬 패턴 명칭을 한번 잘못 붙여 놓으면, (이렇게 붙여 놓았는데 그릇이 나온 지 90년이 지나도 이 무늬의 정체를 풀지 못하면) 그 무늬가 진짜 그 무늬가 되고 만다. 진짜 연꽃잎이 되고 마는 것이다. 그래서 무늬 패턴 이름을 정할 때는 이것저것 세심하게 고려하고 붙여야 한다.

도36-1은 **도36** 채문토기장경호를 그림으로 그리고 색을 칠해 본 것이다. 색을 칠한 까닭은 무늬를 읽기 위한 방편이다. 지금까지 이 책을 읽어왔다면 저 무늬가 무엇을 뜻하는지 바로 보일 것이다. 그렇다! 바로 구름(云)이다. 구름이 파란 하늘에 떠 있는 것이 아니라 하늘에 달려 있는 것으로 그렸다. 물론 왜 저렇게 갑자기 그릇 목이 길어졌는지 이것도 풀어야 하지만 그것은 청동기 미술사에서 자세히 풀 것이다. 다만 간단히 귀띔을 한다면, 위 그릇의 디자인을 볼 적에는 위에서 아래로 똑바로 내려다보면 달리 보일 것이다. 위에서 아래를 내려다보고 그것을 그대로 평면에 1차원으로 그리면 어떻게 될까. 그것은 우리가 앞에서 수없이 본 수막새 디자인과 본질적으로 같은 도상이 된다. 천문에서 구름이 나오는 디자인 말이다. 다시 말

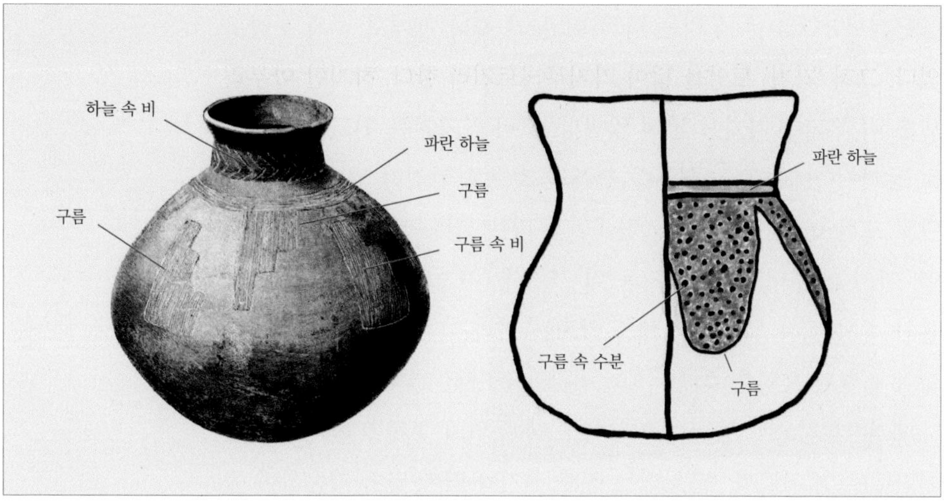

하지만 청동기부터 나오는 목 긴 항아리의 그 긴 목은 천문(天門)과 관련이 있다. 이에 대해서는 이 책 곳곳에서 다루었고 13장에서는 아주 자세히 풀었다.

도37 미국 아칸소 Arkansas 신석기 그릇

도38 아프리카 수단 신석기 그릇.
두 그릇을 보면 구름 패턴이 조금 다르지만 전체 디자인 측면에서 보면 둘 다 구름으로 볼 수 있다.

가지가 아니라 뭉게구름

도37·38 두 그릇을 보면 구름 패턴이 조금 다르지만 전체 디자인 측면에서 보면 둘 다 구름으로 볼 수 있다. **도38** 아프리카 수단 신석기 그릇은 **도36** 채문토기장경호와 본질적으로 같은 디자인이다. 다만 수단 신석기 그릇은 구름 속 수분(水, 雨)을 좀 더 구체로 표현한 것으로 볼 수 있다.

도39-41은 채색무늬토기로 흔히 '가지무늬토기'라 한다. 이 그릇은 청동기 그릇인데도 그릇 겉면에 무늬를 냈다. 이 무늬를 중국 학계는 흑화연판문(黑花蓮瓣文, 검정 연꽃잎무늬)이라 하고, 우리 학계는 '가지무늬'라 한다. 하지만 이 책을 조금만 읽어도 이 무늬가 무엇을 구상으로 한 패턴인지 바로 알 수 있을 것이다.

근대사학 100년, 우리는 아직 이 무늬 하나 제대로 풀지 못하고 있다. 그저 '가지' 모양을 닮아 가지무늬토기라 한다. 하지만 아무리 봐도 이 무늬는 가지를 닮지 않았다. 그리고 가지는 인도가 원산지로 동아시아에는 5~6세기쯤 전해진 것으로 알려져 있다. 우리 한반도 또한 마찬가지이다. 그런데도 우리는 '청동기시대' 그릇 이름에 '가지'를 붙이고 있다. 처음 이 그릇에 '가지무늬토기'라 이름을 붙인 학자는 이 무늬의 정체를 알지는 못하지만 그 모양이 가지를 닮아 이렇게 붙였을 것이다. (그는 이 무늬를 '정말' 가지로 보았을 수도 있다!) 그런데 앞으로 50년이 지나서도 이 무늬의 정체를 풀지 못하면 어떤 일이 벌어질까. 이 무늬는 진짜 가지가 되어 버릴 가능성이 높다. 우리가 빗살무늬토기의 비(雨) 패턴을 생선가시 무늬라 하듯, 청동거울의 각진 구름을 번개라 하듯, 일본 학계가 조몬토기의 입체 구름(云)을 불꽃(火焰)이라 하듯 말이다.

도39-41의 무늬는 **도34-38** 그릇의 구름(云) 패턴과 본질적으로 같다. 우리가 만약 신석기 미술을, 신석기 '세계관'을 제대로 정리했다면 **도39-41**의 무늬는 바로 풀 수 있었을 것이다. 하지만 지금도 우리 학계는 이 무늬를 그저 '가지무늬'라 하고 있다. 이 가지 모양이 무엇을 구상으로 한 것인지 말하지 않는다면, 대체 무슨 소용이 있단 말인가.

중국 랴오닝성(遼寧省) 타이쯔허(太子河) 유적에서도 이와 비슷한 그릇이 나오기는 했지만 우리 그릇 무늬하고는 아주 다르다. 중국 타이쯔허(太子河) 그릇은 누가 보더라도 불완전연소 과정에서 생긴, 아주 우연하게 생긴 그을음 자국이다. 그에 견주어 한반도 청동기 가지무늬토기는 청동기 장인이 '일부러' 이 모양을 냈다는 것을 알 수 있다. 그런데도 우리 학계는 이 그릇의 기원을 중국 랴오닝성 씬빈만주쯔즈씨엔(新宾满族自治县), 도옹셩도옹쉬에(東升洞穴), 타이쯔허 유적에서 나온 그릇에서 찾고 있고, 중국 동북지역과 한반도 남부지

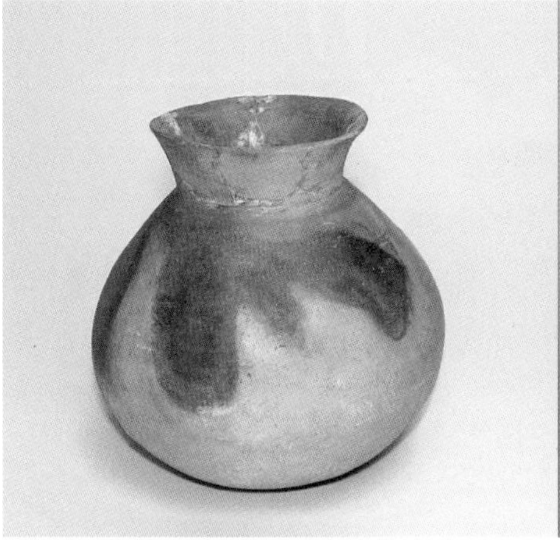

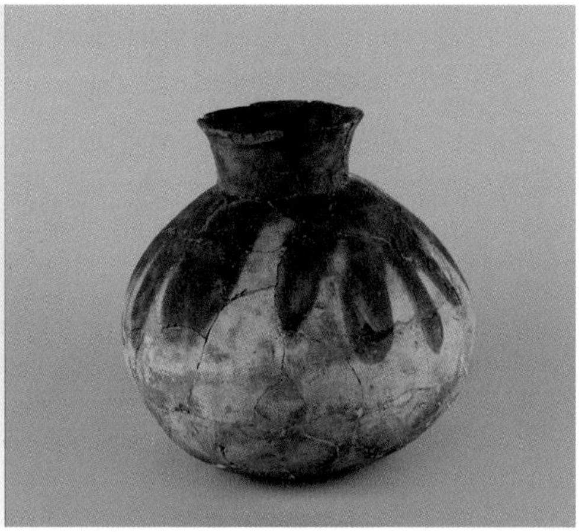

도39 가지무늬토기. 국립중앙박물관

도40 가지무늬토기. 높이 23cm. 국립진주박물관

역이 교류한 사례로 보고 있다. 이런 문제틀은 어떤 미술을 연구할 때 비슷한 유물을 찾고 그것의 연관성과 선후관계부터 따지는 고고학의 고질적인 사고틀이다. 하지만 앞에서도 말했듯이 중국 그릇과 한반도 가지무늬토기는 아무런 관련이 없다. 이 그릇의 디자인과 무늬는 철저히 세계관 속에서 풀어야 한다. 우리 학계가 이렇게 엉뚱한 결론을 내린 까닭은 연관성부터 따지는 고고학의 관습적인 풍토에도 있지만, 무엇보다도 한반도 신석기 세계관을 뚜렷이 정리하지 못한 것에서 찾아야 할 것이다.

가지무늬토기는 충북 제천, 경상남도 밀양·사천·진양·진주, 전라남도 화순·순천에서 나오고 있다. 그릇 모양은 보는 바와 같이 밑굽이 없고 둥글다. 그래서 똑바로 설 수 없다. 그릇이 나오는 곳도 돌널무덤이나 고인돌 무덤인 것으로 보아 일상에서 쓴 그릇이 아니라 부장품으로 특별히 빚어 구은 그릇이라는 것을 알 수 있다. 다시 말해 당시 청동기인들이 '죽음의 문제'를 해결하는, 그런 세계관이 담긴 그릇으로 볼 수 있다. 이런 그릇 모양을 일러 김원용은 '돈주머니 모양 토기'라 한다(『한국미술의 역사』(시공사), 39쪽). 이런 이름은 패턴에 아무런 고민이 없는 이름이다. 문제는 왜 청동기 장인이 스스로 설

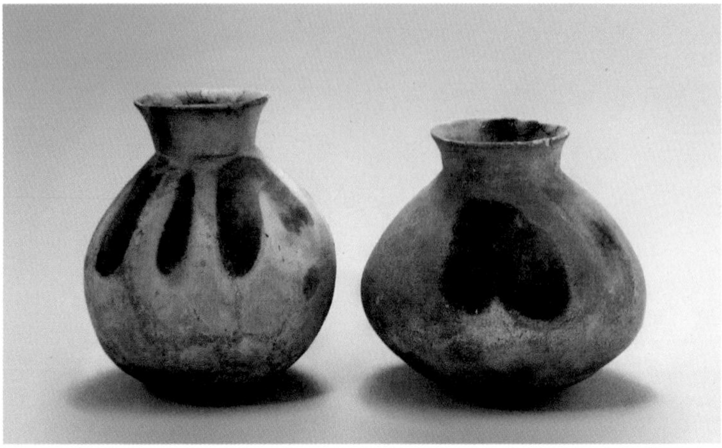

도41 가지무늬토기. 경상남도 진주시 대평면 대평리유적. 왼쪽 높이 19.1cm. 국립진주박물관

수도 없는 그릇을, (서더라도 불안한) 밑굽이 없는, 것도 바닥이 둥근 그릇을 빚었는가 하는 점이고, 이런 그릇을 왜 시신 머리맡에 같이 묻었는가, 하는 점이다. 다시 말해 이 그릇에 담긴 '세계관'을 풀어야 한다는 점이다. 결론부터 말하자면 이 그릇은 '뭉게구름' 그 자체라 할 수 있다. 그래서 밑굽이 없고, 바닥이 둥근 것이다. 13장 고구려 쌍기둥무덤 벽화 항아리(13장 **도7**)도, 미송리·묵방리형 그릇이나 신라의 목 긴 항아리도 구름(云)으로 보고 풀어야만 그 해답을 얻을 수 있다. 다만 묵방리형 그릇이나 **도36** 채문토기장경호나 신라의 목 긴 항아리처럼 목이 길어진 것은 이 목 자체가 천문(天門)을 입체로 형상화했기 때문이다. 즉 이런 그릇은 천문에서 구름이 나오는 것을 입체로 표현한 것으로 봐야 하는 것이다. 이에 대해서는 13장에서 아주 자세하게 다루었다.

그렇다면 **도39-41·41-1**의 무늬는 어떻게 냈을까. 김원용은 망간 가루나 특수 식물물감을 썼을 것으로 짐작한다. 『한국고고학전문사전-청동기시대 편』(국립문화재연구소)에서는 그릇을 불에 구운 다음 뜨거운 그릇 겉면에 유기물질을 붙이거나 목탄막대기로 문지르거나 하여 탄소를 겉면에 붙였다고 설명한다(37쪽). 아주 어렵게 되어 있

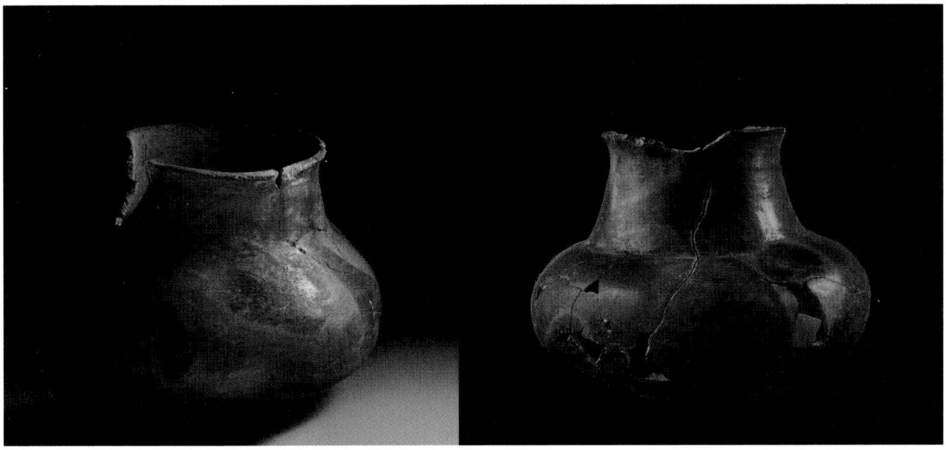

도41-1 투지굳 Tuzigoot 붉은 단지. 애리조나 시나구아 Arizona Sinagua 벼랑집cliff dwellings 출토. 1150~1400년

는데 좀 풀어서 옮겼다. 하지만 여전히 '유기물질'이 뭔지, 탄소를 겉면에 붙였다고 하는데, 도무지 무슨 말인지 알 수가 없다. 그런데 이런 설명은 학자들이 그저 짐작하는 것일 뿐이다. 만약 이 그릇을 현대 사기장들에게 보여주고 이 무늬를 어떻게 냈는지 묻는다면 그들은 뜻밖에도 아주 놀라운 방법 하나를 일러 줄 것이다. 그릇을 빚은 다음 상당히 오랫동안 그늘에 말린다. 적어도 일주일은 넘게 말린다. 이 그릇의 바탕흙이 다른 그릇과 달리 고운 까닭도 이와 관련이 있다. 오랫동안 그늘에 말려도 터지지 않아야 하니까 말이다. 다시 말해 금이 가거나 갈라지지 않아야 하니까. 그런 다음 진흙을 이겨 내가 내고 싶은 무늬대로 그릇 어깨에 붙인다(어깨를 덮는다). 그리고 구덩이에 넣고 구울 때 겉에 붙인 진흙이 떨어지지 않게 돌 같은 걸로 진흙을 고정한다. 다 구운 다음 진흙을 떼어 내면 진흙으로 덮은 부분만 **도39-41 · 41-1**처럼 시커멓게 되어 있을 것이다. 왜 그런고 하니, 불은 연기가 안 나고 잘 타려면 산소가 필요하다. 한데 진흙이 덮고 있어 그곳에만 산소가 충분히 들어가지 못해 그 부분에 그을음이 생기는 것이다. 이 그을음이 탄소(C)다. 이것을 어려운 말로 불완전 연소라 한다. 자동차 배기가스가 시커멓게 나올 때도 바

로 이와 같이 산소가 부족했을 때다. 그러니까 이 무늬를 내기 위해 망간 가루, 특수 식물물감, 유기물질, 목탄막대기를 쓴 것이 아니라는 것이다. 뭐든지 전문가에게 물어야 풀리는 법이다.

가장 나중에 보인 삼각형 구름

도42 빗살무늬토기는 우리가 빗살무늬토기 하면 바로 떠올리는 그릇이다. 거의 모든 역사 교과서와 역사 관련 책에 실려 있기 때문이다. 하지만 우리 역사학계와 미술사학계는 이 그릇의 정체를 아직 풀지 못한 형편이다. 몸통의 빗줄기(雨)를 '생선뼈무늬'라 하고, (이렇게 보는 것은 한반도에서 1만 년 동안 터를 잡고 살았던 신석기인들을 아주 무시하는 것이다.) 또 무늬를 새긴 까닭을 실용 측면으로 본다. 골을 내서 무늬를 새기면 맨손으로 들 때 미끄럽지 않다고 한다. (하지만 질그릇은 유약을 바른 사기그릇과 달리 미끄럽지 않다!) 또 그릇을 구울 때 저렇게 새긴 무늬 골로 불길이 깊게 들어가 더 단단히 구워지고 불 속에서 터지지(갈라지지) 않는다고 한다. 하지만 이것은 그저 짐작일 뿐 꼭 그럴 거라는 보장도 없다. 어쩌면 더 잘 터질지도 모른다. 더 단단하게 구워진다고 하는데, 저렇게 한다고 해서 얼마나 더 단단하게 구워진단 말인가. 그리고 정말 이런 이유로 무늬를 새겼다면 저렇게 정성을 들여 새길 까닭이 있을까. 특히 하늘 속 물(水) 패턴을 보면 옆으로 비스듬히 짧게 새겼는데 정말 그런 목적이었다면 이렇게 촘촘히 정성을 들여 새길 까닭이 있을까. 그런데 우리는 이런 엉뚱한 말을 '정말' 믿고 있다. 사실은 이것이 더 문제다. 어떻게 이런 일이 가능할까. 그것은 지식에 '주눅'이 들어 있기 때문이다. 만약 정치 관련 기사에서 기자가 이런 논리를 폈다면 어떤 일이 벌어질까. 수많은 사람들이 댓글로 비판하고 조롱할 것이다. 그런데 희한하게도 고고학이나 미술사 관련 뉴스를 보면 별다른 댓글을 달지 않는다.

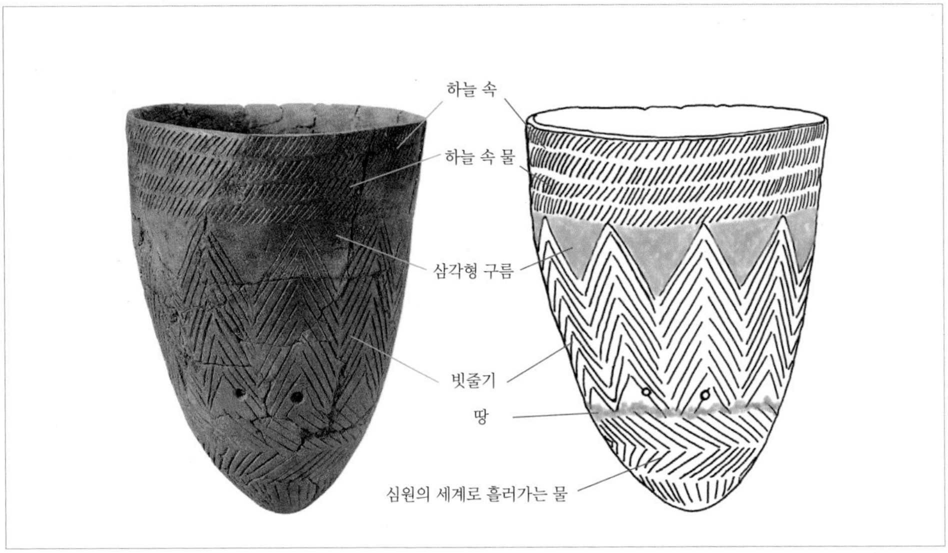

도42 빗살무늬토기. 서울 강동구 암사동. 높이 36.9cm

도43 도42 빗살무늬토기를 그림으로 그린 것

우선 자신이 고고학과 미술을 잘 모르기 때문이다. 그래서 이런 말도 안 되는 이야기를 해도 선뜻 코멘트를 달지 못하는 것이다. 나는 어떤 미술이든 간에 먼저 '상식' 차원에서 생각해 본다. 아는 만큼 보이는 것이 아니라 (사실은 더 안 보인다!) 두 눈을 부릅뜨고 보는 만큼 새롭게 알게 되는 것이다. 무엇보다도 학자들의 주장 말고 내 눈을 먼저 믿어야 하고, 내 느낌과 직관을 믿어야 한다. 특히 고대 미술과 관련해서는 더더욱 그렇다.

먼저 무늬 패턴부터 살펴보자. 사실 **도42** 빗살무늬토기 무늬에서 삼각형 구름(云)은 처음에 잘 보이지 않았다. 하늘 속, 하늘 속 물(水), 빗줄기(雨), 심원의 세계로 흘러가는 물(水)은 보였다. 그런데 삼각형 구름(云)은 정말 보이지 않았다. 나는 하늘 속, 하늘 속 물(水)에서 바로 비(雨)가 내리는 디자인으로 결론을 내렸다.

그런데 어느 순간 삼각형 구름이 보이는 것이 아닌가. **도43**으로 그려 보기 전에 삼각형 구름이 보였다. (어떤 디자인은 그림으로 그리다 보면 새로운 패턴이 보이기도 한다!) 앞에서도 말했듯이 신석기 그릇 디자

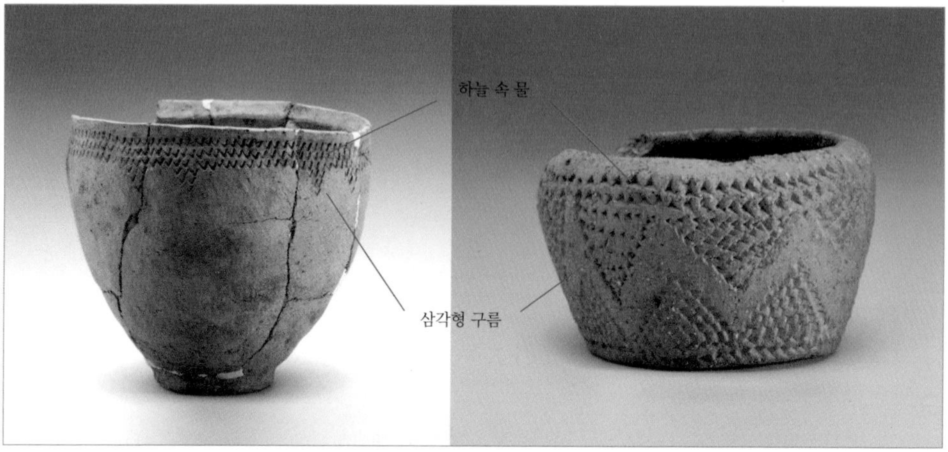

도44 강원 고성문암리 유적 빗살무늬토기. 기원전 6000~3000년 암사동보다 더 이른 시기의 그릇인데도 보는 바와 같이 그릇 바닥이 납작하다.

인과 패턴을 해석하기 위해서는 내 자신이 철저히 신석기인이 되어야 한다. 그리고 이런 그릇 무늬를 볼 때는 문방구에서 진흙을 사와 직접 빚어 보고, 무늬를 새겨 봐야 한다. 그런데 이 그릇은 이렇게 암만 해 봐도 삼각형 구름이 보이지 않았다. 나는 다시 한번 머릿속에서 상상으로 직접 새겨 봤다. 손에 끝이 뭉툭하면서도 뾰족한 무늬새기개 하나를 쥐고 골을 따라 새겨 봤다. 그랬더니 저 삼각형 구름이 떡 보이는 것이 아닌가. 그릇에서 삼각형이 훅 튀어나왔다고나 할까. 할리우드 영화에서 고고학자가 패턴을 해석할 때 무늬가 금빛으로 변하듯이 말이다.

'아, 신석기인은 이렇게 삼각형을 먼저 그렸구나. 그는 아마 이 삼각형 맨 바탕을 상상 속에서 구름빛으로 여기고 디자인했겠구나!'

지금 이 책을 읽는 여러분들은 **도43**을 보니까 바로 삼각형 구름이 보이겠지만 사실 이 구름을 알아보기는 쉬운 일이 아니다. (우리는 100년도 넘게 저 삼각형을 보지 못했다!) 구름에 색을 칠한 까닭은 **도42**에서 찾아낸 삼각형 구름을 여러분들에게 더 쉽게 보여주기 위해서다. 삼각형 구름을 찾아내자 이 그릇의 디자인이 총체로 풀렸다. 하나의 스토리story가 완결되는 것이다. 밑굽 쪽에 풀빛으로 땅(地)을 구분해 보였는데, 이것은 빗줄기가 땅을 촉촉이 적시고 심원의 세계로 흘러드는 물이 시작되는 지점이다. 바로 이 지점에서 무늬의 패턴이 바뀐다. 아마 신석기인들은 이 지점을 땅으로 여겼을 것이다. 이렇게 본다면 이 그릇의 디자인은 그들의 세계관을 표현한 것으로 볼 수 있다.

신석기인, 그들은 바보가 아니다

국립중앙박물관 빗살무늬토기 풀이글 가운데 **도42** 그릇에 나 있는 구멍을 설명한 구절이 있다.

> 주변에서 **쉽게 구할 수 있는 흙**으로 만든 토기가 파손되었다고 바로 버리지 않고 **수리해서 다시 쓰려고** 한 신석기시대 사람들의 생활의 지혜와 **자연을 소중히 여기던 마음**이 전해지는 듯합니다.

도42 빗살무늬토기에서 깨진 틈을 보면 금이 간 양쪽에 구멍을 뚫은 것처럼 보이기는 한다. 하지만 다른 빗살무늬토기와 그릇 조각의 구멍을 보면 꼭 이렇지는 않다. 또 원래는 멀쩡했는데 땅속에서 깨질 때 이렇게 깨졌을 수도 있다. 이 구멍에 대해서는 12장에서 다루겠지만 빗살무늬토기에 난 모든 구멍을 이렇게 설명할 수는 없다.

박물관 설명글에 나와 있듯이 흙은 어디에서나 '쉽게 구할 수' 있다. 결코 귀한 것이 아니다. 문제는 정말 수리해 쓰려고 뚫었는가, 하는 점인데, 한번 상식으로 생각해 보자. 그릇에 금이 갔다고 치자. 금이 간 그릇에 이렇게 구멍을 뚫는 일이 가능할까. 더구나 그때 구멍을 뚫는 도구는 날카로운 돌밖에 없었다. 활비비로 뚫었을 수도 있다. 하지만 그도 쉬운 일이 아니다. 금이 간 그릇에 구멍을 뚫다가 아주 깨져 버릴 수도 있다. 어떻게 어떻게 해서 뚫었다고 치자. 끈으로 묶어 쓸 수 있을까. 당시 그릇은 물을 담거나 요리를 할 때 주로 썼다. 학자들은 곡식이나 먹을거리를 담아 보관하는 구실도 했다고 하지만 이 또한 그저 짐작일 뿐이다. **도42**와 같은 빗살무늬토기는 그렇게 크지 않다. 높이가 80센티미터가 넘는 그릇도 있기는 하지만 그것은 아주 드문 일이고 주로 20~40센티미터 남짓 된다. 여기에 곡식을 보관하면 얼마나 보관하겠는가. 일본과 세계 신석기 유적에서는 나무껍질이나 조릿대, 골풀, 부들, 물옥잠, 갈대, 담쟁이덩굴로 짠 바구니가 많이 나오고 있다. 그 안에 호두, 밤, 도토리가 들어 있기도 한다. 한반도 신석기인들은 기원전 4000년 무렵쯤이나 농사를 지었을 것으로 짐작하고 있다. 그러니까 농사를 지으면서 그릇을 구운 것이 아니라 농사를 짓기 훨씬 이전부터 그릇을 빚어 썼던 것이다. 우리나라 신석기 유적에서는 아직 신석기 때 바구니가 나오지 않았지만 이 바구니 디자인이 살아 있는 그릇은 있다. (7장 **도13·14** 참조. 우리 학계는 아직 이런 흔적을 알아보지 못한다.) 나는 신석기 때 그릇을 두고 곡식을 보관하는 구실을 했다는 말을 그다지 믿지 않는다. 사실 곡식은 이렇게 이상한, 밑굽이 뾰족한 그릇에 보관할 이유도 없다. 박바가지도 좋고, 마른 나무통을 파내서 만든 나무 절구통 같은 독이 더 좋았을 것이다.

어떤 이는 이렇게 밑굽이 뾰족한 까닭을 돌을 둘레에 놓고 그 사이에 그릇을 끼워 놓고 요리하려고 그랬다고 하지만 이도 썩 설득력이 없다. 이런 그릇으로 한 번만 밥이나 음식을 해 보면 불편하다는 것을 대번에 알 수 있다. 음식이 저 뾰족밑 바닥에 있을 것인데 그것을 퍼 담기가 얼마나 힘들겠는가. 또 돌 아궁이에 놓을 때도 지금의 솥단지처럼 밑이 둥글어야 편하고 좋다. 음식도 그런 그릇에 해야 잘 익고 퍼 담기 편하고 씻기도 편하다. 그런데 굳이 이런 그릇 모양을 고집할 이유가 있겠는가. 그들이 그렇게 편한 디자인 그릇을 미처 생각해 내지 못했다고도 하는데, 결코 그렇지 않다. 그들은 돌낫

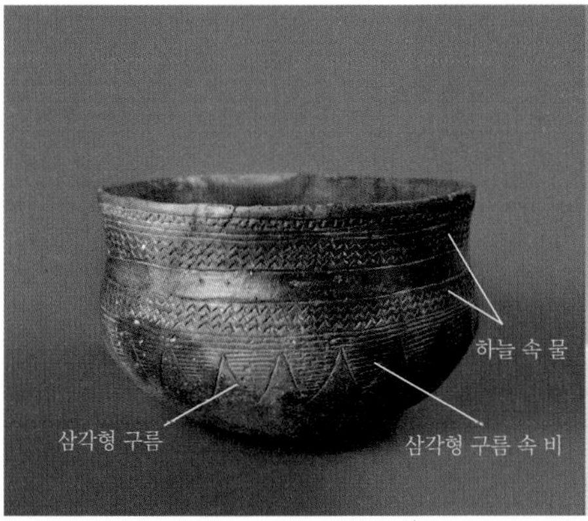

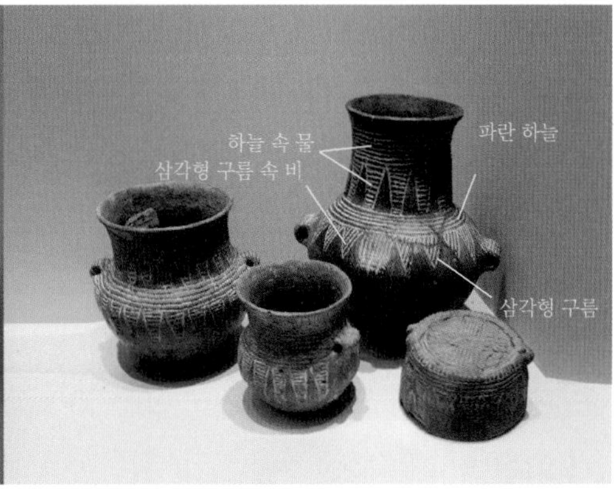

도 돌칼도 편리하게 가공한 사람들이다. 그때 돌낫은 지금도 쓰고 있다. 단지 재질만 다를 뿐이다. 낫의 '표준'은 신석기 때 이미 정해진 것이다. 괭이도 도끼도 마찬가지다. 그런 그들이 이렇게 불편한 그릇으로 음식을 해 먹었다는 것은 상식으로 생각해 봐도 말이 안 된다.

도44 그릇은 강원 고성문암리유적 빗살무늬토기다. 고성문암리유적은 여러 차례 발굴조사를 했고, 그에 따라 발굴조사보고서가 나왔다. 그런데 보고서를 모두 읽어도 **도44** 그릇 패턴에 대한 이야기는 없다. 그저 평행점열문, 단사선문, 반죽관문, 죽관문, 삼각시문구처럼 어려운 말만 할 뿐 이 무늬에 깃든 문암리 신석기인의 세계관에 대해서는 아무 말도 하지 않는다.

유럽 고고학계는 스페인 벨비커Bell-Beaker, Campaniforme에 있는 무늬를 아직도 해석하지 못하고 있다. 그들은 **도45**의 삼각형 구름을 우리 학계가 근대사학 100년 동안 '삼각집선문'이라 한 것처럼 그들 또한 '기하학적인 삼각 띠무늬geometric triangle band patterns'라 할 뿐이다. 하지만 이 삼각형은 구름이다. **도45-1** 그릇 무늬는 그릇을 빚어 바싹 말린 뒤 날카로운 무늬새기개로 긁어낸다. 이런 그릇이 나오는 지역을 줄·선 패턴 그릇 문화Corded Ware culture라 한다.

도45 스페인 발렌시아 종 모양 그릇
Bell-Beaker, Campaniforme.
기원전 2200~1800년.
높이 14cm.
지름 21.9cm.
스페인 발렌시아 선사시대박물관

도45-1 독일 신석기 줄·선 패턴 그릇 문화.
기원전 2500년.
베를린선사시대 박물관

오마가리 요시타로와 토기 융기문 발

도50 토기 융기문 발은 역사 교과서나 신석기 편 한국미술에서 꼭 다루는 그릇이다. 내용으로 다루기보다는 주로 사진을 싣고 그 사진 아래에 간단히 설명을 붙인다. 그 설명은, 물을 따르기 편하게 귀때를 달았다는 것을 든다. 아마 이 그릇은 한반도 신석기 그릇 가운데 유일하게 귀때가 달린 그릇일 것이다. 이 그릇 말고는 귀때 달린 한반도 신석기 그릇을 본 적이 없다.

도51은 **도50**을 그린 것인데, 그린 면이 **도50**의 뒤쪽이다. 그래서 조금 차이가 난다. 이렇게 그림으로 그려 봐도 이 그릇의 디자인이 무엇을 구상으로 한 것인지 잘 알 수가 없다. **도55**처럼 색을 칠해 봐야 한다. 그러면 그릇 디자인과 패턴이 확실히 들어온다. 이 그릇이 담고 있는 세계관은 조금 뒤에 다루고 일단 이 그릇이 세상에 나오게 된 내력과 이 그릇의 이름과 관련하여 몇 가지 짚어보자.

이 그릇은 일제강점기 1933년 일본인 중심의 아마추어 고고학회 부산고고회(1931~1941) 회원 오마가리 요시타로(大曲美太郎)가 부산 영선동 패총에서 발굴한 것으로 알려져 있다. 그는 1905년 조선에 왔고, 여러 관청 일을 하면서 우리나라 문화에 관심을 두었다. 일본 패망 직전 1945년 6월 30일에는 부산도서관장직을 맡기도 했다. 영선동 패총은 지금 영도구 영선동 파출소가 있는 자리다.

'토기 융기문 발'에서 '발(鉢 바리때발)'은 말 그대로 발우(바리때)를 말한다. 그릇 모양이 스님들이 쓰는 밥그릇을 닮았다 해서 '발'을 붙인 것이다. 융기문(隆起文 두터울융·일어날기·무늬문)은 '두텁게 일어나 있는 무늬'를 뜻한다. 하지만 이 명칭은 문제가 있어 보인다.

보통 '융기'는 스스로 일어나는 것인데, 이 그릇의 무늬는 저절로 융기한 것이 아니라 신석기인이 '일부러' 흙띠(덧띠)를 붙여 '무언가' 표현한 것이다. 그래서 '융기문'보다는 '덧띠무늬'가 더 알맞다. '발'도 마찬가지다. 이것은 근대의 관점으로 신석기 그릇에 이름을 붙인

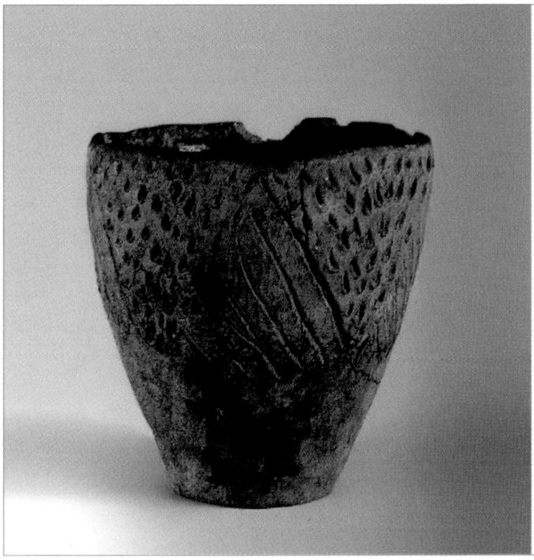

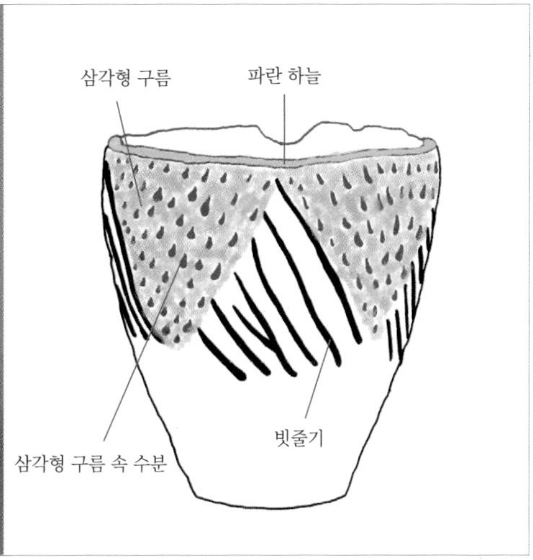

그릇을 빚은 다음 그늘에 충분히 말리지 않고 곧바로 무늬를 새겼다. 성격이 상당히 급한 신석기 장인이었던 듯싶다. 다른 그릇도 이처럼 빚은 다음 말리지 않고 곧바로 새긴 것이 많다. 왼쪽 그릇을 오른쪽처럼 그리고 삼각형 구름에 구름빛을 칠했다. 구름 속 물이 마치 봄날 내리는 빗방울처럼 보인다. 빗줄기가 왼쪽에서 오른쪽 아래로 내린다. 아마 이 신석기 장인은 왼손잡이였을 것이다.

도46 함경북도 굴포리 서포항 신석기 물 컵. 기원전 5000~4000년. 높이 13.8cm

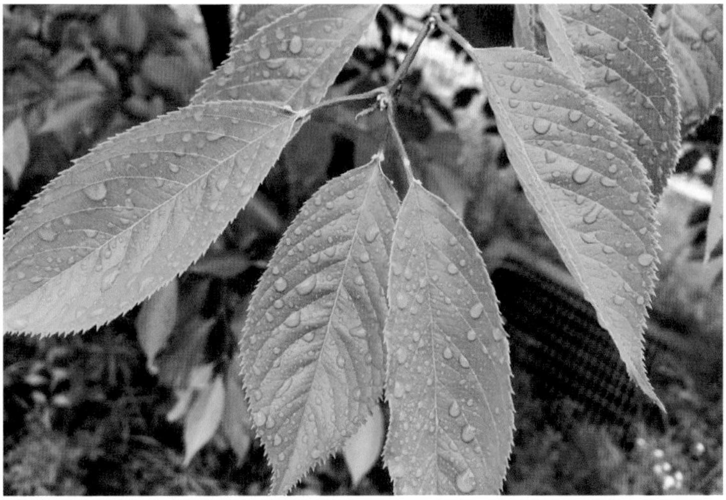

46-1 비 온 뒤 벚나무 잎

도46 구름 패턴은 나뭇잎이나 풀잎에 맺힌 빗방울에서 왔을 것이다. 러시아 문양학자 아리엘 골란은 '삼각형 구름'을 구름을 나타내는 기호(sign, symbol)로 보지만 나는 이 또한 구상(움집이나 나뭇잎)에서 왔을 것으로 본다. 나뭇잎 중간을 잘라 하늘(아가리)에 붙이면 도46 구름 패턴이 된다.

경우라 할 수 있다. 이 그릇의 디자인은 **도53** 박바가지에서 왔다고 볼 수 있다.

바가지처럼 밑이 둥근 그릇은 한반도 신석기 유적지 곳곳에서 나오고 있다. 이런 그릇은 당시 신석기인이 두루 썼던 박바가지에서 온 것으로 볼 수 있다. 또 **도50-1** 상수리 깍정이에서 왔을 수도 있다. 비가 그치고 깍정이에 물이 몇 방울 차 있는 것을 보고 이런 디자인 그릇을 빚었을지도 모를 일이다. 신석기 말 그릇 가운데 겹아가리 토기 같은 것도 알고 보면 바구니를 짤 때 마지막 아가리 부분 마감 테에서 온 것으로 볼 수 있다(7장 **도10·11·12**). 세계 신석기 그릇에는 이처럼 바구니나 박바가지처럼 그들이 늘 썼던 살림살이 도구에서 온 디자인이 꽤 있다. 우리 학계는 이런 것에 대해서도 지금껏 한 번도 고민해 보지 않았다. 사실 신석기인들은 그릇보다는 박바가지 같은 것을 더 많이 썼을 것이다. 물이 새지 않고 또 가볍고

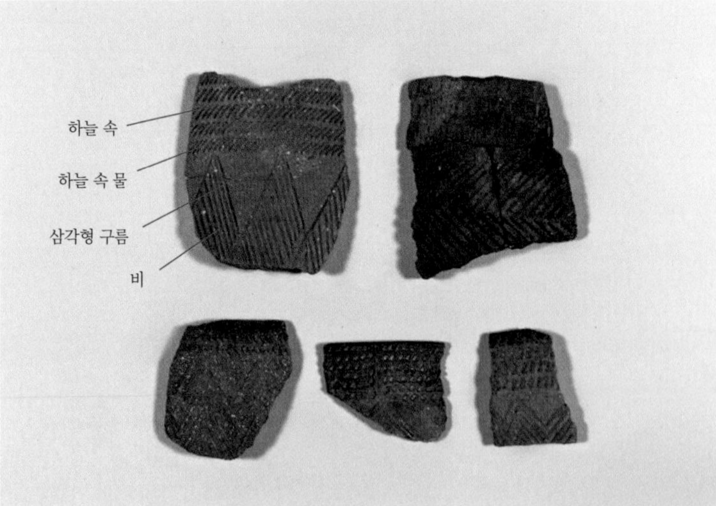

도47 서울 암사동 빗살무늬토기 조각. 국립중앙박물관. 고20557(5)

하늘 속 물 층을 5층으로 하고 그 아래에 삼각형 구름을 먼저 새기고, 왼쪽에서 오른쪽 아래로 비가 내리는 것으로 되어 있다. 이 그릇을 디자인한 신석기 장인은 왼손잡이였을까? 그렇지는 않은 것 같다. 하늘 속 물 층을 새길 때 오른쪽에서 왼쪽으로 비스듬히 새겼다. 비를 왼쪽에서 오른쪽 아래로 새긴 것은 바로 이 때문이다.

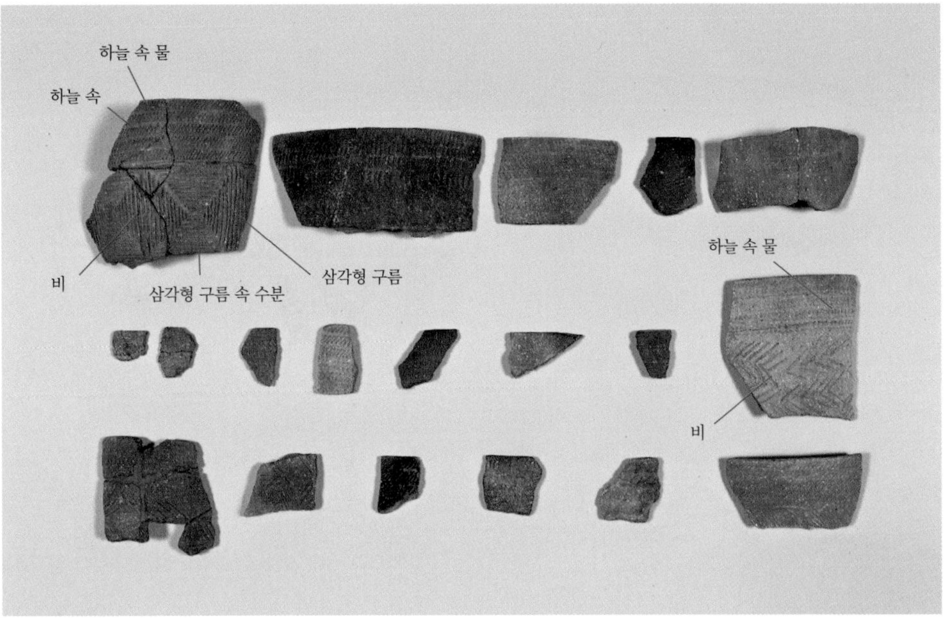

왼쪽 삼각형 구름 속 수분(雨)을 보면 파란 하늘과 수평으로 새겼다. 이런 패턴은 찾아보기 힘든데, 그들 또한 삼각형 구름 속 수분(水)과 삼각형 밖 비를 구별할 필요가 있었기 때문이다(5장 도16). 이런 패턴은 청동기 다뉴세문경에서 아주 확실해진다. 오른쪽 그릇 조각은 구름을 새기지 않고 하늘 속 물에서 바로 비가 내리는 패턴이다.

도48 서울 암사동 빗살무늬토기 조각. 국립중앙박물관. 신22922(17)

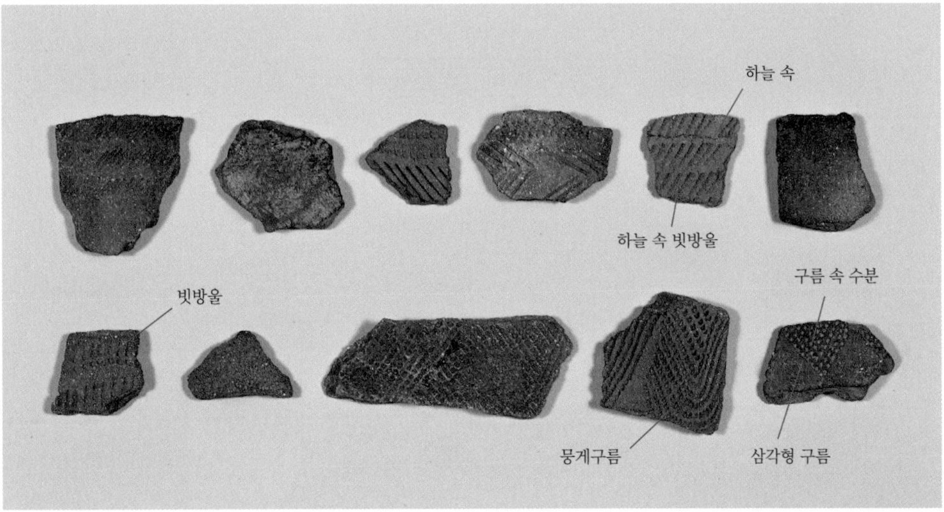

하늘 속 물이나 구름 속 수분을 아주 빗방울로 찍은 것도 있다. 우리 학계는 이런 점무늬를 점렬문(點列文 점점·줄렬·무늬문)이라 한다.

도49 서울 암사동 빗살무늬토기 조각. 국립중앙박물관. 신22847(11)

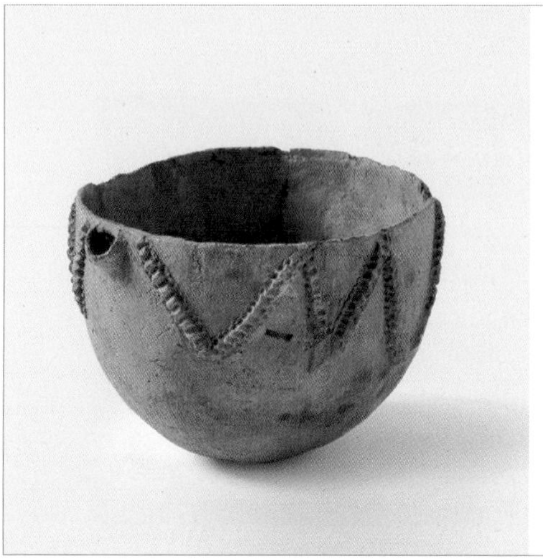

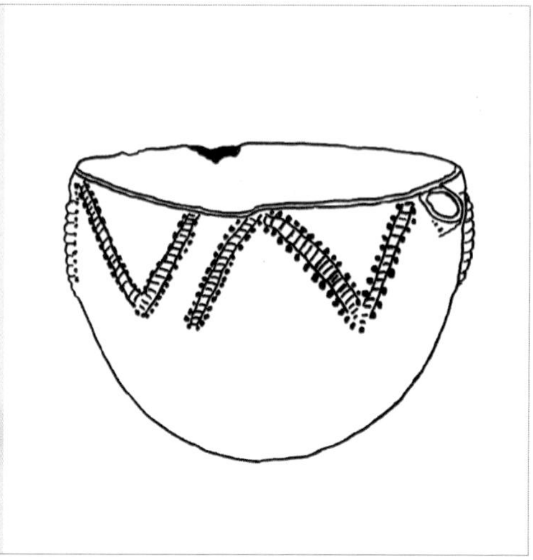

씻기도 편하기 때문이다. 어떻게 보면 이만한 용기가 없었고 그릇보다 훨씬 더 편리했을 것이다.

도50 토기 융기문 발. 보물 제597호. 신석기시대 전기. 높이 12.4cm. 동아대학교 석당박물관

도51 도50 토기 융기문 발을 그림으로 그린 것

W자형, N자형, V자형, 지네 무늬?

지금까지 이 책을 읽었다면 **도50** 그릇 패턴은 그렇게 어려운 무늬가 아닐 것이다. 아마 바로 보였을 것이다. 지금까지 우리 학계에서 이 무늬를 어떻게 보아 왔는지 아래에 한번 쭉 들어보겠다. 아마 깜짝 놀랄 것이다.

반구형의 발형토기(鉢形土器)로 구순부에는 새김문이 있고, 구연부 한쪽에 짧은 주구(注口)가 부착되어 액체를 담아 따르도록 되어 있다. 토기 몸체 상부에는 점토대(粘土帶)를 **W자형**으로 붙인 뒤 이 점토대를 띠 모양으로 누르고 새김을 해서 **장식효과**를 높이고 있다.[1)]

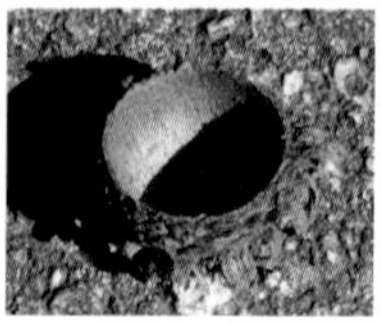

도50-1 상수리 깍정이

바닥이 둥근 반구형 그릇이며 아가리에는 **N자형** 점토 띠를 연속적으

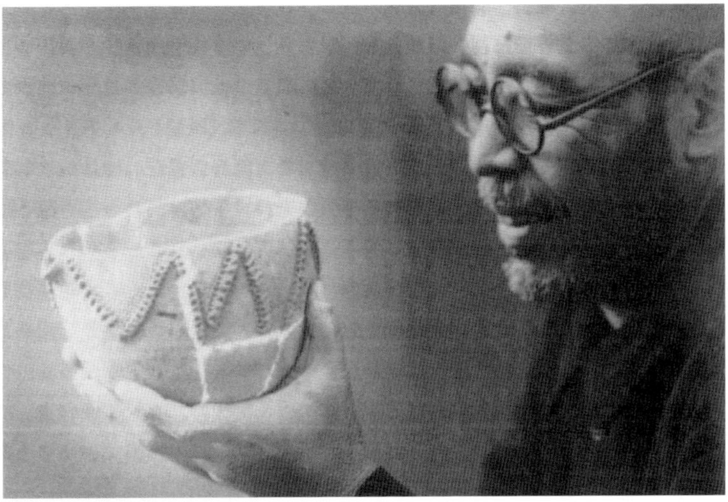

도52 오마가리 요시타로가 토기 융기문 발을 들고 있다.

로 붙이고 그 윗면을 눌러 문양으로 **장식**하였다. 아가리 한쪽에는 조그만 귀때가 달려 있다. 액체를 따르기 위한 귀때가 달린 신석기시대 토기는 아주 드문 편이다.[2)]

장식무늬는 덧띠문을 N자형으로 붙였는데, 접합 방법에 있어서도 마치 **지네 모양**으로 점토 끝 부분을 도구로 눌러 시문하여 기법 면에서 독특함을 보이고 있다.[3)]

V자형 점토띠 **장식무늬**와 귀때(注口, 주구)가 있는 것이 특징이며, 신석기시대를 대표하는 토기 중 유일하게 국가지정문화재 보물로 지정된 유물(제597호)이다.[4)]

네 인용문에서 첫 번째 석당박물관 설명글이 가장 어렵다. '발형토기'는 바리때 모양 토기를 말하고, 구순(口脣)은 입과 입술이다. "구순부에는 새김문"이 있다고 하는데, 아무리 봐도 아가리에서 새김무늬는 찾을 수 없다. 주구(注口 물댈주·입구)는 말 그대로 주둥이·부리·

1) 동아대학교 석당박물관, 『소장품목록』(2001), 288쪽

2) 『선사 유물과 유적』(이건무·조현종 글, 솔, 2003), 100쪽

3) 한국정신문화연구원, 『한국민족문화대백과사전』

4) 석당박물관 보도자료, 2018년 9월 3일

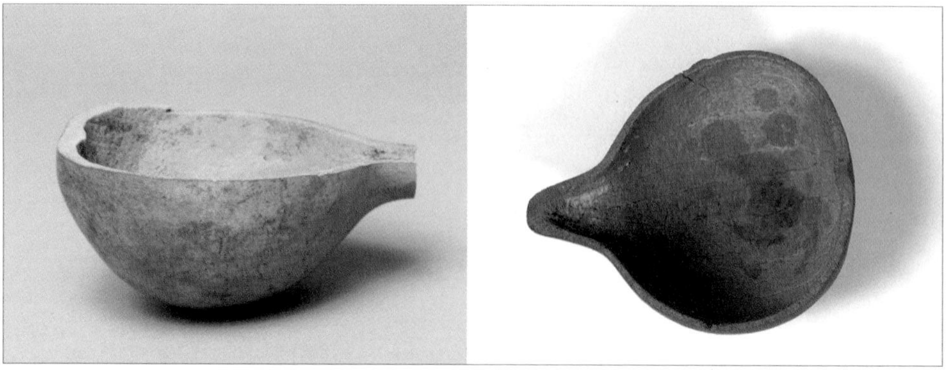

한반도 신석기 유적지에서는 귀때는 안 달려 있지만 바가지 모양 그릇이 꽤 나오고 있다. 그런 그릇 디자인은 당시 신석기인들이 많이 썼던 박바가지에서 온 것이다.

도53 박바가지.
(왼쪽) 덕포진교육박물관.
(오른쪽) 경기대학교 소성박물관

귀때를 말한다. '부착'도 적절한 말은 아닌 것 같다. (붙인 게 아니라 부리를 낸 것이다.) 점토대(粘土帶 끈끈할점·흙토·띠대)는 '흙띠' 또는 '덧띠'로 쓰면 좋겠다.

네 인용문을 보면 이 그릇의 무늬를 모두 다르게 말하고 있다. W자형, N자형, V자형, 지네 모양이라 하고, 그저 '장식무늬'로 보고 있다. 한마디로 '뭔지 모르겠다'는 말이다. 더구나 『한국민족문화대백과사전』에서는 '지네 모양'이라 한다. ("점토 끝 부분을 도구로 눌러" 무늬를 새겼다고 하는데, 그 '점토 끝'이 어디인지는 모르겠다.) 그런데 이런 해석은 상식으로 생각해 봐도 수긍이 안 간다.

삼각형 띠구름과 천문

도55는 **도54** 토기 융기문 발을 그림으로 그리고 색을 칠한 것이다. 세계 신석기 그릇 디자인을 분석할 때는 이렇게 그림을 그리고 색을 칠해 그 무늬를 분명하게 할 필요가 있다. 이때 지켜야 할 것이 있는데, 그림을 그리고 색을 칠할 때는 자신이 신석기 장인이 되어 그리고 색을 칠해야 한다는 점이다. 특히 채색토기가 아닌 새김무늬

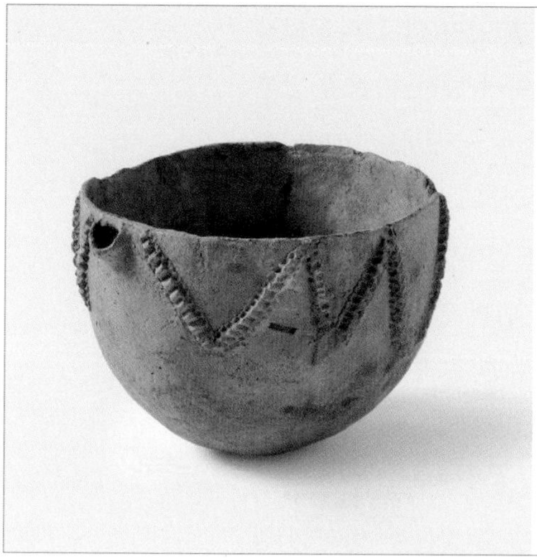

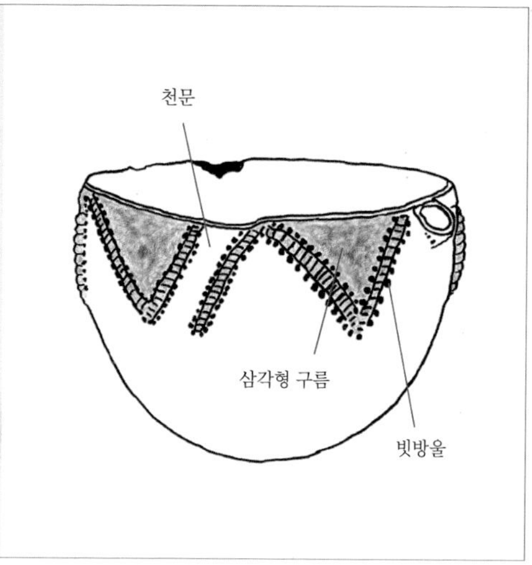

도54 토기 융기문 발. 보물 제597호. 신석기시대 전기. 높이 12.4cm. 동아대학교 석당박물관

도55 도54 토기 융기문 발을 그림으로 그린 것

그릇을 살필 때는 이 점을 늘 염두에 두어야 한다. (채색토기는 색을 칠할 수 있기 때문에 신석기 장인은 자신이 생각하는 빛깔을 마음먹은 대로 칠할 수 있었다!) **도54**에서 삼각형 구름 안은 맨바닥이지만 당시 신석기 장인은 이 삼각형을 구름으로 디자인했고, 그의 머릿속에는 **도55**처럼 '구름빛' 삼각형이었을 것이다. 채색토기가 아닌 새김무늬 토기에서는 이런 맨바닥을 어떻게 봐야 할지, 이 점이 중요하다. 이것을 잘못 이해하거나 거꾸로 읽게 되면 그릇 디자인이 총체로 해석이 안 될 때가 있다(**도63~65** 참조). 한참 헤매거나 끝내 모를 수도 있다. 나도 이런 적이 한두 번이 아니다.

부산 영선동 신석기인은 당시 그들이 늘 쓰던 박바가지 모양으로 그릇을 빚고, 바가지 꼭지에 해당하는 부리를 달았다(**도53** 박바가지 참조). 그런 다음 흙띠를 말아 삼각형 구름 모양으로 붙였다. 끝이 반듯한 무늬새기개로 꾹꾹 눌러 구름 속 수분(水, 雨)을 표현한 다음, 끝이 뭉툭한 무늬새기개로 흙띠 양쪽을 꾹꾹 눌러 빗방울(雨)을 나타냈다. 이 빗방울은 곧 내릴 봄비(雨)다.

도55 토기 융기문 발 그림은 **도54**의 뒷면을 그린 것이다. 그런데 삼각형 구름 띠무늬가 앞면과 다르다. 흙띠를 잇지 않고 마무리를 지었다. 이것을 어떻게 봐야 할까. 우연으로 봐야 할까. 가늠을 잘못해서 이렇게 되었을까. 아무 뜻이 없는 것일까. 앞에서도 말했지만 신석기인들은 결코 어수룩하지 않다. 영선동 신석기 장인은 흙띠를 붙일 때 이 정도 가늠은 할 수 있다. 삼각형을 얼마만큼 크기로 해야 흙띠를 자연스럽게 이을 수 있는지, 이쯤은 쉽게 알 수 있었다. 또 가늠을 잘못했다면 그냥 떼서 다시 이어 붙이면 될 일이었다. 그런데도 영선동 신석기 장인은 '일부러' 흙띠를 잇지 않고 공간을 두었다. 나는 이것을 천문(天門)으로 본다. 바로 앞 5장에서 다룬 천문(天門)으로 보지 않는다면 이 틈을 어떻게 해석할 수 있을까. 영선동 신석기 장인은 하늘 쪽에 삼각형 구름 띠무늬를 붙이고, 그 구름의 기원, 다시 말해 구름이 나오는 곳을 표현하고 싶었다. 그런데 이 디자인에서는 이렇게 해결하는 게 가장 좋았을 것이다. 아주 멋진 해결이고, 탁월한 선택이다.

도54 덧띠무늬토기는 신석기 중반 **도54-1** 빗살무늬토기 패턴으로 바뀐다. 물론 이 패턴은 본질적으로 같은 것이다. **도54-1** 빗살무늬토기를 빚은 신석기 장인은 먼저 아가리에 짧은 빗금으로 역삼각형 모양을 빙 둘러 새긴다. 그런 다음 다시 그 작은 빗금을 따라 바깥쪽으로 짧은 빗금을 또 새긴다. 역삼각형은 삼각형 구름이고, 안쪽 짧은 빗금(먼저 새긴 빗금)은 이제 곧 내릴 구름 속 비이고, 바깥쪽 빗금(나중에 새긴 빗금)은 구름에서 내리는 봄비다. 이런 삼각형 구름과 비 패턴은 세계 신석기 미술에서 두루 찾아볼 수 있다.

가야인의 세계관과 삼각형 구름

도56 그릇은 무덤에서 나온 그릇이다. 실제 생활에서 쓴 그릇이 아니라 망자의 무덤에 쓴 부장품이자 의기(儀器)라 할 수 있다. 그런

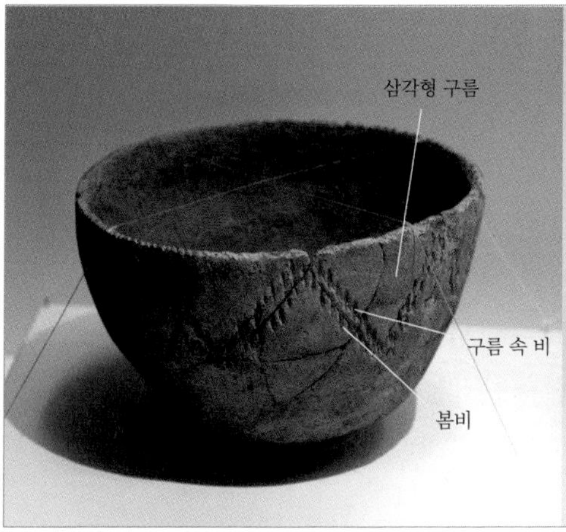

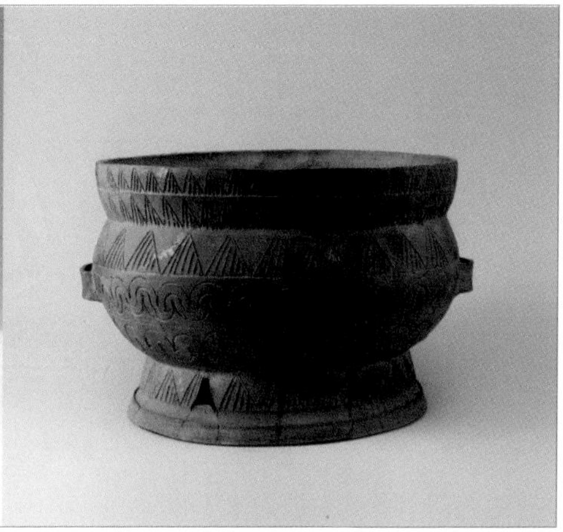

54-1 경상남도 거제시 거제면 산달도 조개무지 그릇. 기원전 5000~3000년. 국립김해박물관

도56 화로 모양 그릇받침. 경남 김해시 대성동 2호 무덤. 4세기 중엽. 높이 25.6cm. 지름 42.7cm. 국립김해박물관

만큼 이 그릇에 있는 무늬는 망자와 관계 속에서 풀어야 할 것이다. 그리고 죽음을 극복하는, 또는 해결하는 세계관이 담겨 있다고 볼 수 있다. 한마디로 이 그릇의 무늬를 풀게 되면 가야 사람들의 세계관을 엿볼 수 있다는 말이다. 그런데 우리 고고학계는 이 그릇의 무늬를 풀지 못한 형편이다. 그저 '삼각집선문'이라 할 뿐이다. 이것은 가야사 연구에서 아주 치명적인 공백이 아닐 수 없다. 국립김해박물관에 가 보면 수많은 그릇이 전시되어 있는데, 이 가운데 이런 빗금무늬가 없는 그릇은 찾아보기 힘들다. 그만큼 이 무늬는 중요하고, 이 빗금무늬의 비밀을 풀게 되면 우리는 '가야인의 세계관'에 아주 가까이 다가가게 되는 셈이다. 물론 신라 사람들의 세계관을 푸는 데도 이 빗금무늬가 중요하다.

우리 학계는 빗금무늬를 '삼각집선문'이라 하지만, 문제는 삼각집선문이 무엇을 구상으로 하여 새긴 것인지 모른다는 점이다. 단지 삼각형(三角形) 안에 선(線)이 모여(集) 있다 해서 삼각집선문이라 할 뿐이다. 한중일 고대 미술사에서 삼각집선문은 아주 중요한 패턴인데도 한중일 학계 모두 이것이 무엇을 새긴 것인지 알지 못한다. (세계 신석기 미술에서도 삼각형 안과 바깥 빗금무늬는 중요하다!) 과연 우리는 삼각집선문의 비밀을 풀지 못한 채 신라와 가야 사람들의 세계관을 안다고 할 수 있을까.

국립김해박물관에 가면 **도56** 같은 그릇받침이 많고, 이 그릇에는 어김없이 삼각집선문(삼각형 빗금무늬)이 있다. 삼각집선문은 가야뿐만 아니라 신라 그릇에서도 빼놓을 수 없는 패턴이다. 이 무늬는 근대사학 100년 동안 처음부터 삼각집선문이었고, 지금도 여전히 삼각집선문이다. 문제는 고대 장인들이 무엇을 삼각집선문으로 디자인했는가, 하는 점이다. 학계는 이에 대해 근대사학 100년 동안 '기하학적 무늬'라 해 왔다. 한마디로 알 수 없는 무늬라는 말이다. 그런데 정말 이 무늬는 기하학적 추상무늬일까. 정말 알 수 없는 무늬일까. 물론 답은 신석기 미술에 있다. 여러분이 이 책을 읽어 왔다면 **도56** 그릇 무늬쯤은 바로 보일 것이다. 지금까지 이런 그릇 패턴 하나 제대로 읽어 내지 못한 것은 우리가 신석기를 막연하게 기하학적 추상미술로 정리했기 때문이다.

박천수는 이 그릇에 대해 아래와 같이 정리한다.

> 몸통 전체를 삼각띠무늬와 반원무늬로 화려하게 장식한 화로 모양 그릇받침이다. (……) 이처럼 기하학적인 무늬를 그릇 전체에 두르는 것은 4세기 후반 금관가야 토기 양식의 특징이다.[5)]

무늬의 겉모양을 글로 써 놓았을 뿐 더는 없다. (우리나라 발굴보고서가 거의 다 이렇게 되어 있다.) 그는 한중일 학계에서 두루 쓰는 삼각집선문이라 하지 않고 '삼각띠무늬'라 한다. 이 용어는 유럽 학계나 박물관 그릇 설명글에 자주 보이는 말이다. 삼각형 무늬가 있는 그릇을 설명할 때 유럽 여러 박물관에서는 '삼각띠무늬triangle band patterns' 용어를 쓴다. 또 그 앞에 '기하학적geometric'이란 말을 붙이기도 한다. 이는 유럽 고고학계 또한 한중일 고고학계와 마찬가지

5) 박천수, 『가야토기: 가야의 역사와 문화』(진인진, 2010), 328쪽

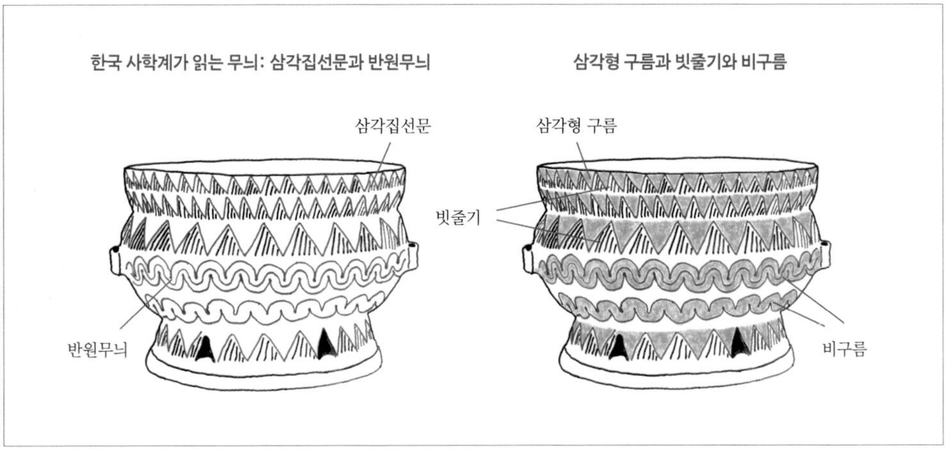

도57 도56 화로 모양 그릇받침을 한국 사학계가 읽는 방식으로 그린 것

도58 도56 화로 모양 그릇받침을 내가 읽는 방식으로 그린 것

로 삼각형 무늬를 풀지 못했다는 방증이기도 하다.

도56을 보면 삼각형 안에 빗금무늬가 있는 것처럼 보인다. 우리 학계는 이 그릇 무늬를 그저 자명하게 삼각집선문이라 하고 있다. 삼각형 안에 선이 모여 있는 것으로 보는 것이다. 그런데 정말 삼각형 '안'에 빗금이 있는 것일까. 오히려 그 반대가 아닐까. 빗금이 없는 부분이 삼각형이고 빗금은 그 삼각형 구름에서 내리는 빗줄기(雨)가 아닐까.

삼각집선문도 타래무늬도 알고 보면 구름

도57·58은 화로 모양 그릇받침 그릇을 그림으로 그려 본 것이다. **도57**은 우리 한국 사학계가 읽는 방식으로 그려 봤다. 보는 것처럼 삼각형 안에 선이 있는 삼각집선문으로 그렸다. 그에 반해 나는 **도58**처럼 아무것도 새기지 않은 부분을 삼각형 구름(云)으로 보고, 이 구름에서 왼쪽으로 빗줄기가 내리는 것으로 본다. 이는 앞에서 누누이 설명한 부분이기도 하다(**도43·47·65·69·70** 참조).

한국 사학계는 가운데 물결 모양을 반원무늬로 보는데, 나는 이 무늬를 비구름 난층운(亂層雲·雨云)으로 본다(**도26** 참조). 비를 뿌리는 난층운은 **도58**처럼 보통 낮게 깔려 있다. 이 패턴은 황해북도 봉산군 지탑리유적을 비롯해 북한 쪽 신석기 빗살무늬토기에 많이 보이는데, (물론 암사동에도 있다. **도49**·7장 **도18**·**19** 뭉게구름 참조) 우리 사학계는 이 무늬가 실타래를 닮았다 해서 '타래무늬'라 한다. 이 무늬 이름 또한 무늬의 모양만 말해줄 뿐 이것이 무엇을 구상으로 한 것인지는 담고 있지 않다. 나는 이 타래무늬 또한 구름, 구름 가운데서도 비를 뿌리는 난층운을 새긴 것으로 본다.

그렇다면 가야 사람들은 왜 온통 비구름 무늬로 되어 있는 그릇을 무덤에 시신과 같이 묻은 것일까. 그 답은 놀랍도록 간단하다. 이 세상 모든 만물이 물(水)에서 비롯했듯, 망자 또한 이 물(水)의 기원인 비구름(雨云)으로 다시 돌아가는 것이라 할 수 있다. 여기서 또 하나, 경남 고령의 대가야 무덤이 왜 평지가 아닌 산등성에 있는지도 쉽게 풀 수 있을 것이다. 비가 막 내린 날 또는 비가 오려고 잔뜩 흐린 날 무덤이 줄 지어 있는 산등성이를 보면 그 답은 의외로 간단히 풀린다. 낮게 깔린 구름이 산등성 무덤을 휘감고 지나갈 때 망자는 다시 만물 탄생의 기원인 구름(云)으로 돌아가는 것이다.

우리 사학계는 **도59** 신라 목 긴 항아리의 무늬를 지금껏 반대로 읽어 왔다. 삼각형 구름(云)을 보지 못하고, 비(雨)를 '삼각집선문'으로 읽은 것이다. 하지만 빗금 비(雨)는 삼각형 속에 있는 게 아니다. **도58**과 같이 보아야 한다. 다만 전체 디자인은 가장 위 천문(天門)에서 삼각형 구름이 나오고, 이 구름에서 비가 내리는 것으로 읽으면 된다. 다시 말해 위에서 내려다보면 이 전체 디자인, 스토리가 보인다.

우리 사학계는 **도60** 굽다리접시(高杯) 디자인 또한 읽어내지 못한다. 또 비(雨)를 삼각집선문으로 읽어왔다. 이 그릇 또한 **도59**와 마찬가지로 천문(天門)에서 구름(云)이 나오고(이 구름은 완전한 삼각형이 아니

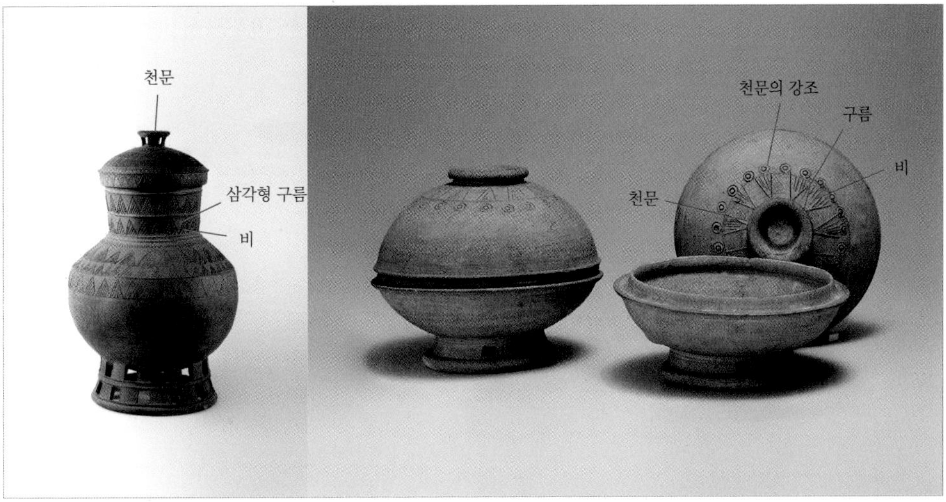

다.), 이 구름에서 비(雨)가 내리는 디자인으로 되어 있다. 뚜껑 어깨에 있는 동그라미 무늬는 천문(天門)인데, 천문을 이렇게 많이 찍은 것은 '강조'의 의미다.

도59 신라 목 긴 항아리. 높이 48.2cm. 국립중앙박물관

도60 굽다리접시(高杯). 통일신라. 높이 13.2cm. 서울대학교박물관

삼각집선문, 그동안 반대로 읽지 않았을까?

우리는 근대사학 100년 동안 **도61 · 62** 그릇 무늬를 반대로 읽지는 않았을까? 나는 그래 왔다고 본다. **도62**에서 동그라미 부분을 보면 빗금이 어깨 기준선 밖으로 나와 있다. 이것은 무엇을 말하는 것일까. 이는 이 그릇을 디자인한 장인이 이 경계선을 염두에 두지 않았다는 것을 말해 준다. 이 경계선을 마음에 두었다면 그는 이 선을 결코 넘지 않게 새겼을 것이다. 그렇다면 이는 삼각집선문이 될 수 없다. 앞에서도 누누이 말했듯이 이 빗금은 삼각형 구름(云)에서 내리는 빗줄기(雨)다. 그리고 삼각형 구름(云)은 **도61**을 보면 알 수 있듯이 천문(天門)에서 나온다. 이 천문(天門)까지 읽어내야 이 그릇의 디자인이 총체로 읽히는 것이다. 즉 다시 말해 하나의 스토리가 이루

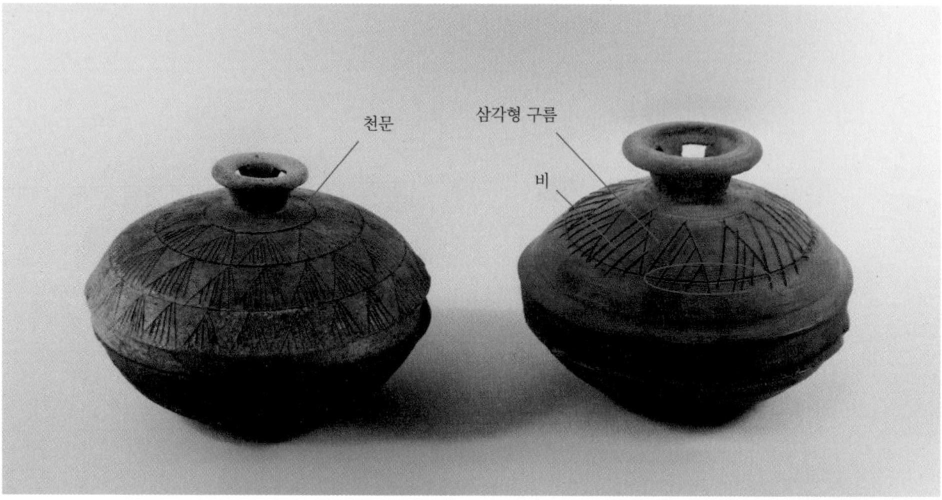

도61 · 62 뚜껑접시.
경주 금관총·천마총.
높이 왼쪽 7.8cm.
오른쪽 8.1cm.
국립경주박물관

어지는 것이다. 흥미로운 것은 두 그릇 가운데 왼쪽 그릇(**도61**)은 장인이 왼손잡이였을 가능성이 높다는 것이다. 그에 견주어 오른쪽 그릇(**도62**)의 장인은 오른손잡이가 분명하다.

그렇다면 우리가 삼각집선문으로 읽는 무늬는 어디까지 내려갈 수 있을까. 발굴조사 성과로만 보면 이 무늬는 기원전 6000년, 지금으로부터 8000년 전 강원도 양양 오산리 신석기 그릇에서 그 시초를 볼 수 있다. (물론 얼마든지 더 내려갈 수 있다.) **도63**은 덧무늬토기인데, 이 토기는 디자인과 모양이 아주 세련됐다. 신석기 전기에는 이곳 양양 토기 말고는 그 보기를 찾아볼 수 없고, 후기에는 앞에서 살펴본 **도36** 채문토기장경호를 들 수 있다. 그 뒤 삼국시대를 넘어 고려에서도 보기 힘들고 조선에 이르러서야 드디어 이와 비슷한 그릇을 볼 수 있다. 18세기 초에 구웠던 백자 철화포도문호(국보 제107호) 항아리가 이 그릇과 디자인이 비슷하다. 그만큼 세련된 디자인인 것이다.

지금까지 우리 학계는 이 항아리 패턴을 **도64**(위)와 같이 삼각형 안에 빗금이 있는 삼각집선문으로 읽어 왔다. 이렇게 읽는 것은 앞

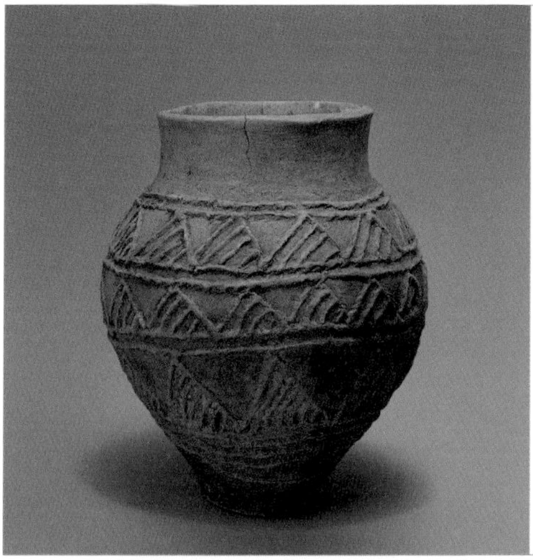

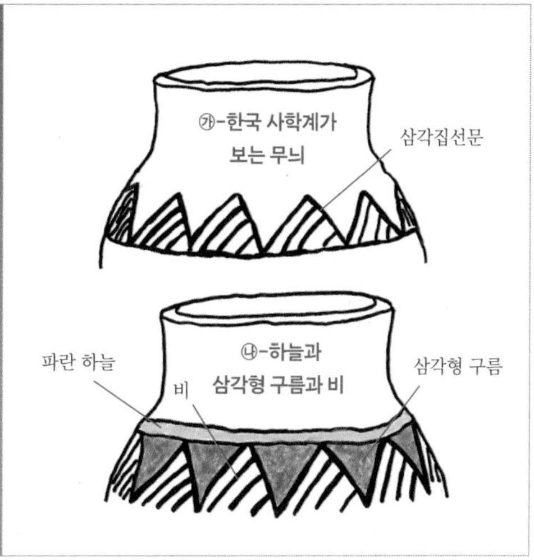

도63 덧무늬토기. 강원 양양 오산리 신석기 항아리. 높이 26.1cm. 오산리선사유적 박물관

도64(위)·65(아래) 도63 덧무늬토기를 그림으로 그린 것

에서 보았듯이 **도57**처럼 읽는 거와 같다. 하지만 이렇게 삼각접선문으로만 읽었을 뿐 이 삼각집선문이 무엇을 구상으로 한 것인지 설명하지 못했다. 그런데 이것은 애당초 잘못 읽은 것이다. 이 그릇의 패턴은 **도65**(아래)와 같이 읽어야 한다. 그러니까 아무 무늬도 없는 맨 바닥 삼각형(구름)이 '중심'이고, 이 구름(云)에서 비(雨)가 오른쪽에서 왼쪽 아래로 내리치는 것으로 읽어야 하는 것이다. 이렇게 읽어야 앞에서 살펴본 **도42·46·47·56·59–62** 패턴하고도 맞아떨어진다.

경남 진주 신석기인과 함북 서포항 신석기인

도66은 옹관의 초기 형태인데, 사진에서는 보이지 않지만 바닥에 구멍이 나 있다. 나주 마한의 옹관처럼 시신을 그릇에 모신 것이 아니라 화장을 한 다음 인골을 모신 것이다. 이것으로 신석기 때 이미 우리 한반도에도 화장하는 풍습이 있었다는 것을 알 수 있다.

옹관 아가리 쪽을 보면 빗살무늬가 있다. 지금까지 학자들은 이 무늬를 삼각집선문으로 보아 왔다. 그런데 이 옹관을 **도67**처럼 그려

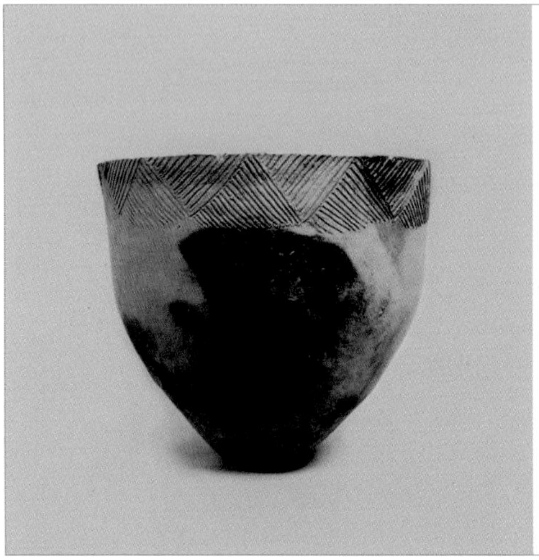

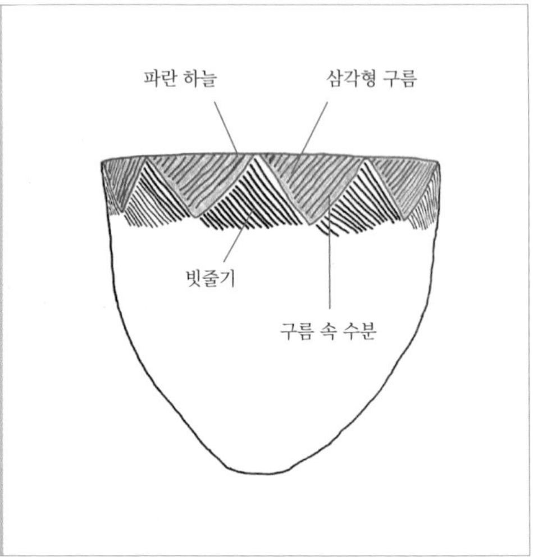

도66 옹관.
경남 진주시 대평면
상촌리 유적.
높이 35cm.
동아대학교박물관

도67 도66 옹관을
그림으로 그린 것

보면 모두 다 삼각집선문으로 보기는 힘들다. 우선, 여기서 우리가 하나 알아야 할 것은, 옛 그릇이든 현대 그릇이든 아가리 쪽을 하늘로 보고 무늬를 들여다보면 거의 다 해석을 할 수 있다는 점이다. 이것은 그릇을 볼 때 기본이다.

도67에서 가장 위쪽 아가리 테두리는 우리가 눈으로 볼 수 있는 파란 하늘로 보면 된다. 거기에 삼각형 구름이 걸려 있는 것이다. 삼각형 구름 안의 빗금은 구름 속 수분(水)이거나 비(雨)의 씨앗이다. 그리고 이런 삼각형 구름 사이, 왼쪽에서 오른쪽으로 새긴 빗금은 삼각형 구름에서 내리치는 빗줄기(雨)로 보면 된다. 우리는 이 옹관 디자인에서 빗금무늬를 모두 삼각집선문으로 볼 수는 없고, 이 삼각집선문은 삼각형 구름을 새긴 것이라는 것을 확인할 수 있다. 그리고 그 사이 왼쪽에서 오른쪽으로 새긴 빗금은 구름에서 내리는 비(雨)로 보아야 한다는 점도 새롭게 알았다. 이 옹관의 무늬 패턴을 잘 이해하면 우리는 청동기 다뉴세문경 무늬 패턴도 쉽게 해석할 수 있다.

도66이 경남 진주 신석기인이 새긴 삼각형 구름(云)과 비(雨)라면 **도46**은 함경북도 서포항 신석기인이 새긴 삼각형 구름과 비다. 두

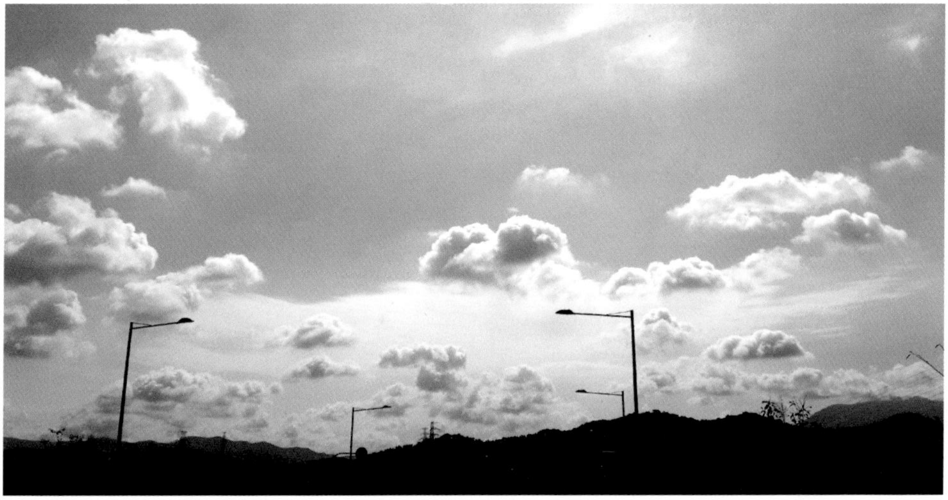

지역은 남과 북 끝이다. 그런데도 이렇게 그 모양이 같다. 고고학계에서는 이런 예가 있으면 우선 두 지역의 영향관계부터 따진다. 하지만 이것은 그야말로 난센스다. 경남 진주의 한 어린이집 남자아이와 함북 서포항 어린이집 여자아이가 늦여름 구름을 '뭉게구름'으로 그렸다고 해서 두 그림의 영향관계를 따지는 것과 같은 것이다. 더구나 삼각형 구름(삼각형 안에 빗금을 긋든 점을 찍든)은 세계 신석기 그릇에서 두루두루 볼 수 있다. 그렇다면 이도 영향관계를 따질 수 있는 것일까. 서울 방배동 아람유치원 어린이와 스페인 발렌시아 어린이집 아이가 초가을 구름을 뭉게구름으로 그렸다고 해서 두 구름 그림을 놓고 영향관계를 따지는 것과 같은 것이다.

그렇다면 왜 이런 일이 벌어졌을까. 한반도 남과 북 끝 두 지역 신석기인들은 왜 이렇게 같은 모양으로 구름(云)을 새긴 것일까. 우습게도 답은 단순하고 아주 간단하다. 하늘에서 비슷한 구름을 보았기 때문이다. 아이들이 하늘에 떠 있는 구름을 뭉게구름으로 그리는 것도 마찬가지다. 또 세계 신석기 그릇에 삼각형 구름과 반타원(또는 반원)형 구름 패턴이 많은 것도 같은 이치다. 다만 삼각형을 역삼각형

도68 늦여름 초가을 구름. 구름 모양은 대체로 삼각형(△) 모양을 하고 있다. 특히 바다에서 본 구름이 그렇다.

(▽)으로 새긴 것은 아래 밑변이 하늘에 붙어 있어야 하기 때문이다. (보통 구름은 삼각형 모양으로 떠 있다. **도68** 참조) **도46** 그릇 또한 아가리 쪽을 하늘로 보고 무늬를 보면 전체 무늬의 구성이 드러난다. 파란 하늘 아래에 뭉게구름 삼각형 구름(云)이 있다. 삼각형 구름 속 빗방울은 구름 속 수분(水)을 뜻한다. 신석기인들은 구름에서 비가 내린다는 사실을 잘 알고 있었다. 그래서 구름 속 수분을 빗방울처럼 새긴 것이다(**도46-1** 참조). 그런데 이 그릇의 무늬를 보면 흙을 빚은 뒤 바로 새겼다는 것을 알 수 있다. **도46**에서 빗방울을 보면 무늬새기개를 꾹 찔러 뺐는데, 뺄 때 흙이 묻어 올라왔다. 이것은 그릇을 빚은 뒤 충분히 말리지 않고 바로 새겼다는 것을 말해 준다.

이 신석기 장인은 왜 그랬을까. 우선 이 장인은 성격이 아주 급한 사람일 수 있다. 문방구에서 진흙을 사와 그릇을 빚어 무늬를 한 번만 새겨 보면 몇 시간 내지는 하루 정도 말린 뒤에 새겨야 무늬가 깔끔하게 새겨진다는 것쯤은 누가 가르쳐 주지 않아도 바로 안다. 이는 당시 신석기 장인들에게도 상식 가운데 상식이었다. 그런데 이 장인은 그렇지 않고 바로 새겼다. 이것은 어쩌면 자신이 염두에 둔 빗방울을 새길 때는 이렇게 마르지 않는 상태에서 새겨야 더 빗방울처럼 새겨진다는 것을 알았기 때문일 수 있다.

채색무늬토기의 삼각형 구름과 비

삼각형 구름과 빗줄기 무늬는 세계 신석기 그릇에서 쉽게 찾아볼 수 있다. 새김(빗살)무늬토기 문화권뿐만 아니라 채색토기 문화권에서도 이는 마찬가지다. 채색토기는 그릇을 빚어 구운 뒤 색 안료로 무늬를 그리거나 굽기 전에 무늬를 그려 굽는다. 우리는 중국의 채색토기 무늬를 한반도 빗살무늬토기 무늬하고는 전혀 다른 무늬로 보지만 그 무늬의 본질은 같다고 할 수 있다. 중국의 신석기인 또한

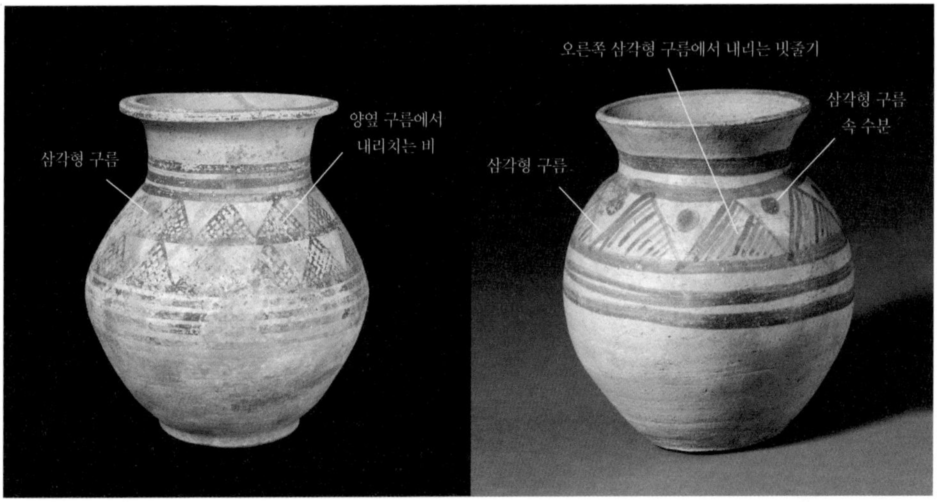

도69 · 70 아시리아 초기.
시리아 샤가르 바자르 신석기 그릇.
기원전 1900~1600년.
높이 왼쪽 22.8cm,
오른쪽 16.8cm.
영국박물관

하늘과 구름과 비 무늬를 주로 그리고 새겼다. 그런데 중국 고고학계는 자신의 신석기 채색토기 무늬를 아직 해석하지 못하고 있다. 그들은 지금도 여전히 그 무늬를 '수수께끼'로 남겨 두고 있는 형편이다.

도69·70은 아시리아 초기 시리아 샤가르 바자르 신석기 그릇인데, **도69** 그릇 패턴을 보면 삼각형 구름이 있고, 이 구름에서 양쪽으로 비가 내리치고 있다. 그래서 구름 사이가 그물망 패턴이 된 것이다. 이런 패턴은 그리스 미술에서도 자주 보인다(8장 **도25**). **도70**은 앞에서 본 한반도 신석기 그릇의 구름·비와 닮아 있고, 삼각형 구름 속에 제법 큰 점을 찍어 구름 속 수분(水)을 나타냈다(**도5** 참조). 그리고 이 구름에서 왼쪽으로 비가 내리치고 있다.

여기서 한 가지, 새김(빗살)무늬토기와 채색무늬토기의 문제를 한 번 더 정리할 필요가 있다. 신석기 미술에서는 흔히 채색무늬토기 문화권과 새김무늬토기 문화권을 구분한다. 하지만 앞에서 여러 사례를 들어 설명했듯이 그 무늬가 채색이든 새김이든 무늬의 구상은 본질적으로 같은 것이다. **도46** 서포항 그릇, **도66** 상촌리 옹관이 **도**

69·70 시리아 샤가르 바자르 신석기 그릇과 본질적으로 같은 구상(구름과 비)이듯 말이다. 그래서 채색이든 새김이든 그 둘의 차이는 전혀 중요하지 않다. 문제는 그 무늬의 구상이 무엇인지부터 찾아내야 한다. 사실 두 양식은 같은 구상을 두고 그리고 새기는 방법의 차이일 뿐이다. 물론 채색이 훨씬 더 3차원 입체에 가깝다.

미국 원주민 장인들은 그들이 신석기 때부터 엮고 빚었던 바구니나 그릇 무늬 패턴을 지금도 그대로 쓰고 있다. 흥미로운 사실은 원주민 장인들은 자신이 쓰는 패턴이 무엇인지 알지 못할 때가 많다는 것이다. (이는 우리 현대 장인들도 마찬가지다.) 앞에서도 말했듯이 이 세상 모든 무늬는 세월이 흐르면 무늬만 남고 그 무늬에 깃든 스토리story는 없어지고 만다. **도71** 미국 애리조나 바구니 패턴은 5장 **도7** 아칸소 신석기 그릇에서 살펴본 패턴과 본질적으로 같다. 다만 조금 더 구체화 되었다고 볼 수 있다. 한마디로 우운화생(雨云化生)의 세계관이라 할 수 있다. 가운데 천문(天門)에서 삼각형 구름(云)이 회오리바람을 일으키며 나오고 그 사이에 날짐승과 길짐승을 넣었다. 이 바구니 디자인에 대해 미국 학계는 딱히 설득력 있는 해석을 내놓지 못하고 있다.

도72 강릉 자수 보자기 또한 본질적으로 **도71** 미국 애리조나 바구니 패턴과 같다. 가운데 천문(天門)이 있고 거기에서 구름(云)이 나온다. 이 구름을 풀잎으로 표현했는데, 구름(云)에서 이 세상 만물이 태어난다는 것을 말하고 있다. 그리고 바깥 테두리 쪽에 새와 나비를 수놓아 이 세상 만물이 구름에서 비롯한다는, 우운화생(雨云化生)의 세계관을 나타냈다고 볼 수 있다. 가운데 천문(天門)을 보주(寶珠)로 보는 이도 있는데, 이는 그야말로 관념적인 해석이다. 만약 이것을 보주로 본다면 그 보주의 기원이 뭔지 설명해야 한다. 한반도 장인은 결코 무엇을 관념적으로 해결하지 않았다.

다만 이것만은 확실히 해두고 싶다. 암사동선사유적박물관에 있

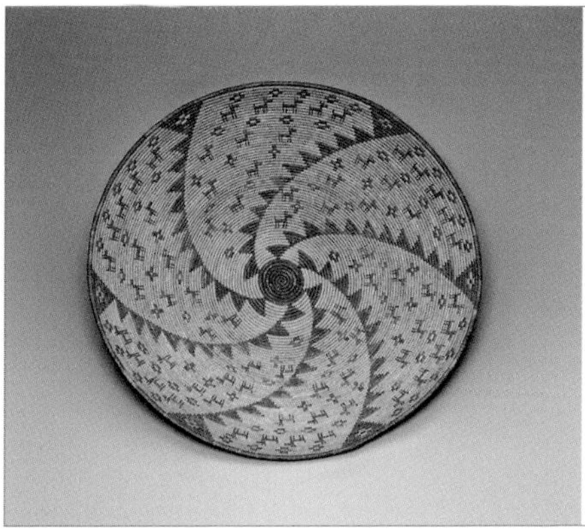

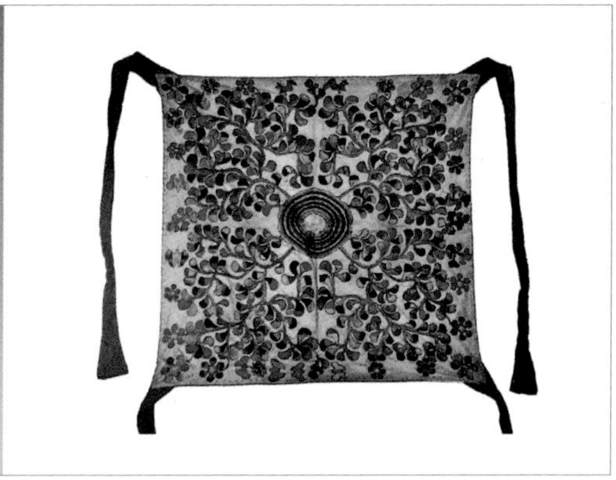

는 신석기 그릇과 국립김해박물관 그릇의 무늬는 본질적으로 같다는 것이다. (두 박물관에 있는 그릇의 연대 차이는 3000년도 넘는다!) 또한 이 두 박물관 그릇과 국립경주박물관 신라 그릇 또한 본질적으로 같은 패턴이라 할 수 있다. 사실 고려 상감청자의 상감 기법 또한 그 기원은 빗살무늬토기의 새김무늬에서 비롯했다고 볼 수 있다. 그릇 표면에 무늬를 새긴 다음 그 안에 밤빛 흰빛 흙을 채워 넣었을 뿐이다. 문제는 우리가 암사동 신석기를 풀지 못했기 때문에 우리 미술사의 맥락을 처음부터 제대로 잡을 수 없었던 것이다. 무슨 일이든 늘 그렇듯 첫 단추를 잘 찾아 꿰는 것, 이것이 중요하다.

도71 미국 애리조나 바구니.
1910년.
지름 60cm

도72 강릉 자수 보자기

제 7 장

제주 고산리 덧띠무늬토기와 일본 조몬토기의 자연주의

7

제주 고산리 덧띠무늬토기와 일본 조몬토기의 자연주의

제주도 제주시 한경면 고산리 자구내 마을 한장밭 고산리유적은 우리나라 신석기 유적 가운데 가장 이른 시기(기원전 1만~8500년 전)의 유적으로 알려져 있다. 제주 고산리유적이 세상에 알려지게 된 내력이 있다.

1987년 5월, 고산리 주민 좌정인 씨는 흙이 필요해 한장밭에서 밭을 파다 이상한 돌 두 개를 발견한다. 한눈에 봐도 예사롭지 않은

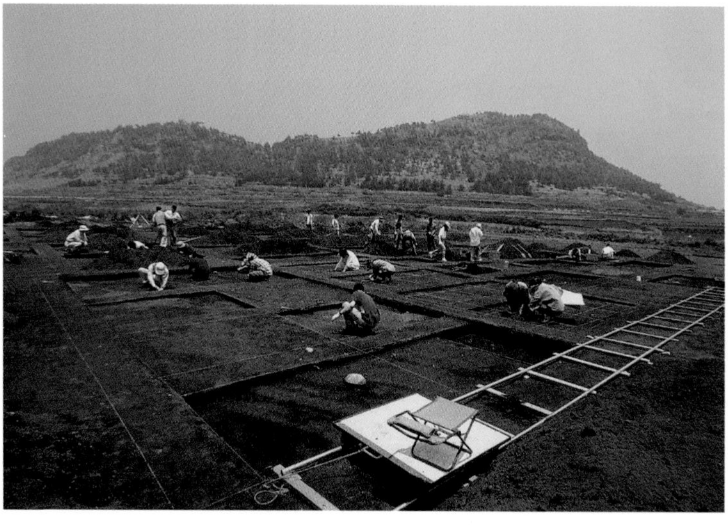

도1 1991년 고산리 발굴조사 모습

돌이었다. 좌정인 씨는 이 둘 두 개를 마을로 가져와 대학생 윤덕중에게 보여준다. 윤덕중은 제주대학교 사학과에 다니고 있었다. 윤덕중이 봐도 그 돌은 사람의 손길이 닿아 있는 것이 분명했다. 곧바로 제주대학교 이청규(현 영남대학교 문화인류학과) 교수에게 알린다. 이 교수가 보니 두 돌 가운데 하나는 찌르개이고, 하나는 긁개다. 이렇게 하여 고산리유적은 이 세상에 알려지게 된다.

도2에서 석기 찌르개point를 보면, 좌정인 씨가 발견한 찌르개(가장 왼쪽)와 달리 그 오른쪽 찌르개는 슴베가 달려 있지 않다. 또 자세히 보면 슴베 달린 찌르개는 정교하게 돌에 갈아 다듬었다는 것을 알 수 있다. 그에 견주어 오른쪽 찌르개(①)와 긁개(②)는 단단한 돌로 두들기거나 눌러 떼서 날을 날카롭게 했다. 돌 도구를 만들 때 이렇게 눌러 떼서 만드는 방법을 '눌러떼기' 기법이라 한다. 이러한 가공기술은 후기 구석기 때 널리 유행했다. 그래서 제주도 고산리유적을 후기 구석기에서 초기 신석기 유적으로 보고, 그 시기를 기원전 1만 년에서 8500년으로 잡고 있다. 우리나라 신석기 유적에서 가장 이른 시기의 유적인 셈이다.

1987년 좌정인 씨가 고산리유적을 발견했지만 그렇다고 해서 곧바로 발굴조사가 이루어진 것은 아니다. 그러기 위해서는 발굴조사를 할 기관을 정해야 하고, 발굴 조사비가 내려와야 한다. 1988년 1월, 당시 영남대학교 문화인류학과 대학원생 강창화 씨가 고산리 소식을 듣고 이곳을 찾았다. 한겨울이라 바닷바람이 여간 시린 게 아니었다. 그는 직접 조사를 해 보고 싶어 저 멀리 경상북도 경산에서 제주까지 날아왔다. 그는 맑은 눈으로 고산리 일대를 샅샅이 살폈다. 그러다 제주 국토방위군이 파 놓은 참호에 다달았다. 뭔가 느낌이 왔다. 그는 참호에 들어가 마치 구덩이를 스캔하듯 훑으며 차근차근 살폈다. 그렇게 한참 참호를 살펴보는데, 뭔가 눈에 들어왔다. 가만가만 조심히 흙을 걷어내니 분명히 그릇 조각이었다. 그의 손은

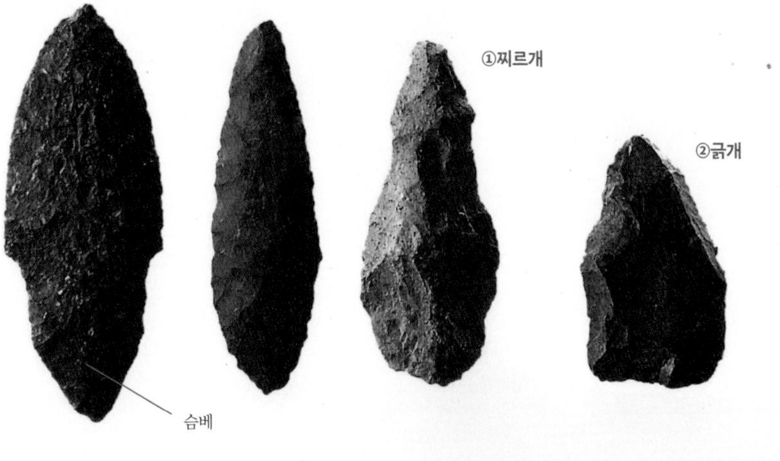

왼쪽 세 개가 찌르개point다. 가장 왼쪽 찌르개가 고산리 자구내 마을 좌정인 씨가 발견한 석기다. 아래쪽에 슴베를 따로 내 나무 막대기에 꽂아 묶어 썼다. 긁개scraper는 한쪽 또는 양쪽 날을 써서 나무나 가죽을 손질할 때 쓰고, 찌르개는 짐승이나 물고기를 찔러 잡을 때 쓴다.

도2 제주 고산리유적에서 나온 창끝석기(첨두기) 찌르개와 긁개

떨렸다. 기원전 8500년 전, 지금으로부터 1만 5백 년 전, 우리나라 그릇 역사에서 가장 이른 시기의 그릇을 대학원생 강창화가 찾아낸 것이다. 이렇게 되자 발굴조사를 더는 미룰 수 없었다. 하지만 조사는 그로부터 3년 뒤인 1991년에 이르러서야 이루어졌다.

도3 고산리 덧띠무늬와 **도4** 부산 동삼동 덧띠무늬(동그라미 속 그릇 조각)를 보면 아주 닮아 있다. 고고학자들은 이렇게 비슷한 패턴이 나오면 두 지역의 영향 관계부터 따진다. 하지만 학자들은 이것을 밝혀내지 못했다. 사실 이것은 애당초 밝혀내기가 힘들다. 기원전 수천 년 전 일인데 어떻게 밝혀낼 수 있겠는가. 부산 동삼동 유적은 기원전 6000년까지 내려잡을 수 있고, 제주 고산리 유적은 기원전 8500년까지 내려간다. 그렇다면 굳이 영향 관계를 따지지 않더라도 제주 고산리에서 부산 동삼동으로 이러한 패턴이 흘러갔다고 볼 수도 있을 것이다. 물론 이것도 그저 짐작일 뿐이다. 하지만 나는 그렇

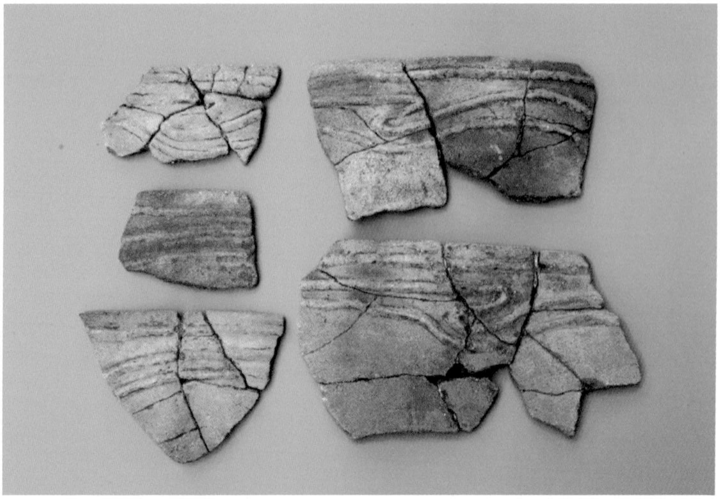

도3 1988년
강창화 씨가 찾은
제주 고산리 덧띠무늬
토기 조각

게 보지 않는다. 두 무늬는 비슷하기는 하지만 차이가 있다. 동삼동 무늬는 덧띠를 붙인 다음 무늬새기개로 꾹꾹 눌러 무언가를 표현했다. 그리고 동삼동 패턴과 비슷한 패턴은 울진 죽변리유적, 경주 황성동유적, 창녕 비봉리유적, 연평도 까치산유적에서 찾는 것이 더 빠르다.

아무튼 이 두 토기를 놓고 영향 관계부터 따지는 것은 본말이 전도된 경우라 할 수 있다. 문제는 이 패턴이 무엇인지, 무엇을 '구상'으로 한 것인지 먼저 밝혀야 한다. 제주 고산리와 부산 동삼동 신석기인이 무엇을 표현하기 위해 덧띠를 붙였는지, 왜 이런 모양으로 붙였는지 말이다. 그런 다음 두 무늬의 선후 관계라든지 영향 관계를 따져야 한다. 지금까지 이 책을 읽어온 독자라면 고산리와 동삼동 신석기인이 무엇을 표현하기 위해 이렇게 덧띠를 붙였는지 바로 알아볼 수 있을 것이다. 그렇다. 이 덧띠는 구름(云)이다. 다만 부산 동삼동 신석기인은 제주 고산리 신석기인과 달리 구름 위를 꾹꾹 눌러 구름 속의 비(雨)를 표현했다. 이 또한 세계 신석기 그릇에서 두루 볼 수 있는 비구름(雨云) 패턴이기도 하다. **도7** 제주 고산리 덧띠무늬

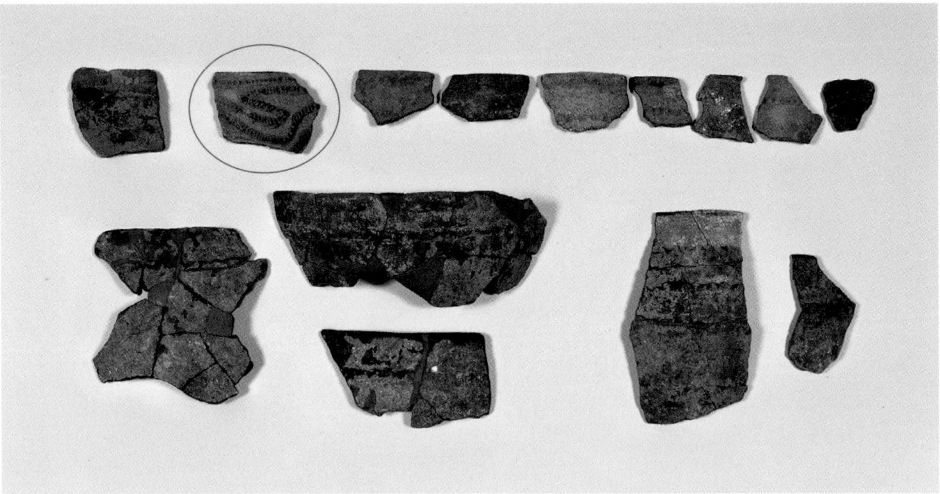

토기가 이 세상에 나온 지 올해로 23년째 되어 간다. 그런데도 우리 고고학계와 미술사학계는 이 덧띠무늬 세 가닥 가운데 어느 한 가닥도 아직 밝혀내지 못하고 있는 형편이다.

도4 부산 동삼동 조개무지 덧띠무늬 토기 조각. 국립중앙박물관. 신22214(26)

한국미술의 기원 덧띠무늬토기

한국미술사의 첫머리는 보통 평양 상원군 흑우리 검은모루 동굴에서 나온 찌르개(뾰족끝석기)와 경기도 연천군 전곡리에서 나온 주먹도끼에서 시작한다. 그런데 이 두 석기는 오늘날 우리가 보통 알고 있는 미술과는 좀 거리가 있는 것이 사실이다. 그렇다면 이 두 석기를 넘어서 한국미술사의 시작으로 삼을 수 있는 것은 어떤 것이 있을까. 두말할 필요도 없이 **도7** 고산리유적 출토 덧띠무늬토기를 들 수 있고, 이 토기야말로 우리 한국미술의 시원이고 기원이라 할 수 있다. 그런 만큼 이 토기의 패턴을 해석한다는 것은 한국미술의 시원과 기원을 밝혀내는 일이기도 하다. 이 그릇의 공식 이름은 '고산리 융기문토기'이지만 앞에서 말했듯 '융기무늬'는 적절하지 않

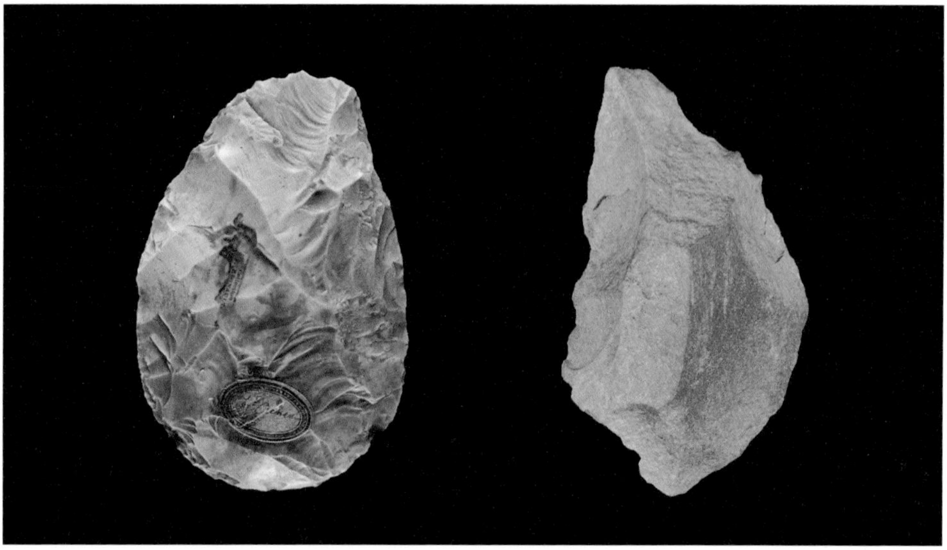

도5는 프랑스 성 아슐St. Acheul에서 나왔다 해서 아슐리안 주먹도끼라 한다. 눌러떼기를 해서 아주 정교하다. 도6은 우리나라에서 최초로 발견한 주먹도끼다. 전곡리 주먹도끼는 아슐리안 주먹도끼에 견주어 투박한데, 그 까닭은 돌의 성질에서 비롯한다. 전곡리 주먹도끼는 주로 자갈돌을 자갈돌에 내리쳐 깨뜨려 만들었다. 그런 다음 차돌로 날을 때려 깨 날카롭게 다듬는다. 이 돌은 아주 단단하기 때문에 눌러떼기를 할 수 없다.

다. 이 무늬는 '스스로(저절로) 올라온 무늬(융기무늬)'가 아니라 고산리 신석기인이 일부러 흙띠(덧띠)를 붙여 무언가 표현한 것이다. 그래서 '덧띠무늬'가 맞다. 결론부터 말하자면 **도7** 그릇 무늬에서 가장 위 한 가닥은 하늘(天)이고, 그 아래 두 가닥은 구름(云)이다.

도5 아슐리안 주먹도끼

도6 전곡리 주먹도끼. 경기도 연천군 전곡읍 전곡리유적. 높이 23.6cm. 국립중앙박물관. 신수51599

도7 고산리 덧띠무늬토기에 대해 국립제주박물관은 아래와 같이 풀이하고 있다.

> 토기는 대부분 고산리식 토기로 불리는 원시무문토기와 융기문토기, 소량의 압인문토기가 출토되었다. 융기문토기는 **아가리 부근에 3줄의 점토 띠를 에스**S **자 모양으로 곡선화 시킨 기하학 무늬**로 태선융기문과 유사하다.[1)]

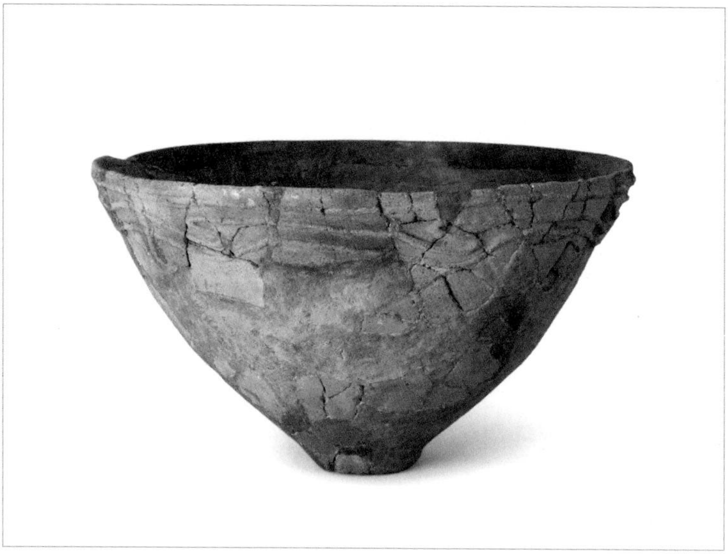

도7 고산리유적 출토 덧띠무늬토기. 높이 27cm. 아가리 지름 50cm. 국립제주박물관

고산리 덧띠무늬토기는 우리나라 신석기 그릇 가운데 가장 이른 시기의 그릇이다. 그런 만큼 이 토기의 패턴을 해석한다는 것은 한국미술의 시원과 기원을 밝혀내는 일이기도 하다. 보는 바와 같이 우리 신석기 그릇은 밑굽이 세모형이 아니라 이렇게 바닥이 납작한 그릇에서부터 시작됐다.

참으로 어려운 설명글이다. 여기서 눈여겨봐야 할 구절은 "아가리 부근에 3줄의 점토 띠를 에스S 자 모양으로 곡선화 시킨 기하학 무늬"란 말이다. 이 말을 우리말과 우리 말법으로 고쳐 쓰면, '아가리 쪽에 흙 띠 석 줄을 에스S 자 모양으로 덧붙인 기하학 무늬'쯤 될 것이다. 그런데 이게 과연 '무엇을 새롭게' 알려주는 '설명글'이라 할 수 있을까. 더구나 흙 띠 세 가닥을 보는 눈도 잘못되었다. 가장 위 아가리 쪽 한 가닥은 아가리와 반듯하게 '평행'을 이루고 있고, 밑에 두 가닥만 구불하게 붙였다.

김원용·안휘준의 『한국미술의 역사』는 한국미술사 관련 책 가운데 기본서라 할 수 있는데, 2003년 개정판을 내면서도 한국미술의 기원 고산리 덧띠무늬토기는 다루지 않는다.

1) 국립제주박물관, 『제주의 역사와 문화』(통천문화사, 2001), 33쪽

덧무늬는 아마 **토기 아가리에 보강을 목적으로 감아 돌렸던 끈**에 착안하여 발생하였다고 생각되는데, (……) 빗살무늬토기에서처럼 **덧무늬들이 모두 비구상의 기하학적 무늬라는 것이 우리 신석기시대 도안의 공통적 성격**이라 하겠다.[2]

토기 부분은 김원용이 썼을 것이 분명한데, 그는 덧띠의 기원을 그릇 아가리 쪽에 감았던 끈에서 찾고 있다. 하지만 이는 세계 신석기 미술사나 문양사에서도 찾아볼 수 없는 주장이다. 또 한반도 신석기 무늬를 '비구상의 기하학적 무늬'라 단정 짓는데, 이 또한 잘못된 전제다. 지금까지 나는 한반도와 세계 신석기 미술을 다루면서 신석기 미술이 기하학하고는 아무런 관련이 없다는 것을 말해 왔다. 그리고 학자들이 어떤 무늬를 두고 '이것은 기하학적 추상무늬다.' 하는 말은 사실은 '나는 이 무늬가 뭔지 모른다'는 말의 다른 말이라고 했다.

2) 김원용·안휘준, 『한국미술의 역사』(시공사, 2016), 36~37쪽

김원용은 여기서 신석기 미술을 '비구상의 미술'로 보고 있다. 이는 한반도 신석기인이 1만 년 남짓 '추상미술'을 했다는 말이고, 우리 미술의 시작을 추상미술로 보는 것과 같다. 하지만 그는 왜 한반도 신석기인이 수천 년 동안 추상미술을 했는지 그 까닭을 말하지 않는다. 앞에서도 쭉 얘기했듯이 한반도 신석기인들은 구상(천문, 구름, 비) 미술을 해 왔고, 그런 만큼 한반도 신석기 미술은 '추상미술'이 아니라 '구상미술'로 보는 것이 적절하다. 그리고 세계 신석기 미술도 마찬가지로 추상미술이 아니라 구상미술이라는 것을 말해 왔다.

다시 앞으로 가서 김원용이 말한 덧무늬의 기원을 살펴볼 필요가 있다. 그는 덧무늬의 기원을 "토기 아가리에 보강을 목적으로 감아 돌렸던 끈에 착안하여 발생하였다고" 본다. 사실 이는 지금으로서는 알 수도 없고, 그랬을 리도 없다. 그리고 그러한 사례가 있다면 근거

를 대야 한다! 다만 그릇 이전 바구니 테에서 온 디자인(도12-14)이나 일본 조몬토기처럼 바구니를 튼튼하게 끈으로 감았던 끈 모양이 그대로 그릇 디자인에 올라온 것은 있다(도10·26·26-1·28·30·33-35·38·39 참조).

우리 학계뿐만 아니라 세계 사학계도 덧무늬든 빗살무늬든 그 무늬의 구상을 알지 못한다. 거의 다 김원용처럼 '비구상의 기하학적 무늬'라 한다. 여기서 '비구상'이란 덧띠로 무엇을 나타냈는지 '모른다'는 말이고, '기하학적 무늬'란 점과 선으로 된 무늬란 말이다. 하지만 구상이든 추상이든 이 세상 모든 무늬는 점과 선으로 되어 있다. 그렇다면 세계 학자들이 왜 세계 신석기 미술을 두고 굳이 '기하학적 무늬'라 하는 것일까. 이 또한 'I don't know!'를 돌려서 하는 말일 뿐이다. (학자들은 '모른다'는 말을 '정말' 할 줄 모른다.) '비구상의 기하학적 무늬'든 '기하학적 추상무늬'든 모른다는 말을 마치 자기는 뭔가 알고 있는 것인 양 말하고 있는 것과 같다.

우리 학계는 덧띠무늬토기라 하지 않고 '융기문토기'라 하고 있다. 나는 이 책 곳곳에서 '융기'란 말이 잘못된 말이고 '덧띠'라 해야 한다고 말했다. 아무튼 이 '융기문토기'에 대해 네이버 지식백과 사전을 검색해 읽어 보면 도무지 무슨 말인지 알 수 없는 외계어로 되어 있다. 분명히 한글로 되어 있는데 읽어도 알 수가 없다. 더구나 태선융기문, 세선융기문, 융기점열문, 두립문, 자돌문, 침선문처럼 죄다 한자어로 되어 있어 머리가 지끈지끈 아프고, 읽으면 뚜렷해지는 것이 아니라 점점 더 복잡해질 뿐이다. 무엇보다도 가장 큰 문제는 그 무늬가 무엇을 나타낸 것인지는 말하지 않으면서 무늬의 형태나 무늬를 내는 방법에 따라 끊임없이 분류를 해 나가고 있다는 점이다. 이렇게 하다 보면 끝이 없고 한없이 복잡해질 뿐이다. 문제는 신석기인이 이 덧띠무늬로 무엇을 나타내고자 했는가, 하는 것이 아닐까.

덧띠무늬토기는 빗살무늬토기보다 더 이른 시기의 신석기 그릇이다. 보통 기원전 6000년에서 4500년 사이에 동·남해안 지역 부산 동삼동·범방, 울주 신암리, 울산 세죽, 양양 오산리, 고성 문암리, 통영 연대도·욕지도, 여수 돌산 송도, 단양 상시 바위그늘 유적에서 유행한 그릇으로 알려져 있다. 처음에는 이 토기의 기원을 일본 조몬문화 도도로키B식 토기와 러시아 아무르 강 중·하류 그릇에서 찾았던 듯싶다. 그런데 최근에는 두 문화와 관련 없이 한반도에서 자연히 생겨난 무늬 방식으로 보고 있다. 하지만 여기서도 문제가 되는 것은 일본 신석기 조몬인이든 아무르 강 신석기인이든 그들이 덧띠무늬로 무엇을, 다시 말해 그 구상이 무엇인지 밝혀내는 것이 아닐까. 나는 앞에서도 줄곧 말했듯이 일본 신석기 조몬인이든 러시아 아무르 강 신석기인이든 그들은 그릇에 구름과 비를 나타냈다고 말해 왔다. 또 사실 그렇다.

고든 차일드와 겹아가리토기

아래 구절은 고든 차일드가 『신석기혁명과 도시혁명 *Man Makes Himself*』에서 신석기 그릇과 관련하여 말한 대목이다.

> 토기 발전의 초기에는, 도공의 창조적 능력이 아낌없이 구현되지 않은 것이 사실이다. 상상력은 무에서 생겨나지 않는다. 상상의 소산물이라 할지라도, 그 형태는 **기존의 어떤 물건을 모본으로 삼았을 것**이 틀림없다. 특히 **토기 빚기는 일반적으로 여성이 담당하는데, 여성들은 근본적으로 혁신을 꺼려하기 때문에 완전히 창조적 사고로 토기를 구웠을 가능성이 낮다.** 따라서 초기 토기는 기존의 유기물로 만든 용기의 형태를 모방하여 빚었을 것이다. 즉, **조롱박과 왕골바구니, 심지어는 인간의 두개골 따위를 모방한 형태**였을 가능성이 높다. 그런 까닭에 토기에는 필

요치 않은 **가죽부대의 솔기, 바구니의 연결 끈** 따위가 토기 형태에 모방되었다. 따라서 새로운 재료 흙으로 구운 토기가 주부들에게 생소하게 느껴지지 않았다.[3]

고든 차일드는 아주 뛰어난 고고학자인데도 (더구나 사회주의자인데도!) 위 구절을 보면 '여성'에 대해서만큼은 아주 보수적이다. "여성들은 근본적으로 혁신을 꺼려하기 때문에 완전히 창조적 사고로 토기를 구웠을 가능성이 낮다"는 대목은 어느 누구도 동의하기 힘들 것이다. 신석기시대 그릇은 주로 여성이 담당했다고 하는데, 이 또한 정확하지도 않고 꼭 그러하지도 않다. 물론 지금도 아프리카 카메룬, 나이지리아에서는 신석기 방식 그대로 여성들이 그릇을 빚는다. 하지만 아시아권 여러 나라에서는 남자들이 그릇을 빚고 있다. 서아시아 나라 가운데 지금도 신석기 방식 그대로, 그러니까 가마가 아니라 구덩이를 파고 거기에 그릇을 쌓아 놓고 굽는 지방이 있다. 그 지방 장인 또한 남자가 담당하고 있다. 물론 원래는 여자가 담당했는데 수렵 대신 농사로 먹을거리를 해결하게 되면서 남자들이 이 일까지 맡았을 가능성이 있다. 그러니까 고든 차일드처럼 신석기시대 그릇은 여성이 빚었다고 단정할 수는 없다.

3) 고든 차일드 글·김성태 이경미 옮김, 『신석기혁명과 도시혁명』(주류성, 2013), 141쪽

물론 지금의 여자와 남자에 대한 '일반 관념'으로 본다면 신석기 그릇이라 하더라도 남성적인 그릇과 여성적인 그릇으로 나눌 수는 있다. 대체로 한강을 기준으로 한강 이북 지방의 신석기 그릇은 투박하고, 성질이 급하고 거칠다. 지극히 남성적이다. 그에 견주어 한강 이남 지역 신석기 그릇 무늬는 섬세하고 꼼꼼하다. 지극히 여성적이다. 특히 암사동 그릇이 그렇다. 한강 이남 지역에서도 암사동 그릇은 그 무늬가 놀라울 정도로 섬세하고 빈틈이 없다. 그런데 한강 이남 지역이라 하더라도 모두 다 여성적인 것만은 아니다. 서울 암사동과 달리 부산 동삼동 신석기 그릇은 경쾌하고 투박하고 거침

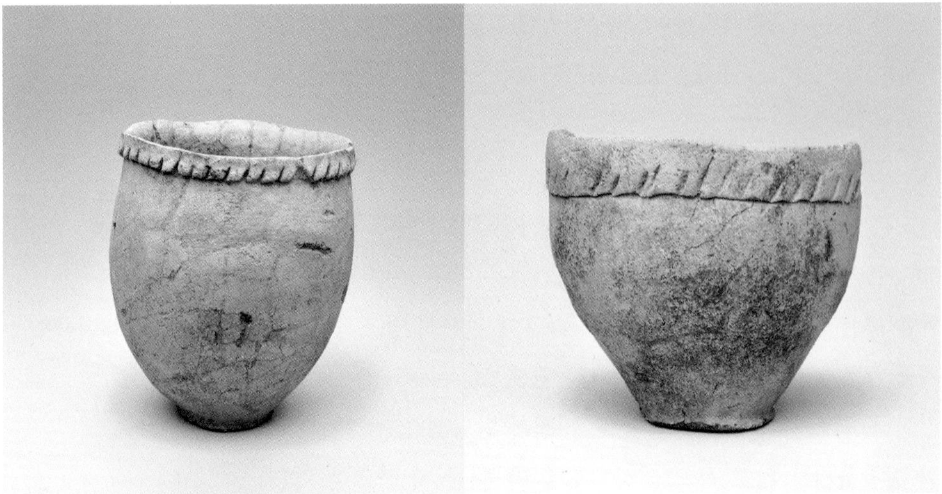

도8 겹아가리토기.
경기도 하남.
높이 26.1cm.
하남역사박물관.
국위988

도9 겹아가리토기.
경기 하남.
높이 10.8cm.
하남역사박물관.
국위974

이 없고 힘이 넘친다. 암사동 그릇과 달리 남성적인 그릇인 것이다. (하지만 남성적인 그릇이면서도 세련되고 스마트한 맛이 있다.) 또 같은 강원도 양양이라 하더라도 지경리 신석기 그릇은 서울 암사동 그릇처럼 여성적이라면 오산리 신석기 그릇은 부산 동삼동처럼 남성적이다. 물론 이런 코멘트는 앞에서도 말했듯이 '여자와 남자에 대한 일반 관념'으로 본 것일 뿐이다.

앞 구절에서 고든 차일드는 아주 흥미로운 말을 하고 있다. 그러니까 토기가 그전의 어떤 것, 그러니까 토기 이전의 바구니라든지 바가지를 모방했다는 것이다. 이러한 생각은 고든 차일드뿐만 아니라 여러 사람들이 하는 말이기도 하다. 문제는 그 사례를 찾아본 적이 있는가, 하는 점이다. 나는 세계 신석기 미술사나 한국미술사에서 그 사례를 찾아내고 설명한 대목을 본 적이 없다. 나는 6장 **도50·51** 부산 영선동 토기 융기문 발을 설명하면서 이 그릇이 박바가지(**도53**)에서 왔다고 했다.

도8·9는 이중구연토기다. 이중구연(二重口緣 두이·겹칠중·입구·가장자리연)은 말 그대로 아가리에 흙띠를 한 겹 더 덧댄 것을 말한다. 이런

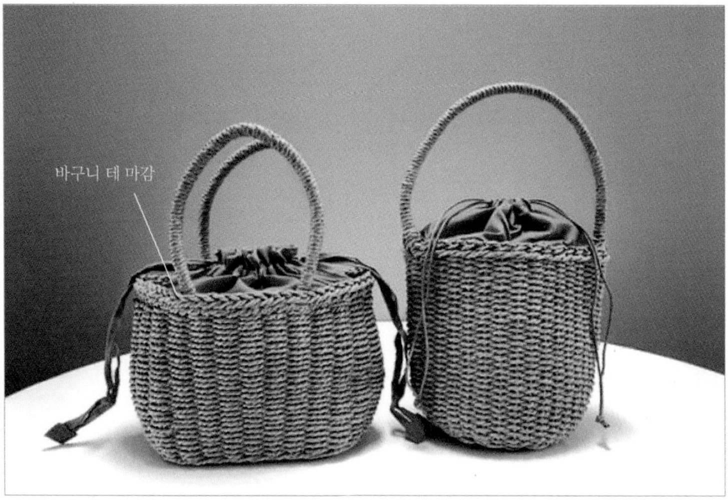

도10 왕골 바구니 가방. 초록샘 왕골가방 컬렉션. 바구니 마감 부분을 잘 살펴봐야 한다.

그릇은 신석기 전기 기원전 4000년부터 보이고, 청동기까지 쭉 이어진다. 물론 청동기를 지나 조선까지도, 현대까지도 이런 그릇을 쉽게 볼 수 있다. e뮤지엄에서 '이중구연토기'로 검색을 하면 이미지 자료가 1,338장이나 검색되는데, 사진 한 장에 그릇 조각이 여럿 올라와 있는 것을 감안하면 수만 건에 이른다. 또 점토대토기가 있는데, 이중구연토기와 마찬가지로 아가리에 흙띠를 붙인 그릇이다. 장독 아가리를 떠올리면 되겠다. 이런 점토대토기도 e뮤지엄에서 검색하면 2,520건이나 검색이 된다(검색일: 2020.10.3). 그렇다면 우리 학계는 이 그릇을 어떻게 보고 있을까.

> 구연(아가리)을 보강하거나 혹은 장식적인 목적으로 점토 띠를 덧붙여 이중으로 구연부를 만든 토기이며 겹아가리토기라고도 한다. (……) 이중구연토기의 성립과 계통문제에 대해서는 다양한 의견이 있으나 크게 **외부기원설과 자생설**로 구분된다. 자생설은 발생지를 영남내륙으로 보는 견해와 남해안에서 기원을 찾는 견해로 나누어진다.[4)]

위 구절은 『한국고고학전문사전-신석기시대 편』에 있는 구절이다. 겹아가리(이중구연)토기 관련 논문을 찾아보면 수십 편에 이르는데, 그 논문에 따르면 이 그릇은 주로 남해안과 남부내륙, 제주도, 동해안, 서해안 신석기 유적에서 많이 나오고 있다. 학자들은 이 그릇의 기원과 관련해서 외부기원설과 남부 지역 자생설로 갈리고 있는데, 외부기원설은 대동강 유역의 팽이형토기와 청천강 유역 당산조개무지 겹아가리토기에서 찾고 있다. 그럼 대동강과 청천강 유역의 겹아가리토기는 어디에서 왔을까. 학자들은 중국 동북지역 청동기문화 영향으로 본다. 그럼 또 이렇게 물을 수 있다. 중국 겹아가리토기의 기원은 또 어디일까. 이렇게 묻다 보면 답을 낼 수 없는 지경에 이를 수밖에 없다. 겹아가리토기 연구 하나만 보더라도 우리 학계의 연구 방식이 얼마나 문제가 많은지 알 수 있다. 여기서도 확인할 수 있듯이 학자들은 어떤 유물을 연구할 때 가장 먼저 그 영향 관계부터 따진다는 점이다. 그들은 **도8 · 9** 아가리 흙띠가 무엇인지, 왜 신석기인이 아가리에 흙띠를 덧붙였는지, 이런 것에는 애당초 관심이 없다. 단지 저런 흙띠를 붙인 그릇이 어느 어느 지역에 있느냐가 관건일 뿐이다. 그리고 저런 그릇이 나오는 흙층의 연대를 따져 선후관계 계보를 그리는 데만 관심을 둘 뿐이다. 하물며 아가리에 흙띠를 붙이면 손으로 잡기에 편하고 아가리 쪽이 단단해진다는 것도 말하지 않는다.

4) 국립문화재연구소, 『한국고고학전문사전-신석기시대 편』, 486~487쪽

다시 처음으로 와 보자. 신석기인들은 왜 아가리에 흙띠를 붙인 것일까. 실용 측면으로 보자면, 우선 흙띠를 붙이면 손으로 잡기 편하고, 한 겹 더 두텁게 했기 때문에 아가리 쪽이 더 단단할 것이다. (우리가 지금 쓰는 장독 또한 아가리에 흙띠를 한 겹 더했다!) 그렇다면 신석기인들은 이런 것을 어떻게 알았을까. 저절로 알 수도 있을 것이고, 그전에 다른 어떤 것에서 힌트를 얻었을 가능성이 있다. 나는 바구니 테에서 왔다고 본다. 왕골바구니든 나무쪽 바구니든 청미래덩굴

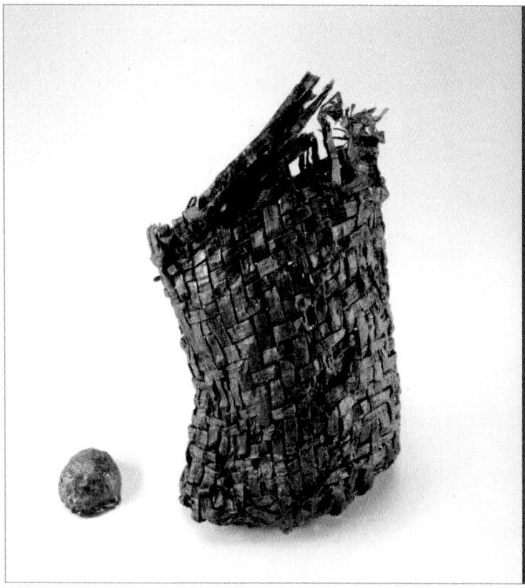

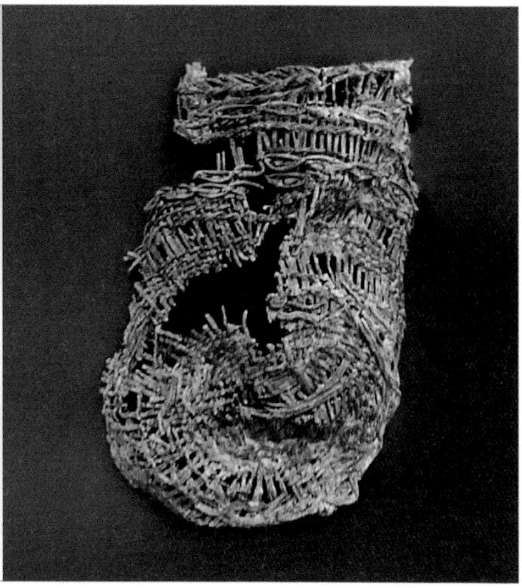

도12 테 마감 아래를 보면 덩굴을 둥글게 말아 바구니를 짱짱하게 했다. 이것이 조몬토기의 꼰무늬와 끈무늬가 된다.

바구니든 바구니를 짤 때는 아래 바닥부터 짜기 시작하고, 위로 올라오면서 마지막 테 부분에서 안쪽으로 감아 마감을 지어야 한다. 잘 휘는 나무를 동그랗게 휘어 테로 삼고 그것을 바구니 엮는 덩굴로 감기도 한다. 이렇게 해도 마감이 불안하면 물옥잠 풀대 말린 것으로 꿰어 단단히 고정을 한다. 소쿠리 같은 것도 짚으로 엮을 때 노가지나무를 휘어 손잡이 테로 쓴다. 신석기 그릇의 겹아가리는 바구니나 짚풀로 엮은 망태기 테 디자인이 그릇으로 옮겨온 사례로 보는 것이 가장 적절하다.

도11 일본 조몬인이 짠 바구니는 발굴 당시 호두가 들어 있었다. 성분을 분석해 본 결과 노송나무 속껍질로 밝혀졌다. 일본 신석기 조몬인들은 나무 속껍질, 나무쪽, 덩굴로 바구니와 깔개(시루에 음식을 찔 때 쓴 깔개)를 짰다. 사가현 히가시묘 유적에서는 기원전 5000년 전 바구니가 수백 점이나 나왔다. 어떤 바구니는 높이가 70센티미터가 넘는다. 아마 바구니에 도토리 같은 열매를 보관했을 것이다.

도11 일본 조몬인이 짠 바구니와 호두. 일본 아오모리시 산나이마루야마유적. 조몬 전기 중엽 기원전 5500년. 높이 33cm. 폭 20cm. 조몬시유관

도12 일본 조몬시대 바구니

큰 바구니는 무환자나무, 천선과나무, 편백나무를 쪽 내서 짜고 작은 바구니는 마삭, 댕댕이덩굴, 개다래나무로 짰다. 나무를 쪽으로 쪼갤 때는 수지포매절편법(樹脂包埋切片法)을 썼다. 나무에 기름을 발라 묻어놨다가 나중에 꺼내 쪼개는 것이다. 이런 신석기 바구니에서 조몬토기의 끈무늬와 매듭무늬가 비롯되었다고 볼 수 있다. 조몬인들은 나무쪽으로 바구니를 짠 다음 튼튼하게 오래 쓰려고 겉을 끈으로 묶고 매듭을 지었을 것이다. 이것이 토기 무늬로 그대로 올라왔다. 조몬토기에는 아무 쓸모없는 고리가 목 언저리나 아가리에 달려 있는 것이 있는데(**도24 · 26 · 26-1 · 28 · 34**), 이는 바구니 아가리 쪽을 끈으로 동여매 묶은 다음 끈을 둥글게 빼 손잡이를 낸 고리가 그릇 디자인에 올라온 것이다.

도12 일본 조몬 바구니 아가리 쪽을 보면 몸통과 달리 엮었다. 사실 바구니를 엮을 때는 이 아가리 부분을 어떻게 마감을 짓는가가 가장 중요하다. 그렇지 않으면 곧 헐거워지거나 풀리기 때문이다. 바닥에서부터 짜 올린 바구니를 아가리 테에서 마무리 짓는 방법은 수천 년 동안 발전해 왔다. 신석기인들도 이 부분이 가장 마음 쓰였을 것이다. **도12**를 일본 조몬인들은 몸통과 다른 방향으로 엮고 덩굴로 묶기도 했다. 이런 끈 매듭과 마지막 마감 부분이 토기에 그대로 올라가 조몬토기 패턴이 되었을 가능성이 높다. 이런 경우는 세계 신석기 그릇 역사에서 간혹 찾아볼 수 있다. 물론 우리가 그것을 미처 알아보지 못할 때가 더 많을 것이다.

바구니와 신석기 그릇 디자인

그러니까 겹아가리의 기원이 팽이형토기나 청천강 조개무지 유적 겹아가리토기에 있는 것이 아니라 그때 그들이 주로 썼던, 그릇보다 훨씬 더 많이 썼던 바구니나 그물망 테 디자인에서 왔다는 것이다. 이렇게 보는 것이 적절하고 현실적이지 않을까. 미술에서 기원의 문제가 중요한 것은 바로 이 때문이다.

이 책을 읽는 독자들은 네이버 지식백과 '고고학사전'과 '한국민족문화대백과사전'의 이중구연토기(겹아가리토기) 설명글을 한번 읽어 봤으면 한다. 우리 학자들이 얼마나 어려운 말로, 읽어도 무슨 말인지 알 수 없는 말을 하고 있는지 바로 확인할 수 있을 것이다.

그렇다면 왜 한반도 신석기인들은 흙띠만 붙이면 되지 흙띠를 붙인 다음 **도8·9**처럼 오른쪽에서 왼쪽으로 사선을 그었을까. 사실 이것은 원래 바구니를 짤 때 마지막 테 마감을 안쪽으로 여민 다음 테두리를 끈으로 꿰매 단단히 고정한 것을 표현한 것이다(**도31** 참조). 그런데 이렇게 해 보니 그들이 다른 그릇에서 표현한 '하늘 속' 패턴과 비슷해 보였고, 이렇게 되자 바구니 테 디자인과 '하늘 속' 패턴이 하나가 되어 버렸다. 이는 비록 바구니나 그물망 테 디자인을 실용 측면에서 모방했다 하더라도 당시 세계관과 하나가 되는 과정을 보여주는 것으로 볼 수 있다.

앞에서도 여러 번 얘기했듯이 고대 그릇이든 현대 그릇이든 아가리 쪽을 하늘(天)로 보고 무늬를 해석하면 된다고 했다. 그리고 한반도 신석기인들은 가장 위쪽에 '하늘 속'을 새기고 그 안에 하늘 속에 있는 물(水)을 표현했다고 했다. 그러니까 아가리 테 위에 사선으로 꾹꾹 누르거나 새긴 무늬는 하늘 속에 있는 물(水) 또는 비(雨)로 보면 된다. 이런 사례는 세계 신석기 미술에서 흔히 볼 수 있다. 문제는 실용적인 모방과 그 안에 깃든 세계관을 찾는 일이다. 이것은 **도13·14**에서도 찾아볼 수 있다. **도13**을 보면 '하늘 속' 무늬를 **도10** 왕골 바구니나 **도12** 바구니 테 패턴에서 가져왔지만 바로 그 아래 삼각형 구름(云)을 새기고 이 구름에서 내리는 비(雨)를 새긴 것만 봐도 알 수 있다.

국립중앙박물관 e뮤지엄에 올라와 있는 빗살무늬토기 사진은

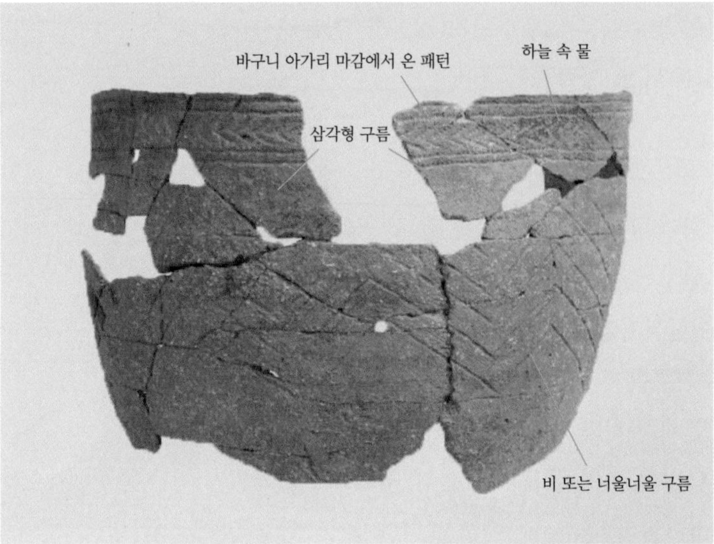

도13 빗살무늬토기 아가리 부분. 국립공주박물관. 공한5314

4,800장, 덧띠무늬토기(융기문토기) 사진은 694장이다(검색일:2020.10.3). 나는 이 모든 사진을 하나하나 살펴봤는데, 사진 한 장에 그릇 조각이 100개도 넘게 올라온 것도 있다. 그렇다면 그릇은 수만 건에 달한다. 이 자료뿐만 아니라 우리나라 신석기유적 발굴조사 보고서도 찾아볼 수 있는 것은 거의 다 찾아보았다. 이렇게 많은 자료를 봤는데도 신석기인이 썼던 바구니 디자인에서 온 그릇 패턴은 **도13·14**가 유일했다. 물론 더 있을 것이다. 그릇 형태를 알 수 없는 조각이 너무 많아 미처 못 본 것도 있을 것이다. 좀 애매한 것도 있다. 그것을 빼고 가장 확실하게 확인할 수 있는 것은 이 두 사진뿐이다.

도13·14를 다시 한번 보자. 두 사진에서 하늘 속 패턴은 **도10·12** 바구니 테에서 온 것이 분명하다. (우리나라 신석기 유적에서는 아직 신석기 바구니가 나오지 않았다.) 그런데 신석기인은 바구니 테에서 무늬를 모방했지만 당시 세계관과 융합했다. 어린이들이 쓰는 말로 '합체' 했다. 이는 **도13·14**에서 공히 확인할 수 있다. **도13·14**를 보자. 바구니 테에서 모방한 무늬로 그릇 아가리를 장식한 다음, 그것을 '하

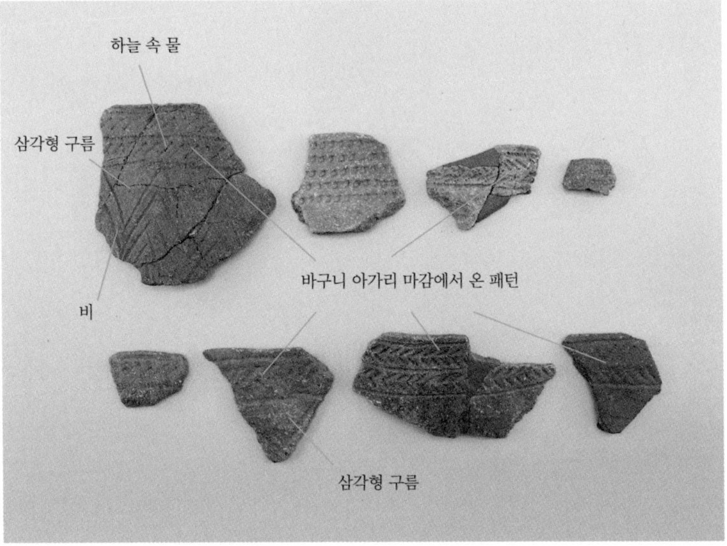

도14 빗살무늬토기 아가리 부분. 국립공주박물관. 공한4839(8)

늘 속'으로 삼고 그 아래에 삼각형 구름(云)과 그 구름에서 내리는 비(雨)를 새겼다.

고든 차일드는 신석기 질그릇 '모양'이 조롱박이나 왕골 바구니 같은 용기에서 왔을 것이라 했지만, 나는 그릇 '모양'뿐만 아니라 '패턴'도 바구니에서 온 것이 있다는 것을 증명했다. 고든 차일드는 세계 신석기 어느 유적에서 나온 그릇을 보더라도 거의 똑같은 무늬를 새기거나 그렸다고 말한다. 사실 그는 신석기 그릇 패턴에 깃든 세계관을 알지 못했다. 그렇기에 그는 그릇 모양만을 말하고 있는 것이다. 그는 세계 신석기 그릇 패턴에 대해서는 단 한마디도 코멘트하지 않는다. 그때나 지금이나 세계 고고학자들은 신석기 미술을 기하학적 형식주의 내지는 기하학적 추상미술로 보고 있을 뿐이다.

김원용이 『한국미술의 역사』(시공사, 2016)에서 말한, "덧무늬는 아마 토기 아가리에 보강을 목적으로 감아 돌렸던 끈에 착안하여 발생"했다는 주장을 비판한다는 것이 여기까지 와버렸다. 그는 한반도 신석기시대 그릇의 덧무늬와 빗살무늬를 '비구상의 기하학적 무늬'

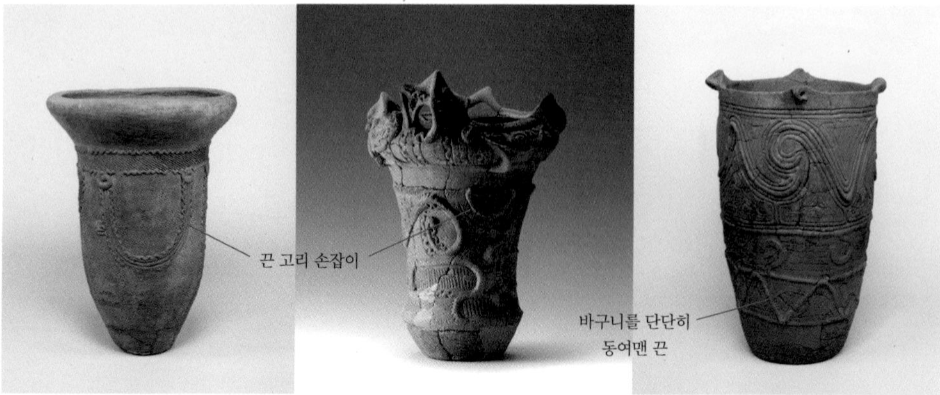

'조몬(繩文 줄승·무늬문)토기'는 말 그대로 줄(끈, 새끼줄) 같은 덧띠가 있는 토기를 말하지만, 지금은 일본 '신석기 토기'를 말할 때 두루 쓴다. 일본 고고학계는 이 끈이 무엇인지 아직 알지 못한다. 도15·15-1은 바구니 몸통 위를 끈으로 동여매 손으로 들기 편하게 손잡이 고리를 낸 것이 나중에 그릇 디자인으로 온 것이고, 도16은 바구니를 짱짱하게 쓰려고 끈으로 동여맨 것이 그릇 디자인으로 올라온 것이다.

도15 조몬 중기 그릇. 기원전 3000~2000년. 높이 66cm. 도쿄국립박물관

도15-1 조몬 중기 그릇. 기원전 3000~2000년

도16 조몬 중기 그릇. 도쿄국립박물관

로 보기 때문에 한반도 신석기 미술을 제대로 보지 못한다. 신석기 미술에서 가장 중요한 것은 그릇이라 할 수 있는데, (다른 것은 다 썩어 남아 있지 않다. 특히 한반도는 습하고 흙이 산성이라 더 없다.) 이 그릇의 디자인과 패턴을 볼 수 없으니 그에게 신석기 미술은 '공백'일 수밖에 없고, 이런 억측이나 잘못된 단정을 할 수밖에 없는 것이기도 하다. 그의 추론에 따르면 5장에서 보기로 든 덧무늬토기(**도16**) 삼각형 구름(云)도, 6장에서 다룬 부산 영선동 토기융기문발(**도54**) 삼각형 구름과 양양 오산리 덧무늬토기(**도63**) 삼각형 구름과 비(雨)도 아무 뜻이 없고 아가리 보강을 하려고 감아 돌렸던 끈에서 온 것이 될 수밖에 없다.

아는 만큼 안 보인다

○○대학교 1학년 학생들에게 **도7** 고산리 신석기 덧띠무늬토기를 보여주고 이 패턴이 무엇을 표현한 것인지 물었다. 조사 방법은

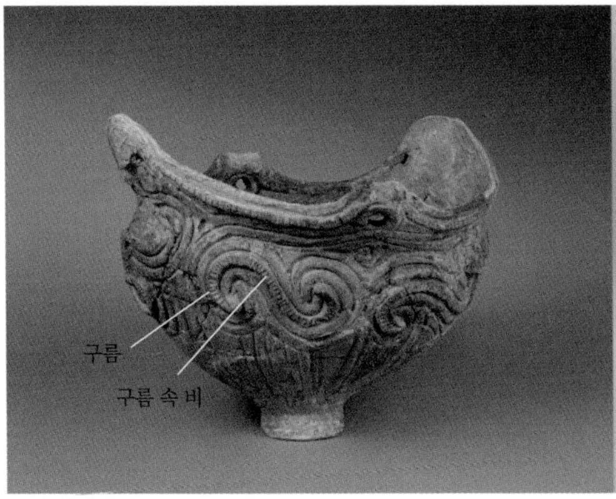

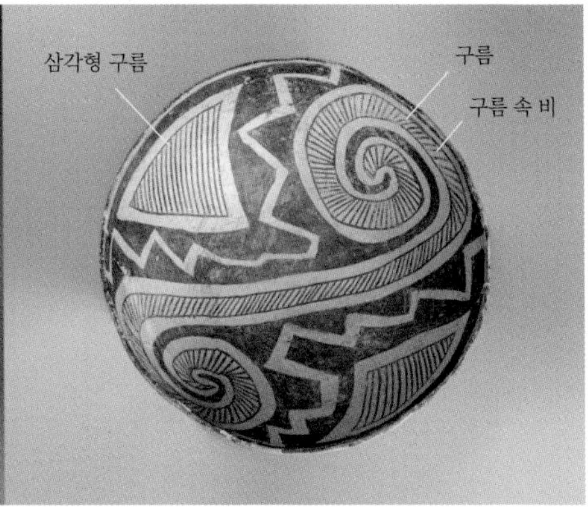

이 두 그릇의 패턴은 본질적으로 도7 고산리 덧무늬토기의 구름과 같다. 일본·미국 사학계는 이 패턴을 그저 에스S 자, 기하학적 패턴이라 할 뿐이다. 일본 신석기 조몬인들은 상당 기간 동안 구석기 자연주의 미술을 한다. 이는 세계 미술사에서 찾아보기 힘들다. 미국 푸에블로 신석기 미술은 세계 신석기 미술을 풀 때 늘 염두에 두어야 할 미술이다.

도17 조몬 중기 그릇. 높이 22cm. 일본 교토국립박물관

도17-1 미국 푸에블로 채색그릇Painted Pottery Bowl. 1200~1300년. 아가리 지름 29cm

다섯 가지다. 시간은 1분, 그래야 '직관의 답'이 나오기 때문이다.

경영학과 14명에게는 아무 힌트 없이 그릇 사진만 보여주고 이 무늬가 무엇인지 써 내게 했다. 구름이라 답한 학생은 두 명, 나머지 학생은 물결, 파도, 땅, 바람, 연기, 하늘, 용이라 했다.

부동산금융학과 15명에게는 앞에서 든 국립제주박물관 설명글("에스S 자 모양으로 곡선화 시킨 기하학 무늬")을 힌트로 주고 물었다. 그랬더니 구름이라 답한 학생이 단 한 명도 없었다. 나머지 답은 파도, 용, 뱀, 물줄기, 냇물, 바람, 강, 하늘이다.

사회복지학부 19명에게는, '그릇을 볼 때는 아가리 쪽을 하늘로 생각하고 보면 잘 읽힌다'는 힌트를 줬다. 이것은 그릇 무늬를 볼 때 기본이다. 그랬더니 열 명이 구름, 세 명이 바람, 한 명이 안개라 했다.

나머지 두 과 학생들에게는 힌트 순서를 달리했다.

유아교육과 학생 19명에게, 그릇을 볼 때는 아가리 쪽을 하늘로 보고 보면 무늬가 잘 읽힌다 하면서 **도7**의 무늬를 읽어 보라 했다.

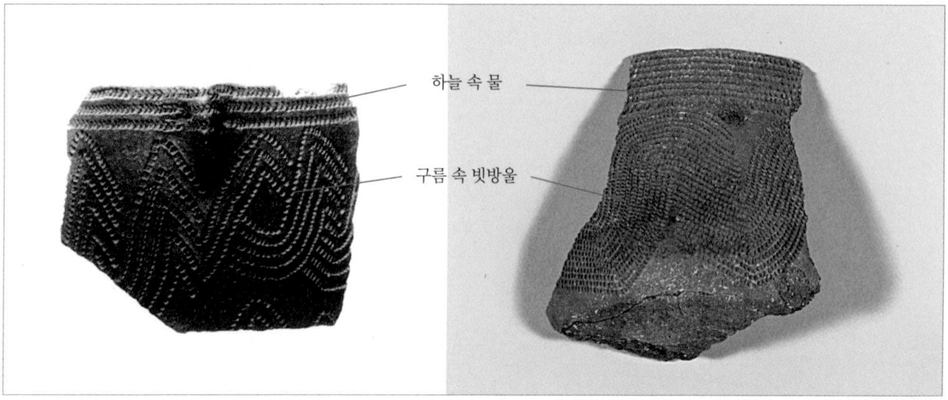

뭉뚝한 무늬새기개 끝으로 꾹꾹 눌러 무늬를 새겼다. 구름(云) 속 점은 이제 곧 내릴 빗방울(雨)이다. 이 구름은 본질적으로 도7 고산리 덧무늬토기 그릇의 구름과 같다. 한반도 신석기인이 그릇에 무늬를 새긴 까닭을, 그릇을 구울 때 더 단단하게 하려고 했다 하는 사람들이 있는데, 정말 그 목적이라면 도19처럼 온 정성을 다해 무늬를 찍을 까닭이 있을까. 또 무늬를 새긴다고 해서 정말 더 단단해질까.

도18 서울 암사동 빗살무늬토기 조각. 국립중앙박물관. 건판21663

도19 서울 암사동 빗살무늬토기 조각. 국립중앙박물관. 고19722

19명 가운데 13명이 구름, 4명이 바람이라 했다. 다시 곧바로 두 번째 설문지를 나누어 줬다. 이번 설문지에는 국립제주박물관 설명글이 힌트로 써 있었다. 결과는 아주 놀라웠다. 구름이 3명, 모르겠다가 5명이었다. 나머지 답은 산, 줄기, 바람, 파도, 바다, 밭이었다.

호텔외식조리학과 학생 19명에게는 힌트 순서를 유아교육과와 반대로 했다. 먼저 국립제주박물관 설명글이 써 있는 설문지를 나누어 주었다. 구름 1명, 바람 3명, 바다·물결 3명, 안개 2명이고, 나머지 답은 물의 출렁거림, 시냇물, 산이었다. 그다음 두 번째 설문지를 나누어 주었다. 그릇을 볼 때는 아가리 쪽을 하늘로 보면 잘 읽힌다는 힌트가 써 있는 설문지였다. 19명 가운데 15명이 구름이라고 썼다. 나머지 답은 은하수, 바람, 번개, 바다, 땅이다. 학생들이 낸 답 가운데 남다른 것 두 개를 아래에 들어 본다.

세 선이 있는데 밑 두 줄은 물결 모양 선이고, 가장 위쪽 선은 일자 직선이다. 가장 아래쪽은 바다, 가운데는 산 또는 바람, 가장 위쪽은 하늘

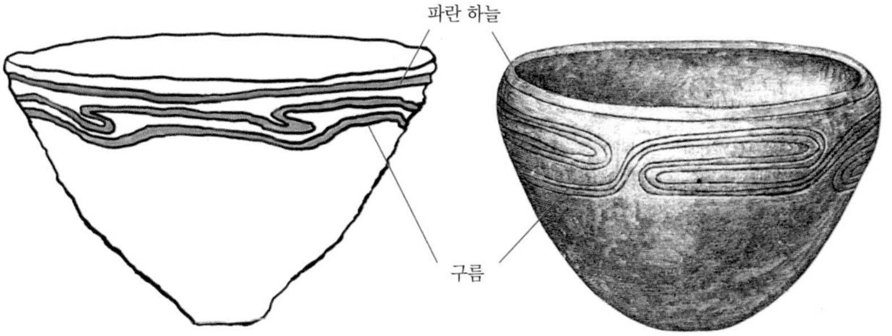

도7을 그림으로 그려 놓고 보니 꼭 우동 그릇 같다. 이 그릇은 높이가 27cm나 되는 아주 커다란 물독이다. 도21은 구름이 한 가닥이지만 한 가닥을 세 선으로 그렸다. 고산리와 아칸소 신석기 그릇의 디자인과 패턴은 본질적으로 같다.

도20 도7 고산리 덧띠무늬토기를 그림으로 그린 것

도21 미국 미시시피 아칸소 신석기 그릇

을 보고 그린 것 같다.

맨 위 줄은 하늘, 중간 에스 자 모양 곡선은 바람(구름), 맨 아래쪽은 땅(제주도)을 표현한 것 같다.

위 두 학생은 국립제주박물관의 '기하학 무늬' 설명글을 읽고서도 이런 답을 내놓았다. 지식(아는 것)에 흔들리지 않고 자신의 '직관'을 믿는 학생이다. 또 국립제주박물관 설명글과 달리 가장 위쪽 선이 에스S 자 곡선이 아니라 '일자 직선'이라 분명히 말하고 있다.

나는 설문조사를 하면서도 사실 속으로 이미 답을 정해 놓은 상태였다. 이것은 누가 보더라도 '구름'이 틀림없다. 내 예상대로 많은 학생들이 구름이라 했다. 여기서 유아교육과와 호텔외식조리학과 학생들의 답을 눈여겨볼 필요가 있다. 두 과 모두 국립제주박물관 설명글("점토 띠를 에스S 자 모양으로 곡선화 시킨 기하학 무늬")을 읽고서는 답을 제대로 하지 못하고 머뭇거렸다. 이 설명글 자체가 무늬를 있

는 그대로 못 보게 하는 것이다. '기하학 무늬'라고 '알고 보면(지식)' 아무것도 보이지 않는다. 다시 말해 아는 만큼 안 보이는 경우라 할 수 있다. 어쩌면 이 '기하학 무늬'란 말이 22년 동안 이 토기의 무늬를 해석하지 못하게 하고, 우리들의 눈을 가렸다고 볼 수 있다.

미국 호튼 신석기인과 일본 조몬인의 구름

도22는 미국 미시간 주 호튼 신석기 빗살무늬토기다. 이 무늬 또한 고산리 덧띠 구름무늬와 닮아 있다. 빗 같은 무늬새기개로 새긴 것이 아니라 무늬새기개 하나로 일일이 구름을 새겼다. 그런데 잘 보면, 구름 가닥 한 줄을 새길 때도 쭉 이어서 새긴 것이 아니라 짧게 짧게 새겨 그 선이 이어진 것처럼 보이게 했다. 이는 암사동 신석기인이 일일이 점을 찍어 구름(云)을 표현한 것과 같다(**도18·19**). 미국 호튼과 제주 고산리 신석기 구름(**도20**)이 3차원 입체에 가깝다면 서울 암사동 신석기 구름은 1차원 평면 구름에 가깝다(6장 **도24·42**). 3차원 입체와 1차원 평면 구름이 단순해지고 스마트해지면 일정한 형식(삼각형과 반원)을 띠게 되는데, 바로 이 때문에 세계 미술사학자들은 신석기 패턴을 읽어내지 못하고 막연하게 기하학적 추상무늬라 하는 것이다. **도17·18-23** 같은 입체 구름 패턴은 신석기 초 그릇에 많이 보인다. 그리고 중기와 후기에 이르면 이 자리에 삼각형과 반원형 구름이 자리 잡는다(6장 **도24-31·42-51·54-71** 참조).

물론 그 반대인 경우도 있다. 태국 반치앙 문화 그릇은, 처음에는 '새김무늬'로 삼각형 구름을 새겼다가 채색 기법을 알게 되면서부터는 입체 그림으로 바뀌게 된다. 붓으로 무늬를 그리면서 새김무늬로 할 수 없는 것까지 그릴 수 있게 되어 벌어진 일이다. 반치앙 문화 그릇 또한 세계 고고학·미술사학자들은 여전히 기하학적 패턴이라 할 뿐이다. 이에 대해서는 10장에서 자세하게 다룰 것이다. **도22**를

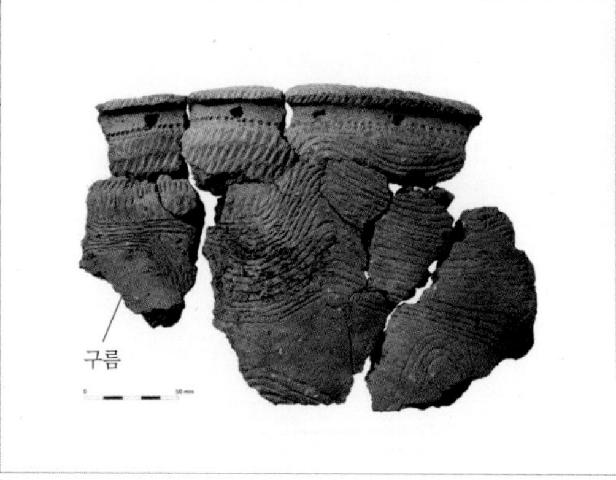

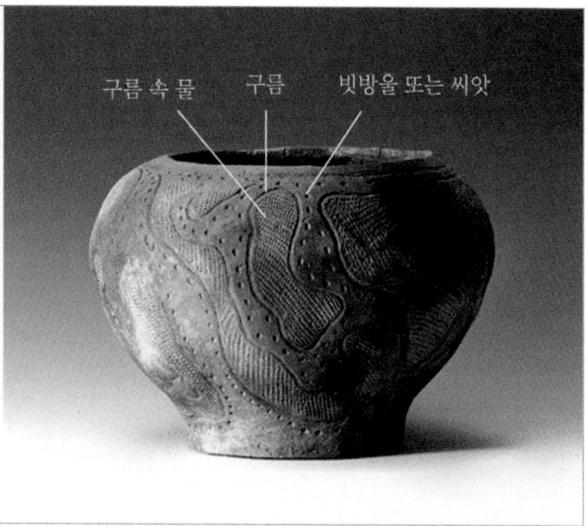

도22 미국 호튼 신석기 빗살무늬토기

도23 일본 조몬 말기 그릇. 기원전 1000~400년

보면 아가리에 구멍을 냈다. 이 구멍은 완전히 뚫은 것이 아니라 바깥쪽에서 안쪽으로 꾹 민 것이다. 이 구멍에 대해서는 12장에서 자세하게 다루었다.

도23은 일본 신석기 말 조몬인들이 빚어 쓴 그릇이다. 암사동 신석기인이 구름 속에 점을 찍어 구름 속 물(水·雨)을 표현했듯 일본 신석기 조몬인 또한 같은 패턴으로 구름 속 수분을 새겼다. 그런데 조몬인들은 돌기가 있는 무늬새기개를 손가락과 손바닥으로 밀어 무늬를 내는 룰렛 기법Roulette technique을 썼다. 구름 둘레에 점을 찍었는데, 이것은 봄비(雨) 또는 씨앗으로 볼 수 있다. 세계 여러 나라 신석기 그릇을 보면 일본 조몬인처럼 구름 둘레에 찍은 점을 볼 수 있다. 이는 구름에서 봄비가 내리고 그 봄비를 맞고 싹이 틀 씨앗을 표현했다고 볼 수 있다. 즉 봄비이면서 씨앗인 것이다. 물론 이 씨앗은 반드시 곡식은 아니다.

나는 **도22 · 23** 두 그릇의 무늬를 구름(云)으로 보지만 일본·미국 고고학계와 미술사학계는 우리 학계가 신석기 그릇을 '기하학적 추상무늬'라 하듯 그들 또한 여전히 '기하학적 무늬' 또는 '추상무늬'라 하고 있다. 우리 학계가 그렇듯 그들 또한 신석기 세계관이 공백으로 남아 있는 것이다.

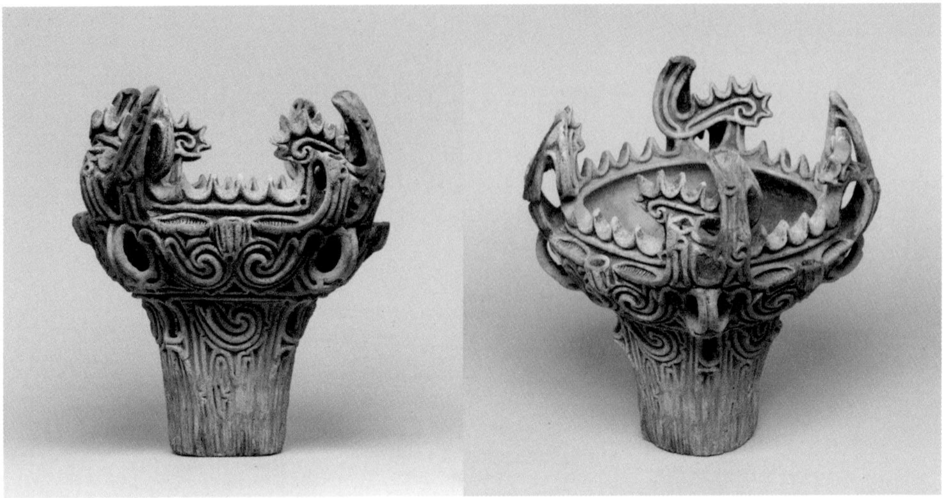

도24 일본 조몬 중기 화염형(火焰型) 토기. 기원전 3000~2000년. 높이 35cm. 니가타현 伝新潟県長岡市馬高出土. 도쿄국립박물관. J-39036

일본 조몬시대 니가타현과 후쿠시마현의 화염형 토기

일본 신석기는 보통 기원전 1만 2천 년(또는 1만 년)부터 기원전 300년(또는 1000년)까지로 잡는다. 이 시대를 '조몬시대'라 한다. 우리 한반도 시대 개념으로는 '신석기시대'를 말한다. 여기서 조몬(繩文 줄승·무늬문)은 말 그대로 줄(끈, 새끼줄) 같은 덧띠가 있는 토기를 말하는데, 보통 일본 '신석기 토기'를 말할 때 두루 쓴다. 그러니까 끈무늬 토기를 쓴 시대이고, 이 시대를 일러 '조몬시대'라 하는 것이다. 하지만 조몬시대 모든 그릇이 끈무늬로 되어 있는 것은 아니다(**도23·27·29·36·40-46** 참조). 오히려 끈무늬로 되어 있는 것은 그렇게 많지 않다.

이 토기는 세계에서 가장 이른 시기의 토기다. 물론 러시아 아무르 강과 바이칼 호 둘레서 구석기 말 토기가 몇 점 나오기는 했지만 토기는 일반적으로 신석기와 같이 설명하는 것이 적절하다. 조몬토기는 1877년 동경 오오모리 조개무지에서 처음 나왔는데, 일본 고고학계는 아직도 이 토기의 패턴을 해석하지 못하고 있다. 일본은 이 그릇의 무늬를 해석하지 못하면서도 자부심만은 아주 대단하다.

또 세계 여러 나라 박물관 나들이 순회 전시를 하고 있다. 이 그릇의 패턴이 무엇인지 모르면서, 이 그릇에 어떤 세계관이 담겨 있는지 모르면서도 자부심이 대단하다는 것은 대단히 문제가 있다. 자기가 갖고 있는 것이 '무엇'인지 모르면서 마냥 자랑하는 것과 같기 때문이다.

도24 화염형 토기는 '조몬토기' 하면 떠올리는 그릇이다. 세계 신석기 미술에서 이런 그릇은 찾아보기 힘들다. 한국미술사에서도 조몬토기를 말할 때는 보통 이 토기 사진을 싣는다. 물론 특별한 설명은 없다. 아가리 쪽 장식이 불꽃을 닮아 화염형 토기라 한다는 말과 조몬 중기 토기라 할 뿐이다. '정말' 더는 설명이 없다. 일본 사람들은 이 그릇에 '조몬의 눈 불꽃(ゆきほむら·유키호무라·雪炎)'이라 애칭을 붙였다. 하지만 일본 사학계와 미술사학계는 이 그릇의 디자인에 대해 어느 것 하나 풀지 못한 형편이다. 그들은 근대사학 140년 동안 기하학적 패턴, 에스S 자 무늬, 소용돌이무늬(渦巻文), 왕관형 토기, 맨드라미 모양 토기라 할 뿐이다.

도24 그릇은 조몬 중기 기원전 3000년 무렵 그릇이다. 일본 고고학계도 그렇고, 일본 역사 교과서에도 이 토기를 일러 화염형 토기(火焔型土器) 또는 왕관형 토기(王冠型土器)라 한다. 아가리 쪽 입체가 불꽃이나 왕관과 비슷해서 붙인 이름이다. 그런데 이것이 불꽃이라면 조몬인들이 왜 아가리에 불꽃을 빚어 붙였는지 설명해야 한다! 하지만 그들은 이에 대해 단 한마디도 코멘트 하지 않는다.

그런데 재미있는 것은 어느 학자가 맨 처음 '화염형 토기'라 이름을 붙이자, 이 무늬가 진짜 '화염'이 되어 버렸다는 것이다. 우리 고고학계가 청동거울 무늬 가운데 지그재그 패턴을 번개무늬라 이름을 붙이고 나서 100년이 흐르자 그 무늬가 진짜 '번개'가 되어 버린 것과 같다고 할 수 있다. (물론 그 패턴은 번개가 아니라 구름(云)이다!) 맨 처음 '화염'이라 이름 붙인 학자는 이것이 뭔지는 모르겠는데, (그 구

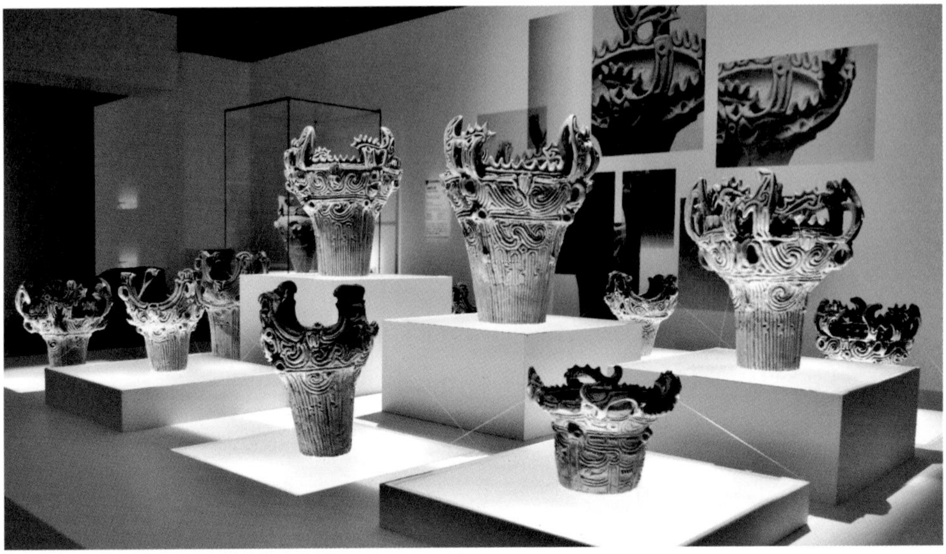

| 일본 학계는 이 토기의 겉모습 특징을 따 화염형 토기·왕관형 토기라 한다.

도25 일본 조몬 중기 토기.
일본 도카마치시.
野首遺跡出土.
기원전 3000~2000년.
도카마치시박물관

상(실제 대상)이 뭔지는 모르겠는데) 겉으로 봐서 불꽃 모양 같다는 뜻으로 '화염형 토기'라 했을 것이다. (그 학자가 이것을 정말 '불꽃'으로 보았을 수도 있다!) 그런데 그 뒤 100년이 지났는데도 그 구상이 뭔지 풀지 못했다. 이때 이런 일이 벌어진다. 그냥 겉모습을 보고 붙인 이름이 진짜 그 무늬가 되어버리는 것이다. 청동거울의 번개무늬도 마찬가지다. 한 학자가 지그재그 무늬를 보고 '번개'를 떠올렸다. 그래서 번개무늬라 한 것이다. 물론 그 학자 또한 이 무늬를 진짜 번개로 보았을 수도 있다! 그렇다면 번개가 왜 청동거울에 있는지 설명해야 한다! 물론 청동거울의 번개는 번개가 아니라 곡선 구름이 직선 구름으로 바뀐 것이다(**도50-56·61**, 8장 **도29·30**, 10장 **도11-14** 참조).

도24 그릇은 일본 사람들이 은근히 자랑하는 신석기 그릇이어서 일본 미술이 세계 나들이를 나갈 때 빠지지 않는다. 또 일본 신석기 그릇만 세계 나들이를 나갈 때가 있는데, 이때에는 이 화염형 토기가 메인이 된다. 그래서 우리나라에도 세계에도 '일본 신석기 조몬토기' 하면 이 그릇만 떠올리는 것이다. 마치 우리나라 빗살무늬토기 하면 1장 **도6**만 떠올리듯이 말이다. 하지만 이 그릇은 일본 신석기 조몬토기의 비밀을 풀 때 썩 도움이 되지 않는다. **도24** 화염형 토기는 일본 조몬토기를 대표하는 그릇이 맞기는 하지만 일본 조몬시대 모든 유적지에서 나오는 그릇이 아니다. 이 그릇은 니가타현과 후쿠시마현 신석기 유적에서만 나오고 있다. 그리고 이 그릇의 디자인은 일본 조몬토기 가운데서 지극히 '예외적'인 것이다. 이 그릇만 가지고서는 일본 조몬토기의 비밀을 풀 수도 없다. 더구나 세계 신석기 미술사에서 그릇 아가리에 불꽃을 빚어 붙인 토기는 없다.

일본 학자들이 불꽃으로 보는 것을 나는 구름(云)으로 본다. 구름을 '3차원 입체'로 빚어 붙인 것이다. 세계 신석기인이 아가리 쪽에 구름과 비를 새기고 그렸듯 일본 신석기 조몬인 또한 구름과 비를 그릇 패턴에 담았다. 다만 그들은 다른 세계 신석기인과 달리 구름과 비를 3차원 입체로 빚었다고 볼 수 있다. 이것은 일본만의 특징이다. 세계 신석기 미술사에서 이런 사례는 없다. 또, 세계 신석기 미술사에서 구석기 '자연주의 미술'의 전통이 신석기 내내 상당 기간 남아 있는 곳도 찾아보기 힘들다. 이래저래 일본 신석기 미술은 아주 중요하다. 나는 이 책 곳곳에서 일본 신석기 조몬토기의 세계관을 풀 수 있는 몇 가지 기본 패턴을 제안하고 있다. 일본 학계가 이 제안을 받아들인다면 그들은 140년 동안 풀지 못했던 조몬토기의 비밀을 낱낱이 풀 수 있을 것이다. 나머지는 그들 몫이다.

일본 조몬시대 그릇은 디자인이나 패턴으로 봤을 때 세계 신석기 미술사에서 아주 독보적인 자리에 있다고 할 수 있다. 서아시아나 유럽의 신석기 그릇보다도 더 '모던'한 그릇이기도 하다. **도26·26-1**을 보자. 이 두 그릇을 어느 현대 사기장의 전시회에 살짝 끼워 놓는다면 어느 누구가 지금으로부터 5000~3500년 전 일본 신석기인이 빚었다고 짐작이나 할 수 있겠는가. 객관으로 보더라도, 디

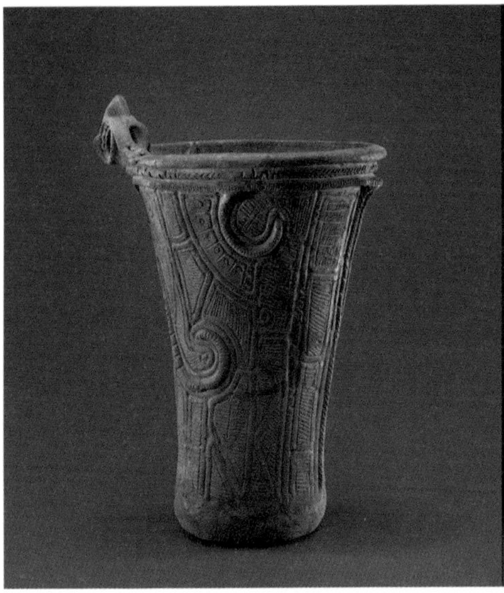

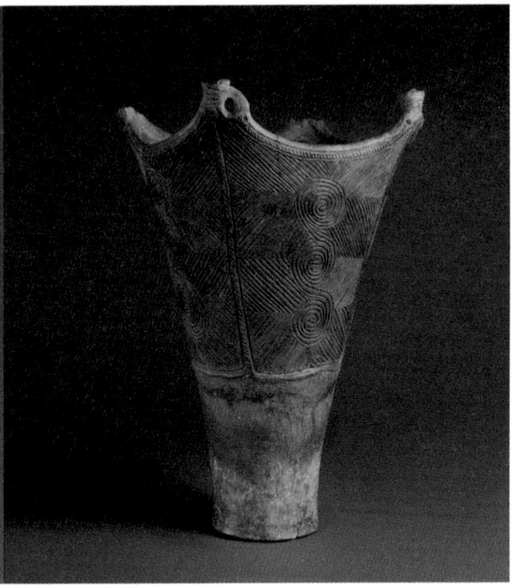

자인과 패턴 측면에서 보더라도 일본 신석기 그릇은 중국과 한반도 신석기 그릇보다 앞서 있었다고 볼 수 있다. 물론 조몬시대 일본 모든 지역의 신석기 그릇이 중국과 한반도 신석기 그릇보다 더 뛰어났다고는 할 수 없을 것이다. 하지만 니가타현과 후쿠시마현의 화염형 토기는 실로 놀라운 그릇임은 틀림없다.

도26은 상당히 큰 그릇이다. 이 그릇의 디자인은 바구니에서 온 것이다. 오키나와 사람들은 몇십 년 전만 하더라도 이와 똑같은 대바구니에 고기를 담았다. 아가리 왼쪽에 있는 둥근 고리는 **도30** 왕골 바구니 같은 바구니 손잡이에서 온 것이다.

도26-1은 **도15-1·24·28**과 견주어 보면 아주 단순해졌다는 것을 알 수 있다. 화려한 조몬 중기 토기의 비밀은 이렇게 후기 그릇에서 그 실마리를 찾을 수 있다. 아가리 쪽 고리와 묶음 매듭은 조몬인들이 나무쪽이나 덩굴로 짜 썼던 바구니 테 마감에서 온 것이다. 나무쪽, 나무 속껍질, 덩굴로 바구니를 짠 다음 아가리 쪽 테를 끈으로 묶어 단단히 마감을 했는데, 이 모양이 그릇 디자인에 올라온 경우

도26 일본 조몬 중기
기원전 3000~2500년.
높이 50.2cm.
스미소니언박물관

도26-1 일본 조몬 후기
기원전 1500~1000년.
일본 아오모리현

다. 조몬토기 디자인과 패턴은 그들이 늘 썼던 바구니 모양을 아주 많이 닮아 있다. 이것은 이 책에서 처음 밝힌 것이다. 우리는 이 기본 사실을 일본 학계가 진작 밝혀냈을 것이라 짐작하지만 그렇지 않다. 일본 조몬토기 관련 자료를 한번 검색해 보라. 일본 학계는 아직 이조차도 밝혀내지 못했다.

몸통 위 무늬는 비바람 패턴이다. 나선형으로 된 것은 바람(風) 또는 구름(云)이고, 그 바람 속에서 비가 내리치고 있는 것이다. 항아리를 동여맨 듯한 굵은 끈 무늬 또한 바구니에서 온 것이다. 조몬인들은 바구니를 짠 다음 끈으로 동여매 썼을 것이다. 얼마 전만 하더라도 오키나와 사람들은 이렇게 썼다(**도38 · 39**). 그래야 튼튼하고 많이 담을 수 있고 더 오래 쓰기 때문이다. 이 그릇은 아주 모던하다. 한국미술에서는 조선 분청자가 그러한데, 일본은 한참 더 내려가 신석기 때 빚은 그릇에서 모던함이 보인다. 마치 지금의 우산꽃이 같기도 하다.

이 그릇을 페이스북에 올리고 한 페친에게 부탁을 했다. 페친 둘째가 어린이집에 다니고 있기에 아이에게 저 나선형 무늬가 뭐 같은지 물어보라 했다. 아마 0.1초도 안 돼서 바로 답을 할 거라고 했다. 아이는 "바람?" "구름?" 했다고 한다. 나는 다시 부탁했다. 그러면 나선형 둘레 빗금무늬는 뭐 같은지 물어보라 했다. 아이는 머뭇거리지 않고 바로 비(雨)라 할 거라면서. 내 짐작이 맞았다. 아이는 비라 했다 한다. 140년이 넘도록 일본 고고학계가 단 1도 풀지 못하는 것을 어린이집에 다니는 한국 여자아이가 0.1초만에 알아본 것이다. 이것은 무엇을 말하는 것인가. 한반도든 일본이든 세계 신석기인이 새긴 무늬는 추상이 아니라 '구상'이라는 것이고, 그 무늬를 그리는 방식은 1차원 평면화라는 것이다. x축이든 y축이든 어느 한쪽에서만 본 것을 그린다는 것이다. 이것은 아이들이 그리는 평면화와 같다. 그래서 아이들은 바로 알아보는 것이다. 이에 대해서는 이 책 곳

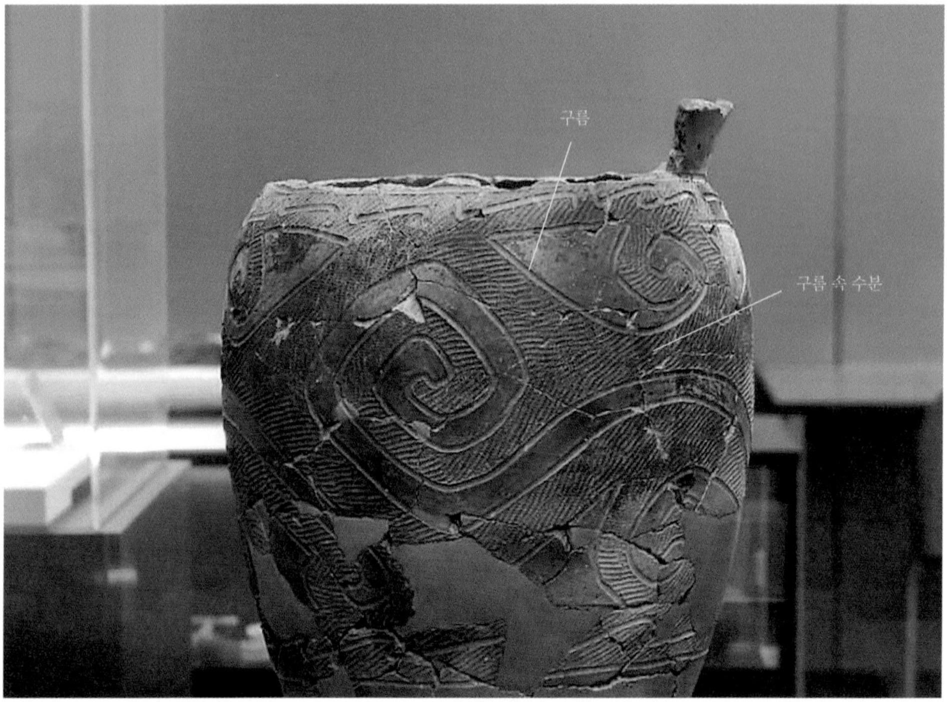

도27 일본 조몬 후기 기원전 2000년 무렵. 모리마치유적발굴조사사무소

곳에서 자세하게 설명했다. 평면화가 궁금한 사람은 울산 반구대 암각화를 떠올리면 되겠다.

세계 미술사와 조몬토기

도27 일본 조몬 후기 그릇을 보라. 화려한 조몬 중기 그릇(**도24**·**28**)은 후기에 이르면 이렇게 단순해진다. 앞에서도 말했듯이 미술사에서는 가장 중흥한 시기의 미술을 보면 패턴이 잘 보이지 않는다. 답은 늘 투박한 초기와 스마트해진 후기에 있다. 일본 학계에서 말하는 '화염(火焰)'은 불(火)이 아니라 사실은 구름(云)인 것이다.

도28은 조몬 중기 그릇인데 **도24**의 입체 구름이 점점 더 단순해(평면화)지고 있는 것을 볼 수 있다. 이런 패턴이 조몬 후기에 이르면

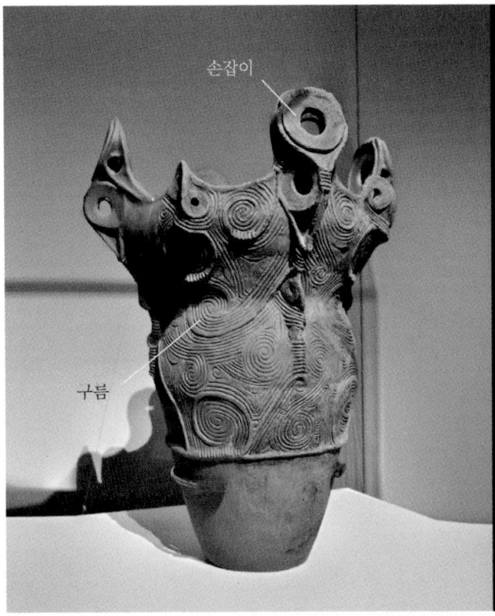

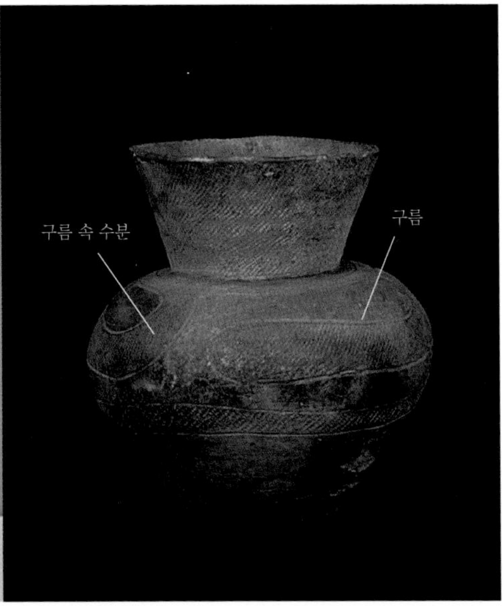

도24와 도28을 견주어 보면 도24의 입체 구름이 점점 더 단순해(평면화)지고 있다는 것을 알 수 있다. 도24와 도29 디자인을 견주어 봤을 때 우리는 도24의 화염이 사실은 구름(云)이었다는 것을 확인할 수 있다. 차이가 있다면 도24의 구름은 3차원 입체이고, 도27·29의 구름은 1차원 평면화라 할 수 있다.

도28 일본 조몬 중기 기원전 3000년 무렵

도29 일본 조몬 후기 기원전 1000년 무렵

더 단순해진다. **도24**와 **도29** 디자인을 견주어 봤을 때 우리는 **도24**의 화염이 사실은 구름(云)이었다는 것을 확인할 수 있다. 차이가 있다면 **도24**의 구름이 3차원 입체라면 **도28 · 29**의 구름은 1차원 평면화라 할 수 있다. 그런데 1차원 평면화라 하더라도 **도28 · 29**의 구름은 한반도 암사동의 삼각형·반원(타원)형 구름과 달리 입체에 가깝다. 이것은 구석기 자연주의 전통이 살아 있는 경우라 할 수 있다. (일본 미술사를 살펴보면 신석기 내내 구석기 자연주의 전통이 살아 있는 미술을 볼 수 있는데, 이것은 세계 미술사에서 아주 예외적인 경우라 할 수 있다.) 우리 한반도 제주 고산리 덧무늬토기(**도7**) 그릇과 6장에서 살핀 황해북도 봉산군 지탑리유적의 구석기 자연주의 입체 구름(6장 **도26**-②·⑤·⑥·⑦·⑧) 패턴과 본질적으로 같은 것으로 볼 수 있다.

세계 미술사에서 가장 이른 시기의 그릇은 일본의 조몬토기다. 물론 구석기 말 원시 토기가 동북아시아 몇 곳에서 나오고 있기는 하지만, (2012년 중국 셴런퉁 유적에서 2만 년 전 구석기 토기가 나왔다!) 우리가 보통 알고 있는 세계 질그릇의 역사는 일본 신석기 조몬에서부터 시작한다고 볼 수 있다. 일본 토기의 기원과 관련해서는 대륙북방설, 대륙남방설, 일본열도 자생설이 있는데, 나는 일본열도 자생설이 타당하다고 본다. 그 까닭은 중국과 한반도하고는 완전히 다른, 베트남 신석기 그릇이나 태국의 반치앙 문화 그릇하고도 아주 다른 그릇이기 때문이다.

세계 신석기인이 그릇에 새기거나 그린 디자인과 패턴은 구름(云)과 비(雨)다. 그리고 이는 놀랍게도, 꼭 농사하고 관계가 있는 것은 아니다. 나는 한반도 신석기 미술을 비(雨)와 구름(云)을 중심으로 풀어내고 있지만 어느 대목에서도 이것을 '농사'와 관련지어 설명하지 않았다. 그런데도 이것을 늘 농사와 관련지어 읽는 분들이 있다. 신석기=농사의 시작, 농사는 물이 중요하다, 이런 관념이 자기도 모르게 이렇게 읽게 하는 것이다. 이 또한 전도다. 일본의 신석기 조몬시대는 그 기간이 1만 년이 넘지만 조몬인들은 농사를 몰랐다. (미국 남서부 푸에블로인의 조상 신석기인들 또한 기원전 50년에 옥수수와 호박 농사를 짓는다. 그리고 이로부터 550년 뒤에야 그릇을 빚어 굽는다. 다시 말해 농사와 그릇은 필요충분조건이 아니라는 것이다.) 일본의 벼농사 시작은 기원전 3세기 한반도에서 넘어간 청동기·철기인으로부터 전해진 것이다. 이 시대를 야요이시대라 한다.

우리 한반도에서 구름(云)과 비(雨)의 세계관을 농사와 관련하여 풀 수 있는 시대는 청동기시대다. 이에 대해서는 한국미술사 두 번째 권 청동기 편에서 아주 자세하게 다룰 것이다. 다만 단군신화에서 환웅이 하늘에서 내려올 때 풍백(風伯), 우사(雨師), 운사(云師)를 거느리고 온다는 대목을 잘 헤아릴 필요가 있다. 또 여기서 우사와 운사보다 풍백이 더 중요하다는 사실도 알아야 한다. 왜 풍사(風師)라 하지 않고 맏백(伯) 자를 써서 풍백(風伯)이라 했는지, 이 또한 놓쳐서는 안 된다. 이것은 한국미술사에서 '바람(風)'의 문제이기도 하다. 한국미술사에서 바람(風)의 문제는 청동기에 해당한다. 갑골문에서 바람풍(風)을 단 한 자밖에 찾을 수 없는 것도 바로 이 때문이다. 이와 관련해서도 한국미술사 두 번째 권 청동기 편에서 청동거울 다뉴세문경을 다룰 때 아주 자세하게 다룰 것이다.

신석기 그릇과 잘못된 관념 몇 가지

기원전 1만 3천 년 무렵 일본 기후는 바뀌기 시작한다. 빙하기가 끝나가는 1만 5천 년보다 훨씬 따뜻해지고 쌓였던 눈도 녹아 습기가 많은 기후로 바뀐다. 이때 너도밤나무, 졸참나무, 호두나무가 무성하게 자라는데, 여기서 도토리·밤·호두가 아주 요긴한 먹을거리가 된다. 또 연어와 송어 같은 물고기, 갖가지 조개류도 풍부해진다. 일본 신석기 조몬인들이 농사를 짓지 않으면서도 1만 년도 넘게 한곳에 모여 마을을 이루며 살았던 것도 바로 이와 같은 풍성한 먹을거리가 지천에 놓여 있었기 때문이다. 일본 신석기 그릇 조몬토기는 바로 이러한 나무 열매와 산나물, 물고기나 조개 같은 먹을거리를 조리할 목적으로 탄생한 것으로 보고 있다. 또 조몬토기 디자인이 도토리·밤·호두를 담았던 바구니를 닮고, 요리하기 편한 모양으로 된 것도 바로 이 때문일 것이다(도26·26-1·33-36·40-46 참조).

우리는 신석기 그릇과 관련하여 잘못된 관념이 하나 자리 잡고 있는데, 그것은 그릇을 언제나(사실은 자동으로!) '농사'와 관련지어 설명하는 방식이다. 그러니까 농사를 짓게 되면서 한곳에 머물러 살게 되었고, 농사를 지어 얻은 곡식으로 밥을 짓고 곡식을 보관할 용도로 그릇이 요긴하게 쓰였다고 하는 것이다. 그러니까 그릇을 빚은 사람이 '농사꾼'이라는 것이다. 하지만 앞에서도 말했듯이 당시 신석기인들은 농사를 짓기 이전부터 구석기인처럼 돌아다니지 않고 한곳에 머물러 마을을 이루고 살았다. 그렇다면 신석기시대 그릇을 빚은 사람들은 농사꾼이 아니라 '수렵·채집인'이었다는 말이 된다. 또 기후가 바뀌어 농사를 짓지 않아도 먹을거리가 전과 달리 풍성했다. 빙하기 때 살아남은 구석기인도 그리 많지 않았다. 400만 정도가 살아남았다고 하는데, 이 구석기인들은 주로 적도 언저리에서 살았다. 그런데 기후가 바뀌자 굳이 적도 쪽에만 있을 까닭이 없었다. 그들은 지구 곳곳으로 삶터를 옮겼다. 한마디로 인구는 적고, 먹을거리는 풍성한 상황이 온 것이다. 구석기 말 신석기 초 지구 기후의 변화와 한반도인의 기원에 대해서는 14장에서 아주 자세하게 다루었다.

또 하나 잘못된 관념이 있는데, 농사를 짓게 되면서 곡식을 '보관'하는 용도로 그릇이 필요했다는 설명이다. 그런데 이 또한 지극히 관념적이고 상투적인 설명이다. 박물관에 가면 신석기시대 그릇이 전시되어 있는데 살펴보면 교과서나 도록에서 사진으로 본 것과 달리 그렇게 크지 않다. 높이가 20에서 30센티미터 남짓밖에 안 된다. 여기에 곡식을 보관하면 얼마나 보관할 수 있겠는가. 물론 아주 큰 저장용 그릇도 간혹 있기는 하지만 그런 그릇은 청동기 이후에나 보이고 신석기에는 찾아보기 힘들다.

나는 그릇의 1차적 용도를 다른 무엇보다도 물을 담는 것, 물을 담아 움집에 놓고 마시는 것, 이것이었을 것으로 짐작한다. 그래서 그릇 표면에 물(水)의 기원인 비(雨)와 그 비의 기원인 구름(云)을 새겼을 것으로 본다. 그릇 속에 담긴 물(水)이 비(雨)에서 왔고, 그 비는 또 구름(云)에서 왔다는 것을 새기고 그리지 않았나 하는 것이다.

이와 더불어 도토리 같은 과실의 쓴맛이나 독을 빼기 위해 삶거나 물에 우릴 때, 생선이나 조개를 찌거나 삶을 때 썼을 것으로 본다. 물론 신석기 후기 농사를 짓고, 곡식으로 밥을 지을 때도 썼을 것이

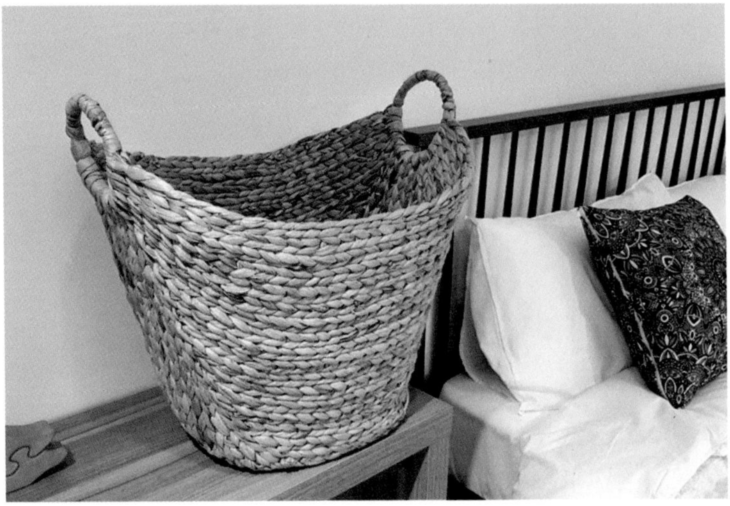

도30 현대 왕골 빨래바구니. 2020년. 샤이닝홈

| 도26-1·28·34 아가리 쪽 고리 디자인은 이런 왕골 바구니 손잡이에서 온 것이다.

다. 하지만 질그릇은 물에 아주 약하고, 밥을 짓게 되면 바닥에 들러붙어 여간 불편한 게 아니다. 일본 조몬토기에서는 바닥에 눌러 붙은 누룽지 자국이 나오기도 했다. (불에 탄 곡식 탄화미와 마찬가지로 밥이 그릇 밑바닥에서 탔기 때문에 확인이 가능하다.) 그들은 이런 불편함을 해결하기 위해 시루나 작은 자리를 짜 그 위에 곡식이나 생선을 앉혀 놓고 쪄먹었을 가능성이 아주 높다. 한반도 신석기 유적에서 바닥에 구멍을 뚫은 그릇이 가끔 나오는 것도 바로 이런 사정을 말해 준다.

그릇과 관련하여 또 하나 관념은 '운반'하는 용도로 많이 썼다는 것이다. 하지만 이것은 앞에서도 몇 번 말했지만 상식으로 생각해봐도 말이 안 된다. 우선 그릇이 작아 많이 담을 수 없고, 반면에 그릇이 크면 무거워 불편하다. 신석기인들은 결코 바보가 아니다. 일본 신석기 조몬인을 보더라도 그들은 도토리나 호도 같은 과실을 운반하고 보관할 때에는 주로 바구니를 썼다(**도11·12** 참조).

다시 말하지만 농사와 그릇의 관계는 결코 필요충분조건이 아니다. 이는 한반도 신석기 유적에서도 확인할 수 있는 사실이다. 또한 세계 신석기 유적 어디에서나 볼 수 있는 특징이고, 일본 신석기 문화도 그렇다. 그런데도 우리는 아직도 이런 관념에 사로잡혀 있다. 상당수 교과서가 그러하고, 학자들도 신석기 그릇의 탄생을 설명할 때 아무 생각 없이(거의 자동으로) 이런 말을 하고 있다. 늘 말하지만 미술사는 '상식'에서 시작할 필요가 있다.

아리엘 골란과 상징

나는 지금 이 책에서 일본 학계가 144년 동안 단 한 발짝도 앞으로 나아가지 못한 일본 조몬토기의 기본 디자인과 패턴에 대해 몇 가지 가설을 제안하고 있다. 미국 동물학자 모스가 1877년 일본 땅에서 처음으로 신석기 그릇을 발굴해 이 세상에 내놓은 지 벌써 144년째 되어 간다. 하지만 일본 학계는 그때나 지금이나 그들의 신석기 조몬시대 조몬토기를 해석하지 못하고 있다. (믿기지 않겠지만 사실이다!) 마치 우리 학계가 106년 동안 한반도 빗살무늬토기에 대해 어떤 해석도 해보려 하지 않은 채 막연히 '기하학적 추상무늬' 또는 '물고기뼈 무늬'라 하듯이 말이다. 물론 해석이 아주 없는 것은 아니다. 하지만 그들의 논지를 살펴보면 서구의 상징 관련 책에서 근거를 찾고 있는 것이 문제다. 여기서 상징과 관련하여 러시아 문양학자 아리엘 골란의 신석기 문제틀을 잠깐 살펴볼까 한다.

서구 미술사학에서 상징은 일본 사람들이 자명하게 알고 있는 '상징(象徵, 이 말은 일본말이다!)'하고는 거리가 멀다. 서양 사람들에게 상징은 '기호'에 가깝다. (서양 사람들은 symbol과 sign을 구별하지만 동아시아 사람들의 인식 체계에서는 구별하지 않는다!) 서구 사람들은 한자 메산(山)조차도 산을 뜻하는 '기호'로 읽는다. (한국과 일본 사람 가운데 메산(山) 자나 내천(川) 자를 기호로 읽을 사람이 있을까.) 또한 중국 신석기인이 채색토기에 그린 '그림(象形)'조차도 기호나 상징으로 읽는다. (그들에게는 갑골문도 기호다.)

마리야 김부타스Marija Gimbutas(1921~1994)가 쓴 『여신의 언어 *The Language of the Goddess*』(고혜경 옮김, 한겨레출판, 1989, 2016)를 읽을 적에 힘이 드는 것은 바로 이런 차이에서 비롯한다. 서양 문양학자들은 신석기 그릇 패턴을 기호나 상징으로 읽는 반면에 우리는 그것을 그림(像型)으로 읽는다. 이런 차이 때문에 우리는 서양 문양학자들이 쓴 문양 책을 읽어내기가 힘든 것이다. 인문학자들은 서양학자들이 낸 문양 연구서를 한두 권 사 가지고 있는데, 끝까지 읽지 못하는 것도 바로 이 같은 사정 때문이다. 문제는 서구 학자들의 문제틀이 또 하나의 전도라는 점이다. 신석기인들은 결코 상징과 기호의 의미로 패턴을 그리고 새기지 않았다. 그런데도 그것을 근대의 학문틀(상징과 기호)로 보는 전도 말이다. 일본 조몬토기 패턴 연구 논문이 그러한 틀에 갇혀 있어서 하는 말이다. 서양의 눈 말고 '일본의 눈'으로 봐야 한다. 그래야 실마리가 잡힌다.

김부타스의 패턴 분석을 읽다 보면 결론은 나와 얼추 비슷한데 그것을 풀어내는 과정이 아주 다를 때가 있다. 아리엘 골란도 마찬가지다. 아리엘 골란은 『선사시대가 남긴 세계의 모든 문양 *Myth and symbol: symbolism in prehistoric religions*』(정석배 역, 푸른역사, 1993, 2004)에서 유럽과 서아시아 지역 고대 상징을 이해하는 데 중국의 신석기 문양은 그리 큰 도움이 되지 않는다고 한다(61쪽). (이는 그들이 동양의 신석기 패턴을 볼 때 상징과 기호로 읽기 때문이다.) 이 말은 그에게도 똑같이 해당된다. 그의 논지를 읽어도 한반도와 중국 신석기 미술이 잘 읽히지 않는 것은 마찬가지이기 때문이다. 그런 의미에서 서구의 상징 이론으로 조몬토기의 디자인과 패턴을 읽는 것은 처음부터 문제가 있을 수밖에 없다. 사실 이 책은 상당 부분 아리엘 골란과 마리야 김부타스의 신석기 미술론과 문양론을 비롯하여 서구의 미술사 문제틀을 비판하고 있다.

아리엘 골란의 『선사시대가 남긴 세계의 모든 문양』을 보면, 그에게 "문양은 종교적 개념이 도식적으로 형상화된 상징"이다(11쪽). 그것은 반드시 어떤 '숭배'와 관련된 것이고, 그래서 문양은 숭배적 '상징'이고 신석기시대의 '종교'가 된다. 그의 신석기 문양 연구의 목적은 "상징을 매개로 표현된 종교적 신앙을 복구하는 것"이다(33쪽). 그는 신석기시대에 '종교'가 분명히 있었다고 보고, 그 종교는 초기 농경문화가 있었던 근동(서아시아)과 동남유럽 지역에서 공통적이었을 것으로 본다. 나는 이런 그의 논지에 동의하지 않는다. 신석기 미술의 모든 패턴을 신이나 종교와 관련짓는 것은 대단히 문제가 있고 수긍하기 어렵다. 유럽과 서아시아 신석기 미술 가운데 신이나 종교와 관련 없는 것은 얼마든지 있다. 또 이 책에서 보기로 든 세계 신석기 미술이 그렇다. 그 미술에는 신이 들어올 여지가 없다. 한국과 중국의 신석기 미술도 그렇다. 그런데도 세계 신석기 미술을 모두 신과 관련지어, 어떤 종교와 관련지어 해석하는 것, 이런 태도를 과연 온당하다고 할 수 있을까.

그는 프랑스 종교학자 프르질루스키Przyluski, J(1885~1944), 리투아니아 출신 고고신화학자 마리야 김부타스 같은 학자들의 의견을 받아들여 신석기 문양 가운데 수직 직선, 지그재그 선, 물결선이 '비'를 뜻할 뿐만 아니라 비를 관장하는 '하늘여신'으로 본다. 또 그 비를 꼭 '농경'과 관련짓는다. (다시 말하지만 세계 신석기 그릇의 구름과 비는 반드시 농사와 관련된 것은 아니다. 이는 한반도 신석기도 마찬가지다.) 그는 러시아 역사학자 리바코프Rybakov, B(1908~2001)와 김부타스가 그랬듯 반타원을 '구름'으로 본다. 이것은 정확히 봤다고 할 수 있다. 그리고 고대 상징에서는 곡선이 꺾인 선으로 바뀌듯 '반타원'이 '삼각형'으로 변한다고 한다. 이는 맞는 말이기는 하지만 충분하지 않다. 한반도 신석기 미술만 하더라도 반타원에서 삼각형으로 간 것이 아니라 **도7** 같은 입체 구름에서 바로 삼각형으로 가기도 하기 때문이다. 그리고 결정적으로 그는 왜 그게 '사각형'이 아니고 삼각형인지, 이에 대해서는 별 관심이 없다. 왜냐면 그것은 구름을 뜻하는 기호이기 때문이다. 이는 지극히 근대적인 관점이다. 문제의 핵심은 신석기인이 구름을 왜 삼각형으로 했는지 찾는 일이다. 이것은 '구상(실제대상)'의 문제이기도 하다(6장 **도46-1·68** 참조).

만약 아리엘 골란이 4장 **도6**(12장 **도13**) 암사동 세모형 빗살무늬토기 한 점을 봤다면 어땠을까. 아마 그는 우리가 106년째 '기하학적 추상무늬'라 했던 것을 단박에 삼각형 구름(云)과 비(雨)라 할 것이다. 하지만 그도 '하늘 속 물(水)', 그릇에 뚫은 '구멍', 밑굽까지 그린 패턴은 끝내 풀기 힘들 것이다. 이것은 '갑골 위상(二)', '천문(天門)'과 '기(气)', '귀허(歸墟)'와 '심원(深源)'을 알지 못하면 본질에 다가갈 수 없기 때문이다.

만약 1장 **도6**과 5장 **도4**를 내보이면 어떨까. 그는 삼각형 구름을 알아보지 못할 수도 있다. 그가 연구한 것은 주로 서아시아와 유럽의 신석기 그릇 채색토기다. 이 그릇은 암사동 빗살무늬토기처럼 그릇 겉면을 무늬새기개로 파내는 것이 아니라 불에 구운 다음 붓에 채색 안료를 묻혀 자기가 표현하고 싶은 문양을 그린 토기다. 그래서 삼각형 구름도 붓으로 그려놓아 바로 알아볼 수 있다. 하지만 1장 **도6**과 5장 **도4**에서 삼각형 구름은 웬만해서는 보이지 않는다. 그릇을 그림으로 그린 다음 이 삼각형에 구름 빛을 칠하고 난 뒤에야 비로소 뚜렷해지기 때문이다. 나 또한 이것을 찾아냈을 때 이 세상 모든 비밀을 찾아낸 것처럼 기뻤다.

그런데 그가 어떻게 어떻게 해서 '하늘 속', '하늘 속 물', '천문', 귀허(歸墟)로 흘러드는 물, 구멍 패턴을 모두 풀었다 하더라도 그는 나와 다르게 결론을 내릴 것이다. 그는 아마 이렇게 결론을 내릴 것 같다. 암사동 빗살무늬토기는 신석기시대 '농경의 시작'과 더불어 중요해진 '비'를 표현했고, '하늘여신'에게 비를 염원하는 신석기 종교 문양이라고 말이다. 그리고 '구멍'은 여신의 수태와 관계있고, 그로부터 더 많은 신이 태어났을 것이라고 말할는지 모른다.

아리엘 골란은 신석기 패턴을 볼 때 '관찰자' 시점으로 보는데, 이것도 나와 다른 점이다. (신석기 미술을 볼 때는 나 자신 또한 신석기인이 되어야 한다!) 그래서 신석기인이 '3차원 입체(실제 대상)'를 '1차원 평면' 그릇에 어떻게 그렸는지, 즉 평면화의 특징을 모르고, 신석기인이 왜 구름을 반원(타원)형 내지는 삼각형으로 그렸는지 알지 못한다. 무엇보다도 고대 미술을 기호나 상징으로 보는 것, 그것을 모두 '숭배'나 '종교'로 연결 짓는 것이 문제다.

나는 세계 신석기 패턴을 마리야 김부타스나 아리엘 골란처럼 추상적 상징이나 기호, 하우저나 곰브리치처럼 기하학적 패턴으로 읽지 않는다. 단지 우리가 '아직' 그 패턴의 정체를 알지 못할 뿐이라고만 생각한다. 신석기 패턴은 어떤 '구상' 또는 '실제 대상'에서 왔고, 그러기에 신석기인에게 그 무늬는 '기호'나 '상징', '추상'이 아니라 언제나 '현실'이고 '실제'였다. 우리 미술사학자들이 할 일은 바로 그 구상(실제 대상)을 찾아내는 일이다(6장 **도46·46-1·50-1** 참조).

쓰지 노부오의 조몬토기론 비판

아래 인용한 구절은 쓰지 노부오가 쓴 『일본미술 이해의 길잡이』(시공사, 1994)에 있는 구절이다. 읽고 놀라지 않았으면 좋겠다.

> 꾸밈에의 열정이 원시인들에게 공통적으로 나타난다는 것은 잘 알려져 있다. 조몬인의 경우도 마찬가지인데, 그들이 남긴 토기, 특히 전기에서 중기에 걸친 시기의 것을 보면 조몬인은 대체로 **실용성이나 기능을 도외시하여 그릇을 복잡한 문양으로 화려하게 꾸미고자 애썼음**을 알게 된다. 신석기시대 토기 중에서 **이처럼 적극적으로 장식되고, 조각으로**

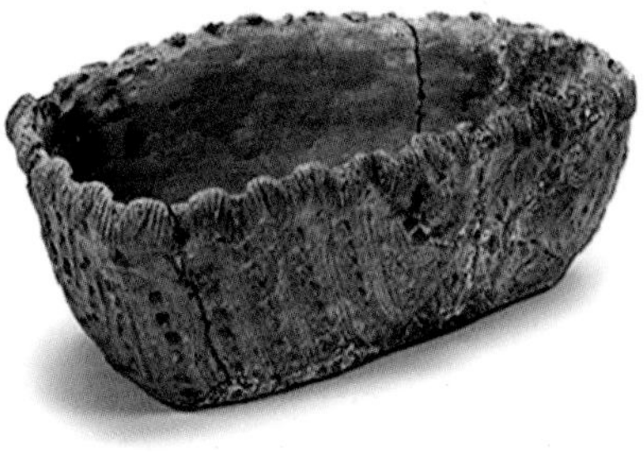

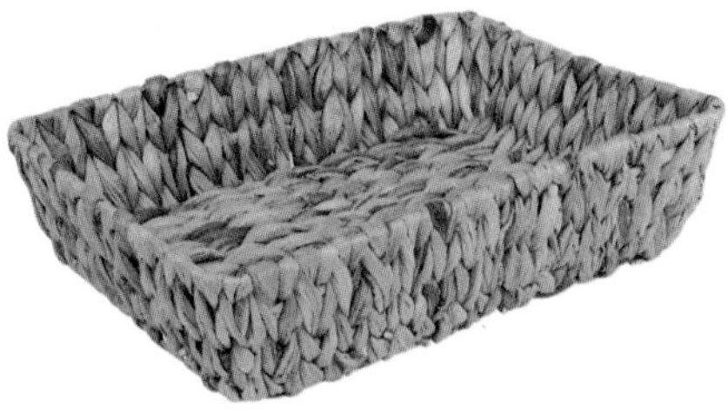

물옥잠은 한국·일본·중국·시베리아 동부·우수리 강 지역에서 잘 자란다. 물옥잠 풀대는 겉이 섬유질이라 잘라 햇볕에 말리면 아주 질기다. 이것을 엮으면 도32 같은 바구니가 된다. 이 풀대를 두세 쪽으로 쪼개 자리나 소파를 짜기도 한다.

착각될 만큼 특이한 표현을 보이는 예는 없다. 잘 알려져 있는 대로 단순히 꾸미는 이상의 **주술적 의미가 포함되어 있다 하더라도** 그것에 발휘된 고도의 문양 감각은 그들이 뛰어난 **장식적 재능**을 갖고 있었음을 말해 준다.

조몬토기 하면 소위 화염토기(火炎土器)처럼 눈이 아찔해질 정도로 복잡한 것을 떠올리게 되지만, 아오모리현립향토관 소장의 조몬토기(**도31**)에서처럼 **바구니 그물코를 표현한 것**도 있다. **로코코풍**(18세기 유럽에서 프랑스를 중심으로 유행한, 섬세하고도 우아한 장식양식을 로코코라 한다.)이라 해야 어울리는 멋드러진 문양이다. 이와 같이 결코 틀에 박히지 않은 조몬토기의 다양한 문양 속에는 **일본민족의 뿌리 깊은 꾸미기 본능과 독창성**이 자리하고 있음을 인정하지 않을 수 없다.[5]

도31 조몬토기. 조몬 중기 기원전 3000~2500년. 높이 6cm. 일본 아오모리 현립향토관

도32 물옥잠Water Hyacinth으로 짠 바구니

나는 위 구절에서 세계 신석기 그릇 가운데 "이처럼 적극적으로 장식되고, 조각으로 착각될 만큼 특이한 표현을 보이는 예는 없다"는 말에는 동의하지만, 그렇다고 전적으로 동의하는 것은 아니다.

5) 쓰지 노부오 글·이원혜 옮김, 『일본미술 이해의 길잡이』, 시공사, 1994, 42쪽

한 100분의 1쯤 동의한다. 그는 아마도 니가타현과 후쿠시마현에서 나온 **도25** 화염형 토기 같은 그릇을 염두에 두고 이런 말을 하는 것 같은데, 일본 전체 조몬토기에서 이 두 지역의 그릇은 지극히 예외적인 그릇이다. 나는 이 구절 말고 나머지 말에는 결코 동의할 수 없다. 우선 신석기인을 '원시인'으로 보는 것은 잘못이다. 앞에서도 말했듯이 그들은 결코 '바보'가 아니다. 신석기인들은 현대인들보다 더 본질적으로 세상을 보려 했고, 또 그렇게 살아갔다. 마르크스가 가고자 했던 공산주의 사회를 그들은 1만 년 전에 이 땅에 이루었고, 그도 1만 년 동안 유지했다. 어쩌면 그들은 노자와 장자가 말했던 삶을 산 사람들이다. (노자·장자와 신석기적인 삶은 나중에 꼭 한번 정리하고 싶다!) 또 일본 신석기인들이 '실용성과 기능'을 무시한 채 복잡한 문양으로, 그도 화려하게 꾸미려 하는 열정과 욕망에 사로잡혀 있었다는 것에도 동의하지 않는다. 그는 여전히 니가타현과 후쿠시마현에서 나온 그릇에 사로잡혀 있고, 이 두 지역 그릇을 기준으로 일본 조몬토기 전체를 평가하고 있다. 내가 보기에 일본 조몬인들이 빚은 그릇은 중국과 한반도 신석기인이 빚은 그릇에 견주어 보더라도 훨씬 더 실용적이다.

물론 그들은 멋을 알았고 몸을 치장할 줄 알았다. 그리고 그와 동시에 언제나 실용성과 기능을 중심에 두고 도구를 만들어 썼다. 박물관 디스플레이를 보면 구석기인과 신석기인을 구별하지 않고 거의 비슷한 모습으로 해 놓는데 이것은 잘못이다. 놀랍게도 지금 쓰고 있는 농사 연장은 신석기 때 이미 거의 다 '표준'이 정해졌다. 그들이 쓴 낫, 보습, 괭이, 도끼, 따비, 쟁기 같은 농사 연장은 지금도 여러 나라에서 쓰고 있다. 단지 재질만 돌에서 쇠로 바뀌었을 뿐이다. 다시 말하지만 그들은 원시인도 아니고 바보도 아니다. 조몬토기의 장식을 '주술적 의미'로 보지만(사실 이 말은 '모른다'는 말이다!) 그렇게 볼 수 있는 것이 있고 그렇지 않은 것이 있다. 사실 주술적 의

미가 깃듯 장식은 아주 소량에 불과하다.

쓰지 노부오는 이 책에서 일본의 신석기, 1만 년도 넘는 조몬시대, 그들 역사에서 구석기를 빼고 가장 긴 시기에 해당하는 조몬시대 미술을 한마디로 '꾸밈과 장식' 미술로 보고 있다. 하지만 **도23·26·26-1·29·33-36·40-46**을 보라. 모두 다 하나같이 실용적인 그릇이다. 더구나 그들은 조몬시대 내내 **도44**처럼 부리를 단 그릇이나 주전자를 빚었다. 한반도에서 이런 그릇은 6장 **도50** 부산 영선동 부리 그릇 말고는 본 적이 없다. 중국에도 많지 않다. 그들은 어느 신석기인보다 더 실용적이고 기능적인 그릇을 빚었다. 물론 그릇 겉면에 갖가지 패턴을 새겼다. 하지만 이것은 어느 나라 신석기인도 마찬가지다. 한반도 신석기 빗살무늬토기가 한국미술의 기원이듯이, 조몬토기는 그들 일본미술의 기원이라 할 수 있다. 그런데도 그들은 그들 미술의 기원을 찾으려 하지 않고 이렇게 그 미술을 단지 '꾸밈과 장식'으로 보고 있는 것이다. 우리 한국 사학계와 미술사학계가 신석기 미술을 막연히 '기하학적 추상미술'이라 하듯이 말이다.

쓰지 노부오가 앞 구절에서 보기로 든 그릇은 아오모리현립향토관에 있는 조몬토기(**도31**)다. 그는 그릇 몸통에 있는 구멍을 바구니 그물코로 봤고, 이것을 로코코풍이라 한다. 그는 그릇 몸통에 있는 구멍무늬를 '바구니' 그물코 무늬로 정확하게 보고 있다. 그런데 희한하게도 그는 이 그릇 '전체 디자인'이 '바구니'에서 왔다는 것을 놓치고 있다(**도32** 참조). 만약 그가 이 그릇의 디자인이 바구니에서 왔다는 것을 보았다면, 바구니 아가리, 그러니까 손잡이 부분의 끈(繩文=조몬)도 보였을 것이고, 이 끈이 바구니를 더 짱짱하게 쓰려고 묶은, 무게가 실리고 손이 많이 가는 테를 마감한 끈이라는 것을 알 수 있었을 것이다(**도33** 참조). 그렇다면 그는 조몬토기의 조몬(繩文)이 조릿대나 나무껍질 바구니, 그러니까 단단하게 짤 수 없는 바구니 몸통과 아가리를 짱짱하게 동여맨 끈에서 온 것이라는 것을 밝혀낼 수 있었을 것이다. 하지만 그는 끝내 이것을 보지 못했다. 왜 그랬을까. 내 짐작이지만 어떤 개념이나 관념이 그것을 못 보게 가렸다. 이 또한 전도다. 그가 일본미술을 보는 문제틀에는 선배 미술사학자 야시로 유키오(矢代幸雄 1890~1956)의 '일본미술의 장식성' 개념이 크게 자리 잡고 있었다. 우리는 여기서 아는(어떤 개념이나 관념) 만큼 안 보인다는, 사실은 못 보게 눈을 아주 막아 버린다는 사실을 다시 한번 확인할 수 있다. 그래서 바로 앞에 있는 증거를 놓고도 실마리를 놓쳐버린 것이다.

도33 · 34 모양과 디자인은 바구니에서 온 것이다. **도33** 그릇이 바구니 디자인과 똑같다면 **도34** 그릇은 바구니 디자인에서 온 것이기는 하지만 바구니를 동여맨 끈을 당시 조몬인의 세계관인 구름(云)과 비(雨) 패턴으로 변형했다고 볼 수 있다. **도34**에서 '구름(云)'은 갑골 운(云)과 같은데, 실은 끈을 묶어 맨 뒤 남은 것이다. 이것을 구름으로 변형한 것으로 볼 수 있다.

쓰지 노부오와 야시로 유키오의 일본미술론 비판

야시로 유키오는 1943년 『일본미술의 특징』을 내는데, 그는 여기서 일본미술의 특징을 인상성, 장식성, 상징성, 감상성, 이렇게 네 가지로 잡는다. 물론 나는 그의 이런 일본미술론에 동의하지 않는다. 다만 쓰지 노부오가 일본미술을 정리할 때 야시로 유키오의 논지를 거의 받아들였다는 점이다. 특히 유키오가 말한 일본미술의 '장식성' 개념은 쓰지 노부오의 일본미술론에서 가장 중요한 문제틀이기도 하다. 하지만 야시로 유키오와 쓰지 노부오는 그 '장식'이 뭔지 말하지 않는다. (사실 그들은 이 장식이 뭔지 모른다. 안타깝게도 일본 학계는 지금도 알지 못한다.) 다만 그 장식이 섬세하고 아름답다면서, 그것이

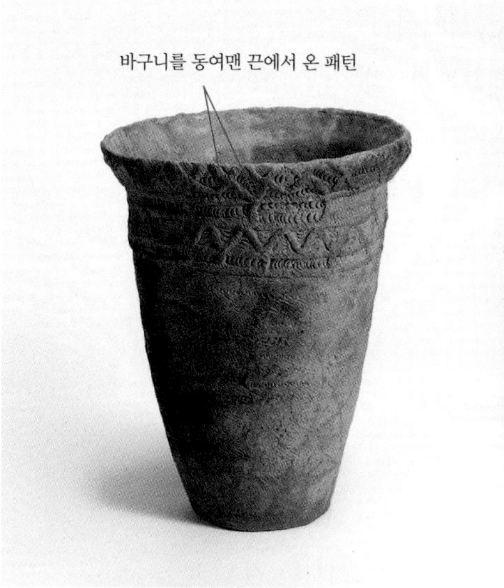

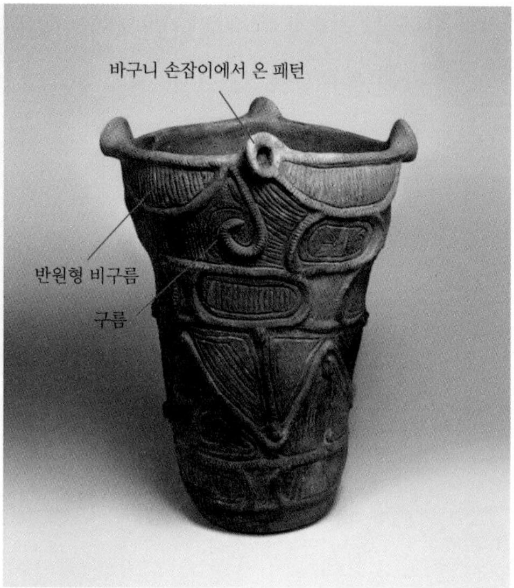

도33 조몬 중기
기원전 3000~2500년.
높이 55cm.
규슈국립박물관

도34 조몬 중기
기원전 3000~2500년.
높이 44.4cm.
도쿄국립박물관

일본미술에서 가장 중요한 특징이라 말하고 있다. 그런데 정말 상식 차원에서 생각해 보자. 이렇게 주장하는 게 과연 미술사학자가 할 수 있는 말일까. 그 장식(디자인과 패턴)이 뭔지 모르겠는데 아름답다고 하는 것, 이런 말을 어떻게 학자가 할 수 있는 것일까. 그리고 더 큰 문제는 이렇게 말해도 누구 한 사람 이에 대해 토를 달지 않는 현실, 이것이 과연 정상적인 학문 생태계라 할 수 있을까. 이렇게 일본 학계의 문제를 비판하고는 있지만 우리 미술사학 또한 크게 다르지는 않다. 이런 현실은 이 책 여러 곳에서 지적한 바 있다.

쓰지 노부오는 『일본미술 이해의 길잡이』에서 일본미술의 특징을 이모셔널한emotional 자연 묘사, 꾸밈(장식성), 꾸미지 않는 미의식(반-꾸밈), 유희성, 신성을 든다. 여기서 이모셔널한 자연 묘사는 야시로 유키오의 일본미술론으로 말하면 인상성과 감상성(感傷性)이다. 그는 이 다섯 가지 특징 중에서 장식성(꾸밈)과 유희성을 일본미술의 가장 중요한 특징으로 삼는다. 보는 바와 같이 그는 야시로 유키오의 일본미술론에서 세 가지 특성(장식성, 인상성, 감상성)을 빌려왔다고 할 수 있다. 그만큼 그에게 야시로 유키오의 미술론은 절대적이다.

다시 앞 인용문으로 가 보자. 쓰지 노부오는 일본 아오모리현립향토관 조몬토기 한 점을 설명하면서, 일본 신석기 조몬인들은 "결코 틀에 박히지 않은" 문양을 표현했고, (하지만 그는 그 문양의 구상이 뭔지 모른다.) 이 조몬토기를 통해 "일본민족의 뿌리 깊은 꾸미기 본능과 독창성"을 읽을 수 있다고 말한다. 그는 조몬인들이 틀에 박히지 않은 문양을 장식했다고 하지만 일본 조몬토기 디자인과 패턴을 쭈욱 살펴보면 (지극히 틀에 박힌, 곰브리치나 하우저의 말을 빌리자면 '관습적인' 패턴이다. 이는 우리 한반도 신석기 미술도 마찬가지다.) 주로 구름(云)을 표현했다. (일본 학계는 조몬토기의 구름(云)을 그저 에스S 자 문양이라 한다. **도17** 참조) 그는 조몬인들이 그릇에 표현한 패턴이 무엇을 구상으로 한 것인지 몰랐기 때문에 그저 '원시인의 꾸미기 본능'이라 할 뿐이다.

아래 구절은 그를 비롯하여 일본 미술사학계의 자의식을 읽을 수 있는 대목이어서 한번 들어본다.

> 여기서 문제되는 것은 과연 어디까지를 자생 미술이라 해야 할 것인가 하는 점이다. **조몬시대(기원전 7000~1000)는 별도로** 하더라도, 일본 미술은 그들 세계관의 중심이라 할 중국 대륙으로부터 전해온 미술 양식이나 기법을 하나의 규범으로 배우고 이를 토대로 하여 발전한 '주변 미술'이기 때문이다. (……) 이처럼 일본미술이 대륙으로부터 배우고 얻은 것은 헤아릴 수 없이 많다. 반면 그 반대의 경우는 거의 없다고 봐도 좋겠다. (……) 이와 같이 문화의 모든 분야에 걸쳐 일본인은 외래문화의 영향에 힘입은 바 크다. 이는 '원숭이 흉내내기'라고 비하시키며 자기비판을 한다 하더라도 쉽사리 고쳐지지 않는 버릇이다. **일본인의 민족적 자존심은 그래서 우울할 수밖에 없다**(12쪽).

특이하게도 그는 일본 사학계와 달리 조몬시대를 기원전 7000년에서 1000년으로, 좀 짧게 잡고 있다. (이에 대한 특별한 코멘트는 없다.) 그는 여기서 일본미술의 '기원'이라 할 수 있는 신석기 조몬미술을 논외로 밀어낸다. 그들 역사에서 구석기 빼고 가장 긴 시기에 해당하는 미술인데도 말이다. 그런데 야시로 유키오와 쓰지 노부오를 비롯하여 일본 미술사학이 조몬시대를 논외로 치는 것은 어쩌면 당연한 처사일지도 모르겠다. 그들에게 조몬미술은 그저 '원시인'의 '꾸미기 본능'을 확인할 수 있는 '장식'에 불과하기 때문이다. 이와 더불어 일본 미술사학계가 그들의 신석기 조몬미술을 논외로 치는 것은 조몬시대 미술에 대해 딱히 할 말이 없기 때문이기도 하다. 이는 『일본미술사』(구노 다케시(久野健) 외·진홍섭 옮김, 열화당, 1985)에서도 마찬가지다. 그들은 조몬토기에 대해 단 한 구절로 정리한다. "조몬토기의 특색은 그릇 표면에 나타나는 왕성한 장식에 있다."(2쪽) (이 또한 야시로 유키오의 후트노트다!) 어떤 일본 미술사 책을 읽어도 그들은 조몬토기에 대해 이 '장식성' 말고는 더는 말하지 않는다. 이는 우리 한국 미술사학이 신석기 편을 다룰 때 사진까지 해서 10쪽 안팎으로 다루는 것과 같다. (쓰지 노부오의 『일본미술 이해의 길잡이』에서 조몬토기 편은 4쪽밖에 안 된다.) 우리 미술사학 또한 한반도 신석기 미술에 대해 '기하학적 추상무늬' 말고는 딱히 할 말이 없기는 마찬가지다.

앞쪽 구절을 보면 좀 삐뚤어진 심보 같은 게 보인다. 그들은 일본 미술의 바탕을 한국에 두지 않고 중국 대륙에 둔다. 이렇게 된 것은 무엇보다도 그들이 일본미술의 '기원' 문제를 뚜렷하게 정리하지 못했기 때문이다. 나는 일단 이것부터 묻고 싶다. 그렇게 복잡한 장식을 한 조몬미술이 야요이에 이르면 한반도 청동기 민무늬토기처럼 왜 갑자기 무늬가 사라지는지, 무늬가 있다 하더라도 조몬과 달리 그 무늬에서 왜 스토리를 읽을 수 없는지, 야요이를 거쳐 고분시대에 이르면 왜 그렇게 무덤을 많이 쓰게 되었는지 말이다. 고분시대 일본 옛무덤은 20만기에 달한다. 그 가운데 앞은 네모지고 뒤는 둥근 전방후원분이 4,700기쯤 된다. 이것을 어떻게 설명해야 할까. (세계 고대 역사에서 이런 사례는 없다!) 그들은 야요이도 전방후원분도 설명하지 못한다. 이것을 중국미술로 설명이 가능할까. 나는 2장에서 후지다 료사쿠가 한반도 암사동 빗살무늬토기의 비밀을 풀었다면 조몬토기와 야요이토기도, 전방후원분도 간단히 풀고도 남았을 것이라고 말한 적이 있다. 또 이 책 곳곳에서 전방후원분의 구상이 어디에서 왔는지 잠깐잠깐 실마리를 내보인 적도 있다. 이에 대해서는 한국미술사 세 번째 권 삼국시대 미술 편에서 자세히 밝힐 것이다. 다만 여기서 한 가지 분명히 해 두고 싶은 것은 야요이도 고분시대 미술도 한반도 신석기 미술과 세계관을 모르고서는 영원히 풀 수 없다는 점이다.

안타깝게도 쓰지 노부오를 비롯하여 일본 미술사학은 한국미술을 패싱하고 일본미술의 바탕을 중국미술에서 찾고 있다. 어쩌면 이는 '자존심'의 발로이겠지만 그들 일본 미술사학의 앞날을 생각했을 때 별 도움이 되지 않는 처사라 할 수 있다. 그들이 진정 '우울'에서 벗어날 수 있는 유일한 길은 일본미술의 기원을 '조몬미술'에서 찾는 것이고, 조몬인의 세계관이 한반도 암사동 세계관을 만나 어떻게 바뀌는지, 이걸 제대로 밝혀내야지만 야요이와 고분시대의 세계관을 정리할 수 있다. 이때 한반도 신석기 세계관이 중요하다. 조몬과 야요이, 조몬과 고분시대 미술의 차이를, 그 변화의 동력이 중국미술이 아닌 한반도 신석기 미술이란 것을 인정해야만 일본 고대 세계관을 제대로 그려낼 수 있기 때문이다.

동물학자 모스와 아오모리현 조몬토기

도35·36 두 그릇 모두 전체 디자인이나 패턴은 바구니에서 온 것이다. **도35**는 바구니 테 쪽을 짱짱하게 동여맨 끈을 그릇에 그대로 표현했다. 그에 견주어 **도36**은 아가리 쪽에 구름(云)을 입체로 새겼다. 이 구름은 **도7** 제주 고산리 덧띠무늬토기의 구름(云)과 본질적으로 같다. 물론 이 그릇에서도 바구니 패턴은 곳곳에 보인다.

일본 조몬토기가 이 세상에 알려지게 된 내력이 있다. 지금으로부터 144년 전, 1877년 6월 미국 동물학자 에드워드 실버스터 모스 Edward Sylvester Morse(1838~1925)가 꽈리조개와 개맛 같은 완족류 Brachiopod(腕足類)를 연구하기 위해 일본 요코하마 항에 도착한다. 완족류는 '조개사돈'이라 할 만큼 겉모습이 조개와 닮았는데 연체동물 조개류하고는 아주 다른 무척추동물이다. 우리나라에서는 강화도 개맛이 바로 이런 완족류다.

그는 이날 요코하마 항에서 기차를 타고 신바시로 가고 있었다. 아오모리(青森) 역을 지날 때, 그의 눈에 철도공사를 하다 드러난 조개무지가 들어왔다. 붉은 흙 속에서 하얗게 빛나고 있는, 그것은 분명 조개무지(패총·조개무덤)가 틀림없었다. 마침 두 달 전 1877년 4월, 동경제국대학이 문을 열었는데, 동경대에서는 동물학자이자 미국 보든 칼리지대학 교수 모스가 일본에 왔다는 말을 듣고 그에게 동물학·생리학 초대 교수직을 제안한다. 그는 이 제안을 흔쾌히 받아들이고, 그 뒤 3년 동안 일본에 머물게 된다.

모스는 동경대에 아오모리 패총을 발굴하겠다고 하고, 1877년 9월 학생 넷과 같이 아오모리로 간다. 그는 학생들에게 유럽의 조개무지 발굴 성과를 알려주고, 이 조개무지 속에 그릇이나 그릇 조각, 신석기시대 살림살이가 묻혀 있을 것이라고 장담한다. 조개무지를 조금 파 들어가자 정말 그릇 조각이 나오기 시작했다. (이때 발굴한 유물은 도쿄대학종합연구박물관에 있다.) 학생들은 소리를 질렀다. 어떻게 이런 일이, 지금으로부터 수천 년 전 일본 신석기인이 썼던 그릇을 자기들 두 손으로 직접 찾아내다니, 그저 놀랍고 흥분되었다. 학생들은 모스 교수가 대단해 보였다. 이 안에 어떻게 이런 것이 있을 줄

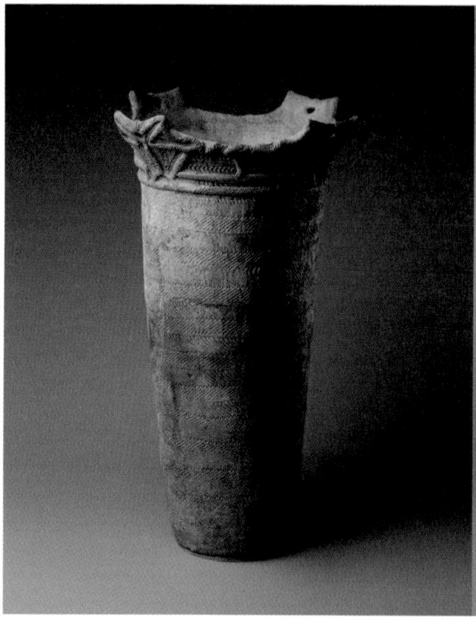

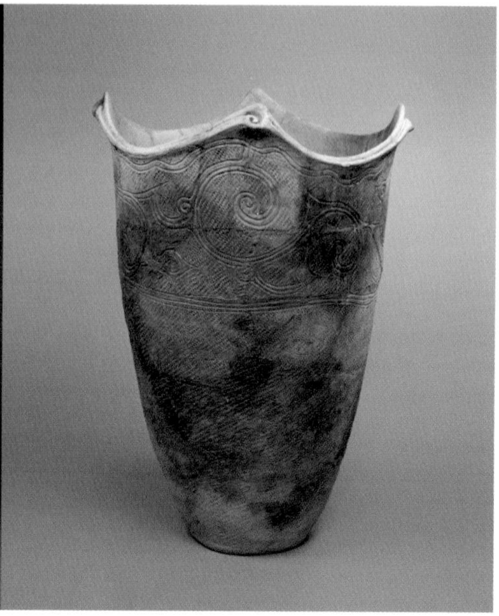

알았단 말인가. 학생들은 모스 교수가 그전에 여기 미리 왔다 갔을 것이라고, 미리 한번 파 보았을 것이라고 짐작했다. 이때 일본은 고고학이나 발굴조사 개념이 없었다.

도35 조몬 중기
기원전 3000~2000년.
높이 70cm.
메트로폴리탄박물관

도36 조몬 후기
기원전 2000~1000년.
아오모리현.
높이 70cm.
도쿄국립박물관

신석기시대 조개무지는 공동작업터다. 이곳에 함께 모여 조개껍데기를 깠다. 배가 고프면 그 자리에서 조개를 삶아 같이 먹었다. 음식을 하다 그릇이 깨지면 조개껍데기 속에 휙 던졌다. 또 살림살이 도구도 쓸모가 없어지면 그곳에 같이 버렸다. 요즘도 굴을 까다 생활쓰레기가 나오면 굴 껍데기 무더기에 버리는 것과 같다. 그런데 이 조개무지 속 유물은 보존상태가 아주 좋다. 왜 그런고 하니, 조개껍데기 석회질 성분이 빗물에 녹아 나오면서 그 속에 있는 신석기 유물을 코팅하기 때문이다. 그야말로 '자연코팅'이 되는 셈이다. 이러니 조개무지는 고고학자들에게 그야말로 로또 같은 곳이다.

아오모리 조개무지 발굴 조사는 그해 12월까지 이어진다. 모스는 한 해 뒤 1879년 7월 발굴보고서 「아오모리 조개무지 The Shell

Mounds of Omori」를 일본 동경대학 과학부 회고록에 발표하는데, 이 발굴보고서는 일본 최초의 발굴보고서이기도 하다. 이뿐만 아니라 이 발굴은 일본 최초의 학술 발굴이었고, 조개무지 터 주인 사쿠라이 진에문에게 50엔을 보상하기도 한다. 이 또한 일본 최초의 발굴 보상비였다.

모스는 일본 신석기 전체를 알지 못했지만 이 발굴로 일본 신석기 중기와 만기의 미술을 이 세상에 처음 알렸다. 그의 발굴보고서를 살펴보면, 아오모리 조개무지는 조몬 중기 기원전 3000년부터 야요이 초기 기원전 100년 시기에 해당하는 유적이라는 것을 알 수 있다. 모스는 아오모리 보고서에서 아주 중요한 한 가지를 말한다. 일본 신석기 그릇에 있는 끈cord 무늬를 보고, 이 패턴을 '줄 표시cord mark'라 한 것이다. 이것을 1986년 시라이 미즈다로가 '조몬토기(繩文土器 cord-marked pottery)'로 옮겼고, 일본 학계는 지금 이 이름을 쓰고 있다. 그리고 이런 그릇을 쓴 신석기를 '조몬시대'라 한다.

모스의 발굴보고서 5쪽에 있는 구절을 그대로 옮겨 본다. "The pottery is rude, and in all parts of the world bears the impression of the well known cord mark(세계 신석기 그릇이 그렇듯 이곳 그릇도 거칠다. 그릇에서 끈 패턴을 볼 수 있는데, 이것은 아주 강한 인상을 준다)."(5쪽) 그는 이 구절에서 참으로 알 수 없는 말을 한다. 바로 'rude'다. 대체 모스는 어떤 함의로 이런 무례한 말을 한 것일까. 한 나라 신석기 그릇을 두고 이런 평을 한다는 것이 가능한 일일까. (그때 서양인이 동양인을 보는 태도가 근저에 깔려 있다고나 할까.) 지금으로서는 상상도 할 수 없는 일이다. 물론 보고서 5쪽을 보면 그는 신석기인을 '야만족savage races'이라 하고, 좀 거친 석기를 가리켜 "the rudest kind(가장 거친 것)"라 한다. 또 부싯돌을 "rude flint implements"라 하고, 세련되지 않은 그릇을 "rude designs"라 한다. 이것으로 짐작하건대 'rude'는 '거친, 덜 다듬은, 세련되지 않은'을 뜻하는 것 같다. 하지만 그는 신석

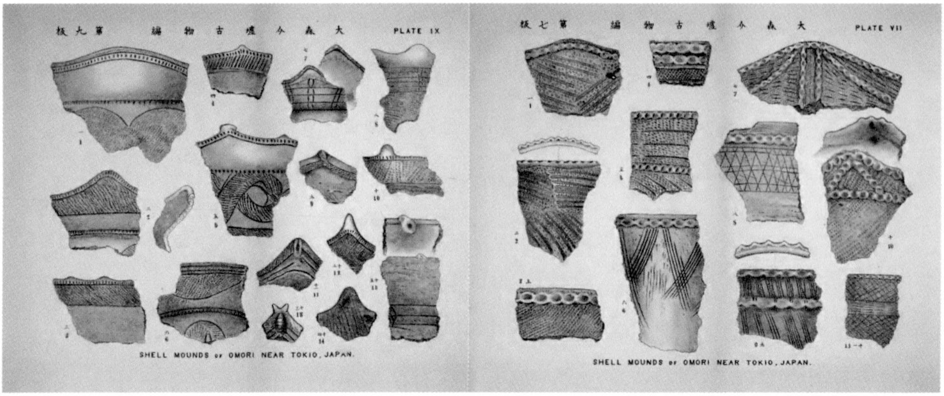

미국 동물학자 모스는 그릇에 있는 이런 끈cord 패턴을 보고 아오모리 신석기 그릇의 특징을 '끈 표시cord mark'라 한다. 그는 끈cord 패턴을 유럽과 미국 신석기 몇몇 그릇에서 이미 보아 알고 있었다. 하지만 그는 이 끈 패턴이 어디에서 왔는지는 알지 못했다.

도37 「아오모리 조개무지 The Shell Mounds of Omori」 발굴보고서 77, 89쪽

기인을 야만족으로 본다는 점을 잊어서는 안 된다.

모스는 당시 유럽과 미국 몇몇 고고학자의 신석기 유적 발굴보고서에서 신석기인이 사람을 잡아먹었다는 대목을 읽는다. (그는 여기에 '꽂혀' 있었던 듯싶다.) 그 또한 아오모리 조개무지에서 그런 식인풍습cannibalism의 증거evidence를 찾고 싶었다. 그는 아오모리 조개무지에서 나온 여러 동물 뼈와 사람 뼈를 살펴보고 여기 아오모리 아이누족(조몬인)들도 식인 풍습이 있었다고 결론 내린다. 물론 이것은 그의 신석기인에 대한 편견이 한몫했다고 볼 수 있다. 그는 신석기인을 그야말로 미개인, 원시인, 야만인으로 봤다. 아오모리 아이누족(조몬인)을 식인종a race of anthropophagi으로 결론 내린 구절은 다음과 같다. "One of the most interesting discoveries connected with the Omori Mound is the evidence of cannibalism which it affords, this being the first indication of a race of anthropophagi in Japan."(17쪽) 일본 사학계로서는 그야말로 기분 나쁜 말이 아닐까 싶다.

일본과 한국의 신석기 그릇과 관련하여 한 가지 흥미로운 점이 있

다. 우리의 신석기 빗살무늬토기 이름을 일본 고고학자 후지다 료사쿠가 처음 붙였듯이 (그가 즐목문토기(櫛目文土器)라 한 것을 나중에 지금의 즐문토기, 빗살무늬토기로 옮긴 것이다. 2장 캄 케라믹과 즐문토기 편 참조), 일본의 신석기 그릇 또한 당사자가 아닌 미국 동물학자의 발굴보고서에서 가져와 이것cord mark을 일본말로 옮겼다는 것이다.

일본 사학계의 조몬토기 연구 문제점

'끈무늬 토기cord-marked pottery' 이름은 처음부터 문제가 많은 이름이다. 일본 조몬시대 전체 토기 가운데 끈무늬가 있는 토기의 비율은 그렇게 높지 않다. 모스가 발굴한 아오모리 조개무지 유적 그릇 또한 모두 다 끈무늬 그릇인 것은 아니다. 특히 조몬 후기(기원전 2000~1000년)와 만기(기원전 1000~300년) 그릇에서 끈무늬는 많지 않다. 끈무늬는 주로 중기(기원전 3000~2000년) 그릇에서 두드러지게 보인다고 할 수 있다. 그런데도 조몬시대 전 시기 그릇을 끈무늬토기라 한 것은 처음부터 문제가 있었다. 그리고 정작 중요한 것은 앞에서 잠깐 말했듯이, **도33** 패턴에서 **도34** 패턴으로 바뀌는 지점, **도35** 패턴에서 **도36** 패턴으로 바뀌는 지점을 읽어 내야 한다는 것, **도33 · 35**의 끈cord patterns이 중요한 것이 아니라 **도34 · 36**의 구름(cloud patterns, 云)이 중요하다는 점. 이것을 밝혀내야 일본 신석기 조몬시대 조몬인의 세계관 속에서 조몬토기 디자인과 패턴을 총체로 해석할 수 있는 것이다.

모스 이후 일본 학계는 끈무늬가 무엇을 '구상'으로 한 것인지, '어디'에서 온 디자인인지 지금도 알지 못한다. 그들은 그때나 지금이나 화염형 토기, 에스S 자 무늬, 소용돌이무늬라 할 뿐이다. 이런 설명은 무늬의 겉모습만 말해 줄 뿐 그 무늬가 '무엇'을 나타낸 것인지 말하지 않는다는 점에서 말하면서도 아무것도 말하지 않는 것과 같다. 또 하나, 그들의 논문을 살펴보면 이들 또한 우리 사학계와 마찬가지로 신석기 그릇 무늬의 '구상'이 뭔지, 이것은 하나도 중요하지 않은 듯싶다. 그들은 그 무늬의 구상이 뭔지, 이것에는 통 관심이 없고, 그 무늬를 '어떻게 새겼는지' 이것만 가지고 온갖 어려운 말을 써 가며 '분류'를 하고 있다. 미융기선문, 세융기선문, 융대문, 두립문, 손톱문, 콩알문, 압날승문, 회전승문, 연사문, 압형문, 침선문, 조흔문, 평행침선문, 콤파스문, 기하학문, 평저심발형, 원형환저토기, 방형평저토기……. 세상에 이런 학문은 없다. 그것이 뭔지(내용) 모르겠는데, 표현한 방법(형식)만 가지고 수없이 분류를 한다는 게 이론상 가능할까. 그것으로 논문을 쓴다는 게 가능할까. 그런데 일본과 한국 사학계는 100년도 넘게 이렇게 하고 있다. 앞에서 열거한 무늬 이름은 지금 우리 사학계가 그대로 받아 쓰고 있는 것이기도 하다.

우리 학계는 몇 해 전부터 신석기유적의 앞뒤 관계, 즉 편년(編年 엮을편·해년)을 정리하고 있다. 편년이란 지역별 신석기 그릇의 선후 관계를 정하고 그 특징을 정리하는 것인데, 사실 이것은 본말이 아주 뒤집힌 경우라 할 수 있다. 그릇의 패턴이 무엇을 새긴 것인지 모르는 상태에서 그 특징을 보고 편년을 정한다는 것이 가능한 일일까. 하지만 이렇게 처음부터 가능하지 않은 일인데도 여전히 이런 연구가 이루어지고 있다. 그 무늬가 지역별로 조금만 차이가 나면 그 지역 이름을 붙여 고산리식토기, 영선동식토기, 수가리식토기, 암사동식토기, 오산리식토기 같은 이름을 붙여 편년을 정한다. 하지만 학계에서 낱낱이 이름을 붙여 구별하고 있는 지역별 토기도 조금만 들여다보면 모두 다 본질적으로 같은 패턴이라는 것을 알 수 있다. 다시 말해 본질을 놓치고 있는 연구인 셈이다.

다시 한번 말하지만 이 끈무늬는 일본 신석기인이 엮어 썼던 바구니에서 온 것이다. 나무껍질이나 나무쪽, 조릿대, 왕골, 청미래덩굴, 물옥잠 풀대로 바구니를 짜고, 그 바구니 몸통과 아가리 쪽을 단단

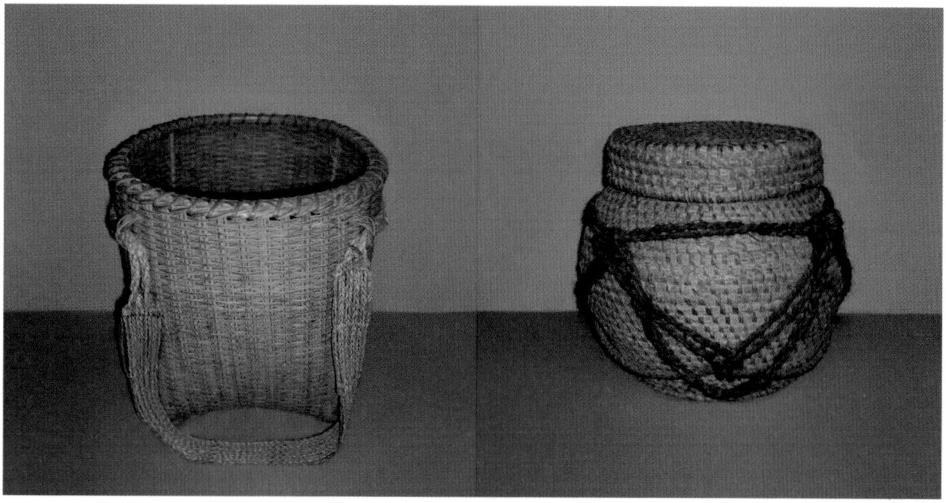

도38·39 오키나와 바구니.
높이 42cm(왼쪽), 34cm.
오키나와현립박물관

히 묶어 쓴 것, 묶었을 때 보이는 끈이나 매듭이 그대로 그릇 디자인으로 올라온 것이다. **도38** 아가리 쪽 테 마감은 **도31·33**에서 볼 수 있고, **도38** 아가리 쪽 끈고리는 **도16·24·25·26·26-1·28·34**에서 볼 수 있고, (끈으로 아주 손잡이 고리를 만들 때도 있다. **도15·15-1**) **도39**의 끈은 **도16·25·26·26-1·28·33-35** 그릇에서 볼 수 있다. 이런 특징은 세계 신석기 미술사에서도 찾아보기 힘들다.

나는 어느 장에서 이런 말을 한 적이 있다. 일본 사학계는 '기원'의 문제를 해결하려 하지 않는 것 같다고. 어쩌면 이는 자존심의 문제일 수도 있다. 그들은 잘 알고 있다. 고대로 내려갈수록 '일본적인 것'을 찾기 힘들다는 것을. 나는 묻고 싶다. 그들이 찾고 싶은, 가장 일본적인 것은 바로 조몬에 있지 않냐고 말이다. 그런 그 조몬의 세계관을 그저 '장식'으로 보는 것, 이것만큼 바보 같은 생각이 어디 있을까. 나는 한국미술사 신석기 편을 다루면서 조몬토기에 대해 몇 가지 '기본' 사실을 여기에 밝혔다. 이것은 세계 최초의 언급이기도 하다. 이 책 전체 내용이 모두 다 그렇기는 하지만. 일본 사학계는 일단 조몬을 풀어야 한다. 그런 다음 암사동 신석기 세계관과 야요

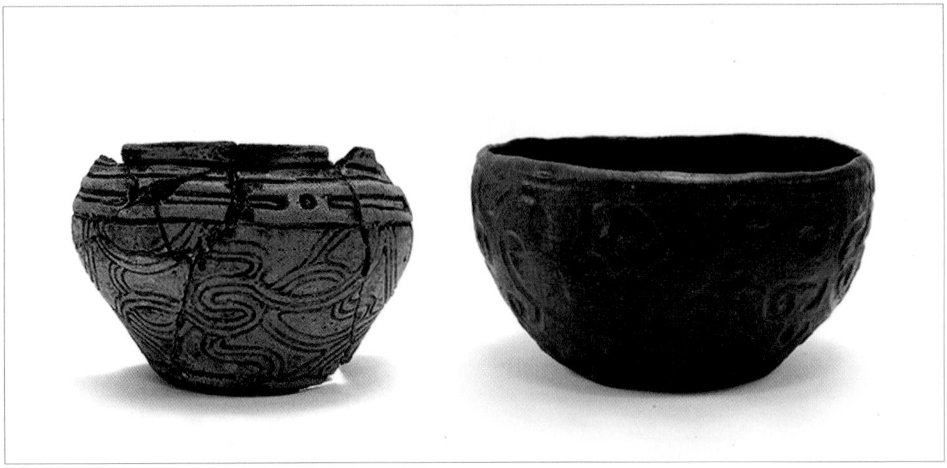

두 그릇 모두 몸통에 구름(云) 패턴을 새겼다. 이 패턴은 본질적으로 도7 제주 고산리 덧무늬토기 구름 패턴과 같다.

도40 조몬 후기
기원전 2000~1000년.
아오모리.
높이 7.1cm

도41 조몬 만기
기원전 1000~400년.
아오모리.
높이 7.5cm

이, 암사동 신석기 세계관과 고분시대의 세계관을 견주어 살펴보아야 할 것이다.

아오모리 조몬토기와 구름신

나는 일본 아오모리현립박물관 사진 자료 가운데 고고(考古) 편으로 검색하여 사진 1,091장을 모두 살펴보았다. 홈쇼핑 사이트처럼 화면에 상품이 쭉 보이는 것이 아니라 파일명이 있고, 그 파일명을 일일이 클릭하여 열어야 비로소 사진을 볼 수 있었다. 사진 1,091장을 하나하나 열어보고, 필요한 사진을 다운로드 받는 데 꼬박 일주일이 걸렸다. 이 사진을 검토하면서 나는 일본 신석기 그릇 또한 비구름(雨云) 디자인·패턴으로 되어 있다는 것을 알 수 있었다. 한반도와 다른 점은 비(雨)보다는 주로 구름(云) 패턴을 표현했고, 그 방법은 서울 암사동 신석기인처럼 1차원 평면 그림처럼 삼각형(**도42**)이나 반원·반타원(**도34·43·46**)으로 단순하게 표현하지 않고, 제주 고산리

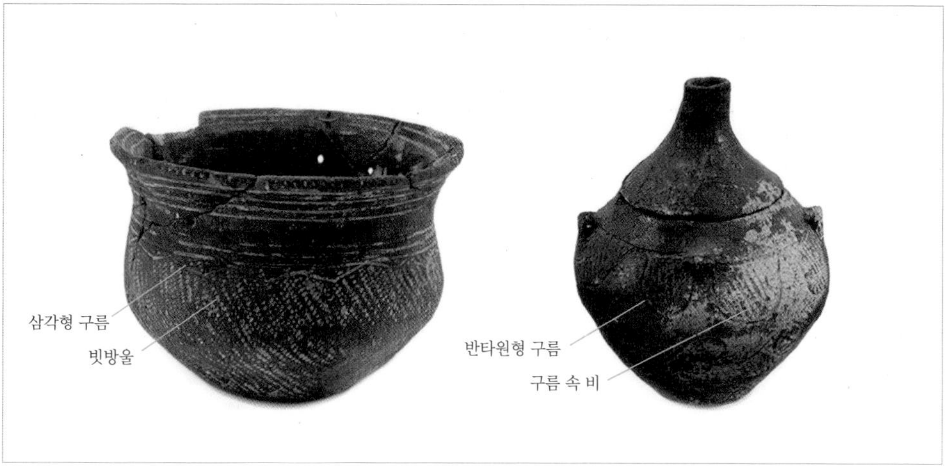

야요이토기와 조몬토기에서도 암사동 신석기 구름 패턴(삼각형, 반타원형)을 볼 수 있다. 물론 두 문화의 영향 관계는 없다.

신석기인이 그런 것처럼 **도7** 구름 패턴과 같이 입체에 가깝게 표현했다는 점을 알 수 있었다(**도17·23·27·29·40·41·44·45** 참조). 이것은 고산리나 일본 조몬토기나 구석기 자연주의 미술의 특징이 신석기까지 이어졌다는 것을 뜻한다. 특히 일본 조몬미술은 세계에서 그 사례를 찾아볼 수 없을 정도로 구석기 자연주의 특징이 오랫동안 지속되었다. 이는 신석기 이후 대륙으로부터 떨어져 나온, '섬'이 된 자연환경 영향 말고는 달리 설명할 길이 없을 것이다.

도42 야요이토기. 기원전 300~기원후 300년. 아오모리. 높이 9.5cm

도43 조몬토기. 조몬 중기 기원전 3000~2000년. 아오모리. 높이 10.5cm

일본 고고학계는 **도17·45** 그릇 몸통 무늬를 그저 에스S 자 패턴이라 한다. 하지만 이는 세계 신석기 미술사 속에서 보면 구름(云)이다. 다만 이 구름은 암사동 신석기인의 삼각형·반원(타원)형 구름, 즉 1차원 평면 구름이 아니라 입체이고 동적(動的)인 패턴이다. 중국과 타이 반치앙 채색토기에는 동적인 구름, 입체 구름이 많이 보이지만 그릇 겉면을 파거나 새겨서 무늬를 내는 새김무늬토기 문화권에서는 그렇게 많지 않다. 그런데도 일본 신석기 조몬시대 그릇에는 이러한 구석기 자연주의 전통이 신석기 내내 상당 기간 유지되고 지속

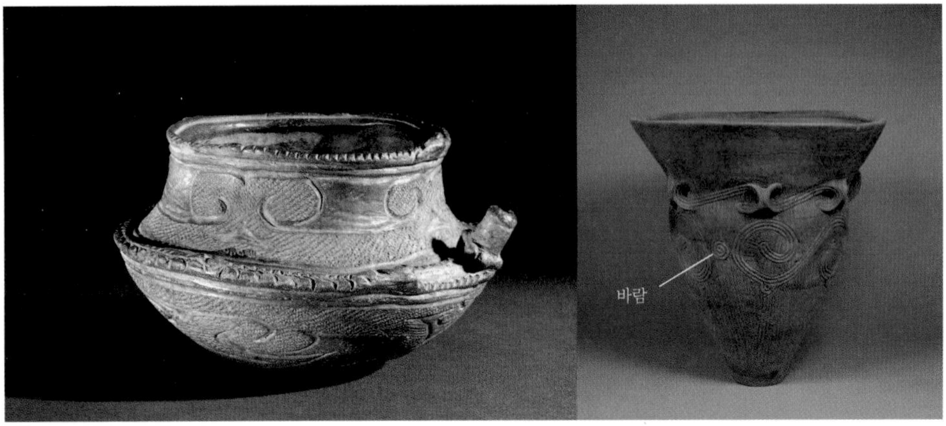

구름 속 물(水)을 룰렛 기법을 써서 표현했다. 이런 무늬 기법은 상당히 앞서 있는 기술이다. 도44-1에는 바람(風)까지 넣었다. 한반도 신석기 미술에서 바람 패턴은 아직 보지 못했다.

도44 조몬 후기 기원전 2000~1000년. 홋카이도. 높이 12cm. 영국박물관

도44-1 조몬 중기 기원전 3000~2000년. 도쿄국립박물관

된다.

조몬 중기의 화려한 그릇 무늬의 비밀은 조몬 초기와 **도46** 같은 후기 그릇에서 그 실마리를 찾을 수 있다. 아가리 쪽에 반타원형 구름(云)을 두었다. 이것은 한반도 빗살무늬토기와 세계 신석기 그릇에서 두루 볼 수 있는 구름 패턴이다(6장 **도25-33·35·36·38·40**). (하지만 조몬인들은 암사동 신석기인과 달리 이 구름의 기원을 그들 세계관 속에서 뚜렷하게 해결하지 못하거나 불충분하게 해결한다.) 그렇다면 **도25**의 아가리 장식은 '화염(불꽃)'이 아니라 구름을 3차원 입체로 표현한 것이라는 것을 알 수 있다.

일본 신석기 조몬인들은 비(雨)의 기원이 구름(云)이라는 것을 알았고, 그것을 그릇에 나타냈다고 볼 수 있다. 그런데 이것은 암사동 신석기인과 같으면서도 결정적으로 다른 지점이 한 가지 있다. 암사동 신석기인들은 비의 기원이 구름, 구름의 기원이 하늘 속 물(水), 하늘 속 물(水)이 나오는 통로 천문(天門)까지 나아갔다. 그러니까 암사동 신석기인들은 구름의 기원까지도 그들 세계관에 그려냈던 것

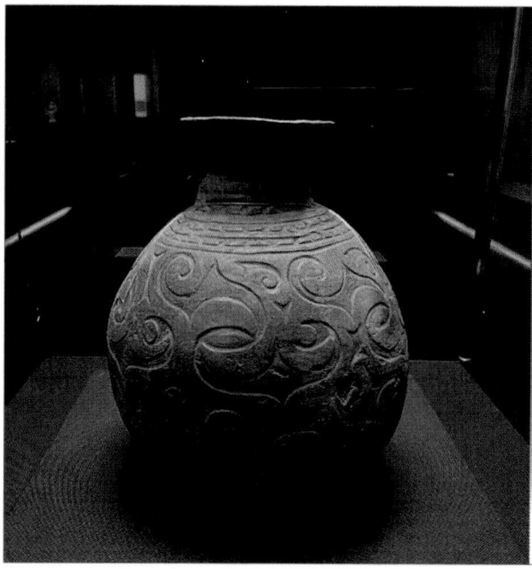

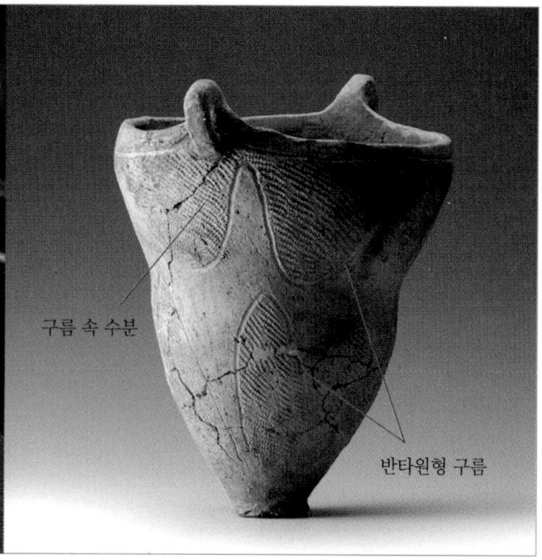

이다. 이렇게 '기원의 기원'까지 말해 주는 세계관에는 종교나 신God이 비집고 들어올 여지가 없다. 그래서 암사동을 비롯하여 한반도 신석기 시대에는 종교의 흔적을 찾을 수 없는 것이다. 적어도 불교가 들어오기 전 한반도에는 종교 관련 유물이나 미술은 없다고 볼 수 있다. (물론 불교는 엄격히 말하면 종교라 할 수 없다!) 이와 달리 구름의 기원을 해결하지 못한 조몬인들은 이를 다른 방식으로 해결한다. 바로 구름을 관장하는 신, 구름신Cloud God(云神)을 둔 것이다. 이 구름신이 바로 조몬시대 일본 곳곳에서 나오고 있는 흙인형 토우(土偶)다.

도45 항아리형 토기(壺形土器). 아오모리현 이와키강에서 나옴. 조몬 만기 기원전 1000~400년. 오카다미술관

도46 조몬 후기 기원전 2000년. 높이 34cm

도47은 눈 둘레가 고글goggles과 비슷해 보통 차광기 토우(遮光器土偶 Goggle-eyed dogu)라 한다. 일본 조몬 유적에서는 이런 인형이 2만 점 가까이 나왔지만 일본 고고학계는 이 인형이 무엇을 구상으로 하여 빚은 것인지 아직 풀지 못하고 있다. 실마리는 몸통 무늬에 있다. 몸은 온통 구름무늬이고, (일본 학계는 이 구름무늬를 그저 에스S 자 무늬라 할 뿐이다.) 끈에도 점점이 점을 찍어 수분(水)을 나타내고 구름을 따라 매듭을 지어 물기(水)를 표현했다. 머리 위는 구름을 아주 입체

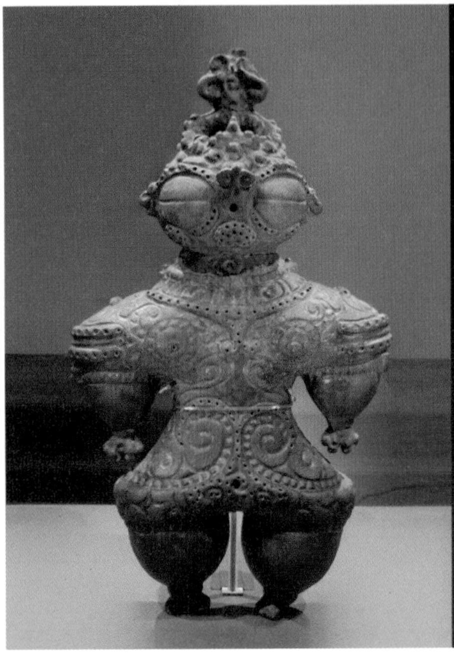

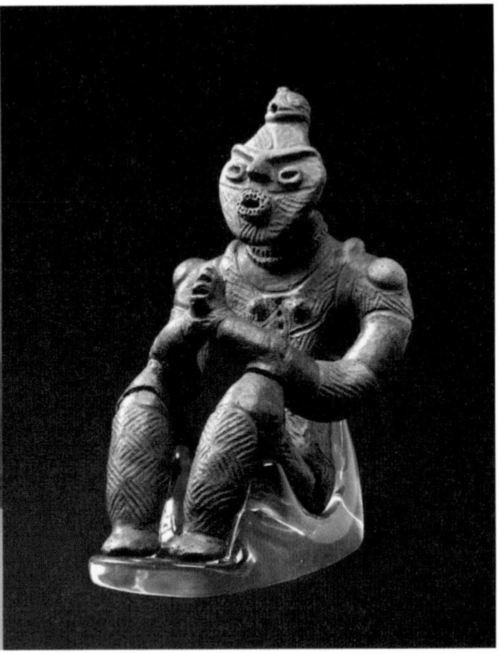

(3차원)로 빚었다. 나는 이 인형을 구름여신(云女神)으로 본다. 그래서 눈도 물기가 촉촉한 개구리눈이다. 몸이 통통한 것은 구름을 많이 담기 위함이고, 입이 작은 것은 그 입으로 구름(云)을 내보내고 닫기 때문이다. 입 아래 턱 또한 점점이 점을 찍어 물(水)을 표현했다.

일본 학계는 **도48**을 합장토우(合掌土偶 Palms Together Dogu)라 한다. 다른 설명이 있을까 싶어 찾아봤는데 더는 찾을 수 없었다. 나는 이 인형 또한 구름신으로 본다. 다만 **도47**과 달리 이 신은 구름남신이다. 입술을 보면 점점이 점을 찍어 물기가 촉촉한 것을 나타냈다. 이 패턴은 세계 신석기 미술의 일반적인 물·수분(水) 패턴이다. 바로 이 입을 통해 비구름(雨云)이 나온다.

일본 학계는 **도49** 흙인형 디자인을 아직 해석하지 못하고 있다. 그들은 사람이 가면을 쓴 모습을 빚은 것으로 보고 있지만 나는 비(雨)의 남신으로 본다. 조몬인들은 구름여신·남신과 더불어 비(雨)남

도47 차광기 토우 (遮光器 土偶). 미야기현. 조몬 후기 기원전 1000년. 높이 36.1cm. 도쿄국립박물관

도48 합장토우 (合掌土偶). 일본 국보. 아오모리현. 조몬 후기 기원전 1300년. 높이 19.8cm. 고레카와고고학연구소

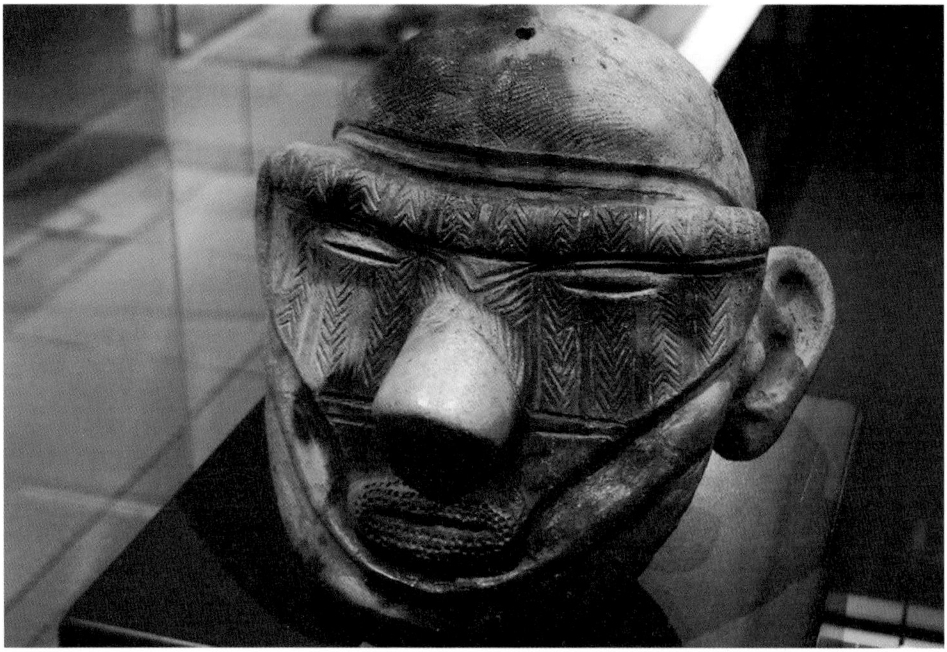

신도 같이 빚은 것 같다. 얼굴 이마와 양 볼은 암사동 빗살무늬토기에서 볼 수 있는 비(雨) 패턴이고, 입술에 점점이 찍은 점무늬 또한 암사동에서 볼 수 있는 구름 속 수분(水)이다(6장 **도25 · 29 · 49**). 이런 비(雨)와 수분(水) 무늬는 세계 신석기 그릇에서 흔히 볼 수 있는 패턴이다.

도49 흙인형 머리(大型土偶頭部). 조몬 후기 기원전 15000~1000년. 높이 25cm. 일본 이와테현립 박물관

아무르 강 수추 섬 신석기인이 새긴 구름과 비와 눈

러시아 아무르 강 하류 수추 섬 신석기 유적 발굴조사는 우리나라 국립문화재연구소와 러시아 고고학민족학연구소가 공동으로 2000년부터 2002년까지 세 차례에 걸쳐 조사했다. 두 연구소는 공동으로 발굴조사 보고서 다섯 권을 냈는데, 두 연구소 모두 수추 섬 신석기인이 그릇에 무엇을 새겼는지 밝혀내지 못했다. 단지 도장 무늬를

찍었다 해서 압인문(押印文), 흙띠를 덧붙였다 해서 융기문(隆起文)이라 할 뿐이다. 또 마름모 모양 무늬라 해서 능형문(菱形文)이라 한다. 이는 단지 무늬 모양과 새기는 방법만 말할 뿐 그 무늬가 무엇(그 구상)을 새긴 것인지는 말하지 않는 것과 같다.

수추 섬 신석기 유적은 기원전 4000년에서 2000년 무렵의 주거지인데, 이곳에서 나온 그릇 무늬를 보면 실로 놀랍기 그지없다. 더구나 이 무늬는 암사동 신석기 빗살무늬 디자인·패턴과 아주 닮아 있다. 수추 섬 신석기인은 암사동 신석기인이 그랬듯 그릇 아가리 쪽에 하늘 속 물(水, 雨)을 먼저 새기고, 그 아래에 구름을, 또 그 아래에는 비(雨)와 눈(雪)을 새겼다. 다만 비(雨)는 **도50**에서 보는 것처럼 빗줄기(암사동)가 아니고 빗방울로 표현했다. 눈은 둥글고 뭉툭한 새기개 끝으로 꾹꾹 누르거나 그물무늬 도장을 찍었다. 이 그물무늬 Amur net patterns는 눈뭉치나 눈(雪)을 뜻한다.

도50은 1차 발굴조사 보고서에, **도51**은 2차 보고서에 있는 토기 그림이다. **도50 · 51**에서 내가 구름(云)이라 한 것을 러시아 고고학계는 미앤더meander 무늬라 하고, 우리 학계는 뇌문(雷文 번개무늬)이라 한다. 하지만 두 나라 학계 모두 이 무늬가 미앤더문이든 뇌문이든 간에 이 무늬가 왜 그릇 아가리 쪽에 있는지는 말하지 않는다. 그리고 결정적으로 이 무늬가 다른 자리에 있는 무늬와 어떻게 총체로 풀이가 되는지, 그 스토리를 말하지 않는다. 앞에서도 말했지만 패턴은 다른 무늬와 함께 총체로 설명이 되어야 한다. 다시 말해 하나의 스토리가 되어야 한다.

러시아와 한국 고고학자들은 수추 섬 그릇 무늬를 무슨 연유 때문에 해석하지 못하는 걸까. 나는 그 까닭을 미앤더와 번개무늬의 악몽으로 본다. 미앤더는 에스S 자 모양으로 흐르는 강줄기를 말하고, 서구 문양학자들은 이처럼 생긴 무늬를 보통 '뱀'을 뜻하는 것으로 해석한다. (이 무늬 이름은 지중해로 흘러드는 터키 멘데레스 강Menderes 이

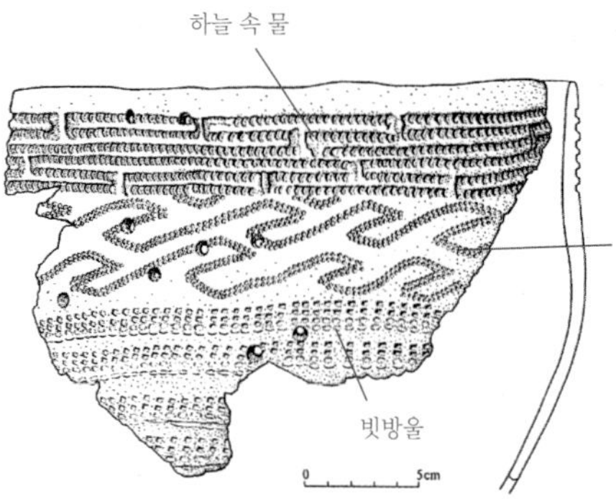

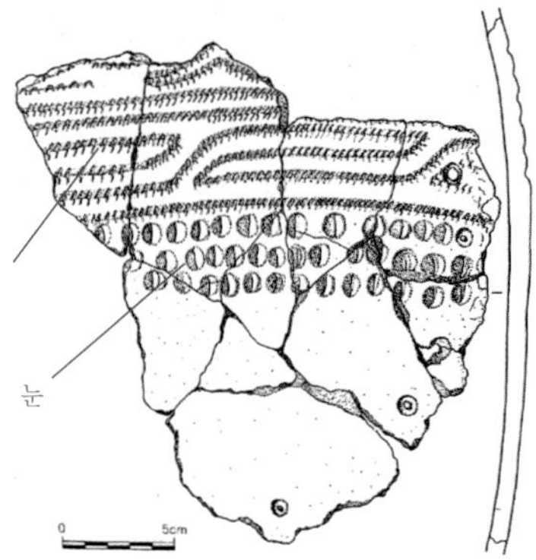

도50 러시아 아무르 강 수추 섬 토기 조각. 24호 주거지

도51 러시아 아무르 강 수추 섬 토기 조각. 26호 주거지

름에서 왔다.) 우리 디자인 학계는 이 말을 흔히 번개무늬(雷文 뇌문)로 번역한다. 그러니까 러시아 고고학자들은 수추 섬 신석기 그릇에 있는 '구름(云)' 패턴을 미앤더 무늬로 보고, 우리 고고학자들은 번개무늬로 읽은 것이다. 이러니 처음부터 그릇 무늬를 읽어낼 수 없었던 것이다.

이 무늬는 평북 용천군 쌍학리, 함북 경성 유판·원수대 패총, 함북 경성 서포항유적처럼 주로 한반도 북쪽 신석기 유적에서 나오고 있다. 아직 우리 고고학계는 이 무늬의 뜻을 해석하지 못하고 그저 번개 치는 모양을 닮았다 해서 번개무늬라 할 뿐이다. 하지만 번개가 칠 때 모습은 이와 다르다.

그런데 정말 이게 번개일까? 그렇다면 왜 번개를 그릇에 새겼는지 설명할 수 있어야 한다. 나는 번개로 보지 않고 구름(云)으로 본다. 고대 무늬는 보통 곡선에서 각이 진 직선으로 바뀐다. 8장에서 다룬 그리스와 미국 남서부 푸에블로 신석기 구름이 그렇다(**도27·29**). 이뿐만 아니라 나는 이 책에서 이런 구름을 수없이 들었다. 특히 청동기시대에 이르면 자와 컴퍼스를 쓰게 되면서 반듯한 직선 무늬

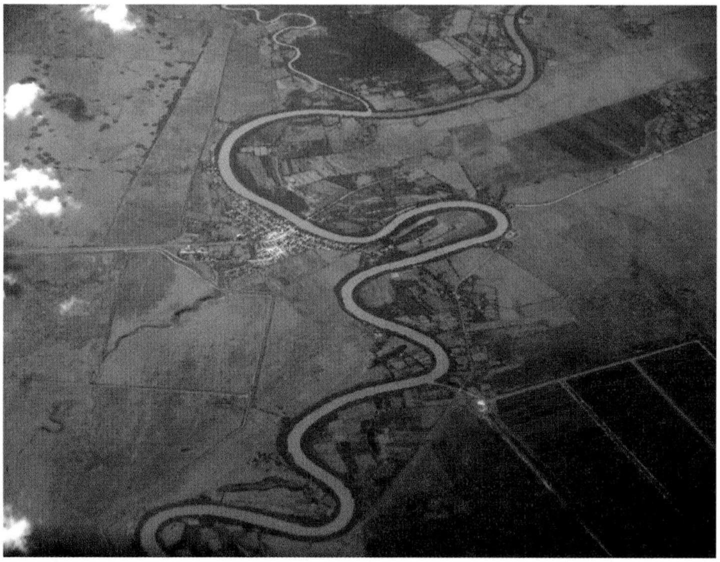

도52 쿠바 카우토 강
Cauto River

뱀이 기어가는 모습을 닮아 사행천(蛇行川), 구불구불 흐른다고 해서 곡류천(曲流川)이라 한다. 이런 패턴으로 된 무늬를 미앤더 패턴meander pattern이라 한다.

를 많이 쓰기 시작한다. 신석기 초기에는 구름을 곡선으로 새기거나 그렸는데 나중에는 이 곡선을 직선으로 그린다. 구름무늬 또한 그러한 과정을 거친다. 그렇다고 해서 모든 곡선이 직선으로 바뀌는 것은 아니다. 같은 대상을, 예를 들어 암사동처럼 구름(云)을 새길 때 곡선과 각이 진 직선 무늬가 같은 시기에 나올 수도 있다.

도53 · 54는 2000년 1차 발굴조사 때 나온 수추 섬 신석기 그릇 조각이다. 이 그릇의 디자인과 패턴을 보면 한반도 암사동 빗살무늬 토기와 같은 디자인과 패턴으로 되어 있다는 것을 확인할 수 있다. 가장 위에 하늘 속 물(水)을 새기고, 그 아래에 구름(云)을, 구름 아래에 빗방울(雨)을 새겼다. 다만 암사동과 다른 점은 구름이 나오는 천문(天門)을 두지 않았다는 것을 알 수 있다. 그런데 다른 그릇에는 이 천문을 네 곳, 동서남북에 둔 것도 있다. 그렇다면 수추 섬 신석기인과 암사동 신석기인의 세계관은 거의 같다고 볼 수 있다.

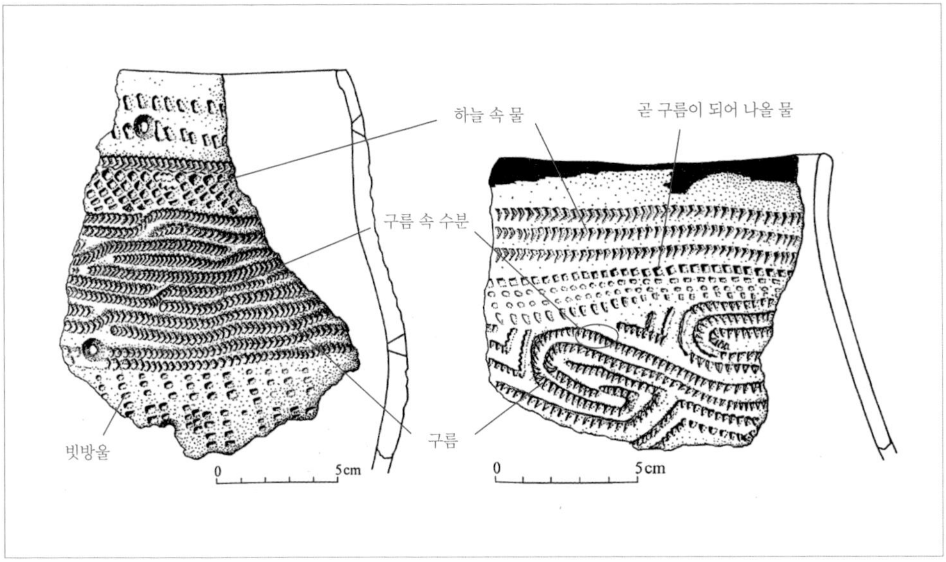

이 그릇의 디자인과 패턴을 보면 한반도 암사동 빗살무늬토기와 같은 디자인과 패턴으로 되어 있다는 것을 확인할 수 있다.

여기서 구름을 보면, 암사동 신석기인처럼 삼각형 또는 반원·타원형 구름이 아니라 입체에 가깝다. 이는 **도7** 고산리 덧띠무늬토기, **도21** 미국 미시시피 아칸소 신석기 그릇, **도22** 미국 호튼 신석기 그릇, **도23·27·29·36·40·41·44·45** 일본 조몬토기 패턴과 비슷하다고 할 수 있다. 수추 섬 신석기인은 고산리 신석기인이 그런 것처럼 1차원 그릇 평면에 3차원 입체에 가까운 구름무늬를 새겼다고 볼 수 있다.

도53 러시아 아무르 강 수추 섬 토기 조각. 24호 주거지

도54 러시아 아무르 강 수추 섬 토기 조각. 24호 주거지

암사동과 고산리 신석기인의 미술

도61 그릇의 구름은 앞에서 다룬 제주 고산리 덧띠무늬토기(**도7**), 러시아 아무르 강 수추 섬 신석기 그릇(**도50·51·53-55**), 중국 신뎬문화 그릇(**도56**), 베트남 사후인 문화·풍응우옌 문화 그릇(**도57·58**), 굴포리 신석기 그릇(**도60**)의 구름 패턴과 본질적으로 같다. 이 그릇은

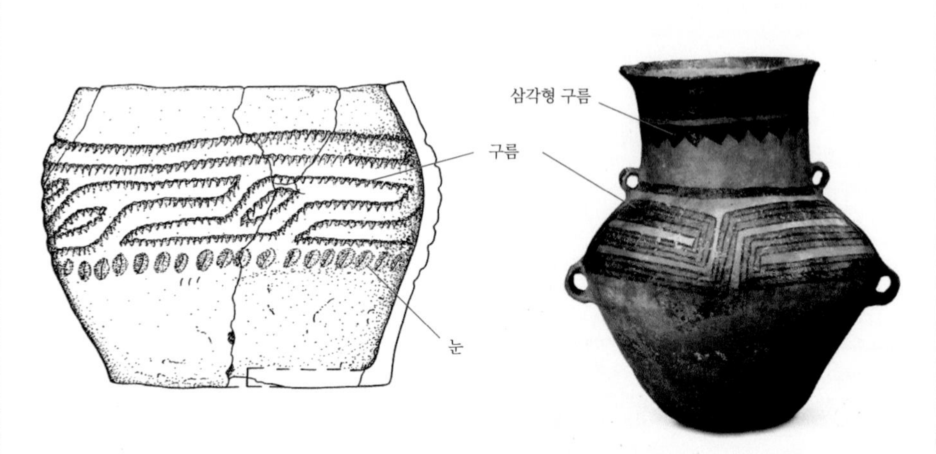

나는 이 두 그릇 몸통에 있는 무늬를 구름(云)으로 보는데, 러시아 학자들은 미앤더 무늬로 보고 한중일 학자들은 번개(뇌문)로 본다.

도55 러시아 아무르 강 수추 섬 그릇. 26호 주거지

도56 손잡이 달린 채색항아리. 중국 청동기 신뎬문화(辛店文化). 기원전 1500~1000년. 높이28.9cm. 한성백제박물관

구름에서 내리는 비(雨)를 아주 구체로 그렸다. 타이와 서구 학계는 이 그릇 무늬를 아직 해석하지 못하고 있다. 단지 기하학적 추상무늬라 할 뿐이다. 반치앙 문화 그릇에 대해서는 10장에서 아주 자세히 풀었다.

도62 그릇은 미국 남서부 뉴멕시코 툴라로사Tularosa 흑백Black-on-white 물병pitcher이다. 아가리에 붙인 네 발 짐승은 뭔지 잘 모르겠다. 다람쥐 같기도 하고 강아지 같기도 하다. 미국 원주민Native Americans의 미술은 한반도 신석기 패턴과 아주 닮아 있다. 이 그릇 패턴의 특징은 한 패턴에 직선과 곡선이 같이 보인다는 점이다. 아가리에 하늘 속 물(水)을 그리고, 목 아래 언저리에서 직선 구름이 시작된다. 이 '시작점'을 찾는 것이 중요하다. 직선 구름에서 곡선 구름이 이어진다. 이 구름을 따라 새긴 빗금은 구름에서 내리는 비(雨)다.

우리 학계의 제주도 그릇 관련 연구 논문을 살펴보면, 고산리를 비롯하여 제주도 여러 지역 그릇을 내륙의 '빗살무늬토기' 문화권과

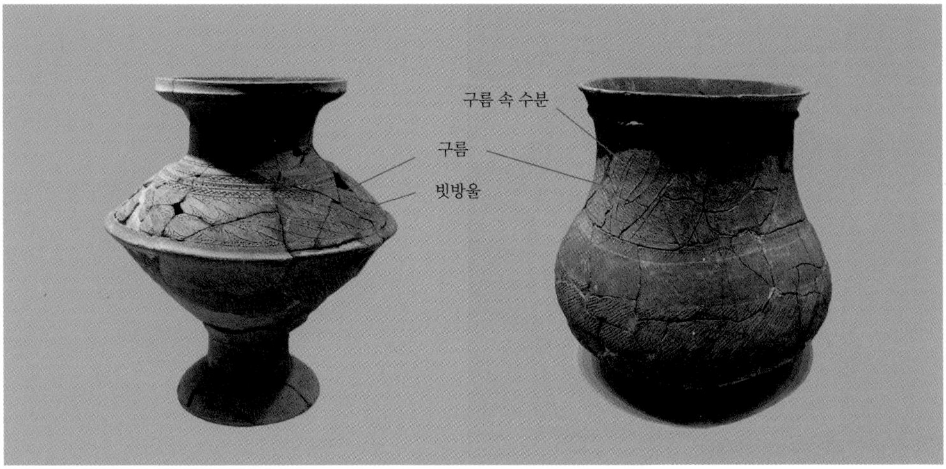

도57은 구름 둘레에 점을 찍어 빗방울(雨)을 표현했다. 도58은 비구름 속에 짧은 빗금을 새겨 비(雨)를 표현했다.

도57 베트남 사후인 Sa Huỳnh 문화 그릇. 철기시대 기원전 1000년.

도58 베트남 청동기 풍응우옌 PhungNguyen 문화. 기원전 2000년

는 성질이 아주 다른 것으로 놓고 분석한다. 하지만 그 차이란 것도 패턴 뜻이 다르다는 것이 아니라 그저 무늬를 새기는 방법의 차이를 두고 말할 뿐이다.

박근태(2012)의 논문 「제주도 초창기단계 유적출토 점열문토기 문양대」에 제주도 그릇 조각 표가 있다. 그는 '점열문(점점이 점을 찍은 무늬)' 무늬만 모아 네 종류(능형문, 사선문, 수직문, 방격문)로 나눈다. 그런데 이 '점열문' 토기는 모두 암사동에서 볼 수 있는 패턴이고, 하늘 속을 표현한 것은 6점, 구름을 표현한 것은 11점(여기서 삼각형 구름은 7점), 내리는 비를 표현한 것은 5점이다. 이렇듯 암사동 빗살무늬토기와 제주도 신석기 그릇의 패턴은 본질적으로 같은 것으로 봐야 한다. 다만 **도7** 고산리 덧띠무늬토기는 구름을 표현한 방법이 암사동의 1차원 평면화와 달리 3차원 입체에 가깝다는 것이다. 이것은 어쩌면 한국에서 가장 이른 시기의, 그러니까 구석기 말 신석기 초 고산리 미술의 구석기적(자연주의적) 흔적이라 할 수 있을 것이다.

1868년 스페인 알타미라 동굴벽화와 1940년 프랑스 라스코 동

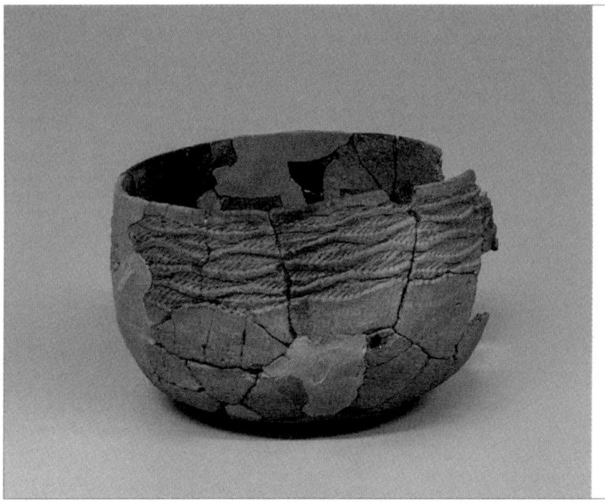

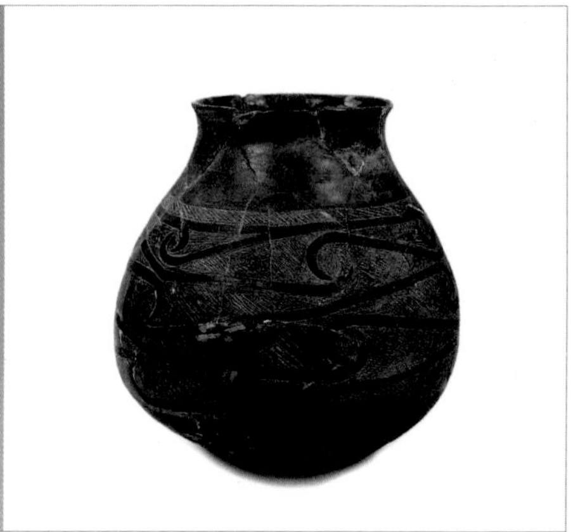

이 두 그릇의 구름(云)은 도7 제주 고산리 덧띠무늬토기 구름과 본질적으로 같다. 한반도 신석기인들도 구름을 1차원 평면화(삼각형 내지는 반원·반타원형 구름)로만 새긴 것이 아니라 이렇게 3차원 입체에 가깝게 새기기도 했다.

도59 전북 진안 빗살무늬토기. 높이 11.5cm. 국립전주박물관. 전주3787

도60 타래무늬토기. 나선직할시 선봉군 굴포리. 높이 26cm. 조선중앙역사박물관

굴벽화가 세상에 알려졌고, 1908년 오스트리아 빌렌도르프와 1988년 러시아 돈 강 유역 코스텐키 구석기 유적지에서 비너스가 나왔다. 두 벽화와 비너스를 보면 구석기 미술이 '사실주의(또는 자연주의)'에 토대를 두고 있다는 것을 알 수 있다. **도63**은 동굴 천정에 그린 상처 입은 들소 그림이다. 기원전 1만 3000년 전 스페인 알타미라 구석기인은 상처 입은 들소 모습을 아주 '사실적'으로 그렸다. 더구나 그는 일부러 천장에서 볼록 튀어나온 곳을 찾아 거기에 상처 입은 들소가 고통스러워하며 웅크리고 있는 것을 입체감 있게 그렸다. 이뿐만 아니라 갈라진 틈으로 윤곽을 나타내기도 한다. **도63**에서 왼쪽 윤곽선은 그린 선이 아니라 갈라진 틈이다. 여기서 스페인 알타미라와 프랑스 라스코 동굴벽화에 대해 한 가지 상식을 알고 가야 할 것 같다. 대체 이때 구석기인들은 무슨 안료를 썼기에, 또 어떻게 그렸기에 기원전 1만 5천 년~1만 3천 년 전 벽화가 지금까지도 선명한 것일까. 미술사학자들은 이것부터 설명해야 하는데, 어떤 미술사 책을 봐도 이에 대해서는 단 한마디도 코멘트하지 않는다. 우리는 정말 궁금한데 말이다. 답은 석회암 동굴에 있다. 동굴 속이

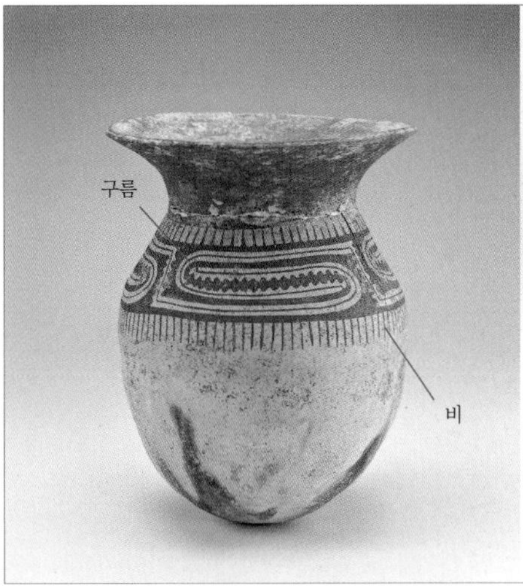

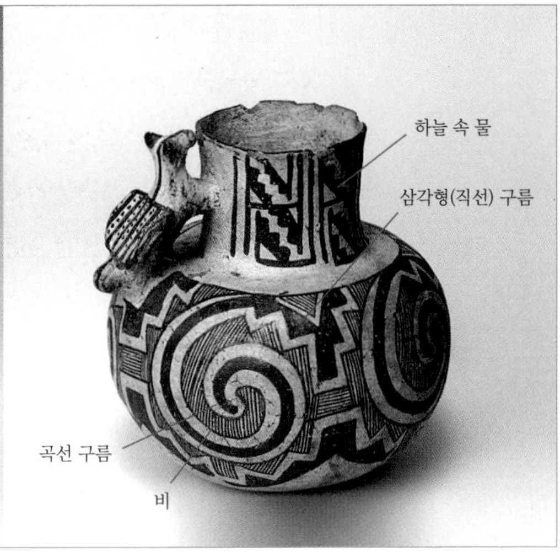

도61 타이 반치앙 문화. 기원전 300년 철기시대. 높이 33cm. 스미소니언박물관

도62 미국 남서부 뉴멕시코 툴라로사 흑백 물병. 1200~1300년. 높이 18.5cm. 애리조나 주립박물관

습할 때 석회질 성분이 나오고 다시 마르고, 수천 년 동안 이것을 반복하면서 벽면을 자연코팅한 것이다. 그래서 지금으로부터 1만 7천 년 전 그림이 이렇게 선명하게 남아 있는 것이다. 우리 고구려벽화가 석회질 성분으로 자연코팅이 되어 있듯이 말이다.

도64는 1988년 러시아 돈 강 코스텐키kostenki(기원전 2만 3천 년 전) 구석기 유적지에서 나온 비너스다. 만삭인 구석기 여인을 매머드 엄니에 조각했는데, 머리에는 숏비니를 쓰고, (그때 구석기인은 거칠더라도 뭔가 짤 수 있었다!) 고개를 약간 수그리고 있다. 눈코입은 일부러 새기지 않았다. 만삭인 여자의 허리, 골반, 엉덩이를 아주 정확하게 붙잡아 조각했는데, 이 구석기 비너스의 압권은 바로 뒷모습(가장 오른쪽) 골반이다. 만삭인 여자의 골반을 이렇게 생생하게 조각한 구석기 미술을 이 비너스 말고는 본 적이 없다. 이는 현대 조각에서도 찾아보기 힘들다. 무릎부터 뒤꿈치까지 길이가 짧은데, 이는 구석기 장인이 매머드 엄니에 조각을 할 때 가늠을 잘못했기 때문이다. 구석기 장인은 12cm쯤 되는 매머드 엄니를 가지고 머리부터 조각을 했다. 그런데 하다 보니 아래쪽 비율이 애매했고, 그래서 다리를 짧게 마

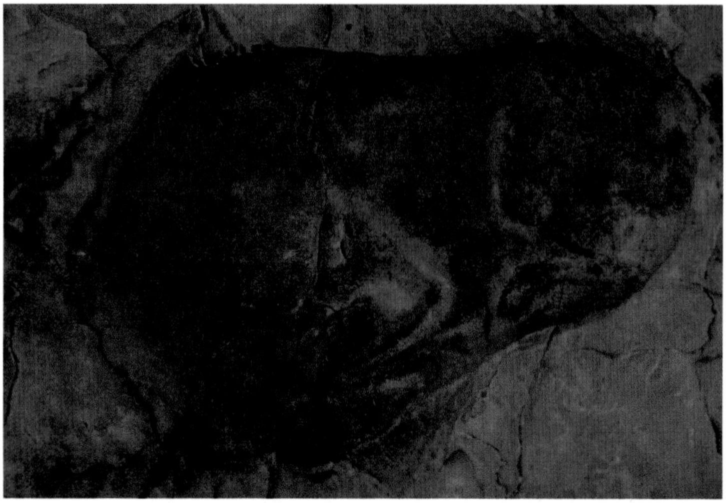

도63 스페인 알타미라 석회암 동굴의 상처 입은 들소 벽화. 기원전 1만 3천 년 전

상처 입은 들소가 고통스러워 고개를 배쪽으로 하고 있다.

무리할 수밖에 없었던 것이다. (물론 가슴, 배, 골반부터 조각했을 수 있다.) 임신을 한 여인은 이 조각을 허리에 차고 다녔을 것이다. 발목과 발목 사이에 실을 꿸 수 있게 홈을 냈다.

알타미라 동굴벽화와 코스텐키 비너스를 보면 구석기 미술은 신석기와 달리 평면미술이 아니라 입체미술이라는 것을 알 수 있다. 그리고 완벽한 '사실주의(자연주의)'라 할 수 있다. 이렇게 된 까닭은 다각도로 연구해 볼 수 있지만, 우선 당시 구석기인들의 처지와 관련이 깊다. 먹이사슬의 중상층에 놓여 있던 구석기인들은 자신을 둘러싸고 있는 자연환경을 늘 입체로 보아야 했고, 언제나 눈과 감각의 촉수를 열어 두어야 했다. 그렇지 않으면 목숨이 위태로웠기 때문이다. 그들의 미술이 신석기와 달리 입체적인 것은 바로 이 때문이다.

나는 한국미술사 신석기 편을 쓰면서 가장 먼저 어떤 미술을 다룰까 고민했다. 신석기 미술을 대표하는 미술은 모두 알고 있듯이 암사동 신석기 그릇이다. 그런데 암사동 미술의 뿌리는 저 멀리 제주

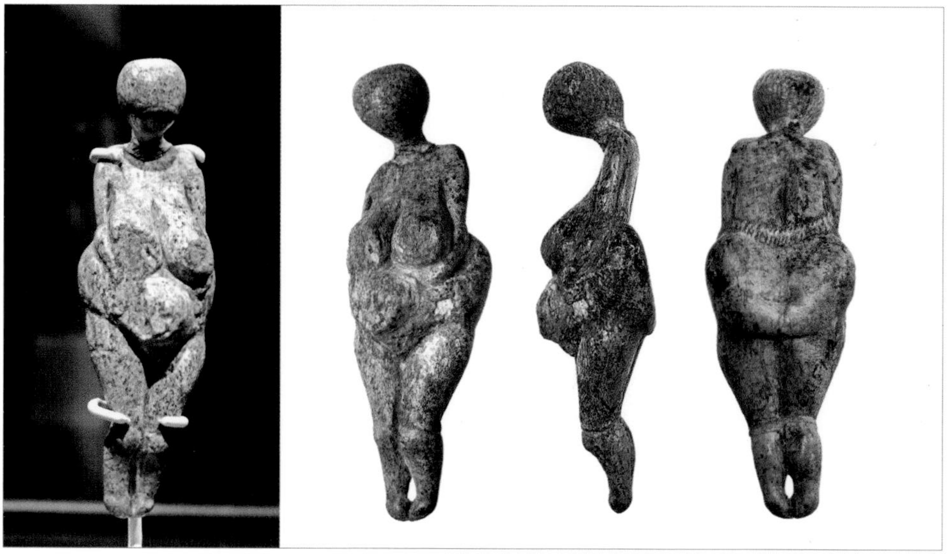

도64 러시아 코스텐키 비너스.
매머드 엄니.
구석기 솔류트레기
기원전 2만 3천 년.
높이 11.6cm

도 한경면 고산리 덧띠무늬토기(**도7**)에 닿아 있다. 물론 이것은 두 미술의 영향 관계가 그렇다는 것이 아니다. 그러니까 제주도 한경면 고산리 신석기 미술이 암사동 신석기 미술로 이어졌다는 말이 아니다. 이는 세계 신석기 미술의 보편적인 특징이기도 하다. 고산리 신석기인도 암사동 신석기인도 하늘에 떠 있는 구름(云), 다시 말해 같은 대상을 보고 그릇에 표현했을 뿐이다. 그런데 암사동 신석기인은 1차원 평면화로, (물론 암사동 신석기인들도 3차원 입체 구름을 새기기도 했다. **도18,19** 참조.) 고산리 신석기인은 3차원 입체에 가깝게 표현했다. 왜 그럴까. 그것은 앞에서 말했듯이 구석기 미술의 흔적 말고는 달리 설명할 길이 없다. 그리고 그 뒤 제주도 그릇 패턴 또한 암사동 그릇과 마찬가지로 1차원 평면 무늬와 같은 패턴이 되는 것만 봐도 이 판단이 맞는 것 같다.

도65는 화가 신홍직의 「우포의 저녁노을」(2018)이다. 그는 나이프와 손끝으로 구름을 아주 강렬하게 그리고 있다. 구름에는 바람(風)과 힘이 실려 있고, 물감을 부조처럼 튀어나오게 하여 1차원 평면에

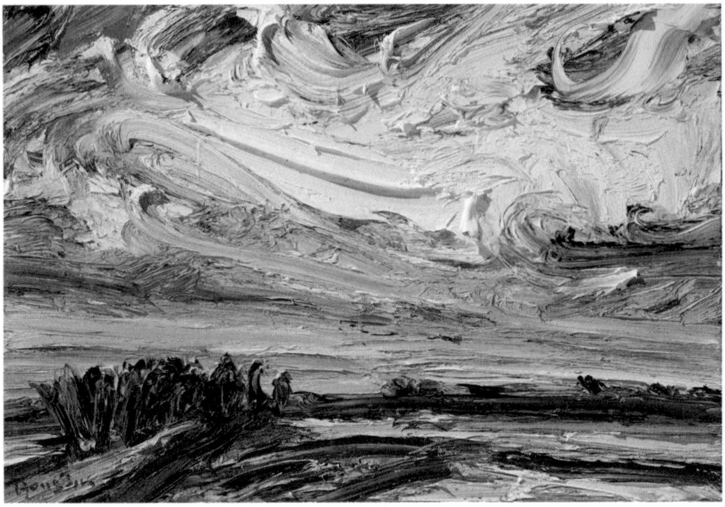

도65 화가 신홍직의 〈우포의 저녁노을〉 (2018)

3차원 입체 구름을 표현하고 있다. 나는 화가 신홍직의 구름 연작을 보면서 고산리 신석기인을 떠올렸다. 자그마치 지금으로부터 1만 년을 거슬러 올라가야 한다. 그런데도 예술가의 정신은 이렇게 이어져 있구나, 하는 생각을 해본다.

제 8 장

그리스 기하학시대, 기하학적 추상미술일까

8

그리스 기하학시대, 기하학적 추상미술일까

도4는 그리스 아테네 케라메이코스Kerameikos 디필론 묘지 Dipylon cemetery에서 나온 암포라amphora다. 그래서 'Dipylon Amphora'라 하기도 한다. 암포라를 영어사전에서 찾아보면 '고대 그리스·로마의 항아리로, 양쪽에 손잡이가 달려 있다'고 풀이하고 있다. **도4**를 보면 몸통 양쪽에 손잡이가 달려 있는 것을 확인할 수 있다(**도13**). 이 암포라는 높이가 155센티미터나 되는데, 여러 설명글에 '꽃병vase'이라 해 놓았다. 하지만 이 그릇은 꽃병이 아니다. 더구나 바닥에 구멍까지 나 있다.

암포라는 보통 와인이나 올리브유, 곡식을 저장하거나 운반할 때 쓴 항아리다. 그런데 **도4** 암포라는 실제 생활에서 쓴 그릇이 아니고 무덤 묘지석Grave Marker으로 쓰려고 특별히 주문해 구운 그릇이다. 기원전 9세기 그리스 아테네 아고라에서는 사람이 세상을 떠나면 화장을 하고 남은 뼈와 재를 제법 큰 암포라에 담아 묻었다. 구덩이를 파고 가운데에 유골단지 암포라를 놓은 다음 그 둘레에 올페 olpe(몸통이 굵은 물주전자)와 작은 상자 그릇 픽시스Pyxis, 포도주를 담은 암포라와 술잔을 부장품으로 묻었다. 그렇게 한 다음 흙으로 덮고 그 위를 돌판으로 눌렀다. 이 돌판 위에 **도4·5** 같은 묘지석 암포라와 크라테르Krater를 놓은 것이다. 묘지석 크라테르 또한 실제 생활에서 쓰는 그릇과 달리 바닥에 구멍이 나 있다.

망자가 생각나면 포도주를 챙겨 가 이 암포라와 크라테르에 붓는다. (그리스 귀족들은 살아생전 와인을 즐겨 마셨고, 와인과 같이 살았다고 해도 빈말이 아니다.) 그러면 그릇 바닥으로 포도주가 흘러나오고 무덤 덮개 돌판을 적실 것이다. **도5** 크라테르가 남성 묘지석으로 쓴 그릇이라면 **도4** 암포라는 여성 무덤에 쓴 묘지석이다. 무덤 위에 있는 암포라와 크라테르만 보고도 그 무덤의 망자가 여성인지 남성인지 바로 알 수 있었다.

우운화생의 그리스 버전

도1은 부잣집 여인 무덤에서 나온 암포라 옹관과 부장품이다. 가운데 가장 큰 암포라는 높이가 72센티미터나 될 정도로 크다. 여기에 화장하고 남은 유골과 재를 담았다. 이 암포라는 유골단지 내지는 옹관ossuary이라 할 수 있다.

도4 암포라는 아주 복잡한 패턴이 그릇을 빈틈없이 메우고 있다. 무늬가 없는 곳은 아래 굽 언저리뿐이다. 대체 이런 패턴은 무엇일까. 무엇을 그린 것일까. 서구 학계는 이 패턴을 아직 풀지 못한다. 그저 기하학적 패턴이라 할 뿐이다. 그도 아니면 우리 사학과 미술사학계가 그러는 것처럼 미앤더meander(이 패턴을 우리 학계는 뇌문(雷文)이라 한다), 프렛fret, 동심원circles, 삼각형, 사각형, 마름모, 그물, 지그재그multiple zigzag, 톱니, 나선, 물결, 스와스티카sauwastika(만(卍)자 패턴), 크레넬레이션crenellation(요철(凹凸) 모양 무늬), 바둑판 패턴이라 한다. 중요한 것은 이런 패턴이 '무엇을 구상'으로 하고 있는가, 하는 점이다. **도4** 암포라를 보면 7장에서 살펴본 미앤더 패턴이 여덟 줄이나 된다. **도2·3**을 보면 미앤더 패턴이 이 그릇에서 얼마나 중

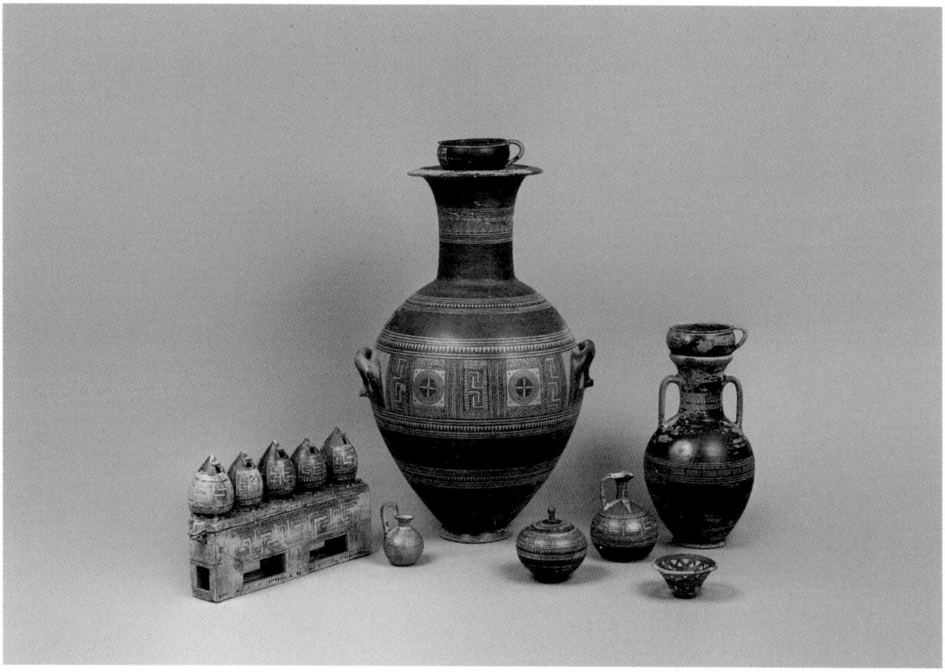

왼쪽부터 곡식granary 뒤주chest, 올페olpe, 옹관 암포라(높이 72cm), 픽시스Pyxis, 올페, 와인 암포라, 바구니 basket 그릇이다.

도1 그리스 아테네 아고라 화장 무덤에서 나온 옹관 암포라와 부장품.
기원전 850년

요한지 알 수 있다. 목 언저리에 석 줄(**도2**), 몸통 아래(**도3**)에 석 줄이 있다. 나머지 두 줄은 몸통 중앙에 있다. 미앤더 패턴을 중심으로 나머지 패턴이 서로 맞물려 하나의 스토리를 이루고 있다고 볼 수 있다. 그래서 이 복잡한 **도4** 암포라도 미앤더 패턴만 풀면 나머지 패턴은 저절로 풀리게 되어 있다. 이것은 뒤에 자세히 설명하겠다. 미앤더 패턴이 궁금한 사람은 7장 **도50-56** 러시아 아무르 강 수추 섬 신석기 그릇의 미앤더 패턴 설명 대목을 다시 한번 더 확인하면 좋겠다. 그러면 **도4** 암포라 그릇 패턴의 큰 줄기가 잡힐 것이다. 이와 더불어 10장 **도11-14** 한반도 청동거울 패턴 분석 대목을 먼저 읽어도 된다.

7장과 10장에서 나는 이 패턴을 번개가 아니라 '구름(云)'이라 했

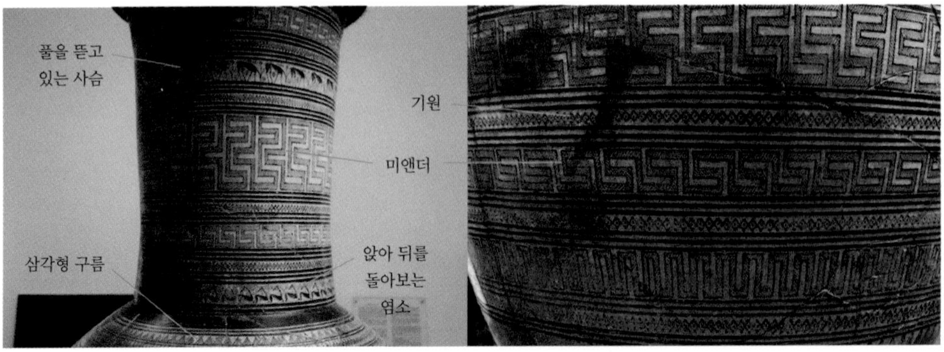

도2·3 도4 암포라 목과 몸통 아래

다. 곡선 구름(7장 **도7**)이 각진 구름으로 디자인되었다고 보는 것이다. 미앤더를 구름으로 보면 **도2** 목 언저리 패턴에 하나의 스토리가 완성된다. 하늘에 구름이 떠 있고, 이 구름에서 비가 내린다. (미앤더 속에 있는 짧은 빗금은 구름 속 수분(水) 내지는 비(雨)다.) 비는 이내 땅을 촉촉이 적시고 온갖 풀이 싹을 틔운다. 이 풀을 뜯어 먹고 사슴 같은 네 발 달린 세상 짐승이 살을 찌운다. 염소는 이 풀을 뜯고 젖을 모은다. 사람들은 고기와 우유를 먹고 한생을 살다 저세상으로 떠난다. 여기까지가 목 언저리 패턴의 서사다. 그다음 몸통에는 장례 의식이 나오고(**도15·18**), 그 아래 다시 물(水)로, 구름(云)으로, 즉 기원(起源)으로 되돌아간다는 서사가 된다(**도3**). 이것은 우리가 이 책에서 익히 본 세계 신석기 미술의 기본 세계관인 우운화생(雨云化生)의 그리스 버전이라 할 수 있다. 또 5장 **도42** 토우장식 목 긴 항아리, **도47** 신라 그릇 뚜껑 디자인과 본질적으로 같은 세계관이다.

곰브리치와 암포라 패턴

도4 암포라는 세계미술사를 공부하다 보면 주로 앞쪽에 보인다. 곰브리치Ernst H. J. Gombrich(1909~2001)는 『서양미술사 *Story of Art*』(예경, 2001(1950)) '3장 위대한 각성-기원전 7세기부터 기원전 5

세기까지The Great Awakening-Greece, Seventh to Fifth Century B.C.'에서 이 그릇을 아주 짧게 코멘트한다. 그리스 미술 역사에서 이 시기는 기하학시대Geometric Period(1050~700) 말부터 동방화Orientalizing·아르케익Archaic·고전시대Classical Period를 말한다. 일단 결론부터 말하자면 곰브리치는 **도4** 암포라에 있는 패턴을 알지 못한다.

> 이들이 그리스를 처음 지배했던 초기 몇 백 년 동안 그들이 만들어낸 미술품은 아주 조잡하고 원시적인 것이었다. 이런 작품에는 크레타 양식의 쾌활한 운동감이 하나도 없으며 오히려 딱딱한 점에 있어서는 이집트 미술가들을 능가하는 것 같다. 그들의 그릇은 단순한 기하학적인 문양으로 장식되어 있으며, 어떤 정경을 묘사하더라도 그것은 이 엄격한 디자인의 한 부분이다. 예를 들어 **도15**는 죽은 사람을 애도하는 장면이다. 여기서 죽은 사람은 관을 놓는 대 위에 누워 있으며 좌우에서 울부짖는 여인들은 원시사회 추도식의 풍습처럼 애도 의식으로 두 손을 머리 위로 올리고 있다.[1]

이 말을 하기 전 곰브리치는 그 앞 문단 첫대목을 이렇게 시작한다. "크레타 섬을 지배했던 종족이 누구이며, 그리스 본토, 특히 미케네 미술이 어디서 왔는지 정확히 아는 사람은 없다." 그리고 그 뒤 기원전 1000년 무렵에 서유럽으로부터 호전적인 종족이 그리스 반도와 소아시아까지 침투해 와서 원주민을 정복해 왔다고 한다. (이들은 도리아인Dorians이다.) 그가 이렇게 말하는 까닭은 그리스 기하학시대 미술이, 지금 우리들의 관념 속에 있는 '희랍 미술'이 아니라는 것을 말하고 싶었기 때문일 것이다. 그에게는 그리스 기하학시대 이전의 에게Aegean(기원전 3000~1400) 미술과 미케네Mycenaean(기원전 2000~1100년) 미술마저도 '희랍 미술'이 아니다. 그래서 **도4** 암포라

1) 곰브리치, 백승길·이종숭 옮김, 『서양미술사』, 예경, 2001, 75쪽

는 그리스 '원주민'의 그릇이 아니라 "그들의 그릇"이며, 이 그릇의 디자인과 패턴은 "단순한 기하학적인 패턴simple geometric patterns"에 불과하다. 그리고 **도15** 같은 장면 또는 스토리도 그 디자인과 패턴의 일부일 뿐이다.

그런데 이런 곰브리치의 분석은 뭔가 허전한 감이 있다. 그는 **도15** 같은 프로테시스Prothésis 의식 장면scene을 그런대로 설명하지만 (물론 충분하지 않다!) 이 장면을 온통 감싸고 덮고 있는, 저 복잡한 패턴이 뭔지 단 한마디도 하지 않는다. 빈틈이 하나도 없이 온 마음으로 그린 무늬를 그저 '단순한 기하학적 문양'이라 하면서 넘어간다. 이렇게 미술을 보는 태도, '미술사학자로서' 이런 태도를 우리는 과연 온당하다고 할 수 있을까.

그런데 다시 처음으로 와서, 그리스 기하학시대 미술은 희랍 미술이 아니고 '그들의 미술'일까. 사실은 전혀 그렇지 않다. (나는 '기하학' 하고는 아무런 관련이 없고, '추상미술'이 아니라 '구상미술'로 보지만.) 그리스 기하학 미술의 뿌리는 그리스와 그 둘레 유럽 여러 나라와 서아시아, 유럽 아래 아프리카 신석기 미술에 닿아 있다. 그리스 미술만 하더라도 미노아Minoan(기원전 3650~1170년), 키클라데스Cycladic(기원전 3000~2000년), 헬라딕Helladic(기원전 3000~1100년) 미술에 이미 기하학 미술이 있고 기하학시대의 패턴이 있다. 물론 이 패턴은 그리스 신석기와 그 둘레 신석기 미술에 그 뿌리가 닿아 있는 것은 당연하다.

곰브리치는 『서양미술사』 2장에서 이런 말을 한다. "그리스의 거장들은 이집트인들에게서 배웠고, 우리는 모두 그리스인의 제자임을 알고"(55쪽) 있다고. 다시 말해 희랍 미술의 기원은 '이집트 미술'에 있고, (그리스 신석기 미술이 아니다!) '서양 미술의 기원'은 그 이집트 미술에서 배운 '희랍 미술'이라는 것이다. (사실 그는 희랍 미술로 세계 모든 미술을 본다! 물론 이집트 미술도 이집트인의 관점으로 보지 않고 희랍 미

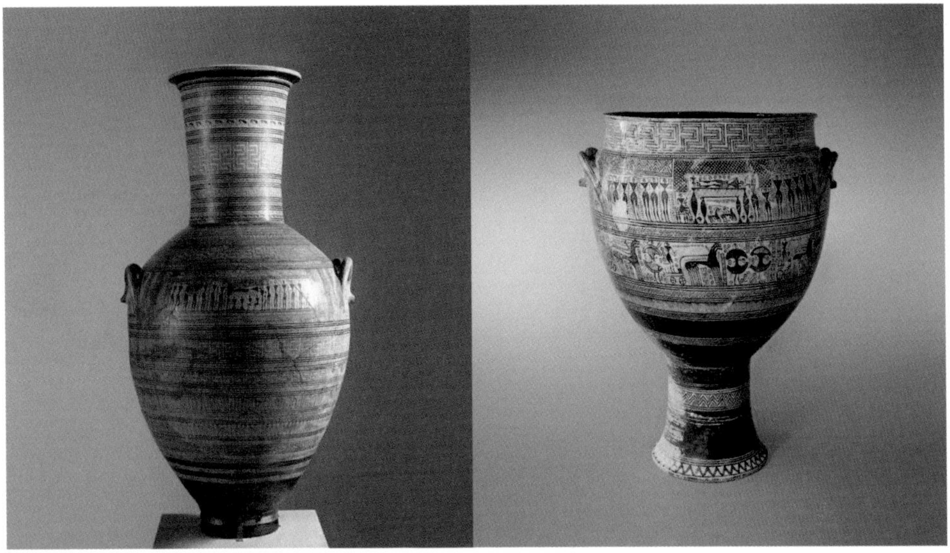

술의 눈으로 본다!) 그렇다면 그가 서양 미술의 기원으로 삼는 희랍 미술은 어떤 미술일까. 그것은 정확히 기하학시대 이후 서아시아와 이집트의 영향을 받아 태어난 미술이다. 우리는 서양 미술의 기원, 하면 당연히 구석기 스페인 알타미라와 프랑스 라스코 동굴벽화를 떠올리지만 곰브리치는 그렇게 생각하지 않는다. 그에게 구석기 동굴벽화와 신석기 미술은 그저 '알 수 없는 기원strange beginnings'일 뿐이다. 그래서 그의 미술사에는 구석기와 신석기가 '공백'이다. 물론 1장에서 구석기 미술을 조금 다루기는 하지만 그것은 서양 미술의 '기원'을 밝히기 위해서가 아니라 미술의 '시작beginnings'을 말하기 위함이다. 그가 보기에 그 시작은 참으로 '알 수 없는 시작strange beginnings'이다. 그는 신석기는 건너뛰고, 바로 이집트Art for Eternity-Egypt, Mesopotamia, Crete로 간다. 왜냐면 서양 미술의 기원(좀 더 엄격하게 말하면 '희랍 미술의 기원')은 유럽 구석기와 신석기 미술에 있지 않고 이집트에 있으니까. 이에 대해서는 14장에서 아주 자세하게 풀었다.

도4 암포라amphora.
그리스 아테네 케라메이코스 디필론 묘지.
기원전 755~750년.
높이 155cm.
아테네 국립고고학박물관

도5 크라테르Krater.
그리스 아테네 디필론 묘지.
기원전 750년쯤.
높이 122cm.
메트로폴리탄박물관

간단하게나마 이것을 먼저 말하는 까닭은 그가 왜 그리스 기하학시대 미술을 '그리스 미술'이라 하지 않고 '그들의 미술'이라 하며 애써 에둘러 말하고 있는지, 그 맥락을 알아야 하기 때문이다. 어쩌면 '그들의 미술'이란 말은 우리가 지금 보통 알고 있는 '희랍 미술'이 아니라는 의미로 쓴 말일 것이다. 결정적으로 그는 그리스 구석기 미술에서부터 기하학시대 미술까지를 염두에 두지 않는다. 그가 보기에 그 미술은 "계속적인 노력으로서의 예술 역사the story of art as a continuous effort"가 아니다. 희랍 미술에서 시작된 서양 미술은 (여기서 '희랍 미술'은 기하학시대 이후의 미술이다.) 현대까지도 그 전통tradition이 이어지고 있다. 유럽 어느 나라든 그들 미술의 뿌리는 희랍에 있다. 하지만 그 미술, (정확하게 말하면 동방화Orientalizing·아르케익(Archaic, 초기·고졸기)·고전Classical 시대 이전의 미술) 그에게 **도4** 암포라 같은 미술은 알 수도 없을뿐더러 지금의 희랍 미술하고는 아무런 관련이 없는 것처럼 보였다. 물론 그가 이렇게 생각할 수밖에 없었던 것은 유럽의 신석기 미술을 몰랐기 때문이다. 언제나 문제는 신석기 미술이다!

그리스 상류층 남자들의 술자리와 크라테르

그리스 상류층 남자들은 술자리drinking feast 심포지온symposion을 자주 열었는데 이때 꼭 **도5** 같은 크라테르Krater가 있어야 했다. 이 그릇에 와인 원액을 붓고 물을 타 묽게 해 떠 마셨던 것이다. 고대 그리스 말 '심포지온'은 '함께 마신다'는 말이다. 지금 우리가 쓰는 심포지엄symposium의 기원이다. 심포지온symposion의 라틴어 말 심포지엄symposium은 흔히 학술 모임이나 특정 주제를 놓고 토론하는 회의를 말한다. 이는 와인을 마시면서 웃고 떠들면서 서로 대화를 주고받는 심포지온symposion과는 다르다. 더구나 이 술자리에서는 술잔kylix 바닥에 가라앉은 와인 찌꺼기 앙금을 과녁에 휙 뿌려 던지는 게임 코타보스kottabos까지 했다.

플라톤Plato(기원전 428~348)의 『대화』 편 중 심포지온을 베이스로 한 작품이 바로 「심포지온 symposion」인데, 주로 '향연(饗宴 잔치향·술자리연)'으로 옮긴다. 심포지온은 대문 바로 옆 사각형 방 안드론andron에서 했다. 우리 한옥의 사랑채 같은 곳이다. 그도 그렇듯 안드론은 '남성용 방'이란 뜻이다. 그런 만큼 심포지온은 오직 상류층 남자 시민만의 모임이었다. 여성은 절대 이 모임에 낄 수 없었다. 간혹 여자들도 같이 있는 심포지온 그림을 볼 수 있는데, 이는 남자들이 부른 기생courtesan 헤타이라이hetairai다. 이들은 요즘으로 치면 프로페셔널 엔터테이너다. 그들은 글을 읽고 쓸 줄 알고, 시를 짓고 악기를 연주하며 노래를 불렀다.

그리스 고대 작가들은 이태리 중북부나 페르시아 사람들의 술문화를 비판한다. 그들은 술자리에 부인이 끼어 있는 것을 두고 어찌하여 이런 해괴망측한 풍습이 있을 수 있는가, 하고 비꼰다. 그리스인들은 그들의 술문화가 이 세상에서 가장 멋지고 제대로 된 것이라 여겼다. 그들은 그날그날 술자리 성격에 따라 크라테르에 와인 원액을 붓고 물과 1 대 1, 1 대 2, 2 대 3으로 묽게 해 밤새도록 마셨다. 그리스인들은 와인을 물에 섞어 묽게 해 마시지 않는 것을 두고 교양이 없거나 야만스러운 짓으로 여겼다. 그들이 보기에 그것은 못 배운 인간들이나 동물 같은 종속들이나 하는 짓이었다. 그래서 페르시아 오랑캐들이나 반은 사람 반은 말인 켄타우로스, 디오니소스의 졸개 사튀르Satyr(반은 사람 반은 염소)들이 와인 가죽자루wineskin를 쳐들고 꼭지에 입을 대고 마시는 모습을 그릇에 그리기도 한다. 그러니까 묽게 한 와인을 천천히 홀짝이면서 정치와 철학을 논하는 것이 가장 그리스적인 심포지온이라는 것이다. 이때 꼭 있어야 하는 그릇이 크라테르이기에 어떤 이는 크라테르를 가장 남성적이면서 가장 그리스적인 미술이라고까지 한다.

심포지온에 대한 정리는 김승중 교수가 쓴 『한국인이 캐낸 그리스 문명』(통나무, 2017, 121~152쪽)을 참조했다. 그는 캐나다 토론토국립대학 희랍예술고고학과에서 일한다. 김용옥 선생의 맏딸이다. 김용옥 선생의 글이 랑그보다는 빠롤에 더 중심이 가 있듯 그의 글 또한 그렇다. 오랑캐나 졸개는 그가 쓴 말 그대로다. 우리 미술사학에도 점잖은 글보다는 우리말의 빠롤 특성을 잘 살린 글이 필요한 시점이다. 그래서 그의 글을 정리할 때 빠롤의 강점을 살려 정리했다. 이 책은 희랍 미술 가운데서도 기하학시대 이후의 미술을 논하고 있다. (내가 이 장에서 말하고 있는 것은 기하학시대와 그 이전 그리스 미술이다.) 그는 희랍 미술을, 우리가 희랍 미술 하면 바로 떠올리는 그 미술을 아주 쉬운 말로, 그도 아주 친절하게 풀어내고 있다. 서양미술책 또한 이러한 글과 연구가 절실하다. 누구나 아는 그런 자명한 사실 말고 좀 더 깊이, 아주 자세하게 풀어 쓴 책 말이다.

크라테르는 앞에서도 말했듯이 포도주 원액과 물을 섞을mixing wine 때 아주 요긴한 그릇이다. **도5**를 보면 아가리가 넓고 바닥이 깊은 양동이처럼 생겼는데, 여기에 포도주 원액을 붓고 물을 적당히 섞어 잔에 떠 마셨다. 크라테르는 원래 커다란 잔, 분화구, 큰 웅덩이를 뜻했는데 믹싱 와인 그릇으로 쓰면서 이런 그릇을 통칭하여 크라테르Krater라 한 것이다. **도5** 또한 **도4**와 마찬가지로 묘지석Grave Marker으로 쓰기 위해 특별히 빚은 그릇이다. **도4** 묘지석의 망자가 여성이라면 **도5** 묘지석의 망자는 남성이다. 더구나 이 그릇은 남자들만의 술자리에서 쓴 그릇이 아닌가. 이 묘지석은 높이가 122센티미터로 **도4**보다는 조금 작지만 크기가 만만치 않다. 이 그릇 또한 **도4**처럼 바닥에 구멍이 나 있다. 망자가 생각나면 포도주를 담아가 **도5** 묘지석 아가리에 붓고 살아생전 그를 그리워했을 것이다.

이탈리아 파에스툼 다이버의 무덤

도7은 이탈리아 남부 파에스툼Paestum에서 나온 돌곽 무덤 그림이다. 덮개돌(**도6**)을 보면 망자가 다이빙을 하고 있다. 이 그림이 있다고 해서 이 무덤을 다이버의 무덤Tomb of the Diver이라 한다. **도6·8·9·10** 프레스코 벽화는 **도7** 무덤 돌관(石棺)에 그린 그림painted slabs이다. **도6**은 돌관 덮개 돌판인데, 보는 것처럼 아주 신기한 그림이 그려져 있다. 기원전 480년에 이런 그림을 그린 것도 놀랍고, 더구나 망자를 모시는 돌관 덮개 판에 다이빙하는 모습이라니. 그래서일까. 서구 미술사학계는 이 그림을 아직 제대로 해석하지 못하고 있다. 단지 영혼이 죽음의 순간 영원한 안식처 바다로 다이빙하는 것을 상징적으로 나타낸 벽화symbolic, a representation of the moment of death, when the soul dives from life into the sea of eternity로 보고 있다. 그런데 이 그림의 뜻이 정말 그렇다면 이것을 굳이 '상징적symbolic'이라 할 필요는 없을 것 같다.

이런 풀이는 덮개돌 전체 패턴과 버무려 하나의 스토리story가 되지 않는다는 점에서 총체적이지 않다. 우선 이 사람이 뛰어내리는 곳이 정말 '바다'일까. 바닷물이 평평하지 않고 보글보글, 뭉게뭉게 모양으로 되어 있다. 나는 '뭉게구름'으로 본다. 왼쪽에 월계수bay laurel 하나가 서 있고, 오른쪽 테두리 선에서도 월계수가 나오고 있다. 그렇다면 이 테두리는 뭘까. 그것은 귀퉁이에 있는 패턴에 답이 있다. 우리는 이 패턴을 해석할 수 없는 것일까. 이 무늬는 동양과 서양 미술에서 흔히 볼 수 있는 패턴이다. 이탈리아 학계는 팔메트Palmette 패턴으로 보고 있지만 정작 이 팔메트의 기원이 무엇인지, 이 팔메트가 여기 무덤 돌판 덮개돌에 왜 있는지 설명하지 못한다.

우리 한반도 미술에서는 '경주 천마총 장니 천마도'(국보 제207호)에서 볼 수 있다. 장니(障泥 막을장·진흙니, 말다래)는 안장 아래쪽 말 배 옆구리로 늘어뜨려 다는 가리개인데, 말 그대로 말이 달릴 때 튀는 진흙이 무릎 아래 바지에 묻지 않게 막는 것이다. 천마도(天馬圖)는 말다래(장니)에 그린 말(馬) 그림이다. 말이 하늘을 힘차게 달리고, (네 발을 보면 말 또한 구름이라는 것을 알 수 있다.) 사방을 구름 패턴(6장 **도17** 천마총 허리띠 패턴)으로 감싸고 있다. 그리고 사방 귀퉁이를 **도6** 귀퉁이와 같은 패턴으로 마감한다. 이것은 **도12** 스페인 이베리아 구름·새싹 패턴, **도29** 이탈리아 아풀리아Apulia 아스코스askos 구름·새싹 패턴과 본질적으로 같은 것이다. 또 고구려 무덤벽화 덩굴(이 덩굴 또한 구름이다. 구름을 동적인 동물로 나타낸 것이 용이라면, 구름을 식물로 구체화한 것이 덩굴이다.) 패턴도 이와 본질적으로 같다. 천마와 천마 둘레 패턴은 고대의 말 또한 용과 마찬가지로 구름이 그 기원이고, 지상의 용(龍)이 말(馬)이라는 것을 뜻한다. 이것은 말(馬)의 육서통 몇 글자에서도 확인할 수 있다. 그런 의미에서 천마도 말을 기린(麒麟)으로 보는 것은 처음부터 문제가 있다. 어떤 맥락도 없을뿐더러 당시 다른 신라 미술과의 관계도 찾아보기 힘들다. 그리고 이것이 정말 기린이라면 이 기린을 말다래에 꼭 그려야 할 까닭을 밝혀야 한다. 천마도의 천마가 말이냐, 기린이냐의 문제는 일차적으로 '기록'이 아니라 한국과 중국 '미술'에서 답을 찾아야 한다. 더구나 그 증거는 아주 많다.

그러니까 **도6** 테두리는 천마도 같은 곡선 구름 패턴은 아니지만 그것은 처음부터 구름(云)이고, (그래서 이 장인은 오른쪽 월계수가 테두리 직선(이것은 구름)에서 나오는 것으로 그린 것이다. 고대 미술에서는 이런 힌트를 잘 붙잡아야 한다.) 그 사방 귀퉁이 패턴은 이 세상 만물(월계수, 새싹, 사람)이 구름(云)에서 기원한다는 것을 뜻한다. **도6**을 보면 망자가 즐겁게 뭉게구름으로 다이빙을 하고 있다. 죽어 자신의 기원으로 다이빙하는 것이다. 이런 세계관은 서아시아, 동북아시아에서 유럽으로 갔다고 볼 수 있다. 물론 그 이전 이베리아 신석기 미술에서도 그 싹이 보인다. 하지만 이렇게 좀 더 구상화된 미술은 서아시아 미술의 영

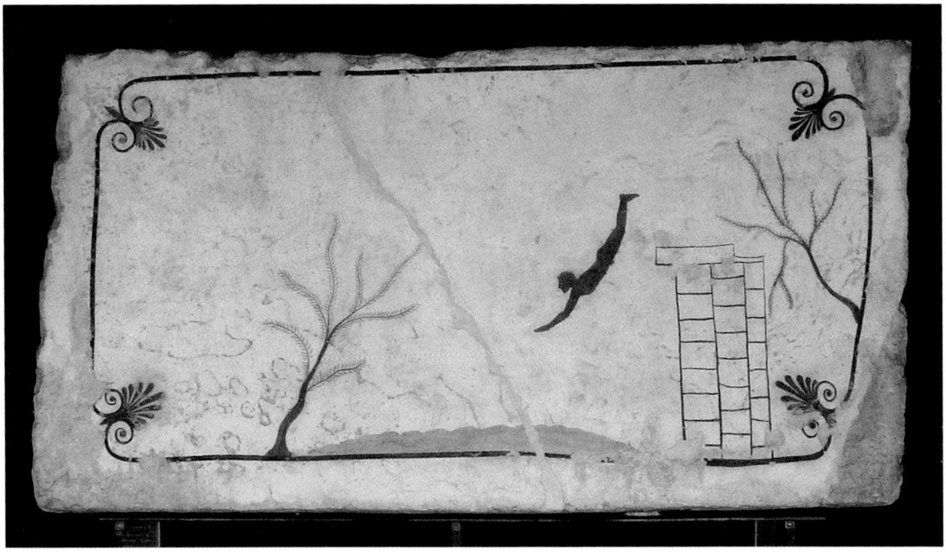

향에서 비롯되었다고 보는 게 적절할 것이다. 나는 이런 미술을 유럽 미술에서 꽤 확인했다. 다만 아시아 세계관이 그들의 세계관에 어떤 영향을 끼쳤는지는 아직 뚜렷하게 정리하지 못했다. 그리고 유럽 미술사학자들 논의에서 이 문제에 대해 논한 글을 아직 보지 못했다. 이 장은 서양미술사에서 기하학적 추상미술을 어떻게 봐야 할 것인지 논하는 장이다. 나중에 기회가 주어진다면 이 문제를 좀 더 깊게 풀어보고자 한다.

도6 다이버의 무덤 돌관 덮개. 이탈리아 남부 파에스툼. 기원전 480년. 가로 215cm. 높이 80cm. 파에스툼국립박물관

다시 **도6·8·9·10**을 보자. 일단 이 무덤 벽화는 고구려벽화와 똑같은 구조로 되어 있다. 천장에는 망자가 온 곳이자 죽어 다시 가고자 하는 곳을 그렸고, 마구리벽에는 생전에 즐겼던 삶을 그렸다. 다시 말해 천장에는 망자(생명)의 '기원'을, 마구리벽에는 망자의 생전 모습(생활그림) 심포지온(**도8·9·10**)을 그린 것이다. 심포지온은 망자의 양쪽·위아래 마구리벽에 그렸는데, 희랍 미술 가운데 심포지온을 이렇게 마치 동영상처럼 생생하게 보여주는 미술은 없다. 호메로스

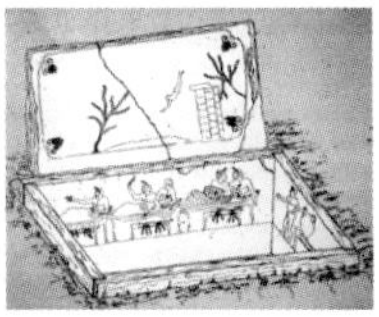

도7 다이버의 무덤. 가로 215, 세로 100, 깊이 80cm

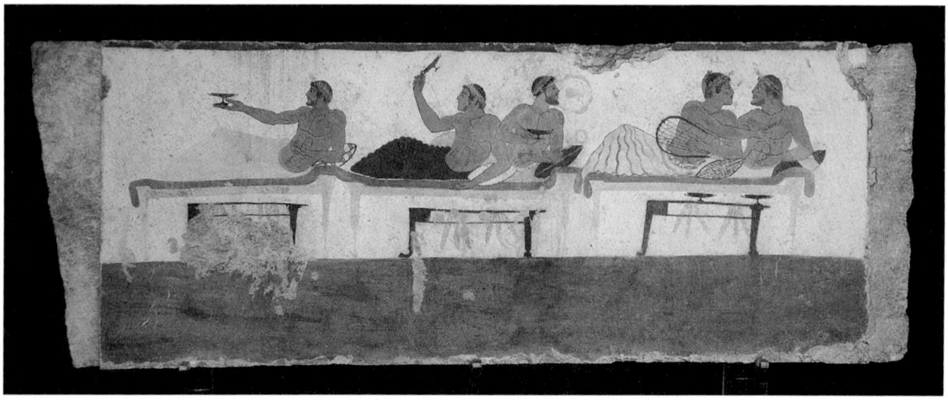

도8 다이버의 무덤 돌관 북쪽 마구리. 이탈리아 남부 파에스툼. 기원전 470년. 가로 215cm. 높이 80cm. 파에스툼국립박물관

Homeros(기원전 800~750)의 『일리아스』와 『오디세이아』에도 이만큼 촘촘하게 나오지 않는다. 나머지 남쪽 벽에는 동성애자 두 쌍과 한 남자를 그렸다.

도9를 보면 심포지온에 참가한 한 남자가 (또는 술심부름을 하는 노예로도 볼 수 있다.) 크라테르에서 와인을 퍼담아 자기 자리로 가고 있다. 오른손에 술잔 퀼릭스kylix를 쥐고 있지만 안타깝게도 회반죽이 떨어져 나가 알 수 없다. 아래 흙바닥을 보면 회반죽이 뚝뚝 떨어져 나간 자국을 볼 수 있다. 그런데 이 남자는 옷을 하나도 걸치지 않았다. 이것으로 당시 심포지온에 참가한 남자들은 옷을 입지 않았다는 것을 알 수 있다.

도10에서는 심포지온을 끝내고 집에 가는, 혹은 늦게 참여하는 동성애자 한 쌍을 볼 수 있다. 앞에 솟비니를 쓴 소녀(혹은 소년) 노예가 더블 플루트double flute를 연주하면서 이들을 이끌고 있다.

도8은 술잔치drinking feast 심포지온 한 장면을 아주 리얼하게 붙잡아 그렸다. 사내들은 침대 클리네kline에 앉거나 비스듬히 누워 있다. 이런 클리네가 방 네 벽에 쭉 붙어 있었다. 사랑채 크기에 따라 일곱 개에서 열다섯 개까지 놓는다. 한 클리네에는 한 사람 또는 두 사람씩 있다. 얇은 천을 덮고, (아마 아래는 아무것도 입지 않았을 것이다.)

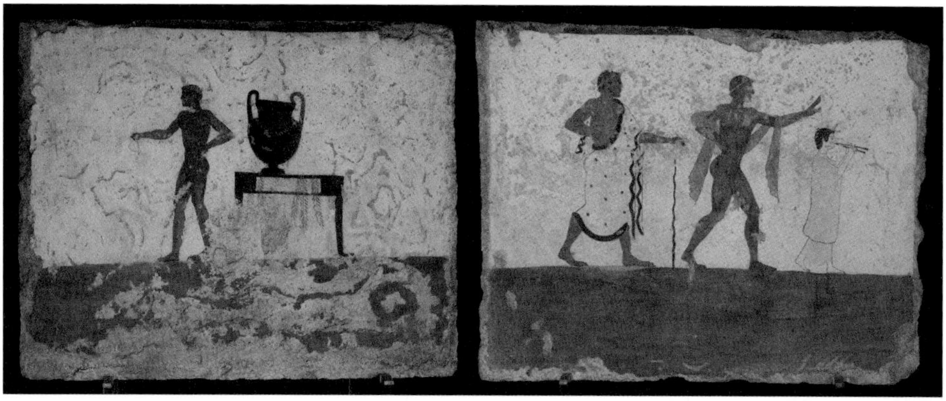

도9 다이버의 무덤 돌관 동쪽 마구리. 가로 100cm

도10 다이버의 무덤 돌관 서쪽 마구리. 가로 100cm

왼 팔꿈치를 쿠션에 받치고 오른손으로는 와인 잔 퀼릭스를 쥐고 있다. 이들 모두 머리에 월계관laurel wreath을 쓰고 있는 것으로 보아 그리스 게임Panhellenic Games에 나가 우승을 했는지 모르겠다. (배 근육을 보면 왼쪽에서 세 번째와 네 번째 사람은 운동을 하지 않은 사람이다.) 망자 또한 그랬을 것이다.

왼쪽 한 사람만 빼고 둘씩 붙어 있는데, 아마 동성애자homosexual lovers일 가능성이 높다. **도8**에서 동성애자가 확실한 사람은 오른쪽 두 사람이다. 두 사람 가운데 왼쪽은 젊은이이고 오른쪽은 나이가 더 있다. 동성애는 주로 이렇게 젊은이와 노인 간의 사랑이었다. 또 스승과 젊은 제자가 많았는데, 어린 학생과 스승 사이의 사랑은 아주 흔했고, 교육의 질을 위해서도 적극 권장했다. 오른쪽 동성애자를 보면 젊은이가 왼손으로 무슨 악기를 쥐고 있다. 이 악기는 리라lyre다. 그들 앞에 테이블이 있는데, 이 테이블은 술잔을 놓을 때 아주 요긴하다. 또 리라나 다른 것을 놓을 때도 편리하다. 이 두 사람은 와인 잔을 여기에 곱게 놓고 두 손을 편하게 쓰고 있다. 테이블을 장식한 잎은 월계수 잎이다.

가운데 두 사람은 친구이거나 동성애자다. 자, 여기서 우리가 또 놓치지 말아야 할 사람이 있는데, 가장 왼쪽 사람과 바로 그 뒤 사람

도11 이탈리아 파에스툼 팔메트의 무덤Tomb of the Palmettes

이다. 이 둘이 바라보고 있는 것을 보라. 그들의 눈높이 앞 벽에 뭔가 볼록 붙어 있다. 와인 찌꺼기 앙금the dregs이다. 이 두 사람은 지금 와인 찌꺼기 앙금을 휙 뿌려 던지는 코타보스kottabos 게임을 하고 있다. 가장 왼쪽 사람은 술잔을 들어 과녁을 겨누고 있고, 그 뒤 사람은 앙금을 막 뿌리려 하고 있다. 와인 잔 퀼릭스 아가리 쪽에는 양은냄비처럼 둥근 고리 손잡이가 달려 있는데 여기에 집게손가락을 걸어 손목 힘으로 툭 뿌리는 것이다. 술이 적당히 취한 상태에서 이렇게 부잡하게 놀면서 낄낄거렸을 것이다.

포세이도니아 희랍인들과 팔메트 패턴

최근 이탈리아 남부 그리스 고대 도시 포세이도니아ancient Poseidonia(지금의 파에스툼) 공동묘지the necropolis에서 **도7**과 같은 무덤방이 나왔다. 이 무덤은 여성의 무덤인데, 덮개 돌판slab 말고는 그림이 남아 있지 않다. 망자 좌우 위아래 돌판에는 **도6·8-10**처럼 망자의 생전 삶을 그렸을 것이다. **도11** 덮개 돌판 그림을 보면 **도6**

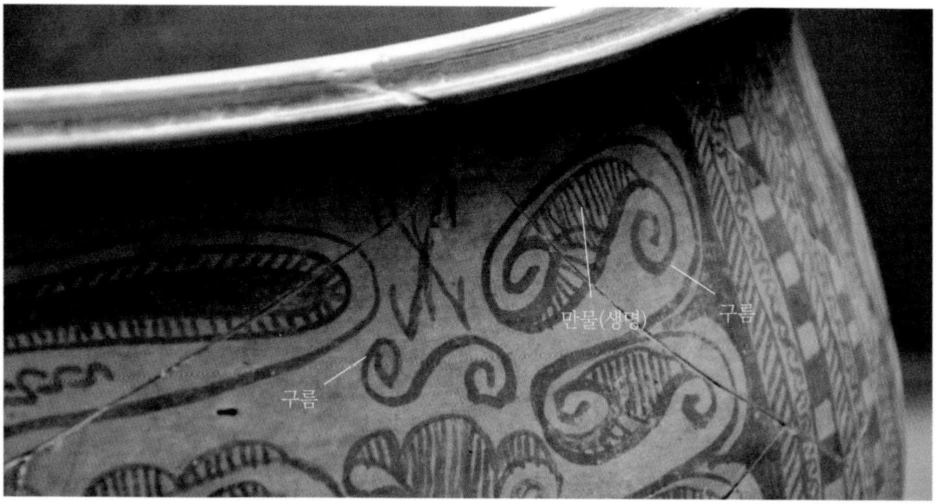

덮개 돌판과 달리 테두리 패턴만 그렸는데, 이탈리아 학계는 이것을 팔메트Palmettes로 보고, 이 무덤을 '팔메트의 무덤Tomb of the Palmettes'이라 이름 붙였다. 그렇다면 이 팔메트가 무엇인지, 왜 무덤방 덮개 돌판, 다시 말해 망자가 누워 바라보는 덮개에 이것을 그렸는지 밝혀야 하는데, 그에 대한 코멘트는 찾아볼 수 없다. 보통 팔메트 패턴은 그 기원을 이집트 님피아 로터스Nymphaea lotus(수련)에서 찾고, 이 패턴이 기원전 4세기 알렉산더 대왕의 동방원정으로 인도와 중국까지 퍼지게 되었다고 말한다(『세계미술용어사전』, 사전은 이 패턴의 속뜻은 말하지 않는다. 단지 그 겉모양을 두고 말할 뿐이다). 이는 동서 미술사학계의 일반적인 통념이다. 하지만 이것은 꼭 그렇지 않고, 더구나 서구의 이런 통념 속에는 전도가 있다. 전도 속에서 기원(님피아 로터스 패턴의 속뜻)이 증발해 버린 것이다. 이집트의 국화는 수련Water Lily인데, 이 수련이 바로 님피아 로터스다. 수련은 물에서 자라고 꽃잎이 아주 정교하다. (바로 이 숨 막힐 듯한 정교함과 질서 때문에 한반도 미술에서 수련은 찾아보기 힘들다. 수련과 모란(또는 연꽃) 꽃을 견주어 보라. 조선의 꽃이 왜 모란이어야 했는지는 조선 미술사에서 밝힐 것이다.) 동방

도12 스페인 이베리아 그릇 패턴.
기원전 5세기.
우운화생의 이베리아 버전이라 할 수 있다.

의 연꽃처럼 님피아 로터스 또한 이 세상 만물이 물(水)에서 비롯한다는 것을 말하고 있다. 연화화생(蓮華化生)이고 수련화생(睡蓮化生)인 것이다. 하지만 이 본뜻은 서구 미술사학에서 찾아볼 수 없다. 그들이 보는 것은 단지 겉 패턴 디자인이 비슷하다는 것뿐이다.

알렉산더의 동방원정을 계기로 이집트 로터스가 동방으로 갔다 하지만 꼭 그렇지는 않다. 오히려 그 반대로 봐야 할 것이다. 알렉산더 동방원정 이전부터 이런 세계관은 동방에서 서방으로 갔다고 볼 수 있다. 아니 더 엄격하게 말하면, 동방에서 서방으로 간 것은 맞지만 그 이전 신석기 때부터 그들 세계관에도 이런 관념은 이미 있었다. 그 증거는 얼마든지 들 수 있다. 다만 동방의 우운화생 세계관은 서방에 견주어 아주 구체적이고 본질적이었다. **도29** 같은 이탈리아 아풀리아 아스코스 무늬가 바로 그런 패턴이다. 아주 복잡하게 보이지만 이 패턴은 한마디로 이 세상 만물이 물의 기원인 구름에서 기원한다는 우운화생의 이탈리아 버전이라 할 수 있다.

세계 어느 나라나 이런 팔메트 패턴은 신석기 미술에서 볼 수 있고, 그것은 저마다 조금씩 다른 모양으로 바뀌면서 오늘날의 팔메트 패턴에 이르렀다고 볼 수 있다. 우리 고구려벽화에서 볼 수 있는 덩굴 패턴 또한 팔메트로 볼 수 있다. 문제는 이집트의 로터스나 고구려벽화의 덩굴이 무엇에서 비롯되었느냐, 하는 점이다. 나는 이 또한 '구름의 식물화'로 본다. '구름의 동물화'가 용(龍)이듯이 구름의 식물화가 덩굴로 구체화된 것이다. 고구려벽화의 그 많은 덩굴은, 특히 살아생전 망자의 삶(생활그림)을 감싸고 있는 구름 패턴은 망자의 삶(生)이 구름에서 비롯되었다는 것이고, 죽어 다시 자신이 태어난 기원 구름(云)으로 돌아가고자 하는 의지라 할 수 있다. 이것은 고구려인이 죽음을 해결하는 방식이다. 마찬가지로 포세이도니아 Poseidonia 희랍인들은 돌관 덮개돌에 팔메트(구름)나 아풀리아 아스코스 **도29·30** 같은 패턴을 그려 죽어 다시 그 기원으로 되돌아가고자 했다. 부끄럽게도 우리 동서양 미술사학은 이 팔메트 패턴 하나 그 기원을 밝혀내지 못하고 있다. 이탈리아 고고학계가 이 여성 무덤의 덮개돌 패턴을 그저 팔메트라 하고 더 이상 아무런 코멘트를 하지 못했던 것은 그들 또한 이 팔메트가 무엇인지 알지 못하기 때문이다.

미술사학자가 신석기 미술을 모르면

호스트 월드마 잰슨Horst Woldemar Janson(1913~1982)은 『서양미술사 *History of Art for Young People*』(미진사, 2001(1971))에서 **도5** 크라테르를 들고 이런 말을 한다.

> 그리스 그릇은 처음에는 오로지 **추상적인 문양-삼각형, 격자무늬, 동심원 등-으로만 장식**되었다. 그러나 기원전 800년부터는 이러한 **기하학적 문양**과 함께 인간과 동물의 이미지가 등장하기 시작했으며, 가장 완숙한 양식을 보여주는 그릇의 경우에는 인물 그 자체가 하나의 정교한 구성미를 보여주는 예도 있다. (……) 이 그림에서 주목해야 할 점은 **사후 세계에 대한 관심이 조금도 나타나지 않았다는 사실**이다. 이 그릇을 빚은 목적은 **오로지 고인의 죽음을 기리는 것**이었다. 다시 말해 **이 그림은 귀인이 여기 누워 있으며, 많은 사람들이 그를 위해 애도했고, 또한 장례를 성대하게 치렀다는 것을 보여줄 뿐**이다. 그렇다면 과연 **그리스인들은 사후 세계에 대해 아무런 관념도 없었던 것일까.** 물론 그들도 그런 생각을 하긴 했으나 그들에게 죽은 자의 세계는 영혼 또는 '망령'이 그저 힘없고 수동적인 상태로 존재하는 무색과 무형의 영역이었다(82쪽).

잰슨도 신석기를 모르기는 마찬가지다. 그 또한 곰브리치처럼 희

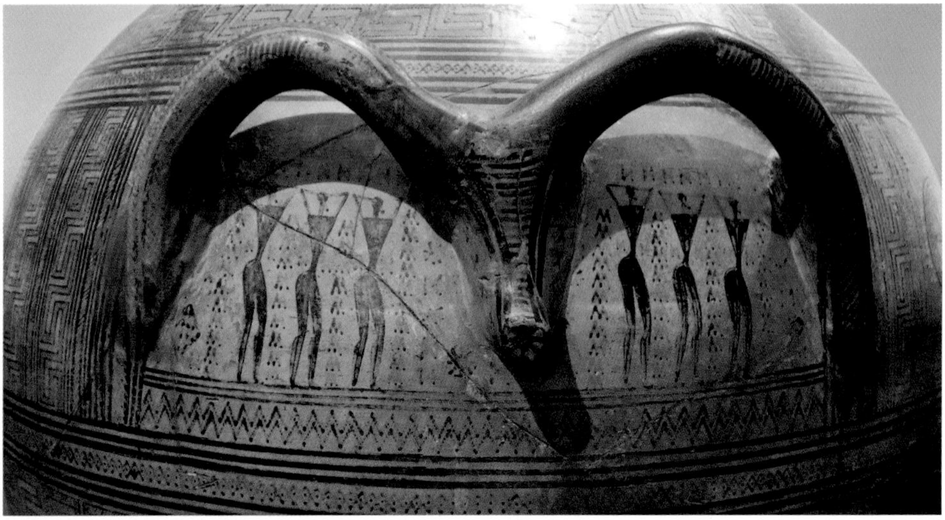

장례식에 참가한 사람들이 머리를 쥐어뜯으며 슬퍼하고 있다. 갈매기 모양은 눈물이다. 손잡이 또한 뭉게구름 모양으로 디자인했다.

도13 도4 암포라 몸통 손잡이 부분

랍 미술로 세계 미술을 보는 것은 같다. 그는 곰브리치하고는 달리 신석기 미술을 다루기는 한다. 하지만 그것은 처음부터 불가능하고 불충분한 것일 수밖에 없었다. 그 또한 신석기를 모르기 때문이다. 그래서 그는 아주 평이하게 '1장 주술과 제사Magic and Ritual' 범주 속에서 구석기와 신석기를 간단히 짚고 바로 이집트 미술Art for the Dead: Egypt로 넘어간다. (이 또한 곰브리치와 같다.) 그런데 그는 곰브리치와 달리 구석기와 희랍 미술, 신석기와 희랍 미술의 관계를 고민하지 않는다. (그렇다고 해서 곰브리치가 이것을 명확하게 정리했다는 말은 아니다. 단지 곰브리치는 이것이 자꾸 마음에 걸려 있었다고나 할까.) 그저 시대순에 따라 서술할 뿐이다. 잰슨과 곰브리치의 신석기 미술론에 대해서는 14장에서 아주 자세하게 정리했다.

잰슨은 기하학시대 그리스 미술에 보이는 삼각형, 격자무늬, 동심원 패턴을 그저 장식decoration으로 볼 뿐이다. (물론 여기서 삼각형은 구름(云)이고, 격자무늬는 양쪽에서 내리치는 비(雨)다.) 그리고 그것은 추상적

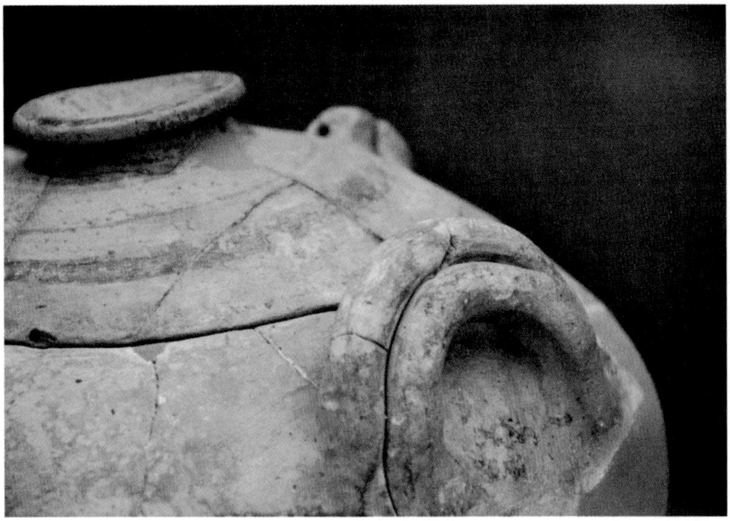

도14 스페인 이베리아 공동묘지necropolises 옹관. 기원전 6~5세기

화장한 다음 남은 뼈와 재를 모셨다. 손잡이를 뭉게구름으로 디자인했다. 이 옹관이 구름(云)이라는 것을 표시한 것이다.

이고 기하학적인 패턴이다. 그런데 기원전 800년부터(이 시기는 중기 기하학(850~760년) 시대다.) 그리스 미술에 이런 패턴과 더불어 인간과 동물이 보인다고 한다. 패턴 속에 있는 그 그림은 **도13·15·18** 크라테르 몸통 그림 프로테시스Prothésis 장례의식처럼 정교하고 구성미, 다시 말해 하나의 스토리를 담고 있다고 한다. 그는 이 그림에서 우리가 놓치지 말아야 할 점을 하나 든다. 그것은 바로 '사후 사계에 대한 관심 내지는 관념'이 이 그림에는 보이지 않는다는 것이다. 자, 이 대목이 중요하다. 미술사학자가 신석기 미술을 모르면 어떤 일이 벌어지는지 우리는 여기서 확인할 수 있기 때문이다. 곰브리치는 그 패턴을 "단순한 기하학적인 패턴simple geometric patterns"이라 할지라도 그 패턴 속에 있는 정경a scene은 엄격한 디자인의 일부part of this strict design라고 한다. 그러니까 그릇에 있는 문양은 기하학적 패턴이지만 (이 말은 '나는 모른다'는 말이지만!) 그 속에 있는 어떤 장면은 그것과 아무런 관련이 없는 이야기가 아니라는 것이다. 물론 그

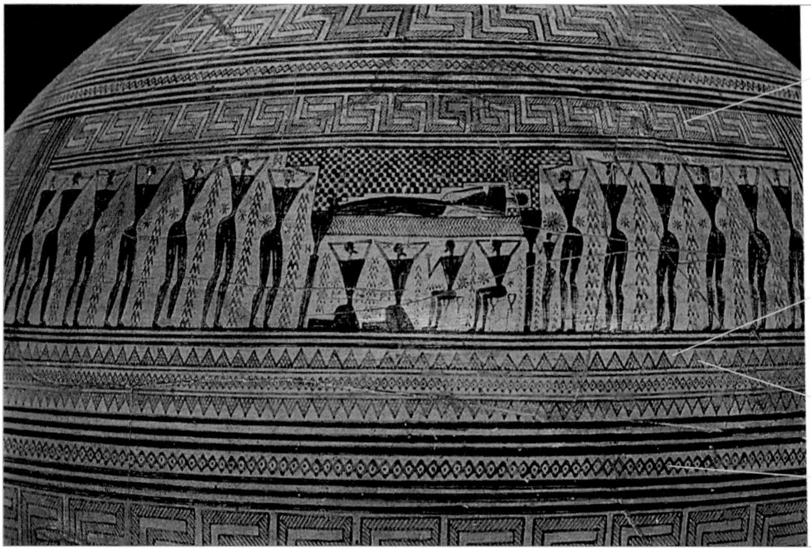

도15 도4 암포라 몸통 프로테시스 장례의식 장면

는 그릇의 패턴을 몰랐기 때문에 그 장면과 패턴을 총체로 읽어낼 수는 없었다. 다만 이런 문제의식은 아주 적절하다. 그런데 잰슨에게 그릇 문양은 그야말로 추상적이고 기하학적인 패턴이기에 (이 말 또한 모른다는 말이다.) 그 문양은 그저 장식일 뿐이다. 그러니까 **도 13·15·18** 프로테시스 장례의식과 그 둘레 패턴은 아무런 관련이 없는 것이 된다.

여기서 우리는 우리 한국 미술사학이 고구려벽화를 읽어내는 모습을 떠올릴 수 있다. 우리는 고구려벽화, 하면 학자들이 모두 밝혀낸 것으로 지레짐작하지만 사실은 전혀 그렇지 않다. 또 읽어냈다 하더라도 맥락이 없거나 불충분한 것이다. 무덤은 망자를 땅속에 모시는 것이지만, 장례 절차와 부장품, 무덤방 디자인과 벽화는 본질적으로 '죽음을 해결하는 방식'이라 할 수 있다. (마찬가지로 **도4** 암포라와 **도5** 크라테르 패턴도 이렇게 읽어야 한다.) 그럼 고구려벽화에서 그 세계관(죽음을 해결하는 방식)이 집중적으로 드러나 있는 곳은 어디일까. 바로 '천장' 그림이다. (무덤방 속 부장품은 이미 도굴이 되어 남아 있는 게 없

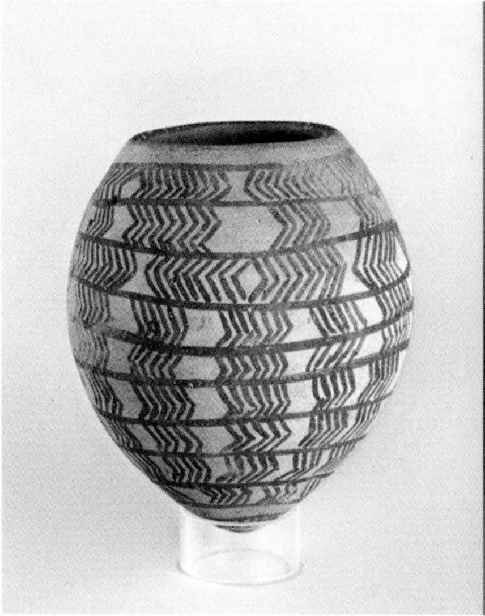

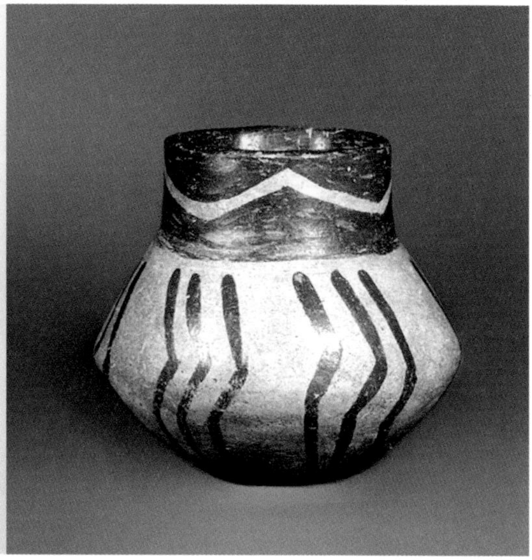

다.) 망자가 누웠을 때 바로 보이는 천장 말이다. 이 천장에 망자가 가야 할, 또는 가고 싶은 곳을 그려 놓았다. 그곳은 원래 자신이 왔던 곳이기도 하다. 하지만 우리 미술사학은 이 천장 그림을 하나도 풀지 못한 형편이다. 믿기지 않겠지만 사실이 그렇다. 고구려벽화가 나와 있는 어떤 책을 펴보아도 바로 확인할 수 있다. 복잡한 천장 그림을 내보이기는 하지만 그 아래 어떤 설명도 없다. 단지 '무슨 무덤 천장 벽화'라고만 써 있을 뿐이다. 우리는 이렇게밖에 설명이 안 되어 있다 하더라도 (사실 그것은 설명도 아니지만.) 학자들은 이미 다 해석했을 거야, 하고 확신한다. 하지만 전혀 그렇지 않다. 만약 어느 학자가 그걸 풀었다면 그는 그것을 아주 자세하게 썼을 것이다. 모르니까 모른다고, 알지 못한다고 하는 것이 아니라 그저 '무슨 무덤 천장 벽화'라고만 하고 쓱 넘어가는 것이다. 그런 다음 가장 중요한 천장 그림을 빼고 벽에 있는 생활그림 중심으로 풀이를 한다. 하지만 벽그림에는 죽음을 해결하는 방식, 즉 세계관이 나와 있지 않다. 주로 망자가 세상에 태어나 살아생전 살았던 이야기, '보고서'가 그려져

도16 이집트 신석기 나카다 2기 기원전 3800년. 높이 13cm. 프랑스 그랑팔레국립 고고학박물관

도17 터키 하실라르 Hacilar 유적(남서부 아나톨리아) 그릇. 금석병용시대Middle Chalcolithic 기원전 5600년

있을 뿐이다. 마치 다이버의 무덤 **도8·9·10**처럼. 이 생활그림 또한 마찬가지로 천장 그림과 '관련' 속에서 총체적으로 풀어야 한다. 그러니까 천장 패턴을 분석하지 않은 채 하는 벽그림(생활그림) 중심의 해석은 중요한 맥락과 본질이 빠진 해석이 될 수밖에 없다. 곰브리치와 잰슨의 **도4·5** 프로테시스 장례의식 설명이 그렇다. 그들은 프로테시스 씬을 '그런대로' 풀어내지만 그 둘레 패턴과 관계 속에서 말하지 않는다. (그래서 충분하지 않다.) 우리 미술사학이 고구려벽화 '생활그림'을 그런대로 읽어내지만 천장 그림이나 벽에 있는 여러 패턴과 관계 속에서 풀어내지 않듯이 말이다. 마찬가지로 충분하지 않다.

잰슨의 크라테르 프로테시스 씬 분석의 문제점

도4 암포라 몸통 그림을 다시 살펴보자. 앞에서 잠깐 보았듯이 곰브리치는 이 장면을 단 두 문장으로 설명한다. "**도15**는 죽은 사람을 애도하는 장면이다. 여기서 죽은 사람은 관을 놓는 대 위에 누워 있으며 좌우에서 울부짖는 여인들은 원시사회 추도식의 풍습처럼 애도 의식으로 두 손을 머리 위로 올리고 있다." 아주 간단한 풀이다. 그는 이 그림을 감싸고 있는 패턴을 그저 "단순한 기하학적인 패턴simple geometric patterns"으로 보았기 때문에 이 장면과 패턴의 관계에 대해 그 어떤 코멘트도 할 수 없었다.

이 장면은 장례의식 프로테시스Prothésis를 그리고 있다. 이 의식은 의식용 침상에 망자를 누여 사람들에게 마지막으로 보이고 망자 앞과 옆에서 머리를 쥐어뜯으며 슬픈 노래를 부르는 의식이다. 그림을 보면 사람들 양옆으로 눈물(서양 학계는 갈매기 혹은 M자 패턴이라 한다.)까지 그렸다. 이 의식이 끝나면 망자는 마차를 타고 묘지로 갈 것이다. 우리 장례 풍습에도 이와 같은 절차가 있다. 망자를 관에 모시기 전에 식구들이 마지막으로 보는 의식이다. 식구들은 망자의 손과 발을 부여잡고 곡을 한 다음 관에 모신다. 이것을 입관(入棺)이라 한다. 그런 다음 장지에 모시는 것이다.

그림 속으로 조금만 더 들어가 보자. 망자가 침상에 사각 베개를 베고 누워 있다. 치마를 입은 걸로 보아 여인이다. (그래서 여성 망자 묘지석으로 암포라를 쓴 것이다.) 망자 위 바둑판 모양 무늬는 망자를 덮은 천이다. 그런데 이 천을 **도18** 크라테르 그림처럼 아주 걷은 것도 아니고 망자만 보이도록 각을 지고 파고들었다. 왜 이렇게 했는지는 알 수 없다. 망자가 누워 있는 침상 패턴은 물(水) 또는 비(雨)다(**도16·17**). 바로 앞 두 사람은 무릎을 꿇고 머리를 쥐어뜯고, 그 오른쪽 두 사람은 걸상에 앉아 머리를 쥐어뜯으며 슬퍼하고 있다. 걸상에 앉은 사람 가운데 왼쪽 사람은 잔에 포도주를 따라 망자에게 바치는 것 같다. 이 네 사람은 망자의 식구인 듯싶다. 그리고 양쪽에 서 있는 사람들은 아마 친척일 것이다. 프로테시스Prothésis 장면 아래로는 삼각형 구름(云) 띠무늬가 있고 이 삼각형 구름 사이에는 양쪽 구름에서 내리치는 빗줄기(雨)가 있다(**도25·27** 참조). (이 삼각형 구름과 비는 잘 읽어야 하는데, 잘못 읽으면 반대로 읽을 수 있다. 6장 **도57~67**을 다시 찾아보았으면 한다.) 바로 그 아래로는 가운데 점을 찍은 마름모 띠무늬가 있는데, 이것은 기원(起源)이다. 하지만 이 기원은 암사동 신석기인과 달리 구름의 기원이라기보다는 사람이 죽어서 가는 곳, 그러니까 태어난 곳을 말하는 듯싶다. 마지막으로 이 모든 것을 구름이 감싸고 있다는 것을 잊지 말아야 한다. 이 세상 만물의 기원인 비(雨·水), 이 비의 기원은 바로 구름(云)이기 때문이다. 프로테시스 장면은 이렇게 그 둘레 패턴과 함께 풀었을 때 비로소 하나의 스토리가 완성된다. 이런 패턴 또한 고구려벽화와 마찬가지로 죽음을 해결하는 방식이다.

나는 **도15** 망자가 누워 있는 침상 패턴을 물(水) 또는 비(雨)로 본다. 이는 사람은 죽어 자신이 태어난 물과 비로 다시 돌아간다는 것을 뜻한다. 그러기에 이 패턴은 **도6·11** 팔메트(구름) 패턴과 본질적으로 같은 것이다. 비의 기원은 구름이기에 그것이 구름이든 비든 본질적으로 생명의 기원이라는 점에서 같은 패턴이다. 하지만 서구 학계는 이 지그재그 패턴을 갈매기 모양을 닮았다 해서 '갈매기' 패턴이라 한다. 우리 사학계가 고사리를 닮았다 해서 고사리순 무늬라 하고 번개를 닮았다 해서 번개무늬라 하는 것과 같은 이치다. 하지만 정작 문제는 이 갈매기와 고사리와 번개가 무엇을 구상으로 한 것인지, 대체 무엇을 그렸는지가 아닐까. 나는 이 책에서 이런 패턴을 세계 신석기 미술의 일반적인 구름(云)과 비(雨) 패턴으로 보았다. **도16·17** 패턴 또한 비(雨)다. **도16**은 빗줄기를 아주 경쾌하게 그렸다. (서구 학계는 **도16** 빗줄기 또한 갈매기 패턴이라 한다.) 더구나 비 패턴이 아주 모던하다. 그래서일까. 이런 패턴은 현대 상품 디자인에서도 자주 볼 수 있다. **도17** 디자인은 **도16**과 달리 비 패턴 위에 비의 기원 '하늘 속'을 그렸다. 하늘 속 더블유W 자 모양은 삼각형 구름으로 볼 수도 있다. 이 하늘 속 구름에서 비가 내리는 것이다. 이 그릇은 물레를 쓰지 않고 빚었다. 사진이 흑백이어서 패턴이 검지만 빨간 안료를 썼다.

마저 **도18** 프로테시스Prothésis 장면을 살펴보고, 그런 다음 잰슨의 코멘트를 판단해 보자. **도5 · 18** 크라테르 또한 그 시작은 구름(云)이다. **도4·15**와 다른 점은 망자의 친척들 머리 위로 있는 지그재그 구름 패턴이다(6장 **도26-②·⑤·⑦·⑧** 참조 바람). 이 패턴 위아래로 있는 삼각형(삼각형이 아니지만 일단 이렇게 설명한다. **도25-1** 참조) 격자 패턴은 **도4·15**와 마찬가지로 지그재그 구름에서 내리는 비(雨)다.

침상에 망자가 사각 베개를 베고 누워 있다. 바지를 입고 있는 것으로 보아 남자다. 앞에서도 말했듯이 크라테르는 남성의 그릇이다. 망자 위 바둑판 모양 패턴은 망자를 덮는 천이다. 망자 발 쪽에 있는

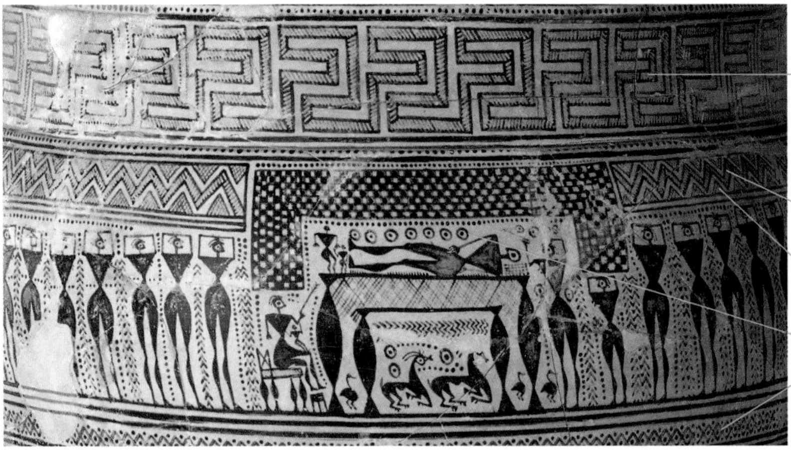

도18 도5 크라테르 몸통 프로테시스 장례의식 장면

작은 두 사람은 자식인 듯싶다. 망자 머리 쪽에 서 있는 사람과 발 아래 쪽에 앉아 있는 사람(이 사람은 망자의 아내 같다. 왼쪽 조그만 사람은 자식인 듯싶다.), 이 두 사람 왼손에 뭔가 들려 있는데, 이것은 무엇을 묻혀 뿌리는 깃털 같다. 침상 아래는 갈매기 모양 빗줄기(雨)가 있고 그 아래 염소와 오리 같은 새가 있다. 마찬가지로 망자 양옆에는 친척들이 머리를 쥐어뜯으며 곡을 하고 있다. **도18** 프로테시스에서 눈여겨봐야 할 것은 망자와 천 사이에 있는 동그라미와 점이다. **도4·15**의 마름모 속 점과 동그라미 속 점은 본질적으로 같다. 나는 이것을 기원(起源)으로 본다.

이 세상에 사람이 어디에서 온 것인지는 모르지만, 그 기원이 어디인지는 모르지만, 죽어 다시 그곳으로 가고자 하는, 그런 바람을 이 동그라미 속 점으로 표현하지 않았을까, 한다. 물론 **도7** 다이버의 무덤과 **도11** 팔메트의 무덤에서 망자는 이 세상 만물의 기원 구름으로 다시 되돌아가고자 한다. 문제는 **도5·18** 패턴에서 이 기원(동그라미 속 점)과 구름의 관계가 디자인 측면에서 분명하지 않다는 점이다. (이 패턴을 5장 **도8·9**의 육서통 기(气) 자와 진나라 수막새 디자인, **도20**의 육서통 천(天) 자, **도42·44·47** 신라 천문 세계관과 한번 견주어 보라.) **도18** 전체 디자인에서도 이는 뚜렷하지 않다. 아무튼 이것을 망자가 다시 되돌아 가고자 하는 기원이라면, 양과 사슴, 오리 위의 동그라미 속 점은 뭘까. 이 또한 양과 사슴과 오리의 기원일까. 동그라미 속 점을 기원이라 하더라도 이것은 암사동 신석기 세계관과 다르다. 암사동 신석기인은 비의 기원 구름, 이 구름의 기원 천문까지 그 세계관을 확장했는데, **도5·18**에서는 이것이 분명하지 않다. 물론 그리스 미술에서도 동그라미 속 점 패턴이 구름의 기원이라는 것을 분명하게 보여주는 사례가 있다(**도28**).

도5·18 크라테르에 대한 잰슨의 코멘트는 앞에서 읽었지만 다시 그 부분만 아래에 들어본다.

> 이 그림에서 주목해야 할 점은 **사후 세계에 대한 관심이 조금도 나타나지 않았다는 사실**이다. 이 그릇을 빚은 목적은 **오로지 고인의 죽음을 기리는 것**이었다. 다시 말해 **이 그림은 귀인이 여기 누워 있으며, 많은 사람들이 그를 위해 애도하고, 또한 장례를 성대하게 치렀다는 것을 보여줄 뿐**이다. 그렇다면 과연 그리스인들은 **사후 세계에 대해 아무런 관념**도 없었던 것일까. 물론 그들도 그런 생각을 하긴 했으나 그들에게 죽은 자의 세계는 영혼 또는 '망령'이 그저 힘없고 수동적인 상태로 존재하는 무색과 무형의 영역이었다.[2]

나는 **도4·5·15·18** 패턴과 프로테시스Prothésis 장면, **도7·11** 돌곽무덤 덮개돌 패턴을 분석하면서 그리스인들이 어떻게 죽음을 받아들였으며, 또 어떻게 해결하려 했는지 그 기본 세계관을 밝혔다. 그런데 잰슨은 나와 달리 사후 세계에 대한 관심을 전혀 찾을 수 없다no reference to an afterlife고 한다. 그가 이렇게 볼 수밖에 없었던 까닭은 프로테시스 둘레를 꽉 채운 패턴을 전혀 몰랐기 때문이다. 이 패턴과 관련 속에서 프로테시스를 읽어야 하는데, 그 또한 곰브리치

2) 잰슨, 『서양미술사』, 미진사, 2001, 82쪽

와 마찬가지로 이 무늬를 그저 단순한 기하학적 문양 내지는 장식 ornamentation으로만 봤다. 그러니 결국은 프로테시스 장면조차도 불충분한 해석이 될 수밖에 없었다. 이뿐 아니라 프로테시스 아래 망자가 살아생전 전차를 몰고 전쟁터에 나가는 장면(고구려벽화의 생활그림과 같은)이 왜 여기에 있는지, 이 그릇의 패턴과 총체로 하나가 되어 이야기가 되지 못하고 만다. 마치 우리 미술사학이 춤무덤(무용총)의 사냥그림(수렵도), 세칸무덤(삼실총)의 전투그림(공성도), 안악3호분의 행렬도를 천장과 벽 곳곳에 있는 패턴, 이것과 총체로 보지 않는 것과 같다.

그리스 원기하학 미술의 기원

서양미술사에서 그리스 미술 편을 살펴보면 미술의 흐름을 아주 촘촘하게 나누어 살피고 있다는 것을 알 수 있다. 그들은 그리스 본토와 바다를 끼고 있는 반도와 크레타를 비롯하여 여러 섬 지역 미술의 흐름까지 그 특징을 낱낱이 잡아 시기를 나눈다. 더구나 그 시기는 서로 겹쳐 있기도 한다. 이렇다 보니 큰 줄기를 잡지 않으면 여간 복잡한 게 아니다. 그리스 미술에서 기하학시대Geometric Period 미술은 헬라, 미노아, 미케네 미술이 끝나는 시기인 1050년에서 시작하여 700년까지, 약 300년 동안을 말한다. 이 시기는 철기시대다. 그런데 이 기하학시대도 다시 네 시기로 구분한다. (이런 구분이 도대체 무슨 의미가 있는지 모르지만.) 무늬가 단순한 원(原)기하학 양식 Protogeometric Style(기원전 1050~900년), 초기(900~850년), 중기(850~760년), 후기기하학 양식Geometric style(기원전 760~700)으로 말이다. 우리가 앞에서 살펴본 암포라(**도4**)와 크라테르(**도5**)는 후기기하학 양식에 든다. 어떤 기준으로 이렇게 나누는지는 뚜렷하지 않다. 살펴본 바에 따르면 패턴이 얼마나 더 정교하고 촘촘하게 되어 있는가 하는 점, 이것을 기준으로 삼는 듯싶다.

그런데 이런 구분이 무슨 의미가 있을까. 원기하학 미술이든 후기 기하학 미술이든 거기에 쓴 '패턴'이 무엇을 '구상'으로 한 것인지 밝혀내지 않은 채 시기를 이렇게 촘촘하게 나누는 것이 도대체 무슨 의미가 있을까. **도15**와 **도25·27**의 역삼각형이 본질적으로 같고, 이 역삼각형 사이에 있는 격자 패턴이 본질적으로 같은 대상을 그린 것이라면 말이다. 문제는 이 패턴이 무엇인지 밝히는 것이고, 그것이 어디에서부터 비롯하는가에 있다. 하지만 우리 미술사학이 신석기 빗살무늬 패턴을 기하학적 추상무늬라 하면서 밝혀내려 하지 않듯이 그들 또한 그저 '기하학적 양식'이라 하면서, 그러니까 애당초 알 수 없는 무늬라 하면서 아무도 궁리하지 않는다.

도19·20 그릇은 기하학시대보다 1000년에서 500년 이른 시기의 헬라시대Helladic Period 미술이다. 이 시기는 그리스 청동기시대다. **도19** 그릇의 디자인은 한반도 암사동 그릇과 본질적으로 같다. 아가리 쪽에 하늘 속 물(水)을 먼저 그리고, 그 아래에 구름(云)을, 이 구름에서 내리는 비(雨)를 그렸다. 하늘 속은 역삼각형과 삼각형을 맞물려 그렸는데, 이것은 세상으로 곧 나올 구름이다. 삼각형 속에 세로줄을 그렸다. 이는 구름 속 수분·물(水)로 볼 수 있다. 여기서 눈여겨봐야 할 것은 구름(云)이다. 구름을 입체로 그렸는데, 이는 구석기 '자연주의' 전통으로 볼 수 있다. 우리는 이런 구석기 자연주의 전통이 살아 있는 구름을 6장에서 살펴봤다. 이렇게 봤을 때 이 그릇은 청동기시대 그릇인데도 구석기 자연주의 전통이 살아 있는 그릇이라 할 수 있다. 이 곡선 구름이 직선으로 바뀌면 **도18** 크라테르 지그재그 직선 구름이 된다.

이에 견주어 **도20** 그릇은 세계 신석기 그릇에서 두루 볼 수 있는 삼각형 구름이다. 아가리 쪽에 하늘을 그리고 그 아래에 역삼각형 구름(云)을 그렸다. 이 역삼각형 구름이 바로 **도15** 암포라의 역삼각

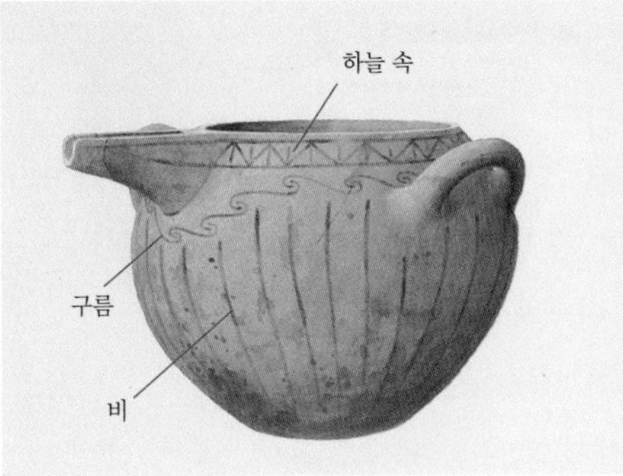

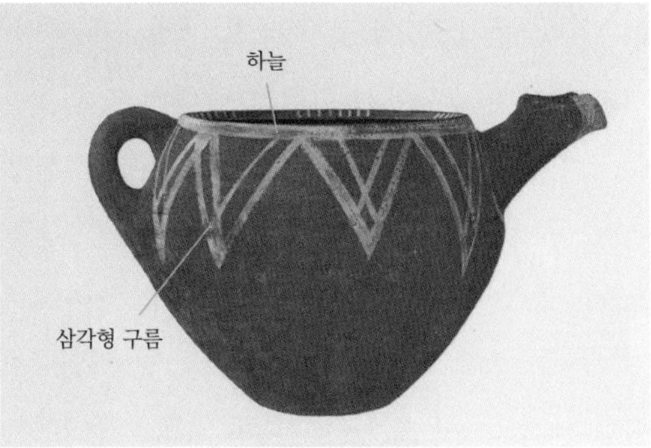

도19 부리 그릇
Spouted pot.
헬라 중기Middle Helladic Period
기원전 2000~1550년.
그리스 아테네 아고라.
높이 12cm.
그림

도20 부리 그릇One-Handled Spouted Pot.
헬라 중기 기원전 2000~1550년.
높이 16cm.
복원품

형 구름이 된다. 물론 **도19·20**의 하늘 속, 하늘, 구름, 비 패턴은 헬라 미술 이전 그리스 중석기·신석기Mesolithic·Neolithic Period(기원전 8300~3000) 미술에서도 찾을 수 있고, 그리스 둘레 유럽, 아프리카, 서아시아 미술에서도 찾을 수 있다. 그렇다고 해서 이 미술이 서로 영향 관계에 있었다는 말은 아니다. 세계 신석기 미술의 디자인과 패턴이 비슷한 것은, 또 본질적으로 같은 것은 '같은 대상'을 '평면'에 디자인했기 때문이다. 스페인 발렌시아 어린이집 아이와 광주 본촌동 씨튼어린이집 아이가 늦여름 하늘에 떠 있는 구름(대상)을 똑같이 '뭉게구름'(패턴)으로 그리듯이 말이다. 이 예를 자주 들지만 이 예만큼 적절한 것도 없는 것 같다. 그리스 신석기 미술과 그 둘레 미술의 영향 관계를 따져보려는 것은 광주 본촌동 어린이와 스페인 발렌시아 어린이 간의 영향 관계를 따지는 것과 같다. 대체 학자들은 왜 그러는 것일까. 이 또한 문제는 신석기 미술이다! 세계 고고학과 미술사학에서 신석기 미술이 '공백'이기 때문에 이런 일이 벌어지는 것이다.

하우저와 기하학적 형식주의 미술

아놀드 하우저는 『문학과 예술의 사회사』(창비, 1996)에서 세계 신석기 미술을 15쪽에 걸쳐 제법 자세하게 풀이한다. 15쪽밖에 안 되지만 세계 미술사에서 이만큼 신석기 미술을 정리한 사람은 아직 없다. 그에 따르면, 자연주의 양식은 구석기시대 종말까지, 그러니까 수천·수만 년간 지속되었다. 예술 사상 최초의 양식 변화stylistic change를 이루는 전환점은 구석기가 신석기로 이행하면서였다. 이때 비로소 체험과 경험을 베이스로 한 자연주의적 경향이 물러나고, 경험 세계의 풍성함을 등진 채 모든 것을 기하학적 무늬로 양식화a narrowly geometric stylization하려는 경향이 지배하게 된다. 자연에 충실하며 대상의 특징을 애정과 인내로 묘사하려는 그림 대신에, 사물을 충실히 그려내기보다는 상형문자처럼 가리키는 데 그치는, 획일적이고 인습화된 기호conventional signs가 나타난다. 예술은 신석기에 이르러 인생의 구체적이고 생생한 모습보다도 사물의 이념이나 개념 내지는 본질을 붙잡으려 하고to hold fast the idea, the concept, the inner substance of things, 대상의 묘사보다 상징의 창조에 주력한다고to create symbols rather than likenesses of the object 본다(17쪽). 사실 이런 태도는 동서양 미술사학자들이 아주 자명하게 받아들이는 논지이기도 하다.

하우저의 논지는 논리상 문제가 있다. 신석기인이 '대상'을 그대로 그리지 않고 대상의 이념·개념·본질을 그렸다고 하는데, 정작 그 '대상'이 무엇인지, 즉 그 '구상'이 무엇인지 말하지 않는다. 한마디로 그의 논리는 '어떤' 대상을 그리기는 했는데, 겉모습을 그대로 그린 것이 아니라 그것의 개념과 본질을 그렸다고 보는 것이다. 하지만 '그 대상'이 뭔지 알지 못하기 때문에 '그 개념'은 알 수 없고 그저 '기하학적 무늬'가 되고 만다. (하우저 신석기 미술론의 비논리성과 논리적 비약에 대해서는 14장에서 아주 자세하게 다루었다.) 이 책 신석기 미술사는 바로 그 '대상'이 뭔지 밝히고 있고, 그 대상을 표현한 세계 신석기 패턴을 풀고 있다. 하우저는 아주 흥미로운 문제를 제기한다.

기하학적 모양을 위주로 하는 장식적 형식주의적 예술은 신석기시대와 더불어 시작한 이래 비상히 오랜 기간 동안 아무런 도전을 받지 않고 지속되었다. **한 예술양식이 이렇게 오랫동안 지배한 일은 역사시대에 들어온 이후 어떠한 예술양식의 경우에도-정작 형식주의 자체의 경우에는 더더군다나-다시 볼 수 없는 현상이다.** 크레타·미케네 예술을 제하고는 청동기시대와 철기시대 모두, 고대 오리엔트 예술과 그리스 아케이즘archaism 예술 전부를 이 양식이 지배하고 있는 바, 바꾸어 말하면 **기원전 5000년에서 기원전 약 500년까지에 이르는 기간이 한 가지 예술양식의 지배**하에 있었던 것이다. 이에 견주면 그 이후 모든 양식은 모두 단명했던 셈이며 후세의 기하학적 내지 고전주의적 양식은 한갓 에피소드에 지나지 않은 것이었다. 하지만 **추상적 형식원리에 지배되어 엄격히 구속을 받는 예술관이 그토록 오래 지속될 수 있었던 원인은 어디 있었던가?** 그 많은 경제·사회·정치 체제의 변천에도 살아남을 수 있었던 까닭은 무엇인가. 기하학적 모양 중심의 양식이 지배하던 시기의 예술관이 근본적인 동일성을 유지했다는 사실은, 비록 많은 지엽적인 차이는 있지만 이 시대 전체를 일관되게 규정해 주는 단일한 사회학적 기본요인을 반영하고 있다. 즉 **경제 활동을 엄격하고 보수적으로 조직화하여 독재적인 지배관계를 수립하고 사회의 모든 정신생활을 종교와 예배 중심으로 영위하는 경향**이 그것이다. 이는 한편으로 구석기시대 수렵민의 채 조직화 되지 않은 원시 개인주의적 집단생활과 뚜렷한 대조를 이룬다. 또한 그리스와 로마 또는 근대 시민의 경쟁의식, 그러면서도 의식적으로 개인주의를 신봉하는 사회생활과도 구별되는 것이다(22~23쪽).[3)]

일단 위 구절에서 우리가 먼저 알아야 할 것이 있다. 하우저는 세계 신석기 미술을 정리할 때 그 기준을 '그리스 미술'에 두고 설명하고 있다는 점이다. 그는 "크레타·미케네 예술을 제하고는 청동기시

3) 하우저, 『문학과 예술의 사회사』(창비, 1996), 22~23쪽

대와 철기시대 모두, 고대 오리엔트 예술과 그리스 아케이즘 archaism 예술 전부를 이 양식이 지배하고" 있다고 본다. 하지만 꼭 그렇지는 않다. **도22-24** 크레타, 미케네 미술을 보면 그 미술 또한 기하학적 형식주의 미술의 자장 속에 있다는 것을 알 수 있다.

하우저가 크레타를 기하학적 형식주의 미술에서 뺀 까닭은 **도21** 같은 크레타 크노소스 궁전 벽화를 염두에 두었기 때문일 것이다. 이 프레스코 벽화 조각은 크레타 문화Creta Culture(미노아 문화 Minoan Culture라고도 한다.)에서 가장 널리 알려진 그림이다. 크노소스 궁에는 이런 벽화가 꽤 있다. 이 벽화를 처음 찾아낸 학자는 여인의 코끝이 프랑스 사람처럼 살짝 올라간 것을 보고 '파리지엔느 Parisienne'라 이름 붙였다. 우선 색감이 아주 경쾌하고 즐겁다. 기원전 1700년 전, 지금으로부터 3700년 전 이런 컬러를 썼다는 것이 그저 놀라울 뿐이다. (이때 한반도는 신석기 말이다.) 전체 느낌은 현대 어린이 소설 책 일러스트나 웹툰 같은 느낌이 난다. 그야말로 아주 모던한 벽화라 할 수 있다. 이 벽화는 '조각'이라 아래쪽 옷은 알 수 없는데, 보이는 윗옷은 스트라이프가 아주 시원하다. (원피스일 수도 있다.) 세로 줄 자주색 세 가닥을 그리고 그 사이에 블루 가닥을 내렸다. 이도 윗옷 블루 깃과 어울려 조화를 이룬다. 이 벽화는 옆얼굴인데도 눈은 정면에서 본 눈이다. (옆얼굴 눈은 이렇지 않다.) 이는 이집트 미술에서 온 것이다. 곱슬머리이고, 뒤통수 바로 아래 부분을 몇 가닥으로 땋아 늘어뜨렸다. 그리고 이마 앞으로는 한 가닥 머리를 냈는데 이 머리 한 가닥이 이 벽화를 더 돋보이게 한다. 그리스 미술을 말하는 학자들 코멘트를 보면 **도21** 같은 크노소스 벽화를 들면서 하우저와 마찬가지로 미노아 미술을 신석기 미술과 아주 다른 미술로 보고 있다. 하지만 꼭 그렇지는 않다.

도21은 프레스코 기법으로 그린 벽화다. 프레스코Fresco는 이탈리아어로 '축축하고 신선하다'는 뜻이다. 표면이 거친 곳에 그림을 그

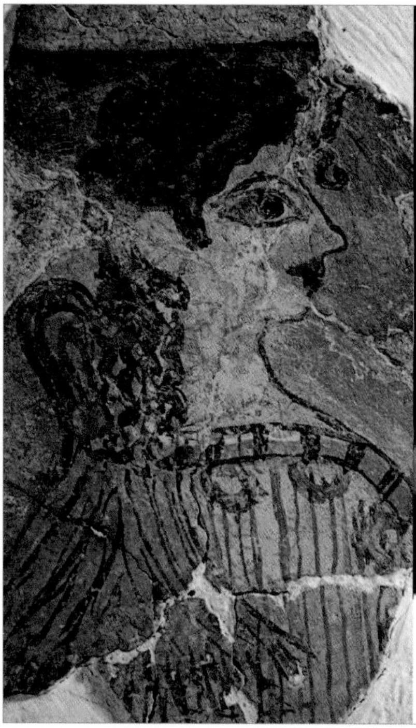

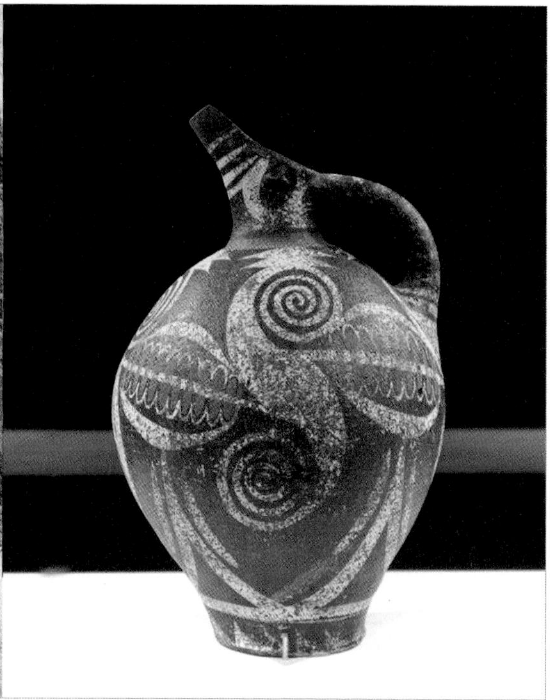

리기는 힘들다. 그래서 회반죽을 표면에 바른 다음 그 위에 그림을 그리는 것이다. 축축한 회반죽 위에 그리는 것을 부온 프레스코Buon Fresco라 하고, 회반죽이 조금 마른 상태에서 그리는 것을 메초 프레스코Mezzo Fresco, 아주 마른 상태에서 그리는 것을 프레스코 세코Fresco Secco라 한다. 그런데 메초와 세코 기법은 세월이 지나면 구별하기가 힘들다. **도21**은 프레스코 세코Fresco Secco 기법으로 그린 벽화로 보고 있다. 원래 프레스코 벽화는 축축한 회반죽 위에 그리기 때문에 안료도 회반죽과 같이 수축이 되면서 마른다. 그래서 세월이 지나도 안료 빛깔이 변하지 않는 것이다. 더구나 마른 회반죽에 이슬이 맺히고 마르고, 이것을 수백 년 동안 반복하면서 회반죽에서 나온 석회질이 그 위를 자연 코팅한다. 수백, 수천 년 전 프레스코 벽화 빛깔이 지금까지도 선명한 것은 바로 이 때문이다. 고구려벽화

도21 크레타의 여인.
크레타문화
기원전 1700년쯤.
크레타 크노소스 궁전.
높이 25cm.
이라클리온박물관

도22 새 부리 모양
카마레스 주전자.
크레타 파이스토스
미노아 궁전 출토.
미노스 중기 기원전
1750~1700년.
높이 27cm.
이라클리온박물관

도 그렇다. 그 축축한 무덤 방 속 벽화가 1500년이 지난 지금까지도 그 빛깔을 그런대로 유지했던 것은 석회질로 자연코팅이 되었기 때문이다. 이런 벽화를 박물관에서 가끔 볼 수 있다(14장 **도12** 참조). 그것은 돌판 위 회반죽 부분만 조심스럽게 떼어 왔다고 보면 된다. 우리 국립중앙박물관 고구려실을 가면 고구려벽화 조각을 하나 볼 수 있다(**도21-1**). 일제강점기 때 일본 학자가 평안남도 용강 쌍기둥무덤에서 떼 내어 가지고 온 것이다. 가장자리를 보면 하얀 회반죽 빛깔을 확인할 수 있다.

도23·24는 하우저가 기하학적 형식주의 미술에서 벗어나 있다고 한 미케네 문화Mycenaean Culture 그릇이다. 보는 바와 같이 두 그릇의 패턴 또한 기하학적 형식주의 미술로 볼 수밖에 없다. 이 두 그릇에 대해 서구 학계는 그 어떤 해석도 내놓지 못하는 형편이다. 하지만 세계 신석기 미술 디자인과 패턴에서 보면 그렇게 어려운 것도 아니다. **도23** 술잔 퀼릭스Kylix 아가리 쪽에 있는 패턴은 구름이다. 구름과 구름이 이어지는 곳, 나팔꽃 모양으로 된 것은 구름에서 나오는 새싹이다. 이 세상 만물이 구름(水)에서 비롯한다는 세계관을 담고 있다. 이것은 앞에서 살펴본 스페인 이베리아 그릇 패턴(**도12**)과 본질적으로 같다. **도24**처럼 생긴 그릇을 스탐노스stamnos라 한다. 목이 짧고 어깨에 그릇 손잡이가 있는 그릇을 말한다. 이 그릇은 포도주를 담아 저장하는 용도로 많이 쓰였다. 어깨와 몸통에 반원형 패턴이 있는데, 이것은 세계 신석기 구름 패턴에서 흔히 볼 수 있는 반원·반타원형 구름이다. 우리 한반도에서도 이런 신석기 그릇 패턴을 볼 수 있다(6장 **도25·26-②·③·④·⑨·29**).

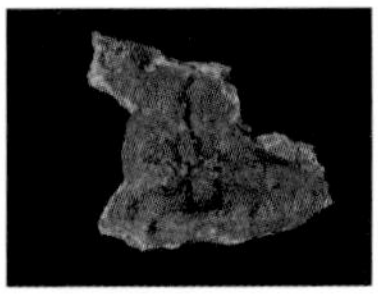

도21-1 말 탄 사람. 평안남도 용강군 안성 쌍기둥무덤 벽화 조각. 국립중앙박물관. K번157

그는 그리스 미술에서 기하학시대 이후의 동방화Orientalizing(기원전 740~650년)·아르케익Archaic(기원전 700~480년) 미술까지도 기하학적 형식주의가 지배하고 있었다고 본다. 그에 견주어 곰브리치나 잰슨은 기하학시대 이후 동방화Orientalizing·아르케익Archaic 시대

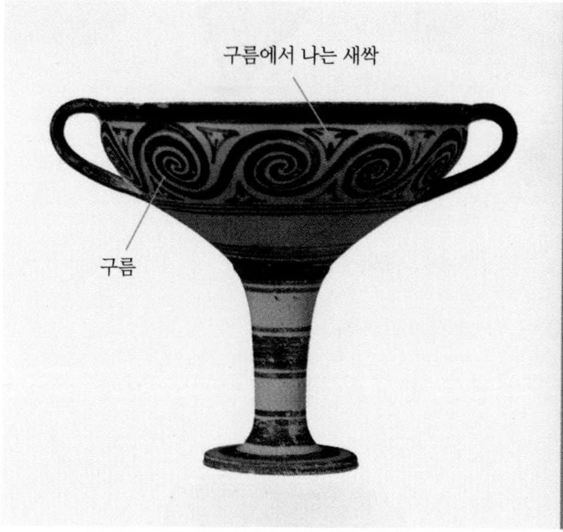

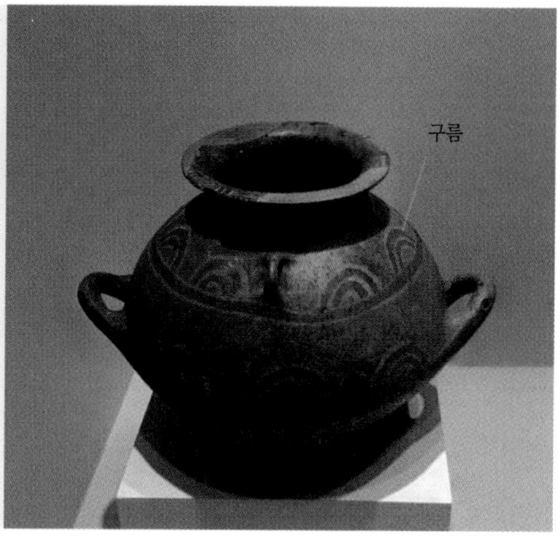

를 이집트와 서아시아 미술의 영향을 받아, 또 배워 '희랍 미술'이 시작되는 시기로 본다.

다만 곰브리치와 잰슨은 지금의 서양미술, 엄격하게 말하면 '희랍 미술'의 기원beginnings을 이집트 미술에서 찾고 싶었고, 하우저는 유럽 구석기 미술에서 찾고 싶었던 것이 달랐다. 하우저는 구석기 자연주의 미술을 아주 충실하게 해설한다. 문제는 신석기였다. 그는 구석기 자연주의와 신석기 기하학적 형식주의 미술과의 관계를 설명할 수 없었다. 어떻게 이렇게 미술이 한순간에 바뀔 수 있었는지, 그도 세계 신석기 미술 전체가 말이다. 그는 이것을 풀고 싶었다. 하지만 그것은 처음부터 불가능한 것이기도 했다. 신석기 미술이 무엇을 그렸는지 그는 끝내 알지 못했기 때문이다. 그래서 여러 가정을 할 뿐이다. 바로 이 때문에 그의 신석기 미술 편은 비논리성과 논리적 비약이 있을 수밖에 없었다.

하우저는 신석기 미술의 구상 내지는 대상이 무엇인지 몰랐기 때문에 그 미술은 다분히 '장식적 예술'이 되고 만다. 그런데 이 예술을 수천 년 동안 인류가 누려왔다. 그도 아무런 도전을 받지 않으면서 말이다. 하우저 같은 미술사학자가 보기에 이것은 그야말로 말도

도23 미케네 문화
술잔 킬릭스.
기원전 1300~1000년.
높이 15cm

도24 스탐노스.
미케네 문화 (후기 헬라
Late helladic culture)
기원전 16세기 후반.
미케네 원형 무덤 A 5번.
아테네국립고고학
박물관

안 되는 일이었다. 대체 어떻게 이런 일이 있을 수 있단 말인가. 그는 신석기 경제활동을 예를 든다. "경제활동을 엄격하고 보수적으로 조직화하여 독재적인 지배관계를 수립하고 사회의 모든 정신생활을 종교와 예배 중심으로 영위"했기 때문에 이런 일이 일어났다는 것이다. 하지만 이것은 맞지 않다. 이집트와 티그리스와 유프라테스강의 우베이드Ubaid 같은 몇 문화를 빼 놓고는 신석기시대에 '독재적인 지배관계를 수립'한 곳은 없었다. 국가의 성립은 한참 뒤의 일이고, 거의 다 '원시공산제 사회'에 가까웠다. 이것은 북미 원주민, 남미 아마존이나 아프리카 씨족부족의 삶을 봐도 알 수 있는 일이다.

그는 신석기시대의 삶이 '종교와 예배 중심'이었다고 하지만 그도 모든 나라가 그렇지는 않다. 우리 한반도만 하더라도 신석기시대에 종교가 있었다고 보기에는 힘들다. 지금까지 나온 유물이나 미술을 보더라도 그렇지 않다. 사실 구석기와 신석기를 바라보는 이런 태도는 서양 고고학과 미술사학에서 흔히 볼 수 있는 논지이기도 하다. 그들의 신석기 미술사를 살펴보면 언제나 '종교'의 문제로 귀결된다. 물론 그게 아주 틀린 것은 아니지만 그렇다고 해서 이런 관점이 전적으로 맞다 할 수도 없는 노릇이다. 특히 우리 한반도 신석기 미술을 볼 때에는 더더구나 그렇다.

그리스 암포라와 크라테르 패턴의 기원

그렇다면 **도4·5** 같은 그리스 그릇의 패턴을 어떻게 봐야 할까. 지금까지 서양 미술사학자들은 두 그릇의 패턴을 풀지 못했다. 곰브리치도 잰슨도 단순한 기하학적 문양simple geometric patterns이라고만 할 뿐이었다. 하지만 나는 이런 의견에 동의하지 않는다.

도25·26은 이란 신석기 그릇이다. 우리는 이와 같은 패턴을 6장 **도69·70** 아시리아 신석기 그릇에서 보았다. 그때 우리는 **도25** 같은

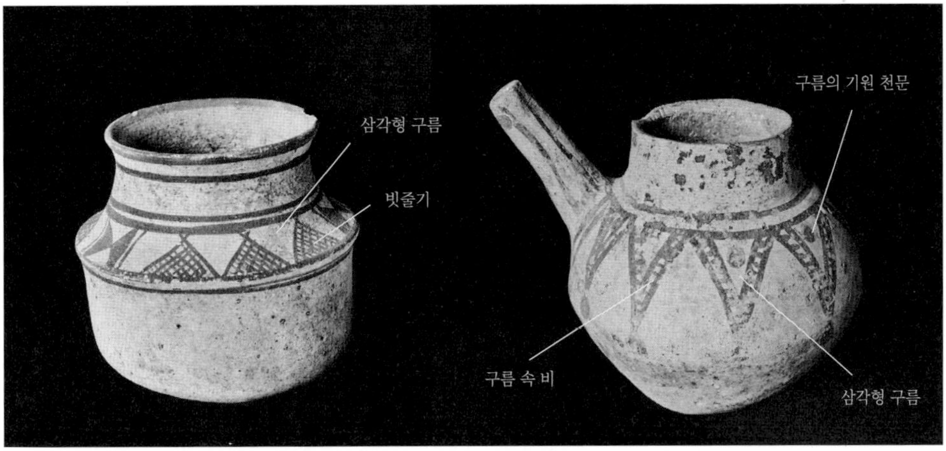

패턴을 보기 위해서는 강원도 양양 오산리 그릇 패턴(6장 **도63-65**)을 먼저 잘 살펴봐야 한다고 했다. 그렇지 않으면 패턴을 반대로 읽을 수 있다. 대체로 한중일 학자들도, 서구 학자들도 이 패턴을 거꾸로 읽고 있다. 아무것도 채워져 있지 않은 맨바닥 삼각형이 구름이고, 그 옆 격자무늬는 삼각형 구름에서 내리는 비(雨)로 봐야 한다. 즉 격자무늬는 삼각형 안의 격자가 아니라 **도25-1**처럼 봐야 하는 것이다. 그런데 한중일, 서구 학자들은 '삼각형 안 격자무늬'로 보고 있다.

도25 이란 하마단 Hamadan 니하반드Nihavand 신석기 그릇

도26 이란 케르만샤 Kermanshah 하신Harsin 신석기 그릇

도25의 삼각형 구름과 비 패턴이 바로 **도15·18**에서 볼 수 있는 삼각형 구름과 비 패턴이다. **도26** 삼각형 구름 안의 점은 이 구름의 기원을 말한다. 암사동 신석기 세계관으로 보면 구름의 기원 천문으로 볼 수 있을 것이다. 마찬가지로 **도15**의 마름모 속 점과 **도18**의 동그라미 속 점은 '기원'을 뜻한다. 다만 **도26** 삼각형 속 점은 구름의 기원이 분명하다면 **도15·18**의 점은 그렇지 않다. 기원은 분명한데 그것은 생명, 그 가운데서도 사람의 기원으로 보는 것이 적절할 것 같다.

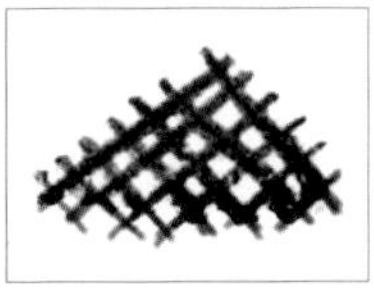

도25-1 도25에서 격자무늬. 이 패턴은 비(雨)다.

도27·28은 그리스 원(原)기하학 양식Protogeometric Style(기원전 1050~900년) 그릇이다. **도4·5** 후기기하학 양식Geometric style(기원전

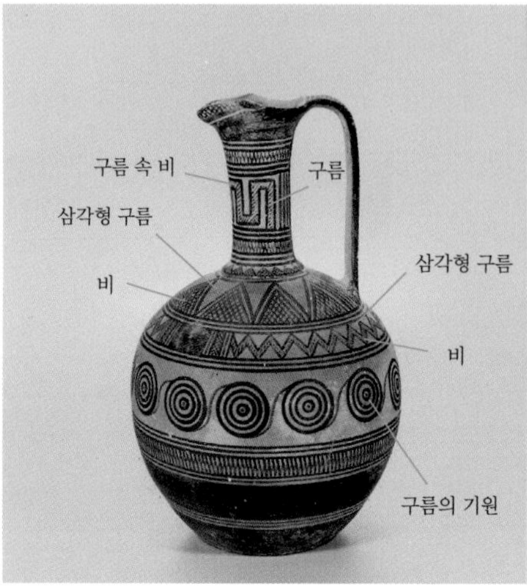

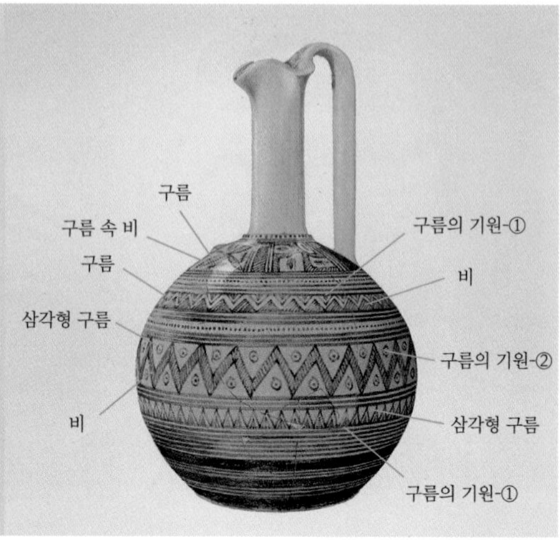

도27 그리스 오이노코에Oinoche. 원기하학시대 그릇

도28 그리스 오이노코에. 원기하학시대 그릇. 수채화

760~700년)의 복잡한 패턴은 원기하학시대 그릇에서 그 실마리를 찾아야 한다. **도27·28**의 단순한 패턴이 후기에 이르면 **도4·5**처럼 아주 복잡하고 세밀한 패턴이 되기 때문이다. 물론 **도27·28**의 그리스 원(原)기하학 양식은 이때 갑자기 생겨난 것이 아니라 그리스 신석기, 유럽 신석기 미술에서 그 기원을 찾아야 한다.

도27·28 패턴을 보면 이 패턴이 그대로 **도4·5** 그릇 패턴으로 옮겨 갔다는 것을 확인할 수 있다. 다만 **도27**에서는 동심원이 구름의 기원이라는 것을 짐작할 수 있다. 그리고 **도28**에서는 삼각형 안에 동그라미 속 점을 찍어 구름의 기원(②)을 분명하게 나타냈다. 이것은 앞에서 살펴본 이란 신석기 그릇(**도26**)과 본질적으로 같은 패턴이다. 또 하나 구름의 기원(①)을 볼 수 있는데, 이 기원은 앞에서 살펴본 미케네 문화 그릇 **도19**의 하늘 속 구름, 세상으로 곧 나올 구름 패턴이다.

만약 **도27** 구름의 기원과 **도28** 구름의 기원(②)이 정말 구름의 기원이 맞다면 우리는 **도4·5**의 마름모 속 점과 동그라미 속 점 패턴을 구름의 기원으로도 볼 수 있을 것이다. 하지만 **도4·5**에서 이 기원 패

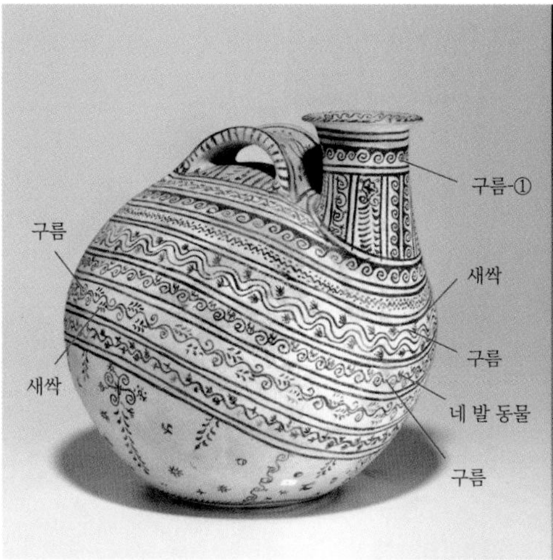

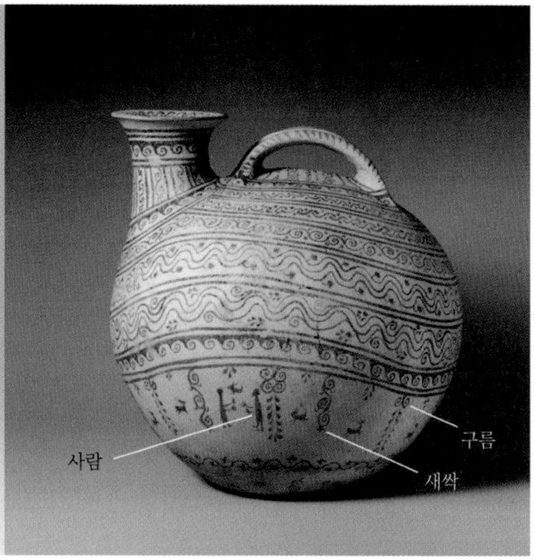

도29 이탈리아 아풀리아 아스코스. 기원전 3세기. 높이 36cm

도30 이탈리아 아풀리아 아스코스. 기원전 330~300년. 높이 33.4cm. 메트로폴리탄박물관

턴은 둘레 패턴과 관련하여 분명하지 않기에 일단 보류하고 싶다. 그래서 나는 **도4·5**의 기원 패턴을 사람(생명)의 기원이라 했던 것이다.

도28 어깨 패턴을 보면 구름을 풀잎과 만(卍) 자 모양으로 디자인했다. 풀잎(또는 꽃잎) 구름 패턴은 구름에서 내린 비(水), 그 비를 맞고 이 세상 만물이 태어난다는 세계관을 담았다고 볼 수 있다. 바로 우운화생의 세계관이라 할 수 있다. 만(卍) 자 패턴은 청동기 미술사에서 자세히 다루겠지만, 이 패턴은 동서양 고대 미술에서 두루 볼 수 있다. 그런데 문양사를 살펴보면 대체로 그 기원을 찾지 못하고 있다. 그러니까 우리가 알고 있는 만 자 패턴 정의가 사실은 어느 시기에 전도가 된, 전도가 된 관념에 또 다른 관념이 들러붙어, 즉 '전도의 중첩'으로 정리된 개념이라는 것이다. 하지만 이 패턴 또한 그 기원은 신석기에 있고, 세계 신석기 미술에서 살펴보면 그것은 틀림없이 비구름이다. 이 비구름이 천문에서 회오리바람을 일으키며 역동적으로 나오는 모습을 디자인했다고 볼 수 있다. 태극 패턴 또한 그 기원은 만(卍) 자 패턴이다. 이 디자인의 기원은 중국과 한반도 그릇,

수막새에서 얼마든지 찾을 수 있다.

신석기 미술은 추상이 아니라 구상

도29·30은 이탈리아 아풀리아Apulia 아스코스askos로, 주로 기름이나 술을 담는 주전자로 쓰였다. 이 그릇은 유럽 그릇인데도 우리 눈에 패턴이 잘 들어온다. 그만큼 동양적인 패턴이고 스토리라 할 수 있다. 한마디로 우운화생의 세계관이다. 그런데 이런 풀이를 찾아보기가 힘들다. 서양 사람들에게는 어렵고 낯선 세계관일까. 박물관 풀이를 보면 "돌돌 말린 무늬, 물결과 덩굴, 다른 여러 장식이 평행하면서 띠를 이루는 패턴parallel bands with scrolling, wave, vines and other decorative elements"이라 해 놓았다. 이것은 패턴을 해석하는 것이 아니라 패턴을 보고 글자로 옮겨놓았을 뿐이다. 그들에게는 이 디자인과 패턴이 정말 어려운 것일까.

구름에서 새싹이 나온다. 이 세상 만물의 기원이 구름(云·水)이라는 것을 말해 주고 있다. 구름 사이에는 새싹뿐만 아니라 네 발 짐승도, 사람도 그 속에서 살아간다. 이 세상 모든 만물이 비와 구름에서 비롯한다는 우운화생의 세계관이다. 이런 우운화생의 세계관과 패턴은 이 책에서 수없이 들었고, 앞으로도 다룰 것이다.

도29에서 가장 위 구름-① 패턴은 보통 비트루비안 스크롤Vitruvian scroll이라 한다. 미술대사전에는 "서양 고전 건축의 모티브로 파도, 봉우리(산) 형태를 연속시킨 것"이라 나와 있다. 하지만 이 패턴은 구름(云)으로 봐야 한다. 그래야 전체 디자인에서 스토리가 맞아 떨어진다.

도31·32 그릇은 미국 남서부 푸에블로 문화Pueblo culture 그릇이다. 푸에블로Pueblo는 스페인어로 '마을Village'인데, 1598년 스페인 사람들이 이곳 미국 남서부에 이르렀을 때 그곳 원주민을 보고 붙인

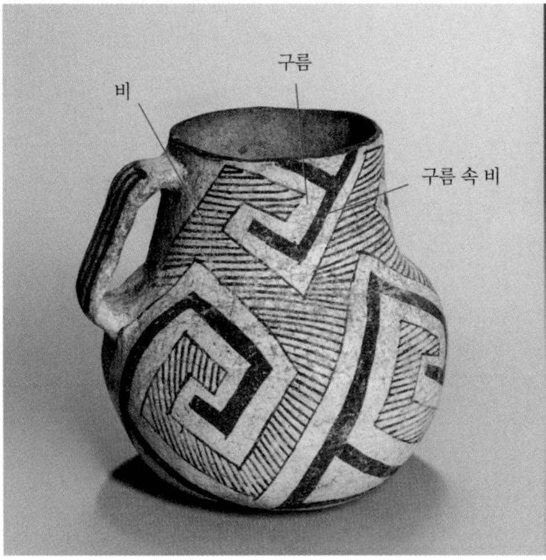

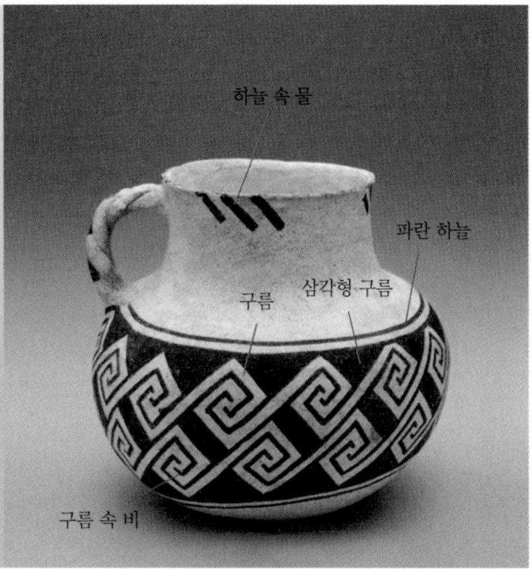

도31 미국 남서부 원주민 푸에블로 흑백 주전자. 1100~1200년. 높이 15cm

도32 미국 남서부 원주민 푸에블로 흑백 주전자. 10~12세기. 높이 18cm

이름이다.

푸에블로 문화는 미국 남서부 네 모퉁이Four Corners 콜로라도 남서부, 유타 남부, 애리조나 북동부, 뉴멕시코 북부 지역의 원주민Native Americans 문화를 말한다. 세계 신석기 미술사에서 푸에블로 문화는 아주 중요한데도 우리 학자들은 이것을 놓치고 있다. 그들은 기원전 7000년부터 미국 남서부에 살았고, 기원전 50년까지 농사를 짓지 않았다. 기원전 50년에 이르러서야 옥수수와 호박 농사를 처음 지었고, 기원후 500년에 그릇을 빚고, 옥수수·호박 농사와 더불어 콩을 심는다. 이때 칠면조를 기른다. 한반도 역사로 치면 삼국시대(4~7세기)에 처음으로 그릇을 빚고 가축을 기르기 시작한 것이다. 그렇다면 그전 시기는 무엇으로 물건을 담고 옮기고 저장했을까. 바구니다. 그래서 서기 500년 전, 그러니까 기원전 7000년부터 기원후 500년까지를 바구니시대Basketmaker Era라 한다. 그들은 그 오랜 세월 동안 그릇 없이 바구니를 짜 살림을 했다. 세계 역사에서 찾아보기 힘든 경우라 할 수 있다.

도31·32 그릇을 흑백 그릇black-on-white pottery이라 하는데, 이런

그릇을 빚은 때가 750년이다. 그들은 물레를 쓰지 않았고, 지금도 이렇게 빚고 있다. 나는 세계 신석기 미술사에서 푸에블로 문화가 아주 중요하다고 했다. 그 까닭은 서기 500년에 이르러서야 그릇을 처음 빚었지만 그 오랜 세월 동안 짜 썼던 바구니 디자인과 패턴이 그대로 그릇으로 올라왔기 때문이다. 그것은 세계 신석기 패턴 그대로다. 더구나 그들은 지금 현대에도 신석기 조상들이 썼던 그 패턴을 그대로 그릇에 그리고 있다. 물론 그들이 자신들이 지금 그리고 있는 패턴이 무엇인지 아는지는 모른다. (푸에블로 문화 관련 텍스트를 읽어보면 학자들은 이 패턴의 뜻을 장인들에게 묻지 않는다. 두 가지 가능성이 있는데, 하나는 학자들이 물었지만 그들도 이 패턴의 뜻을 알지 못했거나 아니면 푸에블로 장인들이 알지 못할 거라고 지레짐작하면서 학자들이 처음부터 묻지 않았을 수 있다.) 하지만 그렇다 하더라도 이 패턴은 기원전 7000년부터 지금까지 이어져 온 패턴이라는 점에서 우리가 놓쳐서는 안 된다. 이 패턴이 아주 어려운 것도 아니다.

도31 패턴은 구름운(云) 갑골문을 떠올리면 되겠다(6장 **도7**). 일단 패턴의 시작점을 찾아야 한다. 아가리에서 시작하는 구름 줄기를 잡으면 이 패턴은 쉽게 풀린다. 하얀 바탕은 구름, 그 안의 검은 줄기는 구름 속 비(또는 수분)다. 이 구름에서 비가 내리고 있다.

도32 패턴은 파란 하늘 아래 있는 삼각형 구름만 찾으면 나머지 패턴은 쉽게 해석을 할 수 있다. 이 삼각형 구름 끝에서 구름 속 비가 이어진다. 그리고 이 구름 속 비를 구름이 감싸고 있다. 서양미술사에서는 이런 패턴을 흔히 프렛fret이라 하는데, 이 패턴의 기원은 구름으로 봐야 적절하다. 하지만 구름으로 보는 사람은 없다.

하우저는 그리스 미술사를 말하면서 "기원전 5000년에서 기원전 약 500년까지에 이르는 기간이 한 가지 예술양식의 지배하에" 있었다고 한다. 하지만 이것은 옳지 않다. 기원전 5000년이 아니라 그 이전 그리스 신석기 초기부터 잡아야 한다. 그리스뿐만 아니라 거의

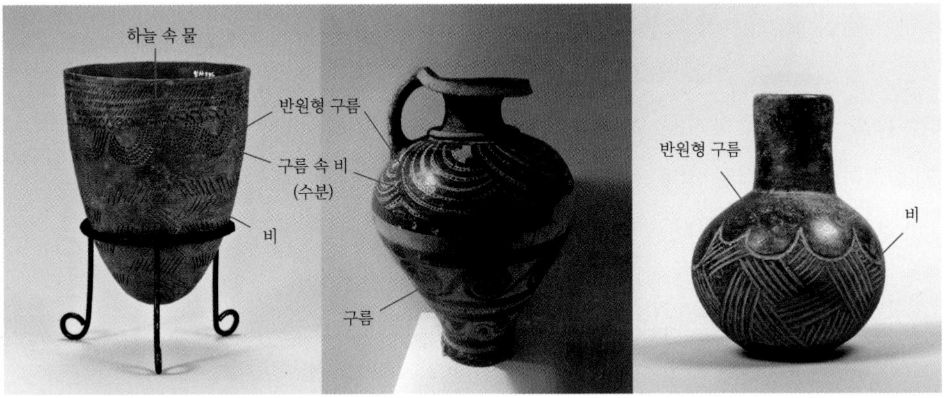

모든 나라의 미술은 신석기부터 기원전까지 신석기 미술의 자장 속에 있었다고 볼 수 있다. 한국미술 또한 마찬가지다. 더구나 한국미술은 청동기와 삼국시대, 4~6세기 불교가 들어오기 전까지, 물론 그 뒤 신라와 고려, 근대 이전 조선 민화에까지 신석기 미술이 이어진다. 그런데 푸에블로는 또 다르다. 그들은 기원전 7000년부터 시작된 신석기 미술이 현대에 이르러서도 변함없이 이어지고 있다. 이는 아프리카 여러 나라의 미술에서도 볼 수 있는 특징이기도 하다.

하우저는 묻는다. "추상적 형식원리에 지배되어 엄격히 구속을 받는 예술관이 그토록 오래 지속될 수 있었던 원인은 어디 있었던가?" 그는 이렇게 결론을 내린다. "경제활동을 엄격하고 보수적으로 조직화하여 독재적인 지배관계를 수립하고 사회의 모든 정신생활을 종교와 예배 중심으로 영위하는 경향", 바로 이것이 있었기에 가능한 일이었다고. 하지만 이 또한 맞지 않다. 푸에블로 신석기인은 1598년 미국 남서부가 스페인의 식민지가 될 때까지도 신석기적 삶을 살았다. 그들은 이때까지도 원시 공산주의에 가까운 삶을 살아왔다. 경제활동을 엄격하게 통제하지 않았고, 독재적인 지배관계도 없었다. 근대의 종교 관념으로 봤을 때 충분히 '종교'로 볼 수 있는, 그런 종교도 없었다. 그런데도 그들은 **도31·32** 같은 패턴 그릇을 빚

도33 빗살무늬토기. 서울 암사동. 기원전 3500년. 높이 20.8cm. 국립중앙박물관. 신수22712

도34 그리스 오이노코에. 원기하학시대 그릇. 기원전 1050~900년

도35 병. 기원전 12-9세기 멕시코 올멕 문화. 기원전 1200~900년. 높이 8cm. 메트로폴리탄박물관.

었다. 더구나 그들은 지금 현대까지도 그 전통을 이어오고 있다. 일본의 조몬토기 또한 마찬가지다. 그들은 자그마치 1만 년도 넘게 소위 기하학적 형식주의 미술을 했다. 조몬인들이 경제활동을 엄격하게 조직하고 독재적인 지배관계를 형성했기 때문에 그러한 것이 결코 아니다. 조몬인들 또한 푸에블로 신석기인들처럼 기원전 300년 전까지도 농사를 짓지 않았다. 한곳에 머물러 살았지만 여전히 채집과 수렵으로만 삶을 이어왔던 것이다. 그도 1만 년도 넘게 말이다. 이런 하우저의 억측과 비논리성은 어디에서 온 것일까. 답은 의외로 간단하다. 그가 신석기 미술을 몰랐기 때문이다.

도33·34·35 그릇은 지역도 시대도 다르지만 그 패턴은 본질적으로 같다. 세 그릇 모두 구름을 반원·반타원형 구름으로 새기고 그렸다. **도33·34**는 구름 속에 점을 찍어 구름 속 비 내지는 수분을 표현했다. 이런 패턴은 세계 신석기 패턴에서 두루 볼 수 있다. 세 그릇 가운데 한반도 암사동 그릇이 가장 완결된 세계관을 담고 있다. 하늘 속 물이 반원형 구름으로 나오고, 이 구름에서 비가 내리는 것이다. 그리고 그 비는 심원(귀허)의 세계로 흘러간다. 그에 견주어 **도34** 그리스 오이노코에Oinoche는 규칙을 찾을 수 없다. 어깨에 반원형 구름을 그렸는데 다시 몸통 아래에 다른 패턴으로 구름을 그렸다. **도33** 암사동 그릇과 가장 가까운 디자인은 멕시코 메소아메리카 Mexico Mesoamerica 올멕 문화Olmec culture 그릇이다. 암사동 그릇처럼 하늘 속에 물을 분명하게 새기지 않았지만 목 언저리가 하늘 속이라면 암사동 디자인과 본질적으로 같은 디자인이다. 비 또한 아주 사실적으로 새겼다고 볼 수 있다.

나는 신석기 미술을 곰브리치나 잰슨처럼 기하학적 추상미술로 보지 않는다. 또 하우저처럼 기하학적 형식주의로도 보지 않는다. 그들이 추상미술과 형식주의 앞에 '기하학적'이란 말을 붙인 까닭은 한마디로 '알 수 없다'는 말이다. (어쩌면 이 말은 '알 수 없다는 것'을 우리에게 은근히 숨기는, 그런 페이크일지도 모르겠다.) 그들은 신석기 미술을 구상미술로 보지 않는다. 하지만 나는 이 책에서 신석기 미술 또한 추상이 아니라 구상이라는 것을 밝히고 있다. 이제 절반 넘어섰다. 갈 길이 멀다.

제 9 장

괴베클리 테페의 클라우드백에서 아시리아의 워터백까지

9

괴베클리 테페의 클라우드백에서 아시리아의 워터백까지

인문학 강의나 세계 미술사 강의를 듣다 보면 빠지지 않는 신석기 유적이 있다. 바로 터키 괴베클리 테페 유적이다. 지금 바로 구글이나 네이버에서 검색하면 이 유적에 대한 소개 글이 수없이 올라와 있을 것이다. 그런데 아무리 자료가 많이 올라와 있어도 읽어 보면 이 유적에 대해 뚜렷하게, 아니 설득력 있게 말하는 자료를 찾기 힘들다. 미술사 책도 마찬가지다.

이 유적을 찍은 다큐멘터리도 꽤 많은데, 여러 추측만 할 뿐 명확하게 말하는 것이 없다. 더구나 보다 보면 뭔가 하나가, 가장 중요한 뭔가 하나가 쏙 빠져 있다는 것을 알 수 있다. 보기를 들자면 이런 것이다. 다큐를 보면 **도6**(**도1** 가장 왼쪽 돌기둥)을 끊임없이 보여주는데, 희한하게도 이 도상에 대해 어떤 코멘트도 하지 않는다는 점이다. 시청자는 이 도상이 무엇을 그린 것인지 궁금한데, 보여주기만 할 뿐 정작 아무 말도 하지 않는다. 이때 시청자는 이렇게 생각한다.

'학자들은 저게 뭔지 다 밝혀냈을 거야. 그리고 별로 중요하지 않으니까 말하지 않겠지.'

이러면서 끝까지 보는데, 정말 끝까지 아무 코멘트도 하지 않는다. 왜 이런 일이 벌어지는 것일까. 내가 보기에 **도6** 디자인만 제대

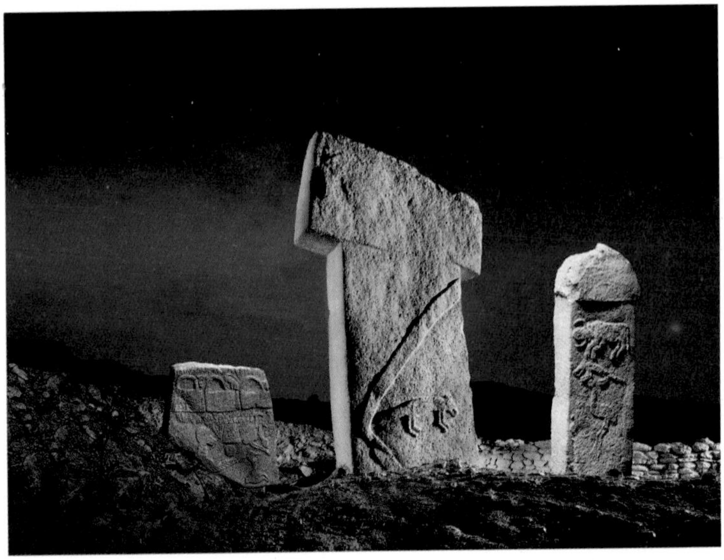

도1 터키 괴베클리 테페 유적. 기원전 9600년 전 신석기 초기 유적

우리나라 제주도 현경면 고산리 신석기 유적보다 한 1000년 앞선 유적으로 볼 수 있다.

로 풀면 괴베클리 테페의 비밀은 상당 부분, 적어도 8할은 풀 수 있을 것이라 믿는다. 이것은 뒤에 자세히 밝히기로 하고, 이런 일이 벌어지게 된 까닭을 먼저 말해야 할 것 같다. 그것은 다름 아니라, 다큐를 끝까지 봐도 아무 코멘트도 하지 않는 까닭은 실은 그들도 '모르기' 때문이다. 그렇다면 모른다고 하면 좋은데, 왜 그 코멘트를 하지 않는 것일까. 이 또한 무슨 특별한 이유가 있어서가 아니다. 학자들은 '모른다.'는 말을 잘 못한다.

괴베클리 테페 관련 다큐의 문제점이 하나 더 있는데, 이 다큐를 진행하는 주 진행자가 거의 다 '고고학자'란 점이다. 고고학자들은 자신이 아는 것만 보고 아는 것만 말하게 되어 있다. 자신이 모르는 부분이 있으면 그에 정통한 전문가를 찾아 물어야 하는데 그렇게 하지 않는다. **도6**만 해도 그렇다. 이 디자인은 고고학에서 풀 수 있는 것이 아니라 (물론 풀 수도 있다!) 신석기 미술과 신석기 문양에서 풀어야 한다. 그렇다면 신석기 문양학자나 미술사학자를 찾아가 물어야

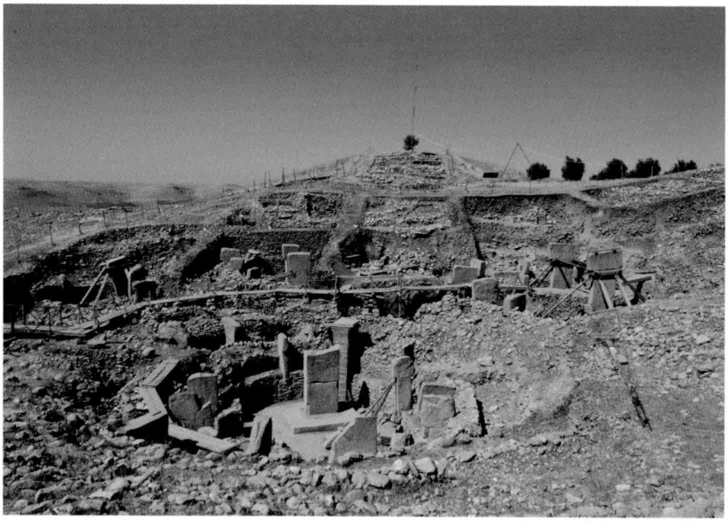

도2 터키 괴베클리 테페 유적

놀랍게도 이 유적은 3층으로 되어 있다. 사진으로 볼 수 있는 유적 아래 땅속에 똑같은 구조물이 2층 더 있는 것이다. 가장 아래층은 기원전 9600년 무렵이다.

한다. 아마 신석기 문양학자는 고고학자들이 수십 년 동안 풀지 못한 것을 단박에 풀 수도 있을 것이다. 물론 못 풀 수도 있다! 나는 신석기 문양학자가 이것을 풀었다는 말을 아직 듣지 못했다. 21세기 학문의 전문화, 이 전문화의 폐해가 바로 이런 것이다. 그래서 미술사를 공부할 때는 융합과 통합의 정신이 중요하고, 어떤 미술을 보든 총체로 볼 수 있는 눈이 있어야 한다. 하지만 지금 우리 학문은 너무 전문화가 되어 버려 어떻게 해볼 수 없는 지경에 이르고 말았다.

지극히 서구적인 고고학적 태도

도1·2 괴베클리 테페는 터키 남동쪽 샨르우르파Şanlıurfa 외렌직Örencik에 있는 신석기 유적이다. 괴베클리 테페Göbekli Tepe는 우리말로 '배불뚝이 언덕'이란 뜻이다. 해발 760미터쯤 되는 언덕인데,

사진에서 보는 것처럼 그렇게 높지는 않다. 이 유적은 2018년 6월 바레인 마나마에서 열린 유네스코 제42차 세계유산위원회에서 터키의 18번째 유네스코 세계문화유산이 되었다.

괴베클리 테페 유적은 기원전 9600년에서 8000년 사이에 지은 것으로 알려져 있다. 이 시기는 신석기 초기다. **도2**를 보면 알 수 있듯이 가운데 직사각형 돌기둥이 있고, 이것을 중심으로 그 둘레에 담을 쌓고 사이사이에 티T 자형 돌기둥을 세웠다. 이 돌기둥에는 사자, 여우, 뱀, 멧돼지, 영양, 오리, 가젤, 당나귀, 소, 독수리, 두루미, 거미, 전갈 같은 짐승과 곤충이 새겨져 있다. 이렇게 둥글게 지은 것 한 세트가 20여 개 있고, 거기에 쓰인 돌기둥이 200여 개에 달한다. 이 유적은 지금 10퍼센트 남짓 발굴했으며 완전히 발굴하려면 앞으로 100년은 더 걸릴 것으로 본다.

괴베클리 테페는 1963년 이스탄불대학과 시카고대학 합동 조사 때 처음 세상에 알려졌다. 그들은 T자 돌기둥 윗부분을 보고 비잔틴 시대 무덤으로 착각했다. 그래서 더는 조사하지 않았다. 그로부터 30년 뒤 1994년 독일 고고학자 클라우스 슈미트Klaus Schmidt(1952~2014)가 우연히 시카고대학에서 출간한 괴베클리 테페 발굴 보고서를 읽었고, 그는 이 유적에 흥미를 느껴 조사하기 시작했다. 이렇게 하여 신석기 초기 유적이라는 것이 밝혀졌다.

도2 둥근 구조물 지름은 10~30미터 가량 된다. 돌기둥은 6미터 안팎 높이이고, 그 무게는 13톤에서 20톤에 달한다. 이 돌은 석회암이다. 이곳에서 100미터 남짓 떨어진 곳에서 떼어내 이곳까지 옮겨 온 것이다. 석회암은 다른 돌에 견주어 좀 무르다. 그래서 단단한 차돌로 긁거나 문지르면 긁어지고 골을 파낼 수 있어 피라미드 같은 고대 건축 자재로 많이 쓰였다.

다큐 〈리얼 대탐험-인류 최초의 신전, 터키 괴베클리 테페〉에서 진행자이자 미국 로닌연구소 고고학자 제프리 이안 로즈Jeffrey Ian

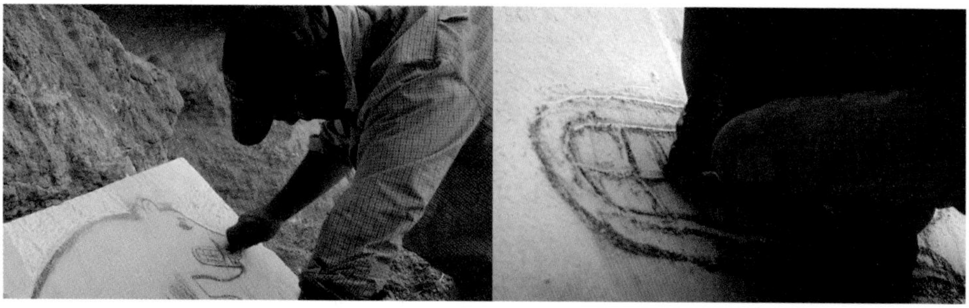

도3 한 석공이 신석기인이 했던 방식으로 무늬를 새겨 봤다.
OBS, 〈리얼 대탐험-인류 최초의 신전, 터키 괴베클리 테페〉, 2013년 9월 4일

Rose 박사가 석공에게 멧돼지를 새기는 데 얼마나 걸리냐고 묻는다(도3). 그는 여섯 시간 걸렸다고 한다. 석공은 석회암 돌판에 신석기인이 쓴 도구(날카로운 돌이나 괭이날)로 새겼다. 그에 따르면 한 구조물 돌기둥 20개는 300시간이면 충분하고, 60~70명이 구조물 하나를 짓는 데 걸리는 시간은 6~12개월쯤 걸릴 것으로 봤다. 이렇게 보면 그렇게 긴 시간이 걸리지 않았다는 것을 알 수 있다.

유발 하라리는 『사피엔스』(김영사, 2011)에서 4쪽에 걸쳐 괴베클리 테페 유적에 대해 코멘트한다. 좀 길지만 그의 의견을 여기에 옮겨 본다.

> 문자 발생 이전에 살았던 사람들의 동기가 경제적 필요가 아니라 **신앙**이었다는 것을 증명하기는 어려운 일이다. (……) 그러나 드문 경우 그 사실을 보여주는 행운을 누리기도 한다. 1995년 고고학자들은 터키 남동부 괴베클리 테페 유적지를 발굴하기 시작했다. **가장 오래된 지층에서는 정착지, 주거, 일상 활동의 흔적을 찾을 수 없었다.** 하지만 아주 멋진 조각 기둥, 그 기둥을 세워 지은 기념물이 나왔다. (……) **이 구조물은 수렵채집인이 세운 것**이었다. 고고학자들은 처음에 이 발견을 믿지 못했지만, 조사를 거듭할수록 이 구조물의 오랜 연대와 이를 세운 시기가 **농경사회 이전이었다**는 사실을 잇따라 확인했다. **고대 수렵채집인의 능력과 문화적 복잡성은 우리가 이전에 추측했던 것보다 훨씬 뛰어**

> **났던 것** 같다.
> 수렵채집 사회 사람들은 왜 이런 것을 지었을까? 실용적 목적은 전혀 보이지 않는다. 그곳은 매머드 도살장도 아니고 비를 긋거나 사자를 피해 숨는 곳도 아니었다. 뭔가 미스터리한 문화적 이유에서 세워졌다고 볼 수밖에 없다. **고고학자들은 그게 무엇인지 알아내느라 골머리를 앓고 있다.** 그러나 무엇이든 간에, 수렵채집인들은 거기에 막대한 공력과 시간을 들일 가치가 충분히 있다고 생각했다. 괴베클리 테페를 건설하는 유일한 방법은 여러 무리와 부족에 속한 수천 수렵채집인이 오랫동안 협력하는 것, 그것을 가능하게 하는 것이 있어야 한다. **그런 일을 가능하게 할 수 있는 것은 세련된 종교와 이데올로기 시스템밖에 없다.** (……) 기존에 우리는 **개척자들이 처음에 마을을 세우고** 이것이 번영하면 그 중앙에 **사원을 지었을 것**이라고 보았지만, 괴베클리 테페가 시사하는 바는 **그 반대다. 먼저 사원을 짓고 나중에 그 둘레에 마을이 들어섰다**(137~140쪽).

좀 길지만, 그만의 코멘트라기보다는 그동안 고고학자들이 한 얘기를 쭉 정리해 놓았다고 볼 수 있다. 그의 말처럼 고고학자들은 괴베클리 테페 유적이 무엇을 한 곳인지 모른다. 그래서 골머리를 앓고 있다. 그런데 서구 학자들은 골머리를 앓고 있다 하면서도 이 유적을 너무 '쉽게', 그도 아주 자명하게 종교와 관련짓고 있다. 이런 고고학 태도는 참으로 단순하고, 지극히 '서구적'이다. 하지만 이런 태도와 관점은 서구를 넘어 세계 고고학의 학문 태도가 되어 버린 지 오래다. 우리 한국 인문학자들도 서구 학자들과 크게 다르지 않다. 이 유적과 관련한 코멘트를 들어보면 거의 다 '종교'와 관련지어 '제단'이나 '성소'로 본다. 그렇다면 이때 괴베클리 테페 신석기인이 믿었던 종교는 어떤 종교일까. 어떤 신을 섬겼을까. 이렇게 물으면 그들은 더 이상 대답하지 못한다. 대답도 할 수 없는 주장을 이렇게 쉽게, 그도 단정적으로 말하고 있는 것이다.

앞에서도 몇 번 말했지만 우리 한반도 신석기에는 종교가 없었다. 그것은 그들이 남긴 유물로서도 충분히 증명이 가능하다. 적어도 우리에게는, 한반도 신석기 사람들에게는 종교는 없었다. 그래서 서구 고고학 틀로 한반도 신석기를 보는 것은 애당초 문제가 있을 수밖에 없다. 그런데도 우리 고고학자들은 한반도 신석기 미술을 설명할 때 '종교'나 '신앙' 같은 말을 너무 쉽게 쓰고 있다. 이미 우리에게도 서구 고고학 문제틀이 들어와 있는 셈이다.

가장 중요하게 여기는 핵심 고리는 종교

하라리가 말한 바와 같이 세계 고고학자들은 이 구조물을 농경 사회 이전 신석기 초 수렵채집인들이 지었다는 것을 도무지 믿을 수 없었다. 하지만 아무리 조사를 해도 농사를 지은 흔적이나 주거를 했던 증거가 나오지 않았다. 동물 뼈가 많이 나왔는데, 그 뼈는 살이 많이 붙어 있는 부위였다. 주로 가젤, 멧돼지, 양, 붉은사슴 뼈였다. 학자들은 이것을 증거로 괴베클리 테페 신석기인들은 수렵채집인이었다고 말한다. 하지만 이것은 직접 증거가 될 수 없다. 농사를 짓는 신석기인도 얼마든지 짐승을 잡아먹을 수 있기 때문이다.

괴베클리 테페 유적 발굴 이전 서구 고고학자들이 자명하게 믿는 가설이 하나 있었다. 그 가설을 요약하면 다음과 같다.

> 신석기인들은 곡식 농사를 짓고, 그렇게 하여 먹을거리가 풍족하게 되자 더 이상 먹을거리를 찾아 돌아다니지 않고 한곳에 머물러 정착하게 되었다. 몸과 마음에 여유가 생기자 이제 세상만물의 기원과 죽고 사는 문제를 고민했고, 그렇게 하여 신(神)이 그들 세계관에 들어왔다. 그들은 신전을 짓고 도시를 이루었다.

그러니까 농경→정착→종교→신전→도시, 이런 단계를 거쳤다는 것이다. 그런데 괴베클리 테페 유적이 나오고 나서는 이 가설이 흔들린다. 괴베클리 테페 신석기인들은 농사를 짓기 이전 단계인 수렵채집인들이었는데도 한곳에 정착을 했다. 그리고 이 수렵채집 단계에 종교가 그들 삶에 들어왔고, 신전을 먼저 짓고, 이렇게 모인 사람들이 먹고살기 위해 농사를 짓고 도시를 이루었다. 정착→종교→신전→농경→도시, 이런 단계를 거쳤다는 것이다. 물론 나는 괴베클리 테페 유적 이전의 가설도 그 이후의 가설도 따르지 않는다. 이런 가설은 철저히 서구적인 문제틀이다. 어쩌면 이 문제틀은 중세 이후 자리 잡은 신God과 인간의 관계, 그 관계 틀로 인류사를 바라보는 관점일지 모르겠다. 앞에서도 말했듯이 중국과 한반도 신석기에는 종교의 흔적을 찾기 힘들다. 한반도뿐만 아니라 신석기시대에 종교가 없었던 나라는 꽤 있을 것이다. 그리고 농경과 정착의 관계도 이 둘의 관계가 반드시 필요충분조건이라 할 수도 없는 노릇이다.

신석기시대 초기 농사는 야생 곡식을 지었기 때문에 수확량이 수렵채집보다 월등히 적었다. 이때 먹을거리는 곡식보다는 수렵과 채집으로 얻은 물고기, 조개, 도토리, 밤, 호두 같은 것이 훨씬 더 중요하고 주된 먹을거리였다. 이는 한반도 신석기 유적 살림살이 도구를 봐도 충분히 짐작할 수 있다. 다시 말해 그들이 정착 생활을 하기 시작한 것은 반드시 '농사' 때문만은 아니라는 것이다. 그래서 하라리도 "고대 수렵채집인의 능력과 문화적 복잡성은 우리가 이전에 추측했던 것보다 훨씬 뛰어났던 것 같다"고 에둘러 말하고 있다.

하라리는 괴베클리 테페 유적을 보면서 수렵채집인이 오랫동안 협력하고 이런 건축물을 짓기 위해서는, 이런 일을 가능하게 하기 위해서는 "세련된 종교와 이데올로기 시스템"이 있어야 한다고 말한다. 또 이것 말고는 달리 설명할 길이 없다고 한다. 하지만 꼭 그럴까. 이 또한 고대, 특히 신석기를 '종교'의 틀로 보는, 그들만의, 서구 학계의 고질적인 논리, 자명한 문제틀이 아닐까.

농경→정착→종교→신전→도시 단계이든 정착→종교→신전→농경→도시 단계이든, 서구 학계에서 가장 중요하게 여기는 핵심 고리는 종교와 신전이다. 나는 앞에서 정착과 농경의 관계가 필요충분조건이 아니라고 했다. 마찬가지로 농경과 종교도 필요충분조건이 아니라고 생각한다. 우리는 일단 이런 문제틀에서 벗어날 필요가 있다. 그랬을 때 우리는 세계 신석기를 근본적으로 볼 수 있고 세계 신석기인의 세계관을 더 구체로 그려낼 수 있다.

자명한 문제틀 애니미즘과 토테미즘

괴베클리 테페 유적 돌기둥(**도1**)에는 날짐승, 길짐승, 곤충이 부조와 양각으로 새겨져 있다. 이 유적을 맨 처음 발굴한 독일고고학연구소 클라우스 슈미트 교수는 이것을 산 자와 죽은 자를 지키는 '수호신'으로 본다. 그렇다고 해서 무슨 근거가 있는 것도 아니다. 그저 추측이고 짐작일 뿐이다. 그의 이런 판단은 서구 고고학 내지는 종교학의 고질적인 애니미즘과 토테미즘 문제틀이다. 그들은 고대 유물에 동물이 새겨져 있는 돌판이나 돌상이 나오면 의심의 여지없이 애니미즘과 토테미즘 틀로 본다. 이는 우리 학자들이 단군신화의 호랑이와 곰을 토템으로 보는 것과 같다. 사실 한국 신석기·청동기학계는 이런 해석을 자주 한다. 조그마한 곰 흙인형 머리가 나오면(**도4**) 그 지역 사람들이 곰을 '토템'으로 삼았다고 한다. 하지만 이런 해석은 늘 옳은 것도 아니고, 곰곰이 생각해 보면 이것만큼 우스운 말도 없다. 만약 이게 정말 곰 토템이라면 그 지역 다른 미술과 이야기story가 맞아떨어져야 하고, 하나의 '완결된 스토리story' 구조를 갖춰야 한다. 하지만 나는 그런 설득력 있는 스토리를 들어본 적이 없다. 그런데 희한하게도 이런 주장을 천연덕스럽게 하는 사람들이 많다. 또 그것에 대해 어느 누구도 문제를 제기하지 않는다. 왜냐하면 말하는 사람도 듣는 사람도 하나의 이론적 전제가 베이스에 깔려 있기 때문이다. 그것은 바로 애니미즘과 토테미즘이다.

> 자연환경의 변화에 영향을 받으면서 살아온 신석기인들은 **생활 자체가 종교적이고 의례적인 측면**이 강했다. **자연에 대한 두려움과 생업활동의 안전 기원·풍요·다산을 종교적인 신앙으로 해결**했으며, 이를 위해 일부 **자연물과 동식물을 신격화하거나 형상화하여 숭배의 대상**으로 삼았다.
> 동삼동패총에서는 신석기인의 정신세계 흔적을 보여주는 여러 유물이 나왔는데, 대표적이 것이 **조개가면과 흙을 빚어 구운 토우**다. 이 중에서 **곰 모양 토우**는 숲속의 왕자라 하는 곰을 형상화한 것인데, 당시 사람들의 **곰 숭배 신앙**을 잘 보여준다. **조개가면은 마을의 공동의식이나 축제 때 쓴 것으로, 실제로 썼다기보다는 의식용**으로 만든 것으로 보인다.[1]

사실 위 구절에서 어느 것 하나 구체로 증명할 수 있는 것은 없다. 적어도 우리 한반도 신석기에서는 이런 사례를 찾을 수 없다. 우리는 이런 말을 수많은 역사책에서 읽고 배운다. 그런데 희한하게도, 구체로 증명할 수 있는 유물이 없는데도 우리는 이런 의견에 대해 아무런 문제의식이 없다. 대체 왜 이런 일이 늘 있는 것일까.

위 구절에서 말한 곰 흙인형은 **도4**를 보면 알 수 있듯이 머리와 목 부분만 빚었다. 처음부터 이렇게 빚었고 그도 높이가 '4.5센티미터'밖에 안 된다. 손가락 두 마디쯤 되는 크기다. 겨우 손가락 두 마디쯤 되는 흙인형이 나왔는데, 이것을 두고 신석기 마을 사람들이 자신을 수호하는 신으로 '숭배'했다고, "곰 숭배 신앙을 잘 보여준다"고 말하고 있다. 하지만 우리는 이것을 읽고도 아무런 문제의식

1) 『동삼동패총전시관 전시도록』(부산박물관, 2002), 47쪽

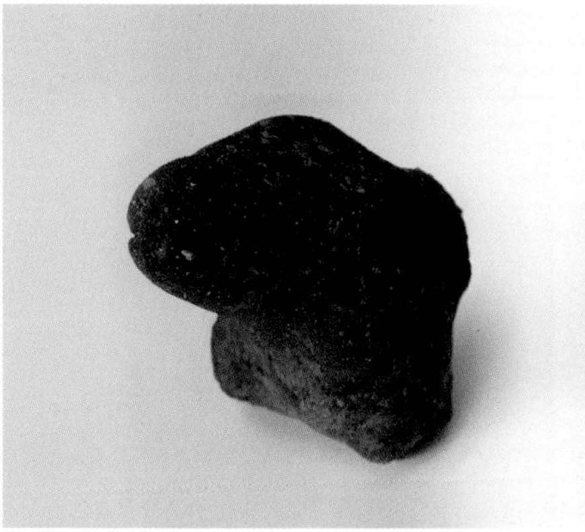

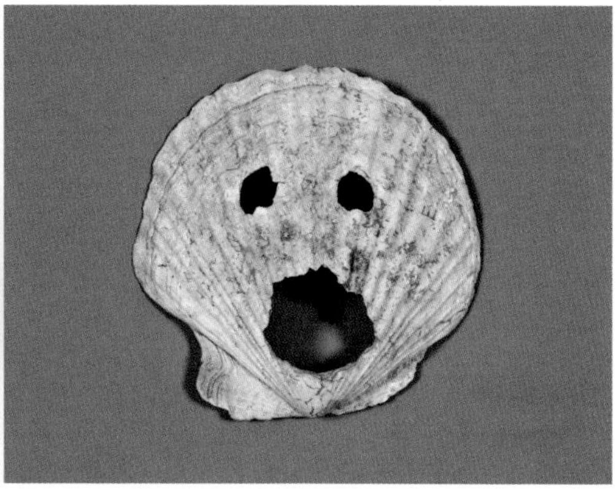

이 없다. 말하는 사람도 듣는 사람도 그 이론적 베이스에 애니미즘·토테미즘 틀이 자리 잡고 있기 때문이다. 어쩌면 **도4** 흙인형은 신석기 어느 마을 아버지가 그릇을 빚을 때 곁에 있던 아들이 손으로 조물딱조물딱 빚어 그릇을 구울 때 같이 구운 것이 아닐까. 만약 한 마을의 토템으로 빚었다면 적어도 사람 앉은키 정도는 되어야 하지 않을까. 그래야 좀 높은 데 놓고 여러 사람이 의식을 치를 수 있지 않을까.

도4 곰 모양 흙인형. 부산 동삼동 신석기 조개무지. 높이 4.5cm. 부산시립박물관

도5 얼굴 모양 국자가리비 껍데기. 부산 동삼동 신석기 조개무지. 높이 10.7cm. 국립중앙박물관. 신수22277

도5 조개가면도 마찬가지다. 이 말은 이름부터 잘못되었다. 이것은 '가면'이 아니다. 국자가리비 조개껍데기에 구멍을 내서 만든 것이다. 나는 목걸이로 본다. 아마 입에 끈을 꿰어 목에 찼을 것이다. 높이가 10.7센티미터밖에 안 되는 것을 어떻게 '가면'이라 할 수 있겠는가. 더구나 앞 구절에서는, "조개가면은 마을의 공동의식이나 축제 때 쓴 것으로, 실제로 썼다기보다는 의식용으로 만든 것"이라 한다. 그러니까 일상에서 쓴 것이 아니라 "마을 공동의식이나 축제" 때 그런 특별한 날에 실지로 썼다 말하고 있다. 이것은 미술과 유물을 보는 기본 태도의 문제이기도 하다. 미술 작품과 유물을 볼 때는 가장 먼저 그 크기부터 가늠하고 살펴야 한다. 그렇지 않으면 이런

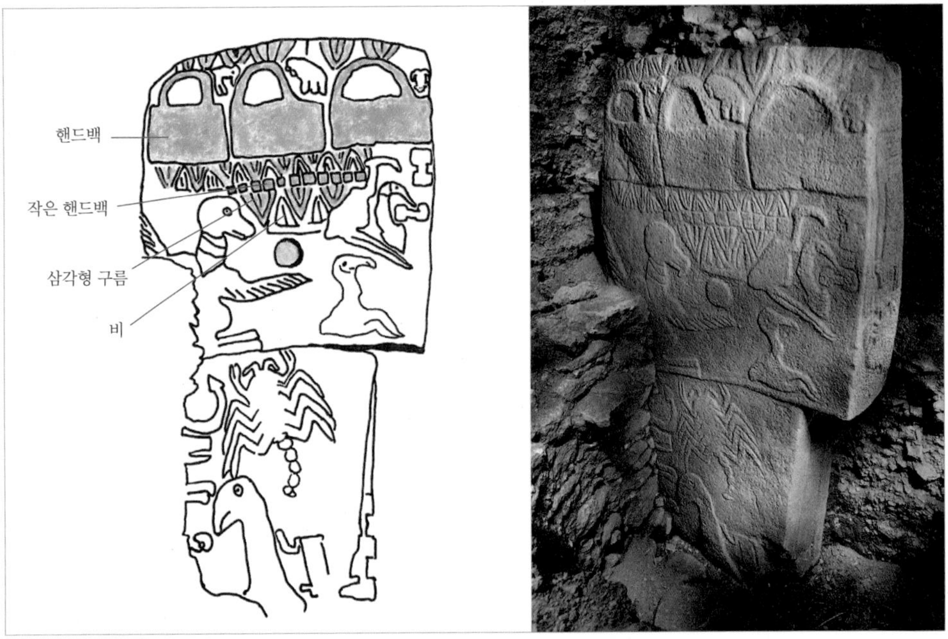

이 돌기둥 디자인 패턴을 풀어낸다면 우리는 괴베클리 테페 유적 신석기인이 이 건축물을 무슨 용도로 지었는지 알 수 있을 것이다.

도6 터키 괴베클리 테페 유적 T자 돌기둥 (D구역 43번 기둥)

실수를 하게 된다. 다시 말하지만 높이가 10.7센티미터밖에 안 된다!

괴베클리 테페와 클라우드백

괴베클리 테페 유적에서 눈여겨봐야 할 미술은 **도1**에서 왼쪽 돌기둥(**도6**)이다. 이 돌기둥에 괴베클리 테페 유적의 비밀을 풀 수 있는 실마리가 있다. 이 디자인을 '별자리'로 보는 이도 있다. 물론 그렇게 못 볼 것도 아니지만 여기서 중요한 패턴은 위쪽 핸드백 handbag·stone bag이다. 이 핸드백을 풀지 못하는 한 그런 해석은 별 의미가 없다. 앞에서도 말했지만 고대 미술의 디자인을 풀이할 때는 전체 패턴이 총체로 풀려야 한다. 핸드백을 빼고 별자리만 말한다든

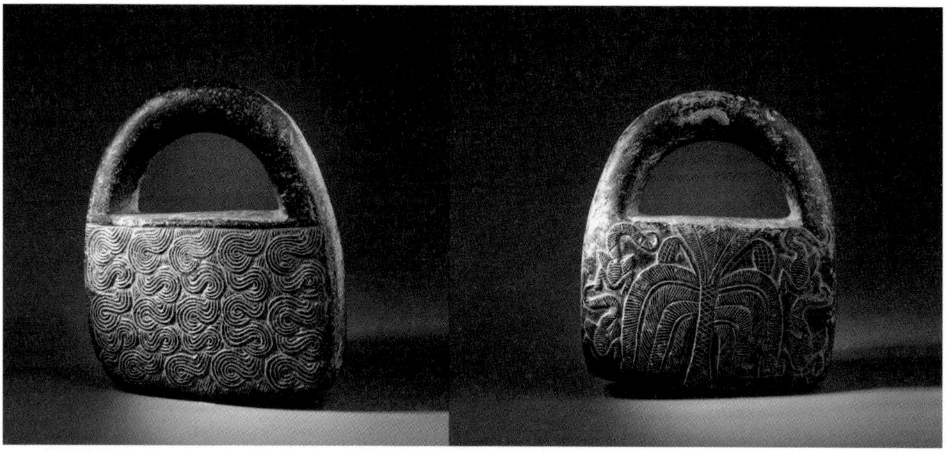

도7 아프가니스탄 클라우드백. 아프가니스탄 북부. 기원전 3000년 말~2000년 초. 녹니석(chlorite 綠泥石). 높이 25cm

도8 아프가니스탄 클라우드백 도7 뒷면. 로스앤젤레스 카운티 미술관

지, 핸드백과 별자리 이야기가 맞물려 떨어지지 않으면 별자리 가설은 바로 버려야 한다. 그리고 다시 원점으로 와서 처음부터 생각해 봐야 한다.

나는 핸드백을 클라우드백cloud bag으로 본다. 지금까지 한국 신석기 미술을 다루면서 아시아를 넘어 세계 여러 나라 신석기 미술을 두루 보기로 들었고, 신석기인에게 비(雨)는 단순히 비가 아니라 이 세상 만물의 기원인 물(水)이라고 했다. 그리고 그것은 꼭 농사와 관련이 있는 것도 아니라고 했다. 농사를 짓기 이전 신석기 미술에서도 구름과 비 패턴은 가장 중요한 무늬이고, 이것은 홍수가 잦았던 홍적세를 거쳐 오면서 살아남은 신석기인의 바람, 평화롭게 떠다니는 뭉게구름과 때때로 적당히 흙을 적시는 비, 이런 비와 구름을 바라는 마음이었을지도 모른다고 했다. 그런데 이 비는, 이 세상 만물의 기원인 비는 구름(云)에서 오는 것이다. 그러니까 이 세상 만물의 기원은 비(雨, 水)이고, 이 비(雨)의 기원은 다시 구름(云)인 것이다. **도6** 디자인 또한 이런 관점으로 보면 되겠다. 이 세상 만물의 기원과 삶이 가장 위에 있는 하늘 속 클라우드백에서 비롯한다는 것이고, 그렇다면 이는 우운화생의 세계관으로 볼 수 있다. 가운데 노란 구멍

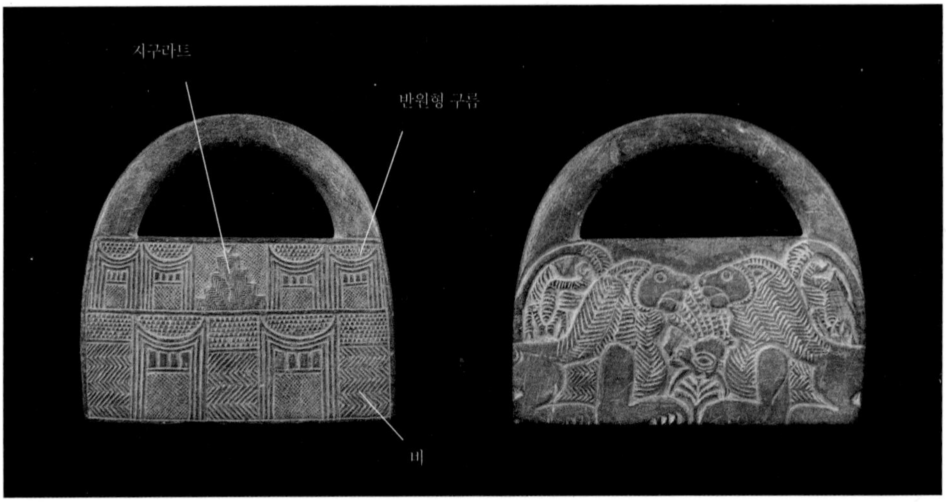

도9 · 10 이란 지로프트 문화 클라우드백. 녹니석. 기원전 2500년. 높이 30.5cm. 이란국립박물관

은 정확히 뭔지 모르겠다. 오리 같은 날짐승 옆에 있는 것으로 보아 샘(水)일지도 모르겠다. 바로 뒤에 자세히 다루겠지만 하늘 속 물(水)과 땅속 물(水), 이 물의 기원 문제도 한번 생각해 볼 필요가 있다. 성서 창세기 7장 11절 구절은 다음과 같다. "노아가 육백 세 되던 해 이월 십칠 일, 바로 그날 땅 밑에 있는 큰 물줄기가 모두 터지고 하늘은 구멍이 뚫렸다." 고대 히브리 세계관에는 하늘 속 물과 더불어 땅속 물에 대한 세계관이 있다.

서구 고고학계는 **도7 · 8** 가방을 박트리안 핸드백A Bactrian chlorite handled weight으로 보고 있지만, 박트리아 미술하고는 아무런 관련이 없다. 박트리아는 기원전 3세기 무렵 그리스인들이 지금의 아프가니스탄 북부에 세운 왕국으로 수도는 박트라(지금의 발흐Balkh)다. 그런데 이런 돌가방stone bag은 기원전 3000년 무렵부터 사우디아라비아, 이라크, 시리아, 이란, 아프가니스탄에서 나오고 있다. **도8**은 **도7**의 뒷면이다. 가운데 대추야자나무가 있고 그 양쪽에 전갈이 두 마리씩 있다. 흙에서 자라는 나무와 땅을 기어 다니는 동물이 앞면에 있는 구름(云) 즉 물(水)에서 기원했고, 물에 기대어 살아갈 수밖에

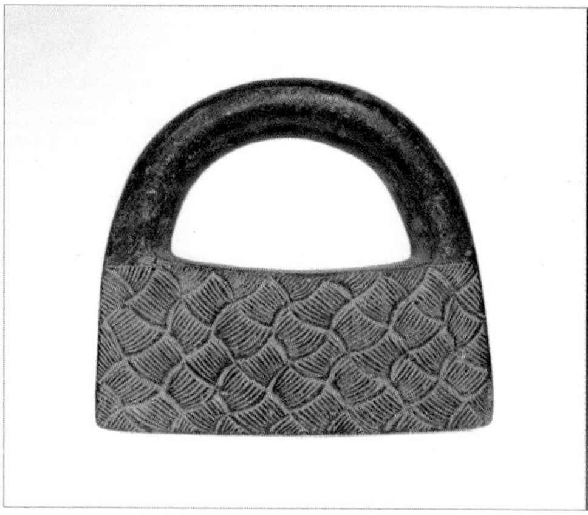
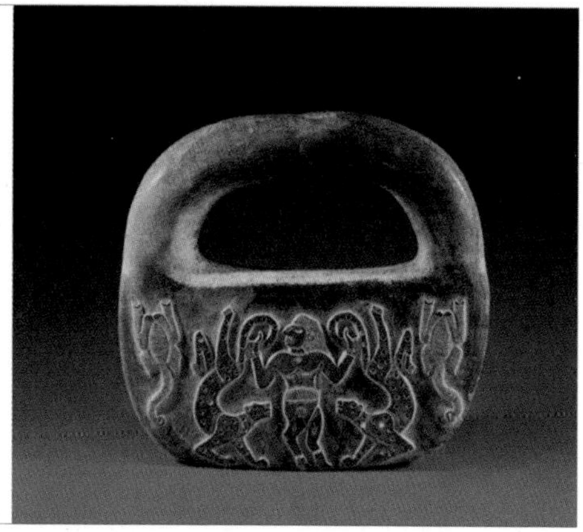

도11 바탕은 온통 구름(云)이다. 이것으로 보아 이 가방은 클라우드백cloud bag이 틀림없다. 도12는 비의 기원 구름(云)에서 이 세상 만물(전갈·표범·사람)이 태어나고, 그것에 기대 살아간다는 세계관을 담고 있다.

도11 이란 지로프트 문화 클라우드백. 기원전 3000~2500년

도12 이란 지로프트 문화 클라우드백. 기원전 2500년. 청동기시대. 이란 국립박물관

없다는, 우운화생의 세계관을 담고 있다고 할 수 있다.

도7 · 8 같은 핸드백은 아프가니스탄 북부와 이란 동부에서 많이 나오고 있는데, 이 돌가방이 어떤 용도로 쓰였는지는 아직 정확히 모른다. 다만 서구 학계는 무게를 달 때 쓴 저울추weight-measuring instruments and called 'weights' 로 보고 있다. (뒤에 자세히 말하겠지만 이것하고는 아무런 관련이 없다.) 여기서 우리가 눈여겨봐야 할 것은 이 핸드백 디자인의 기원이 괴베클리 테페 돌기둥(**도6**)에 있다는 점이다. 문제는 이 돌가방과 괴베클리 테페 핸드백의 시차가 무려 '7000년'이나 된다는 것이다. 이런 일이 과연 가능할까. 하지만 이런 일은 세계 미술사에서 흔히 있는 일이다. 기원전 6000년 전 양양 오산리 신석기 덧띠무늬 항아리에서 볼 수 있는 삼각형 구름과 빗줄기 패턴이 조선 민화와 조선 제기에서 볼 수 있는 것처럼 말이다. 이 둘의 시차는 자그마치 7500년이나 된다!

우리는 **도7 · 8** 돌가방 디자인과 패턴에서 괴베클리 테페 핸드백이 무엇이었는지, 괴베클리 테페 신석기인이 이 핸드백으로 무엇을 나타냈는지 짐작할 수 있다. 어떤 시기 미술을 볼 때 우리는 그 전과

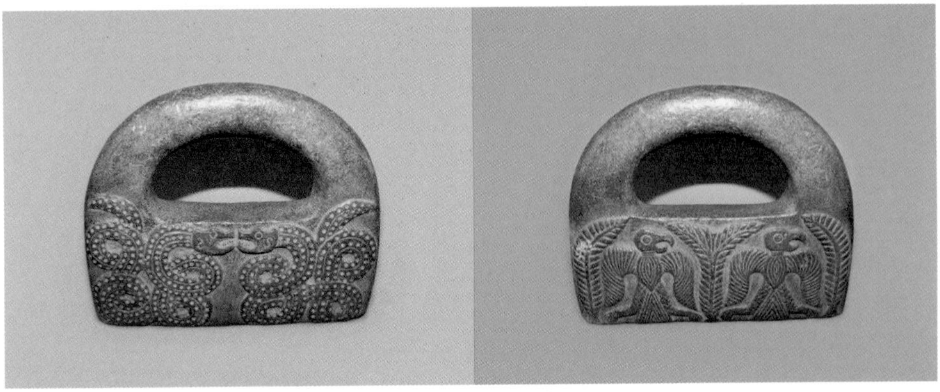

앞면에는 뱀을 새겼다. 뱀은 구름을 동적(動的)인 동물로 새겼다고 보면 된다. 그래서 뱀 몸에 점점이 수분(水, 雨) 패턴을 한 것이다. 뒷면에는 독수리와 야자나무를 새겼다. 앞면 구름(云)에서 내리는 비(雨)에서 이 세상 만물이 생겨나고 살아간다는 우운화생의 세계관이라 할 수 있다.

도13 · 14 이란 지로프트 문화 클라우드백. 기원전 2500년. 청동기시대. 높이 21.6cm

그 뒤 미술에서 비슷한 디자인과 패턴을 찾고 서로 견줘 보면서 연구할 수밖에 없다. 그리고 이렇게 7000년 차이가 난다고 해서 놀라거나 그 가설을 버릴 필요는 없다. **도7** 무늬는 보는 바와 같이 구름(云)을 입체로 새겼다. 그렇다면 괴베클리 테페 돌기둥의 돌가방은 클라우드백으로 보는 것이 지금으로서는 가장 적절한 판단이 아닐까. (성서 아모스9:6, 욥기38:37에는 물을 담아두는 하늘 속 독과 물주머니가 나온다. 이 또한 cloud bag이라 할 수 있다.) 그러니까 **도6** 돌기둥 패턴은 가장 위 '하늘 속'에 비(雨)의 기원 구름(云)이 가득 들어 있는 가방이 있고, 이 가방cloud bag에서 작은 클라우드백이 내려오고, 작은 클라우드백에서 구름(삼각형 구름)이 나오고 이 세상에 비를 뿌리는 것이다. 그리고 이 비(雨)에서 이 세상 만물이 태어나고, 살아가고, 죽고, 다시 태어나는 것이다. 한마디로 우운화생의 세계관을 담고 있다고 할 수 있다. 그리고 이와 더불어 이 우운(雨云) 속에서 살아가는 이 세상 만물(동물과 곤충)을 그렸다고 볼 수 있다. 우리 한반도 미술에서 이런 우운화생의 세계관을 나타낸 미술은 괴베클리 테페보다 1만 년 뒤 신라 미술에서나 볼 수 있다(5장 **도42 · 47** 참조). 그리고 그 미술은 우

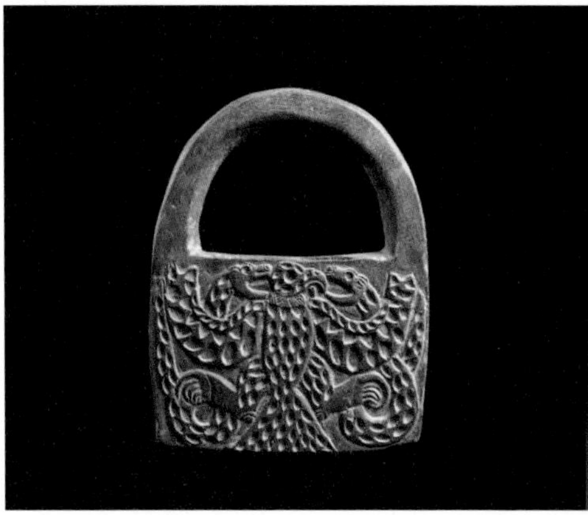

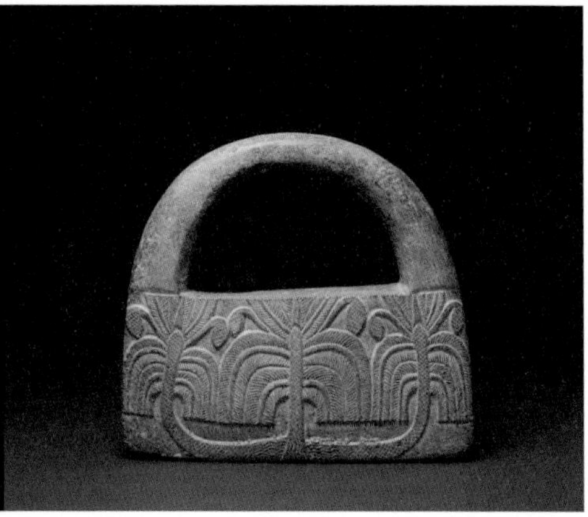

도15에는 독수리와 뱀을 도16에는 대추야자를 새겼다. 구름가방에서 이 세상 만물이 태어나고 그 속에서 살다 죽고, 다시 태어난다는 것을 말하고 있다. 이것은 괴베클리 테페 돌기둥에서도 볼 수 있는 세계관이다.

운(雨云)보다 더 본질적인 천문(天門)에 강조를 두고 있다.

어떤 이는 **도7-16** 클라우드백을 계급이 높은 사람이 권위를 나타내기 위해 차고 다녔던 배지badges of high office, carried to indicate authority라고도 한다. 하지만 이 핸드백은 높이가 20~30센티미터쯤 되고 무게도 상당하다. 배지처럼 차고 다니거나 허리띠에 매고 다닐 수 없다. 또 어떤 이는 무게를 다는 저울추라거나 그 모양이 자물쇠를 닮아 'lock'이라 한다.

아프가니스탄 학계는 **도9** 디자인을 아직 해석하지 못하고 단지 기하학적인 무늬라 할 뿐이다. 하지만 앞에서도 말했듯이, 이 돌가방의 기원이 괴베클리 테페의 클라우드백이라면, 이 패턴은 반타원 구름(云)과 비(雨)를 디자인한 것으로 봐야 할 것이다. 나는 7장 '고산리 덧띠무늬토기와 일본 조몬토기' 편에서 패턴을 읽을 때는 화려하고 복잡한 중기보다는 투박한 초기나 스마트한 말기 미술을 잘 살펴야 한다고 했다. 괴베클리 테페 돌가방 패턴의 실마리는 이렇게 말기, 그도 7000년 뒤의 미술에 있다는 것을 알 수 있다. 조선 민화에서 신석기 미술 패턴을 읽을 수 있는 것과 같은 경우라 할 수 있겠

도15 이란 지로프트 문화 클라우드백. 기원전 2500~3000년. 높이 21.6cm

도16 이란 지로프트 문화 클라우드백. 기원전 3000년. 높이 22.9cm. 메트로폴리탄박물관

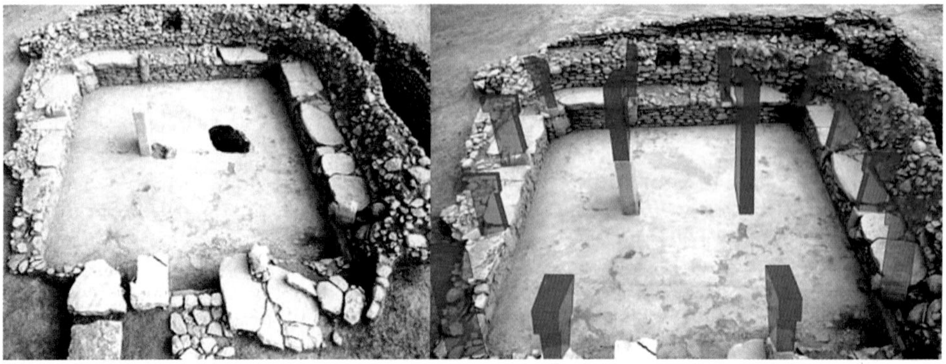

도18은 도17에서 망가져 없어져 버린 부분을 그린 컬러로 복원한 것이다.

도17 · 18 터키 동남부 신석기 유적 네발르 초리Nevalı Çori

다. **도10** 가방에는 사자 두 마리가 송아지calf 한 마리를 사이에 두고 마주 보고 있다. 꼬리를 감아 올렸는데, 그 속에 전갈scorpions이 있다. 사자와 전갈은 괴베클리 테페 돌기둥에도 있다.

하늘 속에는 클라우드백, 땅속에는 워터백

서구 학자들이 말하듯이 괴베클리 테페 구조물은 신에게 제사나 예배를 올렸던 신전일까. 그렇다면 그 신은 어떤 신일까. 서구 학자들은 '신전'이라 확신을 하면서도 정작 그 신이 어떤 신인지는 딱 잘라 말하지 못한다. 그런 의미에서 이러한 '확신'은 처음부터 문제가 있다. 신이 어떤 신인지 밝히지 않은 상태에서 이 구조물을 신전이다, 이렇게 말하는 것이 과연 무슨 의미가 있을까.

결론부터 말하자면 나는 '물(水)의 기원'과 관련이 있는, 다시 말해 물(水)과 관련이 있는 건축물로 본다. 나는 **도6** 핸드백을 클라우드백으로 봤다. 비(雨)의 기원 구름, 이 구름이 마치 압축가스처럼 가득 차 있는 클라우드백으로 말이다. 그리고 **도7-16**에서 본 것처럼 이 클라우드백에서 비(雨·水)가 내려 이 세상 땅을 촉촉이 적시고, 이 땅에서 세상 만물이 태어나고 살아가고 죽고, 다시 태어나는 것이다.

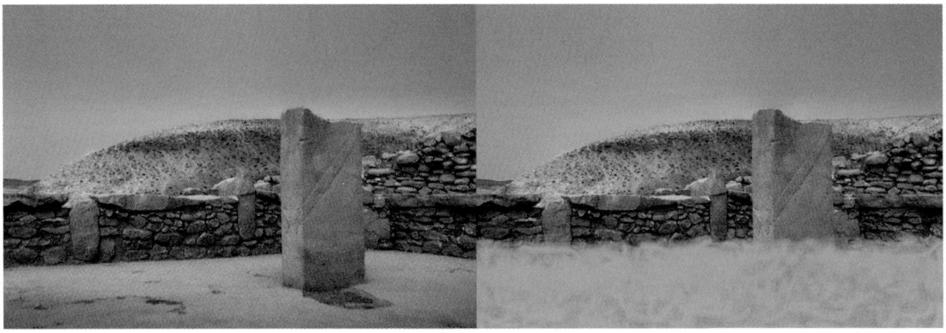

도20은 도19에 물이 차 있다고 가정하고 물을 채워 넣었다. 만약 물이 방방하게 차 있는 샘물터였다면 이만큼, 신의 양손이 보일 만큼 차 있었을 것이다.

도19 · 20 터키 동남부 신석기 유적 네발르 초리

다시 말해 이 클라우드백은 또 '워터백'인 것이다. 특히 어느 특정한 땅에서 물이 꼴꼴꼴 솟아 올라왔을 때 신석기인들은 어떤 생각이 들었을까. 이 세상 만물의 기원 물은 구름에서 내리는 것인데 이와 달리 땅속에서 맑은 샘물이 솟는다면? 그 경이는 이루 말할 수 없었을 것이다. 신석기인들은 오늘은 맑았는데 그다음 날 시커먼 먹구름이 하늘을 덮었을 때, 그 많은 구름이 도대체 어디에서 왔는지 알 수 없었다. 그래서 그것은 '공포' 그 자체였다. 물론 지금도 시커먼 먹구름은 두렵고 무섭다. 샘물 또한 마찬가지였다. 물은 하늘에서 내려야 하는데 이렇게 땅속에서 솟아났을 때 그들은 어떤 생각이 들었을까. 그들은 깊은 땅속에도 하늘과 마찬가지로 '워터백'이 있다고 보지 않았을까. 그리고 그것을 신이 그곳에 갖다 놓았다고 상상하지 않았을까(성서 시편 33장 7절에 이런 구절이 있다. "바닷물을 독에 담으시고 깊은 땅속 곳간에 넣어두셨다.").

터키 동남부 유프라테스 강 북부에 괴베클리 테페와 똑같은 시기에 신석기인이 살았던 네발르 초리Nevalı Çori 유적이 있다. 이곳은 괴베클리 테페에서 30킬로미터 떨어져 있는데, 1990년 유프라테스 강 댐이 건설되어 지금은 물에 잠겨 버렸다. 그때 찍어 놓은 유적 사진을 보면 괴베클리 테페 유적 건축물과 똑같은 형태의 구조물이 보인다. 다만 **도17·18**을 보면 알 수 있듯이 괴베클리 테페처럼 둥근 형태가 아니라 사각형 구조로 되어 있다. 가운데 큰 T자형 기둥이 두 개 있고, 사각 담 둘레에 열세 개가 더 있다. 학자들은 이곳 또한 네발르 초리 신석기인이 모여 신에게 제사나 예배를 올린 신전으로 보고 있다. 그런데 나는 신이 있기는 하지만 신전이 아니라 샘물터로 보고, 사각형 우묵한 곳에 물이 차 있었을 것으로 본다. 그리고 그 신은 땅에 비를 뿌려주는 구름, 이 구름을 관장하는 구름신cloud God이었을 것으로 본다.

도19는 **도17**을 가까이에서 찍은 것이다. 서구 학자들은 이곳에 사람들이 모여 제사나 예배를 올렸을 것으로 본다. 그런데 신전을 이렇게 우묵하게 지어야 할 까닭이 있을까. 나는 신전보다는 샘터나 우물터로 보고 싶다. 샘물이 솟아나는 곳에 샘터를 짓고, 이 샘물이 땅속 깊은 곳, 구름신이 갖다 놓은 워터백에서 나온다는 것을 말해 주는, 그런 샘터가 아닐까. 이 샘물로 이 세상 만물이 움트고, 사람 또한 이 물을 마시고 살아간다는 것을 말해 주는, 그런 우물터 말이다.

도19·20에서 눈여겨봐야 할 것은 가운데 있는 돌기둥이다. 아래쪽에 두 손을 모으고 있는데, 나는 이 손을 하늘 속 클라우드백 또는 워터백을 사람과 온갖 만물이 사는 땅으로 내려주는 구름신의 손으로 본다. 하늘 속 클라우드백(또는 워터백)을 하늘과 땅으로 내려주려면 이렇게 팔이 길어야 하지 않을까.

이렇듯 괴베클리 테페 신석기인들이 비(雨)와 구름(云)의 문제를 해결하는 방법은 암사동 신석기인과 달랐다. 암사동 신석기인과 괴베클리 테페 신석기인들은 비(雨)의 기원이 구름(云)이라는 것까지는 같다. 다만 이 구름의 기원을 해결하는 방법이 달랐다. 암사동 신석기 세계관에는 구름(云)을 관장하는 신이 들어올 여지가 없다. 그들은 구름이 나오는 천문(天門)을 두어 신과 관계없이 구름의 운동으로

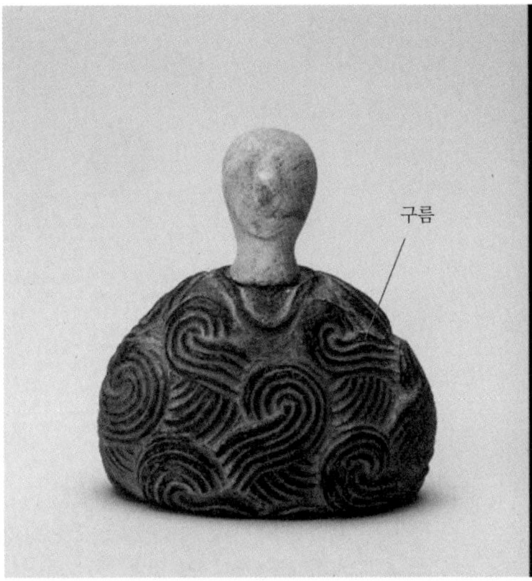

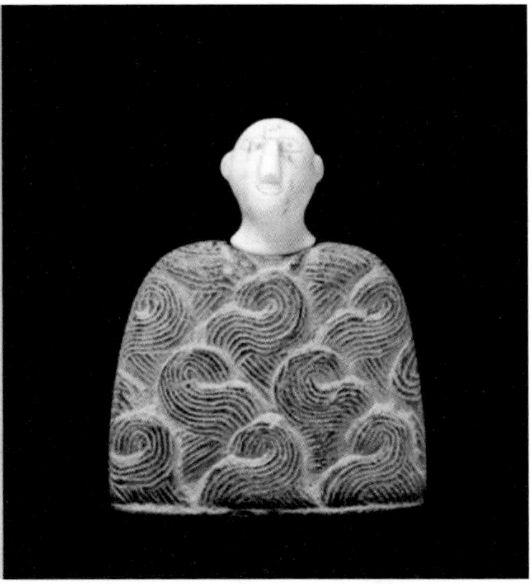

몸통 패턴을 구름(云)이 아닌 다른 것으로 읽을 수 있을까? 서구 학계는 이 패턴을, 추상적인 물결무늬abstract wavy patterns로 읽는다. 그런데 이것이 진정 물결이라면 '추상'이 아니고 '구상'이라 해야 하지 않을까?

도21 구름신. 투르크메니스탄 Turkmenistan. 기원전 2100~1700년. 높이 5.4cm

도22 구름신. 아프가니스탄 북부. 기원전 3000년 말 -2000년 초. 높이 7.5cm

해결했다. 이는 중국 신석기인도 마찬가지다. 그런데 괴베클리 테페 신석기인들은 구름을 관장하는 신을 통해 구름의 기원 문제를 해결한다. 하늘 속 클라우드백을 자잘하게 작은 클라우드백으로 나누고(**도6** 참조), 또 클라우드백 또는 워터백(물가방)을 땅속에도 갖다 두는, 그런 신을 상정한 것이다. 이것은 일본 조몬 신석기인들이 구름과 비의 문제를 해결하는 방법과 같다(7장 **도47 · 48 · 49** 참조). 어쩌면 이러한 서구의 세계관, 기원의 문제를 언제나 신을 통해 해결하는 세계관과 태도는 터키 괴베클리 테페에서 시작되었는지도 모른다.

서구 학계는 **도21-32**를 박트리아 숭배상Bactrian Idol이라 한다. 그들은 이 석상이 무엇인지 아직 알지 못한다. 박물관 설명글을 보면 박트리아 돌 숭배상Bactrian Stone Idol, 박트리아 조립 돌 숭배상 Bactrian Composite Stone Idol, 앉아 있는 박트리아 조립 돌 공주 Seated Bactrian Composite Stone Princess, 박트리아 공주Bactrian

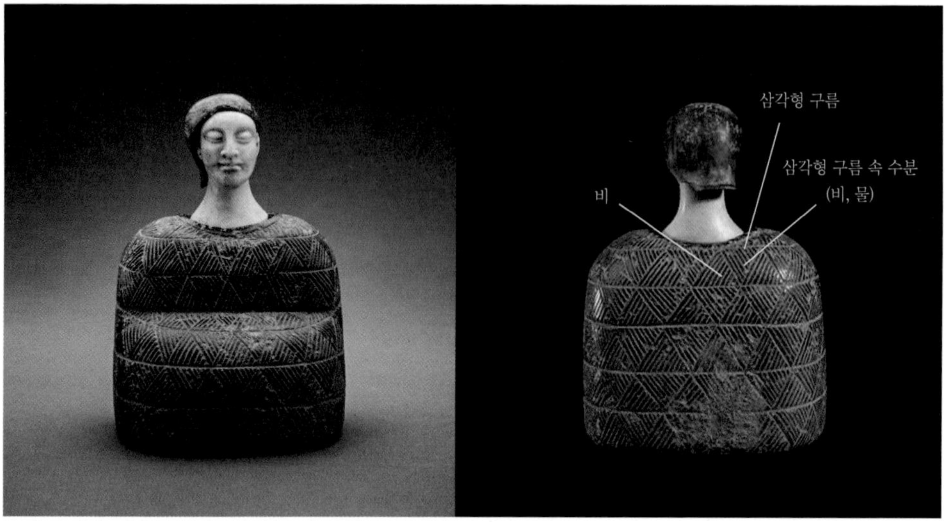

몸통 패턴을 읽으려면 3장 도7과 6장 도67을 다시 찾아볼 필요가 있다. 삼각형 안 빗금과 삼각형 밖 빗금을 구별하는 것이 핵심이다. 이 구름신을 조각한 장인은 왼손잡이였을 것이다.

도23 · 24 구름신. 아프가니스탄 북부. 기원전 2000~1800년. 높이 12.1cm

Princess, 앉아 있는 돌 여성상Seated female stone figures이라 써 놓았다. 이름에 조립Composite을 쓴 까닭은 머리를 몸통과 달리 다른 재질(주로 석회암)로 깎아 어깨에 얹었기 때문이다. 연대는 기원전 3000년 말에서 2000년 초 청동기시대다. 그래서 박트리아(기원전 3세기~기원후 7세기)하고는 관계가 없다. 그런데도 '박트리아'를 석상 이름에 쓰는 까닭은 이 석상이 나오는 지역이 옛 박트리아(아프가니스탄 북부) 지역이기 때문이다. 그렇다 하더라도 이것은 문제가 있다. 석상이 나오는 곳은 주로 터기 괴베클리 테페 가까이 있는 지역이다. 석상이 나온 지역 이름을 구체로 쓰면 좋겠다.

이 석상의 기원은 **도6** 괴베클리 테페의 핸드백이다. **도6** 핸드백handbag이 **도7** 클라우드백cloud bag으로, 이 구름 가방이 다시 구름신cloud god으로 발전한 것이다. 그래서 **도6 · 7** 핸드백과 **도21-32** 구름신은 본질적으로 같은 구상이고, 전체 디자인도 닮았다. 다만 구름신으로 신격화되었다고나 할까. **도21 · 22** 몸통에 있는 패턴은 누

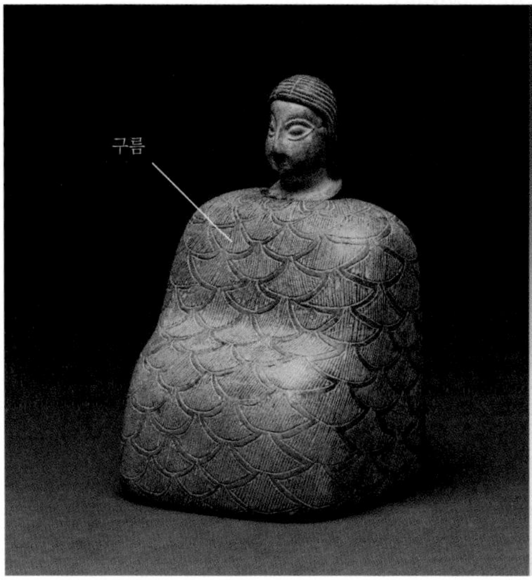

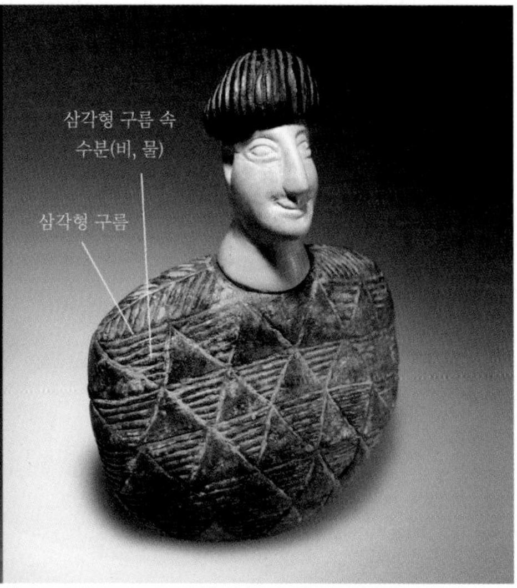

도25 구름 패턴은 반원·반타형 구름의 변형이다. 6장 도26·30, 7장 도34, 13장 도7을 찾아 설명글을 살펴보라.
도26 삼각형 구름 패턴에 대해서는 5장 도16, 14장 도7을 찾아보면 알 수 있다.

도25 구름신.
아프가니스탄 북부
마르기아나Margiana.
기원전 2100~1700년.
높이 14.6cm

도26 구름신.
아프가니스탄 북부.
기원전 3000년 말~
2000년 초.
높이 9.5cm

가 봐도 구름이다. 그런데 서구 학계는 이 패턴을, "추상적인 물결무늬이고, 이 무늬는 양털을 구상으로 한 무늬일 것abstract wavy patterns, perhaps imitating sheep's fleece"이라 한다. 하지만 이는 구름 패턴으로 보는 것이 적절하다. 그랬을 때 괴베클리 테페 핸드백의 정체도, 구름신의 기원도 하나의 스토리 속에서 풀 수 있다. **도25**는 반타원형 구름(云)으로 볼 수 있고, 반타원 안에 있는 빗금은 구름 속에 있는 물기(水) 또는 비(雨)다. 이런 패턴은 세계 신석기 그릇에서 두루 볼 수 있는 패턴이기도 하다. **도23·24·26·27·32**는 한반도 암사동뿐만 아니라 세계 신석기 미술에서 볼 수 있는 삼각형 구름(云)과 비(雨)로 볼 수 있다. **도21·22·25** 구름무늬 패턴도 중국을 비롯하여 세계 여러 나라 신석기 미술에서 찾아볼 수 있는 구름무늬 패턴이다.

도28·29·30·31의 삼각형 구름(云)과 비(雨) 패턴은 **도6** 괴베클리 테페의 삼각형 구름(云)과 비(雨) 무늬가 더 뚜렷하게 자리를 잡은 모

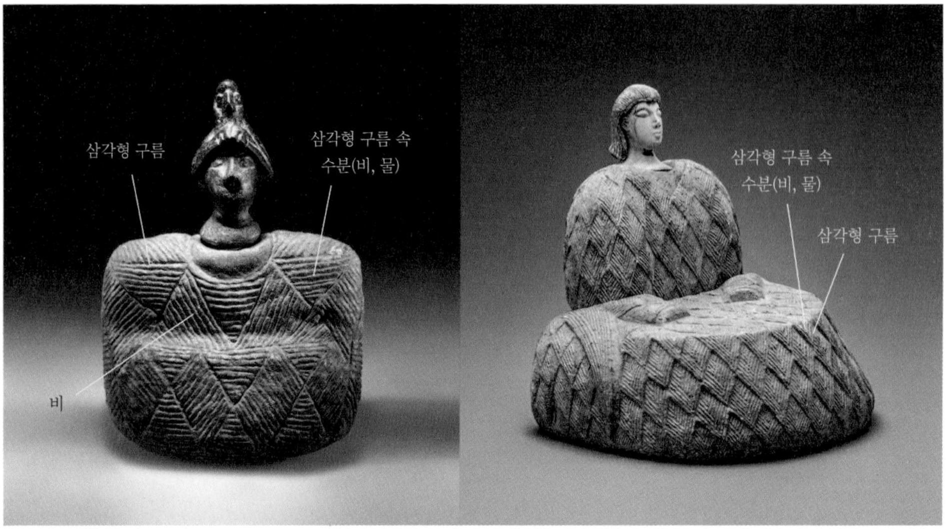

도27 삼각형 구름과 비 패턴은 암사동을 비롯하여 세계 신석기 미술에서 두루 볼 수 있다. 그 가운데 3장 도4, 4장 도6, 6장 도47이 아주 똑같은 패턴이다. 도28 구름 패턴은 도6 괴베클리 테페 삼각형 구름 패턴의 변형이다.

습이다. 이 또한 서구 학계는 양털을 모방한 것imitating sheep's fleece으로 보지만 이렇게 미술을 보는 것은 맥락 없이 살피는 태도다.

앞에서도 잠깐 말했듯이 암사동 신석기인이나 괴베클리 테페 신석기인이나 그들 세계관에서 가장 중요한 핵심은 비와 구름이었다. 비와 구름에서 이 세상 만물이 태어나고, 살아가고, 죽고, 다시 태어난다고 보았던 것이다. 여기서 비(雨)는 이 세상 만물의 기원 물(水)이다. 그런데 이 비와 물의 기원은 다시 구름(云)이다. 이런 세계관도 암사동과 괴베클리 테페는 같다. 다만 비의 기원인 구름이 어떻게 이 세상에 나오는지, 이것을 해결하는 방법이 달랐다. 암사동 신석기인은 하늘blue sky에 구름이 나오는 통로 천문(天門)을 두었다. 이 천문을 통해 구름이 세상에 나오는 것이다. 구름이 세상에 나올 때 그것을 관장하는 신은 없다. 구름은 그 스스로(自然) 나온다. 이렇게 암사동 세계관에는 기원의 기원 문제를 풀 때 처음부터 신이 들어올 여지가 없었다고 할 수 있다. 그래서 암사동 신석기인은 괴베클리

도27 구름신.
아프가니스탄 북부.
기원전 3000년 말~2000년 초.
높이 11.4cm

도28 구름신.
아프가니스탄 북부.
기원전 3000년 말~2000년 초.
높이 12.7cm

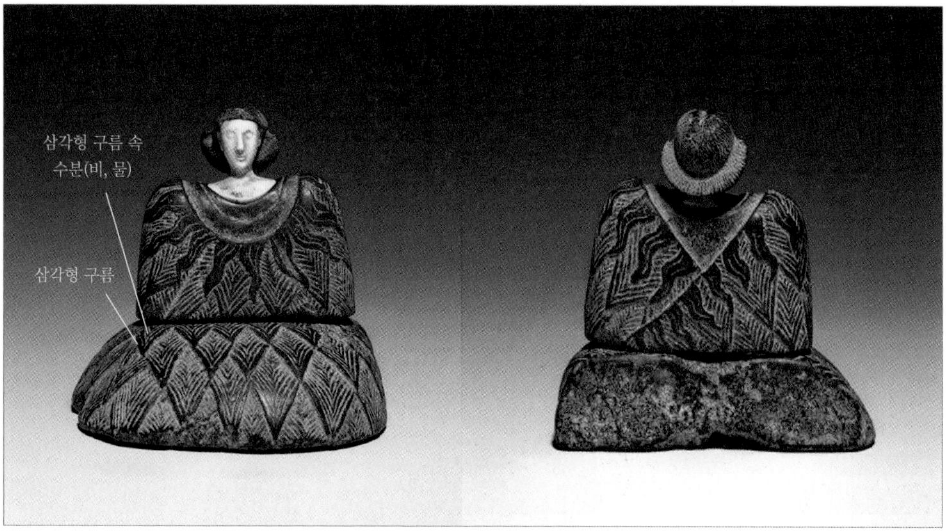

도29·30의 삼각형 구름과 도28·31의 삼각형 구름 패턴은 도6 괴베클리 테페의 삼각형 구름과 같은 패턴이다. 이런 삼각형 구름 패턴은 세계 신석기 미술에서 아주 흔한 것은 아니지만 본질적으로 삼각형 구름이다.

도29·30 구름신. 아프가니스탄 북부. 기원전 3000년 말~2000년 초. 높이 11.5cm

테페나 일본 신석기 조몬인들처럼 구름신을 따로 상정할 필요가 없었다. 그와 달리 괴베클리 테페 신석기인들은 클라우드백을 이 세상에 골고루 나누어 줄 신을 상정했다. 그 신은 팔이 길다. 가끔 워터백을 다이렉트로 땅속 깊이 묻어둘 수 있어야 하기 때문이다. 암사동과 괴베클리 테페 신석기인은 비슷한 세계관이었지만 결정적인 대목에서는 이렇게 갈리고 만다. 어쩌면 이는 동양과 서양의 세계관 차이일 것이다.

아프칼루가 들고 있는 핸드백은 무엇일까

도33 진흙판 부조Gypsum panel relief에는 네 사람이 있다. 왼쪽부터 순서대로 현자 아프칼루, 호위병 궁수, 신아시리아제국의 세 번째 왕 아슈르나시르팔 2세, 신하 환관이다. 왕은 수염이 풍성하고, 원뿔이 솟아나 있는 모자를 썼다. 오른손으로는 대접을 들고 있고

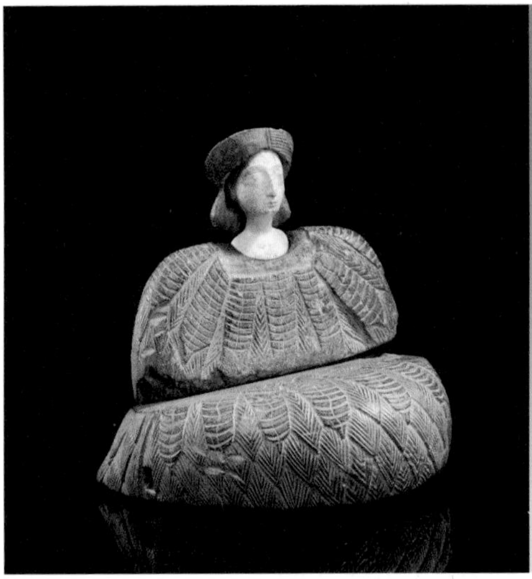
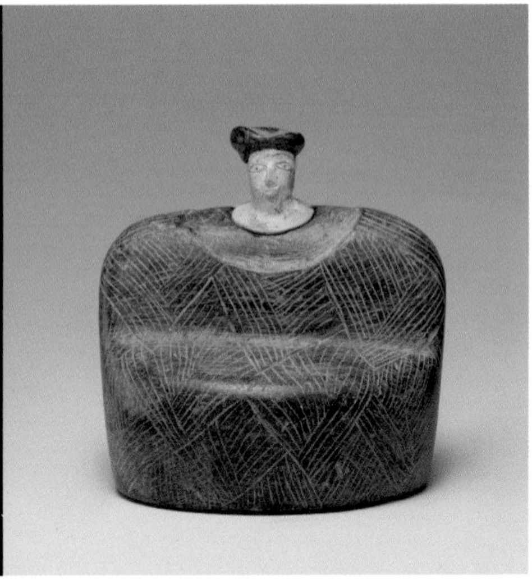

도32 삼각형 구름 패턴은 우리가 지금까지 보아 왔던 삼각형 구름 패턴하고는 다르다. 하지만 잘 살펴보면 이 또한 본질적으로 삼각형 구름이라는 것을 알 수 있고, 도31 구름 패턴과 같다는 것을 확인할 수 있다.

도31 구름신.
아프가니스탄 북부.
기원전 3000년 말~
2000년 초.
높이 14.5cm

도32 구름신.
아프가니스탄 북부
마르기아나.
기원전 3000년 말~
2000년 초.
높이 9cm.
메트로폴리탄박물관

왼손으로는 활 끝을 짚고 있다. 오른쪽 사람은 수염이 없다. 아마 환관eunuch인 듯싶다. 그는 오른손에 파리채fly-whisk를 쥐고 파리를 쫓고, 왼손은 기름 램프를 들고 있다.

왼쪽에서 오른쪽으로 두 번째 인물도 환관이자 궁수다. 칼을 차고 활을 어깨에 걸치고 있는데, 이 궁수는 아슈르나시르팔 2세 왕을 지키는 호위병 노릇을 하고 있다. 그는 권위의 상징 메이스mace, the symbol of authority를 쥐고 있는데, 왕이 의식 때 포도주 대접을 들어야 해서 잠시 대신 들고 있는 것인지, 아니면 그의 것인지는 확실하지 않다. 왼쪽 첫 번째, 등에 독수리 날개가 달린 인물을 흔히 '날개 달린 수호자a winged supernatural protective figure'라 한다. 그는 오른손으로는 대추야자 수꽃을, 왼손으로는 '핸드백'을 들고 있다. 아마 그 앞 점토판에는 대추야자나무가 있을 것이다(**도34** 참조). 이 핸드백을 보통 '양동이bucket'라 한다. 그렇다면 이 양동이는 뭘까. 이 양동이의 기원은 어디까지 내려갈 수 있을까.

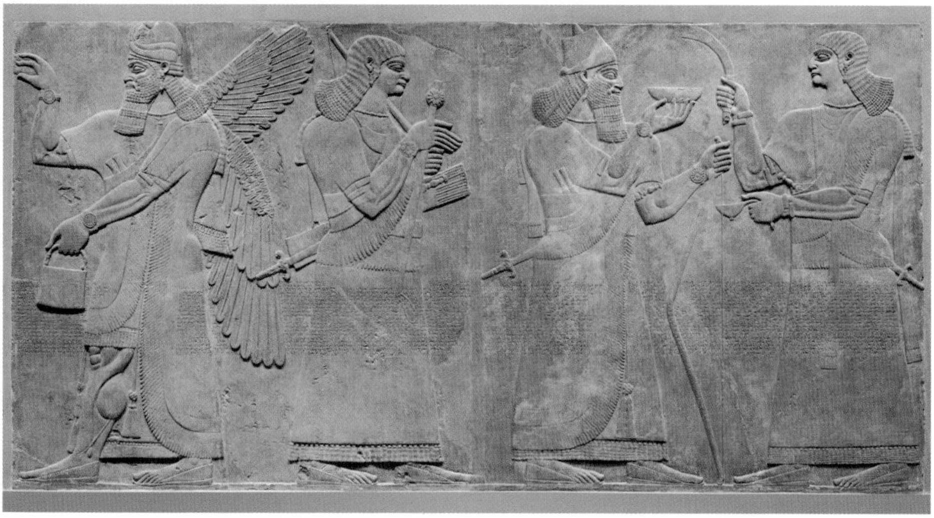

인물 순서는 다음과 같다. 가장 왼쪽부터 아프칼루, 환관 궁수, 아슈르나시르팔 2세 왕, 환관이다. 왕이 대접에 포도주를 따라 의식을 치르고 있다. 그 앞에서 환관이 파리채로 파리를 쫓고 있다.

도33 아시리아 돋을새김 패널The relief panel of Assyrian. 아시리아 아슈르나시르팔 2세Ashurnasirpal II 기원전 884~859년 북쪽 궁전 님루드. 메트로폴리탄박물관

제카리아 시친Zecharia Sitchin(1920~2010)은 날개 달린 인물을 사랑의 여신 인안나(이슈타르)의 쌍둥이 형제 우투(UTU, 빛나는 자, 태양신)로 본다. 그는 지구에 우주선 기지(틸문)를 둔 우주인들, 즉 '독수리들'의 대장이고 우주선(시친은 대추야자나무를 우주선으로 본다! **도34** 참조)을 지킨다. 또 공식 행사에는 이렇게 독수리 옷을 입고 나온다고 한다(『틸문, 그리고 하늘에 이르는 계단』, AK, 210~212쪽). 그러니까 우투는 원래 독수리 날개가 없는데 공식 행사에 걸치고 나온다는 말이다. 그의 수메르 연구는 너무 황당해 여기에 낱낱이 그 문제를 지적할 수는 없다. 다만 그 또한 서구 여러 학자들이 그렇듯 그에게도 신석기는 '공백'이다. 그래서 그의 논리는 처음부터 맥락이 없다. 물론 날개 달린 수호자를 우투로 보는 것도 문제가 있다.

제카리아 시친은 날개 달린 인물을 해의 신 우투로 보지만 차라리 많은 사람들이 그런 것처럼 아프칼루human-headed and winged Apkallu figures로 보는 것이 더 적절하다. 아프칼루는 메소포타미아

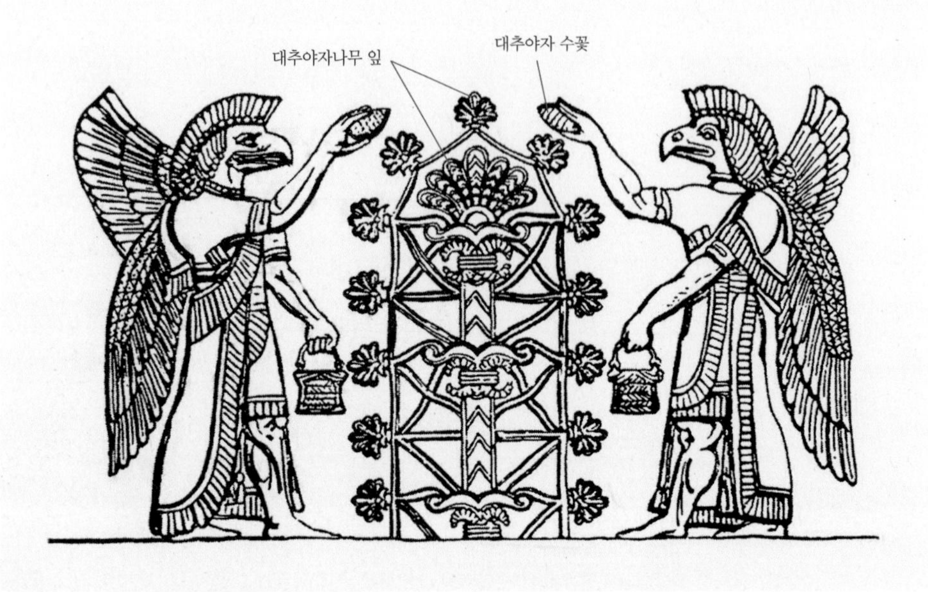

도34 아시리아 돋을새김 패널을 그린 것.
아시리아 아슈르나시르팔 2세 기원전 883~859년.
북쪽 궁전 님루드 부조

신화에서 반신반인(半神半人 demigod)의 현자(賢者)로 나오고 언제나 왕 곁에서 자문을 한다. 초기 아프칼루는 반어반인half-fish, half-man으로 배꼽 아래가 물고기 몸으로 나온다. 대홍수 때 인간의 조상 마누Manu를 배에 태워 구한 뒤 인간과 살을 섞게 되고 이때부터 반은 사람 모습으로 바뀐다. 신아시리아제국Neo-Assyrian Empire(기원전 911~609) 시기 점토판에 보이는 독수리, 날개 달린 인물, 물고기 망토 입은 이를 신 아프칼루로 보면 될 것이다.

신아시리아제국 시기 점토판 부조relief를 보면 아프칼루(날개 달린 수호자, 독수리 얼굴 수호자)가 더 돋보이고, 어떤 장면에서는 왕보다 더 중요한 구실을 하고 있다는 것을 알 수 있다. 그들은 대추야자나무를 중심에 놓고, 이 나무를 애지중지 가꾼다. 주로 오른손에는 대추야자 수꽃을 쥐고, 왼손으로는 핸드백을 들고 있다. 자, 다시 처음 '핸드백'으로 돌아왔다. 이 핸드백은 과연 무엇일까.

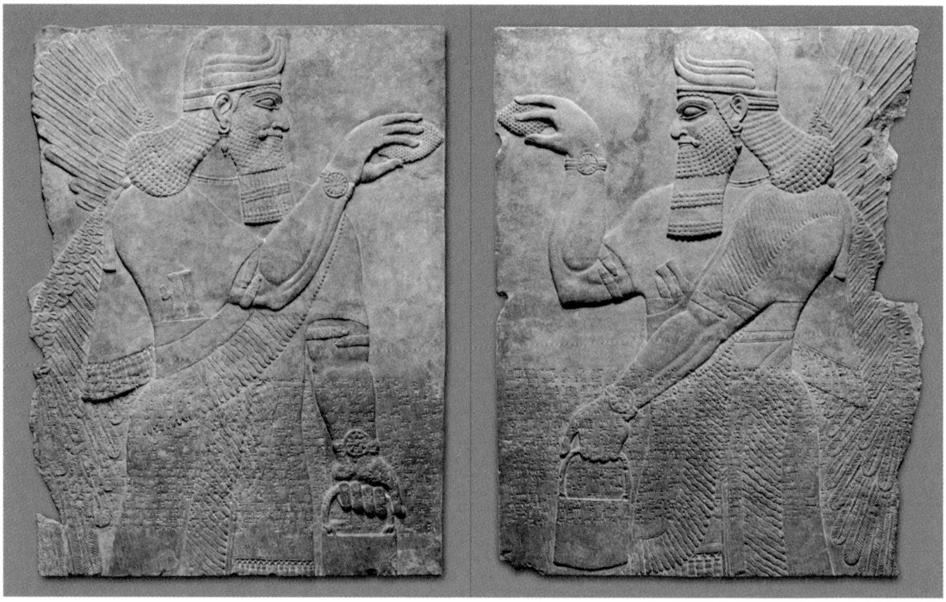

추상적인 '생명의 나무'와 '생명의 열매'

도33 점토판 왼쪽에 또 다른 점토판이 있는데, 그것은 아시리아의 대추야자나무를 가운데 두고 양쪽에서 아프칼루가 보살피는 디자인이다. **도34**와 같은 디자인을 떠올리면 되겠다. **도35** 아프칼루 사이에도 **도34**의 대추야자나무가 있다고 생각하면 된다.

도34 아시리아 패널 그림을 보면 대추야자나무를 사이에 두고 양쪽에 아프칼루가 대추야자나무를 가꾸고 있다. 가운데 큰 대추야자나무가 있고, 이 대추야자나무에서 새로운 대추야자나무 싹이 새롭게 나오고 있다. 오른손에는 대추야자나무 수꽃staminate inflorescence, the male date spathe을, 왼손에는 핸드백을 쥐고 있다. 나는 수꽃으로 보지만 확실하지는 않다. 대추야자 농사꾼에게 이 점토판을 보여주고 물으면 대번에 실마리를 얻을 수 있을 것이다.

도33 점토판을 보면 아프칼루는 궁수나 환관과 달리 왕을 보지 않는다. 그는 왕과 반대되는 쪽, 대추야자나무를 보고 있다(**도34 · 35**

도35 아시리아 돋을새김 패널. 아시리아 아슈르나시르팔 2세 기원전 883~859년. 북쪽 궁전 님루드. 왼쪽 높이 164cm. 메트로폴리탄박물관 참조). 그렇다면 아시리아 사람들에게 '대추야자나무'는 어떤 나무일까. 그리고 그가 왼손에 들고 있는 '핸드백'은 대체 무엇일까. 세계 고고학자나 미술사학자 가운데 이 핸드백에 대해 코멘트한 사람은 없는 것 같다. 그래서일까. 핸드백에 대해 수많은 사람들이 궁금해 한다. 하지만 인터넷이나 유튜브에 올라와 있는 어떤 자료를 찾아봐도 설득력 있게 말하는 이가 없다. 어떤 이는 지식이 가득 들어 있는 바구니basket filled with knowledge라 한다. 이것은 수메르 신화에 나오는 지식 꾸러미 메Me를 염두에 두고 하는 말일 것이다. 메Me는 추상적인 것인데, 인간이 문명을 이룰 수 있는 토대인 기술, 과학, 예술, 법 규범 같은 것을 말한다. 수메르 신화에서는 출산과 땅의 여신 이슈타르가 인간에게 메를 전해 주었다고 한다. 그런데 이런 가설은 **도33-35·37·38** 전체 디자인에서 보더라도 스토리가 총체로 맞아 떨어지지 않는다.

아시리아의 대추야자를 말할 때 흔히 신성한 나무Assyrian Sacred Tree, 생명의 나무Tree of Life라 한다. 시친은 아프칼루(그는 '독수리 얼굴 수호자'라 한다.)를 설명하면서, "그들은 한 손에는 생명의 과일을 들고 있고, 다른 한 손에는 생명의 물을 들고" 있다고 한다(『수메르, 혹은 신들의 고향』, AK, 241쪽). '생명의 과일'이라 하지만 대추야자 수꽃이다. 그는 이 나무가 대추야자라는 것을 잘 알고 있었다. 그런데도 대추야자 열매라 하지 않고 지극히 추상적인 '생명의 과일'이라 한다. 대추야자 열매와 달라서 그런 것일까. 대추야자 열매는 **도36**을 보면 알 수 있듯이 그 무게를 못 이겨 축 처져 있다. 다른 점토판에 나오는 대추야자 열매도 이렇게 되어 있다. 그런데 아프칼루가 쥐고 있는 것은 이와 다르다. 그래서 막연히 '생명의 과일'이라 한 것일까. 나는 그보다는 서구 학자들의 고질적인 학문 태도에서 비롯한 것으로 본다. '구상'을 자꾸 '추상'으로 보는 태도 말이다. 이는 우리 한국 미술사학도 마찬가지다. 괴베클리 테페 근방 서아시아에서 대추야자(구상)는 추상적인 '생명의 과일'로 볼 것이 아니라 구체적으로 먹을거리 '식량'으로 봐야 한다. 대추야자 열매가 그때 사람들에게 얼마나 중요한 열매이고 음식이었는지부터 따져봐야 한다는 말이다.

서아시아에서 야생 대추야자 열매가 주된 먹을거리가 된 시기는 기원전 6000년으로 잡고 있다. 그리고 대추야자 농사를 지은 시기를 우룩 말기Late Uruk period 기원전 3300년 전쯤으로 보고 있다. 이때 우룩 사람들은 대추야자 농장date palm plantations을 세워 본격으로 농사를 지었다. 우룩 사람들은 대추야자가 열매를 맺으려면 수꽃 꽃가루가 암꽃에 내려앉아야 한다는 것을 알았다. 그래서 열매를 맺는 암나무 25~50그루 사이에 수나무 한 그루를 심었을 것이다. 이 수나무에 핀 수꽃(**도16**)에 벌이 몰릴 것이고, 그러면 자연히 암꽃에 수분이 될 것이기에. 하지만 어떤 때는 사람이 직접 꽃가루받이를 해줘야 할 때가 있었다. 바람이 불지 않는 날 우룩 농장 사람들은 수꽃을 꺾어 들고 암꽃 가까이 대고 가만히 툭툭 쳤을 것이다. 나주 배 과수원에서는 해마다 2월 말이 되면 수술 꽃가루통을 들고 배꽃에 수꽃 가루를 날린다. 이것을 수분(꽃가루받이), 인공수정artificial fertilization이라 한다. 그렇다면 수꽃은 어떻게 생겼을까. 나는 앞에서 든 이란 지로프트 문화Jiroft culture 클라우드백(**도16**) 대추야자나무에 달려 있는 것을 수꽃으로 본다. 이 수꽃과 **도35** 아프칼루가 쥐고 있는 것을 한번 견주어 보라. 5000년 남짓 대추야자나무는 끊임없이 종자를 개량해 왔다. 아프칼루가 수꽃을 들고 있는 것은 어쩌면 종자 개량을 하는 모습일 수도 있다. 당시에 그 같은 일은 그야말로 매직이었고, 오직 신만이 할 수 있는 일이라 여겼을지도 모른다. 아무튼 5000년 남짓 대추야자는 종자 개량을 했기에 **도35** 수꽃과 지금의 대추야자 수꽃은 다를 수 있다. 지금도 종자마다 피는 수꽃이 다 다르다.

고대 서아시아의 대추야자는 오래 전에 멸종했다. 지금의 대추야자 열매보다 30퍼센트 남짓 더 크다고 하니 아주 요긴한 먹을거리였을 것이다. 바로 인터넷에서 대추야자 열매를 찾아보면 깜짝 놀랄 것이다. 한 송이에 수백 개가 달리는데, 대략 50센티미터 크기로 뭉쳐 있다. 열매가 제대로 달리려면 30년은 넘어야 하는데, 한번 자란 나무는 100년도 넘게 수확할 수 있다. 성서에 포도나무, 무화과나무 다음으로 많이 나오는 나무가 바로 이 대추야자나무다. 그런데 우리 성경은 초기에 번역을 할 때 중국 성경을 많이 참고했다. 중국 성경은 대추야자나무를 중국에서 자라는 '당종려' 나무 이름을 따서 '종려나무'로 옮겼다. 우리 성경이 대추야자나무를 '종려나무'로 번역하게 된 내력이 바로 여기에 있다. 아직도 우리 성경은 대추야자나무를 '야자나무'와 '종려나무'로 번역하고 있는데 이는 하루빨리 '대추야자나무'로 바로잡아야 할 것이다.

대추야자 열매는 굵은 꼭지에서 다시 여러 가닥이 뻗어 나와 큰 송이를 이루는데 한 송이에 20~25킬로그램 남짓 열매가 달린다. 이것이 한 나무에 10~12송이쯤 열리니 한 나무에서 해마다 200~250킬로그램 수확할 수 있다. 열매는 3~5센티미터쯤 되는데 보는 것처럼 대추처럼 타원형이고 붉은빛이 된다. 아주 달고, 영양분이 풍부하다. 말려서 저장하면 2~3년도 보관할 수 있다.

대추야자나무는 건조한 기후와 뜨거운 햇빛 아래에서도 잘 자라고 수명이 400년 남짓 된다. 그런 만큼 대추야자나무는 아시리아 사람들에게 없어서는 안 될 중요한 먹을거리 주식이었다. 대추야자나무 열매는 말리면 마치 곶감처럼 식감이 좋고 맛도 꿀처럼 달다. 당분을 보충할 수 있는 중요한 먹을거리였던 셈이다. 이 열매는 세상에서 가장 단 과일로 알려져 있다. 칼로리가 높아 다섯 알만 먹어도 한 끼 열량이 충분하다. (너무 많이 먹으면 속이 다린다!) 비타민과 무기질이 많이 들어 있어 사막 길에 없어서는 안 되는 중요한 식량이자 주

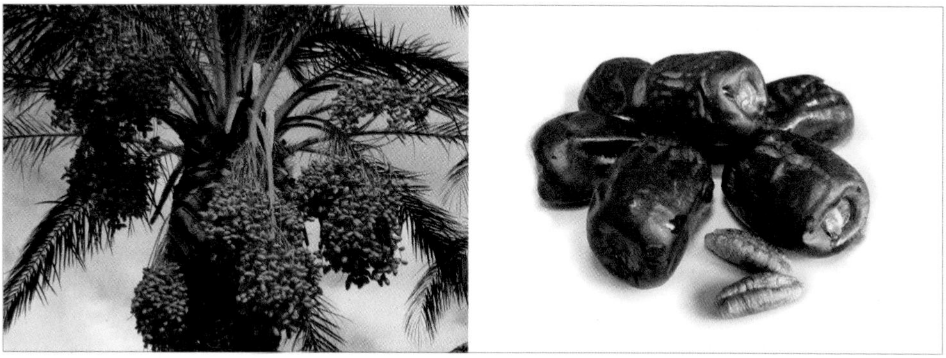

도36 대추야자나무 열매

식이었다. 그 먼 실크로드 길에서도 허기지지 않고 왕래를 할 수 있었던 것도 다 대추야자 덕분이었다. 지금도 사막 유목민 베드윈족은 말린 대추야자를 주식으로 삼고 있다. 대추야자는 열량이 높고 영양소가 풍부하여 조금만 먹어도 에너지를 낼 수 있어 기력 회복에 탁월하고, 피로 회복, 면역력에 도움이 된다. 성서에 가나안 땅을 일러 젖과 꿀이 흐르는 땅이라 하는데, 여기서 젖은 양젖을 말하고 꿀은 대추야자 열매를 말한다. 그만큼 대추야자는 서아시아 사람들에게 귀중한 나무이고 열매다.

나무 꼭대기, 잎사귀가 나는 바로 그 아래쯤 껍질을 벗기고 대쪽을 박아 수액을 받아서 발효시키면 야자술이 된다. 이것을 증류한 술이 바로 아라크arrack다. 페르시아 사람들은 이 술을 아락Arag이라 하고, 이 증류법이 원나라에 들어와 말 젖을 발효·증류해 술을 받는데 이 술을 '아라키'라 한다. 그리고 고려 말 몽골의 침략을 받아 몽골 군사 기지가 있었던 개성, 안동, 제주에 이 증류법이 알려졌다. 개성 사람들은 이 술을 '아락주'라 하고, 안동 사람들은 '아랭이'라 했다. 이 술이 바로 오늘날의 소주(燒酒)다.

아시리아 점토판에서 아프칼루가 오른손으로 대추야자 암꽃에 꽃가루받이를 하고 있는 모습은 그가 아시리아 사람들의 먹을거리, 즉 식량(주식)과 농사를 관장하는 관리 내지는 신이라는 것을 말해

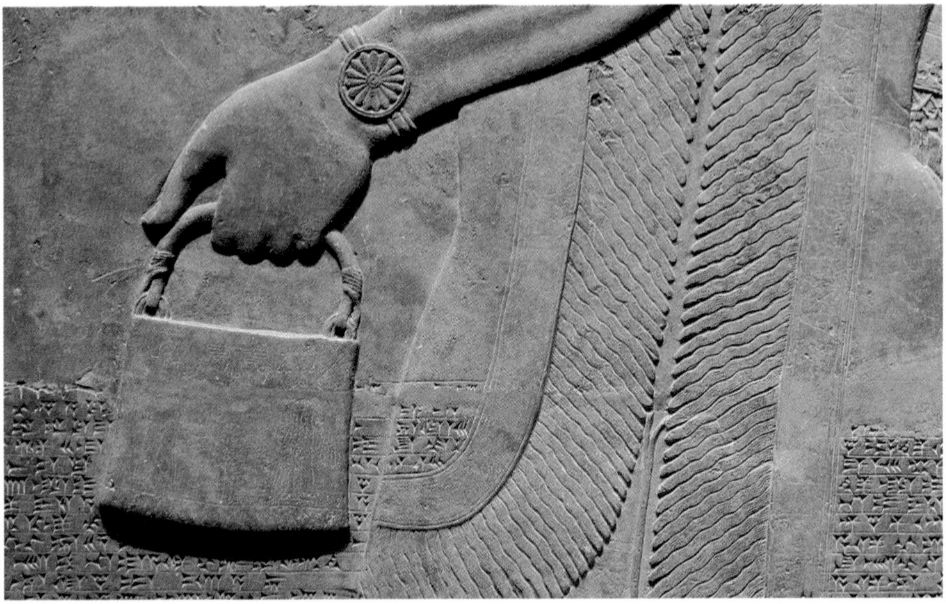

준다. 그렇다면 왼손에 있는 핸드백은 무얼 뜻하는 걸까. 물을 담는 양동이일까? 시친의 말처럼 '생명의 물'일까? 일단 여기서도 추상적인 '생명의 물'로 볼 것이 아니라 현실적이고 구체적인 물(水)로 봐야 한다. 아시리아 사람들에게 물은 생존의 문제였다. 물이 있어야 농사를 짓고, 물이 있어야 이 세상 만물이 자랄 수 있다. 사람 또한 물이 없이는 살 수 없다. 시친이나 박물관 학예사들이 핸드백을 '물'이나 물을 담는 '양동이'로 본 것은 아주 적절하다. 그리고 이것을 알기는 그리 어려운 일이 아니다. 왜냐면 양동이를 든 아프칼루가 늘 대추야자나무 곁에 서 있기 때문이다. 그런데 그들은 이 핸드백이 저 멀리 괴베클리 테페에 기원을 두고 있다는 것을 추호도 상상할 수 없었다. 괴베클리 테페에서 아시리아 점토판까지 자그마치 7500년 세월이 놓여 있기 때문이다. 하지만 앞에서도 말했듯이 세계 미술사에서 이런 사례는 아주 많다.

도37 도33 아시리아 돋을새김 패널 중 핸드백 부분. 핸드백에 희미하게 그림이 새겨져 있다. 이 그림 위쪽은 도38이, 아래쪽에는 35가 새겨져 있다.

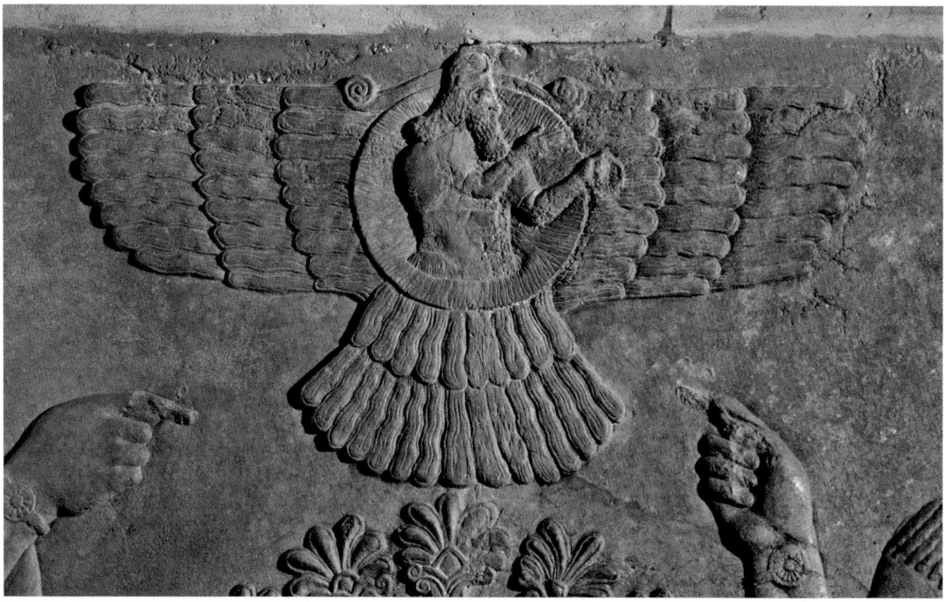

괴베클리 테페의 클라우드백과 아프칼루의 워터백

도38 아시리아 돋을새김 패널 부분. 아시리아 아슈르나시르팔 2세 기원전 883~859년. 북쪽 궁전 님루드. 이 신은 해신 우투(아카드어로는 샤마쉬, the sun god Shamash)일 것이다.

옛 전화기를 보면 누가 보아도 전화기인지 알 수 있지만 전화기 어느 '한 면'에 수화기 아이콘이 찍혀 있다. USB 한 면에 삼지창 아이콘을 그려놓는 것도 이것이 무엇과 연결할 수 있다는 것을 뜻한다. 굳이 이 아이콘이 없어도 알 수 있지만 이렇게 꼭 어느 한 면에 그 물건의 용도를 새겨놓는 것이다. 옛날 미술도 그렇다. 옛 장인들은 3차원 입체 물건 어느 평면에 이 물건이 무엇인지 새겨둔다. 그 단서를 찾아야 한다. 그곳에 바로 실마리가 있기 때문이다. **도37** 핸드백 위 그림도 이렇게 읽어야 한다. **도37**은 **도33** 점토판 부조에서 아프칼루가 든 핸드백만 확대한 것이다. 희미하지만 핸드백 바탕에 무언가 새겨져 있다. 가운데 위에 독수리가 보인다. 이 독수리는 **도38**하고 아주 똑같지 않지만 같은 패턴으로 볼 수 있다. 그리고 독수리 바로 아래는 **도35**와 같은 그림이 새겨져 있다. (**도35** 아프칼루 사이에 대추야자나무가 있다고 생각하면 됨) 대추야자나무를 가운데 놓고 아프칼루가 오른손으로 대추야자 수꽃을 들고, 왼손에는 핸드백을 쥐고 있다. 핸드백 평면에 새겨 놓은 이 그림은 아시리아 핸드백이 대추야자나무와 관련이 있다는 것을 말해 준다. 그런데 우리는 앞에서 대추야자나무 수꽃이 새겨져 있는 기원전 3천 년 말 이란 지로프트 Jiroft 클라우드백(**도16**)을 본 적이 있다. 그렇다면 아프칼루가 들고 있는 핸드백은 앞에서도 말했듯이 저 멀리 괴베클리 테페의 클라우드백에 그 기원이 있다고 볼 수 있다. 사실 이것 말고는 딱히 설명할 길이 없다. 그러니까 아시리아 아프칼루 핸드백은 대추야자나무와 관계가 있는데, 이 대추야자나무가 척박한 땅에 뿌리를 내리고 살 수 있는 조건, 즉 물(水) 워터백인 셈이다. 물이 있어야 대추야자나무가 자라고, 더 많은 대추야자나무를 심을 수 있고, 이 나무에 기대어 신과 인간이 살아갈 수 있으니까.

대추야자나무는 메마른 땅에서 잘 자라지만 아무리 척박한 땅에서 잘 자란다 해도 물이 없으면 자라지 못한다. 이 나무는 주로 오아시스나 그 근처에서 무성하게 자란다. 이파리는 사람들에게 그늘을 주고, 집을 지을 때는 이엉이 되어 준다. 잎으로 바구니를 짤 수 있고, 잎줄기를 찢어 끈을 꼴 수 있고 잘하면 가는 실도 뽑을 수 있다. 또 그 열매는 서아시아 사람들에게 요긴한 식량이었고, 당분을 보충해 주고, 씨는 낙타와 염소 먹이로 쓰였다. 그야말로 대추야자는 버릴 게 하나도 없는, 아시리아 사람들에게 꼭 필요한 나무였다. 그래서 그리스와 이집트 신전의 기둥 받침이나 이슬람 사원 장식에도 대추야자나무는 언제나 그 중심에 있다. 그런데 세상 모든 나무가 그렇듯 이 나무 또한, 아무리 물기 없는 푸석한 땅에서 잘 자란다 해도 반드시 물이 있어야 자란다. 그러니 이 핸드백, 클라우드백 내지는 워터백에 대추야자나무를 새긴 것이다. 이렇게 본다면 대추야자나무 열매와 클라우드백을 든 아프칼루는 양식(식량)과 물(水·雨云)을 관장하는 제사장이나 신으로 봐야 할 것이다. 또 단군신화에서 환웅이 세상에 거느리고 온 우사(雨師, 비신), 운사(云師, 구름신), 풍백(風伯, 바람신) 가운데 비와 구름을 관장하는 풍백으로도 볼 수 있을 것이다.

나는 이 장에서 아주 새로운 가설 하나를 제안했다. 사실 이 신석기 미술사 책에서 다루는 주제 하나하나가 모두 새로운 가설이기도 하다. 기원전 1만 년 전 괴베클리 테페에서 기원전 2500년 전 아시리아까지 이어진 '핸드백' 하나를 가지고 7500년 동안 면면히 내려온 세계관을 설명했다. 이 세계관에 따르면 괴베클리 테페는 서구 학자들이 말하는 '신전'이라기보다는 '물(水)'과 관련 있는 어떤 구조물일 것이라는 결론에 이른다. 그리고 여기서 무엇보다도 중요한 실마리는 핸드백이고, 이 핸드백을 상정할 수밖에 없었던 서아시아 신석기인의 세계관, 이 세계관과는 또 다른 암사동 신석기 세계관, 이 두 세계관의 차이가 결국은 종교와 신의 문제이기도 한다는 것을 말했다. 괴베클리 테페 신석기인들은 하늘 속 물·수분(云 또는 水)이 핸드백에 가득 담겨 있다고 여겼고, 이 핸드백은 스스로 내려오는 게 아니라 누군가 지상으로 내려 보내줘야 한다. 그래서 그들은 하늘 속 물과 인간 사이에 신을 상정할 수밖에 없었다. 하지만 암사동 신석기인들은 신이 아니라 하늘blue sky에 하늘 속 구름이 나올 수 있는 통로·구멍 천문(天門)을 상정했다. 여기에는 신이 들어올 여지가 없다.

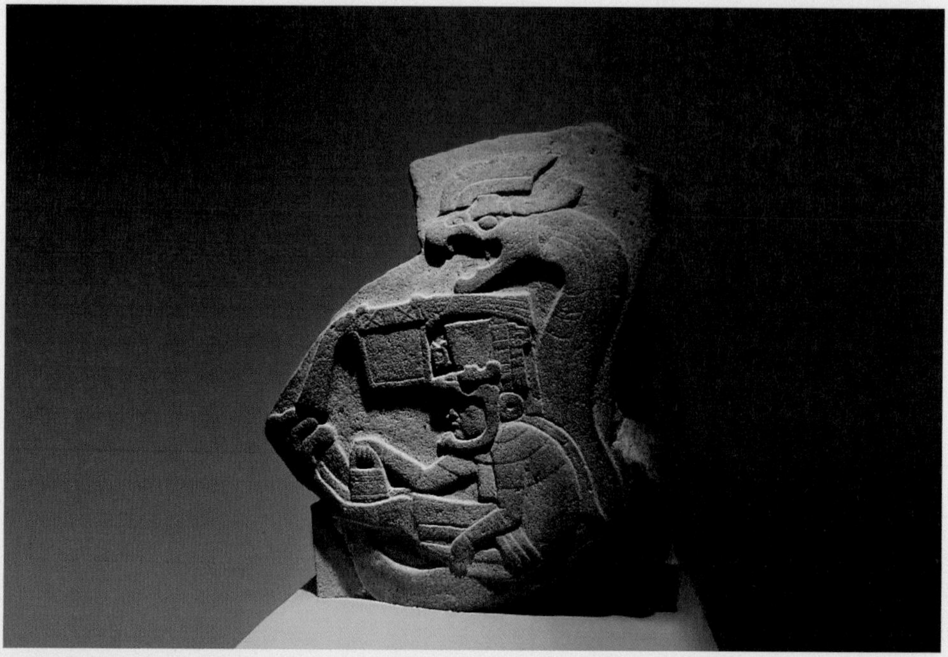

올멕 문화Olmec culture는 기원전 1500년에서 기원전 400년경까지 메소아메리카(지금의 멕시코와 중앙아메리카) 지역에서 일어났던 고대 문화다. '올멕'은 나후아틀 말로 '고무 사람'rubber people이란 뜻의 올메카틀olmecatl에서 온 말이다. 이 부조relief가 담고 있는 스토리는 아직 밝혀지지 않았다. 올멕 장인은 이렇게 생긴 돌을 우연히 보게 되었고, 그 돌 모양에 따라 디자인했다. 용을 돌 모양에 따라 먼저 디자인하고, 이 용을 깔고 앉은 샤먼을 새겼다. 샤먼은 용머리 가면을 썼다. 멕시코 고고학계는 이 용을 '깃털 달린 뱀'feathered serpent 케트살코아틀Quetzalcoatl이라 한다. 하지만 이는 용(龍)이다. 멕시코 미술에서는 동아시아의 용을 자주 볼 수 있다. 그들은 케트살코아틀을 비(雨)를 주관하는 신으로 본다. 이 또한 동아시아와 같다. 샤먼은 오른손에 돌가방을 쥐고 인간에게 건네고 있다. 나는 이 돌가방stone bag을 구름가방cloud bag으로 본다. 구름가방은 이 세상만물의 기원인 비(雨, 水)의 원천이다.

도39 멕시코 올멕의 용과 샤먼, 클라우드백 cloud bag. 멕시코 타바스코 주 올멕 문화 유적지 라 벤타La Venta

제10장

구름에서 비는 내리고

10

구름에서 비는 내리고

나는 지금까지 한반도 빗살무늬토기, 그 가운데서도 밑굽이 뾰족한 그릇을 아가리부터 시작해 그 아래로 차근차근 디자인과 패턴을 살펴보고 있다. 아가리 쪽의 하늘 속 물(水), 파란 하늘blue sky, 구름(1차원 삼각형·반원(타원)형 구름, 3차원 입체 구름), 하늘 속 물(水)이 파란 하늘 아래로 내려오는 구멍 천문(天門)까지, 여기까지가 1장부터 9장의 주제였다. 물론 이것을 설명할 때도 한반도뿐만 아니라 중국과 일본을 비롯하여 동북아시아와 서아시아 그릇 패턴을 낱낱이 들었다. 그리고 아프리카와 유럽, 북미와 남미의 패턴까지 분석했다. 다시 한 번 더 말하거니와 이제까지 세계 신석기 미술을 이렇게 설명한 사람은 없었다. 또 강조하여 말하거니와, 이 책에서 지금까지 말한 것은 어느 누구의 논지를 요약한 것도, 다른 이의 논지에 주석을 단 것도 아니다. 처음부터 끝까지 새로운 문제틀을 깔고 그 위에서 신석기 미술을 논했다. 그래도 믿기지 않을 독자가 있을지 모르겠다. 그렇다면 집에 있는 곰브리치 『서양미술사』(예경)나 하우저의 『문학과 예술의 사회사』(창비), 잰슨의 『서양미술사』(미진사)를 펴 확인해 볼 것을 제안한다. 그들의 논지를 살펴보더라도 세계 신석기 미술은 해결할 수 없을 것이다. 곰브리치는 신석기미술을 아예 다루

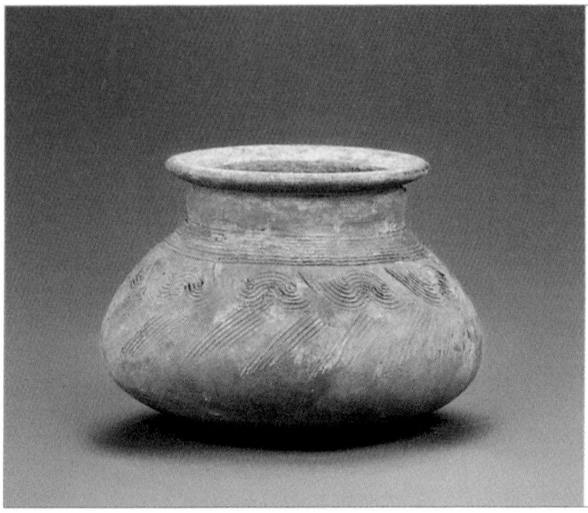

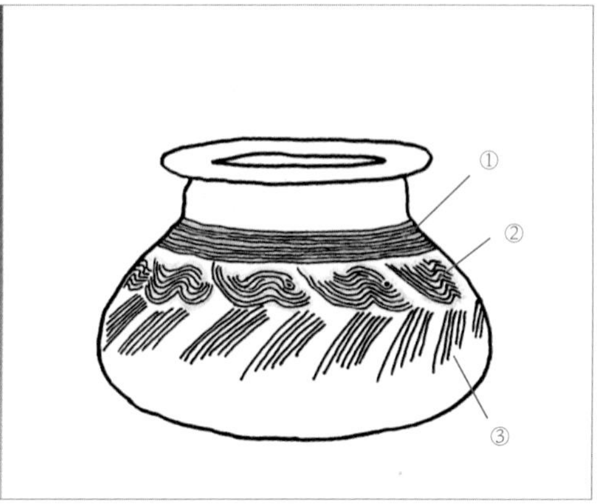

도1 타이 반치앙 유적. 높이 12cm. 국립중앙박물관. 증3670

도2 도1을 그림으로 그리고 색을 칠함 ①은 하늘 속 물, ②는 비구름, ③은 빗줄기다.

지 않았고, 하우저와 잰슨은 다루기는 하지만 '기하학적 형식주의' 내지는 '추상적인 문양'이라 할 뿐이다. 다시 말해 세 사람에게 세계 신석기미술은 '공백'인 것이다.

도1·2를 보자.

도1 그릇은 타이Thailand 우돈타니 주Udon Thani Province 코랏Khorat 고원 반치앙 고고유적에서 나온 아주 작은 그릇이다. 신석기 말 기원전 2100년에서 1000년 무렵쯤 되는 그릇이고, **도2**는 **도1** 그릇을 그림으로 그리고 색칠한 것이다. 만약 **도2** 그림을 한 어린이집에 가져가 벽에 붙여 놓고 아이들에게 이 패턴이 무엇을 새긴 것인지 묻는다면 어떤 결과가 나올까.

반치앙 유적 발굴 이후 50년이 흘렀다. 그런데도 타이를 비롯하여 세계 고고학자들은 반치앙 유적 그릇의 디자인과 패턴에 대해 그 어떤 코멘트도 내놓지 못하고 있는 형편이다. 있다면 딱 하나, '기하학적 패턴 내지는 기하학적 추상무늬' 이것 말고는 없다. 이 역시 지금 바로 검색해 보면 확인할 수 있다.

하늘이 점점 어두워지면서 비바람이 몰아치고

한 페이스북 친구에게 부탁을 했다. **도2** 그림을 보내주고 어린이집에 다니는 딸아이에게 보여주면서 이 그림이 무엇을 그린 것인지 물어보라 했다. 아이는 단 1초도 머뭇거리지 않고 이렇게 대답했다.

"하늘이 점점 어두워지면서 비바람이 몰아치고 있어!"

사실 부탁할 때 아이에게 ①·②·③ 모두를 묻지 말고, ②와 ③만 물어보라 했다. 나는 아이가 ①이 뭔지 알기는 좀 어려울 것이라고 짐작했다. 하지만 아이는 단숨에 ①·②·③ 패턴을 모두 풀이했고, 스토리까지 완벽했다. 확실치 않은 부분이 있긴 하다. 나는 아이가 ②를 바람(風)으로 볼지도 모르겠다고 짐작했다. 세계 아이들은 보통 바람을 '달팽이' 모양으로 표현한다. (이는 신석기인도 마찬가지다!) 앞에서도 잠깐 얘기했듯이 우리 한국미술사에서 바람(風)은 청동기부터 보인다. 미술사에서 바람(風) 문제는 상당히 중요한 주제인데, 이에 대해서는 청동기 미술사에서 자세히 다룰 것이다.

아이는 ②를 '비바람'으로 보았고, 나는 '구름(云)'으로 봤다. 이 구름은 앞에서 살펴본 삼각형이나 반타원·반원형 구름처럼 1차원 평면 그림이 아니라 '입체'에 가깝다. 물론 아이가 '비바람이 몰아치고' 있다고 했기 때문에 아이 또한 ②를 비구름(云)으로 보았다 할 수 있다. 다만 아이는 이 패턴을 아주 동적(動的)으로 본 것이다.

만약 어린이집 아이가 30명이라면, ②를 '바람'으로 보는 아이도 꽤 있을 것이다. 한 열 명은 그렇게 보지 않을까 싶다. 앞에서도 몇 번 말했듯이 세계 신석기 미술은 아이들이 그리는 그림과 비슷하다. 아이들 그림처럼 1차원 평면화 성격이 강하고, 그것을 제대로 이해했을 때 세계 신석기 미술은 새롭게 풀리고 또렷하게 보인다.

반치앙 유적을 발굴조사한 지 50년이 넘었고, 지금도 발굴조사를 하고 있다. 그런데 그 오랫동안 연구를 해왔는데도 학자들은 이곳에서 나온 그릇 디자인과 패턴에 대해 풀어내지 못하고 있다. 아니 사

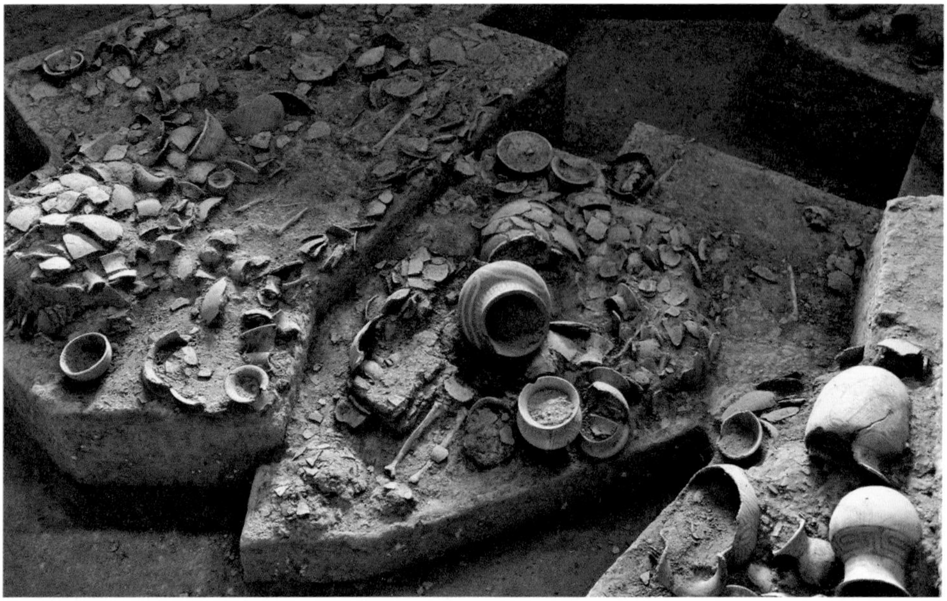

도3 타이 반치앙 유적

실은 풀려고 하지도 않는다. 기하학적 추상무늬인데, 알 수 없는 무늬인데 어떻게 알 수 있겠는가, 하면서. 그런데 이 디자인과 패턴을 풀지 못한 채 반치앙 문화의 세계관을 알 수 있을까. 이걸 풀지 않은 채 반치앙 관련 논문을 쓴다는 게 가능할까. 세계 고고학계는 지금 그러고 있다. 그런데 어린이집에 다니는 아이는 단 1초도 안 되어서 풀었다. 독자들도 마찬가지일 것이다. 9장까지 읽어 왔다면 **도2** 디자인과 패턴은 바로 보였을 것이다. 다시 말하거니와 **도2** 디자인과 패턴이 무엇인지도 중요하지만 왜 학자들이 50년이 넘도록 이 간단한 패턴조차 풀지 못했는가 하는 점, 이것을 알아야 한다.

타이 반치앙 고고유적

도2와 같은 비(雨) 패턴은 앞에서 많이 보았다. 우리 학계에서 어골문(魚骨文)이라 하는, 물고기뼈 무늬라 하는 것도 사실은 빗줄기라

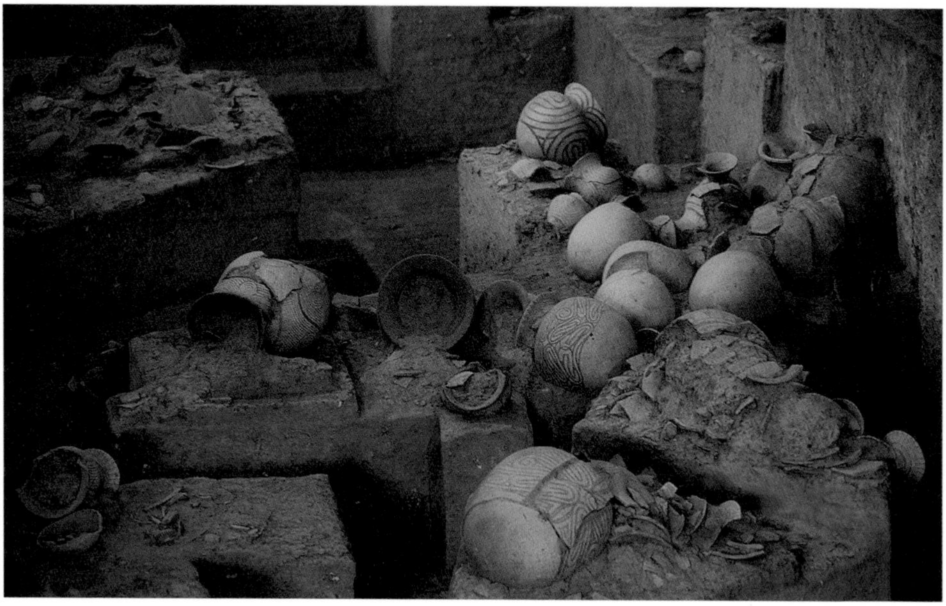

도4 타이 반치앙 유적

는 것을 한반도뿐만 아니라 세계 여러 나라 신석기 미술에서 확인할 수 있었다. 그래서 이번 장에서는 그와는 조금 다르지만 본질에서는 같은 비(雨) 패턴을 두루두루 살펴볼 것이다. 그전에, 이왕 말이 나온 김에 타이 반치앙 문화를 비와 구름의 세계관으로 풀어 보려고 한다. 이 또한 세계에서 처음 하는 분석이다.

반치앙 문화 유적은 1966년 세상에 처음 알려졌고, 1992년 유네스코 세계문화유산에 올랐다. 정식 이름은 반치앙 고고유적Ban Chiang Archaeological Site이다. 타이 여행을 하다 보면 꼭 들르는 태국국립박물관에도 상당히 넓은 공간을 마련해 전시를 하고, 유적지에 반치앙국립박물관을 따로 지어 유물을 전시하고 있다. 이곳 유적에서는 엄청나게 많은 유물이 나왔다. 그중 수많은 유물이 해외로 빠져나가 세계 여러 박물관에 가 있다. **도2**만 하더라도 우리나라 국립중앙박물관에 있고, 박물관에는 반치앙 유적 그릇이 스무 점 가까이 있다. 이 유적이 세상에 알려지게 된 내력이 있다.

옛날에도 반치앙 사람들은 논밭에서 그릇 조각을 보았다. 하지만 그들은 그 그릇 조각이 선사시대 조상들이 쓴 그릇인지 알지 못했다. 1966년 8월 미국 하버드대학 정치학과 학생 스티브 영Steve Young이 그곳에 머물면서 선배 논문을 돕고 있었다. 그는 타이 말을 아주 잘했다. 더구나 동남아시아 고대문명의 기원ancient origins of civilization in Southeast Asia에 관심이 많았다. 어느 날 마을 미술 선생과 반치앙 오솔길을 걷고 있었는데 잘못하여 케이폭나무 뿌리에 걸려 흙바닥에 엎어졌다. 땅바닥에서는 먼지가 뽈뽈 났고 그 눈 바로 앞에는 작은 사이즈 항아리 아가리tops of small and medium-sized pottery jars가 보였다. 이렇게 해서 태국의 반치앙 선사유적은 세상에 알려지게 된다.

이듬해 1967년 발굴이 시작되었다. 유적 지층 가장 아래층에는 신석기 유물이, 그 위층에는 청동기 유물이, 가장 위층에는 철기시대 유물이 차곡차곡 쌓여 있었다. 시기는 기원전 2100년(가장 아래 지층) 신석기부터 기원전 1000년(중간 지층) 청동기를 거쳐 기원전 200년(가장 위 지층) 철기시대다. 이런 유적은 세계에서도 그 사례를 찾아보기 힘들다. 신석기부터 시작해 청동기를 거쳐 철기시대까지 변화상을 한곳에서 확인할 수 있기 때문이다. 바로 이런 연유로 1992년 유네스코 세계문화유산이 된 것이다.

도3 사진은 가장 위층 철기시대 200년 무렵 부장품이다. 인골이 두 구 보인다. 오른쪽 인골을 보면 무릎 뼈가 확실하다. 이렇게 시신을 모시고 그 둘레에 항아리를 부장품으로 놓은 것이다. 그런데 너무 많다. 대체 이 그릇은 무엇일까. 조선 분청자 편병의 모란이 모란이 아니듯 여기서도 그릇은 그릇이 아니다. 그 뜻은 디자인과 패턴에서 찾을 수밖에 없다. 그릇을 구운 다음 그 위에 붉은 흙물을 붓에 묻혀 무늬를 그렸다. 반치앙 사람들은 사람이 죽으면 주거지 바로 밑이나 그 곁에 무덤을 썼다. 이런 풍습을 주거지 매장residential burial이라 한다. 여기서 중요한 것은 그들이 부장품으로 묻은 그릇이고, 이 그릇에 새기고 그린 패턴과 디자인이다. 이 디자인과 패턴을 푼다면 우리는 반치앙 사람들의 신석기부터 철기시대까지의 세계관을 그려낼 수 있다. 특히 '죽음을 해결'했던 그들 나름의 세계관을 알 수 있는 것이다. '세계관'을 구체로 말하면 이런 것이다. 이 세상 만물이 어떻게 태어나고, 어떻게 생을 마감하고, 인간이 죽음을 어떻게 해결하려 했는지, 이 세상의 처음과 끝을 어떻게 봤는지, 이 세상 형상을 어떻게 봤는지. 바로 이런 것을 세계관이라 할 수 있다. 일단 우리는 시신 옆에 놓은 항아리가 '본질적'으로는 항아리가 아니라는 사실을 알 필요가 있다. 그래서 네다섯 개쯤 놓으면 충분한데도 이렇게 '많이' 놓은 것이다! **도4** 또한 가장 위 200년 무렵 철기시대 지층이다. 보는 것처럼 항아리 밑굽이 둥글다. 그래서 반듯이 세울 수 없다. 이 항아리 디자인과 패턴에 담긴 뜻만 풀어낸다면 우리는 반치앙 사람들이 시신 곁에 왜 이렇게 많은 항아리를 놓았는지도 알 수 있을 것이다.

문제는 신석기 미술!

타이 고고학계와 세계 고고학계·미술사학계는 타이 반치앙 유적 미술을 아직 해석하지 못하고 있다. 1967년 첫 발굴 이후 50년이 흘렀지만 그때도, 지금도 변함없이 '기하학적 무늬'이거나 '추상무늬'일 뿐이다. 세계 학계에서는 **도5·6** 무늬가 무엇을 새기고 그린 것인지 알지 못한다. 다시 말해 무엇을 '구상'으로 한 패턴인지 전혀 짐작도 못하고 있다.

도5는 반치앙 유적 가장 아래 지층에서 나온 그릇으로, 기원전 2000년 무렵 신석기 그릇이다. **도6**은 반치앙 유적 가장 위 지층 철기시대 그릇으로 200년 무렵 그릇이다. 그러니까 **도5** 그릇이 가장 아래 지층에 있었고, **도6** 그릇은 가장 위 지층에 있었다. 두 그릇의 시대 차는 2000년에서 2200년쯤 된다. 보면 알 수 있듯이 무늬를 내는 방법이 다르다. 신석기 반치앙 사람들은 한반도 암사동 사람들이 그런 것처럼 무늬새기개로 새겼다. 즉 새김무늬(빗살무늬)다. 그에 견주어 철기시대 반치앙 사람들은 붉은 흙물을 붓에 묻혀 자기가 그리고자 하는 무늬를 그렸다. 이런 그릇을 채색토기라 한다. 무늬를 내는 방법과 도구가 달라지자 완전히 다른 패턴이 되어 버린 것이다. 그런데 정말 완전히 '다른' 패턴일까? 곧 뒤에 말하겠지만 **도5·6** 그릇에 있는 패턴은 '본질적'으로 같다.

자, 그렇다면 우리는 이런 것을 한번 생각해 볼 필요가 있다. **도5** 그릇의 디자인과 패턴을 푼다면 **도6** 그릇의 디자인과 패턴은 저절로 풀릴 수 있겠구나, 하고 말이다. 하지만 안타깝게도 타이 고고학계와 세계 고고학계·미술사학계는 **도5** 그릇의 패턴을 풀지 못하고 있다. 우리나라 어린이집 어린이가 단 1초도 안 걸려서, 아니 보는 순간 단숨에 알아봤던 **도1·2** 그릇은 그래서 아주 중요하다. 세계에 있는 반치앙 그릇 가운데 신석기 반치앙 사람들의 세계관을 이렇게 단박에 보여주는 그릇은 찾아보기 힘들다. 나는 이 그릇을 보고 얼마나 놀랐는지 모른다. 반치앙에서 나온 모든 그릇의 디자인과 패턴을 풀 수 있는 그릇이기 때문이다. 만약 이 그릇을 이 책을 쓸 때 처음 보았다면 나는 가장 앞장에 소개했을 것이다. 그만큼 이 그릇은 반치앙 미술뿐만 아니라 세계 신석기 미술을 풀 때 아주 중요한 그릇이 될 것이다.

세계 미술사학계는 **도5** 그릇을 그저 '새김 장식이 있는 그릇Vessel with incised decoration'이라 할 뿐이다. 문제는 이 장식decoration이 뭐냐, 하는 점이다. 이 장식, 다시 말해 이 패턴pattern이 무엇인지 말해야 한다. 아마 독자들은 지금까지 이 책을 읽어 왔다면 바로 보일 것이다. 그렇다. 비구름(雨云)이다. 반치앙 신석기 장인은 한반도 암

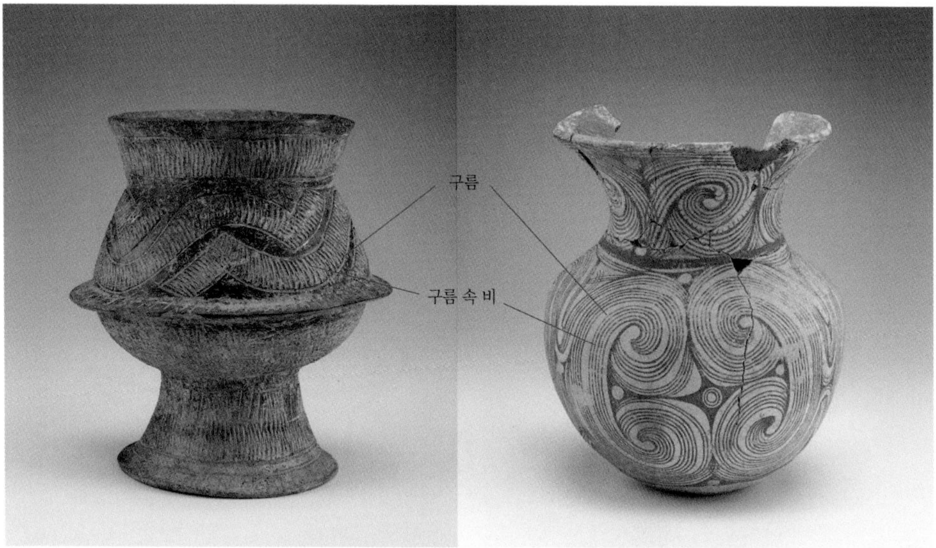

사동 신석기인처럼 그릇을 빚고 하루 이틀 그늘에서 말린 다음 무늬새기개로 구름을 새기고, 구름 안에 빗금을 새겨 구름 속 물(水) 내지는 비(雨)를 표현했다. 그런데 기원전 1000년 청동기시대를 거치면서 그들은 채색 기법을 알게 된다. 이제는 번거롭게 무늬새기개로 새기지 않고 붓에 붉은 흙물을 묻혀 그린다. 무늬새기개로는 힘들었던 곡선도 마음대로, 그야말로 마음먹은 대로 그릴 수 있었다. 하지만 그들이 어떻게 그렸든, 그것은 구름과 비다. 그러니까 **도5**의 비구름이 **도6**의 비구름으로 바뀐 것이다. 무늬를 내는 방법이 달라지면서 패턴의 변화가 왔지만 **도5**와 **도6** 패턴은 본질적으로 같은 것이다. 그러니까 **도5** 신석기 패턴을 알면 **도6** 철기시대 패턴도 덩달아 풀 수 있는 것이다. 더구나 반치앙 유적은 신석기부터 철기시대까지 세계관을 한곳에서 확인할 수 있는 곳이다. 언제나 문제는 신석기다. 신석기 미술을 푼다면 청동기와 철기시대 세계관도 덩달아 풀 수 있기 때문이다.

도5 타이 반치앙 유적. 기원전 2000년 신석기시대 그릇

도6 타이 반치앙 유적. 200년 무렵 철기시대 그릇

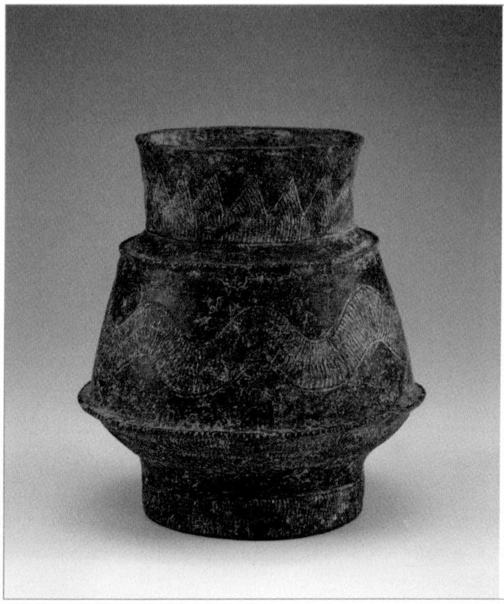

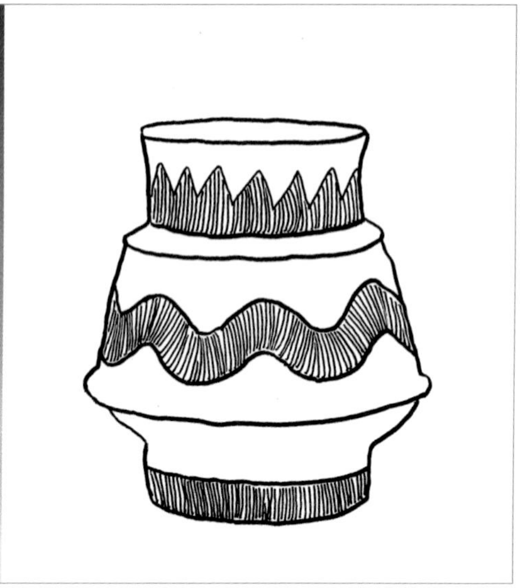

도7 타이 반치앙 유적.
기원전 2000년
신석기시대.
높이 21.3cm.
스미소니언박물관

도8 도7 그릇을 그림으로 그린 것

반치앙 신석기 미술의 구름과 비

도7 그릇은 타이 반치앙 신석기(기원전 2000년) 그릇이다. 이 그릇의 패턴을 어떻게 봐야 할까. 아마 여러분들도 어렵지 않게 무늬가 보일 것이다. 물론 이 그릇의 패턴은 한반도와 세계 여러 나라 신석기 유적에서 나오는 그릇 패턴과 같다. 만약 타이 학계가 이 신석기 그릇 새김무늬의 비밀을 풀었다면 (사실은 비밀이라 할 것도 없지만) 당연히 반치앙 청동기와 철기시대 채색무늬 그릇의 패턴도 쉽게 풀었을 것이다.

도7 그릇의 패턴을 풀려면 일단 **도8**과 같이 그림으로 그려 봐야 한다. 그다음 **도9·10**처럼 색을 칠해 봐야 한다. 이때 염두에 두어야 할 것은 반치앙 신석기 장인이 되어 새기고자 했던 대상(구상)과 이 대상을 어떻게 무늬로 새겼는지 추론해 봐야 한다. **도7** 그릇은 우선 **도9**와 같이 볼 수 있다. 아가리 쪽에 삼각형 구름이 걸쳐 있고, 이 구름(云)에서 비(雨)가 내리고 있다. 그리고 몸통에는 입체에 가까운 비구름(雨云)이 있다. 우리는 이런 비구름을 제6장 **도26·57**에서 아주

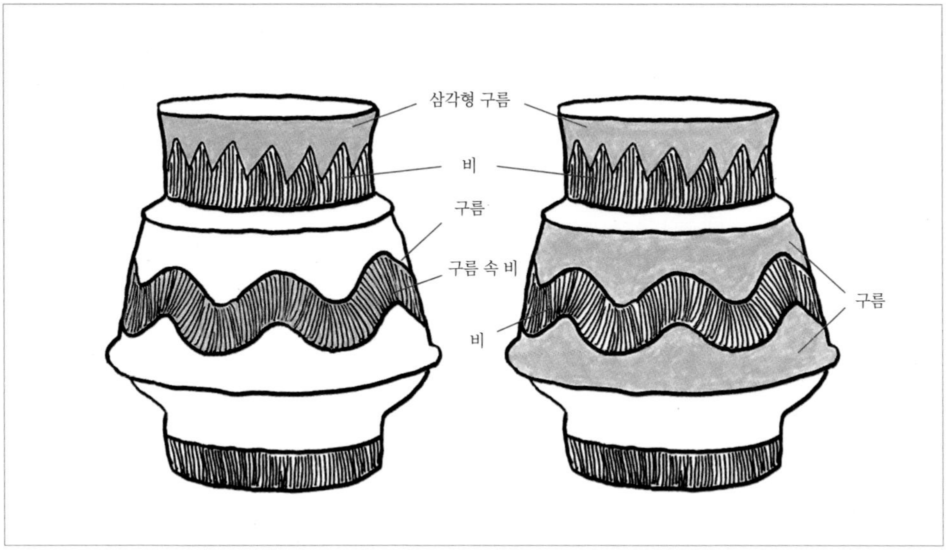

도9 도7 그릇을 그림으로 그리고 색을 칠한 것

도10 도7 그릇을 그림으로 그리고 색을 칠한 것

자세히 살펴봤다.

도10은 **도9**와 달리 몸통 패턴을 달리 해석했다. 나는 **도9** 아가리 부분에서 무늬를 새기지 않은 부분을 삼각형 구름으로 봤다. 그렇다면 몸통에서 무늬를 새기지 않은 부분을 구름으로 볼 수도 있지 않을까 싶다. 이러한 사례는 세계 신석기 미술에서 늘 맞닥뜨리는 문제다. 한반도 신석기, 청동기, 삼국시대 미술에서도 까딱 잘못 보면 반대로 읽을 때가 있다. 이것은 청동기, 삼국시대 미술을 다룰 때 아주 자세하게 설명할 것이다. 다만 여기서는 청동기시대 한 사례만 들어보겠다.

도11·12는 한중일 사학·미술사학계에서 '번개무늬' 청동거울을 말할 때 흔히 드는 디자인이다. 우리 사학계와 미술사학계는 각이 지면서 구불구불한 무늬를 번개로 본다. 누가 가장 먼저 이 무늬를 번개무늬(雷文)라 했는지는 알 수 없다. 사실 누가 이 이름을 붙였는지는 중요하지 않다. 결론부터 말하자면 이 무늬는 번개가 아니다. 7장 **도50-56**에서 러시아 아무르 강 수추 섬 신석기 그릇의 미앤더

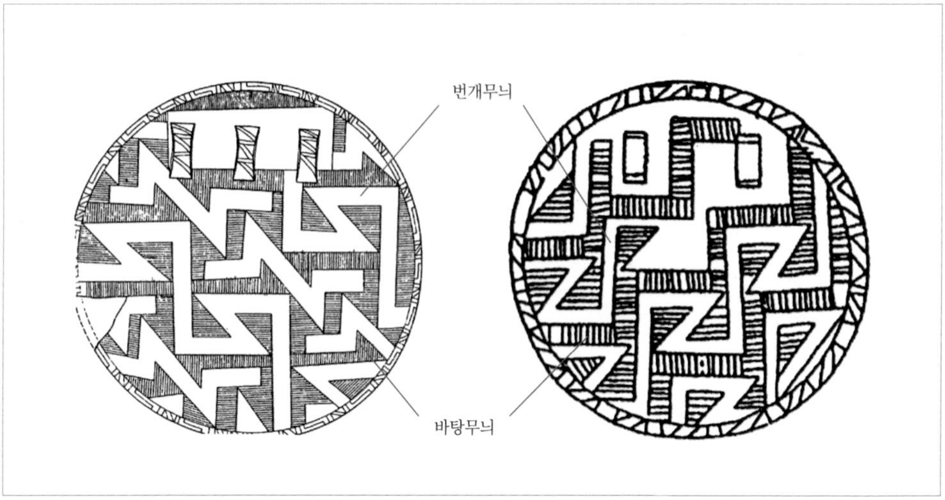

meander 패턴을 설명하면서 잠깐 말했지만, 번개라 이름 붙인 학자는 이 무늬를 '진짜' 번개로 봤을 수도 있다. (우리는 지금 '자명하게' 번개로 보고 있다!) 아니면 뭔지 모르겠는데 번개와 비슷해 번개무늬라 했을 수도 있다. 물론 번개는 이런 모양으로 치지 않는다! 삼국시대 거울 가운데 거울 뒷면에 고사리순 같은 무늬가 있는데, 이 무늬를 '고사리순 무늬'라 한다. 이 또한 아무 근거가 없다. 중요한 것은 거울에 왜 번개가 있는지, 왜 고사리순이 있는지, 또 그것이 왜 그 자리에 있어야 하는지 밝혀내는 일이다. 나는 아직까지 그런 글을 읽어 본 적이 없다. 그저 자명하게 번개이고 고사리순이라 할 뿐이다. 미앤더 패턴에 대해서는 8장 그리스 미술을 다룰 때 아주 자세히 풀었다.

도11 중국 랴오닝성 자오양현성 남서쪽 12.5km 지점 십이대영자 유적 제3호 무덤. 지름 22.5cm. 기원전 6~5세기

도12 중국 요령성 본계 양가촌 양가 유적

또 하나, 번개든 고사리순이든 이 무늬가 무엇인지 밝혀내지 않은 채 수십 년이 지나면 그 무늬가 진짜 그 무늬가 되어 버린다는 사실이다. 그러니까 어떤 학자가 번개 치는 것과 비슷해 '번개'라 이름 붙였을 뿐인데, 이 무늬가 뭔지 밝혀내지 못하고 수십 년이 흐르면

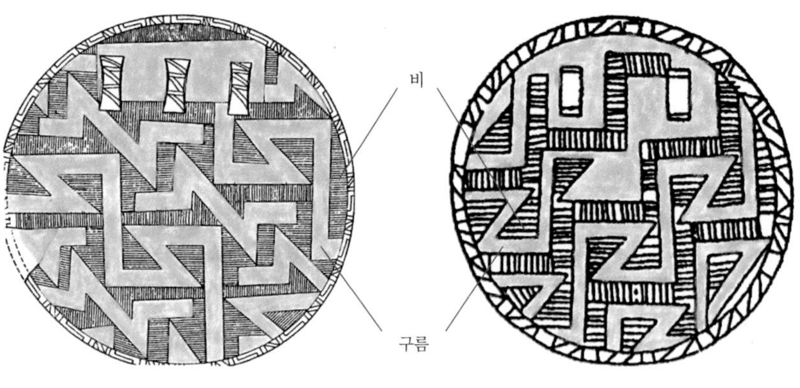

정말 그 무늬가 '번개'가 되어 버린다는 것이다. 지금 우리가 그렇게 되어 버렸다. 5천만 국민이 저 무늬를 아주 자명하게, 또 당연하게 '번개'로 보고 있다. 그래서 나 같은 사람이 저것은 번개가 아니고 구름(云)이라 하면 미치광이가 되어 버린다. 이미 자명하게 굳어 버린, 공리(公理)가 되어 버린 것을 나중에 뒤집기는 정말 힘들다. 또 아주 우울한 일이다.

도13 도11에 구름빛을 칠했다.

도14 도12에 구름빛을 칠했다.

한중일 학계는 처음에도, 지금도 여전히 **도11·12** 거울의 무늬를 번개무늬 뇌문(雷文)이라 한다. 이것은 너무나 '자명한' 것이어서 논란거리도 아니다. 아마 여러분도 그럴 것이다. 하지만 이것이 뇌문이라는 근거는 어디에도 없다. 기록에도, 미술에도, 우리 한국미술사에서도 맥락이 없다. 다만 이 무늬가 번개를 닮았다고 지레짐작할 뿐이다. 그렇다면, 정녕 이것을 번개로 본다면, 번개 사이에 있는 빗금을 비(雨)로 보는 것 또한 당연한데, 이것을 비(雨)로 보는 학자도 없다. 단지 번개무늬 아래에 있는 '바탕무늬(地文)'라 할 뿐이다. 앞에서도 말했듯이 어떤 무늬를 해석할 때는 개별 무늬가 하나하나 엮여 총체로 해석이 되어야 한다. 이것이 번개라면 왜 번개가 거울에 있는지, 번개 사이에 있는 빗금은 무엇인지, 그리고 그 둘이 서로 맞아떨어져서 하나의 스토리가 되어야 한다. 그런데 진정 정말 이게 번개일까. 그렇다면 왜 번개를 거울에 새겼는지 설명해야 한다. 그리고 신석기, 청동기 다른 미술에서도 근거를 찾고 이것이 번개라는 것을 증명해야 한다. 하지만 어느 누구도 그런 연구를 하지 않는다. 왜냐면, 이것은 번개니까!

나는 번개로 보지 않고 구름(云)으로 본다. 그리고 빗금은 구름에서 내리는 비(雨)다. 이 구름무늬는 곡선 구름이 각이 진 형태로 변한 것이다. 세계 신석기 그릇 패턴을 보면 보통 곡선 무늬가 각이 진 형태로 변한다. 물론 곡선 무늬와 각이 진 무늬가 같은 시기에 나올 수도 있다. 이것은 앞에서 암사동 신석기 미술을 설명하면서 누누이 얘기했던 것이기도 하다. 또 이는 청동기 미술사에서 청동거울 편을 다룰 때 아주 자세하게 설명할 것이다. 특히 중국 거울에 보이는, 각이 진 구름, 흔히 메산(山)·티T 자형 패턴을 설명하면서 그것을 증명할 것이다. 그리고 무엇보다도 청동거울 뒷면에 왜 구름(云)과 비(雨)가 있는지, 천문(天門)과 관련해서 아주 자세하게 풀이할 것이다. 그런데 이렇게 멀리 갈 필요도 없겠다. 이 책 곳곳에서 세계 신석기 미앤더 패턴에 대해서 수없이 사례를 들고 설명했기 때문이다.

한중일 학계는 **도11·12** 거울 무늬를 분석할 때 빗금을 아무 뜻이 없는 무늬로 본다. (하지만 고대 미술에서 아무 뜻이 없는 무늬는 없다!) 그래서 지문(地文), 바탕무늬이다. 이 바탕 위에 번개가 있는 것이다.

물론 번개가 아니고 구름이다. 구름으로 놓고 보면 비로소 빗금이 비라는 것을 알 수 있다. 두 무늬가 총체로 해석이 되고, 구름에서 비가 내리는 구상이라는 것을 알 수 있다. 이는 청동기시대의 독특한 세계관이라기보다는 신석기 세계관이라 할 수 있다. 우리나라 청동기는 기원전 1000년부터 기원전 300년까지 약 700년으로 잡고 있다. 신석기 1만 년에 견주면 아주 짧은 시기라 할 수 있다. 그래서 우리나라 청동기는 신석기 세계관 자장 속에 있다고 볼 수 있다. 문제는 우리 학계가 신석기를 '공백'으로 두면서 청동기도 삼국시대도, 그 이후도 제대로 풀지 못하고 있는 것이다.

도13·14를 보면 알 수 있듯이 지금까지 번개로 보는 것을 구름(云)으로 놓고 보면 우리 학계가 그동안 바탕무늬로 봐왔던 지문(地文)이 비(雨)라는 것을 확인할 수 있다. 자, 여기서 다시 **도10**으로 가 보자. 만약 **도10** 반치앙 그릇 몸통 바탕을 구름(云)으로 본다면 몸통 중앙에 새긴 빗금을 비(雨)로 볼 수 있다는 점이다. 아가리 쪽 바탕을 삼각형 구름(云)으로 본다면 몸통 바탕도 구름으로 보는 것이 더 타당하지 않겠는가 하는 점이다. 하지만 또, **도9**와 같이 해석하는 것이 더 적절할 것이다. 아가리 쪽과 몸통 쪽 구름을 다른 방식으로 그렸다고 볼 수 있기 때문이다.

반치앙 미술의 삼각형 구름과 비

도15·16은 반치앙 유적 청동기 그릇이다. 대pedestal foot가 있고, 높이는 23센티미터쯤 된다. **도15·16**에서 우리가 눈여겨봐야 할 것은 몸통 구름(云)이다. **도15** 몸통 구름은 입체 곡선 구름인데 **도16** 몸통 구름은 평면 직선 구름이다. 세계 신석기 미술을 보면 한 유적지에서 나온 그릇이라 하더라도 곡선 구름과 직선 구름 패턴이 같이 보이는 미술이 많다. 우리 암사동 그릇이 그렇다. 그러니까 아리엘 골란이 말한 것처럼, 곡선이 시간이 지남에 따라 직선으로 바뀌는 것이 아니라는 것이다. 이는 세계 신석기 미술에서 쉽게 찾아볼 수 있다. 이 책에서 자주 드는 미국 남서부 신석기 푸에블로 미술이 그렇다. 물론 세계 미술사학계는 **도15·16**의 곡선·직선 구름을 구름으로 보지 않고 그저 기하학적 추상무늬라 한다.

도16은 **도15**와 달리 삼각형 구름(云) 아래에 점을 찍어 삼각형 구

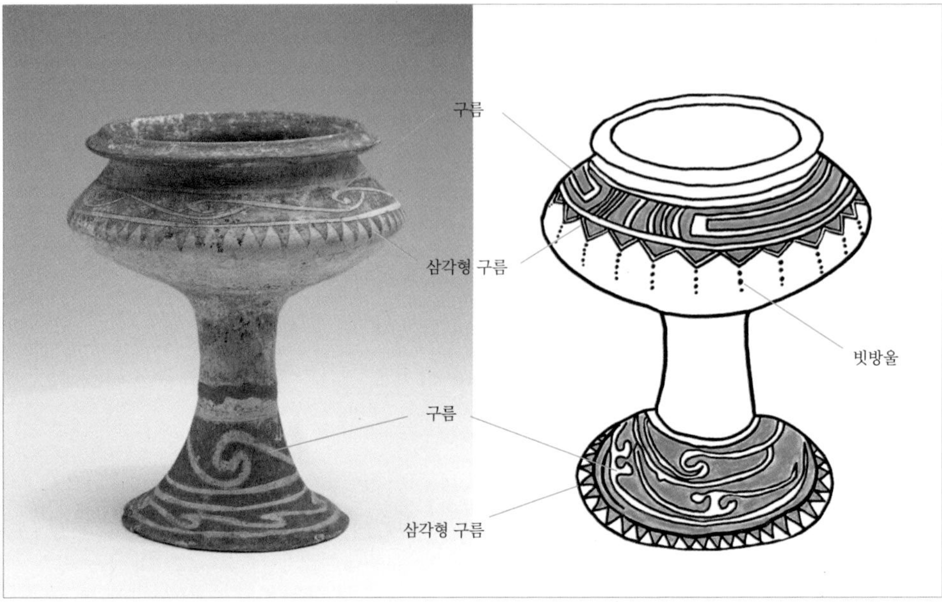

름에서 내리는 빗방울(雨)을 아주 구체로 표현했다. 참, 여기서 먼저 반치앙 미술에서 삼각형 구름은 주로 신석기 미술에서 확인할 수 있다는 것을 알아야 한다. 그런데 이렇게 청동기에 와서도, 붓으로 무늬를 그릴 수 있는 청동기에 와서도 신석기 평면 미술이 이어지고 있다는 것을 확인할 수 있다. 하지만 철기시대 반치앙 미술에서는 삼각형 구름이 더는 보이지 않는다. **도6**처럼 붓을 자유자재로 써서 구름을 아주 역동적으로 그린다.

도16과 같은 삼각형 구름 밑 빗방울을 한반도 신석기 미술에서는 찾을 수 없는 것일까. e뮤지엄에서 '빗살무늬토기'를 검색하면 6,136건이 검색된다(2021. 2. 14일 검색). 여기에서 **도16**과 같은 삼각형 구름과 빗방울은 단 두 점밖에 보이지 않는다. 부산 영도구 동삼동 조개무지에서 나온 빗살무늬토기 조각이다.

도15 타이 반치앙 유적.
대가 있는 그릇.
기원전 500~300년
청동기시대.
높이 23cm.
스미소니언박물관

도16 타이 반치앙 유적.
대가 있는 그릇.
기원전 500~300년
청동기시대.
태국국립박물관

신석기 여인상과 비와 물

도18을 보면 '하늘 속'을 표현할 때 역삼각형을 옆으로 살짝 옮겨 겹쳐 새겼다. 그리고 꼭짓점 바로 아래에 점을 찍어 물방울(雨)을 나타냈다. **도17**은 사선을 엇갈려 새겨 아래쪽 꼭짓점에 점을 찍어 비(雨)를 나타냈다. **도18**과 같이 역삼각형을 염두에 두고 새긴 것 같지는 않지만 (그래도 우연히 역삼각형 모양이 되기는 했다.) 아래쪽 점이 비(雨)인 것은 분명하다. 하늘 속 물이 삼각형 구름으로 나오고, 이 구름에서 비가 내리는 것을 표현했다고 볼 수 있다. 이것은 한반도 여러 신석기 유적 그릇에서 흔히 볼 수 있는 패턴이다. 다만 비(雨)를 표현할 때 점을 제법 크게 찍어 나타낸 것은 이곳 부산 영도구 동삼동 빗살무늬토기 조각 두 점이 유일하다. **도17·18** 부산 동삼동 빗살무늬토기 두 점의 삼각형 구름(云)과 비(雨)는 **도16**의 반치앙 그릇의 패턴과 본질적으로 같다.

우리는 삼각형 구름이나 반원·반타원형 구름에서 내리는 빗줄기를 수없이 보아 왔다. 지금까지 우리 학계는 **도20** 삼각형 구름에서 내리는 빗줄기(雨)를 생선뼈무늬(어골문, 魚骨文)라 했다. 하지만 나는 이 빗금이 생선뼈무늬가 아니라 빗줄기(雨)라는 것을 세계 여러 나라 신석기 미술을 통해 증명했다. 그래서 이 장에서는 우리가 익히 봐 왔던 빗줄기(雨)하고는 좀 다른 비와 빗방울을 들고 있다.

빗줄기를 살펴보기에 앞서 세계 신석기인이 물(水)을 어떻게 표현했는지 볼 필요가 있다. **도21-26**은 세계 신석기인이 빚고 깎은 여인상이다. 이런 여인상을 무슨 용도로 썼는지는 알 수 없다. 다만 여성의 골반 쪽을 보면 지금까지 보아 왔던 비(雨), 물(水) 패턴과 같다는 것을 알 수 있다. 여성은 인류의 근원이자 기원이다. 그래서 세계 신화와 민속을 보더라도 여성은 언제나 생명, 탄생, 생산, 풍요를 뜻하고, 이 세상 만물의 기원으로 그려진다. **도21·22·23**은 지그재그 빗줄기로, **도24**는 왼쪽에서 오른쪽으로 내리치는 빗줄기로, **도25**는 이

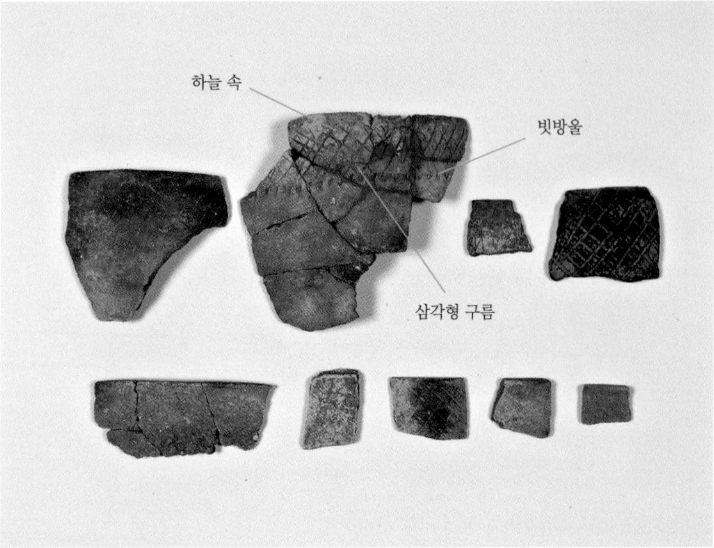

도17 부산 동삼동 조개무지 빗살무늬토기. 국립중앙박물관. 신21916(9)

삼각형 구름에 맺혀 있는 빗방울을 볼 수 있다.

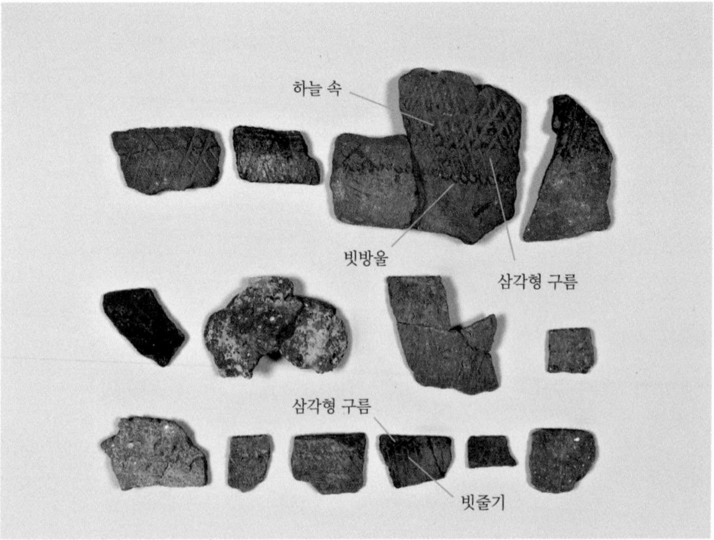

도18 부산 동삼동 조개무지 빗살무늬토기. 국립중앙박물관. 신21916(9)

삼각형 구름에 맺혀 있는 빗방울을 볼 수 있다.

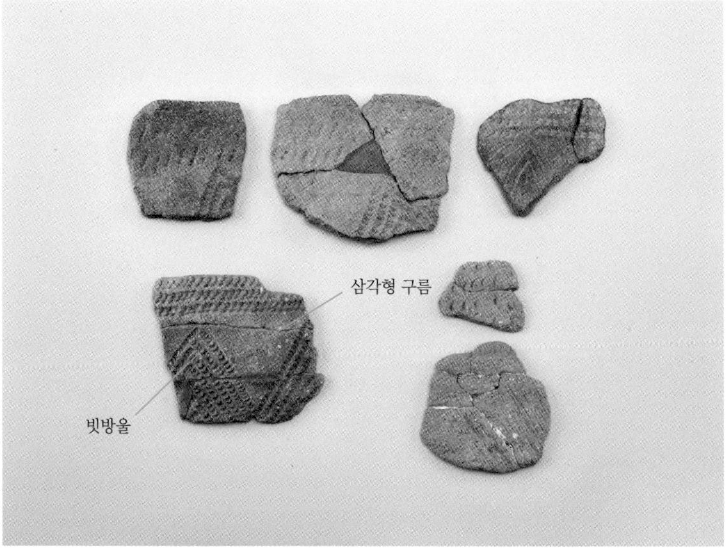

도19 인천시 운서동 빗살무늬토기 조각. 국립공주박물관. 공한4704(5)

삼각형 구름에서 내리는 비(雨)를 아주 빗방울로 새겼다. 도16과 아주 같지는 않지만 삼각형 구름에 빗줄기를 이렇게 빗방울로 찍은 한반도 신석기 빗살무늬토기는 꽤 있다.

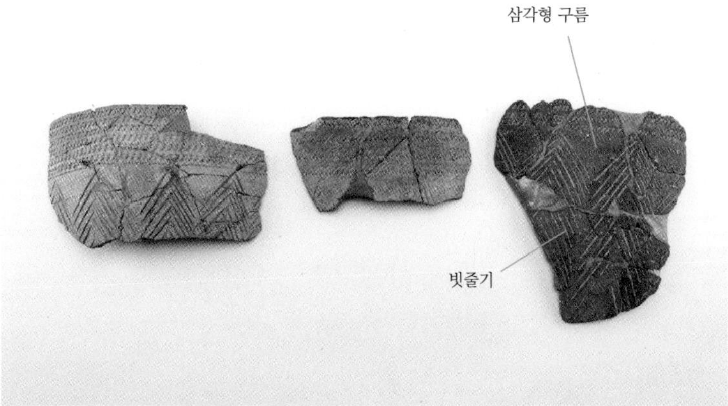

도20 인천시 운서동 빗살무늬토기. 국립공주박물관. 공한4945(3)

한국 신석기 미술에서 암사동과 가장 가까운 미술은 인천시 운서동유적 미술이다. 두 미술의 공통점과 차이점을 분석하는 것은 암사동 신석기인과 운서동 신석기인의 관계를 푸는 일이기도 할 것이다.

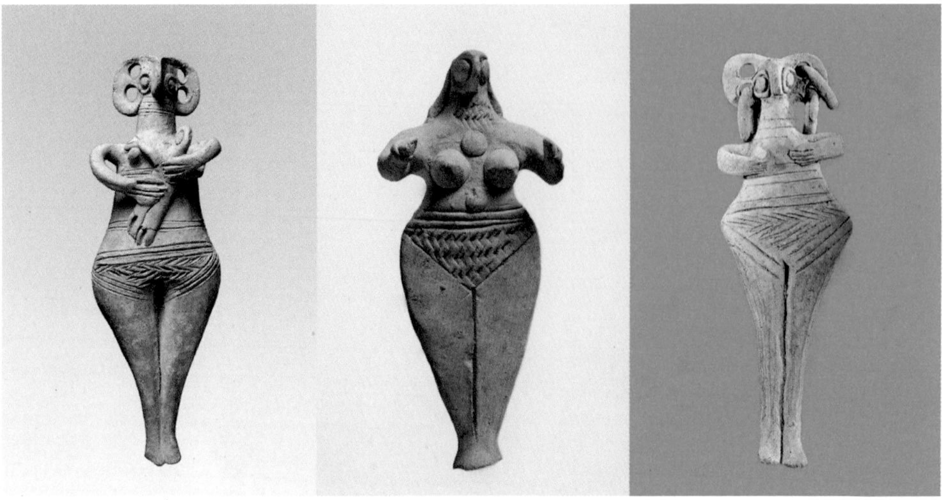

세상 만물의 기원 물(水)을 점으로 표현했다. **도21-26**의 비(雨), 물(水) 패턴은 한반도 신석기 빗살무늬토기 비(雨)와 물(水) 패턴에서 모두 찾아볼 수 있는 것이기도 하다. 참, **도21-26** 가운데 **도23·24**를 빚은 장인은 왼손잡이일 가능성이 아주 높다.

도21 아기를 안고 있는 테라코타 상
Terracotta statuette.
키프로스Cyprus.
기원전 1450~1200년.
영국박물관

도22 아카드
테라코타 상.
우르 3왕조.
기원전 2190~2004년

도23 테라코타
여자 상.
키프로스.
기원전 1200년

한반도와 세계 여러 나라 신석기 그릇의 비 패턴

도27 그릇은 지난 2019년 울산박물관에서 연 '신암리, 바다를 무대로 삼다' 특별전을 통해 처음 공개한 그릇이다. 그릇 디자인이 아주 세련됐고, 그 형태도 지금껏 보아 왔던 한반도 신석기 그릇하고는 다르다. 몸통이 볼록하고 아가리 쪽이 좁은데, 이런 그릇 디자인은 한반도에서 찾아보기 힘들다. 아마 뚜껑이 따로 있었던 듯싶다. 디자인과 패턴이 아주 모던한 것도 이 그릇만의 특징이다. 울산박물관 측은 이 그릇을 설명할 때 '덧무늬토기'라 하지만 덧무늬가 아니라 빗살무늬토기다.

나는 이 그릇의 몸통 패턴을 구름(云)과 비(雨)로 본다. 이런 패턴은

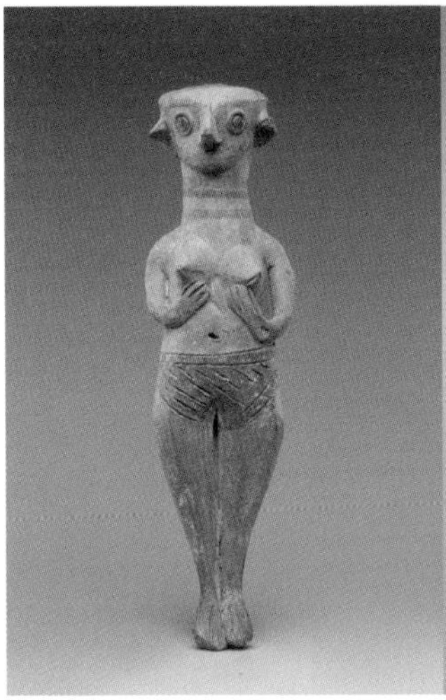
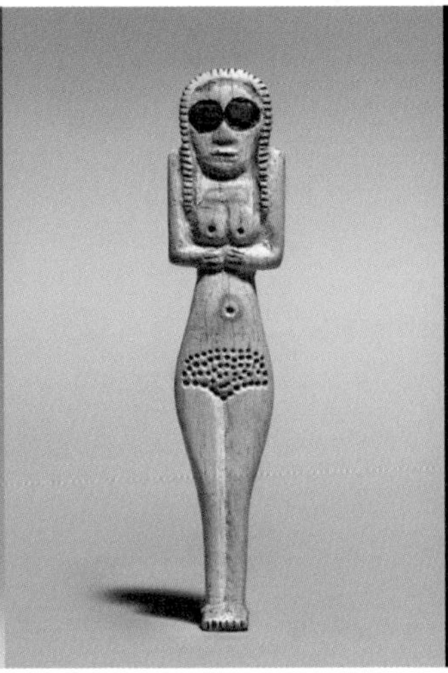
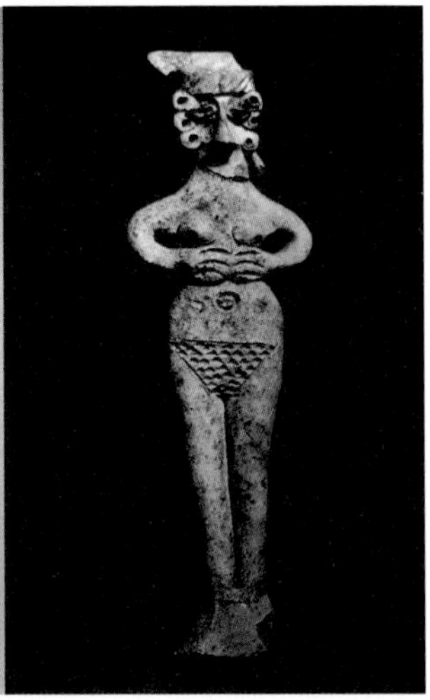

도24 테라코타 상. 키프로스. 기원전1450-1200. 메트로폴리탄박물관

도25 여자 상. 이집트 선왕조. 기원전 6000~3150년

도26 여자 상. 수메르. 기원전 3000년

세계 신석기 그릇뿐만 아니라 한반도 신석기 여러 유적에서도 찾아볼 수 있다. 만약 우리 학계가 이 그릇의 패턴을 제대로 풀었다면 **도 11·12** 청동거울의 패턴도 쉽게 풀 수 있었을 것이다.

도27 그릇과 같은 무늬 패턴은 평안남도 용강용반리유적(기원전 3000년)에서 나온 빗살무늬토기 조각(2장 **도9**), 인천시 대연평도까치산패총(기원전 4000~3000년) 빗살무늬토기 조각에서 찾아볼 수 있다. 또 서울 강동구(**도28**)와 경기 김포(**도29**) 빗살무늬토기 조각에서도 볼 수 있다. **도28·29**에서 확인할 수 있듯이 나는 이 패턴을 구름(云)과 비(雨)로 본다. 이렇게 보는 까닭은 그 모양이 비와 구름으로 보이는 것도 있지만 무엇보다도 세계 신석기 그릇의 디자인이나 패턴과의 관련 속에서 이렇게 보는 것이다. 만약 우리가 이 패턴을 정확히 봤다면 청동거울의 패턴, 특히 번개무늬라 하는 것도 사실은 비와 구름이었다는 것을 쉽게 풀었을 것이다.

도30은 함경북도 청진 농포리유적(기원전 3000년)에서 나온 신석기 그릇이다. 북한 학계는 우리 학계와 마찬가지로 이 그릇의 패턴을 '번개무늬'로 본다. 하지만 이 그릇의 패턴 또한 **도28·29**의 구름·비

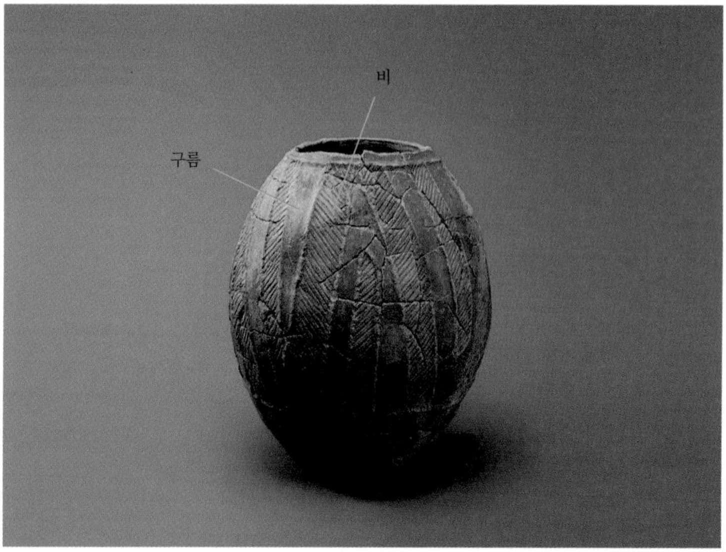

도27 빗살무늬토기.
울산 신암리.
울산박물관

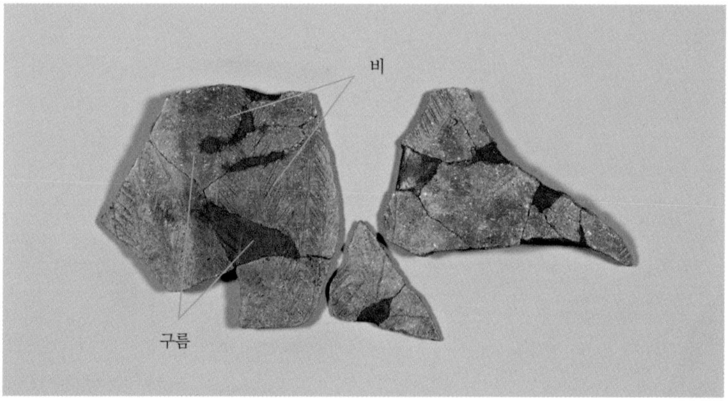

도28 서울시 강동구
빗살무늬토기.
높이 14.6cm.
국립중앙박물관.
신수22683

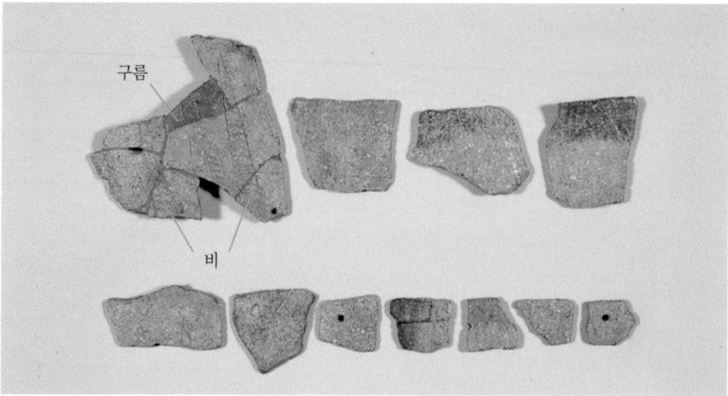

도29 빗살무늬
토기 조각.
경기 김포 양촌면
구래리.
높이 17.8cm.
국립중앙박물관.
신수35261(일괄)

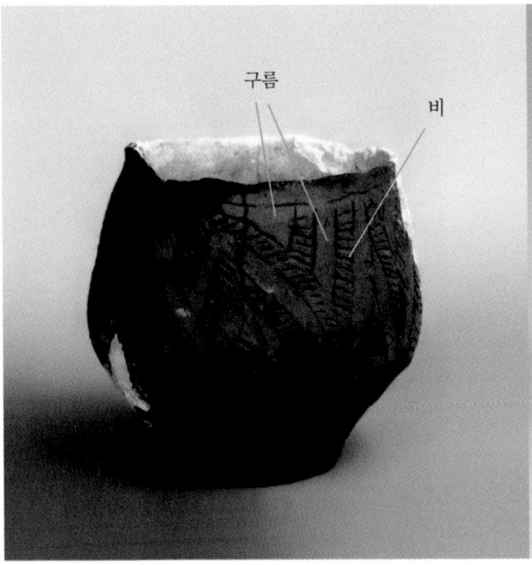

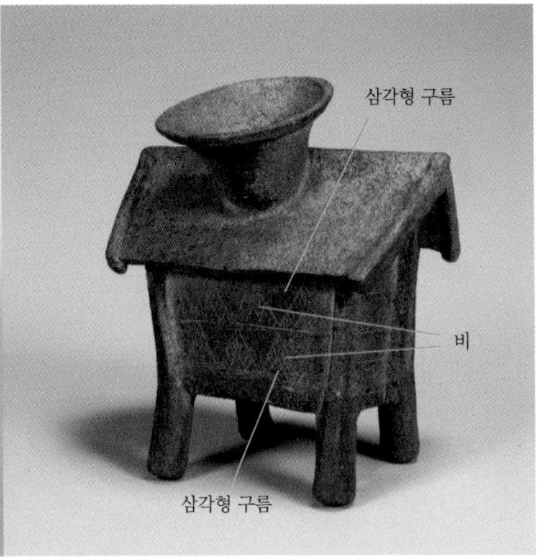

도30 함경북도 청진시 송평구역 농포리유적 새김무늬토기. 높이 10.4cm

도31 집모양토기. 일본 고분시대 5세기. 와카야마시 대동 사원 고분 출토. 높이 17.4cm. 도쿄국립박물관

패턴과 본질적으로 같은 것이다. **도31**은 일본 고분시대(古墳時代 3~7세기) 무덤에서 나온 집모양 그릇이다. 이 그릇의 디자인은 가야에서 온 것이다. 이 디자인은 5장 **도48**에서 간단히 살펴보기도 했다. 위 아래에 삼각형 구름(云)을 새기고, 이 삼각형에서 내리는 비(雨)를 표현했다고 볼 수 있다. 이 패턴은 얼마든지 다른 방식으로 해석할 수 있다. 여러분도 한번 해봤으면 한다. 물론 어떻게 해석하든 패턴의 본질은 구름과 비다.

도33 스페인 신석기 그릇은 앞에서 살펴본 **도27-30**의 구름·비 패턴과 본질적으로 같다. 스페인 학계는 우리 학계와 마찬가지로 이 그릇의 패턴을 아직 읽어내지 못하고 있다. 그들 또한 신석기 그릇의 디자인과 패턴을 기하학적 무늬라 할 뿐이다. **도32** 요르단 샤아르 골란 신석기 그릇은 앞에서 살펴본 그릇 패턴과 조금 다르다. 하지만 이 또한 본질적으로 같은 패턴으로 볼 수 있다. 다만 구름 속에 수분(水) 내지는 비(雨)를 새겼다고 볼 수 있다.

도34·35는 스페인 신석기 그릇이다. 하늘 쪽에 파란 하늘을 새기고, 그 아래에 삼각형 구름, 그 구름에서 내리는 빗줄기를 점을 찍어

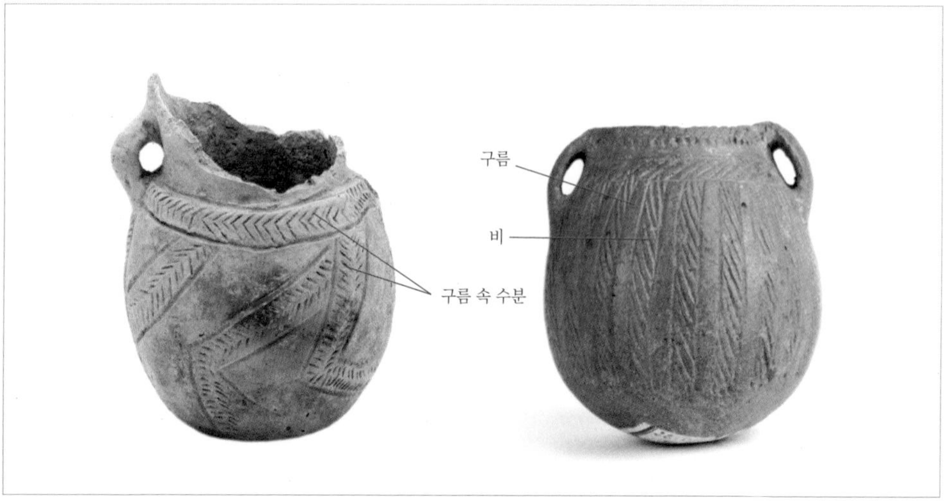

표현했다. 재밌는 것은 빗줄기 끝에 빗방울을 새겼다. **도36·37** 또한 스페인 신석기 그릇인데, 이 그릇의 패턴도 빗방울을 아주 강조해서 찍었다는 것을 알 수 있다. 스페인 학계는 **도33-37** 그릇의 디자인과 패턴을 아직 해석하지 못하고 있다.

도38 부산 동삼동 빗살무늬토기 조각 패턴을 보면 아가리에 삼각형 구름(云)을 새기고, 두 변에 빗방울을 찍었다. 삼각형 구름 속에 비(雨)를 표현한 것이고, 이 비가 곧 내린다는 것을 뜻한다. 이 삼각형 구름과 비 패턴은 6장 **도55** 토기 융기문 발 패턴과 본질적으로 같다.

도39 인천 옹진 빗살무늬토기 조각 패턴은 앞에서 누누이 봐 왔던 반원·반타원형 구름(云)이다. 이 뭉게구름을 점점이 점을 찍어 구름 속 수분(水) 또는 빗방울(雨)을 표현했다. 이런 빗방울 패턴은 **도16·34-37**에서도 확인할 수 있다.

도40은 아프리카 말리 바마나제국 18세기 항아리다. 18세기면 그리 오래된 그릇이 아닌데, 7장에서도 잠깐 말했듯이 아프리카 장인들은 아직도 그들의 조상 신석기인이 빚었던 방식 그대로, 디자인

도32 요르단 샤아르 골란 신석기 항아리. 기원전 6000년

도33 스페인 신석기 그릇. 스페인 발렌시아 선사박물관

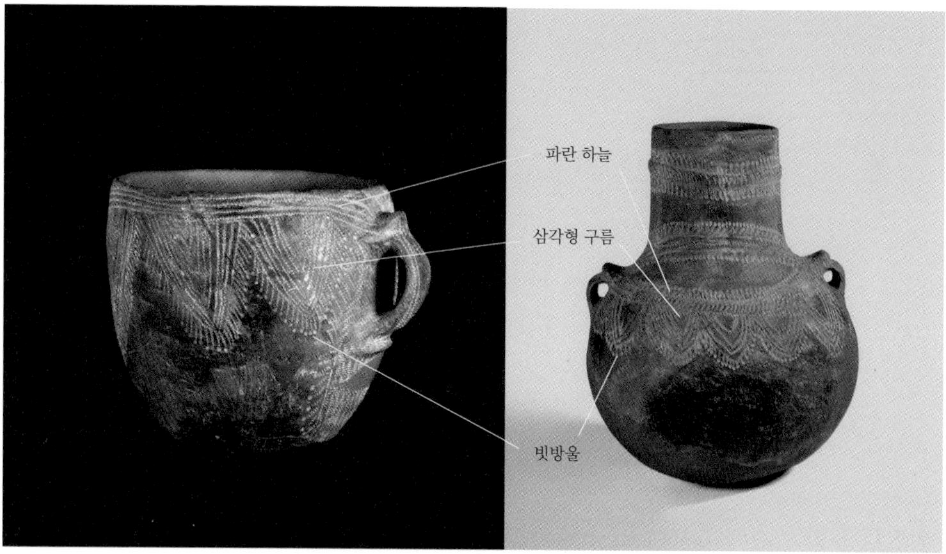

도34 스페인 신석기 그릇. 높이 21cm. 스페인발렌시아선사박물관
도35 스페인 신석기 그릇. 높이 34cm. 스페인발렌시아선사박물관

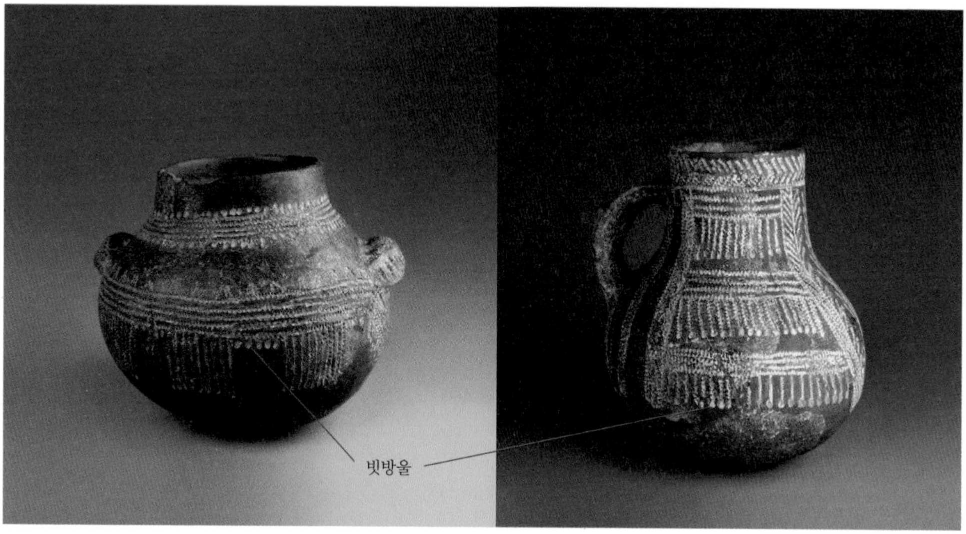

도36 스페인 신석기 그릇. 높이 14.4cm. 스페인발렌시아선사박물관
도37 스페인 신석기 그릇. 높이 15cm. 스페인발렌시아선사박물관

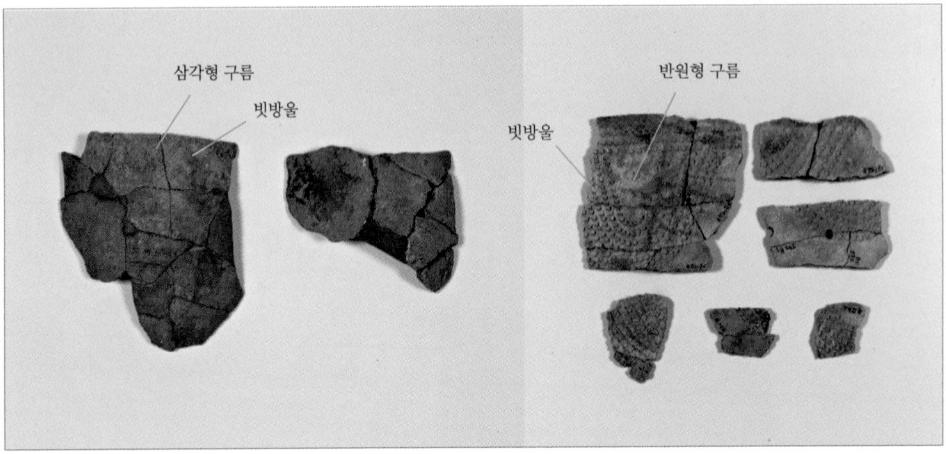

과 패턴 또한 똑같이 그릇을 빚고 있다. 문제는 현대 아프리카 여러 나라 장인들은 자신들이 새기고 그리는 디자인과 패턴에 담긴 뜻을 알지 못한다는 것이다. 우리 사기장들이 그릇의 패턴과 디자인의 기원을 잘 모르듯이 그들 또한 그러한 것이다. 언제나 그렇듯 무늬의 역사는 패턴만 남고 스토리는 없어지는 법이다. 또 어떤 스토리가 남아 있다 하더라도 어느 시기에 전도된, 그러니까 '기원'이 사라진 상태에서 덧대어지거나 다른 뜻으로 변한 스토리일 때가 많다. 이렇게 되면 미술사에서 커다란 맥락이 없어지는 것이고, 전도된 스토리만 남게 된다. 나는 이 책에서 조선 편병에 있는 모란이 모란이 아니라는 말을 했다. 또 삼국과 통일신라, 고려시대 미술의 핵심인 연꽃과 용이 사실은 연꽃과 용이 아니라는 말도 했다. 이에 대해서는 삼국, 통일신라, 고려, 조선미술사에서 아주 자세하게 다룰 것이다.

도41은 부산 동삼동 빗살무늬토기 조각(**도18**)을 그리고 색을 칠한 것이다. 고대 그릇을 볼 때는 아가리 쪽을 파란 하늘로 보고 패턴을 보면 어느 정도 해석할 수 있다. 이 그릇 또한 아가리 쪽에 삼각형 구름을 겹쳐 새기고, 이 삼각형 구름에서 빗줄기가 내리치고 있다. 이는 **도40** 아프리카 말리 바마나제국 항아리 패턴과 본질적으로 같

도38 부산 동삼동 빗살무늬토기 조각. 국립중앙박물관. 신수21883

도39 인천시 옹진 빗살무늬토기 조각. 국립중앙박물관. 신수30285

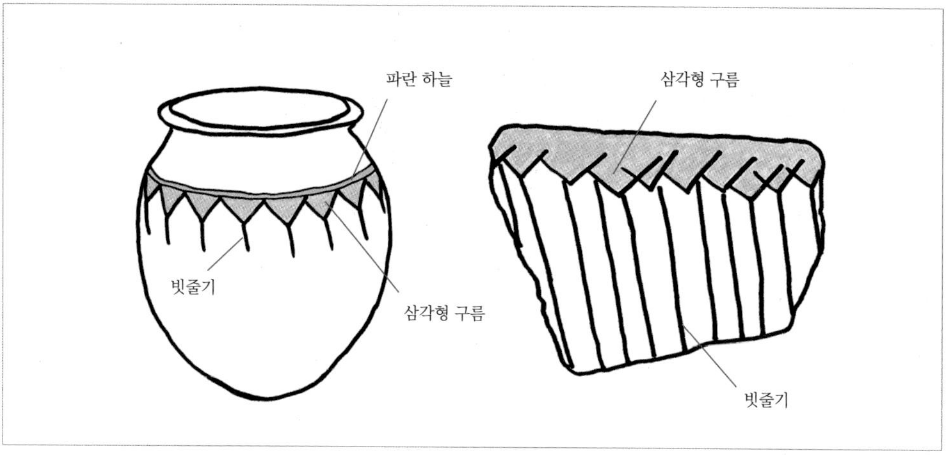

도40 아프리카 바마나제국 항아리. 말리. 18세기

도41 도18 부산 동삼동 빗살무늬토기 아래쪽 가운데 조각을 그림으로 그린 것

다.

도42는 기원전 3000~2000년 무렵 인더스 밸리 문명Indus Valley Civilization 신석기 그릇이다. 인더스 신석기인들이 빚고 그린 그릇의 패턴을 보면 아주 놀라운데, 세계 학자들은 이 그릇의 패턴에 대해 아직 어떤 해답도 명확하게 내놓지 못한 형편이다. 그릇에는 우리가 알 수 있는 독수리, 들소, 나뭇잎, 나무, 풀잎, 산양, 새, 물고기, 사자, 지구라트, 야생 염소 아이벡스 같은 것이 그려져 있어 해석이 될 듯하면서도 막상 하려고 하면 끝내 잡히지 않는다. 낱낱의 그림이 하나로 모아지거나 어떤 큰 스토리가 그려지지 않는다. 나는 인더스 신석기인이 그린 패턴 또한 세계 신석기인들이 공통으로 가져왔던 구름과 비의 세계관으로 읽어야 한다고 생각한다. 이 세상 만물이 물에서 비롯하고, 물의 기원은 비(雨)이고, 비의 기원이 구름(云)이라는 것, 바로 이 신석기 세계관과 스토리로 읽어야 한다고 생각한다. 그러다 보면 풀릴 것 같으면서도 풀리지 않았던 인더스 밸리 신석기 그릇의 디자인과 패턴도 곧 뚜렷하게 풀 수 있을 것으로 본다. **도42**를 보면 그릇 아가리 쪽에 하늘을 그리고, 그 하늘에서 빗줄기가 땅으로 쏟아진다. 그리고 빗줄기 사이에 날짐승과 풀(나무)이

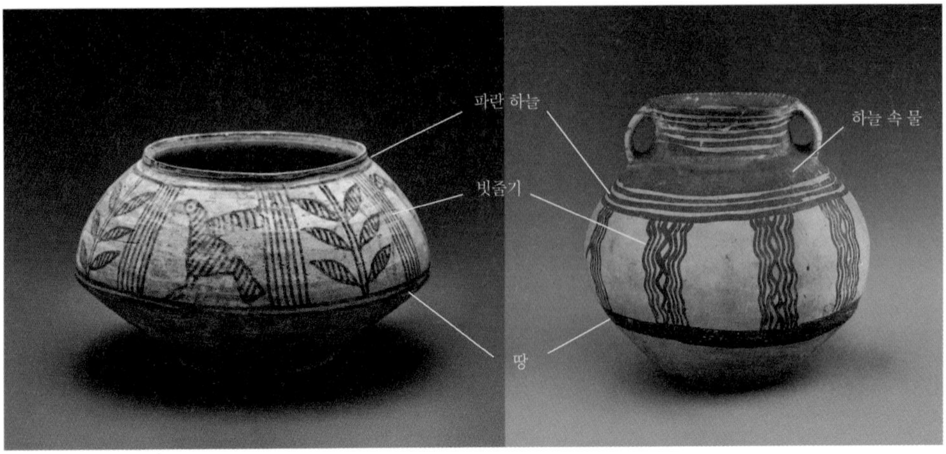

있다. 그런데 이 날짐승과 풀 바탕에 비(雨)를 그렸다. 풀과 날짐승의 기원도 물(雨)이라는, 다시 말해 이 세상 만물의 기원이 물이라는 것을 말해 주는 디자인과 패턴이 아닐까 싶다. 우운화생의 인더스 버전이라 할 수 있다.

도42 인더스문명 신석기 그릇. 기원전 3000~2000년. 높이 10.8cm

도43 채색토기항아리. 중국 마가요문화 신석기 그릇. 기원전 3300~2050년. 높이 20.3cm. 1959년 감숙성난주 출토

도43은 기원전 3300~2050년 무렵의 중국 마가요문화 신석기 채색토기 항아리다. 이 항아리는 황하 상류 신석기인이 물을 긷거나 담아 보관하는 물독인데, **도42**와 마찬가지로 파란 하늘과 땅 사이에 빗줄기를 그려 넣었다. 이 그릇의 패턴은 물(水)을 담은 물독답게 항아리 속 물(水)의 기원이 비(雨)라는 것을, 또 그 비(雨)의 기원이 하늘 속 물(水)이라는 것을 표현하고 있다.

도44 그릇의 패턴은 앞에서 보아왔던 방식이다. 아가리 쪽에 하늘 속 물(水)을 새기고, 그 아래에 입체 구름(云)을 새겼다. (이 입체 구름은 3장 **도14**, 7장 **도59** 진안 빗살무늬토기 그릇 구름과 본질적으로 같다.) 그리고 그 아래에 이 입체 구름에서 내리는 빗줄기(雨)를 아주 사실적으로 새겼다. 마치 비가 내리는 모양이다.

도45 그릇을 보통 '바리'라 한다. 바닥에서 아가리 쪽으로 벌어져 올라가는 그릇을 말하는데, 아가리 지름이 20cm 이상인 그릇을 말

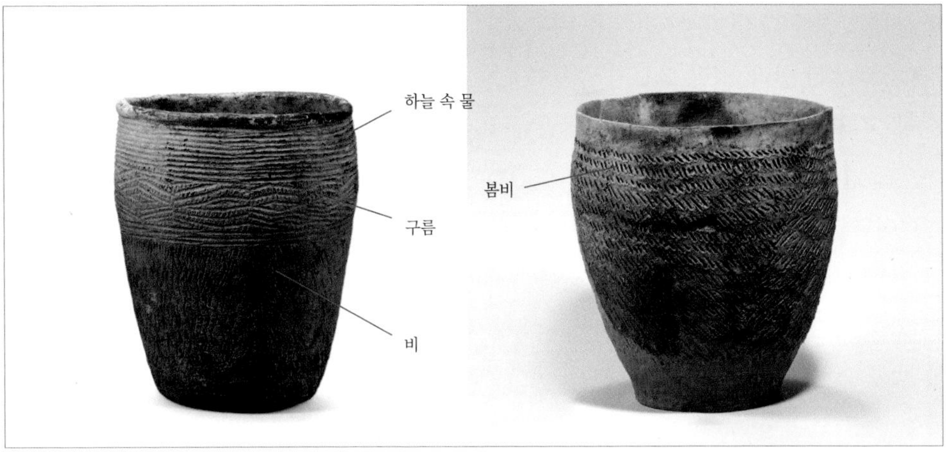

한다. 이 그릇은 몸통 전체를 아주 짧은 빗금으로 새겼다. 그런데 이 빗금을 새길 때 신석기 장인은 아주 남다른 방법을 선택했다. 보통 신석기 장인들은 그릇에 무늬를 새길 때 흙으로 빚어 바로 새기지 않고 그늘에 하루이틀 말려 좀 단단해진 뒤 새긴다. 이때 무늬새기개는 1장에서 말했듯이 빗 같은 무늬새기개가 아니다. 그늘에 말린 그릇은 겉면이 단단해 빗 같은 무늬새기개로 새길 수 없다. 빗살이 들어가지 않기 때문이다. 단단한 나뭇가지 끝을 뭉툭하게 갈아 하나하나 일일이 새겨야 한다. 그래야 흙이 덧나지 않고 새기고 싶은 무늬가 깨끗하게 나온다. 그런데 이 장인은 그러지 않았다. 성격이 아주 급한 신석기인이었을까. 물론 그렇게 볼 수도 있다. 하지만 흙을 빚어 무늬를 새겨 본 사람은 누구나 알 수 있다. 그릇이 마르지 않는 상태에서 새기면, 딱 한 번만 새겨 봐도 흙이 덧나 올라오고 깨끗이 안 된다는 것을. 그랬을 때는 누구나 '아, 지금은 안 되겠구나. 좀 말려야 하겠구나.' 이런 생각이 들 수밖에 없다. 그런데 이 신석기 장인은 멈추지 않았다. 축축한 흙을 꾹꾹 눌러 새겼다. 이렇게 다 새겨 놓고 보니 영락없이 봄비가 되었다. 온 세상을 촉촉이 적셔 주는, 그래서 이 세상 만물을 깨우고 움트게 하는 바로 그 봄비 말이다. 나는

도44 통형 항아리.
중국 신석기
흥륭와문화.
기원전 6200~5400년.
높이 21.7cm.
한성백제박물관

도45 바리.
함경북도 경성군
원수대패총.
높이 27.7cm.
국립중앙박물관

미술사 강의를 나갈 때 이 그릇을 내보이고 이 그릇의 이름을 김추자의 '봄비'라 한다. 정말 그렇지 않은가.

이 그릇은 발굴할 때 온전하지 않았던 듯싶다. 물론 신석기 그릇 가운데 온전하게 나온 그릇이 어디 있겠는가. 모두 깨진 상태이고, 더구나 깨진 조각 가운데 삭아 없어진 것이 있을 수밖에 없다. 이 그릇 또한 그런 것 같다. 이 그릇의 전체 모습을 볼 수 없어 확실하지는 않지만, 또 얼마만큼 온전한지 알 수 없지만, 분명한 것은 '양손'을 써서 무늬를 새겼다는 것을 알 수 있다. 사진을 보면 왼쪽은 왼손으로, 오른쪽은 오른손으로 새겼다. 왜 이렇게 새겼는지는 알 수 없다. 그런데 무늬를 보면 왼손이 더 안정감이 있고 봄비 느낌이 나게 꾹꾹 눌러 새겼다. 그에 견주어 오른쪽 무늬는 깊이가 덜하고 좀 길게 사선으로 새겼다. 이것으로 보아 이 신석기 장인은 아무래도 왼손잡이였을 것 같다.

제 1 1 장

밑굽 패턴과 바닥없는 골짜기

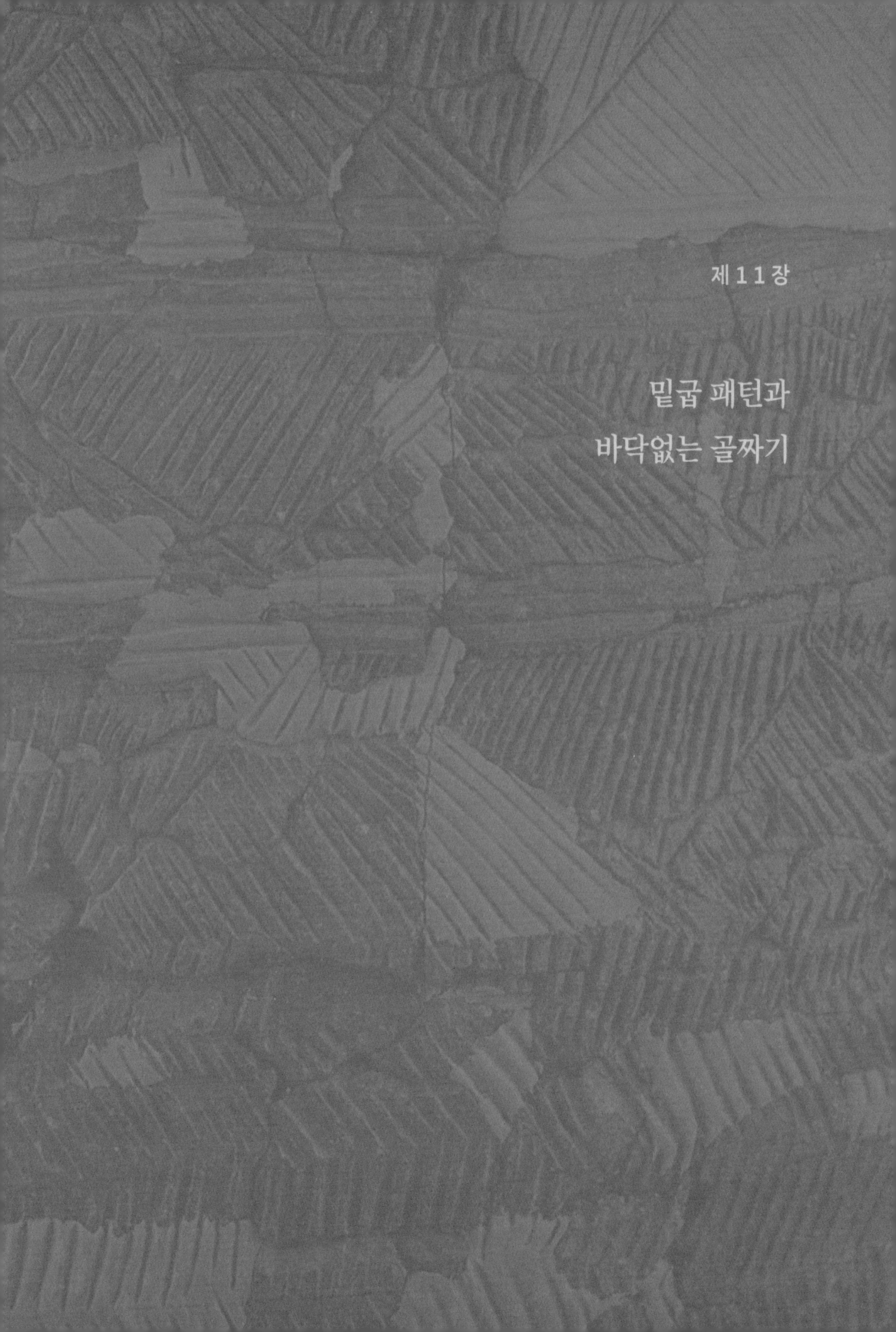

11

밑굽 패턴과 바닥없는 골짜기

나는 지금까지 서울 강동구 암사동 빗살무늬토기를 비롯하여 한반도와 세계 신석기 그릇의 디자인과 패턴을 통해 세계 신석기 미술을 분석했다. 이제 그릇 디자인과 패턴에서 가장 아래 밑굽 무늬에 대해 말하려 한다. 그런 다음 세계 신석기 그릇에 있는 '구멍'에 대해 얘기할 것이다.

도1 빗살무늬토기는 40.5센티미터나 될 정도로 상당히 큰 그릇이다. 그릇을 빚은 흙도 곱고 그릇 두께도 아주 얇다. 무늬를 보면 그릇을 빚고 하루나 이틀 그늘에서 말린 다음 무늬새기개로 일일이 하나하나 새겼다는 것을 알 수 있다. 그런데 하늘 속 물·몸통 빗줄기와 밑굽 무늬새기개가 다르다. (이미지를 확대하여 보면 알 수 있다.) 왜 이렇게 했는지는 알 수 없다.

이제 밑굽 패턴을 보려 하는데, 일단 밑굽 패턴과 빗줄기 패턴이 다르다는 것부터 알아야 한다. 나는 빗줄기가 끝나는 지점, 밑굽 무늬가 시작되는 지점을 땅(地)으로 본다. 구름(云)에서 내린 비(雨)는 이 세상을 촉촉하게 적시고 이 세상 만물을 깨운다. 다시 말해 우운화생(雨云化生)의 세계관이라 할 수 있다. 그런데 이 비(雨)는 이 세상 만물을 깨우고, 싹을 틔우고, 길짐승과 날짐승의 목을 축이고 강으로

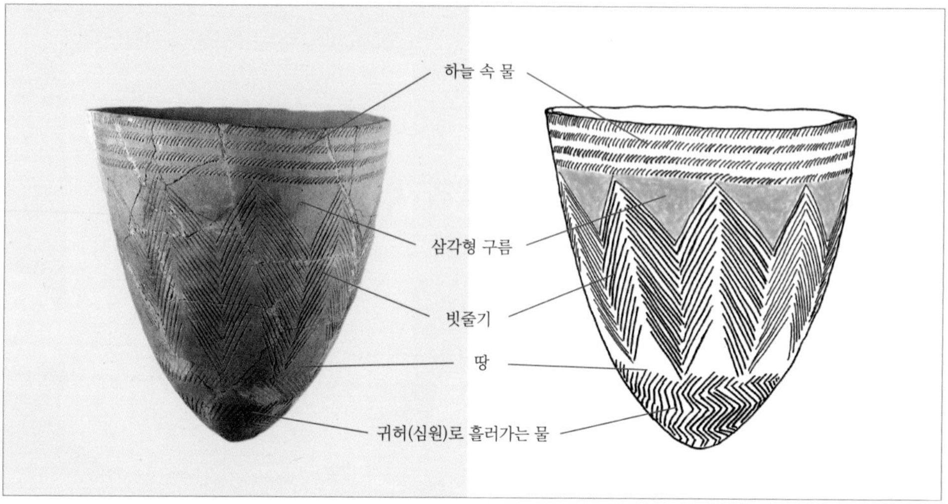

흐르고 땅속으로 스며든다. 신석기인들은 구름의 생성 원리를 몰랐기 때문에 하늘에서 내린 그 많은 비(水)가 도대체 어디로 가는지 알 수 없었다. 하늘 속 은하수(銀河水, milky way) 물이 구름으로 나와 비가 내린다는 것은 알았지만 그 비가 다시 수증기로 변해 구름이 된다는 것은 몰랐다. 그렇게 많은 비가 내리는데, 더구나 신석기 초 간빙기 때는 불안정한 기후 때문에 한번 비가 내리면 수십 일 내리기도 했다. 하지만 그렇게 비가 많이 내리는데도 세상은 물에 잠기지 않았다. 중국 전국시대 초나라 시인 굴원(屈原 기원전 343?~278?)은 그의 시 「천문(天問)」에서 이렇게 묻는다. "중국의 모든 강은 동쪽으로 흘러가는데 넘치지 않으니 누가 그 까닭을 아는가."(東流不溢(동류불일) 孰知其故(숙지기고)) 그도 궁금했던 것이다. 중국의 양쯔강이나 황허강은 동쪽으로 흘러 동쪽 바다 보하이만(渤海灣)으로 가는데, 아무리 강물이 흘러가도 동쪽 바다는 차고 넘치지 않기 때문이다. 굴원은 기원전 4세기 사람이지만 그의 이런 질문은 그때 당시 의문이라기보다는 저 먼 옛날 신석기 때부터 중국 고대인들이 궁금했던 것이기도 하다.

도1 빗살무늬토기.
서울 강동구 암사동.
높이 40.5cm.
경희대학교박물관

바닷가에 사는 사람들도 마찬가지였다. 그렇게 많은 비가 내리지만 바닷물 높이는 언제나 그대로였다. 밀물과 썰물의 원리를 몰랐기에, 썰물보다는 밀물 때 훨씬 더 겁이 났지만 그도 시간이 흐르면서 밀물의 공포는 점점 더 사그라졌다. 하지만 도대체 그 많은 물은 다 어디로 가는 것일까.

신석기인이 맞닥뜨린 '공포'

도2는 서울 강동구 암사동유적에서 나온 빗살무늬토기 밑굽이다. 무늬를 새기지 않은 밑굽도 있지만 서울 암사동 빗살무늬토기는 대체로 밑굽에 무늬를 새겼다. 이 가운데 **도2**는 우리나라 빗살무늬토기 밑굽 중에서도 가장 섬세하게 새긴 것이다.

일단 **도2·3**을 자세히 한번 봐 보자. 보다시피 빗 같은 무늬새기개로 새기지 않고 좀 뾰족한 무늬새기개 하나로 일일이 새겼다. 그렇다면 몸통 쪽에서 밑굽 쪽으로 새겼을까, 아니면 그릇을 엎어놓고 밑굽에서 몸통 쪽으로 새겼을까. 보면 밑굽 쪽이 깊지 않다. 그것은 위에서 아래로, 그러니까 몸통 쪽에서 아래 밑굽 쪽으로 새겼다는 말이다. 사실 암사동 빗살무늬토기 무늬는 모두 다 이렇게 새겼다. 그릇을 엎어놓고 새긴 것은 찾아볼 수가 없다. 아래 밑굽 무늬는 몸통에서 아래 밑굽 쪽으로 새기기가 여긴 힘이 드는데도 그릇을 엎어놓고 새기지 않았다. 아마 옆으로 누여 놓고 새겼을 것이다. 왜 그랬을까. 그것은 물이 위에서 아래로 흐르기 때문에, 구름에서 내린 비가 땅을 촉촉하게 적시고, 저 깊은 곳으로 스며들어 심원의 세계로 흘러가기 때문이다. 그런데 이 무늬는 어쩌면 신석기인이 맞닥뜨린 '공포'일지도 모르겠다. 구름에서 내린 비가 이렇게 어느 세계로 가지 않는 한 이 세상은 끝내 물에 잠기고 만다는, 그런 공포 말이다. 하지만 어디로 흘러간다면, 아니 이렇게 흘러갈 수만 있다면, 아니

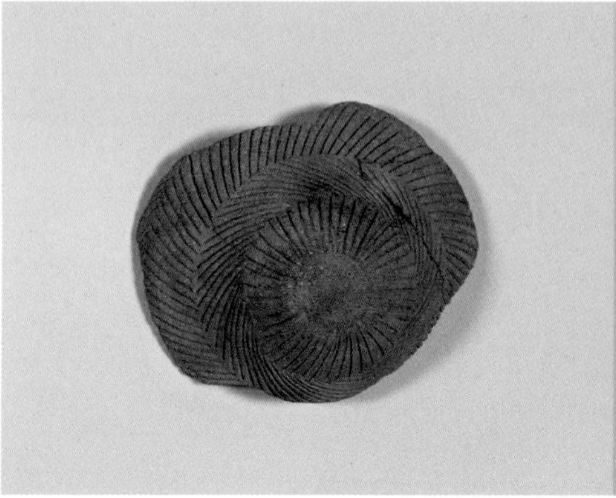

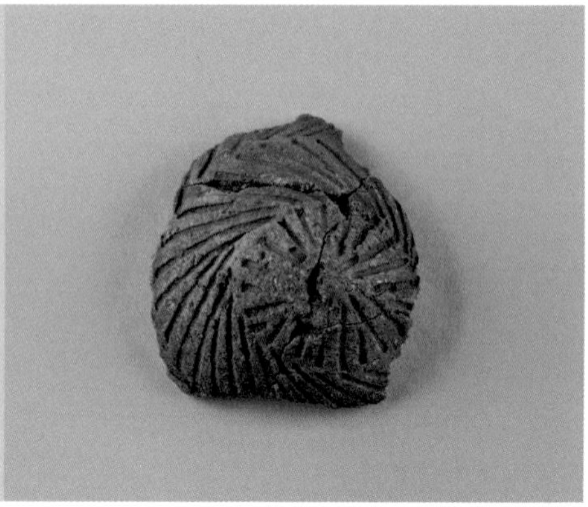

도2 빗살무늬토기 밑굽.
서울 암사동.
국립중앙박물관.
신수22815(7)

도3 빗살무늬토기 밑굽.
국립춘천박물관.
춘천56118

더 정확하게 말해서 이렇게 흘러가야 한다. 그렇지 않으면 그들 세상은 끝내 물에 잠기고 말 테니까 말이다.

1장에서도 잠깐 말했지만 우리나라 신석기 유적 가운데 밑굽에 패턴을 가장 꼼꼼하게 새긴 곳은 암사동이다. e뮤지엄에 올라온 암사동 빗살무늬토기 사진 자료 474장에서 밑굽을 확인할 수 있는 그릇과 토기 조각은 274점인데, 이 가운데 밑굽에 무늬를 새긴 그릇은 238점이고 새기지 않은 그릇은 36점이다. 그만큼 암사동 신석기인은 밑굽에 자신의 세계관(물의 공포)을 알뜰히 새겼다고 볼 수 있다.

『열자』 탕문 편의 신석기 세계관

『열자』 제5편 탕문(湯問) 편은 그 첫 구절 "은나라 탕왕이 하극에게 묻다(殷湯問於夏革)"에서 따온 제목이다. 탕문 편 두 번째 글은 '사물의 크고 작음, 길고 짧은 것, 같고 다른 것'인데, 여기에 아래와 같은 말이 있다. 좀 길지만 이 구절에 신석기 세계관이 들어 있어 들어본다. 탕왕은 하(夏)왕조 걸왕(桀王)을 치고 은(殷)왕조를 세운 은나라 임금이고, 하극은 은나라 현자(賢者)이자 그의 대부(大夫)다.

탕왕이 하극에게 묻는다.

"사물 가운데 엄청 큰 것이 있고, 아주 작아 거의 보이지 않는 것도 있겠지요? 또 아주 긴 것이 있고 또 아주 짧은 것도 있겠지요? 그리고 꼭 같으면서도 다른 것도 있겠지요?"

하극이 대답한다.

발해 동쪽으로 몇 억만 리나 떨어져 있는지는 알지 못하지만 큰 **구렁**이 있는데 실은 밑바닥이 없는 골짜기입니다. 바닥이 없어 **귀허(歸墟)**라 하지요. 온 세상 **팔방구주팔굉의 물(八紘九野之水)과 은하수(天漢) 물이 모두 그곳으로 흘러들지만 물이 불어나는 일도 줄어드는 일도 없습니다.**

그 가운데에는 다섯 산이 있는데, 첫째는 대여(岱輿), 둘째는 원교(員嶠), 셋째는 방호(方壺), 넷째는 영주(瀛洲), 다섯째는 봉래(蓬萊)입니다. 그 산은 높이와 둘레가 삼만 리이며, **그 꼭대기는 사방 구천 리 평평한 들판입니다.** 이 다섯 산 사이는 칠만 리나 떨어져 있는데도 서로 이웃집처럼 지냅니다. 누각과 궁전은 모두 금과 구슬로 되어 있고, 새와 짐승은 새하얗습니다. 옥과 진주로 된 나무가 울창하며, 꽃과 열매는 맛이 좋아 먹으면 늙지 않고 영원토록 죽지 않는다 합니다. 그곳 사람들은 신선(神仙)과 성인(聖人)입니다. 하루 낮이나 하루 저녁이면 날아서 서로 왕래하는 사람들이 이루 헤아릴 수 없이 많습니다.

그런데 **다섯 산 뿌리는 바닥에 붙어 있지 않습니다. 그래서 조류와 물결에 따라 오르락내리락하며 또 이리저리 움직이며 잠시도 멈춰 서 있지 못합니다.** 신선과 성인들은 이를 근심하여 상제(上帝)께 그 사정을 하소연했습니다. 상제는 섬이 서쪽 끝으로 흘러가 성인들이 살 곳을 잃게 될까 봐 걱정이 되어 신 우강(禺彊)을 부릅니다. 상제는 **큰 자라 열다섯 마리를 불러 머리로 받치게 하여** 다섯 산이 떠내려가지 않게 했습니다. 또 다섯 마리씩 짝을 지어 교대를 하는데, 육만 년 만에 한 번 교대하도록 했습니다. 그러자 비로소 다섯 산이 움직이지 않고 안정이 되었다 합니다.

그런데 용백(龍伯) 나라에 한 거인이 있었습니다. 이 거인이 발을 들어 몇 걸음 걷지 않았는데 다섯 산이 있는 곳에 다다랐습니다. 그는 한 번 낚시질로 여섯 마리 큰 자라를 잡아 등에 지고 돌아가 구워 뼈를 세어 가며 오도독오도독 씹어 먹었습니다. 이 때문에 대여와 원교 두 산이 북극으로 흘러가 바닷속에 가라앉아 버렸습니다. 두 섬은 난리가 났고 신선과 성인들은 급히 다른 섬으로 피신했습니다. 상제는 이것을 보고 화가 이만저만 나는 게 아니었습니다. 상제는 용백국을 줄여 작게 하고, 용백 사람들도 작게 해버렸습니다. 하지만 복희와 신농의 시대에 이르러서도 그 나라 사람들은 키가 수십 장(1장은 242cm)이나 되었다 합니다.

중원에서 동쪽으로 40만 리를 가면 난쟁이 나라 초요국(僬僥國)이 있습니다. 사람 키가 한 자 다섯 치(약 45cm)밖에 안 됩니다. 동북쪽 끝에 쟁(諍) 종족이 사는데 키가 아홉 치(약 27cm)밖에 안 됩니다. 초나라 남쪽 나무 중에 명령(冥靈)이 있는데, 5백 년을 봄으로 삼고, 5백 년을 가을로 삼습니다. 상고(上古) 시대의 나무 대춘(大椿)은 8천 년을 봄으로 삼고, 8천 년을 가을로 삼습니다. 썩은 흙에서 나는 버섯 균지(菌芝)는 아침에 나서 저녁에 죽습니다. 봄여름 철에만 볼 수 있는 벌레 몽예(蠓蚋)는 비가 내릴 적에 생겨났다가 햇빛을 보면 바로 죽습니다.

'발해 동쪽'에서 발해(渤海)는 텐진 앞바다, 지금의 보하이만을 말한다. 여기서 다시 "동쪽으로 몇 억만 리나 떨어져" 있는지 알 수 없는 곳에 바닥이 없는 큰 구렁이 있다고 한다. 보하이만 동쪽으로 한반도가 있고 거기서 다시 동쪽으로 수억만 리 떨어진 곳이니까, 그곳은 태평양이다. 내 생각으로는 그보다는 보하이만 남쪽으로 수억만 리 떨어진 곳이 아닐까 싶다. 구석기 말 때만 하더라도 보하이만과 황해는 뭍이었고 그 아래가 바다였다(제14장 **도20** 참조).

하극은 여러 사례를 들어 탕왕의 물음에 답한다. 앞부분이 상당히 긴데, 이 부분은 거인 나라 용백을 불러오기 위한 베이스라 할 수 있다. (사실 이 베이스가 가장 중요하다!) 하극은 거인 나라 용백과 바로 뒤 난쟁이 나라 초요국(僬僥國)을 견주고 있다. 마찬가지로 뒤이어 오는 이야기도 우리 인간으로서는 도무지 상상할 수 없는 것이다. 하극이 진정 하고 싶은 말은 이 세상 어떤 것도 딱 잘라 말할 수 없고 알 수 없는 것이 있다는 것이다. 하극은 탕왕이 묻는 질문에 자주 '모른다'고 한다. 인간이 알 수 없는 것은 모른다고 하는 것이다. 물론 모른다고 하면서도 할 말은 다 한다.

앞 구절에서 우리가 눈여겨봐야 할 것이 있다. 바로 거인 나라 용백을 설명하기 위해 베이스로 깐 다섯 섬 나라 이야기다. 우리는 보통 이런 사례를 그냥 하나의 사례로 보고 넘어가는데, 사실 이 이야기 속에는 중국 고대인이, 신석기부터 내려온 그들의 세계관이 담겨 있다.

학자들은 발해 동쪽에 있는 큰 구렁, 바닥이 없는 귀허(歸墟)를 보통 도(道)의 깊이로 해석하는 듯싶다. 그러니까 노자와 장자, 열자가 말하는 도가 그만큼 넓고 깊다는 말로 해석하는 것이다. 그런데 이렇게 보면 귀허와 뒤 다섯 섬나라 이야기가 맞아떨어지지 않는다. 내가 보기에 이 이야기 속에는 중국 신석기인의 세계관이 담겨 있다. "온 세상 팔방구주팔굉의 물(八紘九野之水)"에서 '구야(九野=아홉 들판)'는 5장에서 『회남자淮南子』「천문」과 「지형」 편을 들면서 아주 자세하게 설명했다. 문제는 '팔굉(八紘)'이다. 중국 고전을 읽다 보면 팔굉이 자주 나오기는 하지만 구체적으로 풀어쓴 대목을 찾아보기 힘들다. 팔굉(八紘 여덟 팔·밧줄굉)은 글자 그대로 밧줄로 단단히 묶는 것이다. 내 생각은 이렇다. 이 팔굉은 세상 팔방 끝을 밧줄로 묶은 곳이다. 고대 중국인들은 부주산이 한 중앙에서 하늘을 받치고 있고, 팔방(여덟 들판) 끝, 하늘은 둥그니까 하늘과 땅이 만나는 곳을 밧줄로 단단히 묶는 것, 바로 이곳을 팔굉이라 하는 것 같다(**도4** 참조, 5장 **도20**, 6장 **도6** 참조).

열자의 생애는 분명하지 않은데, 대략 노자(기원전 500년 앞뒤)보다는 뒤지고, 장자(기원전 372~289)보다는 약간 앞서 살았던 사람으로 알려져 있다. 그런데 앞 구절을 보면 열자는 팔굉(八紘)을 아주 자연스럽게 쓰고 있다. 이것으로 보아 그가 살았던 때는 팔굉 개념이 분명하게 자리하고 있었던 듯싶다. 하지만 중국 기록에서 이 팔굉은 그 뒤로도 자주 나오기는 하지만 그것의 구상을 짐작할 수는 없다. 『회남자淮南子』(기원전 139년)에서도 이 세상 하늘과 땅 모양을 말하고는 있지만, (물론 이 팔굉도 나온다!) 그것을 그림으로 그려내기는 힘들다. 나는 5장 **도20**과 6장 **도6**에서 이 팔굉의 자리와 구상을 든 적이 있다. (이것을 도상으로 그린다든지 그릇에서 그 구상을 찾는 것 또한 최초의 일이다!) 일단 **도4**에서 보면 남쪽 바다 끝 남명(南冥)과 팔극(八極) 사이쯤으로 보면 된다. 이 남쪽 바다 끝과 하늘이 닿는 곳을 밧줄로 단단히 묶는 곳, 이곳을 팔굉(八紘 여덟팔·밧줄굉)이라 할 수 있을 것이다. 중국 고대인들은 땅이 밧줄에 묶여 하늘에 매달려 있다고 보았다. 성서에도 이와 비슷한 대목이 있다. 여호와는 당신의 거처를 북녘 궁창에 마련하고 이 땅을 허공에 매달아 놓는다(욥기26:7).

앞 구절에 나오는 "온 세상 팔방구주팔굉의 물(八紘九野之水)"은 구름(云)에서 내리는 비(雨)를 말한다. 그리고 이 비(雨)는 '하늘 속' 내지는 '하늘 너머'에 있는 물(水) 은하수(天漢)에서 비롯한다. 이 또한 고대 히브리인들의 세계관과 같다(창세기1:6~8, 7:10~12, 욥기26:8, 37:6, 38:9·22·37, 시편135:6~7, 148:4, 예레미야51:15~16, 아모스9:6, 다니엘3:60). 이 은하수 물은 우리 한반도 빗살무늬토기 패턴에서 보아 왔던 '하늘 속 물(水)'에 다름 아니다. 이에 대해서는 5장에서 『회남자淮南子』 「천문」과 「지형」 편을 설명하면서 자세하게 말한 바 있다(5장 **도20** 참

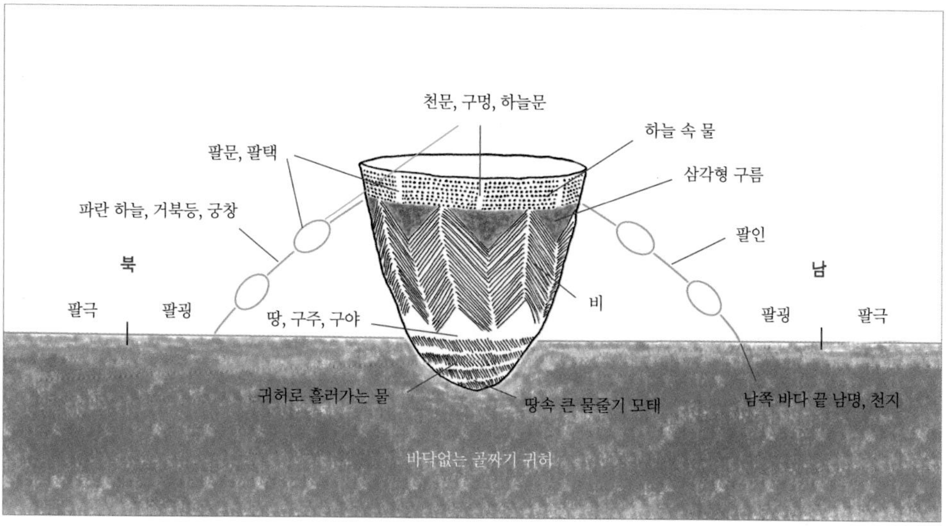

그릇은 황해북도 봉산군 지탑리유적 새김무늬토기. 기원전 4000년 후반. 북한 학계는 빗살무늬토기라 하지 않고 새김무늬토기라 한다.

도4 세계 신석기 세계관

조). 비가 끝도 없이 내리고 이 비가 흘러가는 곳이 바로 귀허(歸墟 돌아갈귀·기슭허)다. 귀허는 바닥이 없어 아무리 비가 흘러와도 넘치지 않는 기슭이자 바다다. 그리고 이 세상은 다섯 섬나라(뭍)처럼 바다에 둥둥 떠 있다. 다섯 섬나라는 팔방구주 이전의 사방오주(四方五州)의 세계다. 그러니까 동서남북 그리고 한 중앙의 들판을 말한다. 이 사방오주가 바다(귀허) 한가운데 둥둥 떠 있는 것이다. 이것을 그림(**도4**)으로 한번 그려봤다.

세계 신석기 세계관, 뭍은 바다에 떠 있고

도4는 앞에서 살펴본 터키 괴베클리 테페, 갑골문 위상(二)과 아래하(二)·구름(云)·비(雨), 육서통 수(水)와 기(气), 한반도 덧무늬토기와 빗살무늬토기, 중국과 한반도 삼국의 수막새, 『회남자』「천문」과 「지형」편, 『장자』「소요유」편 첫대목 곤(鯤)과 붕(鵬) 이야기, 중국의 '여와와 복희의 홍수' 신화, 『열자』「탕문」 편 '사물의 크고 작은 것, 길고 짧은 것, 같고 다른 것', 『성서』의 히브리 세계관을 참고했다. 물(욥기26:10, 시편24:2, 104:5, 잠언8:27, 예레미야10:12, 51:15), 하늘(욥기37:18, 시편104:2, 이사야40:22, 예레미야10:12), 하늘을 받친 기둥(욥기9:6, 26:11, 시편75:3, 아모스9:6), 하늘 속 물(水)과 비구름(창세기1:6~8, 7:10~12, 욥기26:8, 37:6, 38:9·22·37, 시편135:6~7, 148:4, 예레미야51:15~16, 아모스9:6, 다니엘3:60), 천문(창세기7:11, 시편78:23), 홍수·밀물·물의 공포(창세기9:11·15, 욥기20:28, 27:20, 38:10~11, 시편88:16, 104:6~9, 잠언8:29, 이사야54:9, 예레미야5:22, 46:8, 47:2, 지혜서10:4, 집회서40:10, 44:18, 다니엘9:26, 루가의복음서6:48, 17:27, 베드로의둘째편지2:5, 요한의묵시록14:20), 땅속 큰 물줄기(욥기38:8·16, 시편107:33, 예레미야51:36), 동서남북(에제키엘7:1~2, 요한묵시록7:1).

도4에서 빗살무늬토기를 보자. 밑굽무늬가 시작되는 곳, 이곳이 바로 우리 사람들이 살아가는 들판, 구주(九州)·구야(九野)다. 위 『열자』 '탕문' 편 두 번째 글 '사물의 크고 작음, 길고 짧은 것, 같고 다른 것'에 나오는 다섯 섬나라가 바로 이와 같은 모양으로 되어 있을 것이다. 다섯 섬이 바다(귀허)에 둥둥 떠 있다. 여기서 섬이 세 개도 아니고 일곱 개도 아니고 꼭 '다섯' 섬이어야 하는 까닭은 동서남북 그리고 중앙의 들판, 다시 말해 '이 세상'이기 때문이다.

다섯 섬 꼭대기는 "사방 구천 리 평평한 들판으로 되어" 있다. 이곳은 **도4** 빗살무늬토기에서 아래 밑굽 구주, 구야, 땅(地)이다. 그런데 이 "다섯 산 뿌리는 바닥에 붙어 있지" 않아 "조류와 물결에 따라 오르락내리락하며 또 이리저리 움직이며 잠시도 멈춰 서 있지" 못한다. 이와 같은 세계관은 히브리에서도 찾을 수 있다. 『성서』 시편에 이런 구절이 있다. "여호와께서 바다들 위에 이 땅을 마련하고 강들 위에 확고히 했다."(시편24:2, 현대신학에서는 이 구절을 해석하지 못하고 있다. 그래서일까. 이 세상에 나와 있는 성서를 보면 모두 다 달리 번역했다.) 우

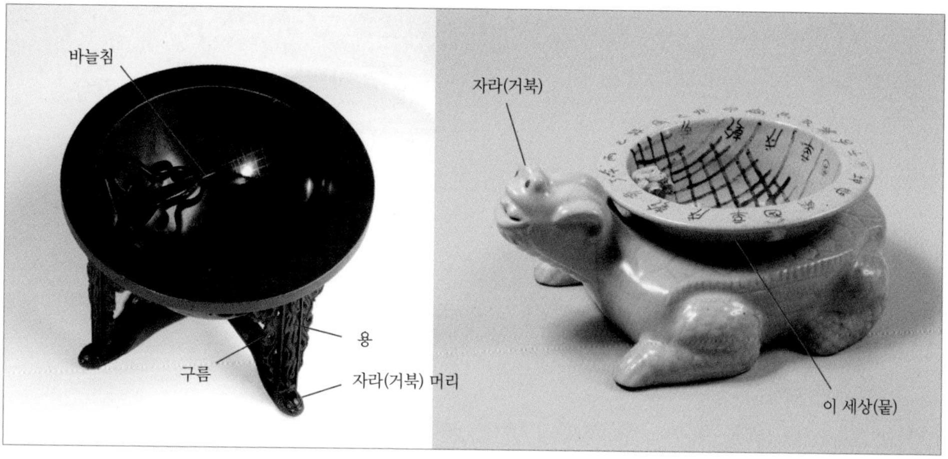

리는 이 구절에서 히브리 선조들이 생각했던 신석기 세계관을 짐작할 수 있다. 히브리 신석기인들 또한 이 세상이 바다에 둥둥 떠 있다고 여겼고, 세월이 흘러 그들은 이 '두려움'을 여호와를 통해 해결한다. 신석기 이후 중국 고대인들이 상제(上帝)를 통해 해결하듯이 말이다. 그러니까 '탕문' 편 두 번째 글 '사물의 크고 작음, 길고 짧은 것, 같고 다른 것'에서 상제가 나오는 대목은 나중에 더해진 것으로 볼 수 있다.

도5 해시계 앙부일구. 바깥지름 24cm. 높이 12cm. 국립민속박물관

도6 거북 해시계. 광복 이후. 길이 24cm. 한국도량형박물관. 해시계 바늘침이 깨졌다.

앙(仰)의 목적어는 '해'가 아니고 '하늘'

『열자』 '탕문' 편 두 번째 글 '사물의 크고 작음, 길고 짧은 것, 같고 다른 것'에 따르면 상제는 뭍이 귀허에 떠 있어 "물결에 따라 오르락내리락하며 또 이리저리 움직이며 잠시도 멈춰 서 있지" 못하니까 "큰 자라 열다섯 마리를 불러 머리로 받치게 하여 다섯 산이 떠내려가지 않게" 해 준다. 바로 이것을 구상으로 하여 만든 것이 **도5·6** 해시계다. (이렇게 풀이하는 것 또한 이 책이 처음이다!) 그래서 **도5** 해시계 받침 발은 자라(거북) 머리를 하고 있다. 받침에 용(龍)과 구름

(云) 무늬를 베푼 것도 이 세상 뭍을 자라와 물(水=용과 구름)이 떠받치고 있기 때문이다. **도6** 해시계는 이 세상 받침을 아주 자라(거북)로 했다. **도5·6** 해시계에서 이 세상 뭍을 받치고 있는 디자인을 『열자』 '탕문' 편 두 번째 글 말고 다른 곳에서 찾을 수 있을까.

도5 해시계는 역사 교과서나 역사 관련 책에서 늘 보는 시계다. 앙부일구(仰釜日晷 우러를앙·가마솥부·해일·그림자구)는 말 그대로 '하늘을 우러러보며 시각을 재는 그림자 시계'를 뜻한다. 바늘침을 진북(眞北) 방향, 다시 말해 지구 회전축을 기준으로 했을 때 북쪽 방향으로 놓아야 한다. 그런데 좀 이상한 대목이 있다. 이 구상(거북 머리, 용, 구름, 거북이 그릇을 받치고 있는 모양)에 대한 설명을 그 어디에서도 찾아볼 수 없다. 다시 말해 해시계가 왜 이 모양인지 풀어내지 못한다. 절 그릇 바리 같은 모양이 원나라 엔지니어 곽수경의 일식관측기구(해시계가 아니다!) 앙의(仰儀) 설계도에서 왔다는 풀이는 있다. 물론 곽수경의 앙의와 조선의 앙부일구는 다르다. 그리고 곽수경이 왜 이런 모양 일식관측기구를 설계했고, 그 이름을 왜 '仰儀'라 했는지가 중요하다! 우리는 그런 설명이 없다 하더라도 학자들은 다 알고 있을 것이라 지레짐작한다. 하지만 사실은 전혀 그렇지 않다. **도5** 해시계를 한자로 앙부일구(仰釜日晷)라 하는데, 이는 조선왕조실록에 나오는 이름이다. 이 이름에서 '仰'은 곽수경의 '仰儀'에서 왔다. 실록에서는 모두 일곱 군데에서 보이는데, 그 첫 번째는 1434년 세종실록 제66권 10월 2일자 기사다. 기록은 다음과 같다.

> 처음으로 앙부일구(仰釜日晷)를 혜정교(惠政橋)와 종묘(宗廟) 앞에 설치하여 일영(日影)을 관측하였다. 집현전 직제학(直提學) 김돈(金墩)이 명(銘)을 짓기를, "모든 시설(施設)에 시각보다 큰 것이 없는데, 밤에는 경루(更漏)가 있으나 낮에는 알기 어렵다. 구리를 부어서 그릇을 만들었으니 **모양이 가마솥과 같고**, 지름에는 둥근 톱니를 설치하였으니 자

방(子方)과 오방(午方)이다. 구멍이 꺾이는 데 따라서 도니 겨자씨를 점 찍은 듯하고, 도수(度數)를 안에 그었으니 주천(周天)의 반이요, 신(神)의 몸을 그렸으니 **어리석은 백성을 위한 것이요**, 각(刻)과 분(分)이 밝으니 해에 비쳐 밝은 것이요, 길옆에 설치한 것은 보는 사람이 모이기 때문이다. 지금부터 시작하여 백성들이 만들 줄을 알 것이다." 하였다.

혜정교는 지금의 서울 광화문우체국 동쪽에 있던 다리를 말한다. 김돈은 혜정교와 종묘에 해시계를 놓았다고 한다. 종묘는 조선의 왕과 왕비의 신위를 모시는 사당이기에 이곳에 놓은 것은 아주 적절하다. 그런데 백성들이 다니는 혜정교에도 놓았다 하는 것을 어떻게 해석해야 할까. 흔히 이 구절을 들어 학자들은 세종의 애민정신, 백성을 사랑하는 임금의 마음으로 보고, 이 해시계를 우리나라 최초의 '공중시계'로 해석한다. 하지만 이런 해석은 지극히 '근대'의 관점이다. 그런 의미에서 전도(뒤집힘)다.

'시간'을 재는 일은 '지금'의 관념으로 봐서는 안 된다. 조선의 천문학은 철저히 유교의 자연관 재이설(災異說)로 봐야 한다. 그랬을 때 이 해시계에 왜 仰(우러를앙), 儀(거동의), 釜(솥부)를 붙였는지 알 수 있다. 사실 조선 백성들은 이런 해시계가 없다 하더라도 낮에는 하늘에 떠 있는 해를 보고, 밤에는 달과 별을 보고 시각을 알았다. 어느 누구도 시각이 궁금해 혜정교에 달려가지 않았다. 이런 근대의 관점, 전도는 측우기를 볼 때도 마찬가지이다. 측우기가 과연 '농사일'과 관계가 있었을까. 측우기가 벼농사와 관계가 있다는 말은 조선시대 어느 기록에서도 찾을 수 없다. 이 또한 유교의 자연관 재이설(災異說)에 따라 살펴야 한다. 이에 대해서는 조선미술사에서 자세히 살피겠다.

집현전 직제학(直提學) 김돈(金墩 1385~1440)은 해시계를 만들어 놓고 이 기기의 이름을 붙일 때 상당히 고민한 듯싶다. 그는 간의대(簡

儀臺)와 보루각(報漏閣)을 만들 때에도 참여한 조선 엔지니어였기에 이 해시계를 만들 때 어떤 자연관과 천문관을 따랐는지, 그 받침 구상이 어디에서 왔는지 잘 알고 있었다. 그는 조선 왕실의 자연관과 천문관을 담고, 거기다 백성들이 한번 들으면 잊을 수 없는 이름을 생각해냈다고 볼 수 있다.

원나라 엔지니어 곽수경은 자신이 설계한 일식관측기구 이름을 앙의(仰儀 우러를앙·거동의)라 한다. (다시 말하는데 이 관측기구는 해시계가 아니다!) 의(儀)를 어떻게 해석해야 할지 고민이 서지만 '거동'은 '하늘의 몸짓이나 조짐'으로 봐야 할 것이다('해'의 거동이 아니다!). 즉 군주가 일식과 '시간'을 읽는다는 것은 하늘의 몸짓과 뜻을 읽는 거와 같다는 말이다. 그리고 그것을 백성들과 군주가 우러러본다(仰)는 것이다. 그러니까 앙(仰·우러를앙)의 목적어는 '해'가 아니라 '하늘(天)'이고 그 하늘의 '거동(儀), 조짐(일식이나 월식처럼 기이한 일)'이다. 조선의 앙부일구에서 앙(仰)은 곽수경의 앙의(仰儀)에서 온 것이 분명하다. 또 조선의 해시계 앙부일구는 곽수경의 앙의를 모델로 했다고 전해지고 있다(『제가역상집諸家曆象集』(1445), 『국조역상고國朝曆象考』(1789)). 하지만 그 겉모양(솥·반구)만 닮았을 뿐이다. 조선의 해시계 앙부일구는 중국의 어느 해시계보다 편리하고 훨씬 업그레이드된 시계이기 때문이다.

여기서 곽수경의 앙의를 간단히 짚고 넘어가자. 앞에서도 말했듯이 이 관측기구는 해시계가 아니고 '일식관측기구'다. 바이두백과(百度百科) 앙의(仰儀) 편에도 '일식관측공구적비조(日食觀測工具的鼻祖)'라 나와 있다. 여기서 구멍(鼻)은 남북 방향으로 놓은 막대기, 그러니까 조선 해시계의 바늘침 같은 것 끝에 뚫은 구멍을 말한다. 이 구멍을 통해 햇빛이 들어와 바닥에 점을 찍고, 이 빛점으로 해의 위치를 가늠하는 것이다. 곽수경의 설계도에 따르면 앙의의 지름은 12척(363.6cm)이고 높이는 6척(181.8cm)이나 된다. 원나라 왕실이 이 기구

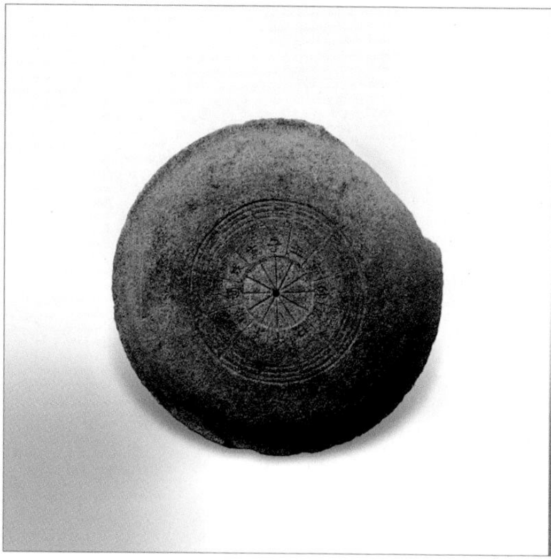
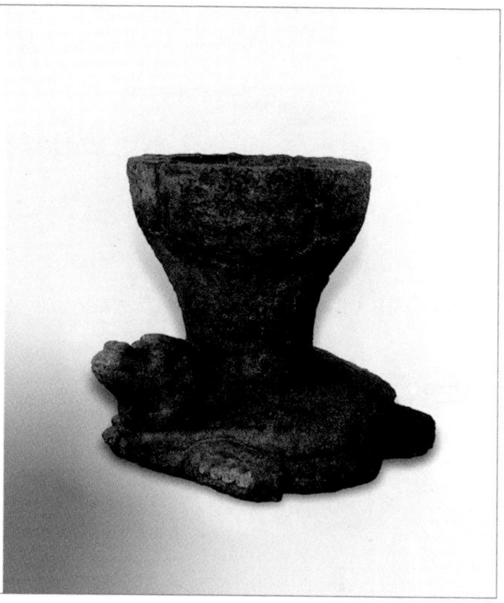

도7을 보면 둘레에 12지(支)가 새겨져 있다. 도8 거북이 이고 있는 땅을 『열자』 '탕문' 편 「사물의 크고 작음, 길고 짧은 것, 같고 다른 것」에 나오는 다섯 섬처럼 했다.

를 실제 만들었는지는 알 수 없다. 조선 엔지니어들이 이 앙의 설계도를 참고한 것은 분명하다. 특히 이 기구의 바리 모양은 아주 혁신적이다. 보통 해시계는 **도7**처럼 평평한 원 한 중앙 또는 평평한 사각면 한쪽에 바늘침(그림자침)을 세우고, 그것을 기점으로 시각 선을 그린다. 그런데 평면에서는 그 시각 선이 부채꼴 모양으로, 그러니까 끝으로 갈수록 시각 선이 벌어질 수밖에 없다. 하지만 바닥이 오목한 조선의 해시계는 그렇게 할 필요가 없다. 또 절기에 따라 바늘침 그림자 길이가 달라 시각뿐만 아니라 24절기도 알 수 있다.

도7 평면 해시계.
조선시대.
지름 85cm.
국립중앙과학관

도8 거북오목해시계.
조선시대.
높이 35cm.
국립중앙과학관

유교의 자연관 재이설과 앙

예부터 '세 발 솥'은 그냥 솥단지가 아니라 이 땅 팔방구주, 이 세상을 뜻했다. 그리고 그 들판과 백성을 다스리는 군주는 언제나 하늘을 두려워했고, 괴이한 자연 현상이 일어나면 하늘이 벌(재앙)을 내릴 조짐으로 여겼다. 이것을 유교의 자연관 재이설(災異說 재앙재·기이할이·말씀설)이라 한다. 임금과 관료들이 잘못하면 기이한 징조로 먼저 경고를 하고, 이렇게 해도 반성하지 않으면 괴이한 일을 일으켜 두려움에 떨게 하고, 그래도 바뀌지 않으면 나라를 아주 폭삭 망하게 한다는 자연관이다. 이런 재이설에 따라 군주는 늘 하늘의 경고를 읽어야 했다. 고대부터 조선까지 왕실 천문학이 발전한 것은 바로 이런 맥락에서 살펴야 한다. 물론 이런 천문학은 지금의 '천문학' 개념하고는 애당초 다르다. 그런데도 우리는 한반도 천문학을 지금의 천문학 개념으로 읽고 있다. 이 또한 전도다.

군주는 저 혼자 왕이 되고 싶다고 해서 되는 일이 아니었다. 하늘의 명이 떨어져야 마침내 오를 수 있는 자리가 바로 군주의 자리였다. 그래서 하늘의 움직임·거동(儀)을 읽는 천문학은 아무나 할 수 있는 것이 아니라 언제나 '제왕과 왕실의 학문'이었다. 세종 때에 이르러서는 한 해가 365.2425일이고 한 달이 29.530593일이라는 것도 계산해 냈다. 이런 천문학은 백성들의 삶에 하등 중요한 것이 아니었다. 물론 농사에 도움이 되는 것도 아니었다. 조선 초기 세종 대에 이르러 천문학이 엄청나게 발전한 것은 백성의 삶이나 농사하고는 아무런 관련이 없다. 만약 천문학이 농사에 도움이 되는 학문이었다면 세종 이후 천문학은 더 발전했을 것이다. 하지만 세종 이후 천문학은 더는 발전하지 않고 오히려 퇴보하고 만다. 이에 대해서는 조선미술사에서 아주 자세히 다룰 것이다. 일단 우리는 뒤집힌 관념, 전도, 그런데도 공리가 되어 버린 것부터 바로잡을 필요가 있다.

앞에서 조선왕조실록에 앙부일구와 관련한 기록이 일곱 군데 나온다고 했다. 그런데 어느 대목에서도 왜 이런 이름을 붙였는지 나오지는 않는다. 앞서 인용한 세종실록 1434년 10월 2일자 기록이 가장 첫 기록이다. 여기서 집현전 직제학, 지금의 공무원 1급 관리관 김돈은 '그 모양이 가마솥과 같다(形似釜也)'고 한다. 학자들은 이 구절을 들어 해시계 이름이 앙부일구(仰釜日晷)가 되었다고 한다. 하지만 이런 해석은 처음부터 잘못되었다. 앙부일구(仰釜日晷 우러를앙·가마솥부·해일·그림자구)는 말 그대로 '솥에서 하늘을 우러러보며 해 그림자를 살핀다'는 말이다. 여기서 솥은 앞에서도 말했듯이 그저 솥단지가 아니라 '이 세상'이고, **도3** 빗살무늬토기에서 밑굽 구야(九野)다. 그렇다면 왜 조선왕조실록뿐만 다른 기록에서도 이 해시계 이름에 대한 내력을 찾을 수 없는 것일까. 그것은 다른 게 아니라 당시 관료들에게 앙부(仰釜)의 뜻은 너무나 '자명한' 말이었기 때문이다. 김돈이 무덤덤하게 '가마솥과 같다'고 했을 때 그 자리에 있던 어느 누구도 그것을 솥단지 그 자체로 보는 사람은 없었을 것이다. 그리고 우러를앙(仰)의 대상이 해(日)가 아니라 하늘(天)이라는 것도. 그래서 세종 이후 문종 때는 이 시계를 줄여 일구(日晷)라 하지 않고 앙부의(仰釜儀)라 한다. 앙부의(仰釜儀)는 말 그대로 '이 세상 팔방구주에서 고개를 쳐들고 하늘의 거동(조짐, 명)을 우러러본다'는 말이다. 그리고 명종 때는 더 줄여 앙부(仰釜)라 한다. 다시 말해 부(釜)는 결코 솥단지가 아니었다.

혼천은 달걀과 같다

해시계 앙부일구가 후한의 천문책『주비산경周髀算經』하권의 신개천설(新蓋天說)에 따른 것인지, 그 뒤 혼천설(渾天說)에 따른 것인지는 천문학자들의 몫이다. 해시계의 원리는 땅이 모나다는 것을 전제하기 때문에 신개천설과 혼천설이 만나는 지점에 있다.

그런데 **도5·6·8·9** 해시계에서 이 세상을 받치고 있는 자라는 어떻게 설명할 수 있을까. 조선시대 사람들은 이 해시계 구상처럼 이 세상(뭍)을 자라가 받치고 있다고 여겼을까. 그렇지는 않을 것이다. 혼천설에서도 이 땅이 어떻게 지탱되고 있는지는 명확하지 않다. 후한(後漢)의 엔지니어 장형(張衡 78?~139?)이 『혼천의주渾天儀注』를 썼다 하지만 이 책은 지금 없다. 이후 혼천설에 대한 기록은 『진서晉書』「천문지天文志」에서 갈홍(葛洪)이 인용한 장형의 『혼천의주』 관련 기록을 말한다.

> 혼천은 달걀(雞子)과 같다. 하늘은 달걀 껍질에 해당하고, 땅은 노른자다. 땅은 홀로 하늘 안에 있다. 하늘은 넓고 땅은 작다. **하늘 안과 밖에는 물(水)이 있다.** 그리고 하늘과 땅 사이에 기(氣)가 있어 하늘을 받친다. **땅은 물 위에 떠 있다.** (……) 땅은 움직이지 않으며 하늘은 남북극을 축으로 수레바퀴처럼 끊임없이 회전하고 있다. (……) 하늘은 끝이 없고 그 모양이 혼혼연(渾渾然)하여 혼천이라 한다.

땅을 노른자라 해서 둥글다는 말이 아니다. 장형도 여전히 하늘은 둥글고 땅은 네모지다(天圓地方)는 세계관에 머물러 있었다. 다만 이 땅을 받치고 있는 것이 물(水)이란 것을 말하고 있는 것이다. 그러니까 노른자가 흰자에 싸여 있다고 생각하면 안 되고 노른자가 흰자(水, 바다)에 떠 있다는 말이다(載水而浮). 그리고 "하늘 안과 밖에 물이 있다(天表裏有水)"는 말은 이렇게 이해하면 좋겠다. '하늘 밖 물'은 지금까지 우리가 보아 왔던 '하늘 속 물(水)'로 보면 된다(**도4** 하늘 속 물 참조). 그리고 '하늘 안 물(水)'은 뭍(세상)을 받치고 있는 물(水, 바다, 귀허)을 떠올리면 되겠다(**도4** 귀허 참조). 여기서 우리는 하늘과 땅을 밧줄로 단단히 묶었던 신석기 팔굉(八紘) 세계관, 개천설의 하늘과 땅 문제가 해결되었다는 것을 확인할 수 있다! 하늘이 무너지지 않는 것은 그 사이에 기(氣)가 있기 때문이라고 한다(天地各乘氣而立). 주자 천문학의 뼈대라 할 수 있는 기(氣) 세계관은 바로 이 구절에서 시작되었을 것이다. 마지막, 하늘 모양이 "혼혼연(渾渾然) 하여 혼천(渾天)"이라 했다 하는데, 이 구절을 정확하게 짚어 설명한 코멘트는 찾을

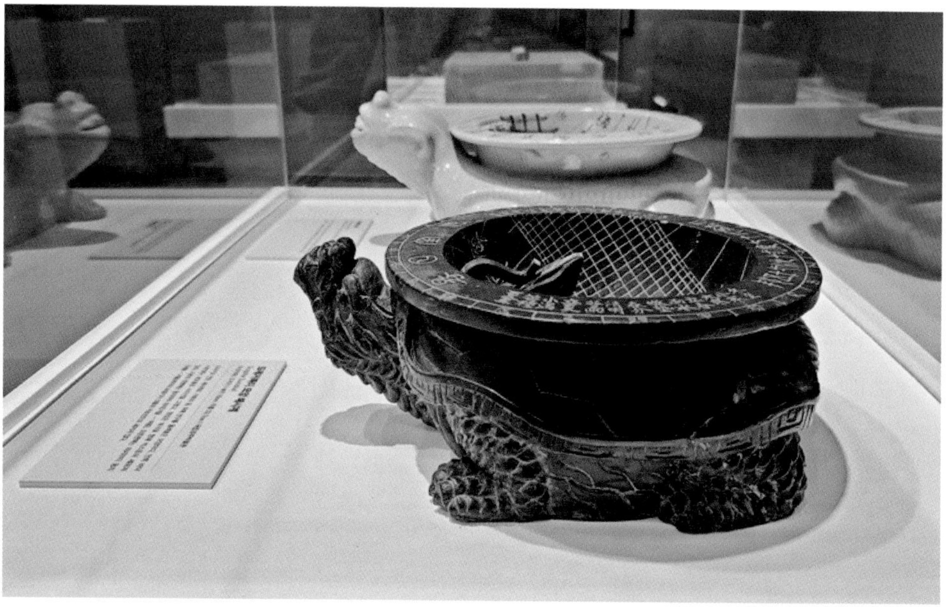

도9 거북해시계 (陶製龜形日時計). 높이 10cm. 지름 23.7cm. 국립경주박물관. 거북이 등에 이 세상을 받치고 있다.

수 없었다. 어떤 이는 혼(渾)을 '둥글다'로 해석하는데, 꼭 그렇지는 않은 것 같다. 혼(渾)은 보통 흐리다, 섞인다는 말이다. 또 물이 빙빙 돌면서 구멍으로 빠져나갈 때 물빛이 흐려지거나 섞일 때 쓰는 말이기도 하다. (조선 「천상열차분야지도」(1395)의 논천(論天) 구절, "땅의 둘레는 단정하지 않고 그 모양이 흐리기 때문에 혼천(渾天)"이라 한다는 말도 혼(渾)을 '흐리다'로 보는 것이다.) 그리고 혼연(渾然)은 모나지도 아니하고 결점도 없는 원만한 모양을 말할 때도 쓴다. 그렇다면 혼혼연(渾渾然) 하여 혼천(渾天)이라 했다, 하는 말은 대체 무슨 말일까. 이것은 아무래도 개천설과 혼천설의 차이로 설명할 수밖에 없을 것이다. 개천설의 하늘과 땅은 위아래로 분리되어 있다. 그래서 하늘을 받치는 부주산(不周山)이 있어야 하고, 하늘과 땅을 사방팔방 끝에서 붙들어 매는 팔굉(八紘)이 있어야 한다. 그런데 혼천설에서 하늘과 땅은 가운데 기(氣)가 있어 하늘을 안전하게 받치고 땅과 붙어 있다. 또 땅은 바다(흰자, 귀허)가 든든하게 받치고 있고, 이 바다와 뭍과 기(氣)를 달걀껍질

모양으로 하늘이 감싸고 있다. 이 모든 것이 혼연일체가 되어 있는 것이다. 이렇듯 혼혼연하여 혼천이라 했다 함은 바로 이런 완전한 구조를 말하는 것이 아닐까 싶다.

장형의 혼천설에 따르면 이 세상 뭍은 물(바다)이 받치고 있다. 다시 말해 뭍은 물 위에 떠 있는 것이다. 그래서 **도5·6·8·9** 해시계의 받침 구상에 고대의 신석기 세계관, 자라가 이 땅을 단단히 받치고 있다는 세계관이 필요했을지 모르겠다.

앙부일구와 관련하여 이름 문제만 짚고 넘어가겠다. 전상운은 『한국과학사』(사이언스북스, 2004) '해시계' 편에서 이런 말을 한다.

> 앙부일구란 이름은 그 모양 때문에 붙여진 것이다. 반구형의 대접과 같은 모양, 다시 말해 가마솥이 위로 열려 있는 형상의 해시계란 뜻이다. 지금 우리는 이것을 쉽게 풀어서 오목해시계라고도 한다. 이은성, 유경로 두 교수가 지은 새 이름이다(98~99쪽).

전상운뿐만 아니라 우리나라에 나와 있는 천문 관련 책에서 앙부일구 이름을 설명할 때 거의 다 이렇게 쓰고 있다. 지금까지 앞에서 살펴보았듯이 모두 다 잘못된 말이다. 앙부일구는 그 모양을 따서 붙인 것이 아니라 그것이 담고 있는 세계관과 자연관에 따라 붙인 이름이다. 전상운뿐만 아니라 우리 학계는, 심지어 앙부일구를 전문으로 연구한 논문에서도 앙(仰), 부(釜), 의(儀)가 무엇을 뜻하는지 살펴보지 않는다. 전상운의 『한국과학사』는 아주 잘 쓴 한국 과학사인데도 한반도 역사에서 왜 천문학이 발전했는지, 조선의 그 빛나는 천문학이 왜 세종 대 이후 발전을 멈추고 끝내 퇴보하고 말았는지 알 수가 없다. 앞 구절을 보면 이은성과 유경로는 앙부일구를 쉽게 풀어 오목해시계라 하자고 한다. (이렇게 바꿔 버리면 앙부일구에 담긴 세계관은 한순간에 사라지고 만다!) 이 또한 두 분이 앙(仰), 부(釜), 의(儀)의 뜻을 새겨보지 않았기 때문이다.

도5 해시계 앙부일구에서 아래 받침 발 자라 머리와 **도6** 자라를 설명한다고 하면서 너무 깊게 들어간 것 같다. 이것은 조선미술에서 다루어야 하는데 여기 신석기 미술사에 다루고 말았다. 사실 이 대목은 정리하기가 힘들었다. 중국의 고대 세계관을 알아야 하기 때문에 봐야 할 자료가 많았다. 그런데 찾아봐도 명확하게 정리된 게 없었다. 무엇보다도 중국 학계 또한 그들의 신석기 세계관을 정리하지 못하고 있는 형편이고, 심지어 『회남자』의 「천문」과 「지형」 편에 나와 있는 고대 세계관도 그려내지 못하고 있다. 더 자세한 것은 조선미술사에서 이어 다루겠다. 다만 여기서 앙부일구를 자세히 다룬 까닭은 조선 미술 또한 신석기 세계관을 제대로 정리했을 때만이 총체로 분석할 수 있다는 점이다. 앙부일구의 디자인이 저 멀리 『열자』의 두 번째 글 '사물의 크고 작음, 길고 짧은 것, 같고 다른 것'에 있다는 것, 그런데 이 『열자』의 탕문 편 글 또한 아득하기만 한 신석기 세계관에 닿아 있다는 것, 바로 뾰족밑 빗살무늬토기의 디자인과 밑굽 패턴까지 닿아 있다는 것을 확인할 수 있었다.

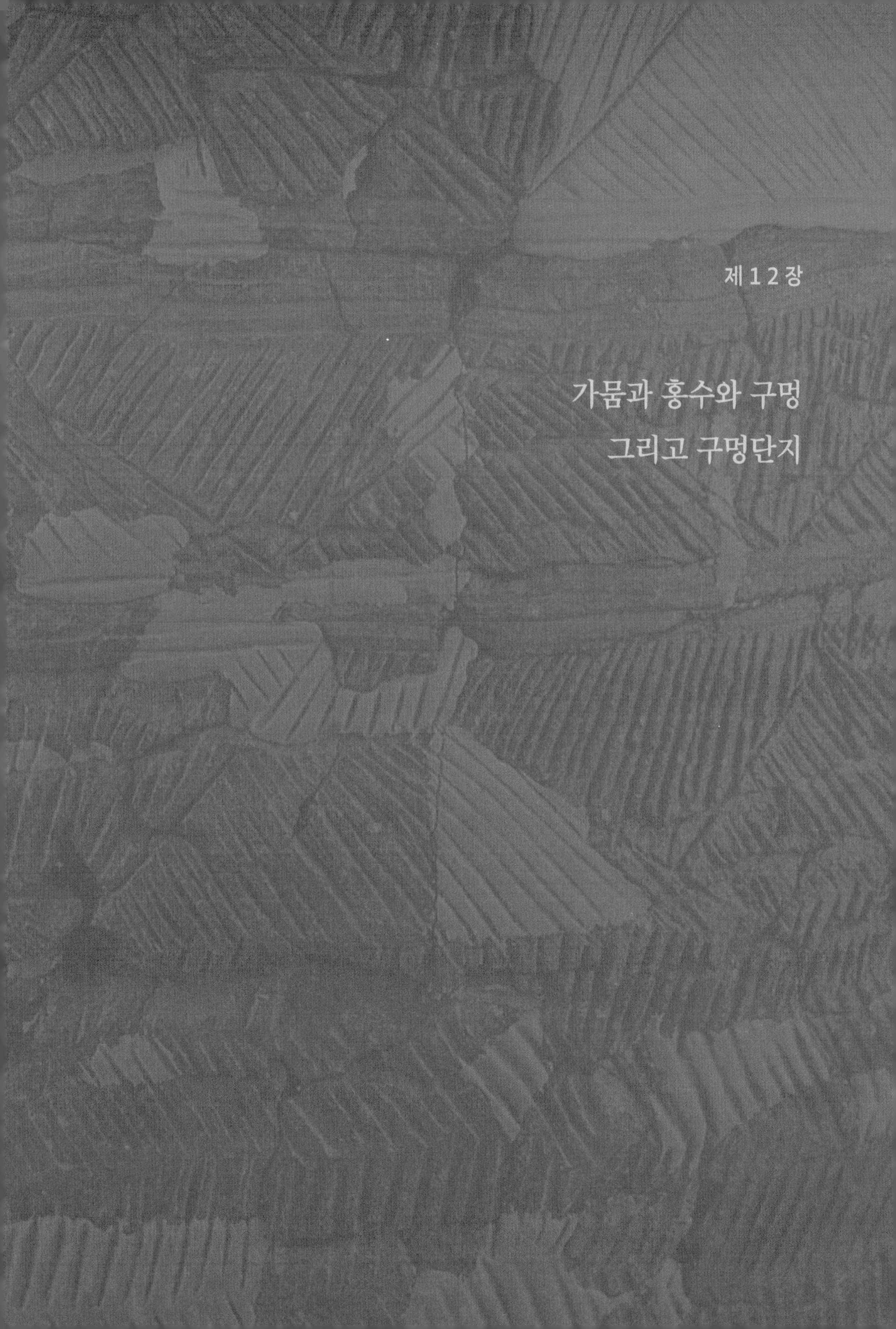

제 1 2 장

가뭄과 홍수와 구멍 그리고 구멍단지

12

가뭄과 홍수와 구멍 그리고 구멍단지

신석기 말 청동기 초 **도1**처럼 그릇 아가리 바로 아래에 구멍을 찍은 그릇이 한반도에 크게 유행한다. 사학계와 미술사학계는 이 구멍이 뭔지 아직 알지 못한다. **도1** 그릇의 구멍을 선으로 이으면 역삼각형 모양이 되기도 하지만 완벽하게 역삼각형으로 이어지지 않는다. 물론 깨진 그릇을 붙이고 없는 조각을 덧대 복원하면서 구멍을 잘못 찍을 수 있다. 그래서 안 맞아떨어지는지도 모른다. 만약 이것이 역삼각형 모양이라면 이는 우리가 앞에서 쭉 살펴봤던 삼각형 구름(云)으로 봐도 될 것이다. 그렇다면 이는 하나의 스토리가 된다. 하지만 **도2**처럼 한 줄로 찍어 놓은 그릇에 이르면 정말 이것이 뭔지 감을 잡기 힘들다. 도대체 이 구멍은 무엇일까.

일단 **도1**을 자세히 보자. 이 그릇을 구멍무늬토기라 한다. 학자들은 주로 공렬문(孔列文)토기라 한다. 그런데 이 토기를 뭐라 하든 '무늬(文)'로, 즉 패턴으로 보고 있는 것은 분명하다. 하지만 나는 무늬로 보지 않는다. 국립중앙박물관 e뮤지엄에서 '구멍무늬토기'로 검색하면 이미지 3,235장이 검색된다. '공렬문토기'로 검색하면 1,561장이 검색된다. 두 검색에서 중복된 것을 제외하면 3,285장이다. 사진 한 장에 그릇 한 점 있는 것도 있고, 그릇 조각 여덟아홉 개

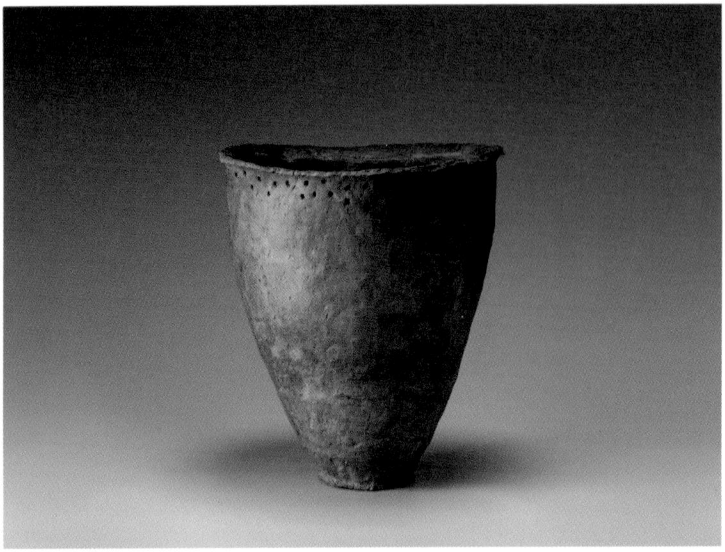

도1 구멍무늬토기.
청동기.
높이 34.2cm.
함경북도 웅기 송평동 조개무지.
국립중앙박물관.
신수5647

가 올라와 있는 것도 있다. 이미지 하나에 평균 두 점만 잡아도 6,570건이나 된다. 이렇게 이미지 자료가 많은데도, 또 청동기 미술에서 그만큼 중요한데도 우리는 이 구멍이 아직 뭔지 모른다. 논문을 검색해 보면 두세 편 있는데, 이도 구멍이 뭔지 밝히는 것이 아니라 어디에서부터 시작했는지를 다루고 있다. 한국 고고학계는 이 구멍의 '시작'을 한반도 신석기 그릇에서 찾는 자생설과 한반도 북쪽에서 왔다는 외래기원설로 갈리고 있다. 외래기원설은 다시 두만강지역 동북기원설과 청천강·압록강·요동지역 서북기원설로 나뉜다.

이런 문제틀이 얼마나 문제가 많은지는 7장에서 이중구연토기(겹아가리토기)의 기원 문제를 다루면서 자세히 설명했다. 학계는 겹아가리토기 또한 그 '시작'을 영남 자생설과 대동강과 청천강 혹은 중국 동북지역에서 찾고 있다. 그런데 문제는 이 겹아가리 패턴이 어디에서 비롯되었는지 그 '기원'을 밝히는 것이 중요하다. 만약 이 겹아가리가 중국 동북지역에서부터 시작했다면, 중국 동북지역 청동기인은 왜 그릇에 겹아가리를 했는지 그것을 밝혀야 하지 않을까. 나는

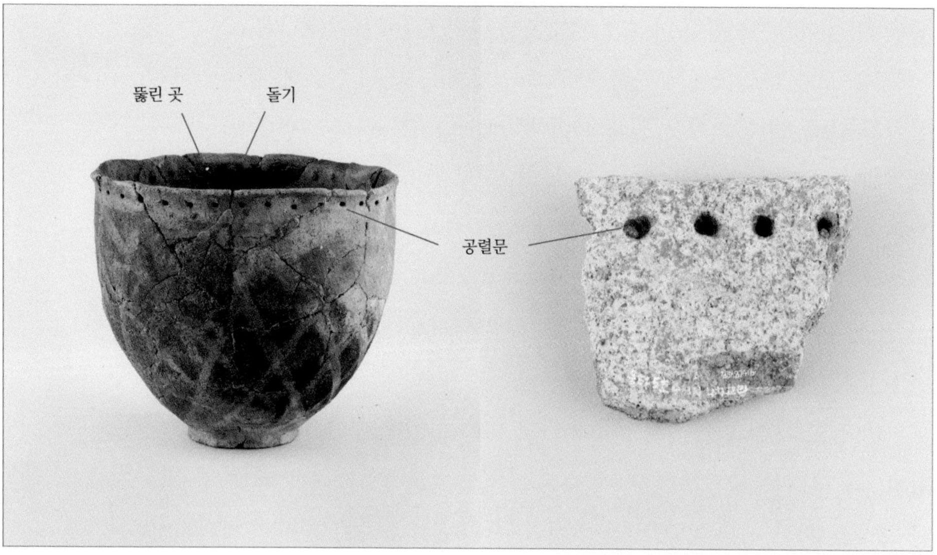

이 겹아가리 패턴이 바구니 테에서 왔다고 했다(7장 **도10·11·12** 참조). 이것은 일본 조몬토기(7장 **도31·33·35** 참조)에도, 우리나라 빗살무늬토기(7장 **도13·14** 참조)에도 그 흔적이 남아 있다. 구멍무늬토기 또한 마찬가지다. 이 구멍이 어디에서 '시작'했는지가 중요한 것이 아니라 이 구멍이 도대체 무엇인가를 밝히는 것이 먼저다. 그런 다음 연대 측정을 해서 그 시작을 밝혀야 하지 않을까. 하지만 이 구멍이 뭔지 알게 된다면 그 시작을 밝히는 일도 그리 중요하지 않다. 우리는 이것을 7장에서 겹아가리토기의 기원을 밝히면서 알 수 있었다.

도2 구멍무늬토기.
청동기.
경북 영주.
높이 19.2cm.
국립대구박물관

도3 구멍무늬토기 조각.
청동기.
국립김해박물관

이 구멍은 대체 뭘까

구멍무늬토기의 구멍은 바깥에서 안쪽으로 뚫은 것(**도1·2·3**)과 안에서 바깥쪽으로 뚫은 것이 있다(**도4·5**). 여기서 '뚫은 것'이라 했지만 자세히 보면 뚫려 있지 않고 끝이 뭉근 막대기로 쑥 밀었다. 그러니까 쑥 밀어 반대쪽이 볼록 올라오게 한 것이다. 그래서 이 무늬의 핵심은 쏙 들어간 '구멍'이 아니라 반대쪽에 나와 있는 '돌기(혹)'다.

도2를 보면 바깥쪽에서 안쪽으로 쏙 밀었다. 그러면 안쪽에 볼록 돌기가 난다. 이 돌기가 세월에 삭아 구멍이 나기도 한다. 구멍무늬토기 이미지를 검색하면 이렇게 구멍이 뚫린 것을 볼 수 있는데, 이것은 처음부터 뚫은 것이 아니라 흙 속에서 삭은 것이다. 이렇게 바깥쪽에서 밀어 구멍을 낸 것을 공렬문(孔列文 구멍공·줄렬·무늬문)이라 하고, 이 그릇을 '공렬문토기'라 한다. 사진에서는 확인하기 힘들지만 **도1**도 공렬문토기다.

반면에 **도4·5**는 안쪽에서 바깥쪽으로 밀어 바깥쪽에 볼록 돌기가 났다. 이 무늬를 돌류문(突瘤文 불룩하게나올돌·혹류·무늬문)이라 한다. 말 그대로 볼록 나온 혹 무늬란 뜻이다. 그런데 마찬가지로 이 돌기가 세월에 삭아 구멍이 났다. **도5**는 구멍무늬토기 앞에 '골아가리'란 말을 덧붙였다. 아가리 입술에 골(눈금·刻目, notch)을 군데군데 냈다. 그래서 골아가리토기라 하고 한자말로 구순각목문토기(口脣刻目文土器)라 한다.

그렇다면 청동기인들은 이 돌기(혹)를 왜 냈을까. 이것은 과연 '무늬'일까. 나는 이 또한 바구니 테에서 왔을 가능성이 크다고 본다. 그리고 그 목적은 실용성으로 본다. 일단 **도2·4** 그릇에는 손잡이가 없다. 그래서 몸통을 잡거나 아가리 쪽을 잡아야 한다. 양손으로 아가리를 잡는다 했을 때 엄지손가락은 안쪽을, 나머지 손가락으로는 바깥쪽을 잡아야 한다. 이때 돌기가 있는 것과 없는 것은 차이가 클 것이다. 바구니 테는 바구니를 바닥에서부터 짜 올라와 마지막 마감을 할 때 생겨날 수밖에 없는데, 이 테를 튼튼하게 해야 엮은 끈이 풀리지 않고 손으로 잡을 때 힘이 간다. 바구니를 들 때 들었던 그 느낌, 힘이 가는 그 느낌을 그릇에 그대로 주었다고 볼 수 있다.

만약 **도1**의 구멍을 역삼각형 구름(云)을 염두에 두고 찍은 것으로 본다면 이 구멍은 충분히 무늬, 즉 패턴으로 볼 수 있다. 하지만 이

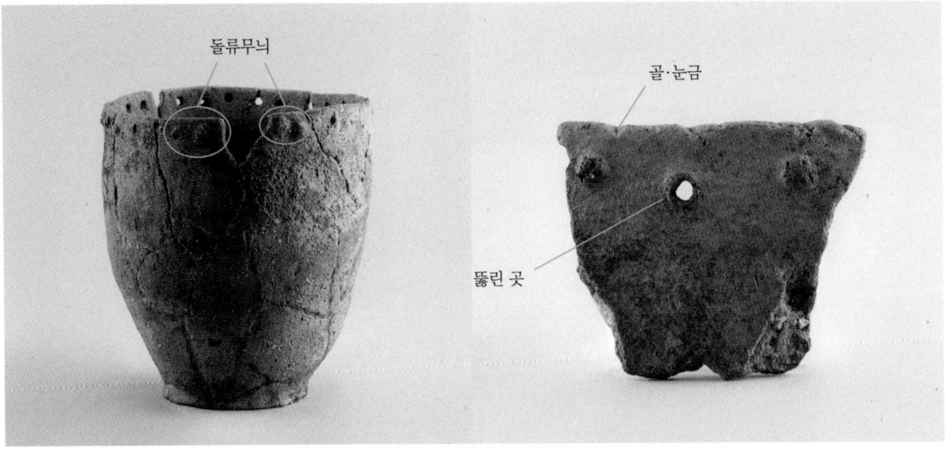

도4 구멍무늬토기. 청동기. 강원도 평창. 높이 19.4cm. 국립춘천박물관

도5 골아가리 구멍무늬토기 조각. 청동기. 전남 순천. 길이 5.3cm. 국립광주박물관

런 그릇은 거의 찾아보기 힘들다. 만약 이 구멍이 실용성, 다시 말해 잡기 편하게 일부러 낸 '손잡이' 구실을 했다면 우리 고고학계의 논의는 그야말로 난센스가 아닐 수 없다. 그 시작을 한반도 자생설로 보든 동북한·서북한으로 보든 그게 무슨 특별한 뜻이 있겠는가. 그릇이 나온 지층 연대를 조사해 보니까 서북한 지역이 가장 이른 시기였다고 치자. 그렇다면 그 서북한 청동기인들은 그릇에 왜 이런 구멍을 낸 것일까. 고고학자는, 미술사학자는 이것을 풀어야 하지 않을까.

이런 논의를 지켜보면서 드는 생각은 논의 자체가 뒤집혀도 단단히 뒤집힌 것이 아닌가 싶다. 먼저 그것이 '무엇'인지 궁리하고 마침내 그것을 찾아내고, 그다음 맨 처음 시작된 곳과 전파 경로를 그려 가면서 편년을 잡아야 하지 않을까. 그것이 '무엇'인지 모르는 상태에서 비슷한 것과 차이 나는 것을 묶고, 지층을 분석해 편년을 정한다는 게 무슨 의미가 있을까. 그것이 무엇인지 전혀 궁금해 하지 않고 편년부터 잡는다는 게 근대 학문에서 가능한 일일까.

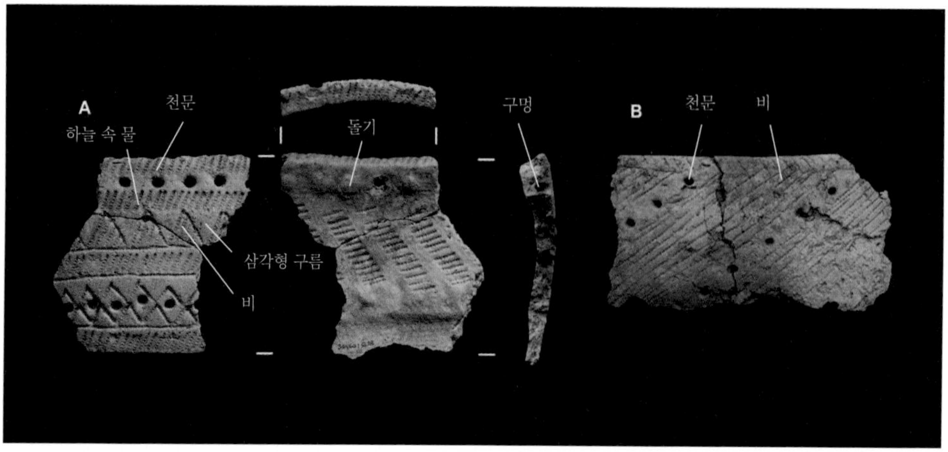

도6 A: 핀란드 사이마 Saimaa 호수. 전형적인 빗질 그릇 Typical Comb Ware B: 핀란드 북부 오스트로보스니아 Ostrobothnia 신석기 그릇

세계 신석기 그릇의 구멍 패턴

세계 신석기 그릇에는 **도6**처럼 구멍을 패턴(무늬)으로 읽을 수 있는 것도 있다(**도7-11**). 물론 우리 한반도 신석기 그릇에도 있다(**도16·18·19**). **도6**은 핀란드 신석기 그릇이다. 핀란드 고고학계는 이 그릇의 디자인과 패턴을 아직 알지 못한다. 세계 고고학계가 그렇듯 기하학적인 스타일geometric style이라 할 뿐이다. **도6**에서 A와 B 패턴은 본질적으로 같은 것인데, 그들은 이 그릇을 썼던 신석기인이 종교와 부족이 달랐을 것으로 본다. 또 신석기 초기 그릇 무늬의 차이가 한 부족의 정체성을 말해준다고 한다. 이런 문제들은 우리나라 초기 고고학과 미술사학에서도 보인다. 빗살무늬토기에서 민무늬토기로의 변화를 설명할 때 민무늬토기를 쓰는 북방 종족이 한반도에 들어와 주민이 바뀌었다고 보는 견해가 있다. 이런 논지는 일본 고고학자 미카미 쓰구오(三上次男), 도유호, 김정배, 김원용, 김정학의 글에 보인다. 사실 이런 문제들은 서구 고고학에서 자주 볼 수 있다. (물론 우리 한반도와 다른 유럽의 지리적 특성을 감안해야 한다.) 서구와 한중일 고고학계가 이렇게 볼 수밖에 없었던 것은 신석기 세계관을 풀지 못했기 때문이다. 만약 우리가 신석기를 풀었다면 우리는 청동기 민

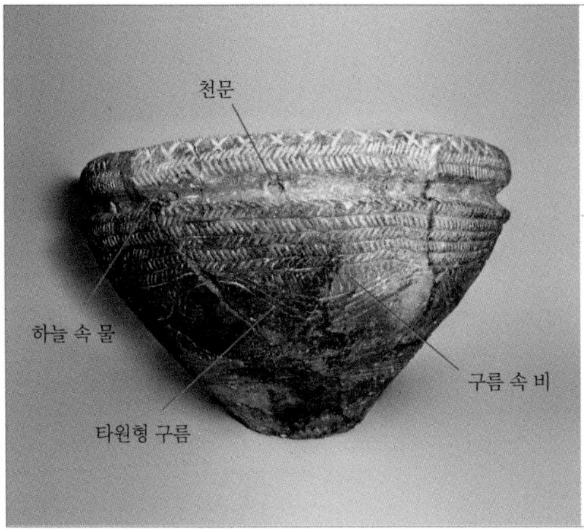

도7 영국 신석기 펜게이트 그릇 Fengate Ware. 버크셔. 높이 15cm. 영국박물관

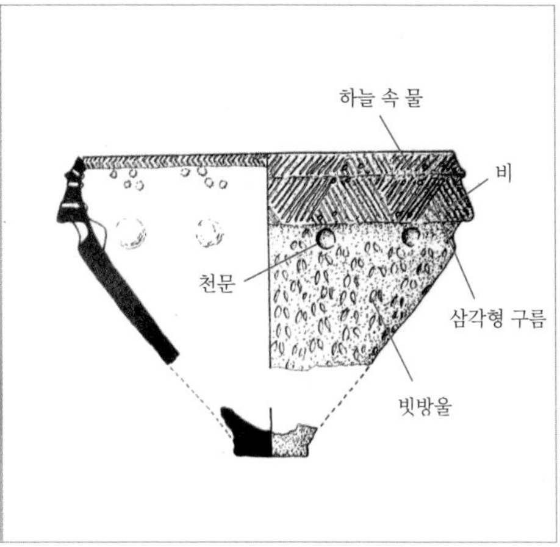

도8 피터브러 그릇 Peterborough Ware. 기원전 3500~2800년

무늬토기를 아주 새로운 관점에서 볼 수 있었을 것이다. 이는 청동기 미술사에서 자세히 밝힐 것이지만, 중요한 것은 빗살무늬토기 무늬가 왜 갑자기 없어졌느냐, 하는 점이다. 우리 고고학과 미술사학은 이것을 밝혀야 한다.

다시 **도6** 핀란드 빗살무늬토기 A를 보자. 가장 왼쪽 것은 겉면, 가운데 것은 안쪽, 오른쪽 것은 옆에서 찍은 것이다. 오른쪽 구멍을 보자. 뭉툭한 무늬새기개로 꾹 찔렀다. 다만 끝까지 찌르지 않고 절반만 찔렀다. 이렇게 찌르면 가운데 그릇 안쪽처럼 돌기가 날 수밖에 없다. 이 돌기 하나는 세월에 삭아 구멍이 났다. 이런 돌기와 구멍은 바로 앞에서도 보았듯이 우리 한반도 청동기 그릇에서도 볼 수 있다. 이제 가장 왼쪽 겉면 패턴을 보자. 한반도 암사동 그릇처럼 엄격하게 구획을 나누어 패턴을 새기지 않았다. (대체로 서구 빗살무늬토기가 그렇다!) 그렇다 하더라도 하늘 속 물(水), 천문(天門). 삼각형 구름(云), 이 삼각형 구름에서 왼쪽으로 쏟아지는 비(雨)를 볼 수 있다. 천문을 많이 뚫은 것은 '강조'로 볼 수 있다. 물론 이 천문은 안쪽에 볼록 혹이 나서 손으로 잡기 편한 구실도 한다. 오른쪽 빗살무늬토기 B는 천문과 빗줄기만 표현했다.

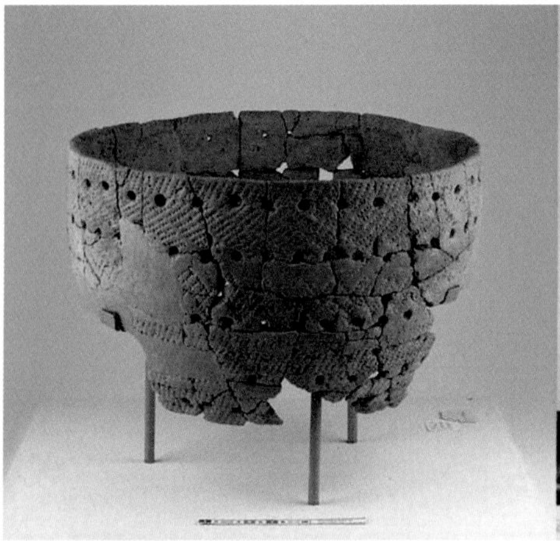

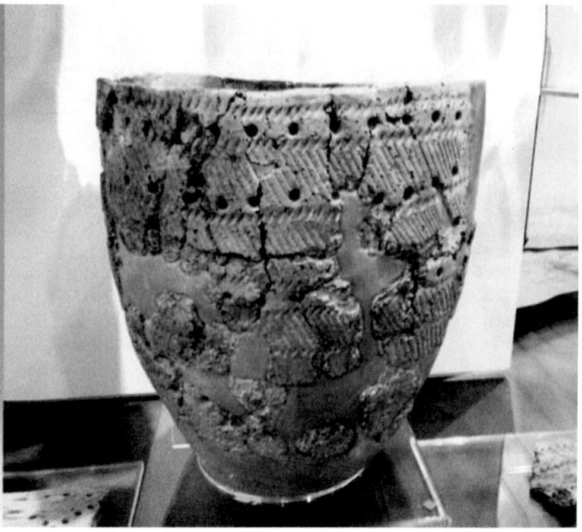

구멍, 정말 수리한 흔적일까

도7·8 두 그릇 모두 뭉툭한 무늬새기개로 바깥에서 안쪽으로 지그시 꾹 눌렀다. (**도8**의 삼각형 구름과 비 패턴은 6장 **도66 · 67**을 참조하기 바람) **도9·10** 두 그릇의 구멍은 **도6** 핀란드 그릇처럼 절반만 찔렀다. **도9** 스웨덴 그릇을 보면 뚫린 구멍도 보인다. 이는 세월에 삭아 이렇게 된 것이다. 이 구멍을 어떻게 봐야 할까. 명쾌하게 해석할 순 없지만 세계 신석기 그릇의 디자인과 패턴 맥락에서 보면 비와 구름의 기원인 천문(天門)의 강조로 읽을 수 있다. **도11** 아칸소 신석기인들이 빚은 그릇 디자인과 패턴은 한반도 신석기인들의 세계관과 거의 같다. 왼쪽 그릇은 끝이 뭉툭한 막대기로 지그시 눌러 천문(天門)을 표현했다. 이 천문에서 바람과 구름이 나오는 것이다. 오른쪽 그릇은 천문에서 회오리바람(風)을 일으키며 나오는 비구름을 새겼다. 사실 태극 패턴은 바로 이 천문에서 나오는 비구름을 동적으로 디자인한 것이다.

도12는 서울 암사동에서 나온 빗살무늬토기다. 이제 낱낱이 설명글을 안 달아도 패턴을 읽을 수 있을 것이다. 가장 위는 하늘 속 물(水)이고, 그 아래에 삼각형 구름(云)과 이 구름에서 내리는 비(雨), 가

도9 스웨덴 신석기 그릇

도10 러시아 카렐리야공화국의 스페링스Sperrings 신석기 그릇. 핀란드 국립박물관

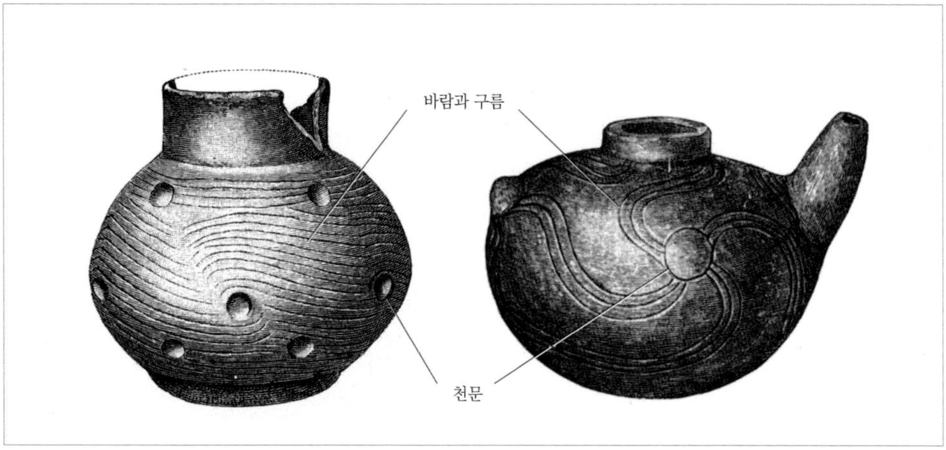

도11 미국 아칸소 신석기 그릇

장 아래 밑굽에는 심원(深源) 또는 귀허(歸墟)로 흘러가는 물(水)줄기가 있다.

이 사진에서 눈여겨봐야 할 것은 하늘 속에 낸 구멍(穴)이다. 도대체 이 구멍은 무엇일까. 우리는 보통 이 구멍을 신석기인이 그릇을 수리해 쓴 흔적으로 보고 있다. 그러니까 아가리 쪽에 금에 갔는데, 이 그릇을 버리지 않고 금 양쪽에 구멍을 뚫고 끈을 꿰어 쓴 것으로 말이다. 하지만 이는 아주 널리 알려졌는데도 정작 학자들이 쓴 책에서는 찾아볼 수 없다. 왜 학자들은 이에 대해 어떤 코멘트도 하지 않는 것일까. 답은 의외로 아주 간단하다. 알 수 없기 때문이다. 아래 구절은 국립중앙박물관 큐레이터 빗살무늬토기 설명글이다.

> 간혹 토기에 작은 구멍이 뚫려 있는 것이 있습니다. 암사동 5호 집터에서 출토된 토기에도 아랫부분에 구멍을 3개 확인할 수 있는데, 이 구멍은 토기를 수리한 흔적으로 짐작하고 있습니다. 흙을 불에 구워 어느 정도 단단해졌지만, 금속이나 유약을 바른 도자기에 비해 쓰는 과정에서 금이 나고 깨질 가능성이 많았을 것입니다. 때문에 금을 중심으로 양쪽에 작은 구멍을 뚫고, 더 이상 파손되지 않도록 구멍과 구멍 사이

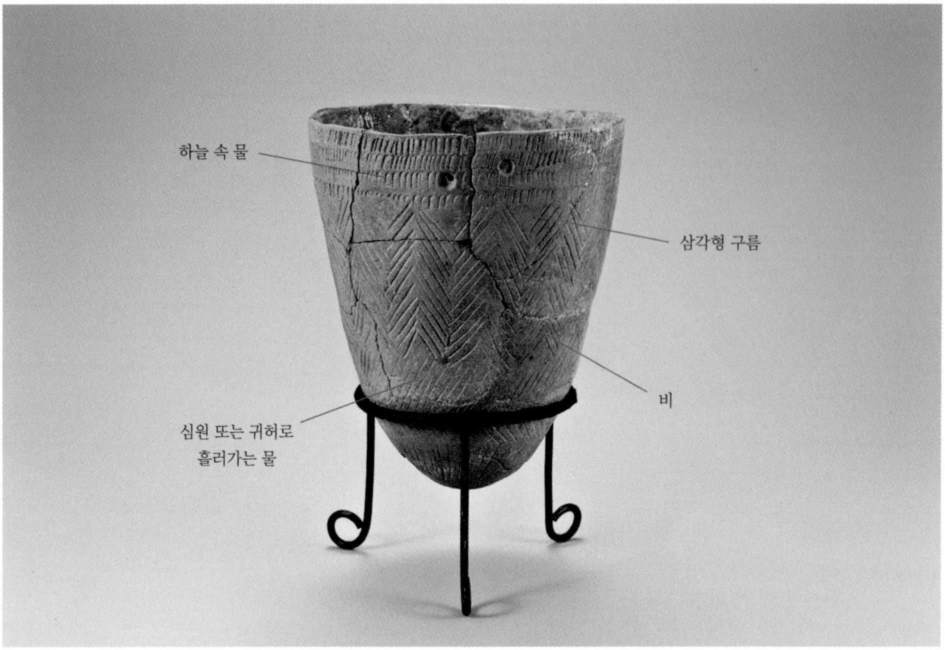

도12 빗살무늬토기.
서울 암사동.
높이 23.1cm.
국립중앙박물관.
신수22734

를 끈으로 묶어 썼을 것으로 보고 있습니다.

신석기시대에는 토기를 빚고 굽는 것이 그만큼 어려운 작업이었기 때문에 수리를 하였을 수도 있습니다. 그러나 주변에서 쉽게 구할 수 있는 흙으로 만든 토기가 파손되었다고 바로 버리지 않고 수리해 다시 쓰려고 한 신석기시대 사람들의 생활 지혜와 자연을 소중히 여기던 마음이 전해지는 듯합니다.

위 인용글에서 사례로 드는 그릇은 **도13** 왼쪽 그릇이다. 학자들이 쓴 신석기 그릇 관련 책에서는 이런 코멘트를 읽을 수 없지만 어린이들이 보는 역사책이나 역사 관련 책에서는 자주 볼 수 있다. 그런데 정말 그럴까? 이런 가정을 한번 해 보자. 아가리 쪽에 금이 갔다고 치자. 금이 간 그릇에 구멍을 뚫는 일이 쉬울까. 돌처럼 단단하지는 않더라도 꽤 단단한데 저 구멍을 어떻게 뚫을 수 있을까. 돌송곳

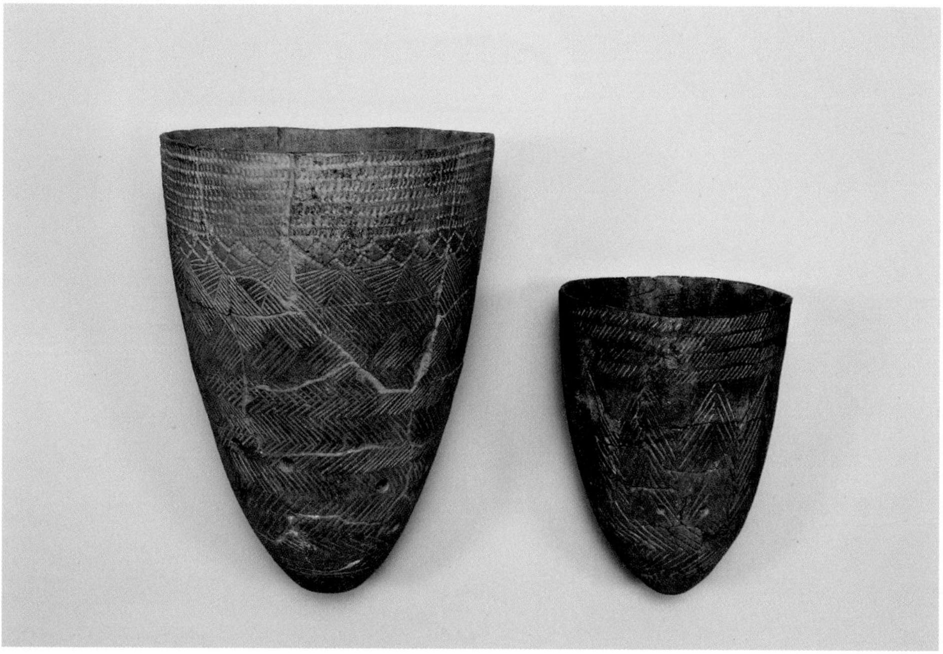

을 만들어 양 손바닥으로 비비면 뚫을 수 있을 것이다. 또 활비비 끝에 돌송곳을 묶어 뚫을 수 있다. 그렇다 하더라도 금이 간 그릇에 구멍을 뚫는 일은 여간 힘든 일이 아니다. 힘을 주지도 못한다. 힘을 줘 뚫다 보면 금이 간 데가 아주 깨져 버릴 수 있다. 어떻게 어떻게 해서 뚫었다고 치자. 끈으로 묶어 쓴다고 해서 이 그릇이 온전히 그릇 구실을 할 수 있을까. 아가리 쪽은 그런대로 쓸 만할 것이다. 그런데 밑굽 쪽에 뚫은, **도13** 같은 그릇은 어디에 쓸 수 있을까. 또 밑굽은 아가리 쪽과 달리 웬만해서는 금이 가기가 쉽지 않다. 더구나 **도13** 왼쪽 그릇을 보면 밑굽에 다섯 군데나 뚫었다. 6장에서도 말했듯이 신석기인들은 그릇보다는 박바가지나 풀띠, 넝쿨, 가는 나뭇가지로 엮은 소쿠리나 망태기, 바구니를 더 많이 썼다(경남 창녕 비봉리패총 신석기 유적에서는 풀띠로 엮은 망태기가 나왔다). 더구나 그릇의 용도는 주로 음식을 하거나 물을 담는 데 썼다. 그렇다면 바닥에 구멍을 뚫

도13 서울 암사동 빗살무늬토기. 왼쪽 높이 38.1cm. 오른쪽 높이 25.9cm. 국립중앙박물관. 신수22891(2)

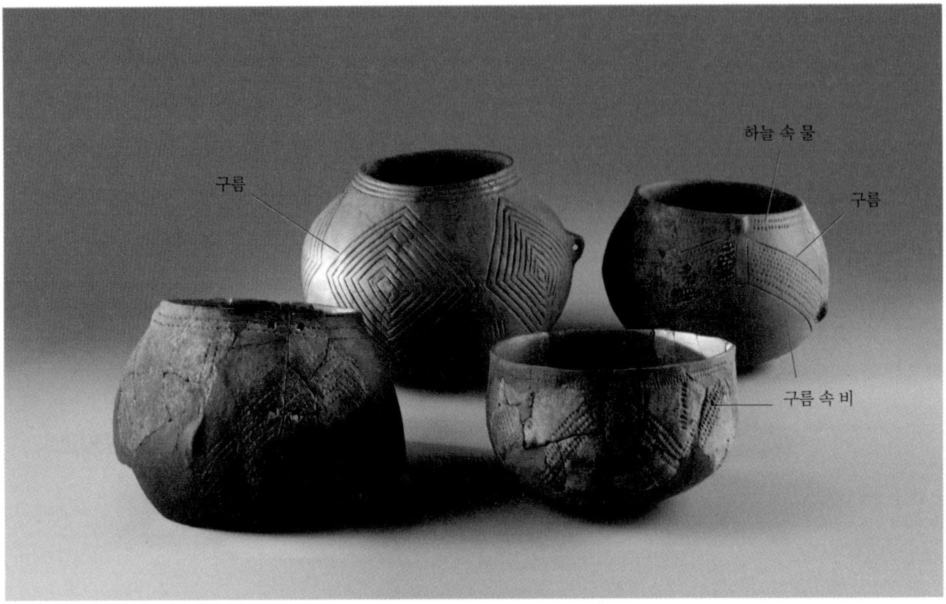

도14 수리한 토기
Reparierte Keramik.
기원전 5500~4950년.
쾰른-린 덴탈Köln-Lindenthal 출토.
로마독일박물관

어 수리한 그릇은 그런 용도로는 쓸 수 없다. 물론 세계 신석기 그릇에도 우리 빗살무늬토기에도 수리해 썼던 그릇이 아주 없는 것은 아니다.

도14 그릇은 띠장식banded decoration이 있다고 해서 반트케라믹Bandkeramik(帶狀紋土器)이라 한다. 서구 고고학계에서는 이 패턴이 무엇인지 아직 알지 못한다. 우리는 지금까지 세계 여러 나라 신석기 그릇의 디자인과 패턴을 살펴봤다. 그것을 바탕으로 보면 이 그릇의 패턴 또한 하늘 속 물(水), 구름(云), 구름 속 비(雨)로 볼 수 있을 것이다. 가장 왼쪽 그릇을 보면 금을 따라 아래로 양쪽에 구멍이 하나씩 세 군데 나 있다. 이 구멍은 누가 보더라도 수리를 하기 위해 냈다는 것을 알 수 있다. 이렇게 구멍을 낸 다음 가죽끈으로 단단히 묶었을 것이다. 그릇 금 틈에 뭐가 묻어 있어 조사해 봤더니 자작나무 피치Birken pech 성분이었다. 자작나무 껍질에서 얻을 수 있는 타르 형 증류 액체인데 그릇을 붙일 때 본드 구실을 한 것이다.

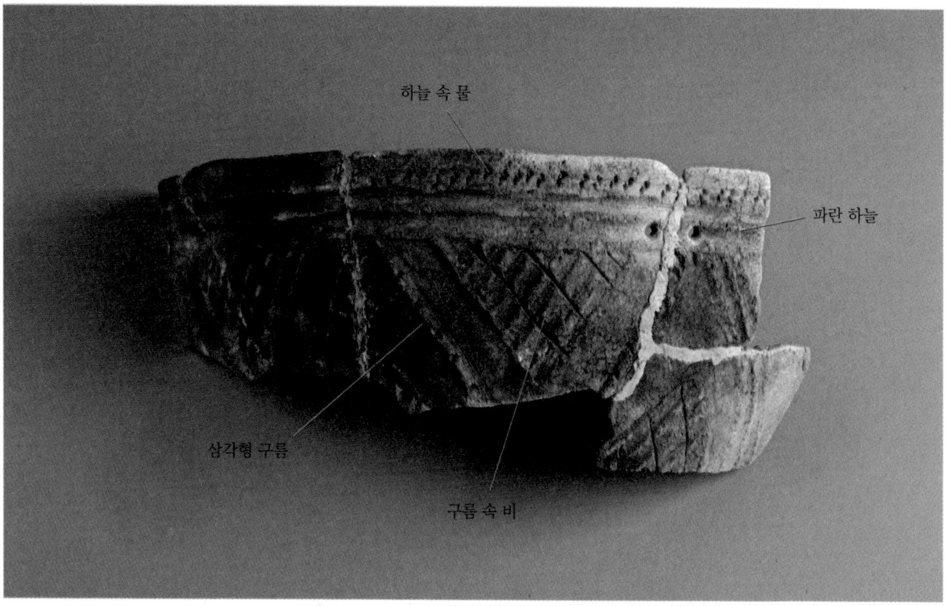

도15 빗살무늬토기. 부산광역시 강서구 출토. 기원전 4500년. 길이 14cm. 부산광역시립박물관. 김위부시2100

박물관에서는 **도15** 그릇 이름을 '융기문토기'라 달아놨는데, 이는 알맞지 않다. 그렇다고 '덧띠무늬토기'라 하는 것도 적절하지 않다. (융기와 덧띠 개념에 대해서는 6장을 볼 것) 무늬를 보면 흙이 '스스로' 융기한 것도 아니고, 또 흙띠를 말아 '붙인' 것도 아니다. 뭉툭한 무늬새기개와 좀 넓적한 무늬새기개로 그릇 겉면을 눌러 진흙을 한쪽으로 모으고 간혹 엄지와 검지를 마주 집어 굵은 선 무늬를 냈다. 고고학계는 이런 패턴을 영선동식 토기라 한다. 영선동식 토기 설명을 찾아보면 도무지 알 수 없는 말로 풀이를 해놓았는데, 정작 중요한 것은 이 패턴이 무엇이냐, 하는 점이다. 이 그릇 또한 가장 위에 하늘 속 물(水)을, 그 아래에 파란 하늘, 파란 하늘 바로 아래에는 역삼각형 구름(云), 삼각형 구름 안에는 구름 속 비(雨)을 표현했다. 이 그릇은 빗살무늬토기 이전 토기다. 이렇게 봤을 때 빗살무늬토기 이전부터 한반도 신석기인들은 하늘 속 물, 구름, 비의 세계관을 그릇 디자인에 표현했다는 것을 알 수 있다. 우리 학계는 이러한 패턴에 관심이 없다. 또 알 수 없다고 보기 때문에 이 패턴이 무엇인지 더는 궁리하지 않는다. 그래서 신석기유적마다 나오는 그릇의 조그만 차이를 두고 (사실 그 차이는 패턴의 차이라기보다는 패턴을 '새기는(또는 내는)' 방식의 차이일 뿐이다.) 그것을 바탕으로 암사동식, 영선동식, 동삼동식, 오산리식, 고산리식……, 이렇게 끊임없이 이름을 붙이고 분류를 해나간다. 하지만 그 패턴은 무슨 차이가 있는 것이 아니라 앞에서 쭉 보았듯이 본질적으로 같은 것이다.

도14·15 그릇은 누가 보더라도 금이 간 그릇을 끈으로 묶어 쓰려고 낸 구멍이라는 것을 알 수 있다. 대체로 이 구멍은 아주 작다. 그런데 이런 그릇은 그렇게 많지 않다. 이와 달리 도무지 짐작이 안 가는 구멍이 더 많다. **도16·17** 그릇 같은 경우가 그렇다. **도16** 그릇에서 동그라미한 곳을 보면 구멍무늬를 냈다. 그릇에 금이 가서 낸 게 아니다. 두 개씩 여덟 군데에 냈다. 이때 벌써 팔방구주(八方九州)의 세계관이 있었던 것일까. 이 구멍은 팔방구주의 하늘에 난 천문(天門)일까. 그것은 알 수 없다. 다만 앞에서도 말했듯이 한반도 신석기인에게 팔방구주 이전의 세계관인 사방오주의 세계관은 분명히 있었다고 볼 수 있다.

도17 그릇 조각은 우리나라에서 최초로 나온 빗살무늬토기 조각이다. 1925년 암사동 그릇보다 9년 앞선 해인 1916년에 나왔다. 이 이미지는 일제강점기 일본 학자들이 발굴을 하고 유리건판으로 찍어놓은 것이다. 그릇에 새긴 빗금무늬를 보면 신석기 장인은 그릇을 빚은 뒤 말리지 않고 곧바로 무늬를 새긴 듯싶다. 특히 오른쪽 위아래 그릇 조각이 그렇다. 성격이 급한 신석기 장인이었을 것이다. 왼쪽 네모 안을 보면 구멍 두 개를 바짝 붙여 뚫었다. 이게 가능할까? 뚫어봐야 알겠지만 돌송곳으로 뚫는다고 했을 때, 물을 묻혀 가며 뚫는다 하더라도 불가능할 것 같다. 그리고 이렇게 가까이 뚫어야 할 이유도 없다. 구멍 사이에 금이 간 것도 아니고, 대체 이 신석기

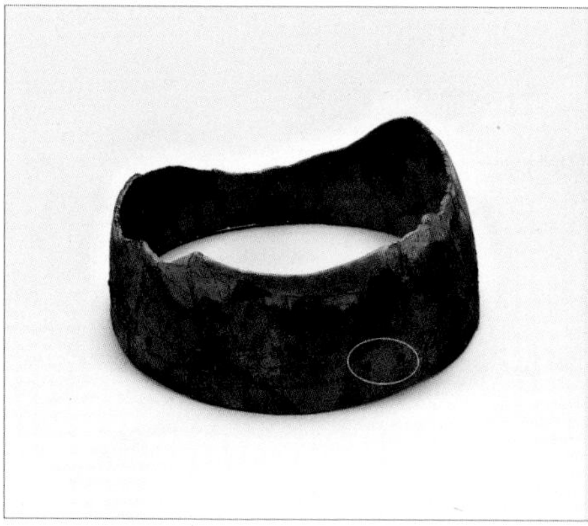

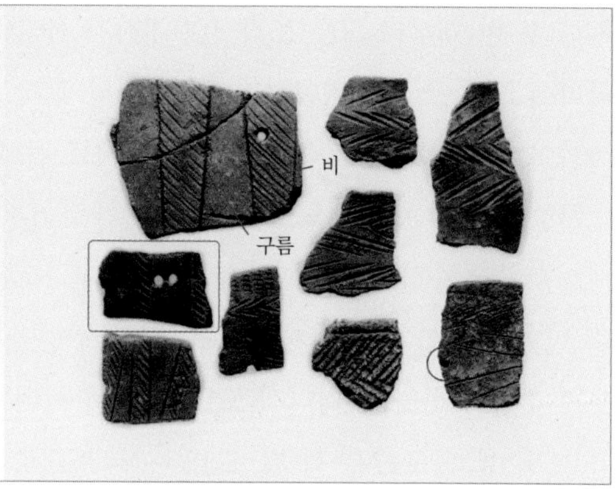

도16 빗살무늬토기.
부산 동삼동
조개무지.
국립중앙박물관.
신수22061(7)

도17 빗살무늬토기.
평남 용강용반리유적.
기원전 3000년.
국립중앙박물관.
건판24862

장인은 왜 이런 구멍을 뚫었을까. 어쩌면 답은 아래 오른쪽 동그라미 속 구멍에 있을지 모르겠다. 이 구멍을 보면 완전히 뚫지 않고 절반쯤 밀었다. 왼쪽 네모 속 구멍 두 개와 바로 위 그릇 조각 구멍도 원래는 이렇게 절반쯤 뚫어놓은 구멍이었을지 모른다. 그런데 세월이 흘러, 앞에서 살펴본 청동기시대의 구멍 난 그릇처럼 말이다. 그렇다면 대체 신석기 장인은 왜 이런 구멍을 미리 눌러 놓은 것일까.

암사동 그릇의 가장 큰 특징, 구멍

2018년 8월 21일 국립중앙박물관 'e뮤지엄'에 올라온 '빗살무늬토기' 사진 자료는 1,669장이었다. (이때만 하더라도 국립중앙박물관 자료가 거의 다였다.) 나는 이때 한반도 빗살무늬토기를 난생처음 본격으로 들여다봤다. 그로부터 3년이 흘렀고 오늘 2021년 7월 19일자 이미지 자료는 6,438장이다. 국립중앙박물관 자료는 거의 변동이 없는데 지역 국립박물관 자료가 업데이트 되고 있다. 여기에 융기문토기(덧무늬토기) 이미지 자료가 842장이다. 나는 이 모든 자료를 두세 번씩은 열어 봤고 중요 이미지 자료를 다운받았다. 이 책에 쓴 사진 중 상당수가 e뮤지엄 이미지다. 그런데 이 이미지 자료 한 장에는 그릇 한 개부터 그릇 조각 100개까지 올라와 있다. 이미지 자료 하나에 그릇 조각이 평균 10개씩 올라와 있다고 했을 때 73,000개 가까이 된다. 앞으로도 이 자료는 업데이트 될 것이다.

사흘에 걸쳐 빗살무늬토기 이미지 자료 6,438장을 처음부터 다시 '구멍'만 중심으로 살펴봤다. 그 결과 326점에서 구멍을 확인할 수 있었다. 이것은 이미지 수가 아니라 구멍이 있는 그릇이나 그릇 조각 수를 말한다. 그러니까 **도17·18**처럼 이미지 한 장에 있는 구멍을 모두 셌다. **도17**은 석 점, **도18**은 두 점으로 계산했다. 이렇게 계산한 결과가 326점이다. 이것을 다시 구멍을 낸 자리로 통계를 내봤다. 하늘 속(**도18** 오른쪽) 214점, 몸통(**도17**) 101점, 밑굽(**도13**) 11점을 확인할 수 있었다. 그런데 구멍이 있는 그릇과 조각 326점에서 서울 암사동 그릇이 195점이나 된다. 전체에서 60퍼센트가 되는 셈이다. 다시 말해 그릇에 난 구멍은 암사동 그릇만의 큰 특징이라 할 수 있다. 만약 이 구멍이 수리를 위해 뚫은 구멍이라면 전국 신석기 유적 그릇에서 골고루 찾아볼 수 있을 것이다.

암사동 그릇 구멍 195점에서 하늘 속은 129점, 경계(**도18** 왼쪽) 14점, 몸통 42점, 구름(삼각형·반원형, **도19**) 5점, 밑굽 5점을 확인할 수 있었다. 또 서울, 경기, 인천으로 통계를 내 봤다. 서울 암사동 이미지 480장에서 195점, 경기 857장에서 44점, 인천 1,225장에서 34점을 볼 수 있었다. 어떻게 통계를 내든 그릇에 낸 구멍은 암사동 그릇에서 가장 많이 볼 수 있고, 이는 암사동 그릇의 가장 큰 특징이고, 암사동 신석기인만의 독특한 세계관이라 할 수 있다. 대체 이 구멍의 정체는 뭘까. 이 모두를 수리해 쓰려고 낸 구멍으로는 볼 수 없다. 물론 수리를 하려고 낸 구멍도 있다. 그런데 이것만으로는 그 많은 구멍의 정체를 풀 수는 없다. 대체 이 구멍은 뭘까. **도17** 오른쪽 아래 그릇 구멍처럼 원래는 절반만 뚫어놓은 구멍이었는데 세월에 삭아 구멍이 난 것일까. 가까이에서 직접 볼 수 없어 이것은 알 수

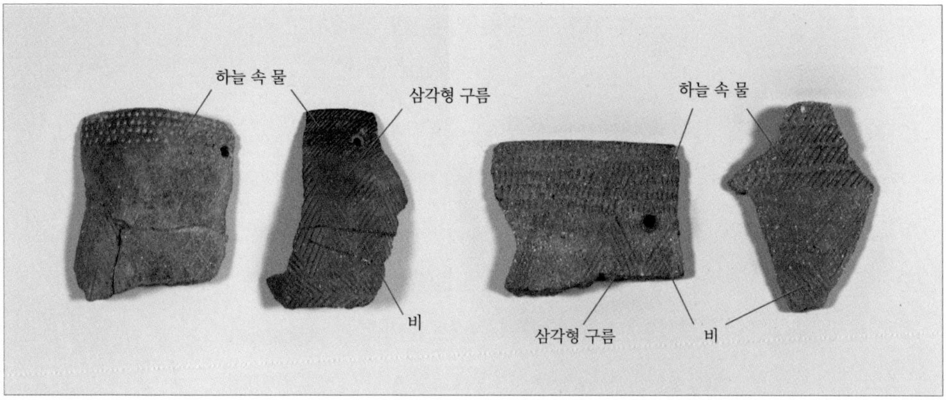

도18 빗살무늬토기. 서울 암사동. 국립중앙박물관. 고4780(2)

도19 빗살무늬토기. 경기 김포. 국립중앙박물관. 고19731

없다. 바로 앞에 놓고 확대해 보면 이도 알 수 있을 것이다.

우리는 **도18** 그릇의 구멍을 기억할 필요가 있다. 왼쪽 그릇은 경계 파란 하늘에 구멍을 냈다. 오른쪽 그릇은 하늘 속 물(水)에 냈다. 일단 이 구멍을 '천문(天門)'으로 보자. 이 천문을 통해 하늘 속 물(水)이 나오는 것이다. 이것은 뒤에 마한의 구멍단지(**도20**) 디자인과 패턴을 살펴보면서 증명할 것이다. 그리고 **도19** 그릇의 구멍도 기억해야 한다. 이 구멍은 파란 하늘이면서 삼각형 구름(云)에 냈다. 천문(天門)에서 비구름(云)이 나오는 것이다. 이 또한 구멍단지 디자인과 패턴에서 증명할 것이다.

구멍에 대나무관을 끼워 술을 따랐을까

국립광주박물관, 국립나주박물관, 국립김해박물관, 국립진주박물관에 가면 **도20** 구멍단지를 볼 수 있다. 이 단지는 높이가 8~16센티미터로 아주 작다. 보는 바와 같이 몸통 가운데에 구멍이 있어 보통 '구멍단지'라 한다. 그런데 이 구멍의 정체는 뭘까? 안타깝게도 한국과 일본 학계는 아직 알지 못한다. 구멍의 정체를 알지 못하기 때문에 그릇의 용도도 당연히 알지 못한다. 또 왜 아가리가 이렇게 크고 넓은지 알지 못한다. **도22**처럼 왜 목이 자꾸 더 길어지고 아가리가 몸통보다 더 넓어지는지(**도20** 가운데 뒤쪽 단지를 볼 것, **도25**) 알지 못한다. 그러니까 이 그릇을 어디에 썼는지, 무슨 목적으로 빚었는지, 아무것도 알지 못하는 형편이다. 우리 사학계는 그릇의 정체를 전혀 알지 못하면서도 한반도에서 가장 먼저 빚기 시작했다고 보는 설(한반도 자생설)과 일본·중국에서 들어왔다는 설(외래기원설)이 있다.

일본에서 왔다거나 일본과 '관계가 있다'는 (사실 이 말은 말하면서도 아무것도 말하지 않는 것과 같다!) 사람들은 일본 고분시대 스에키(須恵器) 그릇 가운데 아가리가 넓은 단지(広口壺)에서 그 기원을 찾고 있다. 이 그릇은 **도21·22**를 보면 알 수 있듯이 우리 한반도 영산강 지역에서 나오는 구멍단지와 아주 똑같다. 디자인도 패턴도 차이가 없다. 그렇다면 일본 사학계는 이 그릇의 디자인과 패턴에 담긴 세계관을 풀었을까. 그렇지 않다. 그들 또한 우리 학계처럼 한반도 영산강 지역과 '관계가 있다'고 (마찬가지로 말하면서 아무것도 말하지 않는) 한다거나 영산강 지역 마한 사람들이 일본 스에키 단지(広口壺)를 따라했다고 한다. 세상에 어떻게 이런 논리가 가능할까. 이 그릇이 무슨 그릇인지 모르겠는데, 우리 일본에서 먼저 시작했고 한반도 마한 사람들이 나중에 따라했다는 것이다. 문제는 이 그릇의 디자인과 패턴이 뭐냐, 이것을 먼저 밝히고 난 다음에 일본 것인지 마한 것인지 말해야 한다.

중국 그릇에서 기원을 찾는 사람들은 서진(西晉) 동진(東晉) 남조(南朝)의 그릇 계수호(鷄首壺, 닭머리 모양 주둥이가 달린 주전자)에서 찾는 듯하다. 여기에 계수호 사진을 보기로 들지는 않겠다. 네이버에서 찾아보면 바로 나오고, 척 보면 마한의 구멍단지하고는 아무런 관계가 없다는 것을 알 수 있기 때문이다. 여기서 중요한 것은 중국 그릇 계수호와 마한의 구멍단지가 아무런 관련이 없다는 사실이 아니라, 왜 한국 사학자들은 이런 말도 안 되는 소리를 구멍단지 관련 논문에서

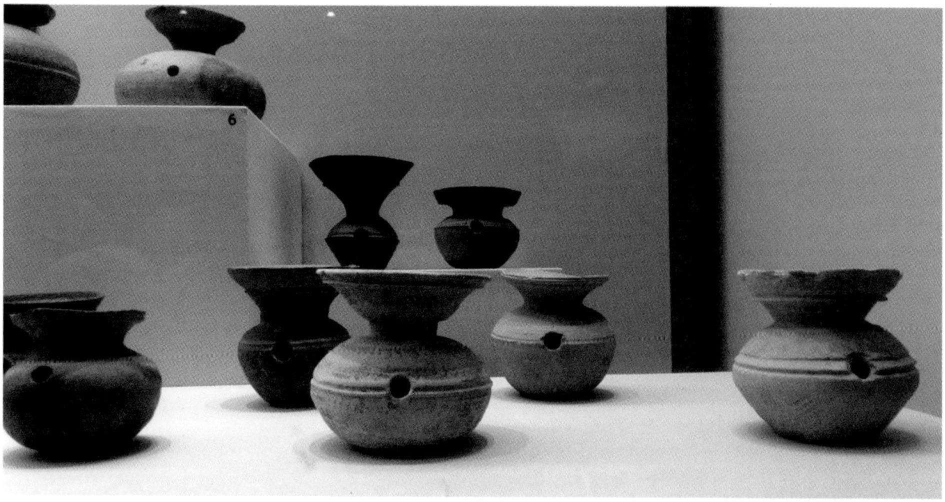

도20 전남 나주 영산강 구명단지.
국립나주박물관

하고 있느냐, 하는 점일 것이다. 이 또한 문제는 신석기다! 이 그릇의 정체가 정 궁금하다면 **도32**와 그 설명글을 먼저 읽어보았으면 한다.

구멍단지는 경기, 충청, 전라, 경상지역 109곳 유적에서 378점이 나왔다. 금강·만경강 9곳 유적에서 18점, 영산강 71곳 유적에서 296점, 가야 남부 남해안과 낙동강 26곳 유적에서 61점이 나왔다. 출토지를 알 수 있는 구멍단지 70퍼센트가 영산강 유역에서 나왔다는 것을 알 수 있다. 이는 옹관과 더불어 마한문화의 가장 중요한 특징 중 하나라 할 수 있다. 그런데도 이 그릇에 대한 논문은 몇 편 되지 않는다. 또 그릇 관련 책을 보더라도 특별한 코멘트가 없다. 어떤 글을 읽더라도 맨 먼저 보이는 말은 '마한과 일본의 교류가 있었다, 관계를 엿볼 수 있다' 이런 말이다. 또 제의(祭儀) 때 술을 따르는 그릇이라든지, (그런데 이 구멍으로 어떻게 따른다는 것인지!) 망자(亡者)의 혼령(魂靈)이 들어와 편히 쉬는 빙궤(凴几 기댈빙·안석궤)이자 신주(神主)단지로 볼 수 있다고까지 한다. 하지만 이런 추정은 지금의 근대적인 관점이고, 더구나 어떤 고고학적, 미술사적 맥락도 없는 말이다.

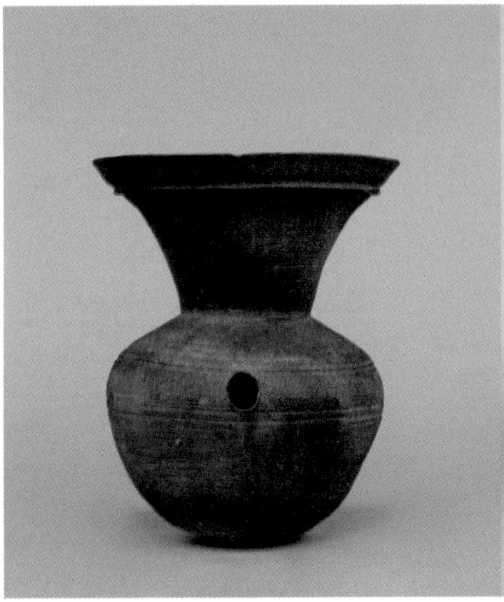

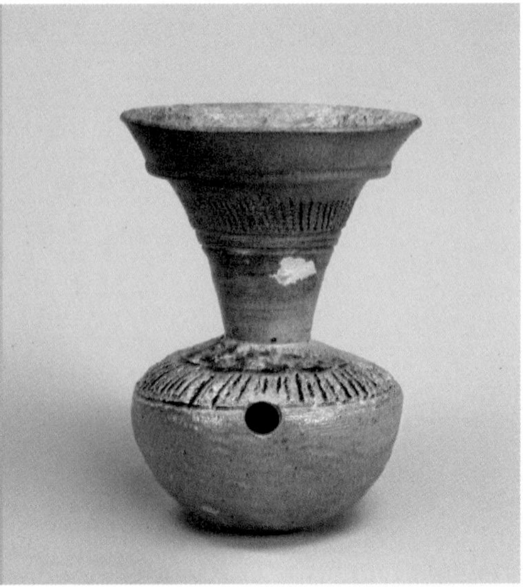

도21 일본 고분시대 구멍단지. 시마네 현 금계고분토. 6세기. 도쿄국립박물관

도22 일본 고분시대 구멍단지. 오카야마 현 출토. 6세기. 도쿄국립박물관

아래 인용글은 국립나주박물관 설명글이다.

> 구멍단지는 몸통에 구멍을 뚫어 **나무대롱을 꽂아 액체를 따를 때 쓴** 토기로 **제사와 관련된 의례용기**로 추정된다. 5세기 영상강 하류 지역에서 출현하여 마한이 소멸하는 6세기 중반까지 영산강 일대와 전남지역과 전북지역에서 쓴 것으로 보고 있다. **독널과 함께 영산강 유역 마한 문화를 대표하는 토기**로 토착문화의 고유성을 보여 주고 있다.[1]

위 설명글에서 눈여겨봐야 할 구절은 "나무대롱을 꽂아 액체를 따를 때 쓴" 그릇이라는 점이다. 그 뒤 설명글은 읽어도 무슨 말인지 알 수 없다. 제사 때 쓴 의례 그릇이라 하는데, 도대체 그 제사는 '어떤' 제사일까. 그리고 제사 때 이 그릇의 '용도'는 무엇일까. 왜 굳이 이런 디자인과 패턴으로 빚었을까. 이것을 풀지 못하는 한 '제사 때 쓴 의례 그릇'이란 말은 아무런 뜻이 없다.

자, 다시 "나무대롱을 꽂아 액체를 따를 때 쓴" 그릇이라는 말을

1) 국립나주박물관 구멍단지 설명글

생각해 보자. 먼저 이런 질문이 가능하겠다. 아니, 술을 따르려면 아가리 쪽으로 따르는 게 편하고 잘 따라지지 않을까. 굳이 **도20·21·22**처럼 빚어 일부러 '구멍'을 내고 번거롭게 나무대롱을 만들어 꽂아 (그러니까 나무 주둥이를 만들어 꽂아) 따를 필요가 있을까. 구멍을 내지 말고 아가리로 따르면 더 편하지 않을까. 나무대롱을 꽂으면 잘 따라질까. 나무대롱을 만들어 꽂을 바에는 따로 부리를 만들어 붙이면 더 낫지 않을까. 부리가 힘들다면 박바가지 부리처럼 물을 따르기 편하게 구멍 아래쪽에 입술을 붙이면 더 낫지 않을까(**도25** 구멍 입술 참조. 6장 **도53·54** 참조). 뒤에 다시 설명하겠지만 **도25** 구멍 아래쪽에 붙인 입술은 술을 편하게 따르기 위해 붙인 것은 아니다.

국립문화재연구소에서 펴낸 『한국고고학사전』은 '유공광구소호(有孔廣口小壺, 구멍단지)'를 아래와 같이 정리하고 있다.

> 이 특수 형태 토기의 기능에 대해서는 첫째 **조그만 구멍에 대나무관을 끼워 술** 같은 액체를 따르는 용기로서 후대 주전자(注子)의 원류로 보거나, 둘째 **맹세나 의식을 행할 때 술과 피**를 나누어 마시기 위해 **갈대 같은 것을 꽂아 빨아 마시는 그릇**으로 보는 견해, 셋째 **기름등잔**으로 쓴 경우, 넷째 고배와 같이 제사용으로 썼다는 견해가 있다. 그런데 일본 사카이시 요쯔이케(堺市 四ツ池) 유적에서 구멍에 나무 대롱이 꽂혀 있는 구멍단지가 출토되어 기본적으로 **주전자로서의 기능이 강하였음**을 시사하고 있다. 한편 이 토기는 생활유적보다 주로 매장유적의 **부장품**으로 출토되는 경우가 많아 의례 행위와도 밀접한 관련이 있는 것으로 생각된다.[2)]

우리나라에 나와 있는 책 가운데 국립문화재연구소의 『한국고고학사전』이 구멍단지에 대해 가장 체계 있게 정리하고 있다고 볼 수 있다. 위 인용글에서, "첫째 조그만 구멍에 대나무관을 끼워 술"을

2) 『한국고고학사전』(국립문화재연구소, 2001) 963쪽

따르는 단지라는 말은 앞에서 살펴보았다. "둘째 맹세나 의식을 행할 때 술과 피를 (……) 갈대 같은 것을 꽂아 빨아 마시는 그릇"이라는 분석은 김원용의 『신라토기』(열화당, 1994)에 있는 말이다(64쪽). (그렇다면 김원용은 도35 구멍단지의 '구멍'을 설명할 수 있어야 한다.) "셋째 기름등잔으로" 썼다는 말은 어떤 근거도 없을뿐더러 이 기름등잔을 망자의 '부장품'으로 묻을 까닭도 없다. 이 또한 이 단지가 정말 기름등잔이었다면 **도35** 구멍단지의 '구멍'을 설명할 수 있어야 한다! "넷째 고배와 같이 제사용"으로 썼다는 말은 앞에서도 말했듯이 그 제사가 어떤 제사였고, 이 그릇의 용도가 무엇이었는지 밝히지 않는 한 아무 의미가 없는 말이다.

한국이나 일본 사학자들이 이 그릇을 보통 '주전자'로 보는 것은 오사카 시조나와테 시토미야키타(四條畷 蔀屋北), 사카이시 요쯔이케(堺市 四ッ池) 유적에서 나온 흔적 때문인 것으로 보인다. 이 유적에서 나온 구멍단지 구멍에 나무 대롱 같은 것이 꽂혀 있었다고 한다. 이것이 정말 나무 '대롱'이었는지 그냥 '나무'였는지는 다시 확인해 봐야 할 것이다. 나는 대롱이 아니라 물을 가득 채운 단지, 그 단지 구멍을 막은 나무토막으로 보고 싶다. 앞에서도 말했듯이 나무 대롱을 꽂아 주전자처럼 쓰려면 이렇게 번거롭게 구멍을 뚫고 나무 대롱을 만들어 꽂아 쓸 필요가 없다. 그때 장인들이 '바보'가 아닌 이상 말이다. 마찬가지로 이게 정말 주전자라면 **도35** 구멍단지의 '구멍'은 어떻게 설명할 수 있겠는가. 더구나 일본 신석기 조몬인들은 물부리를 붙인 그릇을 아주 많이 빚어 썼다. (동아시아 신석기만 보면, 일본 조몬인들은 중국과 한반도 신석기인들보다 흙을 더 잘 다루었고 더 뛰어난 질그릇을 빚었다!) 우리 한반도 신석기인들은 그릇에 물부리를 달거나 (아주 없는 것은 아니다. 6장 **도50**) 주전자를 빚어 쓰지 않았고, 청동기와 삼국시대에도 주전자는 찾아보기 힘들다. 하지만 일본 신석기 조몬인들은 세계에서도 그 유례를 찾아볼 수 없을 정도로 물부리 물그릇을 많이

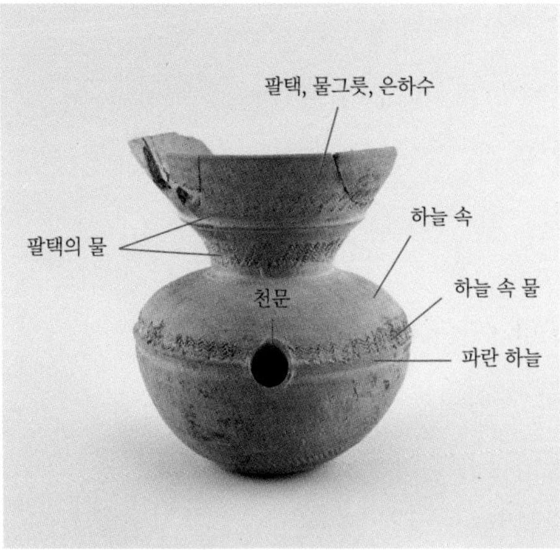

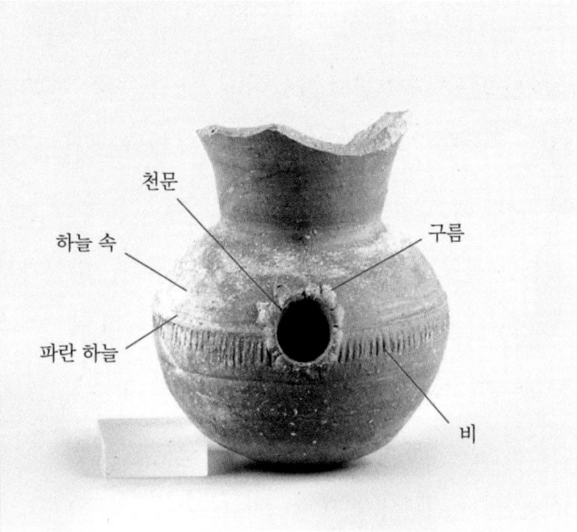

구워 썼다(7장 **도44** 참조). 그렇다면 구멍단지가 정말 술을 따르는 그릇이라면, 그들이 신석기부터 빚어 썼던 물부리를 붙이면 되는 일이었다.

도23 구멍 있는 넓은 입 작은 항아리. 광주시 광산구. 높이 12.7cm. 국립광주박물관

도24 구멍 있는 넓은 입 작은 항아리. 광주시 광산구. 높이 9.9cm. 국립광주박물관

육서통 위상(二)과 물그릇, 하늘과 천문

나는 암사동 빗살무늬토기에 나 있는 구멍을 보는 순간 그저 금이 간 그릇을 고쳐 쓴 흔적으로만 보이지 않았다. 물론 그런 구멍도 있지만 꼭 그것만은 아닐 거라고 생각했다. 그리고 이것을 풀 수 있는 실마리가 나주 영산강과 낙동강 지역에서 나오는 구멍단지에 있을 것이라 확신했다.

도23 구멍단지를 보자. 구멍단지의 구멍 자리는 거의 다 이렇게 하늘에 뚫었다(**도18·19** 왼쪽 그릇 구멍 참조). 이것은 하늘에 나 있는 구멍 천문(天門)이다. 이 구멍으로 하늘 속 물과 구름이 나온다. (아마 가뭄 때, 비가 간절할 때 뚫었을 것이다!) 구멍단지는 모두 다 이렇게 그릇 몸통 중앙에 띠를 둘러 경계를 지었는데 이것을 학계에서는 돌대문(突帶文 쑥나올돌·띠대·무늬문)이라 한다. (문제는 이 '돌대문'이 무엇인지 밝히는

것이다! 우리 학계는 어떤 패턴이 무엇을 구상으로 한 것인지 말하지 않고, 또 궁리하지 않고 그저 무늬 모양이나 무늬를 내는 방법만 말한다!) 이 경계 위는 하늘 속이다. 하늘 속 무늬는 물결무늬를 했다. 이것은 하늘 속에 물이 방방하게 차 있다는 것을 뜻한다. 학계에서는 이 무늬를 파상문(波狀文 물결파·형상상·무늬문)이라 한다. (마찬가지로 중요한 것은 이 파상문이 뭔지 밝히는 것이다!) 그렇다면 아가리는 왜 이렇게 넓고 크게 한 것일까. (마찬가지로 왜 아가리를 몸통보다 크게 했는지, 그 내력을 밝히는 것이 중요하다!) 그것은 하늘 속 물그릇으로 볼 수 있다(**도27** 육서통 위상(二) 자 참조). 이 물그릇은 하늘 속 물(水)의 기원 팔택(八澤)이고 은하수다. (팔택에 대해서는 5장을 볼 것) 이 팔택의 물에도 물결무늬를 했다. 이 또한 물이 가득 차 있다는 것을 뜻한다.

도24 구멍단지를 보자. 왼쪽 바닥에 그릇 받치는 것을 두었다. 그만큼 이 그릇은 스스로 설 수 없을 정도로 바닥이 둥글다는 것을 알 수 있고, 실생활에서는 쓸 수 없는 그릇이라는 것을 짐작할 수 있다. 놀랍게도 이 단지는 하늘 아래에 빗금을 그어 하늘에서 내리는 빗줄기(雨)를 표현했다. 구멍단지에는 이런 비 패턴이 꽤 있다. 여기서 또 하나 놓치지 말아야 할 것이 있다. 단지에 구멍을 낼 때 마한 사람들은 밖에서 안으로 낸 것이 아니라 '안에서 밖으로' 냈다는 사실이다. 또 안에서 밖으로 낼 때 덧올라오는 흙을 깔끔하게 갈무리하지(떼어내지) 않고 일부러 천문(구멍) 둘레에 연꽃잎처럼 붙였다. 이것은 천문에서 나오는 구름을 표현했다고 볼 수 있다. 광주전남에서 나오는 구멍단지에는 이런 구멍 패턴이 꽤 있다.

위상(上)의 갑골은 지금의 두이(二) 자와 똑같다. 그래서 두 글자(위상과 두이)가 같이 나오는 문장에서 서로 혼동이 일었다. 그 때문에 진나라 소전에서는 두이(二) 자는 옛 글자 그대로 쓰고 위상 자를 지금 우리가 쓰는 상(上) 자로 바꾼다. 그러니까 위상(上)은 갑골과 금문 때까지만 하더라도 지금의 두이(二) 자와 똑같았다. 이 글자에 대해

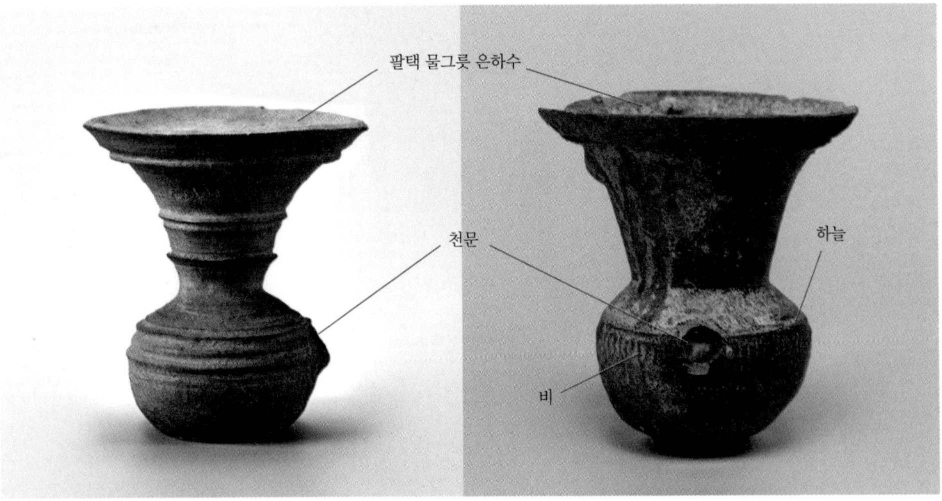

서는 4장에서 아주 자세히 다루었다. 나는 4장에서 위상(二)이 우리가 지금 알고 있는 것처럼 지사자가 아니라 '상형자'라 했다. 그리고 중국 한자 중에서 가장 중요한 글자라 했다. 또 동아시아 미술사를 한 글자로 말한다면 바로 위상(二)이라 했다. 지금까지 이 책을 읽어 왔다면 이 말이 무슨 말인지 바로 알 수 있을 것이다. **도27**은 위상(二) 자 육서통이다. 육서통은 청나라 때 현판 글자만 모아놓은 책이다. 이 글자를 보면 큰 물대접이 있고 그 위에 작은 점으로 물(水)을 표현했다. 원래 위상 갑골 '二'에서 아래 가로획은 하늘(天)을 뜻하고 위 짧은 가로획은 하늘 속 물(水)을 뜻한다. 그러니까 긴 가로획이 '땅'이 아니라 하늘이라는 것이다. 이 또한 이 책에서 처음 하는 말이다. 아무 근거 없이 하는 말이 아니라 갑골과 금문, 위상(二)에서 비롯한 여러 글자를 봤을 때, 또 중국과 한국 고대 미술을 봤을 때 이는 분명한 사실이다. 다만 우리가 허신의 『설문해자』 이래 그것을 놓쳤을 뿐이다. 그런데 **도27** 육서통 상(二)은 아래 긴 가로획을 아주 물그릇으로 그렸다. 하늘 속 물(水)을 담는 그릇으로 말이다. 이 글자는 한중일 고대 미술을 살필 때 아주 중요하다. 한중일뿐만 아니라

도25 구멍 있는 넓은 입 단지.
높이 13.5cm.
국립중앙박물관.
본관12986

도26 입이 넓은 단지 (広口壺).
고분시대 후기.
도쿄국립박물관

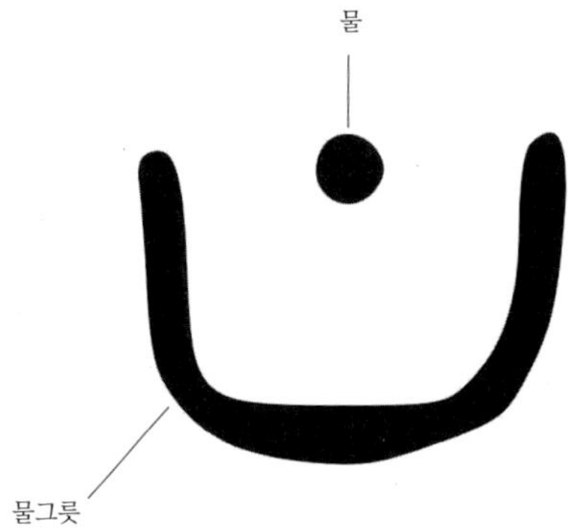

도27 위상(二) 자 육서통

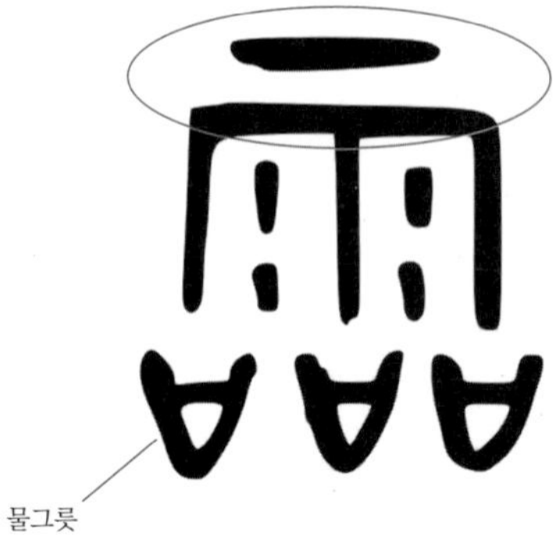

도28 비올령(霝) 자 금문

세계 고대 미술을 살필 때도 놓쳐서는 안 되는 글자다. 바로 이 글자를 3차원 입체로 빚은 것이 구멍단지 아가리 쪽이다. 아가리 쪽 지름이 자꾸 몸통 지름보다 커진 것도 바로 이 때문이다(**도25·26**). 그렇다고 해서 마한 사람들이 이 글자를 알았다는 말은 아니다. 중국과 마한 사람들은 하늘 속에 물이 있고, 이 물을 담는 거대한 그릇이 있다고 보았다. 이런 생각은 앞에서도 얘기했듯이 마한 사람들만의 것이 아니라 중국과 한국, 세계 신석기인들의 세계관이기도 하다. 또 이는 『회남자』 「천문」과 「지형」 편에 나오는 팔택(八澤 여덟팔·못택)이기도 하다. 여덟 연못은 팔방구주 여덟 들판의 연못이고, 이 연못에서 비(雨)의 기원 구름(云)이 나오고 이 구름은 다시 팔방구주의 천문 팔문(八門)을 통해 이 세상으로 나온다. 또 팔택은 『성서』 창세기 1장 7절의 "궁창 위의 물"이고, 그것을 담아 놓는 물독과 물주머니(욥기 38:37)이고, 9장에서 살펴본 터기 괴베클리 테페의 클라우드백이기도 하다. 이렇듯 세계 신석기인들은 그것을 나타내는 디자인과 패턴이 조금씩 다를 뿐 본질에서는 같다고 할 수 있다.

도28 비올령(霝) 자 금문과 **도29** 비우(雨) 자 갑골 또한 위상(二)에서 온 글자다. 비올령(霝) 자를 풀이할 때 보통 비우(雨) 아래에 있는

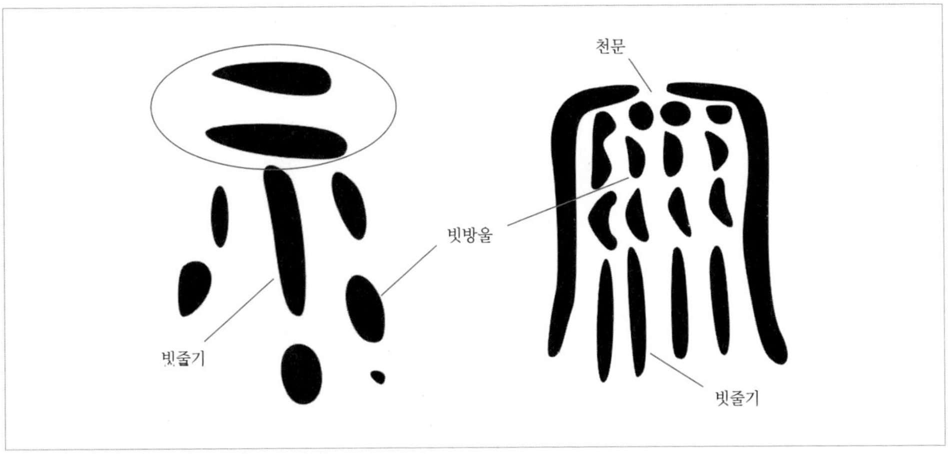

도29 비우(雨) 자 갑골
도30 비우(雨) 자 육서통

입(口) 세 개(口口口)를 사람의 입으로 본다. 여러 사람이 무릎을 꿇고 비를 내려주기를 간절히 기도하는 모습을 그린 글자라는 것이다. 하지만 입구(口)는 갑골과 금문에서 보면 사람의 입이 아니라 언제나 '그릇'이다. 다른 글자와 함께 쓰여도 구(口)는 입이 아니라 그릇이다. 이것을 알지 못하면 구(口)가 들어간 글자를 엉뚱하게 풀이하고 만다. 비올령(霝) 자도 마찬가지다. **도28** 비올령(霝) 자 금문을 보면 가장 위에 하늘과 하늘 속 물(水)을 뜻하는 위상(二)이 있고, 바로 여기서 비가 내린다. 그리고 아래에 이 비를 받는 그릇이 나온다. 이 그릇은 마치 암사동 빗살무늬토기처럼 도토리 모양이다. 그래서 령(霝)은 비가 온다는 뜻 말고도 하늘과 천제(天帝), 아름답다를 뜻하기도 한다. 가뭄 때 천제께 제사를 지내니 하늘에서 비를 뿌려준다. 그 장면은 얼마나 아름답겠나.

천제의 천(天)과 제(帝)의 갑골과 금문을 보면 이 두 글자 또한 위상(二)에서 왔다. (이 두 글자는 중국 사상사와 역사에서 얼마나 중요한가!) 우(雨) 또한 그 기원은 위상(二)이다. **도29** 비우(雨) 자 갑골을 보면 가장 위에 위상(二), 즉 하늘과 하늘 속 물(水)이 있고, 이 하늘 속 물이 빗줄기가 되어 쏟아지고 때로는 봄비 빗방울로 이 세상을 촉촉하게 적신다. **도30** 비우(雨) 자 육서통을 보면 비가 내리는 통로 천문(天門)을 두었다. **도30** 비우(雨) 자 육서통을 구멍단지에서 찾는다면 **도23-26** 구멍단지의 천문과 비를 들 수 있다. 이런 디자인과 패턴은 한반도와 일본 구멍단지에서 쉽게 찾아볼 수 있다.

도31은 충남 공주 수촌리 4호 무덤에서 나온 백제 금동관모 복원 복제품이다. 이런 모양 관모는 주로 백제 또는 백제의 힘이 미쳤던 전남 지역에서 나오고 있고, 일본 큐슈 구마모토 현 에다후나야마 무덤에서도 나왔다. 이 관모의 가장 큰 특징은 꼭대기에 깔때기가 달려 있다는 점이다. 이 깔때기를 학계에서는 수발(受鉢 받을수·바리때발)이라 한다. 절에서 스님들이 쓰는 밥그릇 발우·바리때를 닮아 수발이라 하는 것이다.

역사 다큐를 보다 보면 이와 비슷한 관모를 보는데, 이때 아주 이상한 일이 벌어진다. 시청자들의 관심은 온통 저것에 가 있는데 다큐가 끝날 때까지도 저것에 대해서는 단 한마디도 하지 않는다는 점이다. 이때 우리들은 이렇게 생각한다. '아, 저것은 당연히 '어떤 것' 인데, 나만 모르고 있구나. 학자들에게 저것은 너무나 쉬운 것이고 자명한 것이어서 굳이 설명하지 않는구나.' 이러면서 자신을 책망한다. 하지만 이는 잘못 짐작하는 것이다. 역사 다큐에서 해설자가 아무런 코멘트를 하지 않는다면, 학자들도 모르는 경우다. 유튜브 같은 데서 확인해 보면 알 수 있다. 한일 고고학계 어느 누구도 저것에 대해 말하지 않는다. 그들은 단지 이렇게만 말할 뿐이다. "이런 금동관모는 한국과 일본에서 나오고 있습니다. 그런 의미에서 당시 일본과 백제가 교류를 했고, 서로 관련이 있다는 증거이기도 합니다." 척 봐도 모양이 비슷하니 초등학생도 할 수 있는 말이고, 고고학을 전공하지 않은 우리들도 얼마든지 할 수 있는 말이다. 그렇다면 학자들은 왜 이런 아무 뜻 없는 말을 자꾸 하는 것일까. 답은 아주 간단하다. 그들도 모르기 때문이다. 그런데도 백제와 일본 금동관모에

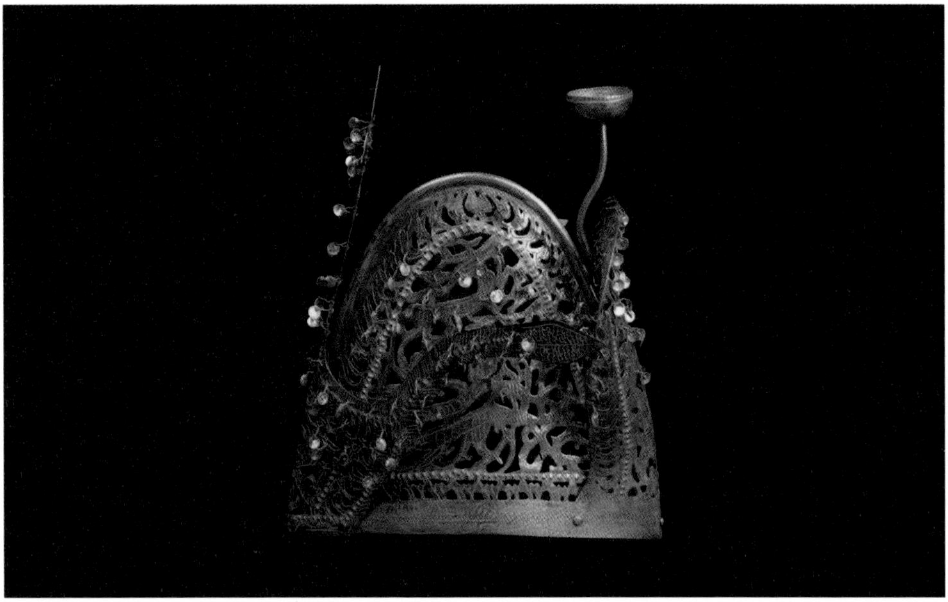

도31 백제 금동관모. 충남 공주 수촌리 4호 무덤. 복원복제. 충청남도역사문화연구원

대해 끊임없이 논문을 쓰고 있다. 저것이 뭔지 모른 상태에서 논문을 쓴다는 것이 가능할까. 다른 학문에서는 결코 있을 수 없는 일이 우리 고고학계에서는 너무나 '자연스럽게' 이루어지고 있는 것이다.

나는 학계에서 수발이라 하는 것을 '물그릇'으로 본다. **도27** 위상(二) 자 육서통을 3차원 입체로 만들었다고 보면 될 것이다. 물그릇의 하늘 속 물(水)이 대롱(천문)을 타고 구름(云)이 되어 관모로 내려온다. 이 관모는 그 모양이 반타원 내지는 삼각형 모양이다. 이것은 우리 한반도 신석기미술에서 볼 수 있는 삼각형 또는 반타원 구름(云)으로 보면 되겠다. 그래서 관모는 모두 다 구름, 용(龍은 구름을 동적(動的)인 동물로 형상화한 것이다!), 비 패턴으로 되어 있다. 이 관모를 쓴 군주는 비와 구름을 관장하는 풍백(風伯)이다. 이것은 백제와 신라 미술에서 두루 확인할 수 있다. 또 하나 살짝 귀띔을 하고 싶은 게 있는데, 우리 한일 역사학계에서는 이 물그릇(수발)이 백제와 일본 관모만의 특징으로 알고 있는데 사실은 그렇지 않다. 국보 제189호 신라 천마총 관모에도 이 물그릇과 천문(天門)이 있다. 잘 살펴보면 관모 뒤편에 있는데, 백제와 달리 신라 장인들은 이것을 1차원 평면에 나타냈다. 이렇게 봤을 때 백제와 일본의 교류가 있었던 게 아니라 백제와 신라의 '세계관'이 일본으로 간 것으로 봐야 한다. 이렇게 봐야지만 일본 야요이와 고분시대가 풀린다. 일본의 야요이와 고분시대는 그전 신석기 조몬 세계관으로는 풀 수 없다. 안타깝게도 일본 역사에서 조몬 세계관은 야요이 때 단절이 된다. 이에 대해서는 삼국시대 미술사에서 아주 자세히 다룰 것이다. 다만 이 책 곳곳에서 이에 대한 코멘트를 잠깐잠깐 했기 때문에 독자들은 어느 정도 짐작할 수 있을 것이라 확신한다.

신석기 세계관과 마한

나는 1장에서 한반도 빗살무늬토기 패턴을 다섯 가지로 간추렸다. 그리고 그릇에 난 구멍을 금이 간 그릇을 수리해 쓴 흔적만은 아니라고 했다. 1장을 쓸 때 나는 신석기 그릇 구멍의 정체를 풀 수 있는 실마리가 마한의 구멍단지에 있을 것이라 확신했다. 이 책에서 밝힌 신석기 세계관은 이런 '직관'에서 시작했다고 볼 수 있다. 그리고 그 직관은 어긋나지 않았다. 이것이 좀 신기할 따름이다. 직관을 믿고 세계 신석기 미술을 살펴보고 옛 기록을 읽다 보면 놀랍게도 그것을 증명할 수 있는 사례가 나왔다.

도32 구멍단지 이미지를 찾았을 때 나는 한동안 넋이 나갔다. 온몸이 떨리고 흥분이 되었다. 이 사진 하나로 근대사학 100년 동안 풀지 못한 구멍단지의 정체가 풀렸기 때문이다. 이뿐 아니다. 마한과 가야 사람들의 세계관, 특히 당시 군주가 하는 일 가운데 가장 중요한 일이 무엇이었는지 짐작할 수 있게 된 것이다. e뮤지엄에서 '구멍단지'로 검색하면 이미지가 321장 올라오고, '有孔廣口壺(유공광

구호)'로 검색하면 375장이 뜬다. **도32** 구멍단지 이미지는 有孔廣口壺로 검색해야 나온다. 만약 '구멍단지'로만 검색하고 말았다면 이 이미지는 끝내 볼 수 없었을 것이다.

도32 구멍단지는 오른쪽 부분이 깨져 없지만 온전한 왼쪽 패턴을 보고 그림을 그리면 오른쪽 그림과 같다. 오른쪽 그림을 보자. 이 무늬는 우리가 지금까지 이 책에서 죽 봐 왔던 한반도 빗살무늬토기의 기본 패턴이다. 몸통 가운데 하늘을 기준으로 위는 '하늘 속'이다. 이 하늘 속에 물(水)이 있다. 이 물을 비(雨)로 표현했다. 이것은 5장 **도44·47**, 6장 **60·61·62** 신라 그릇에서도 익히 봐 왔던 패턴이다. 하늘 아래에 삼각형 구름(云)을, 그리고 이 구름에서 내리는 빗줄기(雨)를 새겼다. 삼각형 구름과 하늘에 걸쳐서 천문(天門)을 뚫었는데 이는 **도19** 왼쪽 그릇 조각의 천문과 같다. **도19** 왼쪽 그릇을 보면 삼각형 구름과 하늘에 걸쳐서 구멍을 뚫었다. 이 천문에서 삼각형 구름이 나온다는 말일 것이다. 이로써 구멍단지의 구멍이 대나무관을 끼워 술을 따르는 주전자가 아니라, 또 맹세나 의식을 행할 때 구멍에 갈대 같은 것을 꽂아 빨아 마시는 그릇이 아니라는 것을 알 수 있다.

나는 지금까지 한반도 신석기 가운데 암사동 신석기 세계관의 특징을 중심으로 한반도 신석기 세계관을 그려 왔다. 이 암사동 신석기 세계관이 남북으로 전해졌고, 그것이 가장 완결된 미술로 꽃을 피운 곳이 신라미술이라 했다. 그렇다고 해서 백제와 고구려, 마한과 가야의 세계관이 암사동 세계관과 다른 것은 아니라고 했다. 고구려의 신석기 세계관은 삼국시대 미술사 고구려벽화 편에서 아주 자세하게 풀이할 것이다. 이 또한 이 책 곳곳에서 몇 가지 중요한 실마리를 이미 말한 바 있다. 그리고 백제와 마한의 세계관, 특히 마한의 세계관은 옹관과 구멍단지에서 그 특징을 찾을 수 있다고 했다. 또 가야의 암사동 신석기 세계관은 그들이 무덤에 부장품으로 넣었던 그릇의 디자인과 패턴에서 찾을 수 있다고 했다. 어떻게 보면 이런 차이는 죽음을 해결하는 방식의 차이이기도 하다. 신라와 고구려가 구름의 기원인 천문(天門), 그러니까 이 세상 만물의 기원인 천문으로 다시 되돌아가고자 했다면 가야와 마한은 이 세상 만물의 기원인 물, 이 물의 기원인 구름(云)으로 되돌아가는 미술이라 할 수 있다. 신라와 고구려가 어느 정도 관념적이었다면 마한과 가야는 그만큼 현실적이었다고 할 수 있다.

마한과 암사동 사이에는 자그마치 '4000년'이 있다. 하지만 고대사와 고대 미술에서 몇천 년은 그렇게 긴 시간이 아니다. 근대의 관점으로 보면 엄청난 시간이고 4000년 전 암사동 세계관이 온전히 마한에 이어졌다는 게 도무지 믿기지 않겠지만, (이때 마한 미술에 불교 세계관은 찾을 수 없다!) 4000년 암사동 세계관이 아니고서는 옹관도 구멍단지도 온전하게 풀 수 없다. **도32** 구멍단지의 디자인과 패턴을 4000년 전(지금으로부터 5500년 전) 암사동 신석기 세계관 말고 무엇으로 풀 수 있겠는가.

한 가지만 더 말해야 할 것 같다. 풀 수 없었던 어떤 것을 속 시원하게 밝힌 것도 중요하지만 사실 그보다 더 중요한 것은 우리가 왜 그동안 그것을 밝히지 못했는가, 하는 점이다. 근대사학 100년 동안 한일 사학자들은 구멍단지를 놓고 마한에서 시작했다, 아니다 일본에서 시작했다 같은 논의를 펼쳤다. 구멍의 정체가 뭔지, 왜 저런 이상한 모양으로, 아가리가 몸통보다 크고 넓고, 목 길이가 몸통보다 더 긴, 더구나 바닥이 둥글어 설 수도 없는, 그런 이상한 단지를 빚었는지 알지 못했다. 그냥 아가리가 넓고, 목이 길고, 바닥이 둥근, 또 몸통에 구멍이 나 있다고 했다. 그런데 이런 태도 자체가 얼마나 비학자적인 태도인가. 이것을 밝혀내지 않은 채 다른 논의가 가능할까. 안타깝게도 우리 고대 사학 논의 가운데 상당수가 그렇다. 나는 마한과 가야의 구멍단지를 보는 순간 암사동 신석기 세계관의 천문과 구름과 비를 떠올렸다. 100년 동안 감도 잡지 못했던 것을, 구멍

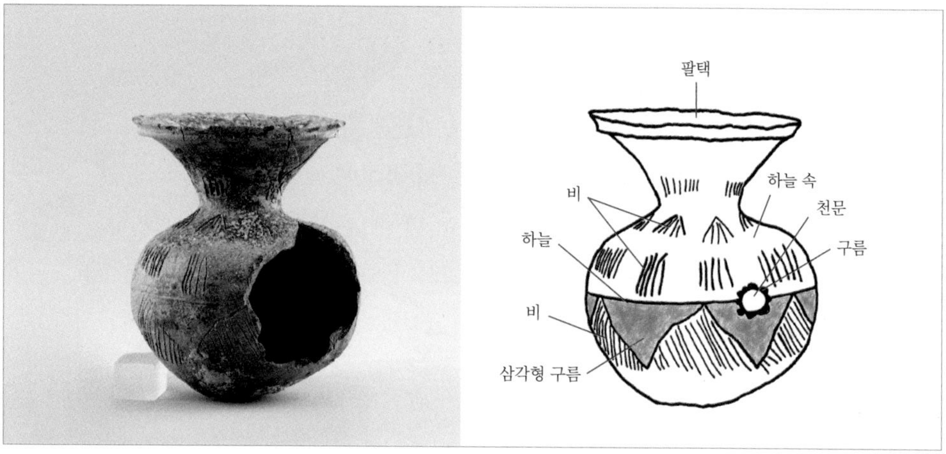

도32 구멍 있는 넓은 입 작은 항아리. 높이 12.7cm. 광주국립박물관. 광74818

단지의 디자인과 패턴을 보는 순간 모든 것이 한순간에 풀렸다. 암사동 세계관이 아니고서는 풀 수 없다고 확신했다. 하지만 한일 사학자들은 100년 동안 어느 누구 한 사람 이런 생각을 하지 못했고, 아니 정확히 말하면 할 수 없었다. 왜 이런 일이 벌어졌을까. 그것은 다름 아닌 신석기 세계관이다. 다음에 낼 청동기 미술도 삼국시대 미술도 암사동 신석기 세계관이 아니고서는 본질에 다가갈 수 없다. 이 말도 엉뚱하게 들릴 것이지만 사실이 그렇다.

천문에서 물이 쏟아지고

이제 구멍단지의 용도, 그 쓰임을 밝힐 차례다. 이 쓰임을 밝혀야 암사동 신석기인들이 그릇에 뚫었던 구멍의 비밀을 짐작할 수 있다. 도대체 마한 사람들은 왜 이런 요상한 단지를 빚었을까. 왜 단지에 구멍을 뚫었을까. 이 구멍이 비의 기원 구름이 나오는 천문(天門)이라면 굳이 구멍을 뚫을 필요가 있을까. 신라 사람들이 그리한 것처럼 동그라미를 그리고 한가운데에 점을 찍거나 더 작은 원을 그리면 될 일이었다(5장 **도44- 47** 참조). 하지만 마한 사람들은 '의식적'으로 구멍을 낸다.

여기서부터는 가정이다. 그들이 신라 사람들과 달리 아주 구멍을 낸 것은 그럴 만한 사정이 있었을 것이다. 나는 '가뭄'과 관계가 있다고 본다. 비가 수십 일 동안 내리지 않아 논밭의 곡식이 메말라 갈 때 한 고을의 군주는 어떻게든 그것을 해결해야만 했다. 가뭄은 사람이 어찌해 볼 수 없는 일이지만 그것을 해결하려는 몸짓, 군주는 백성들 앞에서 그런 정치 행위를 해야만 했다. 더구나 그때 군주는 단군 이래로 풍백(風伯)과 우사(雨師)와 운사(云師)를 거느리고 관장하는 사람이었다. 한마디로 그는 우사와 운사를 관장하는 풍백(風伯)이었다. 그것의 구체 의례가 바로 기우제(祈雨祭)인데, 우리가 익히 아는 기우제하고는 좀 다른 지점이 있다. 고려와 조선의 기우제가 인간이(군주가) '하늘'에 비를 구하면서 간절히 비는 제사라면 신라와 백제와 마한의 기우제는 인간, 군주 풍백의 '의식적이고 적극적인 행위'가 그 중심에 있었다. 그는 하늘에 빌지 않고 직접 하늘에 구멍을 뚫는다. 그렇게 해서 하늘 속 물(水)을 이 세상에 쏟아지게 한다. 닫혀 있던 천문을 열어 하늘 속 물을 구름으로 나오게 하는 것이다(**도32**). 가뭄이 들었을 때 군주는 마을 촌장들을 모아놓고 비를 몰아오는 의식을 치렀을 것이다. 이 의식의 클라이맥스는 동그라미 천문에서 물이 나오는 장면이다. **도33** 굽다리 접시와 구멍단지 한 세트를 단상에 놓고, 그 곁에서 한 사람이 박바가지 물을 구멍단지 아가리에 붓는다. 이때 군주와 마을 촌장들은 비를 간절히 염원하는 주문을 외고 천문을 여는 몸짓을 한다. 그러면 천문에서 박바가지 물이 쏟아져 나온다. 구멍단지는 바로 이와 같은 용도로 쓰이지 않았을까. 그리고 그것을 군주의 무덤에 부장품으로 묻은 까닭은 저세상에 가서도 이 땅 백성들의 물 문제를 해결해 주었으면 하는 바람이 아니었을까.

나는 앞에서 우리나라 빗살무늬토기 이미지 자료 6,438장 중에

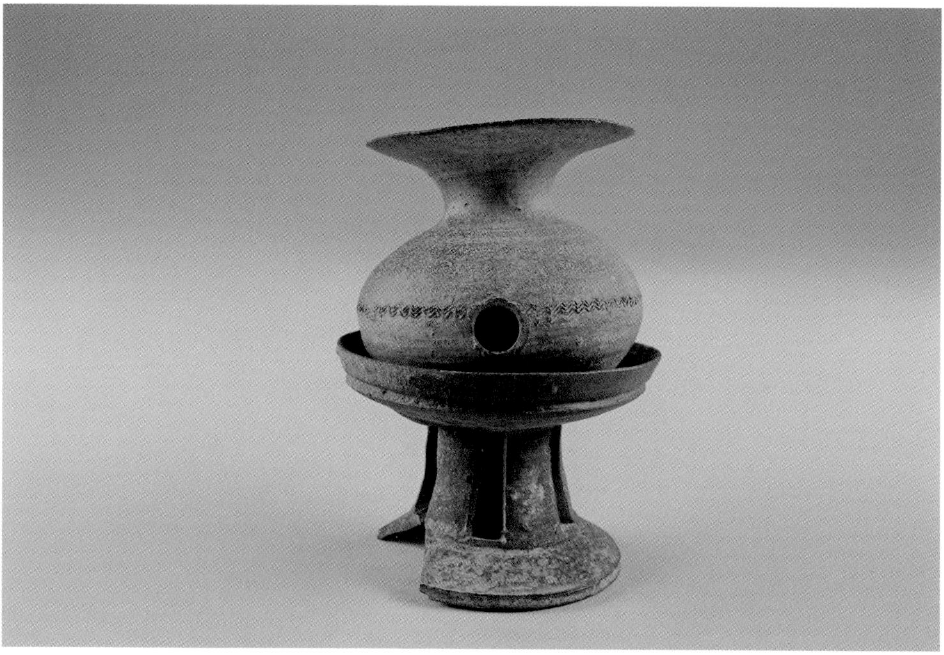

서 구멍이 뚫려 있는 그릇이나 그릇 조각이 326점이고(이 가운데 암사동 것만 195점), 이것을 다시 구멍을 낸 자리로 갈무리하면 하늘 속(**도18** 오른쪽)에 214점, 몸통(**도17**)에 101점, 밑굽(**도13**)에 11점을 확인할 수 있다고 했다. 여기서 하늘 속과 몸통 빗줄기에 낸 구멍은 '가뭄' 때 비를 바라면서 낸 구멍일 가능성이 높다. 그렇다면 밑굽에 낸 구멍은 뭘까. 난 그것을 '물난리(홍수)'와 관련이 깊다고 본다.

도33 넓은 입 구멍단지와 굽다리 접시. 경남 함안 출토. 구멍단지 높이 9.6cm. 국립김해박물관. 69307(2)

홍수 났다, 구멍을 뚫어라!

구멍은 어디로 들어가거나 아니면 나오는 통로이다. 세계 신석기 세계관 속에서 구멍은 대체로 물과 구름과 바람이 나오는 곳이다. 히브리 신석기 세계관에서는 야훼가 하늘 속에 곳간을 마련해 두고, 그 안에 물과 눈과 바람과 우박을 쟁여 놓고 필요할 때마다 천문(하늘문)을 통해 인간 세상에 내보낸다. 이와 달리 한반도 신석기 세계관에서 인간은 신에게도 하늘에도 기대지 않는다. 한반도 신석기와 청동기에는 신이 보이지 않는다. 물론 그 뒤 철기시대도 마찬가지다. 인간의 의식적이고 능동적인 행위가 있을 뿐이다.

도34 구멍단지의 천문은 상당히 아래쪽에 나 있다. 이것만 보아도 이 단지가 액체를 '담는' 용도로 빚은 그릇이 아니라는 것을 알 수 있다. 그래서 국립문화재연구소의 정리처럼 "액체를 따르는 용기"로 볼 수 없다. 마한 사람들은 구멍 둘레에 입술을 붙여 물이 나올 때 잘 떨어지도록 했다. 이것은 무엇을 따르기 위해 냈다기보다는 (그러려면 더 길게 해 아주 주둥이를 달아야 한다.) 의례 때 위에서 물을 붓고 그 물이 잘 떨어지도록 하기 위함이다. (여기에 이미지를 싣지 못하지만 국립진주박물관에 있는 그릇(소장품: 진32406)은 아주 주둥이를 해 달았다. 박물관 측은 이 그릇을 의례 용기 구멍단지로 분류하지만 그게 아니라 실제 생활에 쓴 생활 단지다!) 이것은 **도25** 구멍단지처럼 천문 아래에 입술을 붙이는 것과 같은 이치다. 문제는 **도35** 구멍단지다. 이 단지는 **도34** 단지보다 더 아래에, 아주 바닥 쪽에 구멍을 냈다. 이것은 과연 뭘까. 천문일까. 나는 구름이 나오는 천문이 아니라, 그 반대로 물이 빠지는 '구멍'으로 본다. 그러니까 이 그릇은 가뭄 때 비를 불러오는 의식 용도로 빚은 것이 아니라 그 반대로 홍수 때 물을 빼는, 물이 빨리 빠져나가게 하는, 또는 바라는 용도로 빚은 그릇으로 본다. 이 그릇은 가야에서 나왔다고 하는데 출토지는 정확하지 않다. 아무래도 낙동강 하구 김해 지역에서 나온 그릇이 아닌가 싶다. 그곳은 옛날늘 물난리를 겪었던 곳이기도 하다. 국립중앙박물관에서는 정식 명칭을 '입 큰 구멍 항아리'라 붙여 놓았다. 또 다른 명칭으로 령배(鈴杯·방울잔)라 붙여 놓았다. 이 그릇을 직접 보지 못해 아가리에 물을 부으면 아래 구멍으로 물이 나오는지는 모르겠다. '방울잔'이라 해 놓았는데 정말 저 안에 흙구슬이 있는지는 모르겠다. 만약 이것이

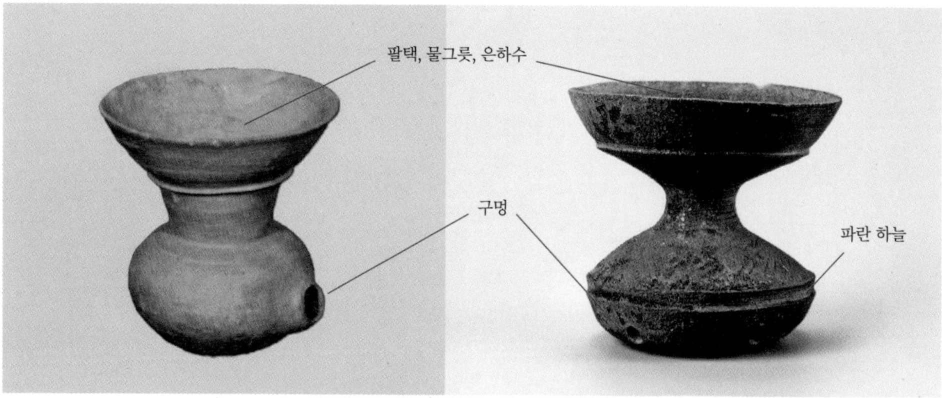

도34 넓은 입 구멍단지. 광주시 광산구 출토. 국립광주박물관. 77653

도35 입 큰 구멍 항아리. 가야. 8.5cm. 국립중앙박물관. 증1105

방울잔이라면 우리는 신라 방울잔의 디자인과 용도를 이 그릇의 디자인과 패턴을 통해 새롭고 풍부하게 밝힐 수 있을 것이다. 일단 나는 이 그릇을 앞에서 다루었던 '구멍단지'로 보고 이 구멍의 정체를 한번 밝혀 보고자 한다. 또 이것이 방울잔이라면 굳이 저렇게 아래쪽에 구멍을 낼 필요도 없을 것 같다. 그런 의미에서 이 그릇은 구멍단지이고, 또 이 구멍은 앞에서 다룬 천문(天門)이 아니라 홍수 때 낸 구멍으로 보고 싶다.

중국 요족(瑤族)에 내려오는 「복희 오누이 이야기」가 있다. 이 이야기는 세상에 홍수가 왜 나게 되었는지, 홍수로 이 세상 사람들이 모두 죽고 복희 오누이만 남게 된 내력, 이 오누이가 어떻게 부부가 되었는지, 대요산(大瑤山)에 어떻게 해서 한족(漢族)과 다섯 요족(瑤族)이 생겨나게 되었는지, 그 내력을 말하고 있다. 상당히 긴 이야기이고 구성이 아주 딴딴한데, 신석기·청동기 세계관과 관련된 대목만 대강 간추려 본다.

하늘에는 비를 관장하는 뇌공(雷公)이 살고 있고 땅에는 농사를 짓는 대성인이 살고 있었다. 하루는 성인이 뇌공에게 묻는다.

"농사를 지으려고 하는데 당신께서 비를 알맞게 내려주실 수 있

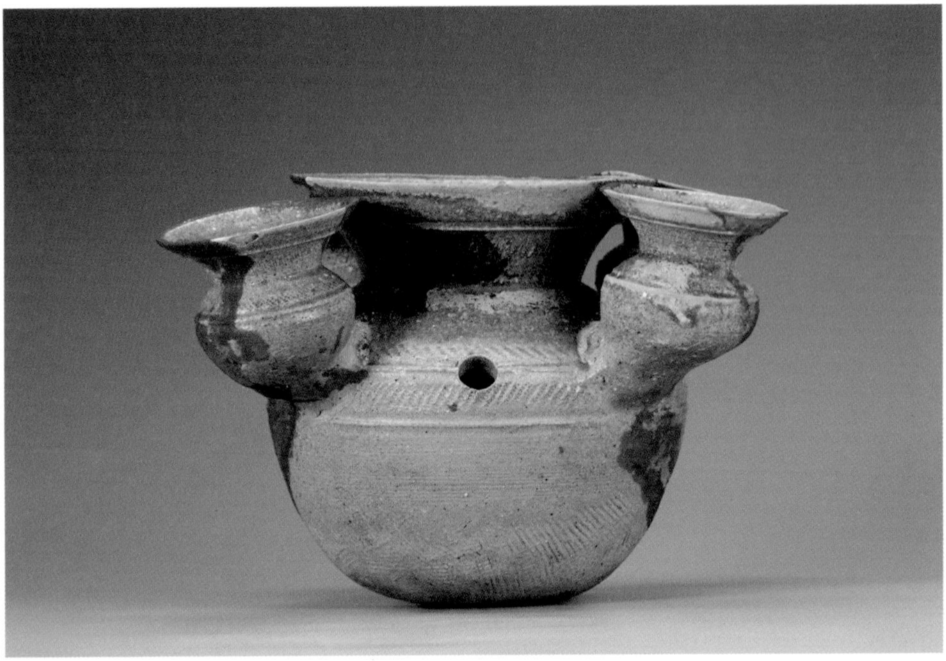

작은 구멍단지 네 개를 붙였다. 가운데 큰 구멍단지까지 다섯이다. 이는 사방오주의 세계관을 담았다고 할 수 있다.

도36 작은 단지로 장식한 넓은 입 구멍단지. 전라북도 고창. 높이 17.4cm. 국립전주박물관

겠습니까?"

"합당한 세를 낸다면 할 수 있지."

"얼마나 내야 합니까?"

"소득의 반을 내면 되지."

성인은 아무리 생각해 봐도 비싼 세를 받아 맨입으로 그냥 먹자는 뇌공의 심산이 지나치다는 생각이 들었다. 그렇다고 뇌왕의 요구를 거절할 수는 없었다. 그는 피, 토란, 옥수수 세 씨앗을 구해 와 뇌공에게 물었다.

"수확하면 윗부분과 아랫부분 중 어느 것을 가져가시겠습니까?"

"아랫부분을 다오."

성인은 첫해에 피를 뿌렸다. 뇌공이 아랫부분을 달라 해서 피를 수확한 다음 뇌왕에게는 짚을 바쳤다. 뇌왕은 화가 났으나 당신이

아랫부분을 달라 했기 때문에 어쩔 수 없었다. 이번에는 윗부분을 달라 했다. 그러자 성인은 토란을 심었다. 성인은 토란을 수확하고 토란대만 갖다 바쳤다. 이번에도 뇌공이 당했다. 뇌공은 세 번째도 당할 수 없어 "이번에는 위아래 모두 가져오너라." 했다. 성인은 옥수수를 심었다. 성인은 팔뚝만 한 옥수수를 다 딴 다음 옥수수대를 갖다 바쳤다. 세 번째도 당한 것이다. 뇌공은 화가 머리끝까지 났다. 이 일이 있고 난 뒤 뇌공은 성인을 죽이려 했고, 성인은 그때마다 꾀를 내 뇌공을 물리친다. 마침내 성인은 뇌공을 사로잡아 물항아리에 가두었다. 성인은 뇌공을 아주 염장을 해야겠다고 마음먹는다. 그런데 집에 그만한 소금도 큰 오지단지도 없었다. 성인은 소금과 오지단지를 사러 저자에 나서면서 두 자식 복희 오누이에게 수차례 당부했다.

"뇌왕을 잘 지켜라. 깨끗한 물은 절대 주어서는 안 된다."

성인이 집을 나가고 없자 교활한 뇌왕은 달콤한 말로 복희 오누이를 꼬드긴다.

"꼬마들아, 너무 목이 마르니 맑은 물 한 바가지만 줄래?"

복희 오누이는 아버지의 신신당부도 있고 해서 깨끗한 물을 줄 수 없다고 했다. 그러자 뇌공은 돼지가 먹는 구정물이라도 괜찮으니 한 모금만 달라고 애원했다. 복희 누이는 구정물은 괜찮을 것 같아 돼지 구유통에서 한 바가지 떠다 주었다. 뇌공은 그 물을 마시고 잃었던 힘을 되찾았다. 뇌공은 물항아리를 부수고 나왔다.

뇌왕은 떠나기 전 치아 하나를 쑥 뽑아 복희 누이에게 주었다.

"만일 재난이 닥치거든 이것을 심어라. 그러면 큰 박이 열린 텐데 그것이 너희를 구해줄 것이다."

하늘로 돌아온 뇌왕은 철천지한을 풀기 위해 무서운 홍수로 성인을 죽여 버리겠다고 작정한다.

얼마 뒤 만리 창공이 뒤흔들리고, 광풍이 몰아치고, 먹구름이 몰려오더니 무서운 비가 퍼붓기 시작했다. 불어난 강물은 담벼락까지 넘실거렸다. 이 무서운 광경을 보고 복희 오누이는 뇌왕이 준 치아를 얼른 땅에 심었다. 그러자 순식간에 싹이 나고 가지가 뻗어 나오더니 꽃이 피고 곳간만 한 박이 열렸다.

복희 오누이는 물이 들이차는데도 당황하지 않고 재빨리 박에 구멍을 뚫었다. 홍수는 벌써 집안까지 들이닥쳤다. 성인도 서둘러 집으로 돌아왔다. 그러나 상황이 너무 다급해 두 오누이는 아버지를 구할 겨를도 없이 그들만 박 속으로 들어가 물을 피했다. 박은 물 위에 둥둥 뜬 채 물살에 떠다녔다. 홀로 된 성인은 다행히 문밖에 떠다니던 돼지 구유를 타고 목숨을 부지했다. 물은 점차 불어나 하늘 궁전 문까지 다다랐다. 복희 오누이가 탄 박과 아버지 성인이 탄 돼지 구유도 이리저리 떠다니다가 마침내 하늘 궁전 문까지 이르렀다.

뇌공은 돼지 구유를 타고 온 성인을 보고 깜짝 놀랐다. 그는 성인이 무섭고 두려웠다. 뇌공은 먹구름을 더 부르고 번개를 휘몰아쳐 장대비를 쏟아부었다. 그러자 구유까지 물이 차기 시작했고 성인은 그만 물에 빠져 죽고 말았다. 성인은 죽어 칠성 가물치로 변해 땅바닥에 구멍을 크게 뚫었다. 그러자 무서운 홍수 물이 점점 빠져나갔다.[3)]

이 이야기는 농사가 본격화되는 시기, 그러니까 신석기 말 또는 청동기 초 때 생겨난 이야기인 듯싶다. 뇌공은 하늘의 신으로 나오지만 사실은 비를 관장하는 '지상'의 군주일 것이다. 신석기 이후 계급 사회가 되면서 비와 구름에서 이 세상 만물이 소생한다는 우운화생(雨云化生)의 신석기 세계관은 비와 구름을 관장하는 지배 계급, 그 중에서도 '군주'가 독점하게 된다. 청동기시대에 이르러 신석기의 비구름 디자인과 패턴이 그릇에서 없어지는 것도 이와 관련이 있다.

요족(瑤族)은 중국 소수민족 가운데 열두 번째로 인구가 많다(2000

3) 서유원, 『중국민족의 창세신 이야기』, 아세아문화사, 50~56쪽

년 기준 260만). 중국 남부 광서장족자치구, 호남성, 광동성, 운남성, 귀주성에 많으며 농사는 주로 쌀, 옥수수, 기장, 밭벼를 짓는다. 주식은 쌀이며 몇 지방에서는 옥수수가 주식이다. 요족 사람들에게는 생산과 관련한 금기가 꽤 있는데, 그 가운데 천둥 치기 시작하는 날을 기억하여 다음 해 같은 날에는 씨를 뿌리지 않는다고 한다.

위 요족(瑤族)의 「복희 오누이 이야기」는 농사와 관련이 깊다. 농사에서 가장 중요한 것은 '해'가 아니라 언제나 '비'다. 대성인(大聖人)은 농사를 짓겠다고 하면서 뇌공에게 비를 알맞게 내려줄 수 있느냐고 묻는다. 뇌공은 수확의 절반을 바치면 그렇게 하겠다고 한다. 하지만 이 세금은 누가 봐도 턱없이 많다. 이는 청동기 계급사회의 한 단면이라 할 수 있다. 우리는 이 이야기에서 비를 관장하는 '군주'에게 해마다 내야 했던 세금이 너무 많았던 사정을 짐작할 수 있다. 이 이야기에서 눈여겨봐야 할 부분은 또 있다. 이야기 말미의 홍수와 칠성 가물치와 구멍이다. 우리는 지금까지 하늘 구멍(천문)을 통해 이 세상 만물의 기원인 물과 구름이 나온다는 신석기 세계관에 대해 공부했다. 그런데 「복희 오누이 이야기」에 나오는 구멍은 이와 좀 다르다. 물이 나오는 곳이 아니라 도리어 물(홍수)이 빠지는 구멍이다. 그렇다면 그 물은 어디로 가는 것일까. 11장에서 살펴본 바닥 없는 골짜기 귀허(歸墟)로 가는 것이다.

칠성 가물치에서 '칠성'은 칠성장어(七星長魚)처럼 아가미 숨구멍이 일곱 개 있다는 말이 아니라 가물치 몸에 나 있는 얼룩무늬를 말한다. 『난호어목지蘭湖漁牧志』에 따르면 가물치는 양볼 뒤에 반점이 일곱 개 있는데, 이것이 바로 북두칠성 형상이라 한다. 더구나 가물치는 밤이면 반드시 머리를 들어 북극성을 보므로 팔방구주의 백성들이 천자를 바라보는 것과 같다. 그래서 예(禮) 자를 따라 예(鱧 가물치례)라 한다 했다. 『규합총서閨閤叢書』에도 가물치는 일곱 구멍이 있고, 이 구멍으로 칠성(七星)의 정기를 받기 때문에 여자의 보혈(補血)

에 좋다고 한다. 하지만 이는 중국 사람들 풀이이고, 또 가물치는 반점이 일곱 개만 있는 것도 아니고 숨구멍은 더더구나 없다. 이 이야기에서 중요한 것은 이 칠성 가물치가 바닥에 '구멍'을 뚫어 물난리 '홍수'를 해결한다는 점이다. 이 구멍은 바로 **도13** 빗살무늬토기 밑굽에 낸 구멍이고 **도35·38**의 구멍이다.

도38 밑굽은 귀허(歸墟)로 흘러가는 무늬를 새기지 않았다. 구멍을 낸 자리를 보면 이 구멍이 수리를 하기 위해 낸 것인지, 아닌지는 판단하기 힘들다. 몸통 쪽이 온전했다면 판단이 가능한데 지금으로서는 명확하지 않다. 그런데 아무리 살펴봐도 수리하고는 거리가 먼 것 같다. 나는 이런 밑굽 구멍을 **도35** 구멍단지의 구멍과 같은 것으로 본다. 다시 말해 중국 요족(瑤族)의 「복희 오누이 이야기」에 나오는, 칠성 가물치가 홍수 물을 귀허로 빼기 위해 낸 구멍으로 본다.

한강 가에 살았던 암사동 신석기인들은 한강에 물이 찌면 늘 불안했다. 집도 살림살이도 한순간에 쓸려 갈 판이었다. 촌장은 마을 사람들을 집으로 모았다. **도13** 같은 빗살무늬토기 하나를 내놓고 '밑굽'에 구멍을 뚫었다. 처음에는 손바닥으로 돌송곳을 비벼 구멍자리를 조금 낸 다음 활비비에 돌송곳을 묶어 뚫었다. 구멍을 뚫을 때 그릇에 금이 가지 않는다면 좋은 징조였다. 홍수가 곧 끝날, 그런 좋은 징조. 촌장은 온 마음을 써서 조심히 활비비를 돌렸다. 이때 마을 사람들은 두 손을 비비며 이 지긋지긋한 장마가 한시바삐 끝나기를 빌었다. 구멍을 세 개나 뚫었는데도 다행히 금은 가지 않았다. 마을 사람들은 가슴을 쓸어내렸다. 촌장은 그릇 아가리를 끈으로 묶은 뒤 들보에 매달았다.

촌장 아들이 박바가지에 물을 담아 그릇 옆에 섰다. 촌장과 마을 사람들은 장대비가 멈추기를, 누렇게 꿀떡꿀떡 흘러가는 저 한강 물이 하루빨리 빠지기를 바라는 주문을 외고 간절히 바랐다. 그때 촌장 아들이 박바가지 물을 그릇에 붓는다. 그릇 밑굽에 낸 구멍으로

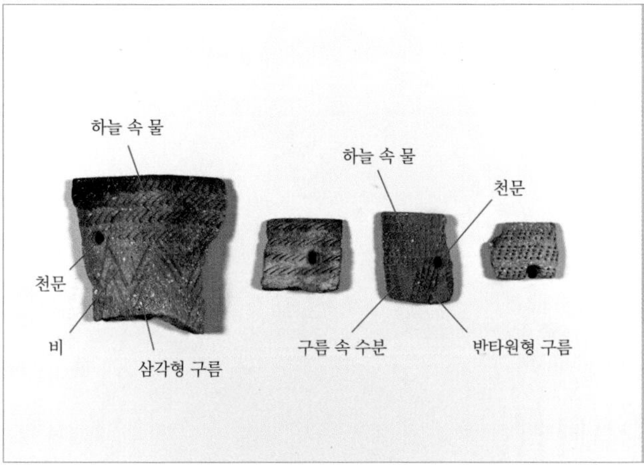

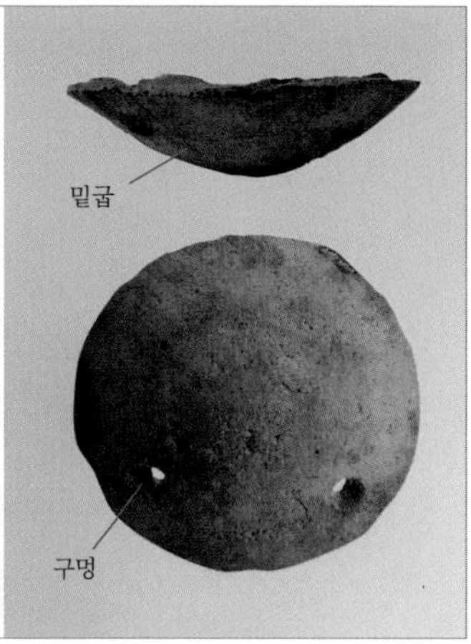

물이 시원하게 빠졌다. 아마 이때 그 제의는 절정에 다다랐을 것이다. 시대는 다르지만, 그로부터 4000년 뒤 가야 사람들도 이와 비슷한 제의를 지냈을 것이다. 낙동강 하구 쪽에 살았던 가야 사람들 또한 장마철이 되면 걱정이 이만저만이 아니었다. 해마다 물이 쪄 사람이 죽어나가고 집이 쓸려나갔다. 가야 사람들도 **도35** 구멍단지를 단 위에 올려놓고 군주를 중심으로 암사동 사람들과 똑같은 제의를 지냈을 것이다. 군주가 **도35** 구멍단지 아가리에 물을 부었을 때 단지 아래에 난 구멍으로 물이 빠져나갔다. 이 구멍은 칠성 가물치가 낸 구멍처럼 홍수 물을 저 멀리 귀허로 보낼 것이 분명했다. 가야 사람들은 군주가 세상을 떠났을 때 무덤에 **도35** 구멍단지를 부장품으로 묻는다. 낙동강 물이 쪘을 때 칠성 가물치가 되어 이 구멍단지의 구멍처럼 땅바닥에 구멍을 뚫어주기를 바라면서 말이다. 그런데 **도35** 구멍단지의 구멍은 몇 개일까. 아마 네 개 아니면 다섯 개일 것이다. 이것은 사방오주의 세계관에 따른 것이다. 동서남북 사방에, 또는 동서남북과 한 중앙 들판에 내는 구멍 말이다.

빗살무늬토기에 난 구멍의 비밀을 풀어내는 일은 실로 어려운 과제였다. 다행히 **도32** 구멍단지를 찾을 수 있어 그 가닥을 잡을 수 있

도37 서울 암사동 빗살무늬토기 조각. 국립중앙박물관

도38 강원도 고성 문암리 빗살무늬토기 밑굽. 2013년 출토

었다. 하지만 여전히 궁리가 필요하다. 여러 방면의 전문가들이 손을 모은다면 더 풍성하게 풀 수 있을 것이라 확신한다.

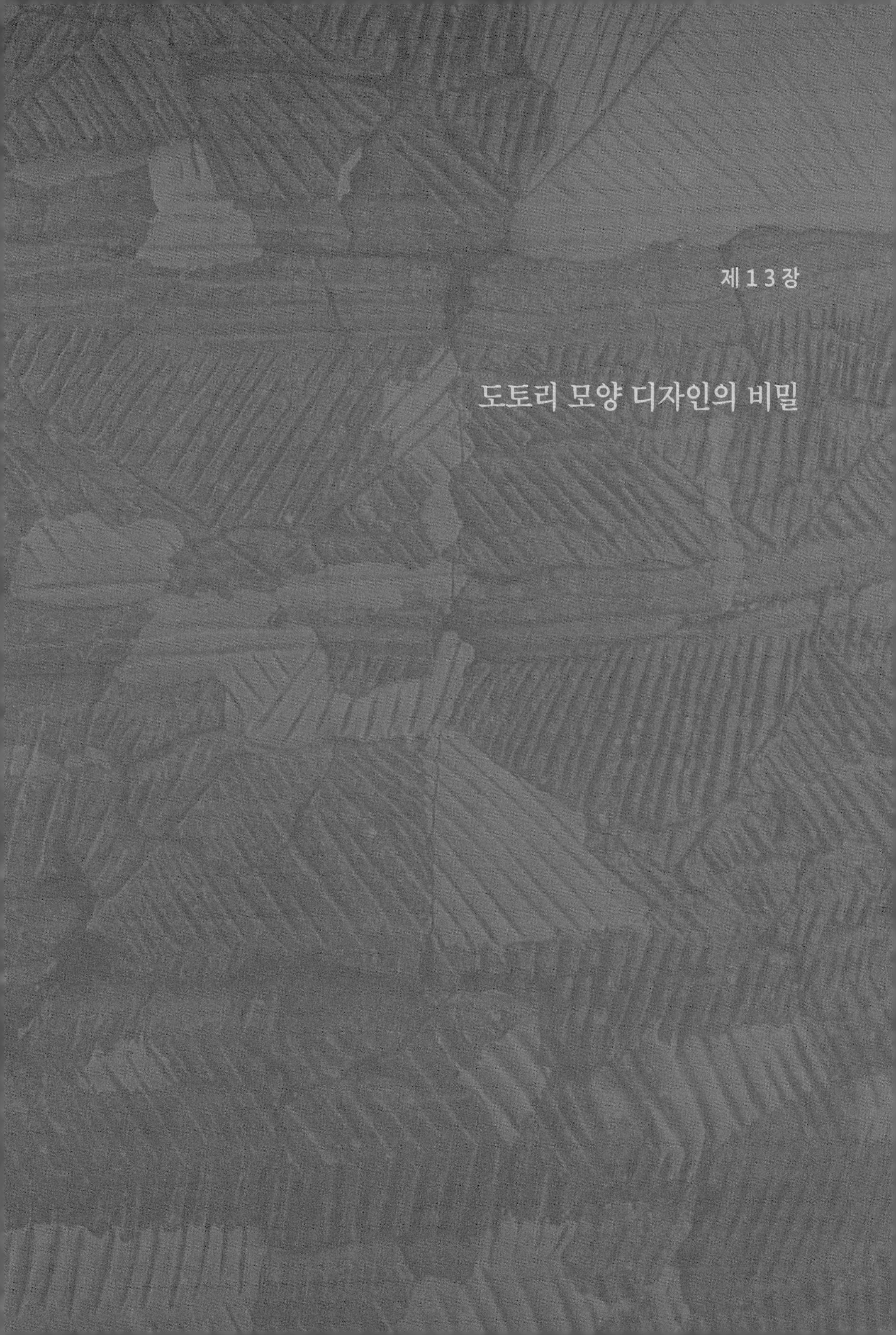

제 1 3 장

도토리 모양 디자인의 비밀

13

도토리 모양 디자인의 비밀

이 책 곳곳에서 나는 수많은 문제제기를 했다. 그 문제제기의 원칙은 어느 순간 '공리'가 되어 버린 어떤 가정을 따져보지 않고 믿는 것이 아니라, 또 눈으로만 보는 것이 아니라 스스로 겪어보는 것이었다. 나는 이것을 '겪어보기'라 한다. 미술을 공부할 때 이 태도는 아주 중요하다. 그래야 선배 학자들이 미처 보지 못한 것을 볼 수 있기 때문이다. 공부한 만큼 보이는 것이 아니라 도리어 아는 만큼 안 보이고, 자기가 알고 있는 지식이 본질을 못 보게까지 한다. 미술사가는 일단 대상을 두 눈을 부릅뜨고 봐야 하고, 또 겪어봐야 하고, 그렇게 해서 내가 내 눈으로 본 미술, 내가 겪어본 미술을 중심으로 논의를 펼쳐야 한다. 이 책만 하더라도 글을 먼저 쓰고 이미지를 적당한 자리에 놓는 것이 아니라 이미지를 먼저 정하고, 그 사진을 중심으로 논의를 펼쳐 나갔다. 마치 슬라이드를 보면서 미술사를 공부하는 듯한 느낌이 들게 했다. 이런 글쓰기를 '책쓰기'라 한다. 글쓴이가 책 꼴 디자인까지 염두에 두면서 쓰는 것이다.

밑굽이 뾰족한 빗살무늬토기에 대해서는 몇 가지 가설이 있다. 강가 모래밭에 꽂아 놓고 쓰려고 일부러 굽을 뾰족하게 했다는 것이다. 또 고기나 조개를 잡으러 갈 때 들고 가 강가에 꽂아 놓고 거기에 물고기와 조개를 담았다고 한다.

국립중앙박물관 신석기 관에 빗살무늬토기가 쭉 전시되어 있는데, 가서 보면 그렇게 크지 않다. 높이가 20~30센티미터쯤 되는 그릇이 상당히 많다. 12장 **도12** 빗살무늬토기만 하더라도 높이가 23센티미터밖에 안 된다. 이 그릇에는 월척 한 마리도 담기 힘들다. 고기나 조개를 잡으러 갈 때 어느 신석기인이 번거롭게 그릇을 들고 가겠나. 그들은 일본 신석기 조몬인들이 그런 것처럼 그릇보다는 망태기나 바구니를 더 많이 썼다. 지금도 낚시꾼들이 물고기 그물망을 가지고 다니듯이 말이다. 또 강가에 꼭 모래가 있는 것도 아니고, 돌자갈이 더 많기 때문에 모래밭에 꽂는 것보다는 돌로 괴는 게 더 편하다. 어쨌든 번거롭게 들고 다니지는 않았을 것이다.

움집 바닥에 꽂아 놓고 곡식을 보관했다고도 한다. 하지만 이도 말이 안 된다. 질그릇은 습기에 약하다. 며칠만 꽂아 놔도 습기가 배어들기 마련이다. 조와 수수를 수확하여 보관하면 그 안에서 싹이 날 것이다. 지금도 그렇듯이 곡식은 아주 건조한 곳에 두어야 한다. 세계 여러 나라 신석기 유적에서 이런 디자인 그릇이 나왔다. 하지만 세계 어느 고고학자들도 이렇게 설명하지 않는다.

서울 강동구 암사동에서 밑굽이 뾰족한 그릇이 많이 나오기는 했지만 이와 더불어 밑굽이 평평한 그릇도 나왔다. 다시 말해 그들은 밑굽이 평평한 디자인을 아주 몰랐던 것이 아니다. 또 우리나라 여러 신석기 유적지에서 밑굽이 평평한 그릇이 많이 나오고 있고, 그 신석기 유적 가운데 가장 이른 시기의 제주도 고산리유적 그릇은 처음부터 바닥이 평평하다.

1장에서도 잠깐 말했듯이 함경북도 서포항유적, 강원도 양양 오산리유적, 부산 동삼동유적을 보면 가장 아래 지층에서는 바닥이 납작한 그릇이 나오고 그 위 지층에서 바닥이 뾰족한 그릇이 나온다. 이것은 세계 그릇 역사에서도 그 사례를 찾아보기 힘들다. 이런 사

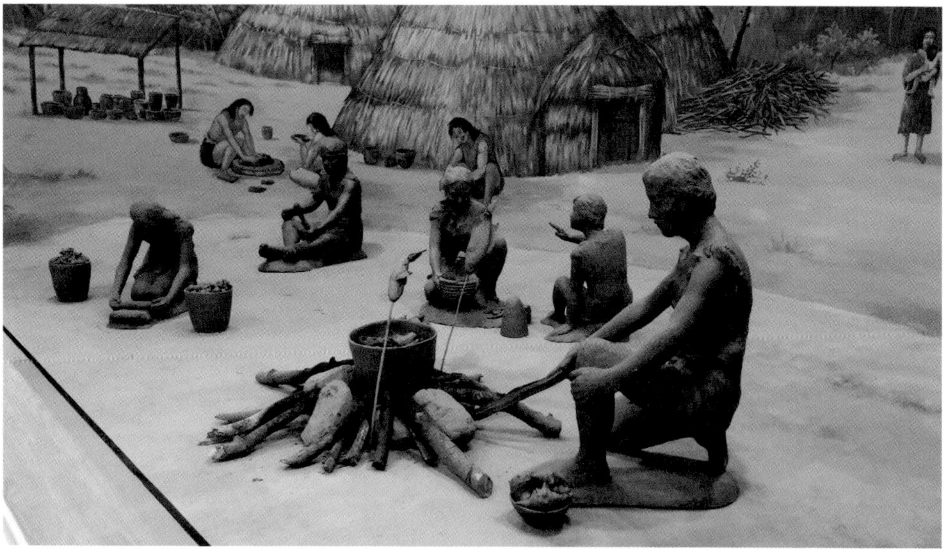

도1 국립광주박물관 신석기 생활 재현

실만으로도 우리는, 신석기인이 처음에는 바닥이 뾰족한 그릇을 빚었다가 나중에 이 그릇이 불편하다는 것을 알고 바닥이 납작한 그릇을 구웠다고 생각하는, 그런 막연한 짐작이나 관념이 잘못되었다는 것을 알 수 있다.

뾰족밑 빗살무늬토기 디자인, 일단 상식의 눈으로 봐야

도1은 국립광주박물관에서 신석기 생활을 재현해 놓은 것이다. 우리는 밑굽이 뾰족한 도토리 모양 그릇을 저렇게 돌에 괴어 음식을 했다고 알고 있다. 하지만 보면 알 수 있듯이 뭔가 엉성하다. 저렇게 해서는 불길이 제대로 가지 않는다. 좀 큰 돌로 괴어 아궁이를 높게 해야 한다. 그렇다 하더라도 밑굽이 뾰족하기 때문에 나뭇가지를 편하게 지피지 못할 것이다. 이 재현 사진을 내보이는 까닭은 도토리 모양 그릇 용도를 잘 표현했기 때문이 아니라 그 뾰족한 밑굽 때문에 불을 편히 지필 수 없다는 것을 말하기 위함이다. 불을 편하게 지

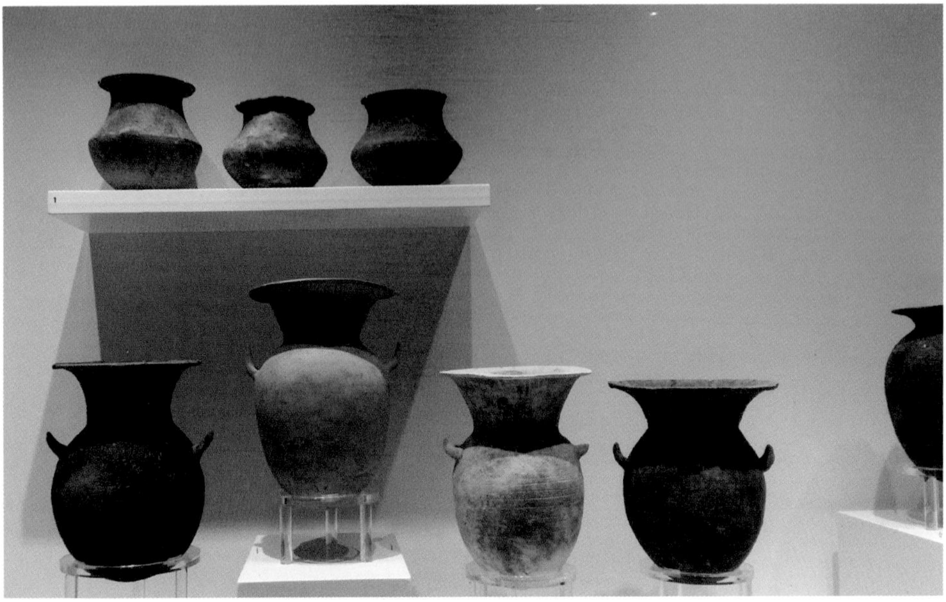

도2 위쪽
주머니항아리
(높이 12~20cm).
아래쪽
쇠뿔손잡이항아리
(높이 20~35cm).
3~5세기.
경남 김해시
대성동고분박물관

피려면 **도2** 주머니항아리나 쇠뿔손잡이항아리처럼 바닥이 평평하거나 원만하게 둥글어야 한다. 그래야 조밥을 하더라도 나무주걱으로 퍼 담기 편할 것이 아닌가.

그렇다고 해서 이 뾰족 그릇으로 음식을 해먹지 않았다는 말이 아니다. 그런데 박물관에 있는 신석기 그릇을 보면 **도2·3**처럼 불에 그을린 자국이 선명하지 않다. 불에 그을린 자국이 아주 없지는 않지만 그도 그릇을 맨 처음 구울 때 생긴 그을림인지 음식을 하면서 생긴 자국인지는 분명하지 않다. 물론 음식을 하면서 연기에 그을린 그릇도 있다! 확실한 것은 **도2·3**처럼 음식을 끓이다 넘쳐 타 생긴 자국을 찾기 힘들다는 점이다. 경남 창녕 신석기 유적 그릇에서는 그릇 바닥에 음식이 타 탄화(炭化 숯탄·될화)된 것을 확인할 수 있었다. 일본 신석기 조몬토기 바닥에서는 숯 누룽지(탄화된 누룽지)도 나왔다. 하지만 아직까지 밑굽이 뾰족한 한반도 신석기 그릇에서는 음식 자국이나 탄화 누룽지 같은 것이 나오지 않았다. 세월이 너무 오래

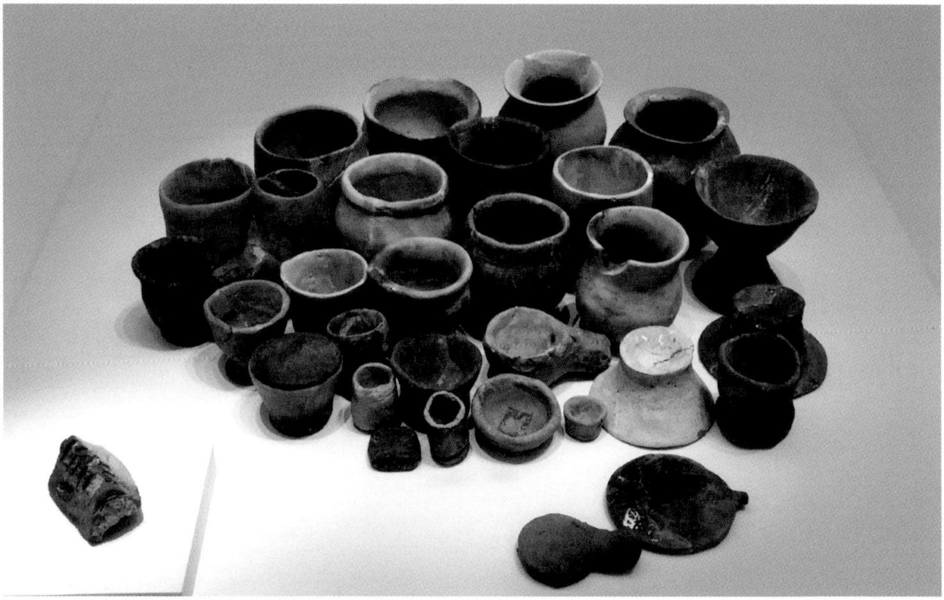

도3 광주광역시 광산구 신창동유적 생활그릇. 초기 철기시대 기원전 100~100년. 국립광주박물관

돼서 그 흔적을 찾을 수 없는 것 아니냐고 할 수 있는데, 그렇지 않다. 탄화(炭化 숯탄·될화)란 말 그대로 불에 타 숯이 된 것인데, 어떤 물건이 불에 타서 본래 지니고 있는 성분을 모두 잃어버리고 탄소 성분만 남는 것을 말한다. 일단 탄소덩어리가 되고 나면 그 안에 미생물이 살 수 없어 더는 썩지 않는다. 암사동 신석기 유적을 발굴할 때 불에 탄 움집 기둥이 나왔다. 이 숯 기둥을 보고 당시 움집 형태를 어느 정도 짐작할 수 있었다. 또 불에 탄 상수리도 나왔다. 이 숯덩이 상수리를 방사성 탄소연대 측정법으로 측정해 보니 기원전 3150년 전 상수리라는 게 밝혀졌다. 우리나라는 공기도 흙도 아주 습하기 때문에 신석기 때 먹었던 상수리나 도토리, 바구니나 망태기 같은 게 잘 나오지 않는다. 더구나 암사동 신석기 유적지는 수렁 진흙 속에 갇혀 있는 것도 아니었다. (이런 상태를 '자연코팅'이라 한다!) 그곳은 원래 모래흙 배추밭이었고, 그 배추밭에서 그렇게 깊게 파 내려가지도 않았다. 모래흙이라 그만큼 물이 잘 스며드는 곳이었는데

도 기원전 3150년 전 움집 숯 기둥과 숯 상수리가 나왔다. 어쩌다 움집에 불이 난 것이지만 그로부터 5000년 뒤 우리는 그때 먹었던 상수리를 볼 수 있었던 것이다. 바로 불에 타 탄화가 되었기 때문이다. 그런데 뾰족밑 빗살무늬토기에서는 아직 이런 탄화된 음식이나 찌꺼기가 나오지 않았다.

광주 신창동유적에서 나온 생활그릇

도2·3 그릇을 보면 불에 그을린 자국이 아주 뚜렷하게 남아 있다. **도2**에서 위쪽 그릇을 주머니항아리라 한다. 그 모양이 주머니를 닮아 이렇게 이름을 붙였다. 오른쪽 두 항아리를 보면 아주 새까맣다. 아래 항아리 네 개는 몸통에 쇠뿔이 달려 있다고 해서 쇠뿔손잡이항아리라 한다. 보통 저 아가리에 시루를 얹는다. 왼쪽과 오른쪽 그릇을 보면 아주 새까만데, 이는 아궁이 부뚜막에 걸고 불을 땔 때 불길이 올라와 탄 것이다.

도3 광주광역시 광산구 마한 신창동유적 그릇은 **도2** 가야 대성동 그릇에 견주면 아주 투박하다. **도2** 그릇이 군주나 귀족 집에서 쓴 생활그릇이라면 **도3** 신창동 그릇은 백성들이 그때그때 대충 빚어 쓴 생활그릇이다. 가야 그릇은 장인이 물레로 빚었다면 신창동 그릇은 마한 농사꾼들이 암사동 신석기인들이 그런 것처럼 손으로 뚝딱 빚어 썼다. 암사동 신석기보다 3500년 뒤 그릇인데도 훨씬 질이 낮은 그릇 같다. 더구나 이 그릇은 가마에서 굽지 않고 암사동 신석기인들이 구웠던 방식 그대로 구덩이를 파고 나무를 깔고 그 위에 얹어 구웠다. 또 그 어떤 무늬도 새기지 않았다. 이 그릇을 보다 보면 암사동 신석기인들이 먹고살기 그 바쁜 와중에도 왜 그렇게 섬세하게 무늬를 새겼는지 다시 한번 곰곰이 생각해 봐야 할 것이다. 신창동 그릇도 가야 그릇과 마찬가지로 불에 그을린 자국을 확인할 수 있

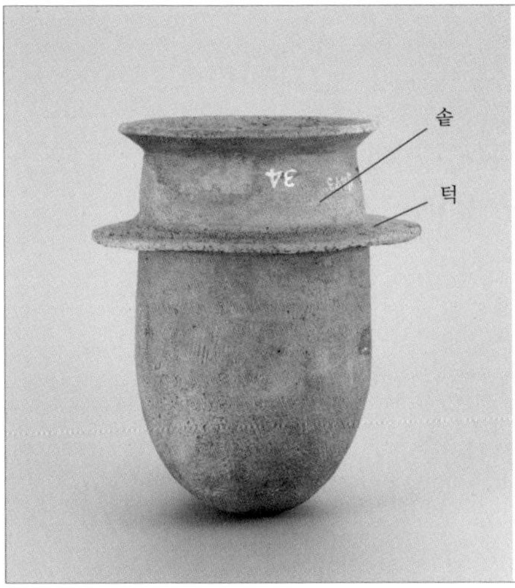

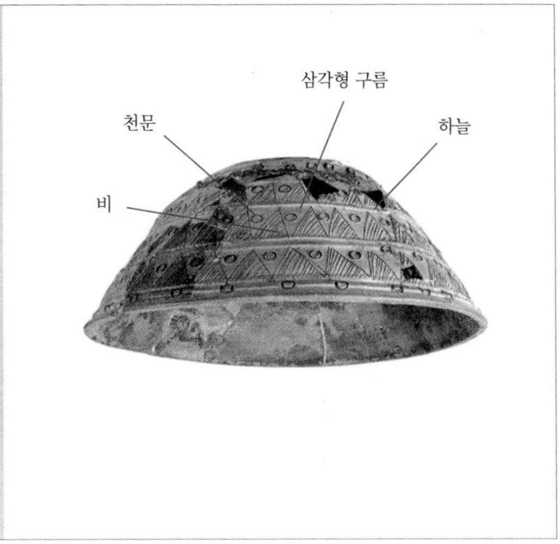

도4 청동기시대 솥. 높이 25.6cm. 국립중앙박물관. 신수5531

도5 솥뚜껑(土製釜蓋). 신라. 경주. 높이 19.5cm. 입지름 43.5cm. 국립경주박물관

다. 불에 타 탄화가 된 것이다. 또 안쪽까지 탄화가 된 것도 많다. 뾰족 밑굽 그릇도 이런 것을 낱낱이 살펴서 조사를 해야 하는데 우리 학계는 아직 이런 것을 제대로 살펴보지 않는 것 같다.

암사동 신석기 세계관과 신라 사람들의 세계관

도4는 청동기시대 솥이다. 어디에서 나온 건지는 확실하지 않지만 청동기 솥이 분명하다. e뮤지엄에서 솥으로 검색하면 1,500건이 올라온다. 이 가운데 질그릇(토제) 솥은 138건이다. 그런데 이 가운데 온전한 것은 26점밖에 안 되고 나머지는 조각이다. 청동기시대에는 넉 점이 있는데 두 점은 조각이고 두 점은 형태를 그런대로 알 수 있을 정도다. **도4** 솥과 같은 모양이다. 이런 모양은 원삼국시대 쇠솥에도 보인다. **도4**는 박물관에서 원통형토기로 분류를 해 놓아 검색이 안 된다. 아무튼 신석기시대 질그릇 솥은 없고 청동기부터 근대까지 26점만 볼 수 있다. 이런 질그릇 솥 가운데 현대 쇠솥 같은 모양, 그러니까 솥 바닥이 원만하게 둥근 것은 삼국시대에 몇 점

보인다. 쇠솥은 원삼국시대부터 볼 수 있는데, e뮤지엄에서 검색하면 총 1,117점이다. 그런데 이 또한 온전한 것은 몇 점 되지 않는다. **도4** 청동기 질그릇 솥에서 눈여겨봐야 할 것은 솥 턱이다. 이 턱이 있다는 것은 아궁이에 부뚜막을 만들어 걸었다는 말이다. 당시 부뚜막은 두께가 두꺼워 요즘 솥처럼 솥 바닥을 원만하게 둥글게 하면 솥 바닥에 불길이 잘 안 닿는다. 그래서 이렇게 솥 바닥을 길쭉하게 한 것이다. 어쩌면 이것은 신석기 뾰족밑 빗살무늬토기 전통일 것이다.

도5는 신라 솥뚜껑이다. 꼭대기 손잡이가 떨어져 나갔는데, 마치 대접 모양이고 패턴을 아주 마음 써 새겼다. 이 패턴은 신석기에서 왔다. 삼각형 구름(云)과 비(雨)는 기원전 6500년 전 양양 오산리 신석기 그릇에서 확인할 수 있다. 물론 더 멀리 내려갈 수도 있다. 우리 사학계는 이 패턴을 삼각집선문이라 한다. 문제는 삼각집선문의 구상이 뭐냐는 것이다. 이것을 밝히지 않는 한, 삼각형 안에 선이 모여 있는 무늬란 말은 아무런 뜻이 없는 말이다. 우리 사학계는 근대 사학 100년 동안 삼각집선문이라 해 왔다. 아마 앞으로도 그럴 것이다! 그런데 정말 묻고 싶다. 국립경주박물관에 가면 이 패턴이 없는 그릇을 찾아보기 힘들다. 특히 무덤에서 나온 그릇은 거의 다 이 패턴을 하고 있다. 과연 이 패턴을 모르고서 신라 사람들의 세계관을 안다고 할 수 있을까.

양양 오산리 신석기로부터 7000년이 지났지만 신라 사람들은 이 패턴을 그대로 썼다. 나는 신석기 디자인과 패턴이 조선 분청자와 제기, 민화에까지 이어진다고 했다. 당시 신라 장인들에게 이 패턴은 아주 자명했을 것이다. 이 패턴은 7000년 전 양양 오산리에서, 또 4000년 전 암사동 세계관에서 온 것이다. 삼각형 구름과 비는 양양 오산리에서, 천문은 암사동에서 시작된 것이다. 나는 이런 말을 한 적이 있다. 암사동 신석기 세계관은 신라 미술에서 완결이 된다

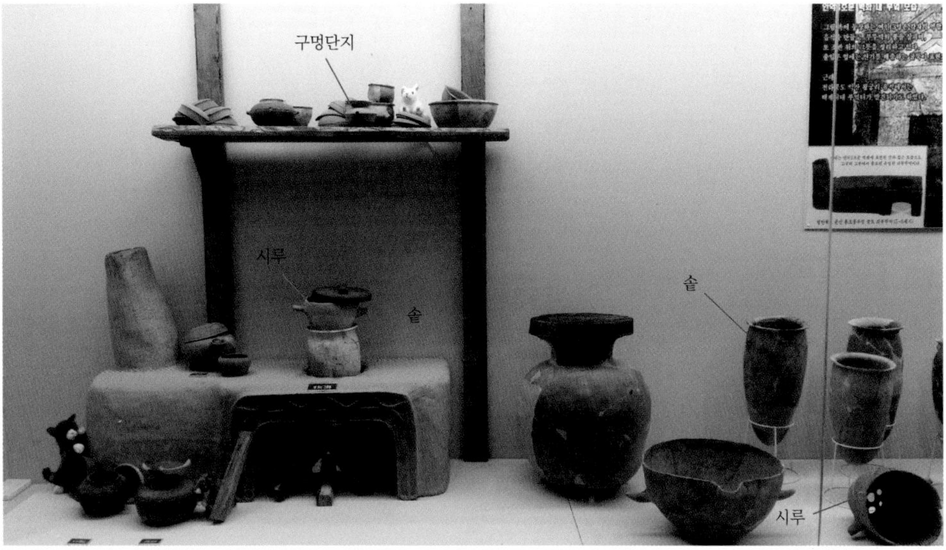

도6 전남 나주 마한 사람들의 부엌 재현. 나주복암리고분전시관

고. 물론 이 세계관은 신라뿐만 아니라 고구려, 백제, 마한, 가야에도 이어진다. 다만 완결 지점이 조금 다르기는 하다. 고구려, 신라, 백제는 천문(天門)으로 귀결된다면, 마한은 구름으로, 가야는 구름과 비로 완성된다. 특히 이는 죽음을 해결하는 방식에서 여실히 확인할 수 있다. **도5**를 보면 삼각형 구름(云)에 천문(天門)을 찍었다(12장 **도19·32** 참조). 이 구름의 기원이 천문이라는 것을 말하고 있는 것이다. 삼각형 구름은 하늘에 붙어 있고 이 구름에서 왼쪽으로 비가 내리고 있다. 우리 사학계는 구름과 천문을 보지 못한다. 그리고 빗줄기를 삼각형 안에 있는 것으로 본다. 즉 삼각집선문으로 보는 것이다. 하지만 이것은 잘못 본 것이다(6장 **도58·59·61-65**. 12장 **도32** 참조).

우리는 철기시대 원삼국시대에 이르면 모두 다 쇠솥에 밥을 짓고 누룽지도 해 먹었을 것으로 짐작하지만 실상은 그렇지 않다. 철기시대에 이르러도 귀족이나 군영 병사들 빼고는 거의 다 청동기와 신석기인들이 그런 것처럼 '시루'에 음식을 쪄 먹었다. 그만큼 쇠솥은 귀했고 어느 집이나 있는 조리도구가 아니었다. **도6** 전남 나주 마한 사람들처럼 원삼국시대 백성들은 거의 다 질그릇 솥을 썼다. 그런데 질그릇 솥은 옹기솥과 달리 유약을 두르지 않은 것이라 밥을 지으면 바닥에 눌어붙기 마련이다. 이러니 밥을 짓는다 하더라도 눌어붙는 것이 많았다. 또 그게 잘 떼어지지 않는다. 그래서 조나 수수밥도, 보리밥도 시루에 쪄 먹었을 것이다. 이것은 신석기시대도 마찬가지다. **도6** 전남 나주 마한 사람들 부엌을 보자. 질그릇 솥 모양을 보면 턱이 없고 부뚜막 구멍에 끼워져 있다. 솥이 길쭉한데, 이렇게 길쭉해야 아궁이 불이 잘 간다. 이 위에 시루를 얹었다. 이 또한 신석기 전통일 것이다. 부엌에 구멍단지를 갖다 놓았는데 이는 잘못이다. 구멍단지는 실생활에서 쓴 것이 아니라 제의 때나 귀족 부장품으로 쓴 그릇이다.

지금까지 나는 신석기 뾰족밑 빗살무늬토기를 음식을 해 먹는 그릇으로 볼 수 있다고, 그럴 '가능성'을 이야기했다. 누구나 자명하게 알고 있는 것을 나는 '가능성'이라 했다. 다시 말해 본질적으로는 음식을 해먹는 그릇이 아니었을 가능성도 충분히 있다는 말이다. 자, 그 가능성을 한번 들여다보자.

왜 항아리 밑굽이 둥글까

도7 고구려 쌍기둥무덤 천장 벽화와 **도8·9** 원통형 토기를 견주어 보자. **도7**이 1차원 평면 그림이라면 **도8·9**는 3차원 입체라 할 수 있다. 겉으로 보면 아주 다른 것 같지만 **도7**과 **도8·9**는 본질적으로 같은 구상이다. 다만 1차원을 3차원으로 표현한 것이다. 미술사학자는 1차원을 3차원으로, 3차원을 1차원으로 볼 수 있어야 한다. 특히 1차원 신석기미술이 청동기 이후 어떻게 3차원 입체로 바뀌는지 잘 살펴야 한다.

도7은 삼국시대 미술사에서 다시 자세하게 풀어낼 것이지만 뾰족

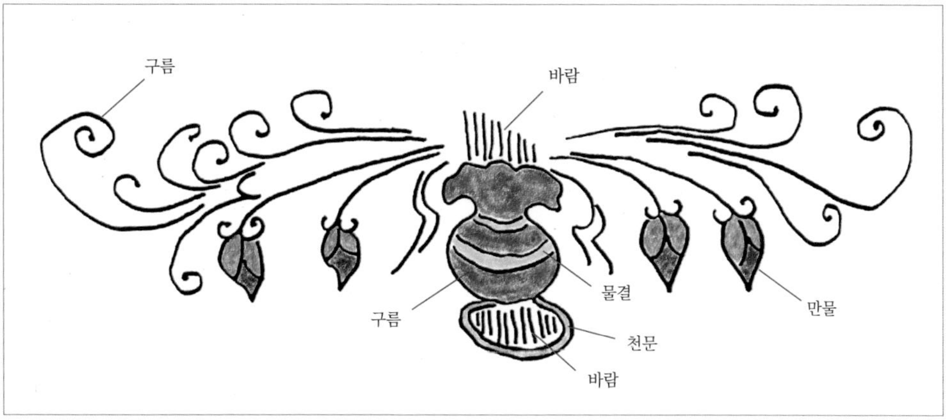

우리 학계는 쌍영총(雙楹塚 쌍쌍·기둥영·무덤총)이라 한다. 말 그대로 쌍기둥이 천장을 받치고 있는 무덤이다. 북학 사학계는 쌍기둥무덤이라 한다.

도7 고구려 쌍기둥무덤(雙楹塚) 천장 벽화 중 왼쪽 구름항아리. 평안남도 남포시 용강군 용강읍 북쪽 언덕

밑 빗살무늬토기 모양이 어디에서 왔는지, 그 구상이 무엇인지, 그리고 이 그릇으로 음식을 해먹었는지, 아니면 음식 그릇이면서 다른 '무엇'이었는지 밝힐 때 반드시 거쳐야 하는 도상이기에 여기 잠깐 그 핵심만 밝히고자 한다.

도7은 아래에서부터 위로 올라가면서 봐야 한다. 바닥에 둥그런 구멍이 있다. 이 구멍은 천문(天門)이다. 천문에서 바람(風)이 일고 뭉게구름(구름항아리) 하나가 쑥 올라온다. 이 구름이 올라오는 동적(動的)인 느낌을 '구름항아리' 아가리에도 표현했다. 마치 카툰 같다. 이것을 '항아리'나 '꽃병'이나 '만병'으로 보는 순간 위 도상의 스토리는 총체로 맞아떨어지지 않는다. 특히 아래 천문이 그렇다. 미술사학에서는 디자인과 패턴이 총체로 하나의 스토리가 되어야 한다. 어느 한 부분이 스토리에서 설명이 안 된다면 그 스토리는 애당초 문제가 있다. 자, 다시 한번 아래에서부터 시작해 보자. 천문에서 바람이 일고 구름(云)이 나온다. 이 구름에서 다시 구름이 세상으로 나오고 여기에 꽃봉오리(만물)가 맺혔다. 이것은 이 세상 만물이 구름에서 비롯한다는 우운화생(雨云化生)의 세계관이다. 그런데 구름의 기

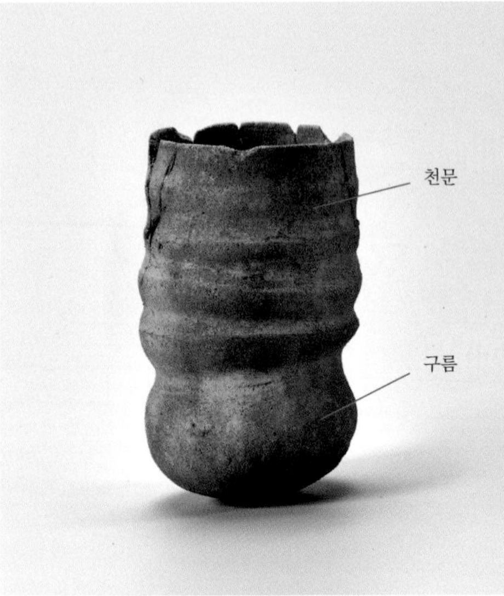

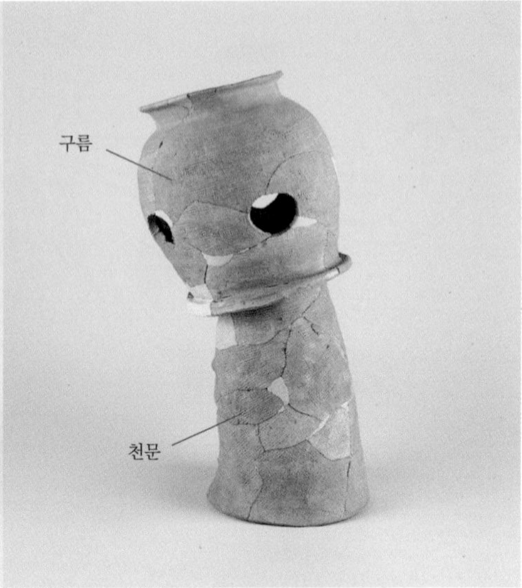

원은 또 천문(天門)이다. 그래서 이 도상은 또 천문화생(天門化生)의 세계관을 담고 있다고 할 수 있다. 우운화생과 천문화생의 세계관은 고구려 사람들의 세계관이다. 이 세계관으로 고구려벽화를 보면 우리가 지금까지 놓쳤거나 해석하지 못했던 부분을 거의 다 해결할 수 있을 것이다. 특히 불교 세계관으로 잘못 해석한 것을 바로잡을 수 있다.

자, 여기서 중요한 것 하나만 더 짚고 넘어가자. 한반도 항아리는 청동기 미송리형 토기 때부터 바닥이 둥글어진다(**도10**). (미송리 그릇이 모두 다 그런 것은 아니지만.) 물론 그전부터 이런 항아리가 있었지만 청동기 때부터 아가리가 넓어지고 또 목이 길어지고(묵방리식 토기) 바닥도 둥글어져 스스로 설 수 없는 항아리가 된다. 이런 항아리는 실제 생활에 썼다기보다는 무덤 부장품으로 빚기 시작했다고 볼 수 있다.

한반도 항아리는 크게 세 디자인으로 나눌 수 있다. 하나는 목이 길고 바닥이 둥근 것(**도16** 그릇받침 위 항아리), 아가리가 넓고 목도 길

도8 원통형 토기.
일본 야요이.
높이 15cm.
국립중앙박물관.
본관8996

도9 원통형 토기.
원삼국시대.
전라북도 고창 출토.
높이 58cm.
국립전주박물관.
전주56111

고 바닥이 둥근 것(12장 **도24** 구멍단지), 목이 짧고 바닥이 둥근 것(**도11** 항아리), 이렇게 세 가지로 나눌 수 있다. 앞 두 스타일을 목 긴 항아리(長頸壺)라 하고 세 번째 항아리를 목 짧은 항아리(短頸壺)라 한다. e뮤지엄에서 장경호로 검색하면 26,330장이 올라오고, (여기서도 중요한 것은 왜 목이 길어졌느냐, 하는 점이다.) 단경호로 검색하면 30,860장이 검색된다. 물론 모든 그릇이 온전하지는 않다. 조각도 많다. 그런데 장경호든 단경호든 바닥이 대체로 둥글다는 점이다. 아주 둥근 것도 있는데, 이런 그릇은 주로 무덤에서 나온 것이다. 사실 우리 박물관에 전시되어 있는 항아리는 거의 다 무덤에서 나온 것이다. 그러니까 실생활에서 쓴 항아리가 아니다. **도3**과 12장 **도36**을 한번 견주어 보면 부장품으로 쓴 그릇이 얼마나 섬세하고 아름다운지 알 수 있다. 문제는 실생활 그릇이 그렇게 많지 않고, 또 **도3**처럼 거칠고 투박해 박물관에서 전시를 하지 않는다는 점이다. (거의 다 수장고에 가 있다.) 그런데 박물관 전시 부장품 그릇은 근대사학 100년 동안 해석을 거의 못하고 있다. 부장품이라면 그야말로 당시 '세계관'이 압축되어 있다고 할 수 있는데도 말이다.

한반도 사람들은 왜 항아리 밑굽을 둥글게 했을까. (실생활 그릇은 바닥이 평평하다.) 왜 그런 항아리를 구워 무덤에 부장품으로 같이 묻은 것일까. 이에 대해서는 10장에서 타이 반치앙 고고유적Ban Chiang Archaeological Site 그릇의 디자인과 패턴을 풀이하면서 설명한 적이 있다. 그것은 바로 구름(云)이다. 뭉게뭉게 구름에서 뭉게구름 하나를 형상화했다고 볼 수 있다. 이것은 신석기 빗살무늬토기의 구름 패턴 가운데 반원·반타원형 구름에서 왔다고 할 수 있다(6장 **도24·25** 참조).

도7 구름항아리가 바로 **도11** 항아리다. 그릇을 빚을 때부터 아가리 쪽을 이렇게 일부러 빚었다. 아주 같지는 않지만 거의 비슷하다. 목과 몸통에 있는 띠무늬는 **도10** 미송리형 그릇 물결무늬에서 온 듯

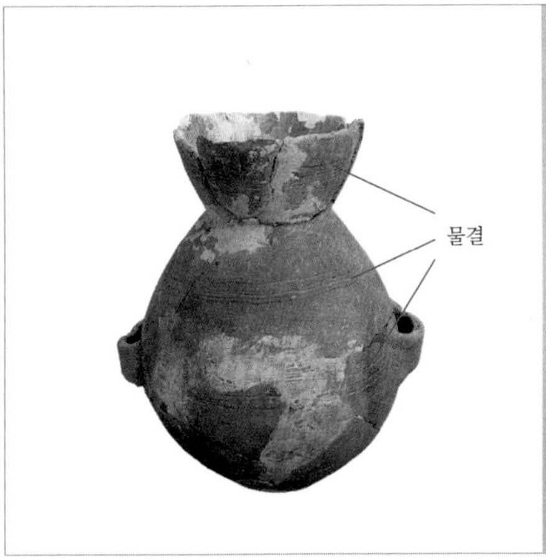

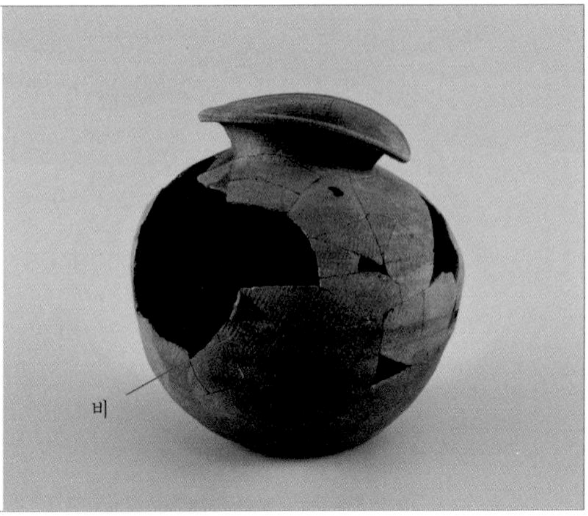

도10 미송리형 토기. 1959년 발굴. 평안북도 의주군 미송리 동굴유적. 높이 23.5cm. 기원전 8~7세기

도11 목 짧은 항아리(短頸壺). 경북 영천 출토. 높이 24.3cm. 국립경주박물관. 경주78444

싶다. 사실 **도7** 구름항아리 디자인의 기원은 청동기 미송리형 그릇에서 찾아야 한다. **도11** 항아리는 신라와 백제, 마한과 가야 지역 무덤에서 수없이 나온다. 일단 이 항아리는 항아리로 봐서는 안 되고 '구름(云)'으로 보면 되겠다. 이 세상 만물의 기원인 물(水, 雨), 이 물의 기원인 구름(云)을 뜻한다. 이런 구름항아리를 무덤에 부장품으로 같이 묻은 것은 사람 또한 이 세상 만물의 기원인 구름(云)에서 태어났고 죽어 다시 구름으로 되돌아간다는 세계관으로 이해하면 되겠다. 그래서 실제 생활에서는 쓸 수 없는 항아리, 바닥이 둥글어 똑바로 설 수 없는 구름항아리를 구워 시신 옆에 같이 묻은 것이다.

고구려 미술에도 **도13·14** 같은 구름항아리가 분명 있을 것이다. 하지만 북한에서 낸 도록, 그렇게 많지는 않지만 북한 미술 도록을 모두 살펴봐도 찾을 수 없다. 만약 학계에서 **도13·14** 같은 항아리를 불량품, 그러니까 가마 속에서 주저앉거나 뒤틀어진 항아리로 본다면 박물관 전시 그릇이나 도록에 들어갈 수 없다. 그래서 미술사학자는 수장고에 있는 미술에 관심을 두어야 한다. 12장에서 살핀 **도32** 구멍단지 같은 그릇이 바로 그런 사례다. **도32** 구멍단지는 어떤 도록에도 없고, 박물관에서도 디스플레이하지 않는다. 하지만 이런

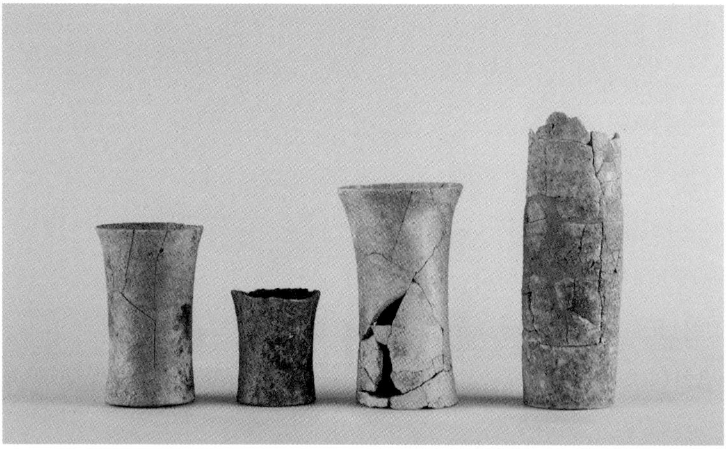

도12 천문토기.
경남 창원시 출토.
가야.
국립김해박물관.
김해75196

미술에 한 시대의 세계관을 풀 수 있는 열쇠가 숨어 있다. 나는 이 책에서 이런 사례를 수없이 들었다. 학계와 학예사의 논의에서 '배제된' 그릇에 도리어 한 시대를 풀 수 있는 실마리가 숨어 있는 것이다.

우리 학계는 **도13·14** 같은 항아리에 대해 별다른 코멘트를 하지 않는다. 몇 해 전 박물관 설명을 듣다가 학예사에게 이 항아리가 왜 이러는지 물었다. 그는 가마 속에서 뒤틀어졌는데 아까워 그대로 쓴 것이 아니겠느냐, 했다. 우리 학계도 대체로 이렇게 보는 듯싶다. 문제는 이런 항아리가 꽤 있다는 점이다. 더구나 망자의 '부장품'이었다. 만약 이 항아리가 가마 속에서 주저앉아 버린 것이라면, 그런 '불량품'이라면 엄격하고 엄숙해야 할 '부장품'이 될 수 있을까. 한 나라의 장례 풍습은 수십 아니 수백 년 동안 그들만의 스테레오타입을 정해 왔고, 부장품 또한 엄격한 폼form이 있었을 것이다. 그만큼 장례 풍습은 보수적이다. 그런 의미에서 이 찌그러진 항아리는 아무 까닭 없이 찌그러진 것이 아니다. 보면 알 수 있듯이 당시 장인들은 일부러 이렇게 찌그러뜨려 구웠다. 그렇지 않고는 **도13·14**처럼 찌그러진 항아리가 나올 수 없다.

자, 여기서부터는 이미지를 손으로 짚어가며 머릿속에 그려야 한다. 나는 **도12**를 '천문토기'라 한다. 엄격히 말하면 '그릇(토기)'이 아니지만 일단 이렇게 하자! 우리 학계는 **도8·9**도 **도12**도 '원통형 토기'라 한다. (**도9**를 **도8·12**와 구별하여 분주토기(墳周土器)라 하기도 한다.) 그런데 그 생김새가 아주 다르다. **도8·9**에서 '천문' 부분이 바로 **도12**다. **도8·9**를 보면 천문(天門)에서 항아리 하나가 쑥 나오는 구상이다. 앞에서 말했듯이 이것은 **도7** 쌍기둥무덤 천장의 1차원 평면 그림 천문과 구름(항아리)을 3차원 입체로 표현해 빚은 것이다. **도8**은 천문에서 뭉게구름 하나가 아래로 쑥 내려오는 것이고, **도9**는 천문에서 위로 구름(항아리) 하나가 쑥 올라오는 것이다.

도9·12 원통형 토기와 천문토기는 5장에서 간단히 소개했다(5장 **도34·35·36**). 이 토기는 우리나라 41개 유적에서 1,060점이 나왔다. 이 가운데 광주전남 지역에서 800점이 나왔다. 전체에서 76퍼센트에 해당한다. 전북까지 하면 938점, 88퍼센트다. 한마디로 마한 사람들의 세계관을 푸는 데 핵심적인 미술이라 할 수 있다. 특히 **도12** 천문토기는 93점이 나왔는데, 이 토기는 시신 머리맡에 부장품으로 묻었다. 그만큼 중요한 세계관을 담고 있다고 할 수 있다. 나는 5장에서 이런 말을 한 적이 있다. 천문을 시신 머리맡에 둔 까닭은 사람을 비롯하여 이 세상 모든 만물이 천문(天門)에서 비롯했으니 죽어 다시 천문으로 돌아가고자 하는 마음이라 했다. 이것은 마한 사람들이 '죽음을 해결'하는 방식이고, 그들의 '세계관'이라 할 수 있다. 그런데 이 천문(天門) 세계관은 이 책에서 누누이 말했듯이 마한 사람들만의 세계관이 아니다. 이것을 표현하는 방식 내지는 강조점이 고구려 신라 백제, 마한과 가야가 조금 다를 뿐 본질에서는 같다. 자, 다시 손을 짚어가며 정리를 해 보자. **도12**가 천문을 형상화한 것이 분명하다면, 이 토기 위에 **도11·13·14** 구름항아리를 얹으면 **도9** 원통형 토기가 된다. 그러니까 **도9** 원통형 토기는 천문에서 구름이 나

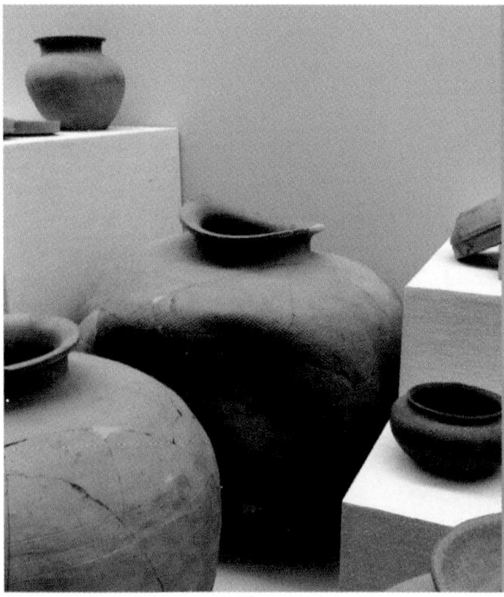
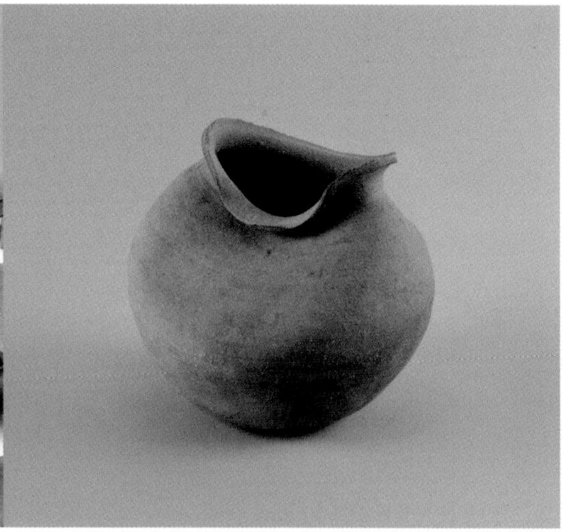

오는 그 모양을 형상화했다고 볼 수 있는 것이다.

도13 구름항아리.
마한.
나주복암리고분전시관

도14 목 짧은 항아리.
경북 영천.
높이 22.8cm.
국립경주박물관

고대미술과 불이(不二)의 관점

도17 구멍단지는 12장에서 디자인과 구상에 대해 자세히 풀이했다. **도17** 구멍단지가 그렇듯 **도15** 원통 모양 그릇받침과 **도16** 원통형 그릇받침과 목 긴 항아리 또한 우리 학계는 이에 대해 어떤 해석도 내놓지 못하고 있다. 항아리 목이 길다 해서 목 긴 항아리, 장경호(長頸壺)라 할 뿐이다. 정말 중요한 것은 왜 목이 길어졌느냐 하는 점이다. **도16**에서 그릇받침 위 목 긴 항아리를 보자. 보다시피 목이 상당히 길다. 이렇게 길면 실제 생활에서 쓸 때 여간 불편한 게 아니다. 물론 목 긴 항아리는 실제 쓴 항아리가 아니고 무덤에 '부장품'으로 넣으려고 특별히 따로 빚어 구운 그릇이다. 더구나 이런 항아리는 바닥이 둥글고, 어떤 항아리는 반듯이 설 수도 없다. **도16** 목 긴 항아리가 그렇다. 이런 항아리는 바로 설 수 없기 때문에 이렇게 그릇받침 위 넓은 접시에 놓아야 한다. 그런데 상식으로 생각해 보

자. 목 긴 항아리를 부장품으로 넣고 싶다면 그릇 바닥을 '납작하게' 하면 되지 않을까? 아니 둥근 그릇 바닥을 받치기 위해 저렇게 복잡한 그릇받침을 따로 굽는다는 게 도무지 말이 되지 않아서 하는 말이다. 더구나 이런 그릇받침은 그 어떤 그릇보다 빚기 힘들고 굽기도 힘들다. 까딱 잘못했다가는 가마 속에서 주저앉기 일쑤다. 그런데 신라 백제 가야 사람들은 저런 그릇받침을 구워 목 긴 항아리 내지는 앞에서 살펴본 **도11·13·14** 목 짧은 항아리를 받쳤다. 그렇다면 신라 백제 가야, 그 가운데서도 특히 가야 사람들은 목 긴 항아리를 이렇게 그릇받침으로 반드시 받쳐야 할 까닭이 있었던 것이 아닐까. 그렇지 않고는 가야의 그 수많은 그릇받침과 그 디자인과 패턴의 비밀을 풀 수 없기 때문이다. 답은 멀리 있지 않다. 앞에서 살펴본 **도12** 천문토기에 실마리가 있다. 여기까지 읽었다면 **도15·16**을 다시 한번 살펴보자. 그리고 **도16**을 앞에서 살펴본 **도9**와 견주어 보자. 두 도상은 본질적으로 같은 것이다. 그러니까 가야의 그릇받침(器臺)은 다름 아니라 천문인 것이다.

도15 원통 모양 그릇받침을 보자. 가장 위 대접 모양에 목이 긴 항아리, 또 밑굽이 둥글어 똑바로 설 수 없는 항아리를 **도16**처럼 받친다고 생각하면 된다. 이 그릇받침은 **도12** 천문토기에서 왔다. **도12**가 구름이 나오는 천문을 단순하게 표현했다면 **도15**는 **도12** 천문을 그릇받침 겸 천문으로 디자인했다고 볼 수 있다. 그렇다면, **도15·16** 그릇받침이 천문(天門)이라면 **도16**이 받치고 있는 목 긴 항아리는 뭘까. 그것은 아주 쉽다. 바로 '구름(云)'이다. 천문에서 나온 구름, 이 뭉게구름을 밑굽을 둥글게 하여 항아리로 빚은 것이다. 그리고 목 긴 항아리에서 또 하나 알아야 할 것은 '긴 목'이 무엇이냐, 하는 점이다. 이 긴 목은 구름이 나오는 천문(天門)이다. 그러니까 **도8·9** 원통형 토기를 더 간단하게 항아리 하나로 표현하면 **도16** 목 긴 항아리가 되는 것이다. 그래서 이 그릇은 **도8·9**와 본질적으로 같다.

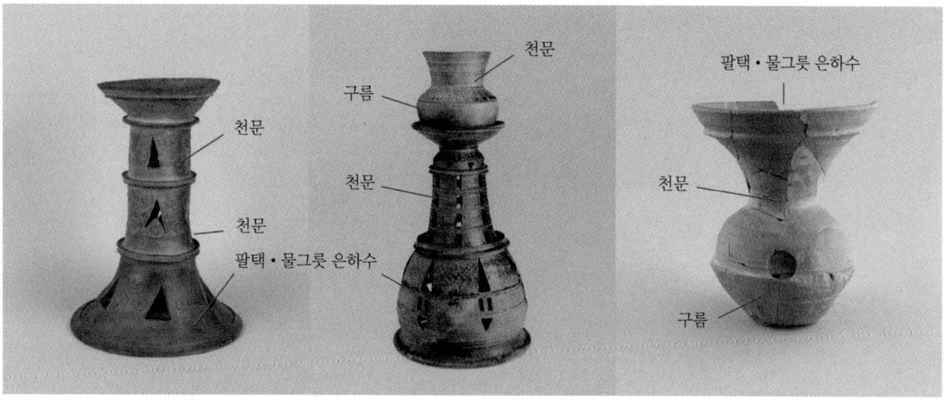

여기서 하나만 더 간단히 설명하겠다. **도8·9** 원통형 토기와 **도16** 그릇받침 위 목 긴 항아리는 본질적으로 같은 그릇인데, 이 목 긴 항아리는 삼국시대 귀족들과 왕 무덤에서 수없이 나왔고 지금도 나오고 있다. (국립중앙박물관에서는 **도8**을 일본 야요이 토기로 분류하지만 한반도 그릇으로 보는 것이 적절하다.) 앞에서도 잠깐 말했듯이 e뮤지엄에서 '長頸壺'로 검색하면 이미지 26,403장이 올라온다. 이 가운데 조각도 있고, 부장품이 아닌 것도 있지만 거의 다 무덤 속에서 나온 의례 그릇이고 부장품이다. 그리고 그 특징은 아가리가 **도17** 구멍단지처럼 넓으며 목이 길고 바닥이 둥근 것과 **도8·16** 목 긴 항아리처럼 목이 길고 바닥이 둥근 형태, 크게 이 두 가지로 나눌 수 있다. 이런 그릇은 실생활에서는 쓸 수 없다. 이는 **도3** 광주시 신창동유적 생활그릇과 견주어 보면 바로 알 수 있다. 그렇다면 목 긴 항아리는 고대인들이 죽음을 해결하는 한 방식이고 세계관이라 할 수 있는데, 그 기원은 어디에서 찾을 수 있을까. 나는 평북 의주군 미송리유적 그릇과 평남 개천시 묵방리 고인돌유적 그릇에서 찾아야 한다고 본다. **도10** 미송리형 토기는 보는 바와 같이 아가리가 넓고 바닥이 둥글다. 이 그릇의 디자인이 **도17** 구멍단지까지 이어진다고 봐야 한다.

자, 다시 **도15** 원통모양 그릇받침을 보자. 이 받침은 아래에서부

도15 원통 모양 그릇받침. 삼국시대. 높이 50.1cm. 대구대학교박물관. 대구대234

도16 목 긴 항아리와 원통형 그릇받침 (筒形器臺). 5세기 가야. 목긴 항아리 높이 21.3cm. 그릇받침 높이 49.2cm. 하버드대학 새클러 박물관

도17 구멍단지. 전남 담양. 높이 13.2cm. 국립나주박물관

터 위로 올라가면서 봐야 한다. 아래 넓은 받침은 물의 기원 팔택(八澤)·물그릇·은하수라 할 수 있다. 이곳에서 천문을 통해 이 세상으로 뭉게구름 하나가 쑥 나오는 것이다. 가장 위 접시 모양에 **도16**의 목긴 항아리 하나를 놓는데, 이것은 바로 구름이다. 여기서 우리가 놓치지 말아야 할 것은 그릇 받침에 있는 천문 패턴이다. 동그라미 안에 점을 하나 찍은 무늬 말이다. 이 패턴은 5장 신라 사람들의 천문 세계관 편에서 아주 자세하게 설명했다. 우리 학계는 이 무늬를 그저 원권문(圓圈文), 점원문(點圓文), 고리점무늬라 할 뿐인데 나는 이 패턴이 천문이라는 것을 5장에서 기(气) 자 육서통을 들면서 아주 자세히 풀어냈다. 우리는 이 그릇받침을 보면서 이런 의문을 한번 가져볼 필요가 있다. 이 그릇받침을 빚은 장인은 왜 다른 그릇받침과 달리 기대(器臺)를 다 빚은 다음 이런 원권문, 즉 천문(天門) 패턴을 새겼을까, 하고 말이다. (이 무늬는 컴퍼스를 썼다!) 사실 천문 패턴을 하지 않더라도 당시 장인들은 자신이 빚은 이 그릇받침이 천문이라는 것을 누가 가르쳐 주지 않더라도 알고 있는 것이었다. 당시 이 기대가 천문이라는 것은 우리가 앞에 있는 스마트폰을 보고 스마트폰이라 하는 것과 같다. 이것을 철학과 인식론에서는 '자명성'이라 한다. 우리는 지금 모르지만 그 시대에는 너무나 자명한 것, 이 자명한 것을 밝혀내는 것 또한 미술사학자의 몫이다. 그런데 옛 미술 가운데 이렇게 예외적인 미술이 꼭 있다. 굳이 말하지 않아도 되는데 '이것이 무엇이다!', 하고 가르쳐 주는, 어떤 실마리를 표시해 놓는 미술이 있다. 이는 현대에도 마찬가지다. 전화기 어느 구석에 수화기 로고를 해 놓는다든지 유에스비USB 어느 평면에 삼지창 로고를 해놓는 것과 같다. 미술사학자는 바로 이런 예외적인 것, 친절한 것을 찾아내야 한다. 그런데 이런 미술은 보통 전성기 미술과는 달리 아주 투박하고 조악한 것이 많다. 주로 어떤 사조의 초기나 말기 미술에 이런 예외적인 미술이 있다. 그래서 수장고에 들어가기 일쑤다. 12

장 **도32** 구멍단지 같은 미술이 그렇다. **도15** 그릇받침은 **도16** 그릇받침에 견주어 아주 단순하다. 그래서 박물관 도록에서도 잘 볼 수 없다. 하지만 이런 평범한 미술에 당시 세계관을, 그 미술의 비밀을 풀 수 있는 실마리가 담겨 있을 때가 많다. 그러니까 이 기대를 빚은 장인은 컴퍼스로 천문을 새기면서 "이것은 천문이여!" 하고 말하고 있는 것이다.

12장에서 모두 설명했는데도 다시 **도17** 구멍단지를 드는 까닭은 이 단지의 디자인을 달리 해석할 수 있다는 것을 알기 위함이다. 아가리 아래 목을 천문(天門)으로 볼 수 있다는 것, 그리고 밑굽이 둥근 것은 항아리 몸통 자체를 구름으로도 해석할 수 있다는 것이다. 이렇듯 옛 미술은 여러 관점으로 얼마든지 해석할 수 있다. 고대 미술에서는 이렇게 다른 코드로 해석할 수 있는 미술이 많고, 상당수가 그렇다. 하지만 그렇다고 해서 어느 해석이 맞고 어느 해석이 그르고 하는 문제는 아니다. 고대미술에서 늘 염두에 두어야 할 것은 바로 불이(不二)의 관점이다.

천문에서 삼각형 구름이 나오고

도18 빗살무늬토기는 상당히 복잡한 것 같지만 패턴을 알고 보면 아주 단순한 디자인이다. 이 그릇은 우리가 지금까지 익히 봐왔던 패턴과는 좀 다르다. 우선 하늘 속 물(水)을 새기지 않았다. 아가리 입술을 하늘(天)로 보고, 거기에 맞춰 역삼각형을 빙 둘러 새겼다. 그런 다음 이 역삼각형 안을 오른쪽에서 왼쪽으로 빗금을 새겨 채웠다. 역삼각형은 하늘에 달려 있는 구름(云)이고, 그 안을 채운 빗금은 구름 속 물(또는 비)이다. 그리고 역삼각형 밖 왼쪽에서 오른쪽으로 새긴 빗금은 구름에서 내리는 비(雨)다. 그 아래 지그재그로 밑굽까지 새긴 빗금도 비다. 그렇다면 이 그릇에 무늬를 새긴 장인은 오른손잡이일까, 왼손잡이일까. 이것은 연필을 쥐고 그릇 무늬를 따라 새겨보면 알 수 있다. 따라해 보면 오른손잡이란 것을 알 수 있을 것이다. (이것이 바로 '겪어보기'다. 미술을 공부할 때는 이런 겪어보기가 참 중요하다. 눈으로만 보지 말고 손으로 몸으로 해봐야 한다. 그랬을 때 선배 학자들이 보지 못한 것을 볼 수 있다.) 만약 이 설명이 눈에 잘 안 들어오고 머릿속에서 그림이 잘 그려지지 않는다면 6장 **도66·67** 경남 진주시 상촌리유적 옹관 패턴 분석을 찾아보면 된다.

도19 천문토기는 **도12**에서 설명했다. **도12**와 다른 점은 위아래에 구멍이 뚫려 있는 점이다. 이 구멍이 뭔지는 정확히 알 수 없다. 나는 이 또한 이것이 뭔지 말해주는, 그러니까 **도15** 원통 모양 그릇받침에 새긴 천문(天門) 패턴과 같은 것이라 본다. 이 천문토기 밑굽에는 구멍이 나 있다(5장 **도35** 원통형 토기 참조). 이렇게 봤을 때 이것은 처음부터 '그릇'이 아니다. 그런데도 천문 뒤에 '토기'를 붙이는 까닭은 지금 학계 상황에서는 이렇게 이름을 붙이는 것이 지금으로서는 가장 적절하다고 판단하기 때문이다.

자, 이제 **도18** 빗살무늬토기를 **도19** 천문토기 위에 얹어보자. 어떻게 될까. 바로 **도20**이 된다. 사실은 천문토기 위에 빗살무늬토기를 '얹는다'고 하면 안 되고, 천문토기에서 빗살무늬토기가 '나온다'고 해야 할 것이다. **도7·9·16** 천문에서 뭉게구름(항아리) 하나가 쑤욱 나오듯이, **도20**에서는 '삼각형 구름' 하나가 쑤욱 나온다고 볼 수 있다. **도20**에서 괄호 안에 써 놓은 (팔택八澤·물그릇·은하수) (하늘天) (천문天門)은 아래 원통 천문(天門)을 빼고 위 도토리 모양 그릇만 12장에서 다른 구멍단지와 견주어 풀이한 것이다.

나는 지금까지 우리나라 빗살무늬토기의 구름 패턴을 크게 반원·타원형 구름(6장 **도24·25**)과 삼각형 구름(6장 **도42·43**)으로 나눌 수 있다고 보았다. (물론 구석기 사실주의 내지는 입체 구름(6장 **도26**)도 있다. 7장 **도20** 참조) **도20** 천문에서 나오는 구름은 '삼각형 구름'으로 볼 수 있

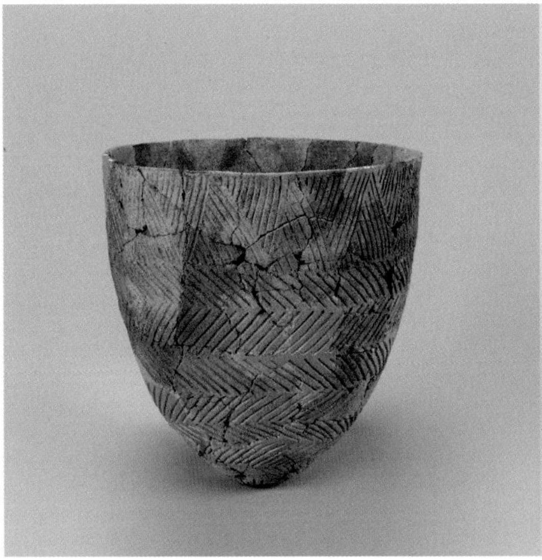

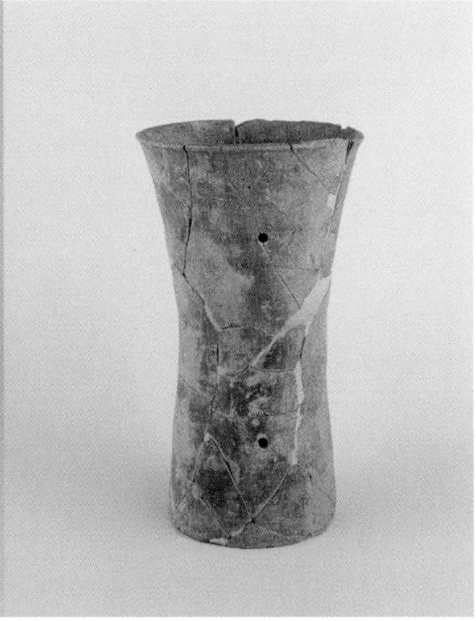

도18 빗살무늬토기.
전북 진안.
높이 28.2cm.
입지름 27cm.
국립전주박물관.
전3785

도19 천문토기.
충남 아산.
높이 28.5cm.
국립공주박물관

다. **도7·9·16**이 천문에서 반원·반타원형 구름이 나오는 것을 1차원 평면과 3차원 입체로 표현했다면 **도20**은 천문에서 삼각형 구름이 나오는 것을 3차원 입체로 나타냈다고 볼 수 있다. 한반도 신석기시대 구름의 주요 패턴이 삼각형인 만큼 뾰족밑 빗살무늬토기는 본질적으로 '구름(云)'이면서 그릇(器)일 가능성이 있다. 청동기와 삼국시대 밑굽이 둥근 항아리가 본질적으로는 구름이면서 항아리이듯이 말이다. 청동기시대 비파형동검이 본질적으로는 '무엇'이면서 검이듯이(이 '무엇'은 청동기 미술사에서 밝히겠다.), 또 신라와 고려의 연꽃이 본질적으로는 천문(天門)이면서 연꽃이듯이, 중국과 한국 미술의 용(龍)이 본질적으로는 구름이면서 용이듯이, 조선시대 모란과 물고기가 본질적으로는 구름이면서 모란과 물고기이듯이 말이다.

나는 13장에서 몇 가지 가설을 들었다. 이 책을 처음부터 쭉 읽어온 독자라면 충분히 공감이 갈 것이라 믿는다. 다만 이 얘기만큼은 꼭 한번 다시 짚고 싶다. 세계 신석기 미술을 볼 때는 암호 내지는 기호를 풀겠다는 생각이나, 특히 '상징적인' 어떤 뜻을 찾으려 해서

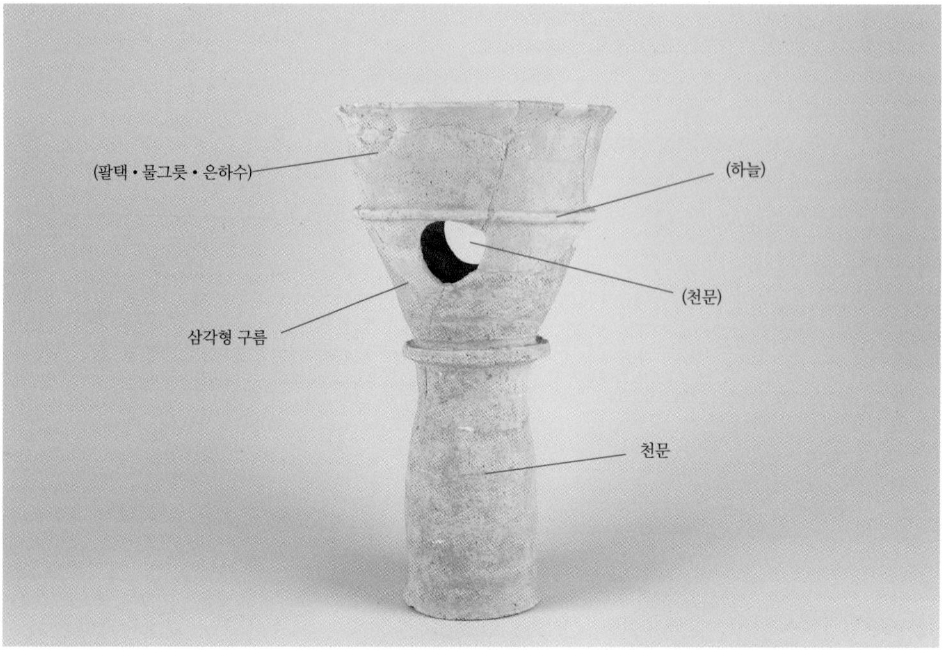

도20 원통형 토기.
전라북도 고창 출토.
높이 57.3cm.
국립전주박물관

는 안 된다. 이런 미술사적 관점이나 태도가 바로 서양의 문제틀이다. 일단 그 미술을 온전히 보는 것이 중요하고, 지식에 기대지 않고 스스로 신석기인이 되어 보아야 한다. 그렇게 보다 보면 좀처럼 풀리지 않았던 것이 어느 순간 단숨에 풀릴 때가 있다. 지금 우리 한국 미술사에는 이런 직관이 절실하다.

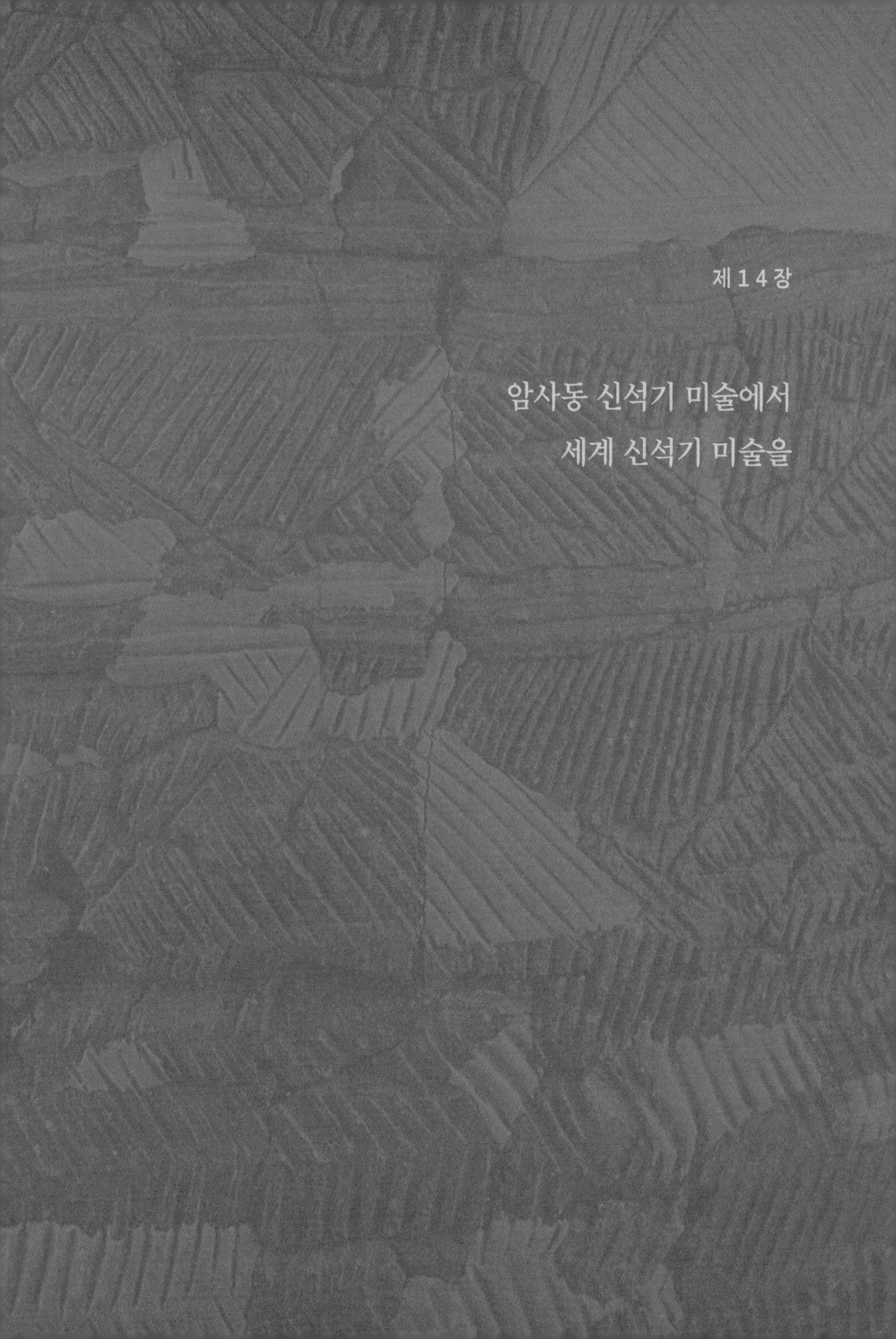

제 1 4 장

암사동 신석기 미술에서
세계 신석기 미술을

14

암사동 신석기 미술에서 세계 신석기 미술을

2018년 8월 어느 날, 북한에서 나온 『조선유적유물도감』 1권 원시편을 펼쳤다. 북한에서 나온 도감은 사진도 인쇄도 흐려서 눈을 부라리고 봐야 하는데 그래도 잘 보이지 않았다. 나는 사진이 선명하든 흐릿하든 버릇처럼 돋보기로 살펴본다. 황해북도 봉산군 지탑리유적 그릇을 살펴보는데 사진이 정말 어두웠다. 더구나 지탑리 신석기 장인은 무슨 까닭인지 그릇을 아주 바짝 마른 상태에서 무늬를 새겼다. 그래서 무늬가 깊지 않아 뚜렷하지 않다. 아무래도 성격이 좀 느긋하거나 깜빡깜빡하는 장인 같다. 이때는 반드시 돋보기로 봐야 한다. 돋보기로 아가리 쪽 하늘 속 물 패턴을 보는데 지탑리 그릇에도 천문(天門)이 있는 것이 아닌가. 나는 깜짝 놀랐다. 암사동에서만 볼 수 있는 천문이 지탑리에 있다는 것은 암사동에서 시작된 천문 세계관이 여러 지역으로 전파가 되었다는 증거이기도 하기 때문이다. 물론 구석기 말 신석기 초, 지금은 서해 바다이지만 그때는 뭍이었던, 그곳 어느 강줄기 가에 살았던 사람들이 간빙기 때 물이 차오르자 물을 피해 인천 연평도, 황해북도 봉산 지탑리, 인천 운서동, 서울 암사동으로 올라왔을 수도 있다. 그러니까 그들은 원래 고향이 같은 사람들일지 모른다(도20 참조). 나는 두 가지 가능성을 모두 열어놓고 있다. 이것은 한반도인의 기원 문제이기도 하다. 우리는 한반도인의 기원을 설명할 때 언제나 '북쪽에서 내려왔을 것'으로만 생각한다. 이것을 처음부터 다시 원점에서 따져보는 것도 중요하지만, 그보다 더 중요한 것은 왜 우리는 이런 가정을 하게 됐고, 또 이런 가정을 아무 의심 없이 '자명하게' 받아들이게 되었는지, 바로 이 대목이다. 이 또한 문제는 신석기와 관련이 있다.

잰슨의 『미술의 역사』와 세계 신석기 미술

원래 이 책은 한반도 신석기 미술을 다루는 데 목적이 있었다. 그런데 쓰면서 자연스럽게 '세계 신석기 미술사'가 되어 버렸다. 암사동 신석기 미술로 세계 신석기 미술을 보고, 세계 신석기 미술로 다시 암사동 신석기 미술을 들여다보는 방식이 될 수밖에 없었다. 그렇다고 해서 세계 미술사에서 신석기 미술이 명확하게 정리가 되어 있는 것도 아니다. 8장에서 그리스 미술과 아놀드 하우저를 다루면서 말했듯이 한국 미술사학이 신석기 미술을 기하학적 추상무늬로 보듯이 세계 미술사학 또한 신석기 미술을 기하학적 추상미술 또는 기하학적 형식주의 미술로 보고 있다.

세계 미술사를 공부할 때 꼭 읽어야 할 책이 두 권 있는데, 하나는 곰브리치의 『서양미술사』(예경)이고, 또 하나는 잰슨의 『미술의 역사』(삼성출판)다. 호스트 월드마 잰슨(Horst Woldemar Janson 1913~1982)의 『미술의 역사 *History of Art: A Survey of the Major Visual Arts from the Dawn of History to the Present*』는 1961년에 나왔고, 지금까지 세계에서 400만 부 이상 팔려 나갔다. 우리나라에서는 1978년 삼성출판사에서 번역해 간행했다. 아주 큰 사이즈로 732쪽이나 된다. 이 책 1부 고대세계 1장은 '주술(呪術)과 제사의례(祭式)-선사인의 미술'이고, 소주제는 구석기시대, 수렵에서 농경으로-신석기시대,

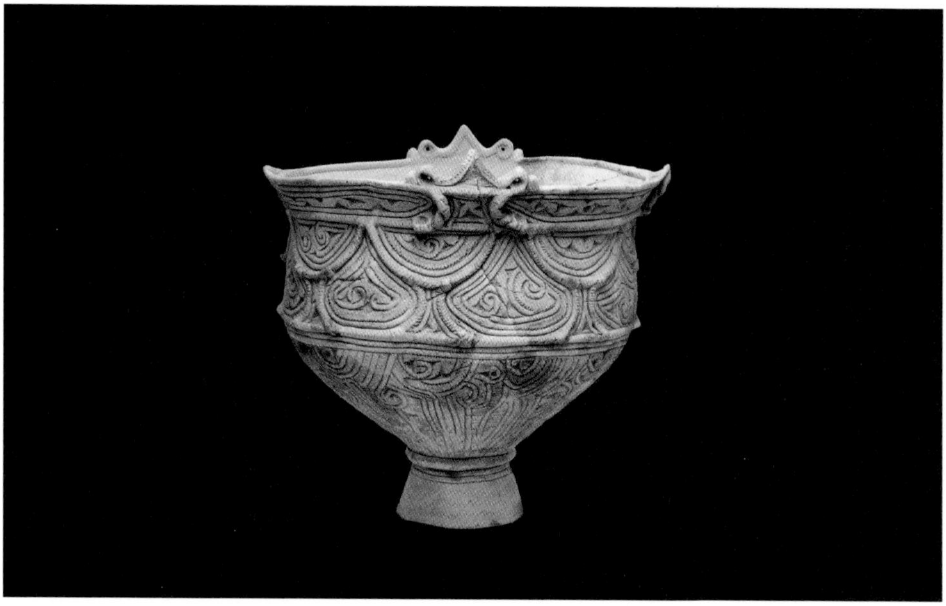

원시미술이다. 여기서 '원시미술'은 아프리카와 남태평양 여러 섬, 아메리카의 씨족(부족)미술이다. 구석기 미술은 스페인 알타미라 동굴벽화와 프랑스 라스코 동굴벽화, 빌렌도르프의 비너스를 중심으로 구석기 미술의 주술 성격과 자연주의를 정리한다. 그런 다음 4쪽에 걸쳐 신석기 미술을 정리하는데, 읽어보면 구석기 미술에 견주어 별다른 이야기를 하지 않는다. 마치 억지 끼워 맞춤 같고 구색 맞추기 같다. 왜 이런 일이 벌어진 것일까. 다음 아래 인용글에서 우리는 그 까닭을 짐작할 수 있다.

도1 일본 조몬토기. 조몬 후기. 일본 육반전남유적(六反田南遺跡). 일본 학계는 이 그릇의 디자인과 패턴을 아직 풀지 못하고 있다

> 인류는 도구와 **무기** 재료로 여전히 돌을 썼지만 신석기시대와 구석기시대는 본질적으로 차이가 있다. 이 새로운 생활방식은 중요한 기술과 발명을 가져왔다. 그릇을 빚어 굽고, 실을 뽑아 옷을 지어 입고, 나무나 벽돌, 돌을 써서 집을 지었다. 우리는 이러한 것을 신석기시대 주거지에서 확인할 수 있다. 하지만 안타깝게도 **이런 유물은 신석기인의 정신**

상태에 대해 아무것도 가르쳐 주지 않는다. 세련되고 아름다운 석기와 **추상적인 장식 무늬를 그리고 새긴 토기가 있지만 구석기시대 회화나 조각에 견줄 만한 것은 없다.** 그러나 수렵에서 농경으로의 변화는 **인간관과 세계관에서도 분명히 변화가 있었을 것**이다. 그리고 이러한 변화는 미술에도 고스란히 담겼을 것이다. 그때 신석기 장인들은 나무나 내구성이 약한 재료에 그들의 미술을 남겼을 것이다. 하지만 그 미술은 땅속에서 삭아 없어졌다. 어쨌든 **미술사에 거대한 장(章)이 하나 있었을 것**이다. 어쩌면 앞으로의 발굴이 이 **공백**을 메우는 데 도움을 줄지도 모르겠다.[1]

1) 호스트 월드마 잰슨, 『미술의 역사 History of Art』, 삼성출판사, 1983, 25쪽

신석기시대 인류는 돌을 써 살림살이 도구와 '무기'를 만들었다고 하지만 세계 모든 신석기인이 그런 것은 아니다. 한반도 신석기인만 하더라도 '돌로 만든 무기'는 찾아보기 힘들다. 물론 활이나 슴베찌르개 같은 것을 '무기'로 볼 수도 있지만, 이 책에서 말한 우운화생의 한반도 신석기 세계관으로 봤을 때 사람을 죽이기 위한 무기였다고 보기는 힘들다. 활과 슴베찌르개는 짐승을 잡기 위한 도구로 보는 게 적절하다. 나는 한반도 신석기인에게 사람을 죽이는 '살인' 관념은 없었을 것으로 본다. 그리고 이런 살인 개념은 청동기시대 고조선 같은 국가가 일어나면서 생겼다고 본다.

잰슨은 신석기 유적지에서 여러 유물이 나오고 있기는 하지만 그것만으로는 신석기인의 세계관을 짐작하기 힘들다고 한다. 나는 이 말에 동의하지 않는다. 또 "아무것도 가르쳐 주지 않는다"는 말에도 동의할 수 없다. 우리는 지금까지 세계 신석기 그릇의 디자인과 패턴만 가지고서도 그들의 세계관을 그려내지 않았던가. 그는 신석기 그릇의 패턴을 단지 "추상적인 장식 무늬"로만 본다. 8장에서도 말했듯이 그는 신석기 미술의 패턴을 알지 못한다. 그도 이것은 인정한다. 수렵에서 농경으로 바뀌면서 "인간관과 세계관"의 변화가 분

명히 있었을 것이라고. 하지만 그것을 알 수 있는 미술은 땅속에서 모두 썩어 없어졌다. 그는 말한다. 그래서 미술사에 거대한 장(章) 하나가 없는 거라고. 그는 이것을 '공백gap'이라 한다.

1971년 잰슨은 이 책의 보급판 『서양미술사 History of Art for Young People』를 낸다. 이 책은 2001년 미진사에서 우리말로 옮겨 출판했다. 축약본이라 하지만 이 책도 결코 볼륨이 만만치 않다. 좀 큰 사이즈로 598쪽이나 된다. 보급판에서는 앞 구절을 조금 다르게 정리한다. 여기에는 '공백'이라는 말은 없다.

> 신석기시대 대표적인 유물로는 기술적으로 진일보한 동시에 아름다운 모양까지 갖춘 석기 기물과 **추상적인 문양으로 표면을 장식한 다양한 종류의 점토 용기**를 들 수 있다. 그러나 이런 유물이 아무리 좋아 보인다 하더라도 **구석기시대 그림과 조각**에 견줄 수는 없다. 그런데도 수렵 생활에서 정착 생활로의 변화는 인간 스스로에 대한 그리고 세상의 존재에 대한 인간의 관점에 심오한 변화가 올 수밖에 없었으며 그것은 또한 **미술적인 표현 형식을 통해 적절하게 반영**되었다. 신석기시대 유물이 전개된 과정을 쓰려면 아마 엄청난 지면이 필요할 터이지만 당시 장인들은 나무를 비롯하여 별로 내구성이 없는 재료를 썼기 때문에 **증거가 될 만한 유물이 거의 사라지고 없다.** 신석기시대 유물 중에서 예외적인 경우가 있는데 그것은 바로 영국 남부 지방에 있는 **스톤헨지**다.[2)]

이 책에서 신석기 편은 2쪽도 안 된다. 그는 신석기 때 인간관과 세계관에 심오한 변화가 올 수밖에 없었고, 그것은 "미술적인 표현 형식을 통해 적절하게 반영되었다"고 한다. 하지만 이렇게만 말할 뿐 그 '미술적인 표현 형식'이 무엇인지는 말하지 않는다. 그의 말처럼 증거가 될 만한 신석기 유물은 거의 사라졌다. 오직 남아 있는 것이 있다면 '그릇'이다. 그릇도 썩기도 하지만 다른 것에 견주면 단단

2) 호스트 월드마 잰슨, 『서양미술사 History of Art for Young People』, 미진사, 2001, 46~47쪽

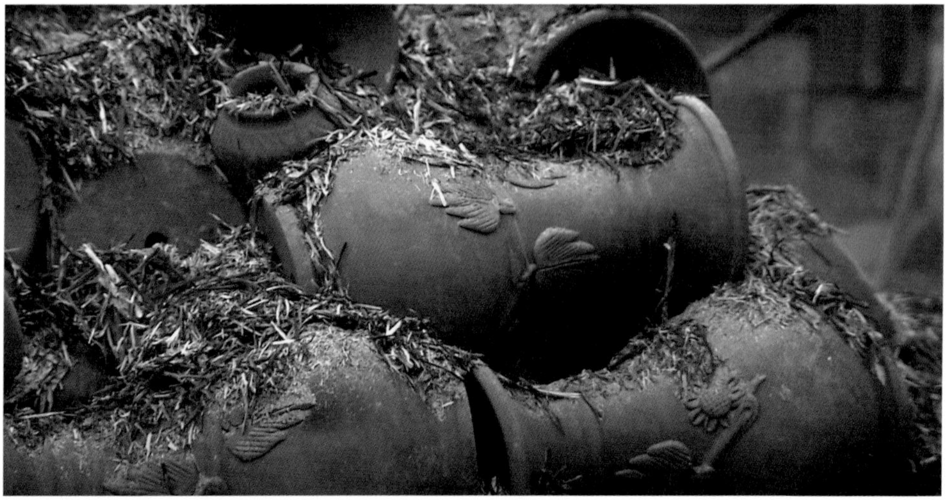

21세기에 그들은 그들의 조상 신석기인들이 굽던 방식으로 지금도 변함없이 그릇을 굽고 있다.

해 세계 신석기 유적지에서는 지금도 그릇이 가장 많이 나온다. 어쩌면 세계 신석기 미술은 '그릇 미술'이라 할 수도 있을 것이다. 그런데 그 많은 신석기 그릇을 단지 "추상적인 문양으로 표면을 장식"했을 뿐이라 하면서 논외로 친다. 하지만 나는 이 책에서 신석기 그릇 디자인과 패턴만으로도 세계 신석기 미술과 세계관을 그려냈다. 여기서 밝혀낸 신석기 그릇 디자인과 패턴은 아주 '기본적인 디자인과 패턴'이라 할 수 있다. 이 '기본 패턴'으로 여러 신석기 미술을 들여다보면 여기서 밝혀낸 것보다 훨씬 더 풍성하게 풀 수 있을 것이라 확신한다. **도1**은 일본 신석기 조몬 후기 그릇이다. (여기 14장에서는 사진 설명을 선으로 이어 하지 않겠다. 마지막 장인 만큼 여러분들이 스스로 해봤으면 한다!) 아직 일본 사학계와 미술사학계는 이 그릇의 디자인과 패턴을 풀지 못한 형편이다. 나는 7장에서 일본 조몬토기의 디자인과 기본 패턴을 풀었다. 이것은 세계에서 처음 있는 일이다. 여러분들이 일본 조몬토기에 관한 어떤 책을 읽어도 이만큼 자세하게 풀이한 책은 찾을 수 없을 것이다. 일본에서도 마찬가지다. 7장을 읽었

도2 인도네시아 소수민족 거주지 족자카르타 까수반 마을 사람들의 그릇 굽기. KBS 스페셜 도자기 제1편 흙으로부터(2004.11.07. 방송)

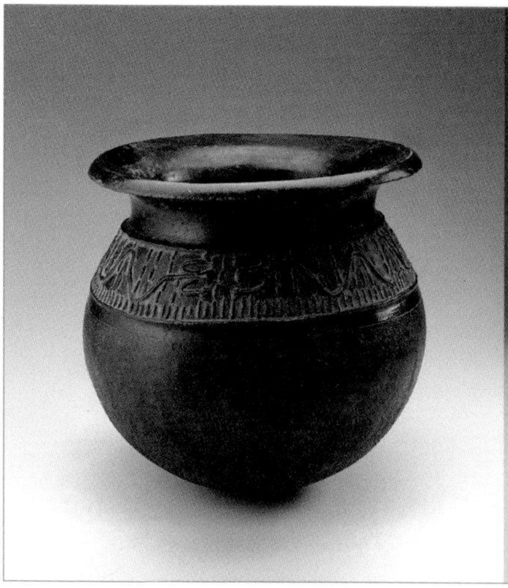

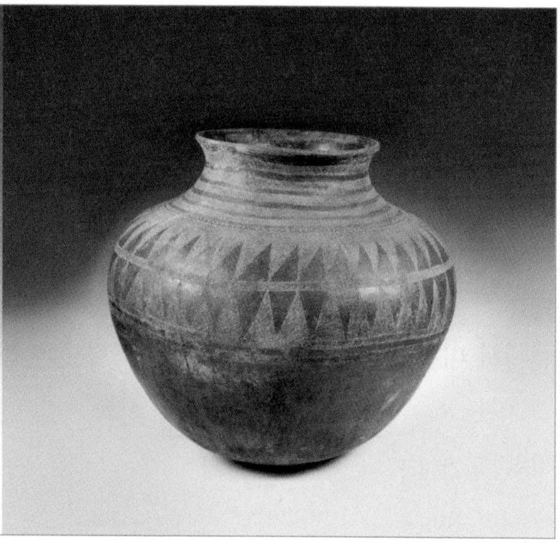

아프리카 장인들은 지금도 신석기 디자인과 패턴을 그대로 써서 그릇을 빚고 있다.

다면 **도1** 디자인과 패턴이 바로 보일 것이다. 아마 여러분들은 이 그릇의 디자인과 패턴을 일본 미술사학자 앞에서 손으로 짚어 가며 설명할 수도 있을 것이다. 여러분들이 한 풀이가 의심쩍거든 6장 **도24·25·27-33·35·36·39-41**, 7장 **도15-17·27-29**를 찾아보며 확인하면 된다. 내 짐작이 맞다면, 여러분들이 이 책을 처음부터 읽었다면, 그 풀이는 틀림없이 맞을 것이다. 그런데 잰슨은 이것을 몰랐다. 또 풀려고도 하지 않았다. 왜냐면 이것은 단지 "추상적인 장식 무늬"에 불과하니까.

지금도 아프리카 나이지리아, 말리, 카메룬 그릇 장인들은 '여성'이고, (신석기 때 그릇을 빚었던 장인은 주로 여성이었다고 한다. 우리나라 신석기 그릇에서는 암사동 그릇이 그렇다.) 그들은 신석기 때 방식으로 그릇을 빚고 암사동 신석기인이 그런 것처럼 지금도 맨땅에서 굽는다(**도2** 참조). 이뿐만 아니다. 그들이 빚고 있는 그릇을 보면 지금도 신석기 때 디자인과 패턴이 살아 있다. 아메리카 원주민 장인들이 신석기 디자인과 패턴으로 지금도 그릇을 빚고 바구니를 짜는 것처럼 말이다(2

도3 아프리카 카메룬 그라스필즈Grassfields 그릇.
20세기
높이 37.5cm

도4 아프리카 나이지리아 그릇.
20세기.
높이 19cm

장 **도26**, 6장 **도71** 참조). **도3·4**는 20세기 카메룬과 나이지리아 그릇이다. 이 두 그릇 패턴 또한 그리 어렵지 않다. 이 책을 읽은 독자라면 바로 풀이할 수 있을 것이다. 디자인과 패턴은 아프리카 신석기 때 디자인과 패턴을 그대로 쓰고 있다. **도3** 아가리 바로 아래 패턴은 하늘 속 물(水·雨) 패턴이다. 이 물 속에 알 수 없는 동물이 있다. 머리와 팔은 사람, 그 아래는 뱀처럼 보인다. 사람도 이 세상 만물도 물(水·雨)에서 비롯했다는 것, 즉 물이 만물의 근원이라는 것을 말하고 있다. (물론 그 마을 사람들이 믿고 기대는 토템일 수도 있다.) 이런 패턴은 앞에서 쭉 살펴봤다. 아무래도 이 그릇은 굽기 전에 사탕수수 열매즙을 바른 것 같다. 이렇게 하면 물이 덜 샌다.

도4는 보는 순간 패턴이 바로 보일 것이다. 그런데 이 패턴은 두 가지 방식으로 읽을 수 있는 여지가 있다. 또 그래야만 한다. 우선 삼각형을 두 가지 패턴으로 읽을 수 있다. (어떻게 읽느냐에 따라 한 삼각형은 삼각형이 아니다!) 먼저 삼각형 안을 점선으로 채운 것을 들 수 있다. 이 점선 무늬는 딱딱한 실을 우둘투둘하게 나선형으로 꼬아 살짝 말린 그릇 표면에 대고 네 손가락으로 눌러가며 문지르면 생긴다. 이것을 룰렛 기법이라 한다. 미술에서는 이 무늬를 보통 질감으로만 설명하는데, 이 또한 이 패턴의 뜻을 알지 못하기 때문이다. 점선 무늬가 가득 찬 삼각형을 구름으로 보면 점선 패턴은 삼각형 구름 속 비(雨)라 할 수 있다. 반면에 아무 무늬가 없는 삼각형을 구름으로 본다면 그 삼각형 밖 점선 무늬는 삼각형 구름에서 내리는 비(雨)로 보면 될 것이다. 이 풀이에 수긍이 잘 안 간다면 1장 **도6**, 5장 **도5**, 6장 **도46·63·64·69·70**을 찾아 참조하면 되겠다. 이 책을 읽은 독자라면 이 정도 패턴은 바로 풀 수 있을 것이다. 하지만 안타깝게도 잰슨은 이것을 몰랐다.

그렇다면 현대 아메리카와 아프리카 장인들은 자신들이 짜고 새기는 디자인과 패턴의 뜻을 알고 있을까. 그렇지는 않은 것 같다. 또

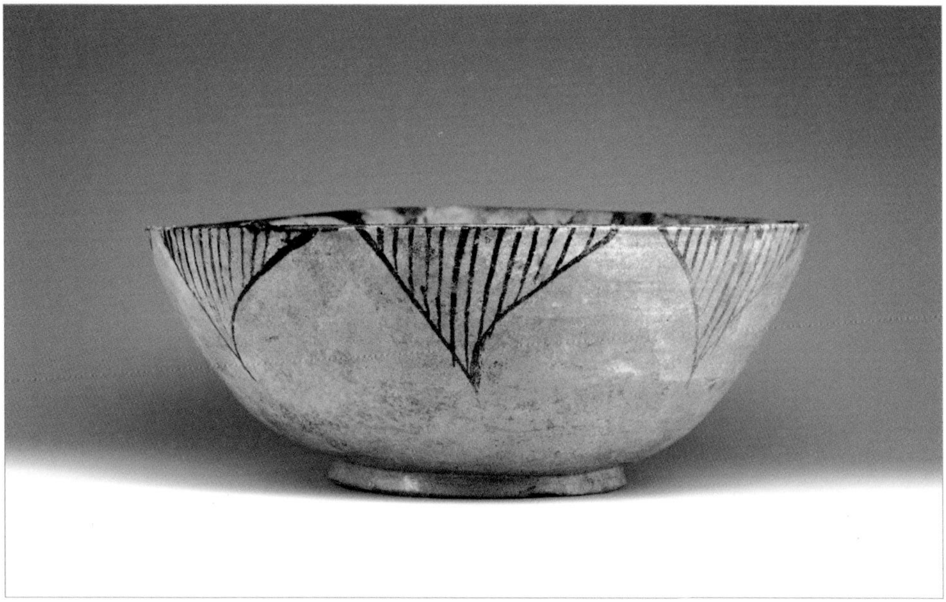

도5 이란 버프 그릇
Buff Ware Bowl.
이란 니샤푸르
Nishapur.
9세기.
높이 10.3cm.
메트로폴리탄박물관

알고 있다 하더라도 어느 시기에 '전도된' 뜻일 가능성이 높다. 우리 현대 사기장이 자신이 굽는 분청자·백자의 디자인과 패턴을 모르고 있거나 알고 있다 하더라도 어느 시기에 '전도된' 뜻으로 알고 있듯이 말이다. 무늬는 살아남고 그 무늬에 깃든 스토리는 사라진 경우라 하겠다. 패턴의 운명이 대체로 그렇다.

곰브리치의 『서양미술사』와 구석기 미술

그럼 곰브리치는 알았을까. 8장에서도 말했듯이 그 또한 신석기 미술을 알지 못했다. 에른스트 한스 요제프 곰브리치Ernst Hans Josef Gombrich(1909~2001)의 『서양미술사 *Story of Art*』(1950)는 우리들이 가장 많이 읽는 미술 '입문서'다. 곰브리치는 이 책을 미술에 처음 입문하는 독자를 대상으로 썼다. 그 가운데서도 가장 염두에 둔 독자는 10대 독자들readers in their teens who had just discovered the world of art for themselves이었다. 정말 10대 때 읽은 사람이 있었다. 미술사학자 닐 맥그리거Neil MacGregor는 15살 때, 화가 브리짓 라일리Bridget Riley는 19살 때, 조각가 앤소니 곰리Anthony Gormley는 15살 때 읽었다고 한다. 서양 10대 젊은이들이 이 책을 읽었다는 것은 곰브리치가 그만큼 쉽게 썼다는 것을 뜻한다. 그는 서문에서 이런 말을 한다. 미술에서만 쓰는 전문적인 말scientific language을 되도록 피하고, 쉽고 간결한 말plain language로 풀어 썼다고. 일부러 전문적인 말만 골라 쓰는 사람들은 어쩌면 우리를 무시하는, 하늘 높은 곳에 앉아 우리를 내려다보면서 말하는, 독자를 생각하지 않고 그저 일방적인 말talking down만 하는 사람일지 모른다고. 이 책 신석기 미술사 또한 이런 자세로 썼다. 학계에서 쓰는, 마치 외계어 같은 학술 용어는 단 한 번도 쓰지 않았다. 모두 다 알기 쉽게 풀어썼고, 꼭 써야 할 경우에는 반드시 그 뒤에 쉬운 말로 다시 옮겨 풀어 썼다.

곰브리치의 『서양미술사 *Story of Art*』는 지금까지 서른 나라에 출판되었고 800만 부가 넘게 팔려 나갔다. 1장은 "알 수 없는 시작: 선사시대와 고대 아메리카의 원시부족STRANGE BEGINNINGS: Prehistoric and Primitive People; Ancient America"이다. 선사시대(구석기)는 스페인 알타미라와 프랑스 라스코 동굴벽화를 들고 실용성(주술, 마술)을 중심으로 설명한다. 그리고 '원시부족Primitive People' 미술은 (엄격히 말하면 씨족·부족 미술이다.) 아메리카 부족미술을 들어 설명한다. 그런데 그 미술은 3세기에서 19세기 씨족·부족 미술이다. 구석기 시대하고는 간극이 너무 크다. 그는 1장 끝에 멕시코 아즈텍 문화의 「비의 신 틀라록」(14~15세기)을 들고 이렇게 끝을 맺는다. "우리는 원시부족 미술의 이 신비스러운 기원mysterious origins에 관해서는 아는 바가 거의 없지만 우리가 미술의 역사를 제대로 이해하

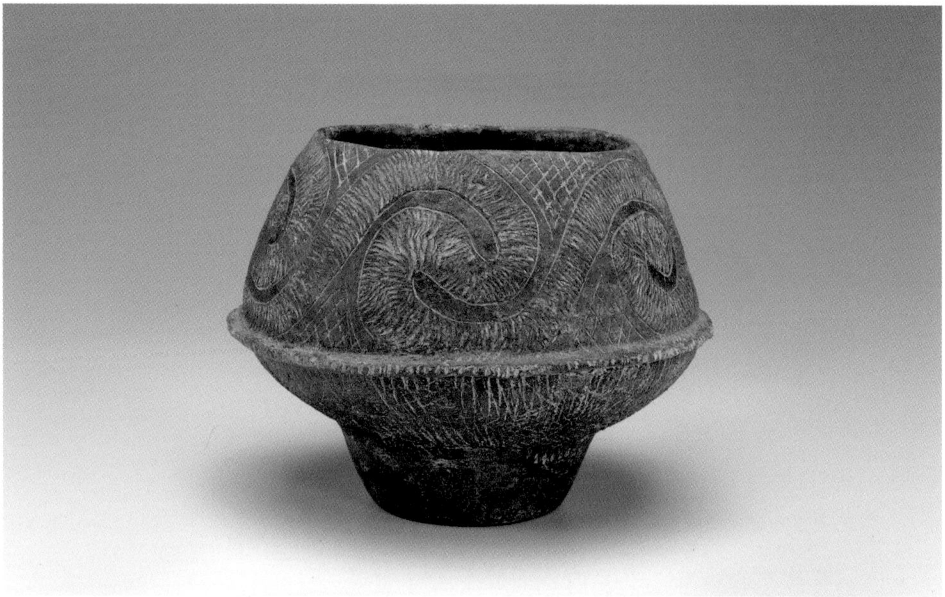

| 세계 미술사학계는 이 그릇의 디자인과 패턴을 아직 알지 못한다.

도6 타이 반치앙 문화 신석기 그릇. 기원전 2100~1700년. 높이 18.5cm. 미국 스미소니언박물관

려면 그림과 문자는 매우 밀접한 혈연관계에 있다는 사실을 기억해 두는 것이 좋을 것이다." (하지만 그림과 문자의 관계는 1장에서 특별히 설명하지 않는다.) 그는 아메리카 부족미술의 기원origins 내지는 시작beginnings을 우리가 정확히 알 수 없듯이 구석기 동굴미술의 기원 또한 명확하게 '알지 못한다strange'고 한다. 그래서 1장 제목을 'strange beginnings'라 한 것이다.

곰브리치의 『Story of Art』(1950)를 우리말로 옮긴 번역자(백승길, 이종숭)는 1장 제목 "STRANGE BEGINNINGS: Prehistoric and Primitive People; Ancient America"를 "신비에 싸인 기원-선사 및 원시부족들: 고대 아메리카"로 옮겼다. 문제가 되는 말은 "strange beginnings"다. 이 말을 우리말로 어떻게 옮겨야 할지 정말 난감하다. 분명한 것은, 1장을 읽어보면 '이상한 시작(기원)'으로 옮길 수 없다는 점이다. 그래서일까. 번역자는 '신비에 싸인 기원'으로 옮긴다.

아무래도 이 번역은 1장 마지막 문단에 있는 구절 "mysterious origins"에서 힌트를 얻은 것 같다. 하지만 이 구절은 1장 전체를 아우르는 말이 아니다. 곰브리치가 이 말을 쓴 것은 멕시코 아즈텍 문화 「비의 신 틀라록」을 비롯하여 여러 아메리카 씨족·부족 미술의 '기원origins'을 명확히 모르겠다는 것이고, 그래서 '신비스럽다 mysterious'고 하는 것이다. 하지만 여기서도 'mysterious'는 '신비스러운'보다는 '알 수 없는, 설명하기 힘든'이라 해야 더 적절할 것 같다. 1장에서 'strange'는 여섯 번 나온다. 내가 보기에 두 번은 적절하게 옮겼고 네 번은 부적절한 것 같다. 'strange beginnings'는 두 번 나온다. 번역자는 이것을 '신비한 기원'과 '신비에 싸인 기원'으로 옮기지만, 나는 '알 수 없는, 분명하게 설명할 수 없는unknown, unfamiliar 시작'으로 옮기는 것이 더 적절하지 않나 싶다.

곰브리치의 『서양미술사』, 신석기 미술의 공백

잰슨은 곰브리치의 1장 서술 주제를 그대로 옮겨왔다고 볼 수 있다. 다만 곰브리치와 잰슨의 차이는 '신석기 미술'이다. 곰브리치는 신석기 미술에 대해 단 한마디도 하지 않지만 잰슨은 아주 짧게라도 정리한다. 그렇다면 곰브리치는 왜 신석기 미술에 대해 단 한마디도 하지 않은 것일까. 그에 대한 해답은 2장 '영혼을 위한 미술-이집트, 메소포타미아, 크레타' 첫 문단에 있다.

> 지구상 어디에나 어떤 형태로든 미술은 있다. 그러나 하나의 **계속적인 노력으로서의 미술의 역사**는 남프랑스 동굴 속이나 **북아메리카 원주민**들로부터 시작되는 것은 아니다(does not **begin**). 이러한 **이상스러운 기원**과 **지금 우리 시대와 직접적으로 연결되는 전통은 아무것도 없다.** 그런데 약 5000년 전 나일 강변의 미술을 가옥이나 포스터와 같은 우

리 시대의 미술과 이어주는, 즉 거장으로부터 제자에게로, 그 제자로부터 추종자 또는 모방자에게로 전해 내려오는 **직접적인 전통**은 있다. 왜냐하면 **그리스 거장들은 이집트인들에게서 배웠고, 우리는 모두 그리스인들의 제자임을 알고 있기 때문**이다. 그렇기 때문에 **이집트 미술이 우리에게는 대단히 중요한 것**이다.[3]

위 대목에서 먼저 살펴봐야 할 구절은 "이상스러운 기원"이다. 번역자는 'strange beginnings'를 글자 그대로 옮겼다. 이것으로 보아 이 책의 번역자는 1장의 제목 'strange beginnings'를 우리말로 어떻게 옮길 것인지, 대체 'strange beginnings'가 뭔지, 곰브리치는 왜 이렇게unusual 썼는지 깊이 고민하지 않은 듯싶다.

3)곰브리치, 백승길·이종숭 옮김, 『서양미술사』, 예경, 2002, 55쪽

앞쪽 인용문을 다루기 전에 앞에서 잠깐 말한, '곰브리치는 신석기 미술에 대해 한마디도 하지 않았다!' 이 말을 먼저 설명해야 할 것 같다. 바로 『서양미술사』를 꺼내 살펴본 독자도 있을지 모르겠다. 아마 적잖이 놀랐을 것이다. 곰브리치가 신석기 미술을 다루지 않았다는 것은 '팩트'다. 이 팩트를 확인한 것도 중요하다. 그런데 정작 더 중요한 것은 왜 곰브리치는 예술사를 다룰 때 '신석기' 장을 따로 잡지 않고 구석기에서 바로 이집트 미술로 넘어갔느냐, 하는 점이다. (이에 대한 답은 위 인용문에 있다!) 이와 더불어 하나 더 생각해봐야 할 게 있는데, 어쩌면 이것이 더 본질적일지 모르겠다. 대체 우리는 왜 지금까지 이 사실조차도 알지 못했는가, 하는 점이다. 1950년 『서양미술사 Story of Art』가 나온 이래 세계 어느 누구도 이에 대해 의문을 품지 않았다. 우리 또한 마찬가지다. 세계 미술을 보는 우리 문제틀에 도대체 무슨 문제가 있는 것일까. 아니면 우리 문제틀에 무엇이 하나 통째로 빠져 있는 것일까. 정작 곰브리치 자신도 이것을 알지 못했을까? 물론 이집트 미술이 신석기 미술이기 때문에 곰브리치는 2장 이집트 미술을 '신석기' 장으로 생각했을 수 있다.

하지만 그도 잘 알고 있었다. 이집트 미술은 세계 신석기 미술에서 지극히 '예외적' 미술이라는 것을. 한반도 암사동 신석기인들이 강가에 움집 짓고 하루하루 근근이 살아갈 때 그들은 국가와 정부를 갖추고 그 높은 피라미드까지 쌓지 않았던가.

앞쪽 인용문을 살펴보면 곰브리치가 왜 프랑스와 스페인 동굴벽화, 북아메리카 부족미술을 미술의 시작beginnings으로 보지 않는지 알 수 있다. (물론 나는 그의 의견에 동의하지 않는다.) 그는 스페인·프랑스의 동굴미술과 북아메리카 부족미술을 '지속적인 활동continuous effort'이 없이 나타난, 어쩌면 지극히 '예외적인' 미술로 보는 듯싶다. 하지만 구석기 미술의 '자연주의 전통'은 새로운 발굴 속에서 끊임없이 나오고 있다. 나는 이 책 몇 곳에서 구석기 자연주의 전통이 살아 있는 신석기 미술을 보기로 든 적이 있다(7장 **도 7·21·22·24·53·54·63·64**, 10장 **도1** 참조). 그리고 그가 1장에서 아메리카 부족미술로 소개한 「전쟁의 신 오로」, 「의식용 가면」, 「하이다 족 추장의 집」, 「비의 신 틀라록」에서도 3차원 입체미술 속에 살아 있는 1차원 신석기 평면 미술의 '전통'을 찾아볼 수 있다. 특히 「전쟁의 신 오로」는 신석기 1차원 평면 미술이 그대로 살아 있는 경우라 할 수 있다. 이렇듯 유럽의 동굴벽화와 아메리카 부족·씨족 미술을 '지속적인 결과continuous effort'가 없는 지극히 예외적인 미술로 봐서는 안 된다. 미술사학자가 해야 할 일은 유럽의 동굴벽화나 러시아 코스텐키 비너스(7장 **도63·64**)처럼 구석기인들은 왜 자연주의 내지는 사실주의 미술을 했는가 하는 점을 밝히는 일이다. 스페인 알타미라 석회암 동굴의 「상처 입은 들소」는 그들이 벽화를 그릴 때조차도 마치 조각처럼 3차원 입체에 가깝게 그렸다. 이런데도 구석기 미술과 희랍 미술은 아무런 관련이 없을까. 희랍 미술의 기원을 이집트에서만 찾는 것이 과연 온당할까. 그렇다면 이집트 벽화의 1차원 평면 미술은 어떻게 설명할 것인가(**도12** 참조). 그 또한 신석기 전통이 아니면 설명할 수 없는 것 아닌가. 물론 이집트 벽화와 고려 불화와 조선 민화가 1차원 평면 미술이어야만 하는 것은 다른 차원의 문제이지만.

하지만 곰브리치는 그렇게 생각하지 않는다. 그에게 구석기 미술은 '알 수 없는, 설명할 수 없는 시작strange beginnings'이다. 그래서 "지금 우리 시대와 직접적으로 연결되는 전통"이 아무것도 없다. 그런데 5000년 전 이집트 미술은 아니다. "그리스 거장들은 이집트 학교에 입학했다Greek masters went to school with the Egyptians." 곰브리치는 말한다. "우리는 모두 그리스의 제자다we are all the pupils of the Greeks!" 이러니 이집트 미술이 중요하지 않을 수 없는 것이다.

자, 앞 인용문에서 우리는 무엇을 읽어야 할까. 그는 (서양) '미술의 기원'이 이집트에 있다고 말하고 있다. 이 말은 곧 (서양) 미술의 기원을 유럽의 구석기나 신석기 미술에서 찾지 않는다는 말이다. 그가 보기에 유럽 구석기와 신석기 미술은 지금의 유럽 미술과 연결되는 전통이 "아무것도" 없다. 그에 견주어 희랍 미술은 이집트에서 온 것이 분명하고, 심지어 희랍 예술가들은 이집트 미술 학교에 다녔다. 그리고 우리 모두는we are all, (여기서 '우리(we)'는 '서구 유럽'이다.) 이집트에서 미술을 배운 희랍, 그 희랍의 제자들이다. 바로 이와 같은 문제틀에 사로잡혀 있었기에 곰브리치에게 구석기 미술은 'strange beginnings'였고, 신석기 파트는 그냥 지나쳐도 아무런 문제가 없었던 것이다. 하지만 정말 그럴까. 나는 지금까지 이 책에서 서구든 동양이든 한 나라 미술의 기원은 '구·신석기 미술'에 있을 수밖에 없다고 했다. 8장 '그리스 기하학시대, 기하학적 추상미술일까'에서는 그리스의 기하학 미술 또한 그 기원은 신석기 미술에 있고, 그 디자인과 패턴 또한 얼마든지 풀 수 있다고 했다. 곰브리치가 서양 미술의 기원으로 삼는 이집트 미술도, 그 이집트 미술에서 배운 희랍 미술도 과거로 올라가면 그 기원은 신석기에 있을 수밖에 없다.

물론 곰브리치가 1950년 『서양미술사 Story of Art』를 내기 전에도, 그 뒤 지금까지도 신석기 미술은 '기하학적 추상미술'이었다. 그러니 곰브리치가 이렇게 판단을 한 것도 결코 무리는 아니었다. 반면에 하우저는 곰브리치와 달랐다. 그는 마르크스주의자답게 사적 유물론에 따라 구석기와 신석기 예술을 알뜰히 다루었다. 하지만 그 또한 신석기는 '기하학적 형식주의' 예술일 뿐이었다. 8장에서도 말했듯이 하우저의 신석기 편 정리는 어쩌면 가장 하우저답지 않은 장이라 할 수 있다.

『서양미술사 *Story of Art*』는 지금도 여러 나라에서 번역이 되어 독자를 만나고 있는데, 모두 알다시피 이 책은 세계 모든 나라의 미술을 다루지는 않는다. 물론 한국미술도 다루지 않는다. 그는 이것이 마음에 걸렸는지 한국어판 서문에서 이런 말을 한다. "내 경험에 근거하여 써나갔으므로 직접 알지 못하는 양식이나 시대는 제외시켜야 했기 때문이다." 한국미술을 쓰지 않은 까닭이 한국미술을 잘 모르고, 조금 알고 있다 하더라도 '확신'이 서지 않기 때문이라는 것이다. 그렇다면 그가 신석기 미술을 다루지 않은 까닭도 바로 이 때문일까. 그렇지는 않은 것 같다. 마르크스주의자 하우저와 달리 그에게 신석기 미술은 꼭 다루어야 할 필요가 없었다. 그것은 '지금의 서양 미술'하고는 아무런 관련(전통)이 없고, 더구나 그 미술은 봐도 알 수 없는 기하학적 추상미술이 아닌가.

곰브리치와 관련하여, 우리가 미술을 공부할 때 가져야 할 태도 하나만 더 정리하고 싶다. 그는 『예술과 환영 *Art and Illusion: A Study in the Psychology of Pictorial Representation*』(차미례 옮김, 열화당, 1997(1960))에서 이런 말을 한다. "우리는 그리스인들로부터 얻어낸 모든 선입관을 가지고 이집트 미술을 바라보고 있다는 것을 결코 잊어서는 안 된다." 참으로 중요한 말이다. 내가 이 책을 쓰면서 늘 경계했던 '전도'의 문제다. 곰브리치는 자신을 비롯하여 서구 미술사

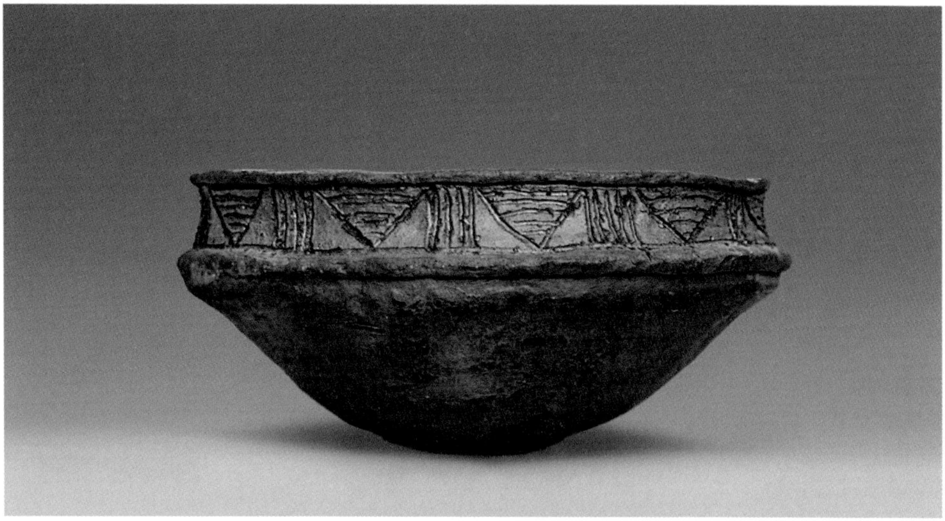

찔러서 끌기stab-and-drag 방법으로 무늬를 새겼다. 우리 사학계에서 쓰는 말로 하면 압인문(押引文 누를압·끌인·무늬문)이다.

도7 스코틀랜드 신석기 오크니 언스턴 그릇 Unstan ware. 기원전 3300~3100년

학자들이 자기도 모르게 희랍 미술로, 희랍의 세계관으로 이집트 미술을 바라보고 있다는 것을 지적하고 있는 것이다. 어디 이집트 미술뿐이겠는가. 9장에서 나는 터키 괴베클리 테페 미술을 다루면서 서구의 문제들에 어떤 문제가 있는지 밝혔다. 그런데 나는 똑같이 곰브리치에게도 이 말을 하고 싶다. 그가 희랍 미술의 눈으로 분석한 이집트 미술의 규칙과 관습(관례)을 다시 이집트의 세계관으로 다시 쓸 필요가 있지 않느냐고 말이다. 물론 이는 우리 한국 미술사학에도 똑같이 하는 말이기도 하다.

마지막으로 앞에서 말한, 대체 우리는 왜 곰브리치의 『서양미술사 *Story of Art*』에 신석기 미술이 '공백'이었다는 것을, 그 사실을 지금까지 알지 못했는가, 하는 점이다. 이 책이 나온 지 70년이 넘어서고 있고, 세계에서 800만 부가 넘게 나갔다. 그런데도 이 책에 신석기 미술이 공백이란 것을 지적한 사람은 내가 알기로 없다. 물론 우리들도 마찬가지다. 나 또한 이 책을 처음 읽었을 때는 알지 못했다.

아마 여러분들도 그랬을 것이다. 왜 이런 일이 벌어진 것일까. 답은 의외로 간단하다. 세계 미술사학에도, 우리에게도 신석기 미술이 '공백'이기 때문이다. 그래서 그 사실이 안 보인 것이다. 안타깝게도 우리는 우리에게 신석기 미술이 공백이라는 것을 알지 못한다. 이제는 알지 못하는 것도, 그도 모르는 상태가 되어 버렸다. 바로 이 때문에 우리는 이 책을 처음부터 끝까지 읽으면서도 곰브리치에게 신석기가 공백이라는 것을 알지 못했던 것이다.

도5·6·7을 보자. 여러분들은 이 그릇의 디자인과 패턴을 바로 알 수 있고, 누군가에게 설명을 하라 하면 손으로 짚어 가며 할 수도 있을 것이다. 하지만 안타깝게도 곰브리치는 알지 못했다. 물론 하우저도 잰슨도 알지 못했다. 지금도 세계 미술사학자들, 고고학자들은 알지 못한다. 그저 기하학적 무늬, 추상무늬, 삼각형 밴드 패턴 triangular band patterns, 삼각집선문(三角集線文)이라 할 뿐이다. 이 책을 처음부터 읽었다면 **도5·6·7** 정도는 척 보고 바로 디자인과 패턴을 읽을 수 있을 것이다. 그래도 뭔가 의심쩍다면 **도5**는 3장 **도7**과 6장 **도66**을, **도6**은 7장 **도17·27·29**와 10장 **도5·6·9·10**을, **도7**은 3장 **도3**과 5장 **도16**을 찾아 견주어 보면 패턴이 보일 것이다. 만약 이 책에서 말한 신석기 미술에 대한 개념을 세계 미술사학자들과 고고학자들이 마음을 열고 검토한다면 세계 미술사는 훨씬 더 풍성해질 것이다. 그뿐 아니라 '공백' 상태에 있는 세계 신석기 미술사를 채울 수 있고, 또한 마찬가지로 공백 상태에 놓여 있는 각 나라의 신석기 미술사도 제자리를 찾을 수 있을 것이다. 그리고 그동안 풀지 못한 여러 미술도 이제는 뚜렷하게 풀 수 있을 것이라 확신한다.

하우저의 『예술의 사회사』와 세계 신석기 미술

8장에서도 말했지만 서구 미술사학에서 신석기 미술을 가장 깊게 다룬 학자는 하우저다. 그렇다고 수십 장에 걸쳐 다룬 것은 아니다. 모두 15쪽에 불과하고 이 가운데서도 8쪽이 핵심이다. 재밌는 것은 곰브리치가 『예술의 역사 *Story of Art*』를 낸 해가 1950년이고, (그의 나이 41살에 이 책을 썼다!) 하우저(Arnold Hauser 1892~1978)가 『예술의 사회사 The Social History of Art』를 낸 해가 1951년이라는 점이다. 사실 하우저는 독일어본을 먼저 썼다. 독일어본 책 제목은 『예술과 문학의 사회사 *Sozialgeschichte der Kunst und Literatur*』(1953)다. (창비에서는 1974년 '문학'을 앞으로 하여 '문학과 예술의 사회사-현대편'을 먼저 출판한다. 이는 그때 형편, 군사독재 시절 '문학'의 힘, 이런 형편 속에서 나온 책 제목이 아닌가 싶다. 또 출판'시장'의 주된 독자층도 고려했을 것이다.) 그런데 어떤 사정이 있었는지 영어본이 독일어본보다 두 해 빨리 영국과 미국에서 나온다. 또 하나 흥미로운 점은 독일어본 책 제목이 영국과 미국에서 나올 때 바뀐다는 점이다. 이것은 아무래도 곰브리치의 『Story of Art』를 염두에 두고 제목을 바꿔 내지 않았을까 싶다.

하우저는 헝가리 사람이고, 곰브리치는 오스트리아 태생인데, 두 책이 나올 때 두 사람은 영국에 자리를 잡고 있었다. (하우저가 곰브리치보다 열일곱 살 많다.) 1950·51년 이후 두 사람이 낸 책은 예술을 공부하는 사람들에게 '교과서'가 되었다. 그때 이후 지금까지 우리는 이 두 책을 견주어 가며 공부를 하고, 앞으로도 그럴 것이다. 그런데 '신석기 미술'과 관련해서, 우리가 읽는 여러 인문학 책이나 백과사전에 나와 있는, 신석기 미술에 대한 짤막짤막한 코멘트의 뿌리는 모두 다 (곰브리치가 아닌) 하우저에 있다는 점을 알아야 한다. 여러분이 어떤 책에서 신석기 미술에 대한 코멘트를 읽었다면 바로 『문학과 예술의 사회사』(창비, 1976)를 찾아 읽어 보라. 거기에 똑같은 말이 있을 것이다. 8장에서도 잠깐 풀어 설명했지만 여기에 다시 그 대목 원문을 옮겨 본다.

> 자연주의적 양식은 구석기시대 종말까지, 그러니까 수천수만 년 간 지속되었다. 예술 사상 최초의 양식 변화를 이룬 전환점은 구석기가 신석기로 이행하면서였다. **이때 비로소 체험과 경험에 대해 개방적인 자연주의 경향이 물러나고, 경험 세계의 풍성함을 등진 채 모든 것을 기하학적 무늬로 양식화하려는 경향이 지배**하게 된다. 자연에 충실하며 그때그때 모델의 특징을 애정과 인내로 묘사하는 그림 대신에, 사물을 충실히 그려낸다기보다는 상형문자처럼 가리키는 데 그치는, **획일적이고 인습화된 기호**가 나타난다. 예술은 이제 **인생의 구체적이고 생생한 묘사보다 사물의 이념이나 개념 내지는 본질을 붙잡으려 하고, 대상의 묘사보다는 상징의 창조에 주력**한다. 바위에 그려진 신석기시대 그림은 사람 모습을 두어 개 간단한 기하학적 도형으로 암시하고 있다. 예컨대 수직선 하나로 몸뚱이를 나타내고 팔과 다리는 위아래 반원 하나로 표시하는 것이다. 선사시대 돌기둥 멘히르menhir가 있다. 학자들은 이 돌기둥을 망자의 모습을 단순하게 나타낸 것으로 본다. 이는 극도의 추상화를 보여주는 것이다.[4]

나는 하우저의 이런 논지에 동의하지 않는다. 이 책을 읽은 독자들 또한 그럴 것이다. 신석기 미술을 알기 전 하우저를 읽을 때는 어떤 문제점도 찾을 수 없었다. 모두 다 맞는 말이고, 더구나 하우저가 한 말이기에 '무조건' 동의하고 읽었다. 하지만 지금은 이 주장에 무슨 문제가 있는지 바로 보인다. 나는 신석기 미술사를 쓰면서 하우저의 『문학과 예술의 사회사-고대·중세』 '신석기' 편을 몇 번이나 읽었는지 모른다. 볼 때마다 새로운 것을 아는 것이 아니라, 그 반대로 하우저가 왜 이렇게 잘못 볼 수밖에 없었는지, 이런 것이 새롭게 보였다.

4) 하우저, 백낙청 옮김, 『문학과 예술의 사회사-고대·중세』, 창비, 1996, 17쪽

위 인용문을 살펴보기에 앞서 간단한 것 하나만 먼저 짚고 가자. 하우저는 (이것은 곰브리치도 마찬가지다.) 다른 서구 미술사학자들이 그

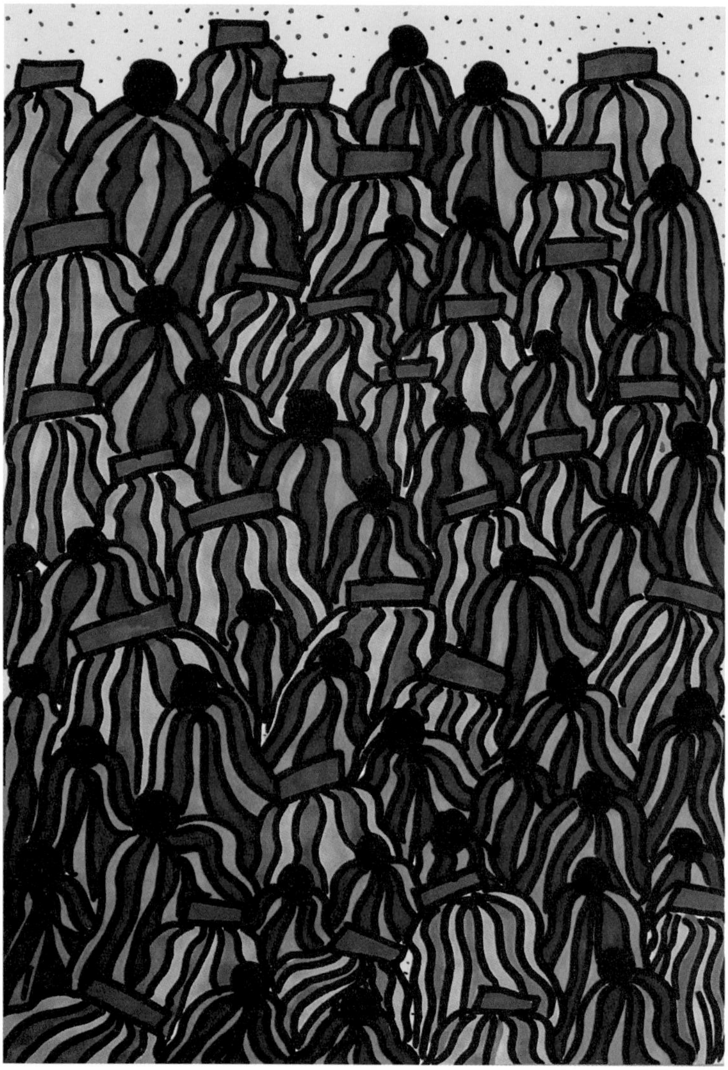

도8 광주 무학초등학교 4학년 허서연이 그린 젠탱글. 2021년 6월

허서연이 그린 이 젠탱글은 무엇을 '구상'으로 한 것일까. 우리는 이 패턴이 뭔지 찾을 수 없는 것일까.

런 것처럼 중국의 한자, 그중에서도 상형자조차도 '기호'로 본다는 점이다. (물론 위 인용문에서 말하는 '상형문자'는 이집트 상형문자 '히에로글리프hieroglyph'를 말하는 듯싶다.) 하지만 한국 사람 어느 누구도 상형자

山(메산) 자를 기호로 읽을 사람은 없다. 또 조선시대 어느 선비도 대나무 그림을 놓고 이 대나무는 곧은 절개를 '상징'한다고 말하지 않는다. 山은 산이고, 대나무는 곧은 절개일 뿐이다. 다시 말해 우리에게는 기호나 상징 같은 개념이 없다. 또 그런 개념이 있다 하더라도 이 둘을 엄격하게 구별할 수 있는 것도 아니다. (하지만 우리 한국 미술사학은 지금 이것에 사로잡혀 있다!) 이 이야기를 하는 까닭은 기호나 상징 개념으로 한국미술을 보는 것은 또 하나의 '전도'라는 것을 말하기 위함이다. 상징(象徵 symbol)과 관련해서는 1·3·4·7·14장에서 자세하게 말했다. 그리고 또 다시 말하지만 나는 이 책에서 '이것은 무엇을 상징한다' 같은 말을 단 한 번도 하지 않았다. **도4·5·7**의 삼각형도 '이 삼각형은 구름이다', 이렇게 말했지 이 삼각형은 구름을 상징한다, 이렇게 말하지 않았다. 이렇게 썼는데도 여러분이 이 책을 읽는 내내 반타원과 삼각형 패턴이 구름을 '상징한다고' 읽었다면 내 안의 인식틀이 그만큼 서구 문제틀에 가깝다는 것을 인정할 필요가 있다. 한국미술을 볼 때는 이런 관점을 버려야 한다. (이런 태도는 우리 한국 미술사학의 큰 문제 가운데 하나다!) 그렇지 않으면 우리는 도로 곰브리치가 되고 잰슨이 되고 만다.

앞 인용문을 보면, 하우저는 기호와 상징을 엄격하게 구별한다. 그는 기호를 말할 때 앞에 '관습적인conventional' 이 말을 주로 붙인다. 또 기호를 표시conventional tokens라고도 한다. 하우저에게는 **도4·5·7**의 삼각형 같은 경우가 바로 '관습적인 기호conventional signs'라 할 수 있을 것이다. 그에 견주어 상징은 우리가 아는 일반적인 뜻으로 쓰는 것 같다. (그런데 옮긴이는 'signs and symbols'를 '상징과 암호'(21쪽)로 옮긴다. 하우저의 신석기 편 전체 맥락을 보더라도 왜 이렇게 옮겼는지는 알 수 없다.) 자, 그렇다면 우리는 이렇게 물을 수 있다. 신석기 미술의 패턴이 기호이든 상징이든, (그런데 이 둘을 엄격하게 구분할 수 있을까. 서구 철학에서는 이 둘을 구분하는데 나는 몇 번을 읽고 들어도 설득이 안 된다.)

그 기호가 뭔지, 다시 말해 그 '구상'이 뭔지 먼저 밝혀야 하지 않을까. 또 상징이라 했는데, 그것이 정말 상징이라면 무엇을 상징하는지 밝혀야 하지 않을까.

우리들은 앞 인용문과 같은 내용을 인문 책이나 미술사 관련 책에서 수없이 볼 수 있다. 사실 그런 코멘트는 하우저의 신석기 미술 정리에 주석을 다는 것도 아니다. 그것은 한마디로 하우저의 주장을 그대로 옮겨 놓는 카피copy라 할 수 있다. 앞 인용문을 보면 하우저는 신석기 미술을 기하학적 양식화geometric stylization로 본다. 신석기인이 "사물의 이념이나 개념 내지는 본질을 붙잡으려" 했다는데, 정작 그 사물이 뭔지, 그 이념이나 개념the idea, the concept, 그 본질 the inner substance of things이 뭔지 말하지 않는다. 또 상징의 창조에 주력했다to create symbols rather than likenesses of the object고 하는데, 그 상징이 뭔지 말하지 않는다. 그는 신석기인이 소위 기하학적 형식 미술을 하게 된 까닭을 두 가지로 정리하는데, 하나는 애니미즘이고 또 하나는 농경이다.

하우저에 따르면, 신석기에 이르면 인간은 행운과 불행 같은 현실 너머에, 아니 그 배후에 행운과 불행을 관장하는 '어떤 힘any power'이 있다고 믿는다. 그들은 자신의 운명이 일정한 섭리와 의도가 있는 힘에 지배되고 있다는 것을 느끼게 되었다는 것이다. 이렇게 해서 애니미즘animism, 정령숭배spirit-worship, 영혼신앙과 사자예배 belief in the survival of the soul and the cult of the dead의 단계에 이른다(20쪽). 이 단계에 이르면 인간은 정신적이고 추상적인 것에 기울 수밖에 없다는 것이다. 신석기 농사꾼은 이제 구석기 때 사냥꾼의 예리한 감각hunter's sharp senses이 더는 필요하지 않는다. 그의 감각적인 예민성과 관찰력은 퇴화하고 그 대신 다른 능력, 무엇보다도 추상화abstraction와 합리적 사고 능력이 개발된다(22쪽). 우리는 이런 주장을 여러 미술사 책에서 읽는다. 그리고 고개를 끄덕끄덕한다. 하지만, 조금만 더 생각해 보면 이 주장에 얼마나 많은 문제가 있고, 또 논리의 '비약'이 있는지 알 수 있다. 하우저가 이런 논지를 펴는 근저에는 신석기 미술을 기하학적(이 말은 모른다는 말이다!) 추상무늬(이 또한 모른다는 말이다)라는 전제 속에서 하는 말이다. 점과 선으로 된 무늬라 해서 '기하학적'이라 하는데, 이 세상 패턴 가운데 점과 선으로 안 된 패턴이 있던가. 구상무늬든 추상무늬든 모두 다 점과 선으로 되어 있다. 그렇다면 구상무늬 또한 기하학적 구상무늬라 해야 하지 않을까.

하우저는 신석기에 이르러 애니미즘 같은 종교 관념이 자리 잡았다고 하는데, 이 세상 모든 신석기가 그런 것은 아니다. 한반도 신석기에는 명백히 애니미즘 신앙의 증거라 할 수 있는 미술이 나오지 않는다. 적어도 한반도 신석기에는 애니미즘도 종교의 흔적도 찾을 수 없다. (앞에서도 말했지만 종교가 없었다는 팩트가 중요한 것이 아니라 왜 한반도 신석기에는 종교가 없었는지, 이 점이 중요하다!) 그런데도 그가 말하는 '기하학적 추상미술'을 수천 년 동안 했다. 농사 또한 마찬가지다. 그가 사냥꾼의 눈hunter's sharp senses으로 구석기 자연주의 미술을 설명한 것은 아주 적절해 보인다. 또 신석기에 이르러 농사를 짓게 되면서 사냥꾼의 눈이 무뎌졌다는 말도 타당해 보인다. 하지만 그 때문에 추상화abstraction 단계에 들고 추상미술을 했다는 말은 논리적 '비약'이다. 더구나 신석기 1만 년 동안 농사를 몰랐던 일본 조몬인은 어떻게 설명할 수 있겠는가. 그들은 다른 나라 신석기인처럼 한곳에 모여 마을을 이루었고, 세계에서 가장 먼저 그릇을 빚어 구웠다. 물론 구석기 말 그릇이 나오고 있기는 하지만 그릇다운 그릇은 일본의 신석기 조몬토기가 가장 이르다. 그런데 그들은 '농사'를 짓지 않았다. 모든 나라 신석기가 농사와 같이 시작되는 것도 아니다. 아메리카 원주민 푸에블로 신석기인은 기원전 50년에야 농사를 짓기 시작한다. 우리 한반도 신석기도 마찬가지다. 한반도 신석

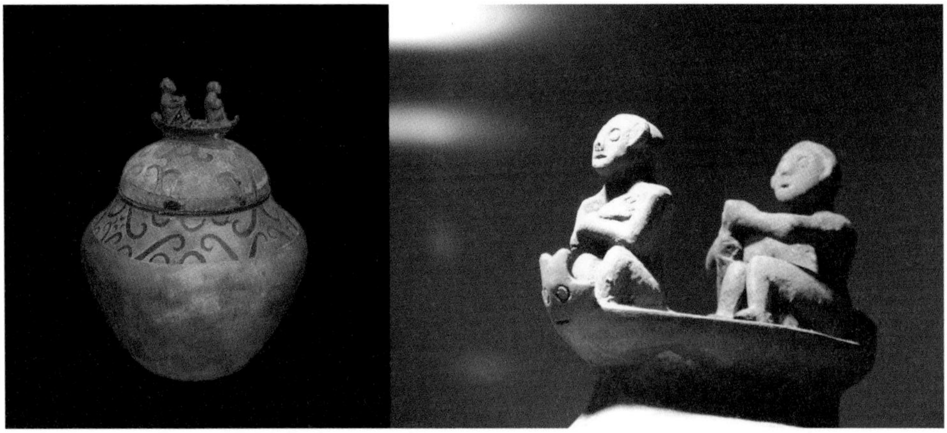

도9는 뼈를 모신 옹관이다. 망자(앞에 있는 사람)가 배를 타고 강과 바다를 건너 저세상으로 가고 있다. 필리핀 학계에서는 뚜껑과 아가리 쪽에 있는 패턴을 파도로 본다. 하지만 세계 신석기 미술의 일반 패턴으로 보면 구름(云)이다. 이 세상 만물의 기원(云·水)으로 다시 돌아가는 디자인이라 할 수 있다(13장 도13·14 참조 바람).

도9 필리핀 팔라완 타본동굴Tabon Caves 마농굴 항아리 Manunggul Jar. 필리핀 신석기 후기 기원전 890~710년. 높이 66.5cm. 마닐라 국립인류학 박물관

기는 1만 년으로 잡는데, 농사의 시작은 보통 신석기 후기로 잡고 있다. 그도 정확하지 않다. (1만 2520년 전 청주 소로리 볍씨를 모르는 것은 아니다.) 일본 조몬인도 암사동 신석기인도 농사를 짓지 않았는데 그릇의 디자인과 패턴은 하우저가 말하는 기하학적 형식주의 그릇이다. 그의 말처럼 (농사꾼의 눈이 아닌데도) 추상화 단계에 이르렀고 추상미술을 한 것이다.

이런 하우저의 비논리성과 논리적 비약은 그 또한 **도1·3-7** 같은 신석기 그릇의 디자인과 패턴을 알지 못했고 그저 기하학적 형식주의라 한 것에서 왔다고 할 수 있다. 하우저처럼 냉철한 사람이 자기 논리의 비논리성과 논리적 비약을 알지 못했던 것 또한 신석기 미술은 '기하학적 추상미술' 내지는 '기하학적 형식주의'라는 '자명한 공리'에서 비롯한 것이었다. 그만큼 자명성은 힘이 세다. 이 책을 처음부터 읽었다면 하우저의 『문학과 예술의 사회사-고대·중세』 신석기 편을 꼭 읽어보았으면 한다. 아마 하우저 논리의 모순과 논리적 비약이 보일 것이다.

하우저의 신석기 미술과 관련하여 마지막으로 한 가지만 더 살펴보고자 한다. 하우저는 "농경민의 세계관은 정적(靜的)이고, 전통주의적이며, 그들의 생활양식은 비개성적·고정적이요, 이런 생활양식에 대응하는 그들의 예술 또한 인습적이고 변화를 모르는 것일 수밖에 없었다"고 한다(23쪽). 그런 다음 고든 차일드를 든다. "고든 차일드는 이러한 정신의 특징을 나타내 주는 현상으로서 신석기시대 어느 마을에서 나온 토기가 모두 닮아 있다all the pots of a village were alike는 주목할 만한 사실을 지적하고 있다."(23쪽) 그런데 하우저는 이 말을 2장에서 이집트 미술을 다룰 때 또 한 번 한다. 아마 그는 관습적인 기호conventional signs, 신석기시대의 정체적 문화나 만사를 도식화하려는 신석기 농민문화의 형식의지the schematic formalism of the Neolithic peasant culture를 말하고 싶었던 듯싶다. 이 책을 내던 해인 1951년에도, 지금도 신석기유적 한 마을에서 나오는 그릇은 디자인도 패턴도 모두 비슷하고 닮아 있다. (우리나라 신석기유적에서 나오는 그릇이 다 똑같은 디자인과 패턴인 것처럼.) 그는 신석기 그릇의 디자인과 패턴의 '구상'을 몰랐기에, 그런 신석기 그릇에서 신석기 예술의 관습과 정체를 읽었다고 할 수 있다. 하지만 그도 잘 알고 있듯이 수천 년 동안 한 가지 예술 양식이 지배했던 적이 있던가(23쪽). 우리 한반도는 기원전 1만 년에서 기원전 1000년까지, 아니 청동기와 삼국시대를 거쳐 신라와 고려, 조선민화까지 신석기 패턴이 이어진다. (이런 사례는 세계미술사에서 찾아보기 힘들다!) 이것을 어떻게 설명할 수 있겠는가. 이것을 관습이나 정체로 설명할 수 있을까. 미술사학자는 한 마을의 그릇이 똑같다는 팩트에 그치는 것이 아니라 왜 같은지, 그도 수천 년 동안 큰 변화가 없이 어떻게 유지되었는지 밝혀내야 하고, 그 패턴의 구상이 무엇인지 찾아내야 한다.

그런데 재미있는 것은 하우저가 고든 차일드를 인용할 때 맥락을 무시했다는 점이다. 고든 차일드에 따르면 신석기시대 공예crafts는

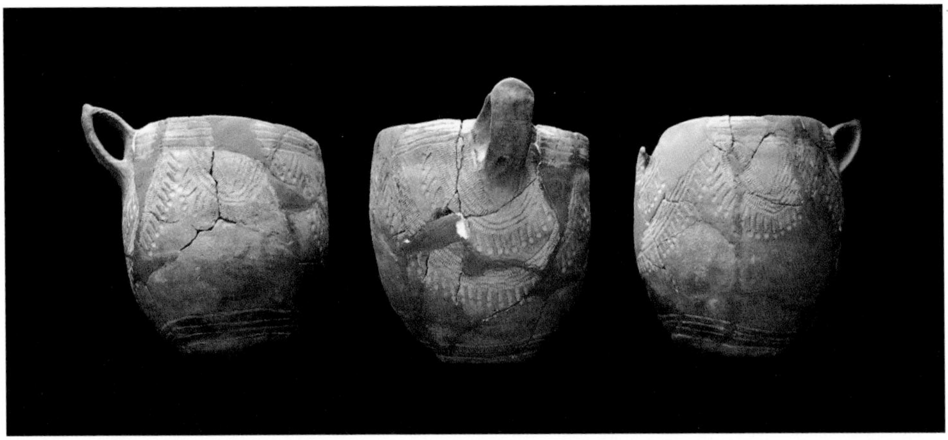

카디알 문화 그릇은 흔히 새조개Cardium edule 조가비 끝으로 누르거나 빗comb으로 새겨 무늬를 냈다고 말한다. 하지만 새조개로도, 빗으로도 이런 무늬는 새기기 힘들 것 같다. 이것은 우리가 빗 같은 무늬새기개로 빗살무늬를 냈다고 잘못 알고 있는 것과 같다. 이 그릇의 패턴에 대해서는 10장 도34·35를 참조 바람.

도10 카디알 문화 cardial culture 그릇. 기원전 5500년. 스페인 이베리아 신석기

공동 작업이었다. 그는 현대 아프리카 여성 장인housewife을 든다. 그들은 마을 한곳에 모여 수다를 떨면서 그릇을 빚는다. 그러다 보니 디자인과 패턴이 비슷하다는 것이다. 고든 차일드는 현대 아프리카 여성 장인들이 그렇듯 신석기 그릇 장인들도 '여성'이었을 가능성이 높으며, 공동 작업을 했기 때문에 신석기 유적 한 곳에서 나온 그릇이 모두 단조롭고 엇비슷하다monotonous uniformity는 것이다 (Gordon Childe, 『Man Makes Himself』, New America Library, 1951, p.81). 그런데 세계 신석기 미술은 한 마을을 넘어 세계 모든 나라의 신석기 미술이 그야말로 단조롭고 비슷비슷하다. 이것을 어떻게 설명할 수 있을까. 그것도 수천 년 동안 비슷하다는 것을 어떻게 설명할 수 있을까. 이뿐만 아니라 고든 차일드가 예로 들었던 아프리카 여러 나라 장인들은 '지금도' 신석기 때 빚었던 방식 그대로, 디자인과 패턴 또한 거의 변함이 없이 빚고 있다. 그렇다면 고고학자는 그 '사실'을 말할 것이 아니라 그 디자인과 패턴이 뭔지 그것부터 먼저 풀어야 하지 않을까. 하지만 고든 차일드 또한 하우저와 마찬가지로

도1·3-7 같은 신석기 그릇의 디자인과 패턴을 알지 못했다. (그래서 그는 『Man Makes Himself』를 낼 때 신석기 그릇을 단 한 점도 사진과 그림으로 들지 않는다.) 아마 여러분들이 이 책을 읽었다면 마찬가지로 고든 차일드에게도 손으로 짚어가며 설명할 수 있을 것이다.

궁리하면 기필코 그 해답이 보일지니

그럼 곰브리치, 하우저, 잰슨, 고든 차일드 이후 서구 미술사학과 고고학계는 신석기 미술의 디자인과 패턴을 풀었을까. 신석기 미술 가운데 가장 많은 것이 그릇이다. 다른 것은 모두 흙속에서 삭아 없어졌기에 세계 어느 박물관을 가더라도 신석기 방에는 간석기와 그릇으로 채워져 있을 수밖에 없다. 하지만 서구 또한 우리 학계와 사정은 마찬가지다. 우리 고고학계가 그렇듯 그들 또한 그릇의 디자인과 패턴이 무엇인지 모른다. 그래서 그릇에 무늬를 내는 '방법'에 따라 그릇을 분류한다. 줄·선 패턴 그릇 문화Corded Ware culture(6장 **도45-1**), 선 그릇 문화Linear Pottery culture, 줄 패턴 띠 그릇Linear band keramik, LBK, 꾹꾹 누름 패턴 그릇 문화impressed ware culture, 새조개 패턴 그릇 문화cardial ware culture, 선(획) 장식 그릇 문화Stroke-ornamented ware culture, stroked pottery라 한다. 이는 우리 학계가 그릇의 디자인과 패턴이 뭔지 궁리하지 않고 무늬를 내는 방법에 따라 융기문(隆起文, 덧무늬), 지두문(指頭文, 누른무늬), 압인문(押印文, 찍은무늬), 침선문(沈線文, 새김무늬) 토기라 하는 것과 같다. 믿기지 않겠지만 이 책을 읽은 독자들은 세계 어느 나라 박물관에 가더라도 구석기와 신석기, 청동기를 넘어 그 미술에 깃들어 있는 디자인과 패턴을, 또 이야기를 읽어낼 수 있을 것이다. 아마 그 박물관 학예사보다 더 날카롭고 본질적으로 읽을 수 있을 것이다. 우리나라 어느 국립박물관을 가도 이는 마찬가지이다.

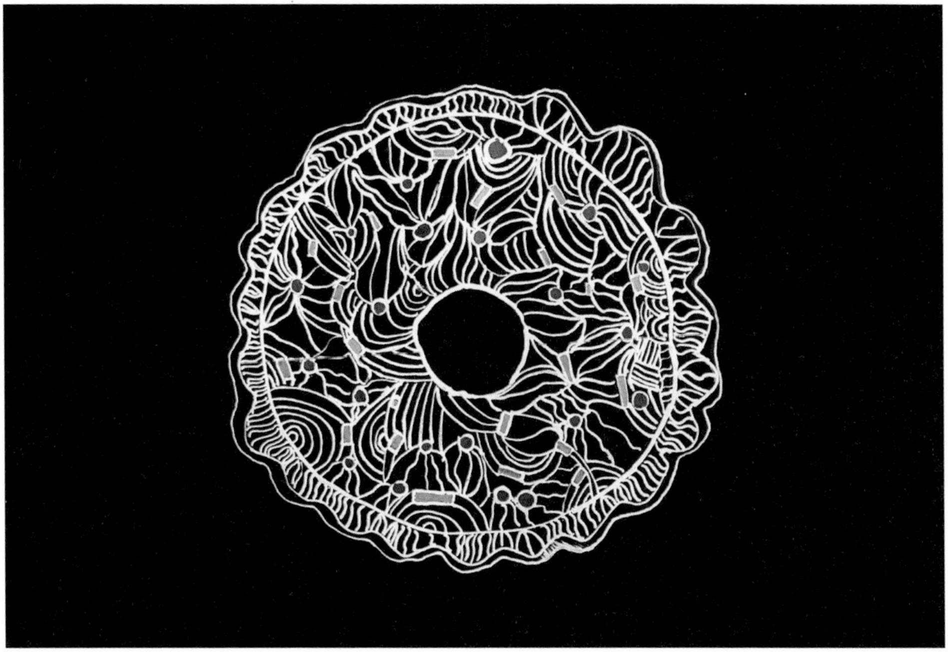

도11 광주 무학초등학교 2학년 허서연이 그린 젠탱글. 2019.
대체 서연이는 무엇을 그린 것일까.

앞에서 든 **도8** 그림을 한번 보자. 이 그림은 광주 무학초등학교 4학년 허서연이 그린 젠탱글이다. 젠탱글zentangle은 '젠(zen, 선)'과 '탱글(tangle, 얽히다)'의 합성어로, 말 그대로 선이 서로 얽혀 이뤄진 패턴 그림을 말한다. 허서연은 대체 무엇을 '구상'으로 하여 이런 젠탱글을 그린 것일까. 어떤 '구상'을 염두에 두지 않고 그저 마음 가는 대로 그린 것일까. 이 그림을 드는 까닭은 세계 신석기 미술이 이런 젠탱글을 앞에 두고 해석하는 것과 같기 때문이다. (여러분도 한번 궁리해 봤으면 한다.) 만약 이 그림을 대학 강의실에 가 학생들에게 보여주고 이것이 무엇을 그린 것 같냐고 물으면 어떤 대답이 나올까. 여러 답이 나올 것이고, 저마다 그에 따른 추론을 할 것이다. 마찬가지로 초등학교 교실에 가 내보여도 그럴 것이다. 그런데 그 답 안에 허서연이 염두에 둔 '구상'이 있을까. 난 분명히 있을 것이라고 생각한다.

내가 이 그림을 독자들께 내보이는 까닭이 있는데, 그것은 바로 우리 학계에 '궁리하는 태도'가 절실하기 때문이다. 신석기 미술의 디자인과 패턴을 '기하학적 추상무늬'라 하면서 모든 논의를 '멈추고', 그도 근대사학 100년 동안 포기하는 것이 아니라, 그것을 붙잡고 풀어보려는 태도, 궁리하는 태도가 필요하다는 것이다.

허서연은 2019년, 그러니까 2학년 때 **도11** 젠탱글을 그렸다. 서연이는 도대체 무엇을 구상으로 하여 이런 젠탱글을 그렸을까! 그리고 **도8** 젠탱글은 그로부터 2년 뒤 4학년 때 그렸다. **도8** 젠탱글이 y축에서 본 어떤 것이라면 **도11** 젠탱글은 x축과 y축에서 본 것을 한 평면에 그렸다고 볼 수 있다. 신석기 울산 대곡리 반구대 암각화가 그렇다. 사슴, 멧돼지, 호랑이, 사냥꾼이 y축에서 본 것이라면, 고래나 거북은 x축에서 내려다본 것이다. (어떤 고래는 y축에서 보고 새긴 것도 있다.) 이는 신석기 미술의 일반적인 특징이다. 어느 한 축에서 보거나 두 축에서 본 것이 한 평면에 같이 있는 것이다. **도12** 이집트 벽화 네바문의 정원Nebamun's Garden이 그렇다. 나무나 연못 속 수련과 연못 가 풀은 모두 y축에서 본 것이다. 다만 나무와 풀을 보고서 있는 자리가 다를 뿐이다. 연못은 위에서(x축에서) 내려다보고 있다. 그런데 그 연못 속에 있는 물고기와 새는 y축에서 본 것이다. 초등학교에 입학하기 전 아이들과 초등학교 낮은 학년 아이들 그림에서 보이는 특징이다. 다시 말해 대상을 어느 한 축에서만 본다는 점에서 1차원이고, 이것을 평평한 평면에 그린다는 점에서 평면 그림이다. 앞에서 늘 말했듯이 세계 신석기 미술의 가장 특징이 그릇 평면에 1차원으로 그리는 것이다. 미술사학자는 신석기 1차원 평면 디자인과 패턴이 청동기와 철기시대에 이르러 3차원 입체로 바뀌는 것까지도 볼 수 있어야 한다. 나는 이런 미술을 앞에서 몇 가지 사례를 들어 자세하게 풀었다(5장 **도32-36**, 6장 **도17-19**, 12장 **도31**, 13장 **도7-9·12-20** 참조). 물론 우리는 1차원 평면에 구석기 자연주의(입체에 가

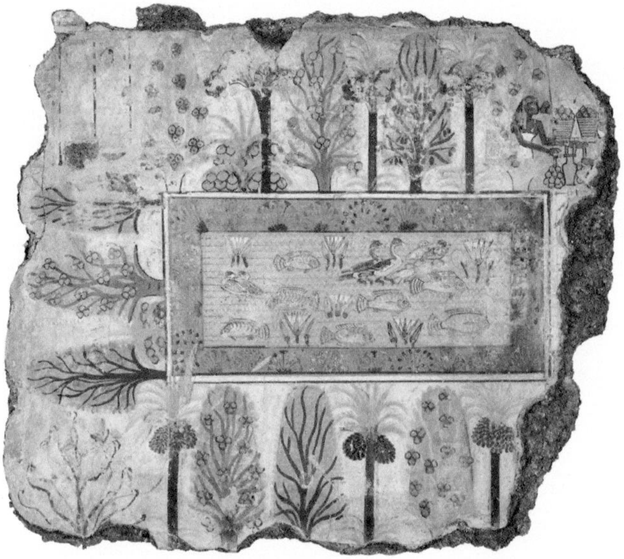

이집트 테베(지금의 룩소르) 서기·곡식계수관 네바문의 무덤 벽화다. 대추야자date-palms, 무화과나무 sycomores가 보인다. 마른 회벽에 색안료로 그렸다. 이 방법을 프레스코 세코Fresco-secco라 한다.

도12 네바문의 정원
Nebamun's Garden.
이집트 기원전 1420 ~1375년.
벽화.
높이 64cm.
런던박물관

까운) 전통이 살아 있는 구름(云) 패턴도 본 적이 있다(6장 **도12·15·26**, 7장 **도18–24·27–29·40·41·53·54·57·58**, 9장 **도7·11·21·22**, 10장 **도1** 참조).

2021년 서연이가 그린 젠탱글 **도8**을 보았을 때 무엇을 '구상'으로 한 것인지 도무지 알 수 없었다. 그냥 마음 가는 대로 그린 것일까, 이런 생각도 했다. 그러다 갑자기 2019년에 찍어 두었던 사진이 생각났고, 급히 폴더를 열어보니 거기에 젠탱글 **도11**이 있었다. 나는 두 젠탱글을 견주어 보면서 **도8**과 **도11**의 '구상'이 같다는 것을 알았다. **도8**이 그 대상을 y축에서 본 것이라면 **도11**은 x축에서 아래로 내려다본 것이다. (네모는 y축에서 본 것이다.) **도8**과 **도11**을 두 모니터에 띄워놓고 한참을 궁리해도 알 수 없었다. 대체 서연이는 무엇을 그린 것일까. 그로부터 2주 뒤 글쓰기 수업 날 서연이를 만났다.

"서연아, 내가 궁금해서 그러는데, 이거 뭐 그린 거야?"

"아, 이거요. 케이크 장식이에요. 이것은 생크림이고, 이 위에 있는 것은 토퍼와 체리예요."

아아, 모든 것이 풀렸다. 그러니까 **도11**은 케이크를 위에서(x축에서) 내려다본 것이고, **도8**은 케이크에서 생크림 위 체리와 토퍼 데코레이션만 (y축에서 보고) 그린 것이다. 그렇다면 **도11** 케이크 둘레 구불구불한 패턴은 뭘까. 그도 그렇게 어렵지 않다. 옆에서(y축에서) 본 케이크 장식을 바닥에 펼쳐놓은 것이다. **도12** 이집트 네바문의 정원 Nebamun's Garden에서 나무처럼 말이다. (이 벽화에 대한 곰브리치의 코멘트는 아주 적절하다. 그런데 우리 한국 사람들은 **도12**를 볼 때 그의 말을 듣고서야 비로소 알게 된다는 것이다. 우리는 이 그림이 하나도 이상하지 않다. 만약 처음부터 이상하게 느꼈다면 내 눈이 벌써 서양 사람들의 눈에 더 가까워졌다는 것을 인정해야 한다. 어쩌면 이 그림의 본질은 여기에 있을 것이다.) 이렇듯 곰브리치, 하우저, 잰슨이 기하학적 형식주의 내지는 추상미술이라 하는 신석기 미술도 그 구상을 궁리하면 찾을 수 있는 일이다. 그 대상은 신석기에 있을 수 있고, 한참 뒤 청동기에서도 철기시대 미술에서도 찾을 수 있다.

김원용의 신석기 미술론 비판

마지막으로 김원용과 안휘준의 한반도 신석기 미술 편을 정리해 보고자 한다. 여기서 두 분의 논의를 다시 읽는 까닭은 그 논지가 앞서 있고 뛰어나서가 아니라 우리 미술사학 담론이 그 안에 갇혀 있고, 근대사학 100년 동안 한국미술의 기원을 풀지 못하고 단 한 발짝도 앞으로 못 나가고 있기 때문이다. 김원용(金元龍 1922~1993) 선생은 1993년 세상을 떠났다. 선생은 살아생전 한국 고고학과 미술사학의 기초를 놓으셨고 지금도 후배들은 선생의 책을 읽고 배우고 있다. 선생이 제자 안휘준과 함께 낸 책이 있으니 바로 『한국미술의 역사』(시공사)다. 이 책은 지금 한국미술사를 공부하는 사람들의 교과서가 되어 있다. 선사시대 편은 김원용이 정리했는데 거기에 이런 말이 있다. 읽을 때는 겪어보면서 읽어야 한다.

> 선사시대 한국미술은 **조형성, 입체성보다는 평면, 선에 의존하면서 사실보다는 편화(便化)**, 실형(實形)보다는 도안 등 기본적으로 **추상주의 양식**을 따르고 있으며 선사시대에서 시작된 **기하학적 무늬의 기호(嗜好)는 신라토기**까지 계속되었다.
> 추상미술이란, **대상물의 실체를 선이나 색으로 묘사 또는 표현하려는 철학적 양식**이라 할 수 있으며, 일반적으로 냉엄한 자연현상에 신성(神性)의 존재를 인정하며 그들과 싸워 이기거나 타협하며 살아가야 하는 **북방지대 주민 사이에서 유행한 생활철학적 양식이다. 한국 선사미술은 기본적으로 북방민족의 미술이다.** 그것은 우리 민족이 **시베리아에서 내려온 고(古)아시아족, 그리고 그 뒤를 이은 퉁구스계 민족이라는 사실을 생각할 때 수긍이 가며, 민족 본래의 추상주의 경향은 역사시대에 들어가 자연주의 양식이 주류가 되었을 때도 우리 미술의 바탕을 흐르는 잠류(潛流)**로 뿌리 깊게 남게 되었다.
> **청동기시대(기원전 1000~300년경) 한민족은 문헌에 나오는 '예맥족(濊貊族)'**이다. 예맥족 중 한강 이남, 오늘의 **남한지역에 퍼진 남예맥은 한강 이북의 북예맥과는 달리 온화**하고 농경에 적합한 자연환경 때문에 어로, 수렵 위주의 북방적 경제에서 농경에 의존하는 농경민으로 바뀌었다. 그리고 그 뒤 이 지역으로 들어오는 **불교미술의 발달과 함께 종래의 북방미술에서 남방미술로, 추상주의 양식에서 자연을 미의 기준으로 삼는 자연주의 양식**으로 바뀌게 되었다.
> 이렇게 원래 **북방적 추상양식 전통에서 출발하고 있으면서** 삼국시대로 들어가면서 우리나라 미술은 자연주의 양식으로 바뀌기 시작하고, 그

것이 **우리 민족의 자연에 대한 사랑, 자연에의 의존심에 뒷받침되어 우리나라 미술 특유의 평화롭고 인간미 있고 그러면서 인공의 가식이 없는 순수한 자연의 미**를 나타내려는 한국적 미술양식을 형성해 나갔다.[5)]

여러분들은 어떻게 읽었는지 모르지만 나는 김원용의 이런 논지에 동의하지 않는다. 아마 여러분들도 나와 같을 것이다. 내가 이 책을 쓰면서 늘 강조한 것이 있는데, 그것은 바로 '겪어보기'다. 이름난 학자가 말한다고 해서 아주 '무장해제'가 된 상태에서 읽어서는 안 된다. 그 글이 아무리 권위가 있다 하더라도 꼼꼼히 따져보고, 그것이 정말 나를 진정으로 '설득하고' 있는지 살펴야 한다. 첫 문단에 어려운 말이 있다. 편화(便化 편할편·될화)는 앞 하우저에서 읽었던 신석기 미술의 관습화conventionalization로 보면 되겠고, (나는 '관습'으로 보지 않는다.) 기호(嗜好 즐길기·좋을호)는 sign이 아니라 말 그대로 '즐겨쓰기'로 읽으면 되겠다.

5)김원용·안휘준, 『한국미술의 역사』, 시공사, 2016, 16쪽

김원용은 한반도 신석기 미술을 '추상주의 양식' '기하학적 무늬'라 한다. 이것은 그때도 지금도 너무나 '자명한 공리'가 되어 있다. 그런데 그는 미술사학자인 만큼 이것을 반드시 해결해야 했다. '왜 한반도 신석기인들은 추상미술을 했는가?' 하지만 그도, 지금 우리 학계도 신석기 미술은 구상미술이 아니기에 알 수 없는 미술이었다. 그래서 그 기원을 '북방민족 미술'에서 찾는다. 그는 추상미술을, 대상의 실체를 (그 '대상(구상)'은 도대체 무엇인가.) 선이나 색으로 (이것은 구상미술도 마찬가지 아닌가.) 표현하려는 철학적 양식이라 한다. '철학적 양식'이라 하는데, 솔직히 무슨 말인지 모르겠다. 또 "냉엄한 자연현상에 신성의 존재를 인정하며 그들과 이기거나 타협하며 살아가야 하는 북방지대 주민 사이에서 유행한 생활철학적 양식"이라 한다. ('생활'철학적 양식도 무슨 말인지 모르겠다.) 그런데 추상미술을 이렇게 설

명해도 되는 것일까. 그렇다면 유럽과 아프리카, 서아시와 동남아시아, 중국과 일본, 북미와 남미 신석기는 어떻게 설명할 수 있는가. 이 책에서 보기로 든 수많은 그릇의 디자인과 패턴은 모두 이 지역의 '기하학적 추상무늬'가 아닌가. 그가 이런 비논리적인 논지를 펴는 까닭은 한반도 신석기의 '추상미술'을 어떻게든 해결하려는 의지의 과잉이었다.

그는 이제 한 발 더 나아간다. 우리 겨레가 "시베리아에서 내려온 고(古) 아시아족, 그리고 그 뒤를 이은 퉁구스계 민족이라는 사실을 생각할 때 수긍"이 간다고 한다. (이는 김정배와 김정학의 논지를 따른 것이기도 하다.) 이 말은, 한반도 빗살무늬토기 문화가 원래부터 한반도에 살았던 원주민의 미술이 아니라 '북방'의 고아시아족(동북아시아 최북단에 살았던 민족)이 내려와 원주민과 섞여 이룬 문화이고, 청동기 문화는 중국 동북지방 퉁구스족 민무늬토기 문화가 내려와 빗살무늬토기 신석기 원주민과 섞여 신석기 말 때 주류가 되었다는 말이다. 그는 왜 이런 논지를 펴는 것일까. 그것은 그가 신석기 빗살무늬토기, 다시 말해 기하학적 추상미술의 기원을 '북방민족의 미술'에 두기 때문이다. 그런데 그는 또 왜 청동기 미술을 설명할 적에 퉁구스계 민족을 드는 것일까. 그것은 청동기 '민무늬토기'를 설명하기 위한 방편이다. 그는 그렇게 촘촘하게 무늬를 새겼던 신석기 빗살무늬토기가 청동기에 이르러 무늬가 모두 없어지고 한순간에 민무늬토기로 바뀌게 된 내력을 도무지 알 수 없었다. 그래서 생각한 것이 신석기 말 민무늬토기 문화 퉁구스족이 내려와 그전 고아시아족 신석기인과 만났는데, 그 뒤 고아시아족의 빗살무늬토기 문화가 저물고 퉁구스족 청동기 민무늬토기 문화가 주류가 되었다는 것이다.

이것은 12장에서 핀란드 신석기 그릇을 설명하면서 간단히 말했듯이 서구 고고학계 문제틀의 한 특징이기도 하다. 그릇 무늬를 새기는 방법이나 패턴을 가지고 부족과 종교가 달랐다고 보는 것 말이다. (유럽 학계 또한 신석기 미술을 모르기에 이런 논리를 펴는 것이다.) 하지만 조금만 생각하면 이것은 그야말로 말도 안 되는 주장이다. 그의 말처럼 우리 신석기 문화가 북방의 고아시아족 문화라면 동북 최북단 지역에도 한반도 암사동 빗살무늬 패턴이 있어야 하고, 또 암사동과 같은 신석기 '세계관'을 담고 있는 미술이 있어야 한다. 하지만 암사동과 같은 빗살무늬토기 디자인과 패턴은 찾아보기 힘들다. 그렇지 않다, 거기에도 암사동과 같은 빗살무늬 패턴이 있다, 할지도 모르겠다. 물론 아주 드물지만 모양이 같은 그릇이 있기는 있다. 하지만 아프리카, 영국, 유럽 이베리아반도 신석기, 서남아시아, 스텝 지역, 타이의 반치앙 문화, 북미와 남미의 신석기 그릇 빗살무늬 패턴이 그보다 훨씬 더 암사동 그릇에 가깝다. 더구나 패턴뿐만 아니라 그 세계관도 비슷하다. 북방 민족보다 히브리 신석기 세계관이 암사동 신석기 세계관에 더 가깝지 않은가. 다시 말해 지금까지 우리 학계가 북방 미술과 비슷하다고 드는 것을 곰곰이 한번 들여다보면 그렇게 같은 것도 아니고, 또 본질에서 보더라도 결정적인 것도 아니다. 나는 본질적으로 그들과 다르다고 보고, 같은 면이 있을지라도 그것이 북방에서 내려왔다기보다는 세계 어느 신석기 미술에서도 찾아볼 수 있는, 그저 일반적인 것에 불과하다고 본다. 또 그 반대로 우리 한반도에서 북쪽으로 올라간 것일 수 있다는 것, 이런 것도 한번 진지하게 생각해 봐야 한다. (러시아 아무르 강 둘레 문화가 그렇다. 그곳 여러 지역 박물관에 가면 우리 한반도 미술에서 볼 수 있는 디자인과 패턴을 두루 볼 수 있다.) 이것은 현대과학의 실제 유전자 지도를 보더라도 그렇다. 좀 이따 다루겠지만 우리는 일단 우리 겨레가 '북방에서 왔다'는 북방기원설, 이 '자명한 공리'부터 다시 생각해야 한다.

신석기 빗살무늬토기가 나오는 유적지를 보면 암사동처럼 그릇 표면을 빈틈없이 무늬로 새기는 곳이 있는 반면에 어떤 곳은 처음부터 아가리 쪽만 새긴 곳도 있다. 아가리부터 밑굽까지 새겼다가 신석기 중기에는 밑굽을 안 새기고, 그러다가 밑굽부터 몸통까지 안 새기고, 청동기에 이르면 더는 무늬를 새기지 않는다. 이렇게 해서 청동기 '민무늬토기'가 나온 것이다. 그런데 김원용은 이것을 북방 민무늬토기를 쓴 퉁구스족이 한반도에 내려와 주류 문화가 되고, 그래서 더는 무늬를 새기지 않았다는 것이다. 이것은 발굴조사에서 증명된 것도 아니고, 더구나 북방과 한반도 그릇은 아주 다르다. 무엇보다도 패턴에 담긴 세계관이 다르다. 그리고 청동기 미술사에서 자세하게 밝힐 것이지만, 또 이 책 곳곳에서 말하기도 했지만, 신석기 그릇의 무늬 가운데 밑굽과 몸통 무늬가 없어진 것은, 아니 새기지 않은 것은 그들이 밑굽과 몸통에 담긴 '세계관'을 해결했거나, (제주도 고산리 신석기인이 처음부터 밑굽 무늬를 새기지 않은 것처럼) 더 이상 중요하지 않게 되었거나, 지배계급이 그 세계관을 '독점'했기 때문이다. 나는 청동기에 이르러 신석기 세계관(천문과 구름과 비 세계관)을 단군을 비롯한 지배계급 군주가 독점한 것으로 본다. 이것은 『삼국유사』 단군 편의 풍백(風伯), 우사(雨師), 운사(云師)를 어떻게 풀이하느냐에 그 해답이 있다고 본다. 다시 말해 환웅은 바람과 비와 구름을 거느렸고, 아니 비와 구름을 관장하고 부르는 풍백(風伯 바람풍·우두머리백)을 자처했을 가능성이 높다. 이런 형편은 삼국시대에도 그대로 이어진다. 이것이 가장 완벽하게 드러나 있는 미술이 신라미술이고, 그 가운데서도 고구려 백제 신라의 금(동)관이고 신라와 백제의 금(동)관모다. (우리는 지금 신라 금관의 디자인과 패턴에 대해 아무것도 풀지 못한 형편이다!)

그에게는 1만 년 신석기·청동기 미술이 공백

김원용이 이런 논지를 펴게 된 것은 결정적으로 신석기 빗살무늬토기의 디자인과 패턴을 알지 못했기 때문이다. 이것을 풀지 못했으니 그에게 신석기 미술은 '공백'이고, 신석기가 공백이니 청동기 미술도 마찬가지로 '공백'이 될 수밖에 없었다. 만약 청동기 민무늬토기가 북방 퉁구스족 미술이라면 청동기시대 대표 미술이라 할 수 있는 고인돌은 어떻게 해석할 것인가. 이것도 퉁구스족 미술일까. (우리 학계는 고인돌의 '구상'이 어디에서 온 것인지 아직 감도 잡지 못하고 있다!) 청동거울 다뉴세문경 뒷면 무늬는 또 어떻게 해석할 것인가. 이런 거울이 북방에서 많이 나오고 있는가. (다뉴세문경 뒷면 무늬는 '해'와 아무런 관련이 없다. 이 패턴은 신석기 천문과 삼각형 구름과 비 패턴이다.) 청동방울은 또 어떻게 설명할 것인가. (청동방울은 소리(音)의 '기원'을 풀 수 있는 미술이다!) 세상에서 가장 엉뚱한 '무기' 비파형 '조립형' 동검의 디자인은 어떻게 풀 것인가. (세계 무기 역사에 조립형 칼이 있던가.) 보기로 든 고인돌, 다뉴세문경, 청동거울, 비파형 동검은 한반도 청동기인의 세계관을 그릴 수 있는 대표 미술이다. 하지만 우리 고고학계와 미술사학계는 이것에 대해 어느 것 하나 풀지 못한 형편이다. (선뜻 납득이 안 가겠지만 사실이 그렇다. 이것은 청동기 미술사에서 자세히 밝힐 것이다!) 이 모두는 신석기 빗살무늬토기의 디자인과 패턴을 풀지 못해서 벌어진 일이고, 신석기 미술을 못 푸니 청동기 미술도 자연히 '공백'이 된 것이다.

김원용이 청동기 민무늬토기에 대해 이런 논지를 펴게 된 까닭은 청동기 미술을 몰랐기 때문이다. 물론 신석기를 몰랐으니 이건 당연하다. 앞에서도 여러 번 얘기했듯이 청동기 미술은 신석기 미술을 풀어야만 풀 수 있는 미술이다. 청동기에 이르러 천문, 하늘 속 물, 구름, 비 패턴이 그릇에서 없어진 것은 『삼국유사』 단군 편에 있는 풍백(風伯), 우사(雨師), 운사(云師)를 어떻게 풀이하느냐에 달려 있다. 이것을 풀어야만 신석기 천문과 비구름 세계관이 왜 청동기 그릇 패턴에서 없어질 수밖에 없었는지 알 수 있다. 이뿐만 아니라 청동기를 넘어 삼국시대에도 백성들이 쓰는 일상 그릇에는 그 어떤 패턴도 새길 수 없었던 내력을 알 수 있고, 반면에 삼국시대 군주와 귀족들

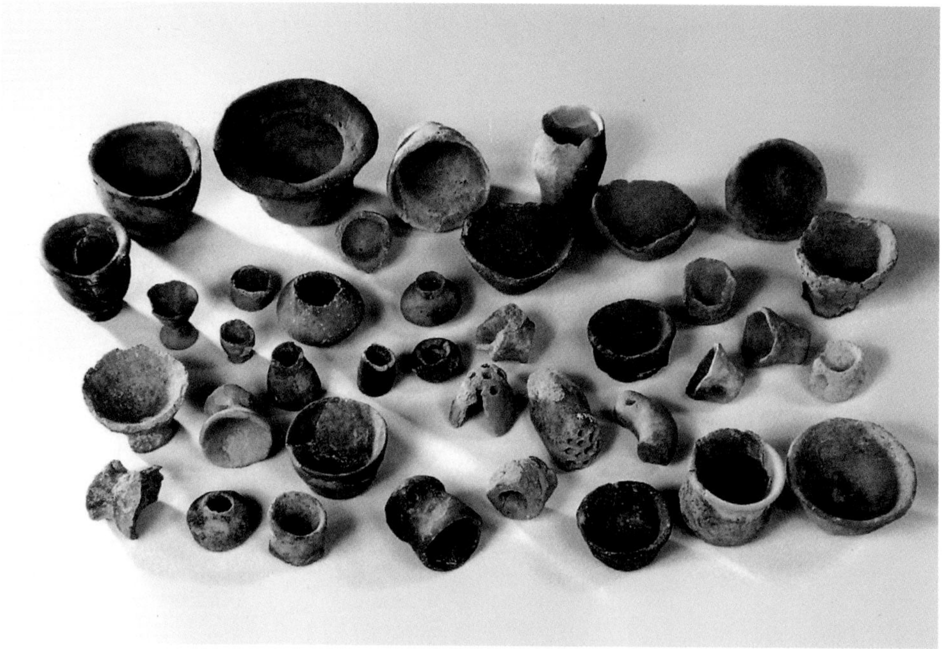

무덤 부장품 그릇에는 왜 신석기 천문과 비구름 패턴이 온통 새겨져 있는지 설명할 수 있다. 그것은 그들이 신석기 세계관을 독점했기 때문이다. 이 책에서 든 사진 가운데 신석기 이후 미술이 모두 그렇다고 볼 수 있다.

도13 전라남도 해남 군곡리 조개무지 유적 생활그릇.
초기 철기시대 기원전 1세기~기원후 3세기

도13·14를 보자(13장 **도2·3·6** 참조). 광주광역시 광산구 신창동유적(**도14**)은 기원전 2세기에서 기원후 1세기 무렵, 그러니까 초기 철기시대 마한 유적이다. 이곳에서는 실로 엄청난 유물이 나왔는데 e뮤지엄에 올라온 사진만 해도 3,190건이다. 이 가운데 흙으로 만든 것이 2,857건인데, 이것을 살펴보면 거의 다 그릇이다. 신창동유적이 중요한 까닭은 삼국시대 초, 청동기 말과 철기시대 초 한반도 사람들의 '생활'을 짐작할 수 있기 때문이다. 우리는 박물관에 전시되어 있는 유물이, 당시 사람들이 일상에서 쓴 물건일 거라 짐작하는데,

전혀 그렇지 않다. 거의 다 무덤에서 나온 것이다. 그도 군주와 귀족들 무덤 말이다. 그런데 거기서 나온 것 또한 귀족들이 일상에서 쓴 것은 거의 없다. 거의 다 무덤에 부장품으로 넣기 위해 특별히 새로 만든 것이 많다. 12장에서 다룬 구멍단지나 13장에서 다룬 천문토기와 원통형토기, 가야의 그릇받침이 바로 그런 그릇이다. 그래서 이런 미술에서는 당시 지배계급의 '세계관'을 읽을 수 있을지언정 당시 사람들의 일상생활을 읽을 수는 없다. 물론 그 세계관이 그 사회를 어느 정도 지배했다고는 볼 수 있다. 그런데 신창동유적 미술을 보면 당시 사람들이 어떤 농사 연장을 썼는지 어떤 악기를 연주했는지 어떤 그릇을 썼는지 알 수 있다.

다시 한번 **도13**을 보자. **도13**은 전라남도 해남 군곡리유적에서 나온 그릇이다. 이 유적은 초기 철기시대 기원전 1세기에서 3세기 마한 유적이다. 보는 바와 같이 그릇이 아주 볼품이 없다. 이로부터 3500년 전 서울 강동구 암사동 '신석기' 그릇보다 못하다. 더구나 암사동 신석기인이 했던 방식 그대로 그릇을 빚고 구웠다. 이때는 이미 물레가 있었고, 가마에 굽던 시절이다. 그런데 마한 해남 군곡리 사람들은 물레를 쓰지 않고 손으로 대충 빚어 맨땅에 쌓아놓고 구웠다(**도2** 참조). 시꺼먼 그릇은 음식을 할 때 불에 닿아서 그런 것이다. 반면에 흙빛 그대로인 그릇은 불에 닿지 않은 그릇이다. 이 그릇에는 그 어떤 '무늬'도 새기지 않았다. 왜 그랬을까.

도14 신창동유적 그릇을 다시 보자. 2,800점이 넘는 그릇 가운데 그래도 좀 괜찮은 그릇을 전시 미술로 올려놨다. 아래쪽 가운데 시커먼 그릇은 음식을 할 때 불에 닿아서 그렇다. 흙빛 그대로인 그릇은 불에 닿지 않은 그릇이다. 깨진 그릇을 복원해 놓아 옛날 그대로인지는 장담할 수 없는데, 눈으로 보면 알 수 있듯이 신창동 그릇 또한 물레를 쓰지 않았다. 또 해남 군곡리 그릇과 마찬가지로 가마에서 구운 것 같지도 않다. 무엇보다도 그릇에 '무늬'가 하나도 없다.

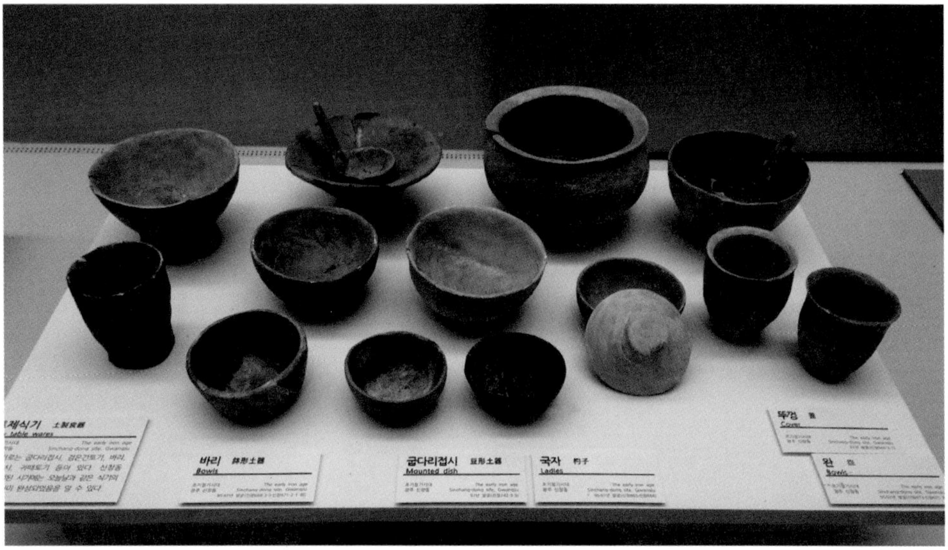

도14 광주광역시 신창동 유적 생활그릇. 초기 철기시대 기원전 2세기~기원후 1세기

반면에 가야나 마한의 군주와 귀족들 무덤 그릇에는 지배계급의 세계관을 알 수 있는 패턴을 새겼다. 그 패턴은 모두 천문과 바람과 구름과 비다. 도대체 왜 이런 일이 벌어진 것일까. 이것을 어떻게 해석할 수 있을까. 미술사학자라면, 고고학자라면 이것을 밝혀야 한다. 이 또한 신석기 '세계관의 독점', 천문과 구름과 비 세계관의 독점, 농사에서 가장 중요한 비(雨)를 군주가 불러올 수 있다는, 비와 구름은 군주 풍백(風伯)만이 관장한다는, 그런 사회가 아니었나 싶다. 신라 금관도 12장에서 다룬 구멍단지도 바로 이런 관점으로 봐야 제대로 보인다.

김원용이 말하는 자연주의란

김원용이 말하는 예맥족(濊貊族)은 북방의 퉁구스족을 말한다. 이 예맥족 가운데 남방의 남예맥은 한강 이북의 북예맥과 달리 농경민 미술을 했고, 이 미술이 불교미술과 함께 발전하여 '자연주의' 미술이 이 땅에 자리 잡았다고 한다. (그런데 우리는 지금까지 불교미술을 제대로 보고 있는 것일까. 불교가 들어오기 전 신석기·청동기 세계관과 불교의 '절합' 부분을 제대로 짚어내고 있는 것일까. 6장 **도1·2·16·16-1** 참조) 나는 이런 김원용의 생각에 동의하지 않는다. 이것은 신석기와 청동기 미술이 이 땅 한반도인의 미술이 아니라 '북방'미술이라는 것이고, 4~6세기 삼국에 불교가 들어온 뒤부터의 미술이 우리 미술이라는 말이다. 그는 이렇게 정리한다. 우리 미술이 "원래 북방적 추상양식 전통에서 출발"했다고. 이 말은 우리 한국미술의 '기원'을 퉁구스족의 북방미술 추상미술에서 찾고 있다는 것을 뜻한다. (그런데 동북아시아 미술사에서 '북방의 추상미술', 이런 개념이 가능할까.) 물론 이것은 그가 한반도 신석기와 청동기 미술을 몰랐기 때문이다. 그러니 그 기원을 밖에서 찾을 수밖에.

마지막으로 '자연주의' 개념 문제다. 여러분들도 읽으면서 뭔가 이상하다 싶었을 것이다. 그가 쓰는 자연주의 개념은 앞에서 우리가 읽었던 하우저의 구석기 미술 자연주의가 아니다. (그는 『한국 고미술의 이해』(서울대학교출판부, 1997) 6~7쪽에서 이 개념과 풀이를 따로 하지만 나는 그 개념과 풀이에도 동의하지 않는다.) 하우저를 비롯하여 미술사학자가 쓰는 자연주의는 주로 구석기 미술을 말할 때 쓰는 개념이고, 그 미술의 특징은 사냥꾼의 예리한 감각hunter's sharp senses으로 대상을 붙잡아 표현한 것을 말한다. 나는 이 책에서 이런 구석기 자연주의 미술을 몇 번 들기도 했다(7장 **도63·64** 참조). 그런데 김원용이 말하는 자연주의는 '자연을 미의 기준으로 삼는' 미술을 말한다. 그는 이 자연주의 양식이 삼국시대부터 시작되었고, "우리 민족의 자연에 대한 사랑, 자연에의 의존심에 뒷받침되어 우리나라 미술 특유의 평화롭고 인간미 있고 그러면서 인공의 가식이 없는 순수한 자연의 미를 나타내려는 한국적 미술양식"이 되었다고 한다. 우리는 이와 비슷한 말을 하도 많이 들어 깊게 따져보지도 않고 마냥 수긍하고 넘어간다. 그런데 정말 그러할까. 나는 이 책을 쓰면서 신석기 미술뿐만 아니라 그 이후 청동기부터 조선 분청자까지 그 사례를 들어 신석기 세계관을 풀어냈다. 거기에 무슨 자연의 미가 있다고 할 수 있을까. 빗살무늬토기에 비와 구름을 새겼다고 해서 그것이 자연의 미를 기준으로 하는 자연주의 미술이라 할 수 있을까. 사실 따지고 보면 신석기 이후 한국미술은 군주와 귀족들의 무덤 '부장품 미술'이고, (이 부장품 미술이 박물관을 상당 부분 채우고 있다!) 불교와 성리학 미술이라 할 수 있다. 특히 부장품 미술은 '지배계급의 세계관'이 담긴 미술이다. 해남 군곡리와 광주 신창동에서 나온 생활그릇은 그저 백성들이 쓴 생활그릇이고 마한의 미술 범주에 들지도 않는다. 단지 스쳐가면서 잠깐 코멘트할 뿐이다. 어쩌면 이는 우리뿐만 아니라 세계 각국의 미술사가 그러할 것이다. 내가 말하고 싶은 것은 바로 이것이다. 그 부장품 미술에 무슨 자연의 미가 있느냐, 하는 점이다. 그 미술의 디자인과 패턴은 어느 누구도 함부로 고칠 수 없었고 그만큼 엄격했다. 그도 수십, 수백수천 년 동안 본질이 변하지 않았다. 이것을 미술사에서는 관습화·양식화conventionalization라 한다. 국립중앙박물관, 공주박물관, 부여박물관, 경주박물관, 김해박물관, 광주박물관, 나주박물관에 들어가 삼국시대 미술을 한번 살펴보라. 그것은 한마디로 고구려 신라 백제, 마한과 가야 지배계급(군주와 귀족)의 세계관이 담긴 미술이라 할 수 있다. 그 미술은 철저히 '스테레오 타입stereo type'으로 되어 있다. 고구려와 백제 무덤 벽화에 소나무와 연못 그림이 있다고 해서 그것을 자연주의라 할 수 있을까. 고려청자에 구름과 국화와 학이 있다고 해서 그것을 자연주의라 할 수 있을까. 하지만 그 벽화 속에 있는 패턴 또한 무덤 벽화의 스테레오 타입 패턴을 엄격히 따르고 있다. 무덤이란 '죽음을 해결'하는 한 방식이 아닌가. 고대 세계관을 삶과 죽음의 세계관으로 나눌 수 있다면 그 절반의 세계관이 무덤 속에 있는 것이다.

우리는 고려 상감청자를 말할 때 흔히 당시 세계 최고의 사기그릇(자기)으로 친다. 이것은 어느 정도 맞는 말이다. 그때 세계에서 사기그릇(자기)을 구울 수 있는 나라는 중국과 베트남 그리고 고려뿐이었다. 그 뒤 일본은 17세기, 유럽은 18세기 초 무렵에야 사기그릇을 구울 수 있었다. 지금으로 치면 그릇은 최첨단 산업이었던 셈. 하지만 고려 상감청자에 대한 코멘트는 여기서 멈춰 버린다. 정작 고려 사람들의 세계관이 담긴 디자인과 패턴에 대해서는 말하지 않는다. (고려의 상감기법은 신석기 빗살무늬, 즉 '새김무늬' 기법에서 온 것이다!) 우리 학계 또한 마찬가지다. 미술사학자들이 이 고려청자 디자인과 패턴을 모두 알고 있고, 학계에서도 이미 풀었을 것으로 지레짐작하지만, 전혀 그렇지 않다. **도15**를 보자. 이 말차 찻잔(碗 사발완)의 디자인과 패턴을 우리 학계는 풀었을까? 그렇지 않다. 놀랍게도 어느 것 하나 풀지 못했다.

먼저 묻고 싶다. '운학문(雲鶴文)'이라 하는데, 여기 어디에 구름이 있는가? 이것은 구름이 아니라 비(雨)다. 불교에서는 이 패턴을 우보(雨寶)라 한다. 불교미술에서는 우보를 가끔 볼 수 있는데, 부처님 말씀(法)이 봄비처럼 이 세상을 촉촉이 적신다는, 마찬가지로 부처님 말씀이 뭇 백성의 마음을 어루만진다는, 그래서 이 세상 만물과 백성들의 마음을 깨친다는, 그런 부처님 법비(法雨)로 본다. 즉 보배로운(寶) 비(雨)다. 그런데 사실 이 우보(雨寶) 패턴의 기원은 신석기 비구름 세계관에서 왔다고 할 수 있다. 또 이와 같은 비 패턴은 신석기 그릇에서 얼마든지 찾을 수 있다(10장 **도15-19·34-39** 참조). 우리 불교미술에는 이렇게 신석기 세계관과 절합된 디자인과 패턴이 아주 많다. (이것은 신라와 고려 미술사에서 자세하게 밝힐 것이다. 우선 6장 **도1·2·16·16-1**, 13장 **도7** 참조) 그래서 나는 앞에서 우리는 과연 불교미술을 제대로 풀고 있는 것인가, 하고 물었던 것이다.

도15를 다시 보자. 두루미(학) 네 마리가 빗속을 날고 있다. (여러분

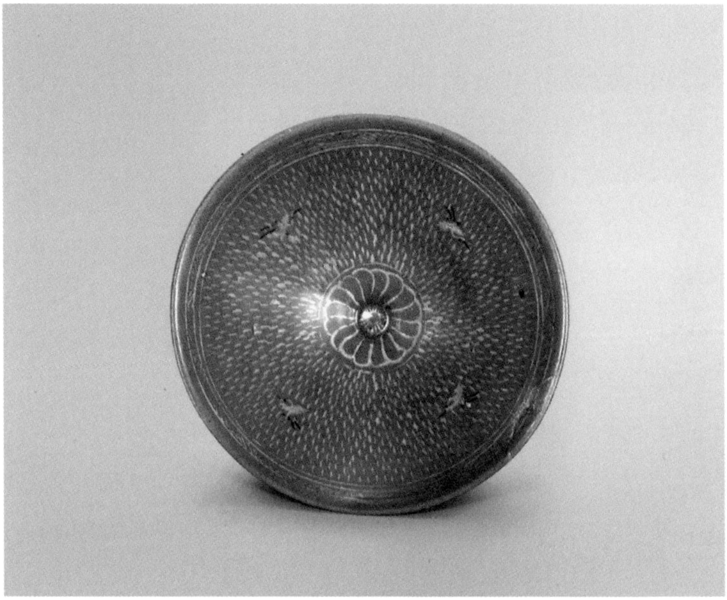

도15 청자 상감
운학문 완.
고려 14세기.
높이 7cm.
입지름 18cm.
강진청자박물관

은 이제 왜 네 마리인지 알 것이다!) 이 디자인에서 가장 중요한 패턴은 가운데 동그라미 속 국화 꽃잎이다. 국화 꽃잎을 살짝 말아서 동적(動的)인 느낌을 살렸다(5장 **도51** 참조). 여러분은 이제 이 국화 꽃잎이 무엇인지 알 것이다. 국화 꽃잎이 동그란 원 속에서 힘차게 돌면서 나오고 있다. 맞다. 이 꽃잎은 천문(天門)에서 나오는 구름(云)이다. 그러니까 동그란 원은 천문(天門)이고, 이 천문 속에서 바람(風)을 힘차게 일으키며 비구름(雨云)이 나오는 것이다. 비구름에서 봄비(雨)가 내리고 두루미가 평화롭게 날고 있다. (그렇다면 이 그릇 이름에 '운학문(雲鶴文)'을 넣은 것은 맞다 할 수 있을까. 그렇지는 않다. 우리 학계는 천문 속 구름을 국화로 보고 있다!) 일단 여기까지 읽고 5장으로 다시 돌아갈 필요가 있다. 5장 **도6-9·19·21·23·51·52**를 살펴보기 바란다. 특히 5장 **도51**은 **도15**와 본질적으로 같은 디자인이다.

두루미를 어떻게 해석해야 할까. 여기서 두루미는 우리가 익히 알고 있듯이 십장생의 하나, 즉 장수(長壽, 오래 사는 것)로 보면 되겠다.

이것을 굳이 영조(靈鳥)로 볼 필요는 없겠다. 이렇게 보는 것은 그야말로 관념적인 풀이이고 태도라 할 수 있다. 늘 말하지만 한반도 장인은 리얼리스트였고, 패턴을 베풀 때 결코 관념적으로 해결하지 않았다. 그리고 영조로 보게 되면 패턴 스토리가 총체로 맞아떨어지지 않는다. 그릇의 스토리는 다음과 같다. 이 그릇은 말차 찻잔이다. 찻잎은 비(雨)를 맞고 자라는데, 그 비는 비구름(雨云)에서 내린다. 그리고 그 구름의 기원은 천문(天門)이다. 봄비를 맞고 자라는 찻잎을 따 가루로 내고, 따뜻한 물(水)에 개어 말차를 마신다. 이 차를 마시고 너도 오래 살고, 나도 오래 살자, 하는 이야기를 담고 있다고 할 수 있다. 그런데 두루미를 십장생의 하나가 아니라 신선(神仙) 곁에 늘 있는 선학(仙鶴)으로 볼 수도 있다. 그러면 마지막 대목만 바뀐다. 이 차를 마시고 우리 신선(神仙)이 되어 정치는 이제 멀리하고 자연 속에서 어울려 같이 살아가자, 이렇게 말이다. 그러니까 학은 그냥 혼자 있는 것이 아니라 늘 비, 구름, 천문과 같이 있는 것이다. 고려청자를 볼 때는 이것을 늘 잘 헤아려야 한다.

도16 분청자 찻잔은 빛깔이 참 곱다. 어느 경매 사이트에 올라온 그릇인데 경매 시작 값이 200달러. 이렇게 따뜻하고 편안한 빛깔 분청자를 본 적이 없다. 시작 값이 낮은 까닭은 아무래도 그릇 바닥 티 때문인 듯싶다. 자, 이 책을 읽었다면 이 디자인과 패턴이 바로 보일 것이고, 하나의 스토리story도 저절로 떠오를 것이다.

앞에서 살펴본 **도15** 그릇과 본질적으로 같은 패턴이다. 가운데 두 겹 원은 천문(天門)이고, 그 안에 구름(云)이 있다. 이 구름에서 내리는 비(水)를 맞고 이 세상 만물(풀잎, 모란 잎)이 태어나고 삶을 누린다는 이야기story를 하고 있다. 풀잎이 네 쪽에 있는데, 이것은 사방오주(四方五州)의 세계관에 따른 것이다. 이런 디자인과 패턴은 조선 미술에서 수없이 찾아볼 수 있다. 그렇다면 우리 학계도 이 그릇의 디자인과 패턴을 이와 같이 보고 있을까. 전혀 그렇지 않다. 특히 가운데 두 겹 원 안에 있는 구름을 알아보지 못한다. 저것을 물결이나 파도로 볼지 모르겠다. 그렇다면 저 두 겹 원 안에 왜 물결과 파도가 있는지, 그 둘레 풀잎 패턴과 같이 총제로 풀어내야 하는데 그러지도 못한다. 왜 이런 일이 벌어진 것일까. 이 또한 문제는 신석기 미술이다.

도16 그릇의 디자인과 패턴이 잘 읽히지 않는다면 5장 **도8·9·19·23·38-41**, 13장 **도7**을 살펴보면 된다. 그러니까 이런 디자인과 패턴은 신석기에서 시작되어 삼국, 신라, 고려, 조선까지 이어진 셈이다. (세계 미술사에서 신석기 미술이 자본주의 바로 전까지 이어지는 사례는 찾아보기 힘들다!) 그도 가장 중요한 패턴으로 말이다. 그런데 우리 학계는 신석기 미술을 아직 알지 못한다. 그러니 **도15·16** 디자인과 패턴을 읽지 못하는 것이다.

도17은 고구려 천왕지신무덤 벽화다. 그림 사이에 천왕(天王)과 지신(地神) 먹물 글자가 있어 천왕지신무덤이라 한다. 왼쪽 위에 동그라미가 있고, 그 동그라미 안을 빼곡히 채웠다. 이 책을 처음부터 읽었다면 저것이 무엇인지 바로 보일 것이다. 맞다! 바로 천문(天門)이다. 천문 속에서 바람을 일으키며 구름(云)이 나오려 하고 있다. 왼쪽과 아래에는 벌써 나온 구름도 보인다. 오른쪽 봉황 또한 그 기원은 천문이다. 천문은 고구려 여러 무덤 벽화에서 볼 수 있는데, 사실 이 천문이야말로 고구려벽화의 시작과 끝이라 할 수 있다. 사람뿐만 아니라 이 세상 만물이 천문에서 왔듯이 다시 천문으로 되돌아가는 것이다. (앞에서도 말했듯이 무덤은 죽음을 해결하는 방식이다!) 그렇다면 우리 사학계와 미술사학계는 이 천문을 알고 있을까. 그렇지 않다. 여러분들이 이 무덤에 대한 어떤 책을 읽어도, 어떤 논문을 읽어도 나오지 않는다. **도17**을 여기에 내보이는 까닭은 **도15·16** 천문 패턴을 아주 뚜렷하게 보여주기 때문이다. 물론 이런 패턴은 신석기에도 청동기에도 볼 수 있지만, 또 그런 예를 이 책에서 쭉 들었지만 이 벽화

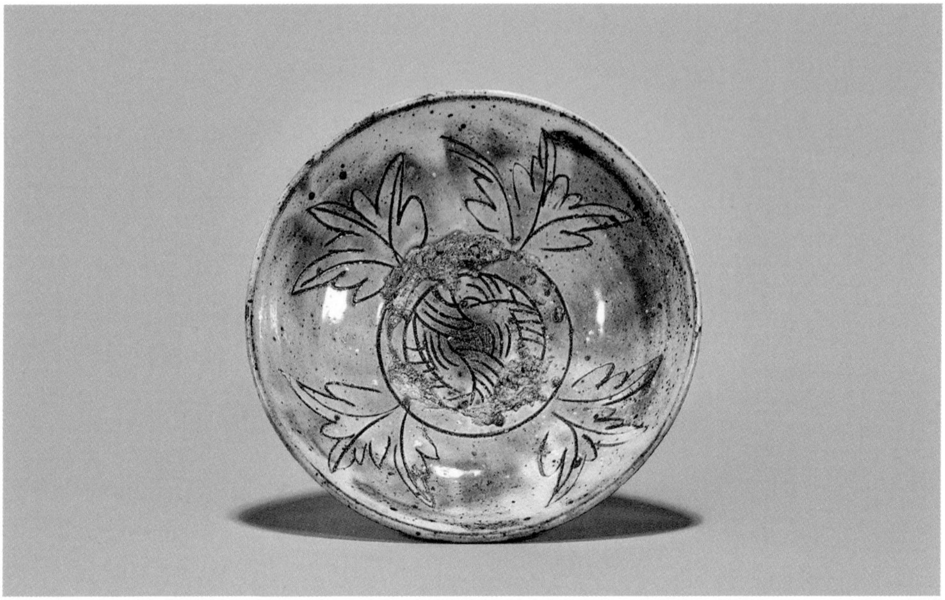

도16 조선 분청자 차대접. 조선시대

만큼 여실히 보여주는 예를 찾아보기 어렵다. 이것은 불교가 들어오기 이전 한반도인이 죽음을 해결한 방식이다. 이 세계관은 신석기에서 시작해 청동거울과 고구려벽화에, 그리고 불교가 들어온 이후에도, 조선민화에까지 이어져 내려온다. 단지 우리는 그것을 보지 못했을 뿐이다.

자, 다시 김원용으로 와 보자. 김원용의 '자연주의 양식'을 검토하기 위해 지금까지 **도15·16·17** 미술을 설명했다. 김원용의 논지에 따르면 **도15·16**은 어떤 미술일까. 그가 보기에 **도15·16** 디자인과 패턴은 "자연을 미의 기준으로 삼는 자연주의 양식"이고, "우리 민족의 자연에 대한 사랑, 자연에의 의존심"을 읽을 수 있고, "평화롭고 인간미 있고 그러면서 인공의 가식이 없는 순수한 자연의 미"를 느낄 수 있는 미술일 뿐이다. 안타깝게도 근대미술사학 100년 동안 우리는 이 패턴을 읽지 못하고 있다. 이 또한 문제는 신석기 미술이다.

한반도 구석기인은 어떻게 살았을까

지금으로부터 1만 2천 년 전 신석기 초 지구 인구는 400만쯤 되었을 것으로 짐작한다. 2021년 4월 기준 부산시 인구가 336만쯤 되니까 부산 인구보다 조금 더 많았다고 볼 수 있다. 이들은 구석기 마지막 빙하기를 견뎌온 사람들이다. 그렇다면 마지막 빙하기가 끝나고 간빙기가 막 시작될 무렵에는 얼마쯤 되었을까. 대략 한 300만쯤 되지 않았을까. (마지막 빙하기 1만 5천 년 전 유럽 구석기인은 4만쯤 되었다고 한다.) 300만이면 인천시 인구쯤 된다. (2021년 7월 기준 인천시 인구는 293만이다.) 그런데 그 추운 빙하기 때 구석기인들은 어디에 살았을까. 학자들에 따르면 추위를 이겨내면서 동굴에 산 구석기인도 있지만 상당수 구석기인들은 그래도 좀 따뜻한 적도 언저리에 모여 살았을 것으로 짐작한다. **도18**에서 아래 붉은 줄이 적도다. 이 적도 선에서 오른쪽 위 한반도를 보면 한참 위로 올라가야 한다. 그때 한반도는 사람이 살 수 있는 적도 언저리에서도 최북단이었다. 함경북도 동관진에서는 털코끼리(매머드) 뼈가 나왔는데 이는 백두산 일대까지 꽁꽁 얼었다는 것을 말해 준다.

구석기는 보통 전기(기원전 250만~10만 년), 중기(기원전 10만~4만 년), 후기(기원전 4만~1만 년)로 나눈다. 그리고 홍적세(洪積世 Pleistocene)는 기원전 200만에서 10만 년 사이다. 홍적세(洪積世 홍수 홍·이을적·때세)는 말 그대로 이때 비(雨)가 엄청 쏟아져 붙인 이름이다. 그런데 빙하기 때 무슨 비가 내렸단 것일까. 이 비는 빙하기 사이사이에 있었던 간빙기에 내렸을 것이다. 아마 큰비는 빙하기가 간빙기로 바뀌는 시기(기후가 바뀌는 시기), 또 그 뒤 따뜻한 간빙기 때 내렸을 것이다. 신석기 초 인류가 겪었던 '물(水)의 공포'는 이렇게 구석기 때부터 시작되었던 것이다.

바다와 호수 바닥 흙, 그린란드 깊숙한 곳이나 산봉우리 만년설 얼음 코어 샘플을 조사한 결과 구석기 전기 150만 년 전에 빙하기가 시작되었고, 지구 기온이 서서히 낮아졌다고 한다. 물론 그전에 도 빙하기와 간빙기가 있었지만 샘플로 알 수 있는 최대치가 150만 년 전이다. 그리고 지금으로부터 78만 년 전부터 신석기 초까지 빙하기가 적어도 아홉 차례 있었고, 빙하기와 빙하기 사이 간빙기도 아홉 차례 있었다. (어느 조사에서는 열세 차례로 보기도 한다.) 기온이 서서히 낮아져 빙하기가 되었다가 다시 또 서서히 풀리다가 어느 순간 급속히 따뜻해지고, 또 그러다 서서히 기온이 낮아져 빙하기가 온다. 78만 년 동안 50만 년은 빙하기고, 28만 년은 간빙기다.

그린란드 얼음 코어를 분석해 봤더니 지금으로부터 15만 년 전부터 두 차례 빙하기와 간빙기가 있었다. 두 차례 간빙기 가운데 두 번째 간빙기는 1만 8천 년 전에 시작되었고, 이 무렵 기후 변동이 아주 심했다. 그러다 1만 5천 년 전부터 지구 기온 상승폭이 커지기 시작한다. 인류 역사에서 1만 5천 년 전부터 1만 년까지가 아주 중요하다. 이 시기 인류의 '대이동'이 있었기 때문이다. 이때 적도 언저리에 살았던 구석기인들이 새로운 땅과 먹을거리를 찾아 남북으로 옮겨 갔을 것이다. 우리 한반도인의 기원을 풀 때도 이 시기를 어떻게 보느냐에 달려 있다. 날이 풀리자 백두산에 살았던 매머드나 순록 같은 큰 짐승은 북쪽으로 떠났다. 구석기 말 사냥꾼들은 이들 짐승을 따라 북쪽으로 가기도 했다. 하지만 날이 따뜻해지자 굳이 사냥감을 따라갈 필요가 없었다. 이제 한반도에도 참나무와 밤나무가 자랐고, 매머드는 없지만 사슴이나 노루 같은 먹을거리가 풍부했다. 구석기 빙하기 동안 바위동굴에서 살았던 사람들은 들판으로 나왔다. 사슴이나 토끼 같은 작은 짐승, 물고기와 조개를 잡아먹고, 상수리나 밤 같은 열매에 점점 더 의존하는 생활로 바뀌게 된다. 이 무렵 사철도 뚜렷해진다. 그리고 1만 2천 년 전 지구 전체에 온난화가 진행된다. 지구 기후 역사에서 마지막 빙하기 이후 여름이 본격으로 시작되었고 이 여름 덕분에 인류는 문명을 이루게 된 것이다. 이 시

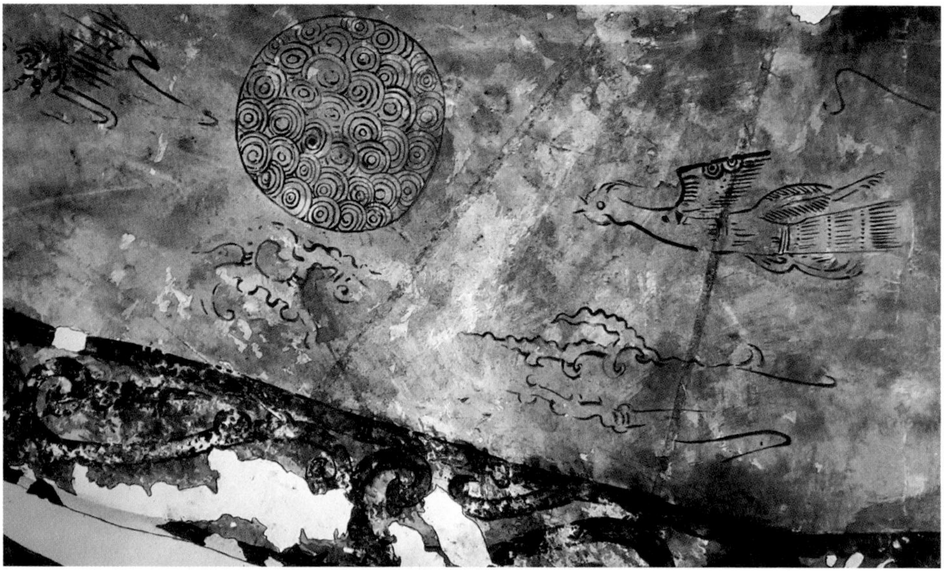

고구려벽화에 관한 역사 기록은 없다. 그래서 우리는 신석기와 청동기 세계관에서 벽화의 기원을 찾을 수밖에 없다.

도17 천왕지신무덤 고구려벽화. 평안남도 순천군 북창면 북창리 송계마을. 5세기 중엽

기를 흔히 충적세(沖積世 Holocene)라 한다. 충적세는 '근세'를 뜻하는 그리스어 'Holos'에서 왔는데 보통 빙하기가 끝나고 그 뒤 1만 년 기간을 말한다. 홍적세와 충적세를 구분하는 방법은 엄청 복잡하고 어렵다. 일단 우리는 홍적세를 빙하기, 충적세를 지구 온난화, 이렇게 알아두면 편할 것이다.

한반도에 사람이 살기 시작한 때는 홍적세 후기 약 70만 년 전이다. 한반도에서 가장 오래된 구석기 유적은 황해북도 상원군 흑우리 우물봉 검은모루동굴유적인데, 이 유적을 기원전 70만 년으로 잡고 있다. (북한 학계는 100만 년으로 본다) 그렇다면 구석기인들은 홍적세 기간 빙하기 때 어떻게 추위를 견뎠을까. 빙하기라고 해서 한 해 내내 겨울인 것은 아니다. 지금처럼 길지는 않았지만 봄여름가을이 있어 추위를 견딜 만한 날도 있었다. 이때 사냥을 해 고기를 말려 저장해 놓고 겨울 내내 동굴 속에서 지냈을 것이다. 하지만 이렇게 한 자

리에서 견뎠던 구석기인보다는 추위를 피해 따뜻한 적도 쪽으로 옮겼다가 다시 간빙기가 오면 북쪽으로 올라오는 구석기인들이 더 많지 않았을까. 그러니까 구석기 한반도인 가운데는 지금으로부터 78만 년 전부터 있었던 아홉 차례 간빙기 때 적도 쪽에서 올라온 남방인이 상당히 많았을 것이다. 이렇게 구석기만 보더라도 한반도인의 기원이 북방보다는 남방인이었을 가능성이 아주 높다. 더구나 지금까지 고고학 연구를 보더라도 2만 년 전, 수천 년 동안 추위가 이어졌던 시베리아, 바이칼 호수, 툰드라 초원에는 사람이 살기 힘들었다고 한다. 또 빙하기 때 북위 40도, 한반도 신의주와 중국 북경을 잇는 선 위로는 사람이 살 수 없었다.

한반도인의 기원은 남방 사람들

우리는 한반도인의 기원을 '자명하게' 북방에서 내려온 것으로 알고 있다. 이것은 너무나 당연한 가설이기도 하다. 이 북방인은 아프리카 동부에서 유라시아를 거쳐 온 호모사피엔스를 말한다. 학계에서는 지금까지 바이칼, 러시아 남부 캅카스Kavkaz, 알타이, 몽골, 시베리아, 중국 화북 지방설을 들고 저마다 논지를 폈다. 또 이와 달리 한반도 자생설도 있다.

2017년 울산과학기술원UNIST 게놈연구소는 세계 현대인 158명과 고대인 115명의 게놈을 분석한다. 러시아 블라디보스토크 위쪽 프리모레 지역 '악마문 동굴Devil's Gate'에서 발굴한 기원전 5700년 전 북아시아 신석기인(20, 40대 여성 두개골)과 기원전 1500년 전 캄보디아 빗콤노우인 철기시대 사람의 게놈을 합친 결과 현대 한국인 게놈과 가장 비슷하다고 한다. 이들 유전 정보를 분석하면, 우유를 소화하지 못하고 고혈압에 약한 유전자, 몸 냄새가 적은 유전자, 마른 귓밥 유전자를 볼 수 있다. 악마문 동굴인은 현재 그 지역 울치Ulchi

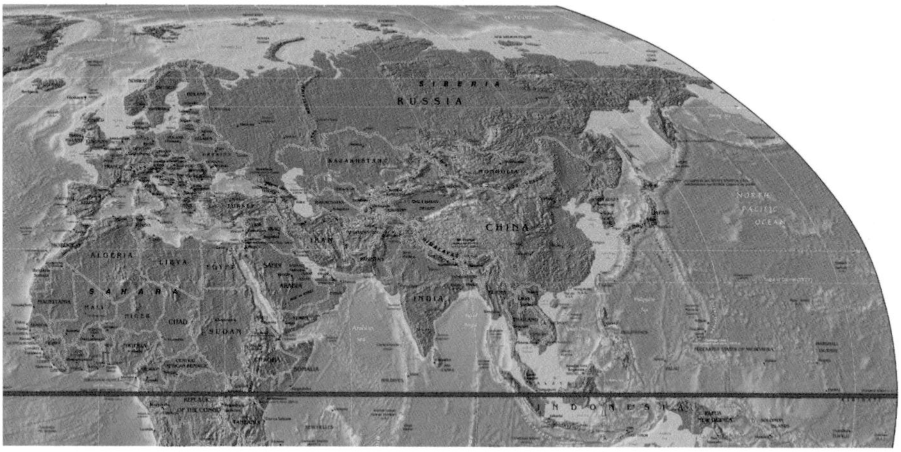

도18 아래 붉은 선이 적도다. 마지막 빙하기 때 구석기인들은 이 적도 위아래 언저리에서 추위를 견디며 빙하기를 이겨냈다.

족의 조상으로 여겨지고, 근처 원주민 말고 세계 현대인 중에서는 한국인이 이들과 유전 정보, 미토콘드리아 유전체 종류가 가장 가깝다고 한다.

2017년 게놈연구소 연구 결과에 따르면 4만 년 전 인도네시아와 말레이시아 쪽 남방인들이 캄보디아, 타이, 베트남, 중국을 거쳐 북쪽 시베리아와 유라시아, 한반도까지 올라온다. 그 뒤 다시 기원전 1만 년 전 인도네시아와 말레이시아 쪽 남방인들이 같은 경로를 타고 또 올라온다. 이들이 4만 년 전에 왔던 남방계 조상들과 혼혈이 되어 지금의 한반도, 중국, 일본인이 되었다는 것이다. 그런데 2020년에는 이 가설을 조금 수정한다. 4만 년 전에 남방인들이 북쪽으로 올라온 것은 같은데, 두 번째 이동을 기원전 1만 년에서 3000~2000년 전으로 내려 잡는다. 연구소 측에 따르면 기원전 3000년에서 2000년 전 신기술로 무장한 중국 남부의 고대인들(두 번째 남방계)이 베트남과 티베트, 북중국, 한반도로 넘어와 원주민과 혼혈이 됐다는 것이다. 그리고 이들이 오늘날 한국인의 조상이라 한다. 그리고 기원전 2000년에서 1500년 전 한반도 신석기인이 일본으로 건너가 아이누 족을 밀쳐내고 터를 잡았다고 한다.

이와 같은 연구, 특히 한반도인의 조상이 북방계가 아니라 남방계에 가깝다는 분석 결과는 2009년에도 나왔다. 이 연구는 싱가포르와 중국, 한국 과학자들이 주도했고, 아시아 10개국 과학자 90명이 참가했다. 우리나라는 질병관리청 국립보건연구원, 한국생명과학연구원, 숭실대학교가 같이했다. 이 국제 연구는 2004년부터 인간게놈기구HUGO 범아시아 단일염기다형성SNP 협업을 통해 수집한 아시아인 73인종 1,928명을 대상으로 유전형 분석을 했다. 여기에 경기 안성과 안산시 주민 90명 염색체도 들어갔다.

지금까지 동아시아 민족의 남방 기원설에 대해서는 두 가지 가설이 있었는데, 하나는 아프리카에서 아라비아반도를 거쳐 인도 북부까지 온 인류가 바로 동아시아로 왔다는 설이 있고, 또 하나는 거기서 동남아로 이동한 뒤 다시 동아시아로 올라왔다는 가설이다. 이 국제 협업 연구는 두 번째 가설이 타당하다는 결론을 내렸다.

이 연구에 따르면 우리 한반도인의 기원을 북방이 아니라 남방에서 찾을 수 있다. 물론 이 남방인 또한 아프리카 동부에서 아라비아반도를 지나 인도, 미얀마, 타이를 거쳐 내려간 호모사피엔스다. 이들이 인도네시아를 거쳐 오스트레일리아까지 갔을 때가 기원전 5만년이다. 나는 이 가설이 상당히 설득력이 있다고 본다. 이 가설에 따르면 우리가 그동안 북방 기원설의 근거로 든 바이칼, 러시아 남부 캅카스Kavkaz, 알타이, 몽골, 시베리아, 중국 화북 지역 사람들도 사실은 남방에서 올라간 사람으로 볼 수 있기 때문이다. (물론 스텝 지역과 시베리아를 거쳐 온 사람도 분명 있을 것이다.) 그런 의미에서 울산과학기술원 게놈연구소의 2017년 연구 결과는 아주 설득력이 있다고 본다. 하지만 2020년 연구 결과는 상당히 문제가 있어 보인다.

기원전 3000년에서 2000년 전 신기술로 무장한 중국 남부 고대인들(두 번째 남방계)이 한반도로 넘어와 한반도 신석기인과 혼혈이 됐다고 하는데, 이것은 우리 고고학계에서도 미술사학계에서도 받아들이기 힘들다. 기원전 3000년에서 2000년은 중국 신석기 말기다. 그리고 이 연대에 해당하는 중국 남부 신석기문화는 허무뚜문화(河姆渡文化 5000~3300)와 취자링문화(屈家嶺文化 기원전 3000~2600) 정도를 들 수 있는데, 이 두 문화와 한반도 신석기 문화하고는 아무런 관련이 없다. 그리고 기원전 2000년에서 1500년 전 한반도 신석기인이 일본으로 건너가 아이누 족 터전을 차지했다는 것도 마찬가지다. 이때는 일본 조몬(신석기) 후기(기원전 2000~1000년)에 해당한다. 이 무렵 한반도 신석기인이 일본으로 대거 건너갔다는 증거는 찾을 수 없다. 일본 신석기 유적에서도, 또 일본 조몬 후기 신석기 미술에서도 찾을 수 없다. 중국과 한반도인이 일본으로 건너간 때는 조몬 만기 기원전 400년 무렵이다. 이때 중국과 한반도의 청동기와 철기문화, 논농사 짓는 법이 일본으로 건너갔고 야요이시대를 연다. 현대 일본인 중에서 야요이인 혈통은 87~96퍼센트를 차지한다. 그에 견주어 아이누 족(조몬인) 혈통은 3.3~13퍼센트밖에 안 된다. 일본 아이누 족은 지금 25,000명쯤 되는데, 이들의 혈통을 보면 조몬인 계통이 66~79퍼센트쯤 된다고 한다. 일본 야요이 미술은 삼국시대 미술사에서 자세히 다루겠지만, 이 책에서 조몬토기를 다룰 때 잠깐잠깐 말하기도 했다(7장). 분명한 것은 일본 신석기 조몬 세계관은 야요이에 이르러 '단절'이 된다는 점이다. 이 단절은 한반도 신석기 세계관과 관련이 깊다. 그렇다고 해서 일본 조몬 세계관과 한반도 신석기 세계관이 본질적으로 다르다는 것은 아니다(7장 조몬토기 편을 참조할 것). 또 야요이 미술을 한반도 신석기 미술로만 설명할 수는 없다. 다만 야요이를 거쳐 고분시대에 이르면 일본인의 세계관과 고분 미술은 한반도 신석기 세계관과 삼국시대 미술이 아니면 풀 수 없다는 점이다. (일본 학계는 조몬과 야요이, 고분 미술을 아직 풀지 못한 형편이다.) 이 또한 삼국시대 미술사에서 보기를 들어가며 아주 자세하게 설명할 것이다. 이렇게 봤을 때 기원전 2000년에서 1500년 전 한반도 신석기인이 일본으로 건너가 아이누 족을 변방으로 밀어냈다는 가설은 문제가 있고 타당하지도 않다.

구석기 말 황해는 뭍, 동해는 호수

한반도 신석기인의 기원과 관련해서 우리가 하나 염두에 두어야 할 것은 당시 동아시아의 기후와 그에 따른 뭍, 강, 바다의 조건을 살펴야 한다는 점이다. 우리나라 신석기 역사와 미술을 볼 때 이 지점을 놓쳐서는 안 되는데 우리는 간혹 이것을 잊어버릴 때가 많다. 예를 들어 강원도 양양 오산리 신석기 조상들은 구석기 말 동쪽 호숫가에 (지금은 바다가 되었다.) 살았을 가능성이 높다(**도19·20** 참조). 그들은 기원전 1만 2천 년에서 1만 년 사이 물이 차오르자 삶터를 조금씩 한반도 뭍 쪽으로 옮겼고 신석기 초에 이르러서는 양양 오산리에 자리를 잡았을 것이다. 양양 오산리·가평리·지경리·송전리뿐만 아니라 동해안 쪽에 있는 여러 신석기유적 북한 나선 나진동·용수리·송평동·서포항·서수리·조산리, 청진 농포동, 경성 원수대, 김책 쌍포동, 금호지구 강상리, 강릉 하시동·초당동, 강원도 고성 철통리·문암리, 경주 봉길리, 부산 동삼동유적이 바로 그런 유적으로 볼 수 있다.

나는 5장에서, 우리나라 한반도 신석기 미술에서 천문(天門) 세계관을 확인할 수 있는 곳이 다섯 곳이라 했다. 서울 강동구 암사동유적(기원전 4500~3500년). 평안남도 온천군 운하리 궁산유적(기원전 6000~4000년), 황해북도 봉산군 지탑리유적(기원전 4000~3000년), 경기도 시흥 능곡동 선사유적(기원전 4000년), 인천 대연평도 까치산패총(기원전 3000년)이다. 이곳 유적은 연대가 비슷해 어느 곳에서 먼저 시작해 영향을 주고받았다고 보기는 힘들다. 이것을 알기 위해서는 **도19**를 먼저 봐야 한다. 바다 물빛이 밝은 블루는 수심이 깊지 않은 곳이고, 짙은 남빛은 깊은 곳이다. 대만에서부터 일본을 거쳐 사할린 섬까지 밝은 블루인데 이곳은 1만 5천 년 전 뭍이었다. 그리고 한반도와 일본 홋카이도 사이, 지금의 동해는 당시 커다란 '호수'였다. 간빙기가 시작될 무렵 구석기인들과 초기 신석기인들은 이곳 호숫가에 자리를 잡고 살았을 것이다.

이제 **도20**을 보자. 왼쪽 중국의 황허강과 창장강(양쯔강)이 황해와 동중국해로 흘러들고 있다. 한반도에서는 압록강, 대동강, 한강, 금강, 영산강, 섬진강, 낙동강이 흘러들고 있다. 지금도 이곳 황해는 평균 수심이 44미터(동해는 1530미터, 남해는 101미터)밖에 안 된다. 더구나 황해는 간조와 만조의 차가 아주 크다. 인천만은 9미터가 넘고 평균 5미터 이상이다. 그에 견주어 남해는 2미터 내외고 동해는 0.3미터 안팎이다. 이렇게 황해는 조수 간만의 차가 커 갯벌이 아주 발달해 있다. 아마 그때도 그랬을 것이다. 갯벌이 발달하지 않았더라도 썰물(간조) 때 강과 바다가 만나는 지점 뻘(개흙)바닥에는 온갖 먹을거리가 지천으로 널려 있었을 것이다. 구석기 말 신석기 초 간빙기 때(1만 5천 년 전부터 1만 년) 인도네시아와 말레이시아에 몰려 있던 빙하기 구석기인들은 그때 뭍이었던 베트남 오른쪽 바닷가를 끼고 하이난 섬을 거쳐 대만까지 오지 않았을까. 그리고 창장강이 바다와 만나는 지점(지금의 동중국해), 갯벌이 발달한 이곳에 자리를 잡지 않았을까. 운이 좋으면 간조 때 일본 규슈 쪽으로 강을 건너고 또 건너고 그랬을 것이다. 나는 신석기 초 먹을거리가 풍성했던 이곳에 구석기 말 신석기 초 사람들이 가장 많이 모여들었을 것으로 본다. 그러다 북극과 남극의 얼음, 북위·남위 40도 위아래를 덮고 있던 눈과 얼음이 녹으면서 해수면이 높아졌고, 바닷물이 아래쪽에서부터 점점 차오르자 위로위로 강줄기를 타고 조상 대대로 올라가지 않았을까, 하고 짐작한다. 창장강 줄기를 따라 중국 남부로, 황허강 줄기를 따라 중국 동부와 요서·요동으로 올라가지 않았을까. 한반도 신석기인의 기원도 대만과 규슈 사이에 발달한 갯벌 가까이에서 살던 신석기인이 위로 올라왔을 수도 있다. 또 꼭 거기가 아니더라도 황허강과 압록강·대동강 줄기가 만나는 지점에 살다가 물이 차오르자 지탑리, 궁산으로 옮겨갔을 가능성도 있다. 특히 지금의 압록강 하구 바로 아래에 있는 신석기유적 용천 신암리·쌍학리·용연리·용암포, 염주 도봉리·반궁리, 그 아래 청천강 하류 정주 당산패총, 증산 용덕리, 온천 궁산·연도리·용반리에 삶터를 잡았을지 모른다. 또 경기 시흥 능곡동, 인천 대연평도 까치산과 운서동, 서울 강동구 암사동 신석기인은 한강 줄기 저 아래 갯벌이 발달한 곳은 아니더라도 썰물(간조)의 영향권에 있는 지점에 살다가 물이 차오르자 지금 자리까지 올라왔을 수 있다. 또 서해와 남해 바닷가 인천, 인천 옹진·강화, 경기 시흥·안산·화성, 충남 당진·서산·보령·태안·서천, 전북 군산·부안, 전남 영광·신안·완도·해남·여수·광양, 경남 하동·사천·통영·거제·김해, 부산, 창원, 제주 서귀포 145곳 조개패총 신석기유적도 이렇게 볼 수 있을 것이다. 물론 지금의 황해 강줄기 가에 살지 않고 한반도 뭍 강가에서 살았던 신석기인들도 있었을 것이다. 그런데 유독 암사동, 궁산, 지탑리, 까치산 신석기인들이 다른 지역 신석기인들과 달리 비구름(雨云)의 기원인 천문(天門)까지 그 세계관을 완벽하게 넓힌 것은 그들이 수백수천 년 동안 겪었던 독특한 역사에서 오지 않았을까, 해서 하는 말이다. 특히 물이 점점 차올라 조상 대대로 끊임없이 삶터를 옮겨야 했던, 그런 물(水)의 공포에서 비롯한 세계관 말이다.

안휘준의 신석기 미술론 비판

앞에서도 말했듯이 안휘준은 2003년 스승 김원용과 공저로 『한국미술의 역사』(시공사)를 펴낸다. 이 책은 1993년 김원용과 함께 낸 『신판 한국미술사』(서울대학교출판부)를 다시 새롭게 고쳐 낸 것이다. 『한국미술의 역사』는 1993년 김원용이 세상을 떠나고 그 혼자 빠

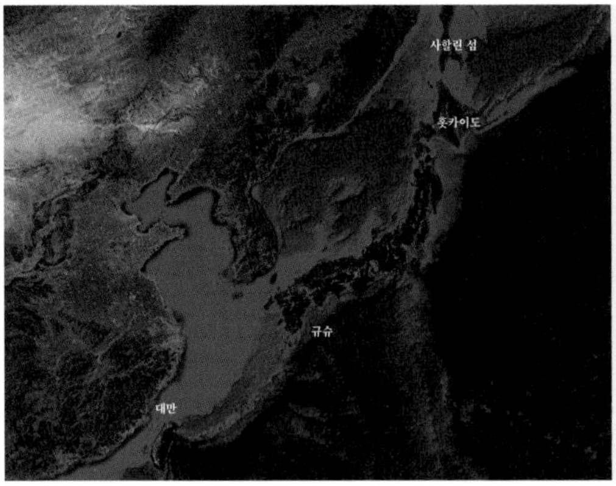

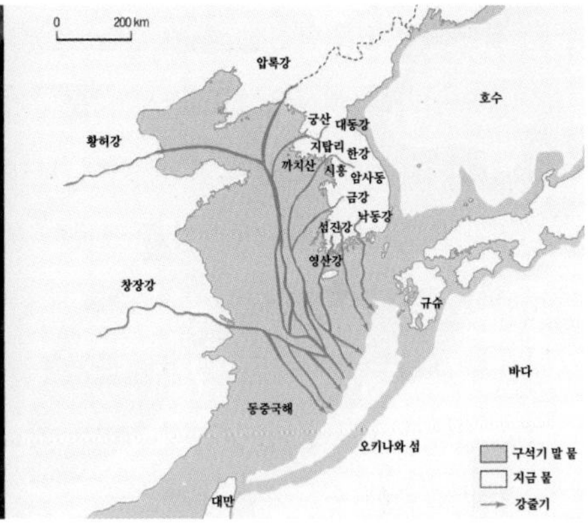

도19 구글 위성 지도

도20 기원전 1만 2천 년 무렵 중국과 대만, 한반도와 일본은 이렇게 뭍으로 이어져 있었다. 오른쪽 동해는 그때 '호수'였다.

지거나 소홀했던 부분을 더하고 잘못된 곳은 고쳤다. 무엇보다도 한자말을 우리말로 고쳐 써 읽기 편하게 했다. 상당히 큰 사이즈 책인데도 704쪽이나 된다. 더구나 수백 장에 이르는 도판과 개정 작업을 도맡아 했으니 그 일이 실로 엄청났을 것이다. 그런 만큼 이 책은 한국미술사를 공부하는 사람들에게 참으로 훌륭한 입문서가 되고 있다. 이 책 앞부분 고대 한국미술은 김원용이 썼기에 그의 신석기 미술은 이 책 말고 그가 펴낸 『한국미술사 연구』(사회평론) 1장 총론에 있는 신석기 편을 살펴보겠다.

> 신석기시대에는 **빗살무늬나 번개무늬(雷文)** 등으로 장식된 토기가 많이 만들어졌다. 그런데 이러한 토기의 문양은 한결같이 **기하학적이고 추상적이고 상징적**이라는 점에서 공통성을 띠고 있다. **빗살무늬 같은 것이 기하학적 문양임에는 이론의 여지가 없을 것**이다. 그런데 그것은 무늬의 형태로 보아 어쩌면 신석기시대 사람들이 자리 잡아 살던 강가나 바닷가의 물결을 단순하게 형상화한 것일 가능성이 있을지도 모르나 그렇게 단정 짓기에는 무리가 있다. 문양이 비사실적으로 추상화되어 있기 때문이다.
>
> 그렇지만 그러한 문양이 **아무런 목적 없이 심심풀이로** 장식을 위해서

만 시문되었다고 단정할 수는 없다. **분명히 어떤 목적을 가지고, 그리고 무엇인가의 형상을 참고해서** 시문되기 시작하였을 것으로 믿어진다. 그런 의미에서 생각해 볼 때 신석기시대의 빗살무늬를 비롯한 토기의 문양은 **무엇인가를 상징하고 있음**이 분명하다고 생각된다. 다만 그 표현이 **너무나 추상화되어 있기 때문**에 현대 우리가 단정 지어 말할 수 없을 뿐이라는 생각이 든다. 이처럼 신석기시대 빗살무늬를 비롯한 문양은 **기하학적, 추상적, 상징적 측면**을 지니고 있다고 할 수 있다.

서울을 위시한 중부지역 빗살무늬토기는 구연부에는 점열문(點列文)을, 기복부나 기저부에는 빗살무늬나 어골문을 기면 전체에 걸쳐 시문하는 경향을 초기에는 띠었으나 점차 문양이 생략되다가 후기에는 구연부에만 문양이 남게 되는 양상으로 바뀌었다. 말하자면 **초기의 공간충전식(空間充塡式)으로부터 기면의 여백을 중시하는 경향으로 변화**하였음이 주목된다. 이는 중부지방 신석기시대 사람들이 시대의 흐름에 따라 점차로 **여백의 미나 여백의 중요성을 깨닫게 되었음을 의미하는 것**일지도 모르나 단정 지을 수는 없다. 어쨌든 그릇 전면을 문양으로 빼곡히 채워 넣는 공간충전식 시문으로부터 **생략을 통해 여백의 미를 살리는 방향으로 변화**했던 사실만은 분명하다고 하겠다.

(……)

이러한 **우리나라 신석기시대 토기의 영향을 받은 일본 조몬(繩文)시대 토기**의 직선적 윤곽선이 보여주는 날카로움과 많은 차이를 보인다. 이는 이미 신석기시대부터 우리나라와 일본 사이에는 현저한 미의식의 차이가 생겨나기 시작하였음을 말해준다. 이처럼 신석기시대 우리나라 미술은 기하학적, 추상적, 상징적 표현과 함께 **곡선적 형태미**를 중시하는 경향을 형성하였고, 지역 간의 차이를 드러내며 발전하였음을 알 수 있다. 또한 **일본에 영향을 미치기 시작하였으며,** 한민족과 일본 민족 사이에는 각기 다른 형태미를 추구하는 미의식의 차이를 드러내기 시작하였음도 확인된다.[6]

김원용과 마찬가지로 나는 그의 이런 신석기론에 동의하지 않는다. 이 책 신석기 미술사를 처음부터 읽어온 독자들이라면 아마 저와 같을 것이다. 신석기 그릇 가운데 '번개무늬'를 새긴 그릇이 많다고 하지만 전혀 그렇지 않다. (물론 그것은 번개가 아니다!) 나는 앞에서 우리 학계가 '자명하게' 번개로 알고 있는 것이 실은 구름을 각지게 새긴 것이라는 것을 보기를 들어 자세히 설명했다(7장 **도50·51·55·56**, 10장 **도11-14** 참조). 또한 한반도 신석기 미술을 '기하학적, 추상적, 상징적'으로 보는 태도가 얼마나 잘못된 문제틀인지도 낱낱이 설명했다. 어쩌면 이 책 신석기 미술사는 이것을 바로잡는 데 거의 모든 지면을 썼다고도 할 수 있다. 다시 말하지만 한반도 신석기 미술은 '기하학'하고는 아무런 관련이 없다. 선과 점으로 되어 있다고 해서 '기하학적'이란 말을 버릇처럼 붙이는데, 따지고 보면 이 세상 모든 무늬는 실상 선과 점으로 되어 있다는 점에서 '기하학적'이다. 연꽃과 용도 그렇다. 하지만 우리는 연꽃과 용 패턴을 두고 기하학적 패턴, 기하학적 '구상무늬'라 하지 않는다. "빗살무늬 같은 것이 기하학적 문양임에는 이론의 여지가" 없다고 하는데, 그렇다면 미술사학자는 한반도 신석기인이 그릇에 왜 기하학적 문양을, 그도 수천 년 동안 똑같은 패턴으로 새겼는지 설명할 수 있어야 한다. 앞에서 나는 또 한국미술을 볼 적에 '상징'의 문제, 한국미술을 '상징(sign 내지는 symbol)'으로 보는 문제틀이 주는 해악도 아주 자세하게 풀었다. 다시 말하지만 한반도 신석기 미술은 결코 '상징적'이지 않다. 진정 한반도 신석기 미술이 '상징'이라면 마찬가지로 미술사학자는 그 상징이 뭔지, 그 상징의 '구상'이 뭔지, 원관념(구상)이 뭔지 밝혀야 한다. 신석기 그릇 밑굽에서부터 몸통, 아가리까지 점점 더 무늬를 새기지 않는 것을 두고 한반도 신석기인이 '여백의 미'를 알았다고 하는데, (이는 김원용의 신석기 미술론을 비판하면서 자세히 밝혔지만.) 이 또한 설득력이 없다. 이 말이 가능하려면 여백이 없을 때, 그러니까 여백을 가득

6) 안휘준, 『한국미술사 연구』, 사회평론, 2015, 95~98쪽

채웠던 패턴이 뭔지, 그 패턴의 구상을 먼저 풀어내야 한다. 그래야만 그 여백의 진정한 뜻을 알 수 있다. 만약 아가리 패턴만 남고 몸통과 밑굽에 아무런 무늬를 새기지 않았다면 그 아가리 무늬가 무엇인지 먼저 밝혀야 한다. 그런 다음에야 아가리 무늬와 관련지어 그 여백을 말할 수 있는 것이다. 이것은 고대미술이든 현대미술이든 아주 자명한 이치다. 그러지 않고 무늬가 없다고 해서 여백의 미를 알았다고 한다면 청동기와 삼국시대 무늬 없는 그릇은 어떻게 설명할 수 있겠는가.

안휘준은 한반도 암사동 빗살무늬토기처럼 밑굽이 뾰족한 조몬토기 한 점(2장 **도21·22** 같은 그릇)을 보기로 들면서 우리나라 신석기 그릇의 영향을 받았다고 한다. (하지만 이건 전혀 사실이 아니다. 밑굽이 뾰족한 그릇은 세계 신석기 유적 곳곳에서 볼 수 있다.) 그런데 이 그릇은 우리 한반도 신석기 그릇("곡선적 형태미")과 달리 밑굽이 둥글지 않고 직선이고(아주 뾰족하고), 그래서 날카롭다고 한다. 그런 다음 "신석기시대부터 우리나라와 일본 사이에는 현저한 미의식의 차이"가 있다 한다. (단지 이 그릇 하나만 가지고 미의식의 차이를 말하기는 곤란하다. 일본 신석기 조몬토기에서 밑굽이 뾰족한 그릇은 아주 '예외적'이고, 찾아보기도 힘들다. 대개 바닥이 평평하고 둥글다! **도21** 일본 규슈 소바타식 그릇만 보더라도 한반도 신석기 그릇처럼 도토리 모양이지만 밑굽은 우리 그릇보다 더 원만하고 둥글다!) 그는 일본 조몬토기가 한반도 신석기 그릇의 영향을 받았다고 아주 '자명하게' 전제하는데, 이것은 사실과 전혀 다르다. 물론 규슈의 소바타식(曾畑式) 토기(기원전 3500~3000년)나 오키나와 섬 토기에서는 한반도 신석기 그릇과 비슷한 디자인과 패턴을 볼 수 있다. (그렇다고 소바타와 오키나와 그릇이 모두 그런 것은 아니다.) **도21**을 먼저 보자. 선명한 이미지를 구할 수 없어 이 사진을 들 수밖에 없지만, 디자인과 패턴을 보면 분명 비슷한 구석이 있다. 그런데 이 패턴은 암사동 그릇처럼 하나의 스토리로 떨어지지 않는다. 하늘 속 물, 하늘, 천문, 이

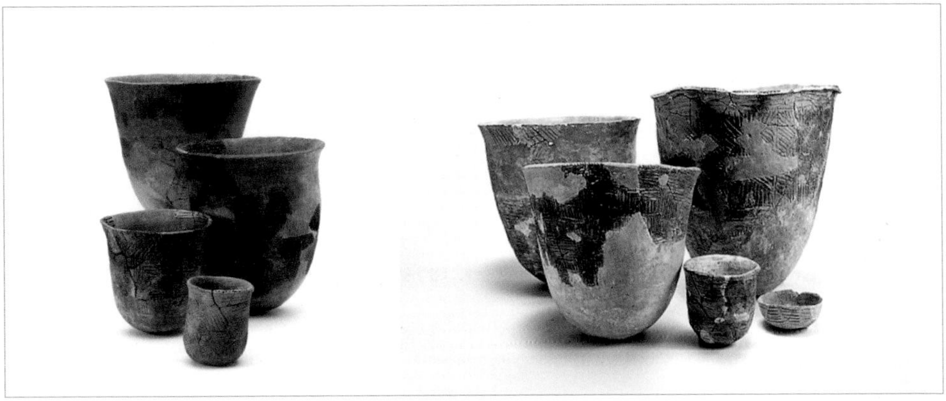

도21 일본 규슈 소바타식 토기. 우토시시립도서관 향토자료실

천문에서 나오는 삼각형 구름과 반타원형 구름, 이 구름에서 내리는 비, 이런 스토리가 없다. 이렇게 스토리가 없는 경우는 야요이와 고분시대에서도 찾아볼 수 있다. 한반도 세계관과 미술이 가기는 갔는데, 그것을 받아들이는 일본 장인들이 그 세계관을 충분히 자기 것으로 만들지 못했을 때 일어나는 일이다. 조몬토기에 대해서는 7장에서 아주 자세하게 다루었다. 일본과 한국에서 조몬토기에 대해 이만큼 본질적으로 다룬 일은 일찍이 없었다. 그러니 일단 7장을 다시 한번 찾아 읽어봤으면 좋겠다. 안휘준이 신석기 미술을 이렇게 본 까닭 또한 김원용과 마찬가지로 그에게도 신석기가 '공백'이기 때문이다.

신석기에서 조선 분청자까지

도22 빗살무늬토기는 강원도 춘천에서 나왔다. 아주 복잡한 것 같지만 이 책에서 말한 기본 패턴을 떠올리면 무늬가 뚜렷하게 보일 것이다. 우리 학계는 이 무늬를 보통 삼각집선문이라 하고 만다. 앞에서도 말했듯이 이 무늬를 볼 때는 삼각형과 삼각형 밖 빗금을 구별해야 한다. 이렇게 읽으면 모든 것이 확연해진다. 그래도 알 수 없다면 3장 **도3·4·7**, 6장 **도63-67**, 13장 **도18**을 찾아보면 된다. 그런 다음 다시 이 그릇의 패턴을 보자.

이 책을 읽고 나면 우리나라 어느 박물관에 가더라도 신석기와 청동기 디자인과 패턴을 읽을 수 있을 것이다. 또 거기서 그치는 것이 아니라 조선백자와 분청자, 민화에 이르기까지 패턴이 모두 보일 것이다. 그런데 여기서 그치지 않는다. 외국 박물관에 가더라도 디자인과 패턴이 보일 것이다. 이것은 실로 놀라운 경험이 될 것이다. 이 장에서는 일부러 선을 이어 설명글을 붙이지 않고 있다. 그래도 한 번 설명을 해 보겠다. 가장 위 아가리 쪽, 선을 가로로 새긴 부분은 하늘 속 물(水)이다. 그 아래에 삼각형 구름을 빙 둘러 새겼다. 이 구름 속에는 오른쪽에서 왼쪽으로 새긴 빗금이 있다. (이것으로 보아 이 그릇을 빚은 장인은 오른손잡이다.) 이 빗금은 구름 속 비(雨·水)다. 그런 다음 삼각형 구름에서 쏟아지는 비를 왼쪽에서 오른쪽 아래로 새겼다. 이 패턴(삼각형 구름과 비)이 두 번 이어지고, 이 비가 심원(深源)의 세계, 귀허(歸墟)로 스며드는 것을 밑굽까지 새겼다.

도23은 조선 분청자다. 우리 미술사학은 이 분청자 패턴 하나 제대로 해석을 못하고 있다. 아니 엄밀히 말하자면 풀이를 못했다는 사실조차 알지 못하는 지경에 이르렀다. 하지만 이 책을 읽어 온 독자들이라면 패턴이 바로 보일 것이다. 우리 학계는 이 패턴을 넝쿨로 본다. 하지만 이것은 넝쿨(당초, 팔메트)이 아니라 구름(云)이다. 그런데 좀 희한한 것이 하나 있다. 아가리 쪽에 있는 까만 점 두 개. 눈 밝은 독자들은 이 점 두 개가 자꾸 마음에 걸렸을 것이다. 맞다! 바로 천문(天門)이다. 그렇다면 이 까만 점은 모두 몇 개 있을까. 당연하다, 네 개다(뒤에 두 개가 더 있다). 사방오주(四方五州)의 하늘에 나 있는 천문(天門) 말이다. 그런데, 동서남북 중앙까지 해서 다섯 들판 오주(五州)인데, 그 다섯 들판의 하늘에 나 있는 천문이라면 다섯 개를 찍어야 하는데, 왜 네 개일까. 그것은 이 그릇을 위에서 내려다보면 답

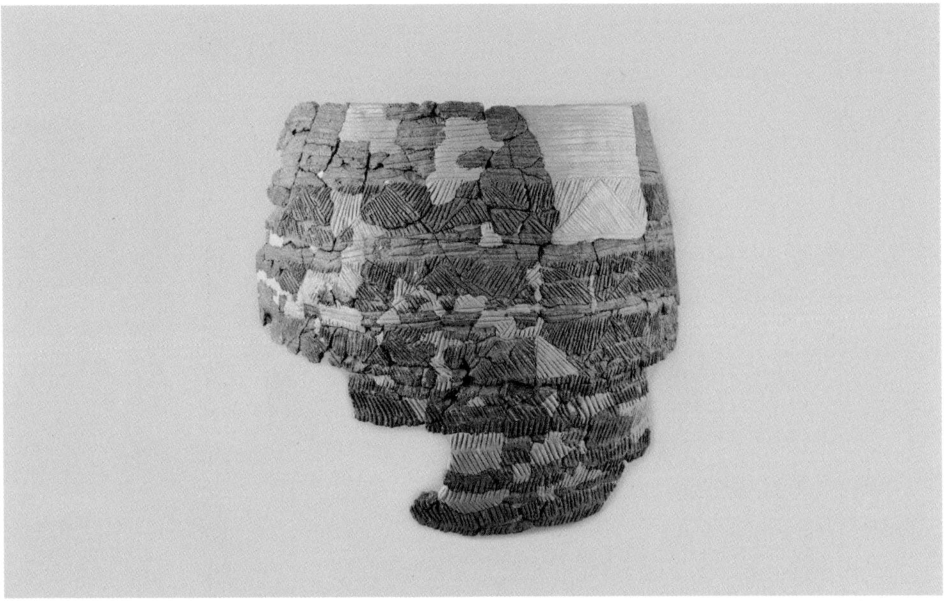

도22 빗살무늬토기.
강원도 춘천.
높이 28.7cm.
국립춘천박물관.
춘58106

이 나온다. 위에서 내려다보면 가운데 구멍(아가리, 천문)이 있고, 이 구멍(천문)에서 구름(云)이 나오는 디자인이 된다(5장 **도8-12**, 6장 **도7·8** 참조). 이렇게 위에서 내려다보면서 패턴을 평면에 펼치면 수막새 디자인이 되는데, 이 수막새 디자인은 5장 고구려 수막새 두 점을 분석하면서 설명했다(5장 **도22·23**).

만약 **도23** 조선 분청자 패턴을 김원용의 한국미술관으로 본다면 어떤 풀이가 나올까. 당연히 넝쿨(당초, 팔메트)로 볼 것이고, 한국미술의 '자연미'를 말할 것이다. 그렇지만 저 까만 점 두 개에 대해서는 끝내 아무런 답도 내놓지 않을 것이다. 김원용의 한국미술관에는 저 두 점을 볼 수 있는 신석기 미술이 공백이기 때문이다. 사실 **도23**은 앞에서 살펴본 **도16** 분청자 찻잔과 본질적으로 같은 패턴이라 할 수 있다. (그리고 이 패턴의 기원은 저 멀리 신석기에 있다!) 조선미술사에서 자세히 밝힐 것이지만 우리는 분청자 하면 '자유분방함'부터 떠올리고 이 개념으로 분청자를 들여다본다. 하지만 정작 자유분방함을 읽을

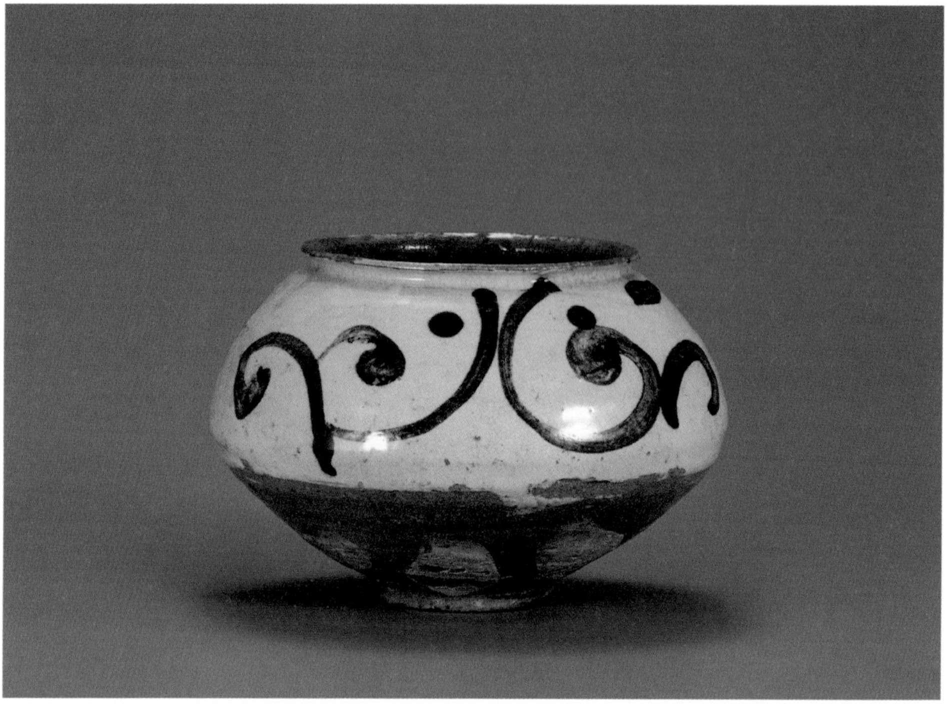

도23 분청사기
철화 넝쿨무늬 항아리.
조선.
높이 10.6cm.
국립중앙박물관.
덕수6439

수 있는 분청자는 그리 많지 않다. 거의 다 **도16·23**처럼 관습에 따른 패턴이라 할 수 있다. 다만 이 패턴이 고려청자의 스테레오 타입처럼 딱딱하고 숨이 막힐 듯한 엄격함에서 조금 벗어났을 뿐이다. 하지만 분청자 사기장들에게는 이마저도 비로소 숨구멍이 터지는 일이었다. **도23**은 **도16** 분청자 찻잔과 본질적으로 같은 패턴이지만 이렇게 자유스럽게 표현할 수 있었던 것이다. 하지만 우리는 지금 이것을 읽지 못하고 있다.

나는 신석기 미술사를 쓰면서 마지막 사진을 무엇으로 할지 고민했다. 몇 번을 곰곰이 생각해도 이 사진이 가장 먼저 떠올랐다. 사실 이 사진은 1장을 쓰면서 마지막 장에 꼭 써야지, 이렇게 마음먹었던 사진이다.

용동리 고인돌이 다른 고인돌에 견주어 멋져서도, 대단해서도 아

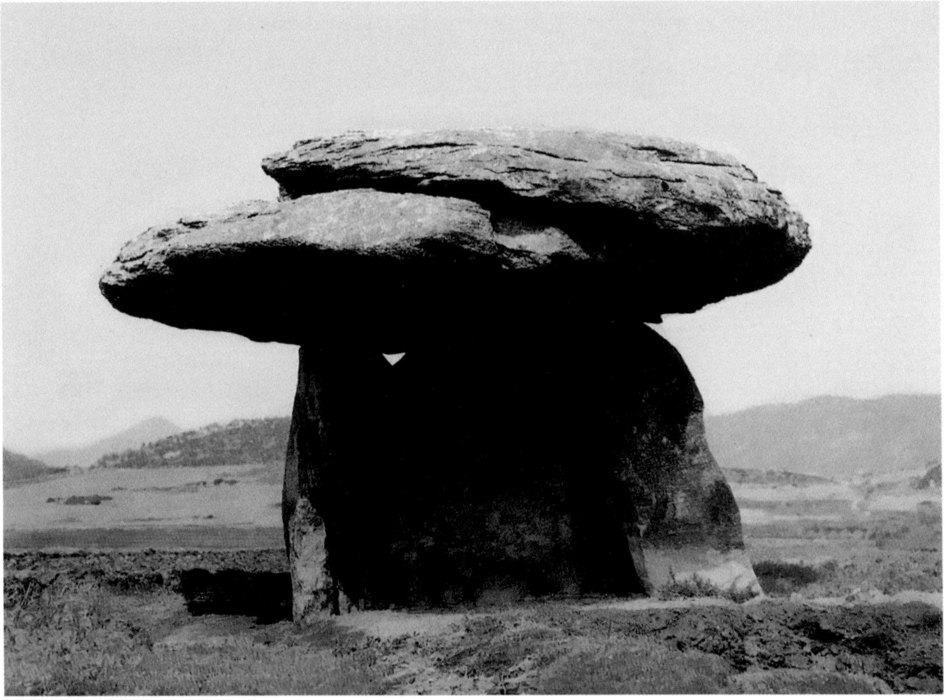

니다. 이 책을 처음부터 읽은 독자라면, 이 책에서 말한 한반도 신석기 세계관을 몇 마디로 정리할 수 있는 독자라면, 용동리 고인돌을 보고 한반도 고인돌의 '구상'이 무엇인지 대번에 알 수 있을 것이라는 확신이 들었기 때문이다. (만약 암사동 신석기인이 청동기시대에 다시 태어나 용동리 고인돌을 보면 어떨까. 그는 이 구상을 단박에 알아볼 것이다!) 우리는 고인돌에 대해 '잘 안다'고 생각한다. '거대한' 탁자식 고인돌은 청동기시대 부족장의 무덤으로 알고 있다. 또 세계 고인돌 무덤이 대략 4만 5천 기쯤 되는데, 이 가운데 4만 기가 한반도에 있다는 것도. 그래서 한반도를 흔히 '고인돌 왕국'이라 하고, 2000년 전남 화순·전북 고창·인천 강화 지역 고인돌을 묶어 세계문화유산 제977호에 올랐다는 것도. 여기까지가 고인돌 하면 흔히 볼 수 있는 설명글이다. 그런데 정작 우리는 이 고인돌이 '무엇'을 '구상'으로

도24 황해남도 배천군 용동리 고인돌. 청동기 기원전 1000년

한 것인지 알지 못한다. 누구 한 사람 이 구상이 뭔지 알려고 궁리하지 않는다. 자, 다시 한번 용동리 고인돌을 보자. 무엇이 떠오르는가. 모두 다 볼 필요는 없겠다. 가장 위 덮개돌만 보자. 덮개돌을 보면서, 무덤이라는 것은 고대에도 현대에도 죽음을 해결하는 한 방식이라는 관점으로 봐 보자. 그리고 이 책에서 말한 신석기 세계관으로 한 번 더 들여다보자. 아마 뭔가 번뜩 떠오를 것이다. 맞다. 그것이 답이다. 언제나 그렇듯이 문제는 신석기다. 한국미술사 두 번째 권 청동기 미술사에서 그 답을 말하겠다. 한반도 청동기 미술사, 기대해도 좋다.

찾아보기

■ 가

■ 나

■ 다

■ 라

■ 마

■ 바

■ 사

■ 아

■ 자